LA FE QUE

Confesamos

COMPENDIO DE CONFESIONES REFORMADAS

Editado por:
Nicolás E. Cartes
y Alejandro G. Viveros

La fe que confesamos: Compendio de confesiones reformadas
editado por Nicolás Elgueta Cartes y Alejandro González Viveros

Dort Publicaciones
Ciudad de Guatemala, Guatemala.

ISBN: 978-9929-8281-0-0

Edición: Nicolás Elgueta Cartes & Alejandro González Viveros
Diseño: Cristóbal Fernando Ríos Montaner
Maquetación: Javier Antonio Tolrraz Catalán.

ÍNDICE GENERAL

ÍNDICE DETALLADO

EL CATECISMO MAYOR DE WESTMINSTER   69

EL CATECISMO MENOR DE WESTMINSTER

LOS TREINTA Y NUEVE ARTÍCULOS DE LA RELIGIÓN

LOS ARTÍCULOS DE LAMBETH

LOS ARTÍCULOS IRLANDESES DE LA RELIGIÓN

LOS CÁNONES DE DORT

PREFACIO

La fe que confesamos es la mejor forma de expresar el verdadero cristianismo. Aunque el cristianismo, desde sus orígenes *adámicos*, inició con una tradición oral que preservaba los mandatos divinos (Gn. 3:17 comp. 5:29), eventualmente, la Providencia divina instituyó la *Palabra escrita*. Moisés fue el encargado de llevar la fe oral de sus padres a este formato escrito, por agencia y revelación del Espíritu Santo. Desde ese entonces, la *Palabra de Dios* se convirtió en sinónimo de la *Escritura*, y la fe del pueblo de Dios quedó confirmada con tinta para siempre.

No es casualidad que el inicio de la, propiamente, llamada *historia humana*, inicie con la invención de la escritura. Esto se debe a que la escritura tiene contundentes remedios contra la fragilidad e inestabilidad humana. Y no solo contra nuestra débil memoria, sino también contra todo intento de tergiversación de la verdad.

También, la escritura permite a las personas delimitar y expresar claramente su pensamiento. La escritura permite a quien escribe comunicar sus ideas de tal forma que no tenga que explicar una y otra vez lo que se piensa, basta con solo leer lo que esa persona escribió para entender su forma de pensar, aunque el autor sea de tiempos pasados.

Precisamente, esa fue el arma principal de la Iglesia del Nuevo Pacto contra los ataques de los *ignorantes e inconstantes* (2 Ped. 3:16); fue, también, el escudo principal para defender el primitivo conocimiento de los nuevos creyentes. En un mundo donde la *Palabra de Dios* era difícil de reproducir, la síntesis de la fe en la mente se convirtió en la herramienta de evangelización y discipulado. Los *credos*, como llegaron a conocerse, delimitaron la fe de forma tan precisa que es fácil reconocer en ellos los extractos de la Escritura.

Los credos fueron las primeras *teologías sistemáticas*. En lugar de ir a cada pasaje de la Biblia que trate sobre un tema en específico, se colocaron todos los textos en orden lógico y, a veces, de forma de paráfrasis, para resumir todo lo que la Biblia dice al respecto. Los credos sirvieron como *muros y cercas de protección* simples contra las doctrinas extrañas.

¿Crees que Dios el Padre es omnipotente?
Creo.
¿Crees que Dios es el creador del cielo y de la tierra?

Creo...

Los credos nacen junto con los *catecismos*. Un catecismo es, simplemente, una lista de preguntas hechas a quienes deseaban ser admitidos en la Iglesia visible y para la memorización de la doctrina por parte de los cristianos. Tras responder afirmativamente a estas preguntas sobre la fe cristiana, quienes eran admitidos confesaban todo a manera de resumen: *Creo en Dios Padre todopoderoso, creador del cielo y de la tierra...* Este resumen dejaba las doctrinas claras. Este resumen era un acuerdo entre creyentes. Este resumen era el lema diferenciador ante los paganos y herejes.

Para la época de la Reforma sucedió una explosión de credos de forma similar. El punto de diferencia es que la teología cristiana había avanzado tanto que era necesario definir aún más doctrinas. Estos documentos tomaron el nombre de *Confesiones de Fe*.

Aunque las Confesiones de Fe adoptaron las doctrinas definidas en los credos antiguos, y ellas mismas delimitaron asuntos de vital importancia para la vida de la Iglesia, estas jugaron un rol tanto de definir doctrinas fundamentales del cristianismo, como de trazar doctrinas importantes para la vida de la Iglesia. Las Confesiones de Fe delimitaron los distintos grupos de teologías que surgieron en ese momento. Los luteranos tenían sus confesiones, los reformados las suyas. No pretendían anatemizarse el uno al otro (*necesariamente*), sino que marcaban los límites sanos entre uno y otro grupo. En otras palabras: *nos reconocemos como cristianos, pero nuestra conciencia no nos deja caminar juntos.*

Los Reforma calvinista, a diferencia de la luterana, se propagó como el fuego por toda Europa. La persecución romanista hizo que muchos teólogos llegaran providencialmente a la cátedra de Juan Calvino y, estos, quienes se convertirían en sus discípulos, después, llevaron su conocimiento y correcta explicación de las Escrituras a sus países de procedencia. El Espíritu Santo convencía al Magistrado Civil de cada país a reformar la Iglesia encargando a los nuevos reformadores calvinistas escribir esta fe reformada de forma categórica, y en apologética contra el romanismo papista.

La fe que confesamos es un compendio de las confesiones de la Iglesia Reformada europea de los Siglos de la Reforma y Post-reforma; así como otros comentarios de interés para el lector. Esta recopilación de escritos fue emprendida por una gran promesa de la *teología reformada* latinoamericana: *Nicolás Elgueta Cartes,* quien diligentemente inquirió en los anales de la historia eclesiástica para recuperar estas joyas de las *reformas* del continente europeo.

La fe que confesamos es el producto de un arduo esfuerzo por traer el conocimiento de la Reforma a nuestro contexto latinoamericano. De forma íntegra y clara es traído a nuestro idioma el trabajo sistemático de hombres débiles de un Dios grande tales como: *Juan Calvino, John Knox, Guido de Brés, Zacharias Ursinus, Gaspar Oleviano, James Ussher, Wolfgang Capito, Heinrich Bullinger,* y muchos más no menos importantes.

En esta obra encontrarás las ideas y declaraciones de fe que los reformados antiguos entendían de la *Palabra de Dios.* Estas *Confesiones de Fe* te mostrarán en qué consiste la *catolicidad reformada.* Y al mismo tiempo mostrarán qué doctrinas definitivamente nunca podrían formar parte de la *teología reformada*. Quien lea este libro, inevitablemente, verá de primera mano lo que grandes teólogos han interpretado acerca de la benevolente voluntad Dios.

La importancia de poseer este libro se aprecia en sobremanera con solo percibir su grosor. Este libro es una pieza importante, obligada y necesaria de consulta a la hora de interpretar la Biblia. *La fe que confesamos* no está supuesto a reemplazar la oración del creyente y el estudio concienzudo de las Sagradas Escrituras, sin embargo, *posee buenos muros y cercas de protección*, para que el intérprete de la Escritura no divague en ella, ni pretenda traer hoy una nueva interpretación nunca vista por la Iglesia.

La *Herencia Reformada* es invaluable. Como se dice en nuestro medio: Estamos sobre hombros de gigantes. Si con este libro fuéramos capaces de entender cómo nuestros hermanos a través de la historia apreciaban y amaban a nuestro Señor Jesucristo, la tarea de este compendio está completamente cumplida.

José Luis Salinas Orozco

PRÓLOGO

por:
Larry Trotter

El estudio de credos, confesiones y catecismos es una fascinante intersección de tres disciplinas: la historia de la iglesia, la teología sistemática y la eclesiología. Todas las fórmulas doctrinales nacieron de una necesidad particular en su tiempo histórico. Todas sintetizan los datos bíblicos en declaraciones extrabíblicas, lo cual es el método de la teología sistemática. Todas son actividades eclesiásticas, es decir, de la iglesia más que de individuales independientes.

Antes de seguir, debemos ofrecer algunas definiciones. Según J. N. D. Kelly, un credo es *«una fórmula fija que resume los artículos esenciales de religión y que disfruta la aprobación de la autoridad eclesiástica»* (Early Christian Creeds, pág. 1). La palabra credo es la palabra latina que quiere decir creo, y es la primera palabra de muchos credos. Por ejemplo, el Credo de los Apóstoles empieza con «Credo in Deum Patrem omnipotentem» (Creo en Dios Padre todopoderoso). Los credos ecuménicos son los que son reconocidos por toda o, por lo menos, por una gran parte de las comuniones cristianas.

Una confesión es una explicación elaborada que explica más ampliamente la doctrina confesada por un grupo de cristianos. En otras palabras, las confesiones declaran las doctrinas de una denominación de iglesias. A través de los siglos, se han escrito muchas confesiones de fe, pero las iglesias de la Reforma Protestante multiplicaron confesiones en el intento de ser precisas en cuanto a las definiciones de la fe cristiana, frecuentemente para distinguirse de los dogmas de la Iglesia Católica Romana. Un catecismo es similar a una confesión, pero tiene la estructura de preguntas y respuestas para facilitar su enseñanza, aprendizaje y memorización.

Los credos son sumamente útiles para varios propósitos. Primero, son formas sencillas con que los cristianos podemos declarar nuestra fe. Segundo, son fórmulas fáciles de memorizar. Tercero, se prestan al uso litúrgico en las reuniones de la iglesia, y especialmente en el Bautismo y la Cena del Señor. Cuatro, enfatizan la unidad de los cristianos, porque expresan creencias que tenemos en común.

En diferentes denominaciones, los credos disfrutan de distintos niveles de autoridad. Para los ortodoxos orientales y los católicos romanos, el Credo Niceno-Constantinopolitano (el credo más ecuménico de todos) disfruta de una autoridad absoluta, habiendo sido aprobado por un concilio ecuménico.

Los ortodoxos asimismo reciben las declaraciones de los siete concilios ecuménicos como infalibles, y la iglesia romana otorga infalibilidad a sus concilios posteriores y a las declaraciones oficiales del papa.

Para los protestantes, ningún credo, confesión o catecismo puede disfrutar de autoridad absoluta porque las fórmulas de la iglesia no están al nivel de la Biblia. Su autoridad es derivada de la Biblia y son autoritarias en la medida en que correspondan a lo que la Biblia enseña. Por lo tanto, una denominación protestante puede alterar su confesión si posteriormente considera que algo no está de acuerdo con la Biblia. Al mismo tiempo, para los ministros de las denominaciones confesionales, las confesiones ejercen una autoridad sobre sus enseñanzas. Un ministro de estas denominaciones protestantes confesionales está en libertad de cambiar de denominación si ya no está de acuerdo con la suya, y está en libertad de promover una modificación en la confesión por medio de procedimientos establecidos, pero no está en libertad de enseñar cosas que van en contra de la confesión oficial.

Aunque no siempre se reconoce, las declaraciones de fe no solo son útiles sino también inevitables. Tanto Jesús (Mat. 10:32-33) como Pablo (Rom. 10:9-10) explícitamente mandaron que los cristianos confesáramos nuestra fe. Aunque es concebible limitar nuestras confesiones a versículos bíblicos, a través de los siglos los cristianos han encontrado necesario desarrollar fórmulas concisas que facilitan la confesión de nuestra fe en Jesús. Entre los evangélicos no confesionales, el concepto de tener una confesión oficial a veces se considera un sacrificio del principio *sola scrpitura*. Algunos de éstos niegan tener credos, confesiones o doctrina, diciendo que creen solo en la Biblia. Esta aseveración suena noble, pero debemos reconocer que todos los cristianos tienen sus fórmulas de fe, escritas o no.

Por ejemplo, hubo un movimiento en los Estados Unidos a principios del siglo diecinueve llamado *Restauración*. Su deseo era unificar a todos los cristianos en una sola iglesia como en los tiempos del Nuevo Testamento, erradicando las denominaciones. Para lograr esta restauración de la iglesia a su estado prístino, afirmaron solo la Biblia y rechazaron todos los credos eclesiásticos. Uno de sus slogans era: «Ningún credo salvo Cristo, ningún libro salvo la Biblia, ninguna ley salvo el amor, ningún nombre salvo el divino». ¡Lo irónico de este slogan es que no se encuentra en la Biblia! En otras palabras, este slogan no es otra cosa que un pequeño credo que niega los credos.

Así que, aun los que niegan credos, no pueden evitar formular credos. Si no nos limitan a citar solo textos bíblicos en la explicación de nuestra fe, estamos confesando un credo. Este fenómeno está también patente entre evangélicos que rechazan credos, porque suelen utilizar fórmulas extrabíblicas para explicar su fe. Dicen: «Acepté a Jesús en mi corazón» o «Hice mi decisión por Cristo» o «Recibí a Jesús como mi Señor y Salvador». Además, suelen tener una sección en sus páginas de Internet donde delinean lo que creen. Algunos podrían tener solo versículos bíblicos, pero la mayoría tiene resúmenes extrabíblicos apoyados por textos bíblicos, o sea, credos.

Detectamos en la misma Biblia la tendencia de desarrollar fórmulas concisas de fe. En Deuteronomio 6:4, encontramos un resumen de la fe de los israelitas: «El SEÑOR es nuestro Dios, el SEÑOR uno es» (citas bíblicas de La Biblia de las Américas). Luego después de que cayó el fuego del cielo durante el encuentro entre Elías y los profetas de Baal, leemos: «Cuando todo el pueblo lo vio, se postraron sobre su rostro y dijeron: El SEÑOR, Él es Dios; el SEÑOR, Él es Dios». Parece que espontáneamente estuvieron recitando el credo básico de Deuteronomio 6:4.

Las confesiones de fe espontáneas en los evangelios también son expresiones concisas y memorables. Natanael exclamó: «Rabí, tú eres el Hijo de Dios, tú eres el Rey de Israel» (Jn. 1:49). Pedro respondió a la pregunta de Jesús: «Tú eres el Cristo, el Hijo del Dios viviente» (Mat. 16:16). Tomás confesó: «¡Señor mío y Dios mío!» (Jn. 20:28).

Además, hay secciones de las cartas que suenan como citas de confesiones o himnos que circulaban entre los primeros cristianos. Por ejemplo, en 1 Co. 8:6, Pablo resumió la fe cristiana así: «Un solo Dios y Padre, de quien proceden todas las cosas y nosotros somos para Él; y un Señor, Jesucristo, por quien son todas las cosas y por medio del cual existimos nosotros». Más concisamente Pablo dio una breve confesión de fe como una prueba de la presencia del Espíritu Santo: «Jesús es el Señor» (1 Co. 12:3). En una forma similar, Juan proveyó una simple confesión para probar la ortodoxia de un profeta: «Jesús ha venido en la carne» (1 Jn. 4:2).

Además, hay confesiones más largas. Por ejemplo, muchos intérpretes identifican Fil. 2:6-11 como un himno que Pablo insertó en su carta:

El cual, aunque existía en forma de Dios, no consideró el ser igual a Dios como algo a qué aferrarse, sino que se despojó a sí mismo tomando forma de siervo, haciéndose semejante a los hombres. Y hallándose en forma de hombre, se humilló a sí mismo, haciéndose obediente hasta la muerte, y muerte de cruz. Por lo cual Dios también le exaltó hasta lo sumo, y le confirió el nombre que es sobre todo nombre, para que al nombre de Jesús se doble toda rodilla de los que están en el cielo, y en la tierra, y debajo de la tierra, y toda lengua confiese que Jesucristo es Señor, para gloria de Dios Padre.

Asimismo, 1 Tim. 3:16 suena como una fórmula de fe diseñada para ser memorizada y confesada públicamente, renglón por renglón: «Él fue manifestado en la carne, vindicado en el Espíritu, contemplado por ángeles, proclamado entre las naciones, creído en el mundo, recibido arriba en gloria».

Aunque no tenemos información del uso de estas confesiones antes de su inclusión en el Nuevo Testamento, participan de la estructura de una fórmula de fe, siendo breves resúmenes fáciles de memorizar y repetir.

Por supuesto, estas confesiones de fe que encontramos en la Biblia disfrutan de absoluta autoridad puesto que son palabras de Dios. Aunque los credos, las confesiones y los catecismos posteriores no son infalibles, son muy útiles para aprender, confesar y comunicar la fe cristiana. Por lo tanto, celebramos la publicación de la maravillosa colección encontrada en el presente libro, el cual contiene algunas confesiones que nunca se habían publicado en español. Es un verdadero tesoro para la iglesia hispanohablante y agradecemos al traductor y editor por su valiosa contribución a nuestra fe.

INTRODUCCIÓN

Esta obra que a continuación presentamos, aunque no es la única en su clase, viene a colaborar, de forma invaluable, con un contenido jamás antes visto en Latinoamérica y por primera vez disponible en español. Hemos estado agradecidos con las publicaciones que se han hecho en estos últimos años sobre confesiones reformadas y catecismos al español. No obstante, al tener en estas publicaciones solo disponibilidad de las *3FU*[1] o Los Estándares de *Westminster*[2], se ha llegado a pensar que estos son los únicos documentos donde se expresa la *Fe Reformada*. Este pensamiento, aunque es común, es errado, y como es errado, causa una necesidad. Esa necesidad, que no es más que el trabajo de traer al presente lo que en el pasado se dijo, quiere ser suplida en su mayor grado por este texto.

¿Qué es, entonces, lo nuevo y único de este libro? Lo que lo hace diferente y necesario es su contenido son específicamente las confesiones que añade. Hemos visto recientemente un bendecido apogeo de obras teológicas, tanto históricas como actuales, jamás antes traducidas y publicadas en nuestro contexto, pero también hemos visto que no se han alcanzado, en esta loable labor, a los más antiguos documentos confesionales característicos de las iglesias reformadas y provenientes de la reflexión teológica de los grandes reformadores y teólogos del periodo post-reforma (y no solo me refiero a las 3FU o Westminster); textos que, valga decir, fueron preámbulos de las conocidas *Sistemáticas* en cuanto a lo que a la distribución de los lugares de la teología se refiere. Lo que hemos hecho en este trabajo, es traer al presente, no todas las confesiones, pues eso demandaría varios volúmenes, sino las más importantes, influyentes y completas que se escribieron en los siglos XVI-XVIII.

El lector, al entrar en contacto con este texto, se relacionará con la teología reformada suizo-alemana, holandesa, inglesa, irlandesa, ginebrina, escocesa, belga, etc. También podrá tener contacto con la teología de los Padres de la iglesia, pues se añaden textos conciliares que definieron las bases cristológicas y trinitarias de nuestra fe católica (*universal*). Podrá darse cuenta —y eso es lo que tanto esperamos— de una de las características esenciales de la Fe

---

[1] Las Tres Formas de Unidad: Confesión Belga, Catecismo de Heidelberg, y los Cánones de Dort.

[2] Los principales textos producidos por la Asamblea de Westminster.

Reformada: *«su catolicidad, y diversidad en la unidad»*. Verá cómo, armoniosamente, cada definición dogmática de un autor particular en un territorio especifico de origen, se une en un mismo cuerpo teológico que tiene como fin el glorificar a Dios e instruir a la iglesia. El lector no solo tendrá acceso a los diversos textos confesionales, sino que también, al comienzo de cada uno, encontrará introducciones históricas que descansan en las mejores fuentes académicas al respecto. También hemos añadido, al pie de página, en algunas confesiones, explicaciones que creemos serán de ayuda.

El contenido de este *«compendio de confesiones reformadas»* está distribuido en tres partes. La *primera*, aborda los credos ecuménicos y las resoluciones cristológicas de algunos concilios. La *segunda*, aborda los catecismos, y la *tercera*, las confesiones, siendo esta la parte más extensa.

Sin más que añadir a lo anterior, agradecemos a Dios por la posibilidad que ha brindado, dentro de su inescrutable providencia y por la inmutabilidad de su sapientísimo decreto, de que este texto pudiese compendiarse y publicarse. También agradecemos, de mi parte y de *Dort Publicaciones*, los fundamentales trabajos de traducción de José Luis Salinas Orozco, Alex Dávila, Alejandro González Viveros, Daniel David Pollorena, Edgar Ibarra y Romel Quintero; y también los aportes en cinco introducciones históricas de parte del Dr. Larry Trotter, Rev. Gyordano M. Brasilino, Dr. Cornelius P. Venema, Rev. Jorge Ruiz, y Gonzalo David. Trabajos sin los cuales este texto jamás se hubiese publicado.

Nicolás R. Elgueta Cartes,
Editor general
Temuco, Chile, 18 de Julio del 2020,
natalicio de Zacarías Ursino N.º 486.

PRIMERA PARTE
Credos

INTRODUCCIÓN AL CREDO APOSTÓLICO

Este texto, el más grandioso de los credos ecuménicos formulados por la iglesia primitiva[3], *une, reúne y junta* la fe los cristianos, siendo un *compendio* de la fe católica; un breve resumen de la doctrina común[4] que debe creerse y ser confesada. Una tradición muy fuerte y no menos antigua fue mantenida por muchos en el pasado; consistía en que cada uno de los apóstoles redactó un artículo del credo[5] ya que estos son doce y doce son los apóstoles, pero esto es improbable y no hay documentos seguros y confiables para tal afirmación[6]. Lo más aceptable a la luz de la historia es que este credo haya sido formulando en la segunda generación cristiana a causa del aumento de creyentes y la necesidad de bases de normativa doctrinal[7], y como un intento de cumplir las palabras de Cristo en Mat. 28:19: declarar la fe común, y así, tener una fórmula que los participantes del Bautismo debiesen confesar sobre el Padre, Hijo y Espíritu Santo. Ahora bien, aunque el credo no haya sido escrito por mano de los apóstoles, sí hay un sentido en que puede ser llamado *«credo apostólico»*, y lo es en su doctrina; la cual es apostólica.

El contenido restante (pasadas las declaraciones trinitarias) y más doctrinal del credo que hoy conocemos, fue redactado posteriormente, y su forma actual, con nueve artículos, data del siglo II. Fue, en palabras de Lietzmann, «desarrollado en Roma a partir de este credo a base de escisiones, interpolaciones, y el cuidadoso ordenamiento de su estructura»[8]. El contexto del uso del credo lo podemos encontrar originalmente en la antigua liturgia bautismal. En el momento del Bautismo, se preguntaba por parte del obispo al neófito si este creía en el Padre, Hijo y Espíritu Santo (lo que ya había aprendido en un previo y extenso catecumenado) y, al responder: «Creo», era bautizado. Esta confesión de parte del nuevo cristiano era «un rito conocido técnicamente con el nombre de "recitación" y que presentaba el culmen de la preparación catequética que desembocaba en el sacramento»[9]. El significado de la recitación de los «Yo creo...», es que aquel que «hace la profesión se

---

[3] Dr. Evan. Runner, *Política y Academia Escritural* (CLIE 2001), p.13

[4] San Ambrosio de Milán, *Symb.* 7. Véase Santos Sabugal, O.S.A., *Credo: la fe de la iglesia*, I, I.

[5] Ver Rufino, *Expositio in Symb.* p.17, citado en Dr. D. Eduardo Harold Beowne, *Exposición Historia y doctrina de los Treinta y Nueve Artículos*, II, p.181. Y Justo Gonzales, *Introducción a la teología cristiana*, II, p.55.

[6] Ver William Cunningham, *Historical Theology*, III.

[7] Constantino Ponce de la Fuente, *Doctrina Cristiana*, (Clie, 2018), 30, pp. 199-202.

[8] Lietzmann, *Geschichte de alten Kirche*, II, p.108.

[9] J. N. Kelly, *Primitivos Credos Cristianos*, p.49.

confía a este Dios: al Padre, al Hijo y al Espíritu. De este modo se vincula a él de forma solemne». Este Credo ha permanecido siempre dentro la sustancia del contenido de la fe cristiana católica. Como bien dice Pannenberg: «Los reformadores reconocieron también la profesión apostólica como fundamento de su fe y de este modo vino a parar, junto con las confesiones de Nicea y de Atanasio, a los escritos confesionales de las iglesias reformadas»[10].

El contenido del credo es simple, ya que se presenta compuesto por dos partes[11], donde una mitad es «Trinitaria» y la otra «Eclesiológica». En la primera parte se comienza por la Primera Persona Divina como *el Creador*; en la segunda, con la segunda Persona Divina como *el Redentor*; y en la tercera parte, con la Tercera Persona Divina, como *el Santificador*. Luego, sigue la parte Eclesiológica como proveniente del final de la tercera parte, y nos presenta una profesión de fe en la Iglesia Católica, el perdón de pecados y la esperanza de quienes componen el cuerpo de Cristo: El advenimiento de Jesucristo.

Nicolás R. Elgueta Cartes

---

[10] Wolhart Pannenberg, *La Fe de los Apóstoles* (© Ediciones Sígueme, Salamanca 1975), p.14.

[11] Otros han sugerido una doble división que comienza, en primer lugar, con el Padre, el Hijo, el Espíritu Santo, y luego con Iglesia, el perdón y la esperanza en la resurrección. Pero, como dice Schmaus, «aunque aparecen, la iglesia y la resurrección, como cuarto número de la formula...con ello no se afirma una cuádruple esencia en la que el cuarto miembro perteneciera al mismo orden de los tres primeros, sino que la Iglesia y el perdón de los pecados pertenecen al Espíritu Santo. Pues el Espíritu Santo se manifiesta en la vida de la Iglesia. Tomás de Aquino expone esta relación cuando dice (*Summa Theologica* 2.II q.1 a. 9 ac, 5) "en la Santa Iglesia católica, hay que entenderlo en el sentido de que nuestra fe se refiere al Espíritu Santo que santifica a la Iglesia. El sentido del artículo de la fe es, pues, el siguiente: creo en el Espíritu Santo, en tanto que santifica la Iglesia"». (M. Schmaus, *Katholische Dogmatik*, I, VII, 43, II, 1. p.371.)

CREDO APOSTÓLICO

Creo en Dios Padre todopoderoso, creador del cielo y de la tierra. Creo en Jesucristo, su único Hijo, nuestro Señor; que fue concebido por obra y gracia del Espíritu Santo, nació de la virgen María; padeció bajo el poder de Poncio Pilato, fue crucificado, muerto y sepultado; descendió a los infiernos[12]; al tercer día resucitó de entre los muertos; subió a los cielos y está sentado a la diestra de Dios Padre; y desde allí ha de venir a juzgar a los vivos y a los muertos. Creo en el Espíritu Santo; creo en la santa Iglesia católica; la comunión de los santos; el perdón de los pecados; la resurrección del cuerpo; y la vida eterna. Amén.

---

[12] Para una defensa del uso de esta cláusula del Credo, véase a Daniel R. Hyde, Descendió a los Infiernos: una respuesta a los críticos de hoy (2017, Sabiduría Libros)

INTRODUCCIÓN AL CREDO NICENO

Los credos que siguen luego del *Apostólico* tienen una intención apologética y confesional. En el año 325, desde el 20 de mayo hasta el 25 de julio[13], se celebró en la ciudad de Nicea, en Asia Menor, lo que sería el primer concilio ecuménico[14] de la historia de la Iglesia, el cual tuvo como propósito condenar las herejías de Arrio de Alejandría (256-336)[15]. La cuestión puramente teológica que convocó esta reunión era el definir «si solo el Padre es Dios en el pleno sentido de la palabra, mientras el Hijo y el Espíritu Santo eran parte de la creación, o si las tres personas poseen la misma divinidad»[16]. De todas las precedentes herejías que causaron controversias cristológicas antes de la aparición de Arrio[17], el arrianismo fue incomparable en su alcance, afectando tanto a oriente como occidente y ganando una cantidad considerable de discípulos. Las formulaciones del presbítero Arrio, que comenzaron con disputas con el obispo Alejandro hacia el 320, eran interesantes[18]. Dentro de ellas se hallaba la principal afirmación de que Cristo no era Dios, sino la primera *creación* y *criatura* de Dios: aunque era divino y poderoso, afirmaba, no era Dios[19]. Arrio, en esencia, entendía la *procesión* (inmanente) eterna del Hijo respecto del Padre, aquella *procedencia* mediante *generación* (*engendramiento*)[20], como un *engendramiento humano*: temporal, mundano y carnal. De allí que se afirme que luego Cristo no es Dios.

---

[13] August Franzen, *Historia de la Iglesia* (Ed. SalTerrae, 2009), I, §10, 2, p. 82.

[14] Roberto Celada Figueroa, *La Controversia Arriana: Evidencia Circunstancial*, 3, p.68.

[15] Para la vida y obra de Arrio, véase Rowan Williams, *Arrio: herejía y tradición* (Ediciones Sígueme, Salamanca, 2010).

[16] Agustín L. Kindler, *Constantino y el arrianismo*, p. 45.

[17] J. Danieloù; / H. I. Marrou, *Nueva Historia de la Iglesia*, Tomo I, V, pp. 97-106.

[18] Para un estudio más detallado de la disputa entre Arrio y Alejandro, véase John Anthony McGuckin, *Los senderos del cristianismo: los primeros 1000 años* (Publicaciones Kerigma, Oregon, 2019), 4, pp. 274-275.

[19] Arrio afirmaba que «El Hijo tiene principio [en cambio] Dios es sin principio». Ver Teodoreto, *Hist. ecl.* 1:4,5; Sócrates, *Hist. ecl.* I, VI, y Sozomeno, *Hist. ecl.* I, 15,3. Para el contexto dogmático de las cuestiones discutidas en el concilio véase Giuseppe Albarigo (Ed.), *Historia de los concilios ecuménicos*, I, pp.17-19.

[20] Procesión del Hijo por engendramiento del Padre como *ordo originis* (orden de origen): acto divino, eterno e intratrinitario por el cual el Hijo, que siempre es Hijo, en virtud de la relación de filiación y paternidad divina existente entre el Padre, recibe de él su existencia (origen) y misma sustancia específica, siendo así Hijo y consustancial con el Padre. Ver Lucas F. Mateo-Seco, *Dios Uno y Trino* (EUNSA, 2005), XXIII, p. 517, 546; Gonzalo Lobo Méndez, Dios Uno y Trino (Rialp, Madrid, 2002), VI-VII; Fray Valentín M. Bretón, O. F. M., *La Trinidad: Historia, Doctrina y Piedad* (Desclée de Brower, 1945), II, pp.125-130; Tomás de Aquino, *Summa Theologica* 1q. 27 a. 2; Michael Schmaus, *Katholische Dogmatik*, pp. 463-493.

Su cuerpo de doctrinas se propago rápidamente a través de cánticos de estilo litúrgico, cartas y su obra *Thalia*[21]. De tal importancia fue esta controversia que llego a oídos del emperador Constantino I, y luego a sus manos[22]. El emperador sabía que esta discusión, aunque menor para él en asuntos religiosos, repercutiría a la postre en la paz pública; por esa razón determinó reunir un concilio de obispos para discutir el tema y así acabar con las divergencias. Este concilio convocado en el palacio imperial de Nicea, y precedido por una personalidad eclesiástica aparentemente indefinida[23], consistió con la participación de los obispos más relevantes del momento: Osio de Córdoba (257-359), Alejandro de Alejandría (250-326) junto al diácono Atanasio; Marcelo de Ancira (285-374), Macario de Jerusalén († 335), Leoncio de Cesarea de Capadocia († 337), Eustacio de Antioquía († 338), y un par de presbíteros en representación del Obispo de Roma, que a causa de su edad no logró asistir. En suma eran más de 250 obispos reunidos y otra variedad de asistentes[24]. Los compañeros de Arrio también hicieron presencia. Nunca se había visto a tantos grandes obispos reunidos; muchos de ellos con las marcas del martirio en su cuerpo.

En el sínodo habían tres grupos o partidos: los que concordaban con las doctrinas de Arrio, como la compañía del obispo Eusebio de Nicomedia; los que apoyaban al obispo Alejandro de Alejandría, y los que no estaban completamente preparados ni versados para la discusión[25]. Las sesiones del concilio comenzaron y abordaron variadas cuestiones como el Bautismo de los herejes o disidentes doctrinales y la fecha de la celebración de la pascua, entre otros puntos. Acabado el concilio, donde las doctrinas de Arrio fueron condenadas y su persona depuesta de su cargo eclesiástico, y para definir y confirmar la doctrina ortodoxa, se produjo el *credo*, que fue el fruto de la modificación y adicciones que se hicieron a un *símbolo bautismal* que en el concilio presentó Eusebio de Cesárea (263-339) como el usado en la Iglesia de Jerusalén[26]. Este credo fue aceptado por la mayoría de los Padres el 19 de junio, excepto por dos obispos. En el Concilio de Constantinopla (381), donde se condenó de la herejía del patriarca Macedonio (*macedonianismo*), quien negaba de divinidad del Espíritu Santo, se reafirmó el *credo Niceno* y confirmo la condenación al arrianismo.

Nicolás R. Elgueta Cartes

---

[21] Esta obra ha llegado hasta nosotros solo en algunos fragmentos, sobre todo en un texto de Atanasio, *Apología contra los Arrianos*, I, §5. Ver E. Backhouse y C. Tyler, *Historia de la Iglesia Primitiva*, II, XI, 4, pp. 350- 351; I. Ortiz de Urbina, *Nicea y Constantinopla*, (Eset, Victoria 1969), pp.256-257; Jean Comby, *Para leer la Historia de la Iglesia*, (Editorial Verbo Divino, Navarra 1993), V, p.95.

[22] Alfonso Ropero, *Mártires y Perseguidores* (Clie, 2010), II, 2, 3, pp. 391-392.

[23] Para la discusión sobre la identidad del presidente del concilio véase Gonzalo Fernández, *Los presidentes del concilio de Nicea* (Universidad de Valencia), p.310.

[24] Sozomeno, *Hist. ecl.* I, XVII y XVIII.

[25] Williston Walter, *A History of the Christian Church*, III, 2, p.116

[26] Para ver las modificaciones al texto griego del credo de Eusebio véase A. E. Burn,b.D., *An Introduction to Creeds and to the Te Deum*, IV, II, p.78.

CREDO NICENO

Creemos en un solo Dios, Padre todopoderoso, creador de todas las cosas visibles e invisibles[27]; y en un solo Señor Jesucristo, el Hijo de Dios; unigénito nacido del Padre, es decir, de la sustancia del Padre[28]; Dios de Dios[29], luz de luz[30], Dios verdadero de Dios verdadero; engendrado, no creado; de la misma naturaleza que el Padre; por quien todo fue hecho[31]: tanto lo que hay en el cielo como en la tierra; que por nosotros, los hombres, y por nuestra salvación bajó y se encarnó[32], se hizo hombre, padeció y resucitó al tercer día, subió a los cielos, vendrá a juzgar a vivos y muertos; y en el Espíritu Santo. Y a los que dicen[33]: *hubo un tiempo en que no existió* y: *antes de ser engendrado no existió* y: *fue hecho de la nada o de otra hipóstasis o naturaleza*, pretendiendo que el Hijo de Dios es creado y sujeto a cambio y alteración, a estos los anatematiza la Iglesia católica[34].

---

[27] Col. 1:16
[28] Heb. 1.3
[29] Jn. 1:1-3
[30] Jn. 1:4
[31] Jn. 1:16
[32] Jn. 1:14
[33] Referencia a los arrianos.
[34] universal

INTRODUCCIÓN A LA RESOLUCIÓN DEL CONCILIO DE ÉFESO

El portavoz del nuevo error era un monje, presbítero y patriarca de Constantinopla[35] proveniente de Siria: Nestorio de Antioquía (386-451). Era un predicador inteligente, «hablaba con facilidad, tenía buena voz, su elocuencia no era sólida, pero era bastante adornada para agradar al pueblo... logró crédito en virtud y doctrina»[36] entre las gentes. Para entender la cuestión controversial desprendida de la obra de Nestorio, no podemos ignorar el contexto doctrinal de la época. El asunto cristológico en el siglo V no era unánime. Tradiciones alejandrinas y antioqueñas presentaban sus propias definiciones conceptuales y formas de interpretar los asuntos disputados tal como ya era costumbre desde los inicios de tales escuelas catequéticas; eran, como algunos llaman «dos cristologías en tensión»[37]. La una ponía énfasis en la perfecta humanidad y la otra en la completa divinidad de Cristo[38]. Estas divergentes corrientes cristológicas —que a menudo no presentaban un claro vocabulario— no quedaron sin causar agudos conflictos. El inicio de esta nueva controversia surgió, en primera instancia, por la negación que Nestorio (de tradición antioqueña) hizo, en la predicación de su comunidad, del título θεοτόκος[39] (*madre de Dios*) —el cual la iglesia desde antiguo adjudicó a la Santísima Madre del Señor— haciendo, por el contrario, uso y preferencia de χριστοτόκος ο άνθρωποτόκος (*madre de Cristo, madre de un hombre*). Fue por esta objeción de Nestorio que se despertó una oposición general y violenta en su contra, aún en su propia diócesis, de la cual, por ese motivo, fue acusado de herejía[40]. El error de lo que se conoce como *nestorianismo,* según Tomás de Aquino (1225-1274), consistía en «que la unión del Hijo de Dios con el hombre había consistido únicamente en habitar en un hombre»[41]. Es decir que, aunque Cristo es perfectamente Dios y perfectamente hombre, no obstante, debía distinguirse en él no una persona

---

[35] Véase María G. Guillén Pérez, *La tradición en la Antigüedad Tardía,* (Murcia, 1997) XIV, pp. 151-160; Jacobs, M. Die Reichskirche und ihre Dogmen. En Zugünge zur Kirchengeschichte 3. Gottingen, 1987.

[36] Félix Alas, *Tratado de la Iglesia de Jesu-Christo,* VI, III, p.144.

[37] Ver Barnard Sesboüé y Joseph Wolinski, *El Dios de la salvación,* III, p.292.

[38] Ver José Orlandis, *La Iglesia antigua y medieval,* X, p.178.

[39] En Latín, *Deípara o Deī genetrix.* Ver L. Bouyer, Diccionario de Teología (Herder, Barcelona, 1968), p. 470.

[40] Charles Hodge, *Systematic Theology* (Vol II), III, III, § 5, pp.402-403.

[41] Santo Tomas de Aquino, *Escritos de Catequesis* (Ediciones Rialp, S. A. Madrid 1974), 58. Ver Brevis compilatio theologiae, I, CCIII.

sino dos: la divina y la humana[42]. Con esta comprensión —nada ortodoxa— se hacía de Cristo solo un θεοφόρος (*portador de Dios*), un poseedor de la Deidad: el Cristo-hombre posee a Dios y es adorado porque en él está Dios como habitando. Al resaltar Nestorio la plena humanidad de Cristo eclipsaba la unidad de su persona. Nestorio no estaba de acuerdo con el título *Madre de Dios*; pero cuando los Padres, como Cirilo de Alejandría (378-444) y sus predecesores pre-nicenos hablaban de María bajo esos términos, lo hacían siempre en un sentido cristológico, en referencia a la persona de Cristo y no a sus naturalezas[43]. La bienaventurada María era la madre de un hombre que era el Hijo eterno de Dios, el Dios con nosotros. Basados en eso, se afirmaba que María no era madre de dos personas con sus respectivas naturalezas, sino de una sola persona con dos naturalezas. No obstante, el pensamiento de Nestorio si bien se ha entendido[44], como dice Berkhof, «no es defectuoso en la doctrina de las dos naturalezas de Cristo, lo es más bien, en la doctrina de la unipersonalidad de Cristo. Se admite [en el Nestorianismo] tanto la propia y verdadera deidad, como la propia humanidad de Cristo; pero estas no se conciben de tal manera que forman una verdadera unidad y constituyen una sola persona. Las dos naturalezas son también dos personas»[45]; aun con cierta ortodoxia, el resto de su doctrina no pasaría desapercibida. Para el 430 no solo Roma estaba al tanto de la discusión y de las obras de Nestorio, sino que además ya se había reunido en Alejandría un sínodo por parte de Cirilo para exponer y condenar la enseñanza de Nestorio.

Ante la gran división que provocó esta nueva controversia, Teodosio II, en el 430, convocó la reunión de un concilio en la ciudad de Éfeso. Dentro de los invitados, Celestio obispo de Roma sería representado por Arcadio, Proyecto y Felipe; la iglesia de Cartago lo sería por Agustín de Hipona (354-430), pero este murió en agosto de ese año; en representación suya el obispo Capréolo designó a Bassula[46]; también asistió Juan de Antioquia (380-441) y el obispo de Jerusalén, Juvenal († 458). Cirilo de Alejandría dio finalmente apertura al concilio el 22 de junio del 431. La asamblea, como ocurrió en Nicea, estaba dividida, aunque la mayoría estaban por la parte de Cirilo quien representaba la ortodoxia. El desarrollo de las sesiones del concilio estuvo marcado por la enemistad que tenía Cirilo contra Nestorio[47]; al parecer la ortodoxia, aunque fue el centro de todo, fue usada por Cirilo para deponer a Nestorio de su cargo. Hay que ser sinceros con el comportamiento del ortodoxo Cirilo; como dice Comby, él es un «santo, pero no puede decirse que todas sus acciones fueran santas», y más aún si lo que estaba en juego era la ortodoxia o la sede episcopal, particularmente[48].

---

[42] Véase William Cunningham, *Historical Theology*, X, 2.

[43] Adalbert-G. Hamman, *Para leer Los Padres de la Iglesia* (Descleè De Brouwer, 2009), 3, III,4, p.72.

[44] Justo L. Gonzales, *Historia del Pensamiento Cristiano*, XVII, pp.299-300.

[45] Louis Berkhof, *Historia de las doctrinas Cristianas*, p.132.

[46] Hubert Jedin, *Manual de Historia de la iglesia II* (Editorial Herder S.A., Barcelona, 1979), p.158.

[47] Véase el registro de Sócrates, *Hist. ecl.* VIII, 34.

[48] Jean Comby, *Para leer la Historia de la Iglesia* (Editorial Verbo Divino, 1993) V, II, p.102.

La discusión comenzó, como era frecuente, con oportunidades en las que se exponían las posturas en cuestión. Cirilo interrogaba a Nestorio y se examinaban algunos de sus sermones para encontrar blasfemias contra Jesucristo. A medida que se desarrollaban las sesiones la confrontación entre los partidos opuestos se hacía más evidente. Entre ambos «se lanzaban mutuamente excomuniones y anatemas, había sido puesto en evidencia el fracaso del concilio; tampoco los intentos hechos por el emperador para llevarlo de nuevo al objetivo inicial habían dado resultado. Teodosio II se vio obligado a reconocer la realidad después de haber intentado controlar la situación. La tarea era tanto más compleja y delicada cuanto que el conflicto entre las dos partes repercutía en la misma corte, en donde cada una de ellas contaba con amistades más o menos influyentes. A partir de ese momento surge una serie de presiones para inducir a Teodosio II a atender las razones de uno u otro grupo. En otra obra de persuasión, Cirilo, gracias a sus contactos y a la mayor disponibilidad de medios, tuvo la mejor parte, determinando así ampliamente el resultado final favorable a su concilio»[49]. En la reunión, finalmente, no solo se condenó el Nestorianismo, sino que además no hubo ni un solo obispo que no fuera condenado por su compañero, fue un concilio sin igual, donde reinó la impaciencia[50]. Acabada las sesiones, ya condenada la herejía, depuesto Nestorio y exiliado al desierto donde murió en el 451, nadie más volvió a la pasada discusión.

Lo que el concilio de Éfeso hizo, aun en la forma en que se llevó a cabo, fue reforzar la autoridad y doctrina expuesta en Nicea (325); la divinidad de Cristo y la unidad de su persona. Dentro de las actas del concilio se cuentan la decisión conciliar y doce cánones con anatemas contra la doctrina de Nestorio que redactó Cirilo junto al sínodo de Alejandría en el 430[51], el cual a continuación presentamos:

1. Si alguno no confiesa que Dios es, según verdad, el Emmanuel; y que por lo tanto la santa virgen es madre de Dios (pues dio a luz carnalmente al Verbo de Dios hecho carne), sea anatema.

2. Si alguno no confiesa que el Verbo de Dios Padre se unió a la carne según la hipóstasis, y que Cristo es uno con su propia carne, a saber, que él mismo es Dios al mismo tiempo que hombre, sea anatema.

3. Si alguno divide en el solo Cristo las hipóstasis después de la unión, uniéndolas solo por la conexión de la dignidad o de la autoridad y potestad, y no más bien por la conjunción que resulta de la unión natural, sea anatema.

4. Si alguno distribuye entre dos personas o hipóstasis las voces contenidas en los escritos apostólicos o evangélicos, o las dichas sobre Cristo por los santos o por él mismo acerca de sí mismo; acomodando unas al hombre propiamente entendido aparte del Verbo de Dios; y otras, como dignas de Dios, al solo Verbo de Dios Padre, sea anatema.

5. Si alguno se atreve a decir que Cristo es hombre teóforo o portador de Dios y no, más bien, Dios verdadero, como hijo único y natural, según

---

[49] Giuseppe Albarigo (ed.), *Historia de los concilios ecuménicos*, I, 5, p.76.

[50] Joseph Lortz, *Geschichte der Kirche*, I. Teil, II, § 27.

[51] *Denzinger* 111a, 230.

el Verbo se hizo carne y tuvo parte de modo semejante a nosotros en la carne y en la sangre [Heb. 2:14], sea anatema.

6. Si alguno se atreve a decir que el Verbo del Padre es Dios o Señor de Cristo y no confiesa, más bien, que él mismo es juntamente Dios y hombre, puesto que el Verbo se hizo carne según las Escrituras [Jn. 1:14], sea anatema.

7. Si alguno dice que Jesús fue ayudado como hombre por el Verbo de Dios, y le fue atribuida la gloria del Unigénito, como si fuera otro distinto de él, sea anatema.

8. Si alguno se atreve a decir que el hombre asumido ha de ser co-adorado con Dios Verbo y co-glorificado y, juntamente con él, llamado Dios, como uno en el otro (pues la partícula «co» a esto nos fuerza, a entender siempre un añadido), y no honra más bien, con una sola adoración al Emmanuel ni le tributa una sola gloria según que el Verbo se hizo carne [Jn. 1:14], sea anatema.

9. Si alguno dice que el solo Señor Jesucristo fue glorificado por el Espíritu, como si hubiese usado de la virtud de este como ajena, y de Él hubiese recibido poder para obrar contra los espíritus inmundos y para hacer milagros en medio de los hombres; y no dice, más bien, que aquel por quien obró los milagros es su propio Espíritu, sea anatema.

10. La divina Escritura dice que Cristo se hizo nuestro sumo sacerdote y apóstol de nuestra confesión (Heb. 3:1) y que por nosotros se ofreció a sí mismo en olor de suavidad a Dios Padre (Ef. 5:2). Si alguno, pues, dice que no fue el mismo Verbo de Dios quien se hizo nuestro sumo sacerdote y apóstol cuando se hizo carne y hombre entre nosotros, sino que fue otro fuera de Él; un hombre propiamente nacido de mujer; o si alguno dice que también por sí mismo se ofreció como ofrenda y no, más bien, por nosotros solamente (pues no tenía necesidad alguna de ofrenda el que no conoció el pecado), sea anatema.

11. Si alguno no confiesa que la carne del Señor es vivificante y propia del mismo Verbo de Dios Padre, sino de otro fuera de él, aunque unido a él por dignidad; o que solo tiene la inhabitación divina, y no, más bien, vivificante, como hemos dicho, porque se hizo propia del Verbo, quien tiene poder de vivificarlo todo, sea anatema.

12. Si alguno no confiesa que el Verbo de Dios padeció en la carne y fue crucificado en la carne, y gustó de la muerte en la carne, y que fue hecho primogénito de entre los muertos [Col. 1:18] según es vida y vivificador como Dios, sea anatema.

Nicolás R. Elgueta Cartes

RESOLUCIÓN DEL CONCILIO DE ÉFESO

Pues, no decimos que la naturaleza del Verbo, transformada, se hizo carne; pero tampoco que se trasmutó en el hombre entero, compuesto de alma y cuerpo; sino, más bien, que el Verbo, habiendo unido consigo mismo, según hipóstasis o persona, la carne animada de alma racional, se hizo hombre de modo inefable e incomprensible y fue llamado hijo del hombre, no por sola voluntad o complacencia, pero tampoco por la asunción de la persona sola; y que las naturalezas que se juntan en verdadera unidad son distintas, pero que de ambas resulta un solo Cristo e Hijo; no como si la diferencia de las naturalezas se destruyera por la unión, sino porque la divinidad y la humanidad constituyen más bien para nosotros un solo Señor y Cristo e Hijo por la concurrencia inefable y misteriosa en la unidad... Porque no nació primeramente un hombre vulgar, de la santa virgen, y luego descendió sobre él el Verbo; sino que, unido desde el seno materno, se dice que se sometió a nacimiento carnal, como quien hace suyo el nacimiento de la propia carne... De esta manera [los Santos Padres] no tuvieron inconveniente en llamar madre de Dios a la santa virgen.

RESOLUCIÓN DEL CONCILIO DE CALCEDONIA

Siguiendo, pues, a los Santos Padres, todos a una voz enseñamos que ha de confesarse a uno y el mismo Hijo, nuestro Señor Jesucristo; el mismo, perfecto en divinidad y, el mismo, perfecto en humanidad; Dios verdadero y, el mismo, hombre verdadero, de un alma racional y de un cuerpo; consustancial con el Padre en cuanto a la divinidad y, el mismo, consustancial con nosotros en cuanto a la humanidad; en todo semejante a nosotros, menos en el pecado (Heb. 4:15); engendrado del Padre antes de los siglos en cuanto a la divinidad; y, el mismo, en estos últimos días, por nosotros y por nuestra salvación, engendrado de la virgen María, madre de Dios, en cuanto a la humanidad; uno y el mismo Cristo, Hijo, Señor, Unigénito, que ha de reconocerse en dos naturalezas inconfundibles, inmutables, indivisibles, inseparables; en modo alguno borrando la diferencia de naturalezas por causa de la unión, sino más bien conservando cada naturaleza su propiedad, concurriendo en una sola persona y en una sola hipóstasis; no partido o dividido en dos personas, sino uno y el mismo Hijo Unigénito, Dios Verbo, el Señor Jesucristo; como de antiguo, acerca de Él, nos enseñaron los profetas y el mismo Jesucristo, y como nos lo ha trasmitido el Símbolo de los Padres.

INTRODUCCIÓN AL CREDO DE ATANASIO

Este credo occidental, llamado «Quicumque vult» (Quien quiera) —por las palabras latinas con que comienza— es relacionado desde el siglo V-VI con Atanasio de Alejandría (293-373)[52], el gran defensor de la fe nicena en contra de las tesis arrianas. Aunque hasta el siglo XII se creía por tradición que Atanasio era su autor, esto en la actualidad es la conclusión menos probable[53]. Sin embargo, algo es cierto, como ocurre también con el credo apostólico, y es que este credo contiene la ortodoxia que Atanasio expresaba[54]. El ver algunos aspectos sobre la autoría es necesario. Los primeros usos del credo aparecen después de la muerte de Atanasio y fuera del sector alejandrino, en el territorio de Galia o el norte de África, un territorio occidental; de hecho, la primera mención que atribuye el credo a Atanasio se encuentra en el primer canon del concilio de Autun, a mediados del siglo VII. La lengua del credo es el latín y no el griego como se esperaría, lo que lleva a concluir que no es un texto oriental sino occidental. Además, hay términos comunes que Atanasio usaba, por ejemplo, ὁμοούσιος[55], y que son omitidos en el credo, y otros términos desconocidos para él son añadidos, como filioque[56]. Estos y otros argumentos confirman que el gran Atanasio no fue el autor del credo[57]. No obstante, sea quien fuese su autor, es sin dudas un magnifico compendio de la fe trinitaria y cristológica ortodoxa que, desde el comienzo, ha formado parte del cuerpo doctrinal reformado[58].

Nicolás R. Elgueta Cartes

---

[52] De aquí su otro nombre *Symbolum Athanasianum*. Para una biografía de Atanasio y un registro de sus escritos, ver Philip Schaff, NPNF II, Volume 4, §§ 1-10.

[53] El progreso histórico de la crítica del credo se remonta al siglo XVII con el holandés Geerhardus J. Vossius (1577-1649), quien en su *De Tribus Symbolis* se encargó de demostrar la imposibilidad de tal autoría. Ver Andrew Spicer, *Transactions of the Royal Historical Society* Vol. XXVI, p.70.

[54] Ver *Carta a Serapiòn*, I, 28, trac. C. Gramajo, "Biblioteca Patrística", 71, Ciudad Nueva, Madrid, 2007, p.117-119. En Adalbert-G. Hamman, *Para Leer a los Padres de la Iglesia* (Descleè De Brouwer, 2009), III, 3, p. 70

[55] homoousios: de una misma esencia o sustancia.

[56] «y del Hijo»

[57] Véase T. P. Boultbee, *A Commentary on the Thirty-Nine Articles: Forming an Introduction to the Theology of the Church of England*, II, p.70.

[58] Ver *Confesión Belga* 9; *Confesión Galicana* I:7; *Los 39 Artículos de la Religión* 8 y *Artículos de la Religión Irlandeses* 7.

CREDO DE ATANASIO

Quienquiera desee salvarse debe, ante todo, guardar la fe católica: quien no la observare íntegra e inviolada, sin duda perecerá eternamente.

Esta es la fe católica: que veneramos a un Dios en la Trinidad y a la Trinidad en unidad. Ni confundimos las personas, ni separamos las substancias[59]. Porque una es la persona del Padre, otra la del Hijo, otra la del Espíritu Santo: Pero la divinidad del Padre y del Hijo y del Espíritu Santo es una, igual es su gloria, coeterna es su majestad. Como el Padre, tal es el Hijo, tal es el Espíritu Santo. Increado el Padre, increado el Hijo, increado el Espíritu Santo. Inmenso el Padre, inmenso el Hijo, inmenso el Espíritu Santo. Eterno el Padre, eterno el Hijo, eterno el Espíritu Santo. Y, sin embargo, no son tres eternos, sino uno eterno. Como no son tres increados, ni tres inmensos, sino uno increado y uno inmenso. Igualmente, omnipotente el Padre, omnipotente el Hijo, omnipotente el Espíritu Santo. Y, sin embargo, no son tres omnipotentes, sino uno omnipotente. Como es Dios el Padre, es Dios el Hijo, es Dios el Espíritu Santo. Y, sin embargo, no son tres dioses, sino un solo Dios. Como es Señor el Padre, es Señor el Hijo y es Señor el Espíritu Santo. Y, sin embargo, no tres señores sino un Señor. Porque, así como la verdad cristiana nos compele a confesar que cualquiera de las personas es, singularmente, Dios y Señor; así la religión católica nos prohíbe decir que son tres Dioses o Señores. Al Padre nadie lo hizo: ni lo creó, ni lo engendró. El Hijo es solo del Padre: no hecho, ni creado, sino engendrado. El Espíritu Santo es del Padre y del Hijo: no hecho, ni creado, ni engendrado, sino procedente de ellos. Por tanto, un Padre, no tres Padres; un Hijo, no tres Hijos, un Espíritu Santo, no tres Espíritus Santos. Y en esta Trinidad nada es primero o posterior, nada mayor o menor: sino todas las tres personas son coeternas y coiguales, las unas para con las otras. Así, para que la unidad en la Trinidad y la Trinidad en la unidad sea venerada por todos, como se dijo antes.

Quien quiera salvarse, por tanto, esto debe sentir de la Trinidad. Pero, para la salvación eterna, es necesario creer fielmente también en la encarnación de nuestro Señor Jesucristo. Es pues fe recta que creamos y

---

[59] Toda esta expresión, «*Neque* [Ni] *confundentes* [confundimos] *personas* [personas], *neque* [ni] *substantiam* [substancias] *seperantes* [separamos]» viene a ser un resumen sobre la definición cristológica ortodoxa de las dos naturalezas de Cristo, tal como aparece en la declaración del concilio de Calcedonia.

confesemos que nuestro Señor Jesucristo, Hijo de Dios, es Dios y hombre. Es Dios de la substancia del Padre, engendrado antes de los siglos, y es hombre de la substancia de la madre, nacido en el tiempo. Dios perfecto, hombre perfecto: con alma racional y carne humana. Igual al Padre, según la divinidad; menor que el Padre, según la humanidad. Aunque Dios y hombre, Cristo no es dos, sino uno. Uno, no por conversión de la divinidad en carne, sino porque la humanidad fue asumida por Dios. Completamente uno, no por mezcla de las substancias, sino por unidad de la persona. Porque, como el alma racional y la carne son un hombre, así Dios y hombre son un Cristo. Que padeció por nuestra salvación: descendió a los infiernos, al tercer día resucitó de entre los muertos. Ascendió a los cielos, está sentado a la diestra de Dios Padre omnipotente; de allí vendrá a juzgar a vivos y muertos. A su venida, todos los hombres tendrán que resucitar con sus propios cuerpos, y tendrán que dar cuenta de sus propios actos. Los que actuaron bien irán a la vida eterna; los que mal, al fuego eterno. Esta es la fe católica, quien no la crea fiel y firmemente, no podrá salvarse. Amén.

SEGUNDA PARTE

Catecismos

INTRODUCCIÓN AL CATECISMO DE HEIDELBERG

Este texto, compuesto por 129 preguntas, fue redactado en 1562 por Zacarías Ursino, profesor de teología de la facultad de Heidelberg, junto a Kaspar Oleviano, el predicador[60] de la *Heiliggeistkirche* bajo la orden y principal intención del Elector Federico III, y publicado, luego de su aprobación general, en enero del año 1563[61] bajo el título de *«Catechismus Oder Christlicher Underricht, wie der in Kirchen und Schulen der Churfürstlichen Pfaltz getrieben wirdt»*[62] Luego que Federico[63] tomara el cargo de Elector en 1559, lo primero, tocante a la religión, en que fue testigo y partícipe, fue en la antigua[64] disputa sobre la naturaleza de la presencia de Cristo en el sacramento de la Cena del Señor[65]. Estaba titubeando en medio de dos posturas sobre esta institución divina: la *luterana*, defendida por Tilemann Hesshusen (1527-1588); y la *reformada*, expuesta por Wilhelm Klebitz (1533-1568), siendo este último severamente acusado de herejía por Hesshusen[66], quien tenía ya experiencia, por su rígido carácter, en controversias de ese contexto. La influencia de ambas posturas era importante, considerando que para aquel tiempo había rigurosos luteranos discípulos de Melanchthon[67] y también reformados convencidos que entre sí causaban tensiones serias sobre dicho asunto[68]. Buscando la paz entre esta disputa, Federico quiso acabar este enfrentamiento despidiendo a los dos contenciosos maestros, pero el dilema no se acabó totalmente. Aún quedaba la duda sobre a cuál postura adherirse y dos puestos eclesiásticos sin usar. Debido a tales carencias, Federico convocó en Junio de 1560 una disputa de carácter público[69], en la cual, finalmente, definió su postura: la reformada, y así el Palatinado se volvió

---

[60] *The Confessions and the Church Order of the Protestant Reformed Churches*, p.82.

[61] Ver F. Limón (ed.) *Introducción a la Historia Reformada*, 6, p.171.

[62] «Catecismo o enseñanza cristiana como la que se practica en las iglesias y escuelas del Palatinado Electoral».

[63] Llamado también «el Piadoso» (Simmern 1515- Heidelberg 1576).

[64] Arnold Huijgen, *The Spirituality of the Heidelberg Catechism*, p.9.

[65] Geneva Press, *Book of Confessions*, Study Edition, p.51.

[66] John W. Nevin, *History and Genius of the Heidelberg Catechism*, III, p.34. Chambersburg, Pennsylvania, 1847.

[67] Esto es aún más claro al saber que la base dogmático-confesional de la universidad de Heidelberg era la Confesión de Augsburgo (Luterana).

[68] Georg Plasger, *Las Confesiones Reformadas en los siglos XVI y XVII* (Lección 6), 4, p.15

[69] P. Schaff, *Creeds of Christendom*, I, § 69.

calvinista[70] en su interpretación sobre la Cena del Señor. Decidió también, en ese mismo año, resolver el problema de las vacantes de maestro y pastor en Heidelberg, mandando a llamar a dos sabios «reformadores de segunda la generación» para que pudiesen nutrir la fe de la iglesia no solo mediante la predicación y enseñanza, sino también, y principalmente, por la redacción de un *catecismo* que uniera y a la vez definiera la doctrina adoptada y unánimemente confesada.

Se convocó a Zacarias Ursino (1534-1584), un exalumno de Melanchton en Wittenberg, quien luego de 1557 ya había conocido no solo el credo reformado, sino, además, personalmente a sus grandes exponentes como Bullinger, Vermigli, Calvino y Beza. Ursino no era nuevo en la redacción de catecismos. Antes de *Heidelberg* y del comentario al mismo[71], ya había publicado dos, el «Mayor» y el «Menor», siendo el primero, su *Summa theologiæ*, dedicada para sus clases, el contenedor de su teología madura. Como dice Schaff «Ursino era un hombre de profundo aprendizaje clásico, filosófico y teológico, gusto poético, raro don de enseñanza y piedad ferviente...No era un orador, ni un hombre de acción, sino un estudiante retirado, modesto y trabajador»[72]. Fue también convocado el reformador alemán de Tréveris, Kaspar Oleviano (1536-1587). Era igual de estudioso que Ursino; había pasado por centros de estudio en París, Bourges y Orleans, y además en la renombrada facultad de teología en Ginebra y Zúrich, donde compartía con reformadores suizos. Tras ser encarcelado, junto a otros catorce protestantes, por su predicación evangélica en Tréveris, fue liberado en 1560 luego de varias semanas de prisión, y llamado por Federico III hacia Heidelberg como pastor y predicador, desempeñándose también como maestro. La diferencia entre Oleviano y Ursino era su gran elocuencia; era un tanto inferior a Ursino en el aprendizaje, pero superior en la predicación y en el gobierno de la iglesia.

Así, la llegada de estos dos hombres fue el establecimiento definitivo del escenario para la producción del catecismo de Heidelberg. Federico III, y en él mismo el territorio, expresaría su fe reformada para ser públicamente expuesta y enseñada a todos, uniendo a las corrientes protestantes del Palatinado Electoral[73]. En la producción del catecismo, los dones de cada autor «se combinaron en una hermosa armonía y produjeron un trabajo conjunto que es muy superior a todas las producciones separadas de ambos. En el Catecismo se superaron a sí mismos. Estaban en cierta medida inspirados para ello». Los autores realizaron algunos borradores en latín y alemán, luego estos serían presentados, por orden de Federico, al sínodo de Heidelberg con sus maestros y ministros para que el texto fuese revisado, aprobado (como fue en 1562) y prontamente publicado de forma oficial para su uso[74]. Luego de pasar, desde su publicación oficial en 1563, por tres ediciones, el 15 de noviembre de ese año se publicó la cuarta y definitiva con

---

[70] Justo L. Gonzales, *Historia del Pensamiento Cristiano*, XXXVIII, p.689-690.

[71] El «*Corpus doctrinæ orthodoxæ*» de 1563.

[72] Ibid., p. 534-535.

[73] Georg Plasger, Ibid., p.15

[74] Ver *Original Preface of Heidelberg Catechism*, de la edición de 1563, y P. Schaff, *Creeds of Christendom, with a History and Critical notes*, I, § 69.

sus 129[75] preguntas para ser divididas en un total de 52 domingos o «días del Señor», para cumplir un año completo de catequesis. En el Sínodo de Dort (1619) se le declaró como el texto estándar de la iglesia reformada para ser expuesto en todas las congregaciones como manual de la doctrina cristiana ortodoxa, para pasar a formar parte de las «Tres Formas de Unidad» (3FU) doctrinal de la Iglesia holandesa.

El propósito de este catecismo, que era «de acuerdo con la Palabra de Dios», era que fuese utilizado por pastores y maestros para la instrucción doctrinal. Que tanto en las iglesias, escuelas y centros teológicos el catecismos fuera, en palabras del mismo Federico III, «el curso de instrucción resumida de nuestra religión cristiana» para que los maestros no «adopten cambios diarios o introduzcan doctrinas erróneas»; bajo la esperanza de que «si nuestros jóvenes en la vida temprana son instruidos y educados fervientemente en la Palabra de Dios, agradará al Dios Todopoderoso también otorgar la reforma de la moral pública y privada, y el bienestar temporal y eterno».

Contenido:

El bosquejo del catecismo se divide en tres secciones o bloques de preguntas y respuestas, las cuales se pueden armonizar con la epístola de san Pablo a los romanos:

1. Sobre el pecado y la miseria del hombre: P. 3-11 = Rom. 1-3
2. Sobre la redención que obró Jesucristo: P.12-85 = Rom. 4-1
3. Sobre la gratitud de los redimidos, y la vida cristiana: P. 86-129 = Rom. 12-16

Nicolás R. Elgueta Cartes

---

[75] En la segunda edición de 1563, el catecismo añade, por orden de Federico III, en la sección sobre «La santa cena de nuestro Señor», la pregunta 80 como una respuesta a las declaraciones sacramentales del Concilio de Trento (1545-1563) sobre la eucaristía; marcando y definiendo la diferencia sobre «la Cena del Señor y la misa papal».

EL CATECISMO
DE HEIDELBERG

CATEQUESIS DE LA RELIGIÓN
CRISTIANA, QUE SE IMPARTE EN LAS IGLESIAS Y
LAS ESCUELAS EN EL PALATINADO

Heidelberg

Impreso Michael Schirat,

y John Marik

año 1563

Mc. 8.

Porque el que se avergonzare de mí y de mis palabras en esta generación adultera y pecadora, el Hijo del hombre se avergonzará también de él, cuando venga en la gloria de su Padre con los santos ángeles.

Federico

Por la gracia de Dios, elector del Palatinado del Rin y del Sacro Imperio Romano, a quien todo se le confía, a saber, el cuidado de las iglesias y las escuelas que se encuentran en el Palatinado

S.D.

Luego que se nos otorgó de Dios, su Palabra, que sabemos, es de la propia naturaleza del Padre, y que su Palabra fue puesta, principalmente por Él en nosotros, es preciso dar la mayor gloria a Dios. Decidió Dios que no habría nada por lo que trabajaríamos más que la satisfacción de conciencia y nuestra salvación. Todo aquello cuanto se nos otorgó de Dios es digno de reflexionar. No estaba estipulado que estuviéramos, sin embargo, ahora que estamos, se nos aconsejó administrar la santidad de forma consistente de nuestra fe, de un pueblo unido. No solo con dulzura y tranquilidad vivirán los cultivadores de la justicia y la virtud, sino que también Dios los guiará a su modo de Dios creador y sobre todo el Redentor, del cual conoceríamos, precisamente de manera única, que cuando sobra la virtud, se entrega la más grande obediencia y verdad a la misericordia de Dios como Él lo hizo. Empecemos con todo ánimo a reflexionar con un deseo que se iguale a la felicidad; tan grande que se extienda a los congregados por Dios y que se extienda a nuestros antepasados con los que estamos unidos con lazos de sangre, y a los que no nos queda más que rendirles reverencia con amor. También a aquellos que por casualidad en la vida fue enseñado o que en su efecto fue alcanzado por nosotros, pero que aún inexpertos en conocimiento, fueron, en aquel primer momento, influenciados por las enseñanzas de la verdadera doctrina, y que posteriormente esta se corrompió cuando brotó el mal, e impuso cargas pesadas e innecesarias para la salvación, por lo que se vieron afectados desgraciadamente por esta ignorancia dolorosa. Con estas tantas calamidades que ya vimos, y estas cosas que ya reflexionamos y reflexionaremos, es claro que ni a mí, ni la iglesia, ni la república, que ni siquiera han permanecido de forma honesta y disciplinada en los lugares donde tienen control, les ha importado; solamente a nosotros nos ha importado aquel joven inexperto en la doctrina, que escuchó en sus primeros años la voz de la religión cristiana verdadera, se ejercitó asiduamente en ella e hizo cosas necesarias para la salvación; aunque también podríamos decir que fue afectado por el mal, esto no lo ocultamos, porque ha sido puesto también por Dios misericordiosamente para mayor gloria de Él, para el pueblo no debe haber ya nada oculto. Hemos también experimentado, por otra parte, la dirección de los nuestros; cabe recalcar que volveremos a hacer llamado a todos aquellos líderes que deben salir para ser útiles al pueblo que se les ha asignado. Aunque también a aquellos que fueron llamados y, por el hecho de que no mostraron frutos y no fueron reconocidos, los volveremos a llamar. Hemos ya ahondado en estas cuestiones del modo en que se nos ha sido preparado por Dios. Volveremos a hacer el llamado, y además restituiremos la verdad que desde un principio se estableció firmemente pero que fue corrompida y distorsionada, este deseo lo seguimos apoyando. Por esta razón, esa verdad la enmendaremos y la corregiremos, ya que anteriormente en vanas discusiones se descuidó a la delicada juventud la enseñanza de la verdad del cristianismo y cómo debería haber sido la condición de la Iglesia, a tal grado que el mal, y la nada, se convirtieron en algo ciertamente muy normal.

EL CATECISMO
DE HEIDELBERG

1.er DÍA DEL SEÑOR

P. 1. ¿Cuál es tu único consuelo en la vida y en la muerte?

R. Que yo, con cuerpo y alma, tanto en la vida como en la muerte[a], no me pertenezco a mí mismo[b], sino a mi fiel Salvador Jesucristo[c], quien, con su preciosa sangre, me liberó del dominio del diablo[d], satisfizo completamente la deuda de todos mis pecados[e], y me preserva tanto[f] que, sin la voluntad de mi Padre celestial, ningún cabello de mi cabeza puede caer[g]; antes, es necesario que todas las cosas aprovechen a favor de mi salvación[h]. Por eso también me asegura, por su Espíritu Santo, la vida eterna[i] y me hace pronto y capaz de vivir, en adelante, según su santa voluntad[j][76].

P. 2. ¿Cuántas cosas son necesarias saber para qué, gozando de este consuelo, puedas vivir y morir felizmente?

R. Tres:[a] primero, cuán grande son mis pecados y miserias[b]; segundo, cómo puedo ser liberado de mis pecados y miserias[c]; tercero, cómo expresaré mi gratitud a Dios por tales beneficios[d][77].

---

[76] **a.** Rom. 14:8; **b.** 1 Cor. 6:19; **c.** 1 Cor. 3:23; Tit. 2:14; **d.** Heb. 2:14; 1 Jn. 3:8; Jn. 8:34-36; **e.** 1 Ped. 1:18-19; 1 Jn. 2:2,12; **f.** Jn. 6:39; Jn. 10:28; 2 Tes. 3:3; 1 Ped. 1:5; **g.** Mat. 10:30; Luc. 21:18; **h.** Rom. 8:28; **i.** 2 Cor. 1:22; 2 Cor. 5:5; Ef. 1:14; Rom. 8:16; **j.** Rom. 8:14; 1 Jn. 3:3.

[77] **a.** Mat. 11:28-30; Ef. 5:8; **b.** Jn. 9:41; Mat. 9:12; Rom. 3:10; Jn. 1:9-10; **c.** Jn. 17:3; Hch. 10:43; Hch. 4:12; **d.** Ef. 5:10; Sal. 50:14; Mat. 5:16; 1 Ped. 2:12; Rom. 6:13; 2 Ti. 2:15.

LA PRIMERA PARTE
SOBRE LA MISERIA DEL HOMBRE

2.º DÍA DEL SEÑOR

P. 3. ¿De dónde conoces tu miseria?
R. De la Ley de Dios[a][78].

P. 4. ¿Qué requiere de nosotros la Ley de Dios?
R. Cristo nos enseña resumidamente en Mat. 22:37-40: «Amarás al Señor tu Dios con todo tu corazón y con toda tu alma y con toda tu mente y con todas tus fuerzas. Este es el primero y grande mandamiento. Y el segundo es semejante: Amarás a tu prójimo como a ti mismo. De estos dos mandamientos depende toda la Ley y los Profetas[a]»[79].

P. 5. ¿Puedes cumplir todas estas cosas perfectamente?
R. De ninguna manera[a], porque, por naturaleza, estoy inclinado a odiar a Dios y a mi prójimo[b][80].

3.er DÍA DEL SEÑOR

P. 6. ¿Entonces, creó Dios al hombre tan malo y perverso?
R. De ninguna manera, sino que Dios creó al hombre bueno[a] y a su propia imagen[b], en justicia y santidad verdaderas, para que rectamente conociera a Dios su Creador, le amase de todo corazón y viviera con Él en eterna felicidad, para glorificarle y alabarle[c][81].

P. 7. ¿Entonces, de dónde procede esta depravación de la naturaleza humana?
R. De la caída y desobediencia de nuestros primeros padres Adán y Eva en el paraíso[a], por ello, nuestra naturaleza ha quedado de tal manera corrompida, que todos somos concebidos y nacidos en pecado[b][82].

P. 8. ¿Estamos tan corrompidos que somos totalmente incapaces de hacer el bien, e inclinados a todo mal?
R. Ciertamente[a]; si no hemos sido regenerados por el Espíritu de Dios[b][83].

4.º DÍA DEL SEÑOR

---

[78] **a.** Rom. 3:20.

[79] **a.** Deu. 6:5; Lev. 19:18; Mar. 12:30; Luc. 10:27.

[80] **a.** Rom. 3:10, 20, 23; 1 Jn. 1:8,10; **b.** Rom. 8:7; Ef. 2:3; Tit. 3:3; Gén. 6:5, Gén. 8:21; Jer. 17:9; Rom. 7:23.

[81] **a.** Gén. 1:31; **b.** Gén. 1:26, 27; **c.** Ef. 4:24; Col. 3:10; 2 Cor. 3:18.

[82] **a.** Gén. 3; Rom. 5:12,18,19; **b.** Sal. 51:5; Gén. 5:3.

[83] **a.** Gén. 8:21; Gén. 6,5; Job. 14:4; Job. 15:14; Job. 16:35; Jn. 3:6; Isa. 53:6; **b.** Jn. 3:3, 5; 1 Cor. 12:3; 2 Cor. 3:5.

P. 9. ¿No hace Dios injusticia al hombre al pedirle en su Ley que haga lo que no puede cumplir?

R. No, en lo absoluto[a], porque Dios creó al hombre capaz de poderla cumplir[b]; pero el hombre, por instigación del diablo[c] y su propia desobediencia se privó a sí, y a toda su posteridad, de estos dones divinos[84].

P. 10. ¿Dejará Dios impune tal desobediencia y rebelión?

R. De ninguna manera, sino que su ira se engrandece terriblemente[a], tanto por el pecado original, como por aquellos que cometemos ahora, y quiere castigarlos, por su perfecta justicia, temporal o eternamente[b]. Según ha dicho Él mismo: «Maldito todo aquel que no permaneciere en todas las cosas escritas en el libro de la Ley, para hacerlas»[c][85].

P. 11. ¿No es Dios también misericordioso?

R. Dios, efectivamente, es misericordioso[a]; pero también es justo[b]. Por tanto, su justicia exige que el pecado que se ha cometido contra su Suprema Majestad sea también castigado con el mayor castigo, que es la pena eterna, así en el cuerpo como en el alma[86].

LA SEGUNDA PARTE
SOBRE LA LIBERACIÓN DEL HOMBRE

5.º DÍA DEL SEÑOR

P. 12. Si por el justo juicio de Dios merecemos penas temporales y eternas, ¿no hay posibilidad alguna de escapar de este castigo y recibir nuevamente el favor de Dios?

R. Dios quiere que se dé satisfacción a su justicia[a]: y por tanto debemos satisfacerla completamente, ya sea por nosotros mismos o por alguno otro[b][87].

P. 13. ¿Podemos satisfacerla por nosotros mismos?

R. De ninguna manera, por el contrario, incrementamos diariamente nuestra deuda[a][88].

P. 14. ¿Podría hallar ese alguien que, siendo una mera criatura, pagase por nosotros?

R. No, Primero porque Dios no quiere castigar, en otra criatura, el pecado que el hombre ha cometido[a]; segundo, porque una simple criatura es incapaz de soportar la ira eterna de Dios contra el pecado y liberar a otros de ella[b][89].

---

[84] **a.** Ef. 4:24; **b.** Gén. 3:13; 1 Ti. 2:13, 14; **c.** Gén. 3:6; Rom. 5:12.

[85] **a.** Gén. 2:17; Rom. 5:12; **b.** Sal. 50:21; Sal. 5:5; Nah. 1:2, Ex. 34:7; Rom. 1:18; Ef. 5:6; **c.** Deu. 27:26; Gál. 3:10.

[86] **a.** Ex. 34:6-7; Ex. 20:6; **b.** Sal. 7:9; Ex. 20:5; 23:7; 34:7; Sal. 5:4-5; Nah. 1:2-3.

[87] **a.** Gén. 2:17; Ex. 23:7; Eze. 18:4; Mat. 5:26; 2 Tes. 1:1-6; Luc. 16:2; **b.** Rom. 8:4.

[88] **a.** Job 9:2; Job 15:15,16; Job 4:18-19; Sal. 130:3; Mat. 6:12; Mat. 18:25; Mat. 16:26.

[89] **a.** Eze. 18:4; Gén. 3:17. **b.** Nah. 1:6; Sal. 130:3.

P. 15. *¿Entonces, que clase de mediador y redentor debemos buscar?*

R. Uno que sea verdadero hombre[a] y perfectamente justo[b] y que sea más poderoso que todas las criaturas, es decir, que sea también verdadero Dios[c90].

6.º DÍA DEL SEÑOR

P. 16. *¿Por qué debe ser verdadero hombre y perfectamente justo?*

R. Porque la justicia de Dios exige que la misma naturaleza humana que ha pecado, haga satisfacción por el pecado[a]; y uno, que en él mismo sea pecador, no puede pagar por otros[b91].

P. 17. *¿Por qué también debe ser una persona que sea verdadero Dios?*

R. Para que, por el poder de su divinidad[a], pueda llevar en su humanidad[b] la carga de la ira de Dios[c], y obtener y restituir en nosotros la justicia y la vida[d92].

P. 18. *¿Quién es este mediador, que al mismo tiempo es verdadero Dios[a], y verdadero hombre[b] perfectamente justo[c]?*

R. Nuestro Señor Jesucristo[d], el cual nos ha sido hecho por Dios, sabiduría y justicia, santificación y redención[e93].

P. 19. *¿De dónde sabes todo esto?*

Del santo evangelio, el cual Dios reveló primeramente en el paraíso[a], y después lo anunció por los santos patriarcas[b] y profetas[c], y lo hizo representar por los sacrificios y las demás ceremonias de la Ley[d]: y finalmente lo cumplió por su Hijo Unigénito[e94].

7.º DÍA DEL SEÑOR

P. 20. *¿Son salvados en Cristo todos los hombres que murieron en Adán?*

R. No todos[a], sino solo aquellos que por la fe verdadera son incorporados en Él y aceptan sus beneficios[b95].

---

90 **a.** 1 Cor. 15:21. **b.** Heb. 7:26. **c.** Isa. 7:14; 9:5; Jer. 23:6; Luc. 11:22.

91 **a.** Eze.18:4,20; Rom. 5:18; 1 Cor. 15:21; Heb. 2:14,15,16. **b.** Heb. 7:26,27; Sal. 49:7; Rom. 3:18.

92 **a.** Isa. 9:5; Isa. 63:3. **b.** Isa. 53:4,11. **c.** Deu. 4:24; Nah. 1:6; Sal. 130:3; **d.** Isa. 53:5,11.

93 **a.** 1 Jn. 5:20; Rom. 9:5; Rom. 8:3; Gál. 4:4; Isa. 9:6; Jer. 23:6; Ml. 3:1. **b.** Luc. 1:42; Luc. 2:6,7; Rom. 1:3; Rom. 9:5; Fil. 2:7; Heb. 2:14, 16, 17; Heb. 4:15. **c.** Isa. 53:9,11; Jer. 23:5; Luc. 1:35, Jn. 8.46; Heb. 4:15; Heb. 7:26; 1 Ped. 1:19; 1 Ped. 2:22; 3:18; **d.** 1 Tim. 3:16; Luc. 2:11; Heb. 2:9; **e.** 1 Cor. 1:30.

94 **a.** Gén. 3:15. **b.** Gén. 22:18; Gén. 12:3; Gén. 49:10. **c.** Isa. 53; 42:1-4; 43:25; 49:5, 6, 22, 23; Jer. 23:5,6,31-33; Jer. 32:39-41; Mq. 1:18-20; Hch 3:22-24; Rom. 1:2, Heb. 1:1. **d.** Heb. 10:1, 8; Col. 2:7; Jn. 5:46. **e.** Rom. 10:14; Gál. 3:24; Col. 2:17.

95 a. Mat. 7:14; Mat. 22:14. b. Mc. 16:16; Jn. 1:12; 3:16,18,36; Isa. 53:11; Sal. 2:11; Rom. 11:20; Rom. 3:22; Heb. 4:3; 5:9; 10:39; 11:6.

P. 21. ¿Qué es la fe verdadera?

R. La verdadera fe no es solo un conocimiento seguro por el cual considero cierto todo lo que el Señor nos ha revelado en su Palabra[a], sino también una verdadera confianza[b] que el Espíritu Santo[c] infunde en mi corazón, por medio del evangelio[d], acerca de que no solo a otros, sino a mí también, Dios me ha dado gratuitamente, remisión de pecados, justicia eterna y salvación[e], y eso de pura gracia y solamente por los méritos de Jesucristo[f][96].

P. 22. ¿Qué es lo que debe creer el cristiano?

R. Todo lo que se nos ha prometido en el santo evangelio[a], resumidamente contenido en el Símbolo Apostólico, en cuyos artículos se expresa la fe universal e infalible de todos los cristianos[97].

P. 23. ¿Qué dicen estos artículos?

R. Creo en Dios Padre, todopoderoso, Creador del cielo y de la tierra. Creo en Jesucristo su único hijo, nuestro Señor; que fue concebido por el Espíritu Santo, nació de la virgen María; padeció bajo el poder de Poncio Pilato, fue crucificado, muerto y sepultado; descendió a los infiernos, y al tercer día resucitó de entre los muertos; subió a los cielos; está sentado a la diestra de Dios, Padre todopoderoso, de donde vendrá a juzgar a los vivos y a los muertos. Creo en el Espíritu Santo; una Santa Iglesia cristiana católica[a], la comunión de los santos; la remisión de los pecados, la resurrección del cuerpo y la vida eterna. Amén[98].

8.º DÍA DEL SEÑOR

P. 24. ¿En cuántas partes se dividen estos artículos?

R. En tres. La primera: de Dios Padre y de nuestra creación. La segunda: de Dios Hijo y de nuestra redención. La tercera: de Dios Espíritu Santo y nuestra santificación.

P. 25. Si no hay más que una naturaleza Divina[a], ¿por qué nombras tres: Padre, Hijo y Espíritu Santo?

R. Porque Dios se manifestó así en su Palabra[b], de manera que estas tres personas son el único, verdadero y eterno Dios[99].

DE DIOS PADRE Y DE NUESTRA CREACIÓN

9.º DÍA DEL SEÑOR

---

[96] **a.** Stg. 2:19. **b.** Heb. 11:1,7; Rom. 4:18,21; Rom. 10:10; Ef. 3:12; Heb. 4:16; Stg. 1:6. **c.** Gál. 5:22; Mat. 16:17; 2 Cor. 4:13; Jn. 6:29; Ef. 2:8; Fil. 1:19; Hch 16:14. **d.** Rom. 1:16, Rom. 10:17; 1 Cor. 1:21; Hch 10:44; Hch 16:14. **e.** Rom. 1:7; Gál. 3:11; Heb. 10:10, 38; Gál. 2:16. f Ef. 2:8; Rom. 3:24; Rom. 5:19; Luc. 1:77, 78.

[97] **a.** Jn. 20:31; Mat. 28:19; Mc. 1:15.

[98] **a.** Católica, tiene el significado de universal (en todos los tiempos y lugares).

[99] **a.** Deu. 6:4; Ef. 4:6; Isa. 44:6; 45:5; 1 Cor. 8:4,6. **b.** Isa. 61:1; Luc. 4:18; Gén. 1:2,3 Sal. 33:6; Isa. 48.16; Mat. 3:16,17; 28:19; 1 Jn. 5:7; Isa. 6:1,3; Jn. 14:26; Jn. 15:26; 2 Cor. 13:13; Gál. 4:6; Ef. 2:18; Tit. 3:5, 6.

P. 26. ¿Qué profesas cuando dices: creo en Dios Padre Todopoderoso, Creador del cielo y de la tierra?

R. Que el Padre de nuestro Señor Jesucristo, quien de la nada creó el cielo y la tierra, con todo lo que en ellos hay[a], sustentándolo y gobernándolo todo por su eterno consejo y providencia[b], es mi Dios y mi Padre por amor de su Hijo Jesucristo[c]; en quien confío de tal manera que no dudo que me proveerá de todo lo necesario para mi alma y mi cuerpo[d]; y aún más, creo que todos los males que puedo sufrir por su voluntad, en este valle de lágrimas, los volverá en bien para mi salvación[e]. Él puede hacerlo como Dios todopoderoso[f], y quiere hacerlo como Padre benigno y fiel[g][100].

10.º DÍA DEL SEÑOR

P. 27. ¿Qué es la providencia de Dios?

R. Es el poder de Dios omnipotente, y presente en todo lugar[a], por el cual sostiene y gobierna el cielo, la tierra y todas las criaturas, de tal manera[b] que todo lo que la tierra produce, la lluvia y la sequía[c], la fertilidad y la estabilidad, la comida y la bebida, la salud y la enfermedad[d], riquezas y pobrezas[e], y, finalmente, todas las cosas, no acontecen sin razón alguna como por azar, sino por su consejo y voluntad paternal[f][101].

P. 28. ¿Qué provecho tiene para nosotros este conocimiento de la creación y providencia divina?

R. Que en toda adversidad tengamos paciencia[a], en la prosperidad seamos agradecidos[b], y en el futuro tengamos puesta toda nuestra esperanza en Dios nuestro Padre fidelísimo[c], sabiendo con certeza que no hay cosa que nos pueda apartar de su amor[d], pues todas las criaturas están sujetas a su poder de tal manera que nada pueden hacer sin su voluntad[e][102].

DE DIOS HIJO Y DE NUESTRA REDENCIÓN

11.º DÍA DEL SEÑOR

P. 29. ¿Por qué el Hijo de Dios es llamado Jesús, que significa Salvador?

R. Porque nos salva y libra de todos nuestros pecados[a], y porque en ninguno otro se debe buscar ni se puede hallar salvación[b][103].

P. 30. ¿Creen pues también en el único salvador, Jesús, aquellos que buscan su salvación en los santos, o en sí mismos, o

---

[100] **a.** Gén.1 y 2; Ex. 20:11; Job. 33:4; 38 y 39; Hch 4:24; 14:15; Sal. 33:6; Isa. 45:7. **b.** Heb. 1:3; Sal. 104:27-30; 115:3; Mat. 10:29; Ef. 1:11. **c.** Jn. 1:12; Rom. 8:15; Gál. 4:5-7; Ef. 1:5. **d.** Sal. 55:22; Mat. 6:25,26; Luc. 12:22. **e.** Rom. 8:28. **f.** Isa. 46:4; Rom. 10:22. **g.** Mat. 6:32,33; Mat. 7:9-11.

[101] **a.** Hch 17:25,27,28; Jer. 23:23,24; Isa. 29:15,16; Eze. 8:12. **b.** Heb. 1:3. **c.** Jer.5:24; Hch 14:17. **d.** Jn. 9:3. **e.** Prov. 22.2. **f.** Mat. 10:29; Prov. 16:33.

[102]

[103] **a.** Mat. 1:21; Heb.7:25. **b.** Hch 4:12; Jn. 15:4,5; 1 Tim. 2:5; Isa. 43:11; 1 Jn. 5:11.

en cualquiera otra parte?

R. No, porque, aunque de boca se gloríen de tenerle por salvador, de hecho, niegan al único salvador Jesús[a]; pues necesariamente resulta, o que Jesús no es perfecto salvador, o que aquellos que con verdadera fe le reciben por salvador tienen que poseer en Él todo lo necesario para su salvación[b104].

12.º DÍA DEL SEÑOR

P. 31. ¿Por qué se le llama Cristo, es decir: ungido?

R. Porque fue ordenado por el Padre y ungido por el Espíritu Santo[a] para ser nuestro supremo profeta y maestro[b], quien nos ha revelado plenamente el secreto consejo y voluntad de Dios acerca de nuestra redención[c]; para ser nuestro único y supremo pontífice[d] quien, por el solo sacrificio de su cuerpo nos ha redimido[e], e intercede continuamente delante del Padre por nosotros[f]; para ser nuestro Rey eterno, quien nos gobierna por su Palabra y su Espíritu, y nos guarda y nos conserva en la redención que para nosotros ha adquirido[g105].

P. 32. ¿Por qué, pues, te llaman cristiano[a]?

R. Porque por la fe soy miembro[b] de Jesucristo y partícipe de su unción[c], para que confiese su nombre[d]; me ofrezca a Él, en sacrificio vivo y agradable[e]; y luche en esta vida contra el pecado y contra Satanás con una conciencia limpia y buena[f] y, después de esta vida, reine con Cristo eternamente sobre todas las criaturas[106].

13.ᵉʳ DÍA DEL SEÑOR

P. 33. ¿Por qué se llama a Cristo el unigénito hijo de Dios, si nosotros también somos hijos de Dios?

R. Porque Cristo es el hijo eterno y natural de Dios[a]; mientras que nosotros hemos sido adoptados por gracia como hijos de Dios por amor de Él[b107].

P. 34. ¿Por qué le llamamos nuestro Señor?

R. Porque, rescatando nuestros cuerpos y almas de los pecados, no con oro o plata sino con su preciosa sangre, y librándonos del poder del Diablo, nos ha hecho suyos[a108].

---

104 **a.** 1 Cor. 1:13,30,31; Gál. 5:4. **b.** Heb. 12:2; Isa. 9:6; Col. 1:19,20; Col. 2:10; 1 Jn. 1:7.

105 **a.** Sal. 45:7; Heb. 1:9; Isa. 61:1; Luc. 4:18. **b.** Deu. 19:15; Hch 3:22; Hch 7:37; Isa. 55:4. **c.** Jn. 1:18; Jn. 15:15. **d.** Sal. 110:4. **e.** Heb.10:12,14,28. **f.** Rom. 8:34; Heb. 9:24; 1 Jn. 2:1; Rom. 5:9,10.

g. Sal. 2:6; Zab. 9:9; Mat. 21:5;Luc. 1:33; Mat. 28:18; Jn. 10:28; Apo. 12:10, 11.

106 **a.** Hch 11:26. **b.** 1 Cor. 6:15. **c.** 1 Jn. 2:27; Hch 2:17. **d.** Mat. 10:32; Rom10:10. **e.** Rom. 12:1; Ped. 2:6,9; Apo. 1:6; 5:8,10. **f.** 1 Ped. 2:11; Rom. 6:12,13; Gál. 5:16,17; Ef. 6:11; 1 Tim. 1:18,19. **g.** 2 Tim. 2:12; Mat. 25:34.

107 **a.** Jn. 1:14; Heb. 1:1,2; Jn. 3:16; 1 Jn. 4:9; Rom. 8:32. **b.** Rom. 8:16, Jn. 1:12; Gál. 4:6; Ef. 1:5,6.

108 **a.** 1 Ped. 1:18,19; 2:9; 1 Cor. 6:20, 1 Tim. 2:6; Jn. 20:28.

14.º DÍA DEL SEÑOR

P. 35. ¿Qué profesas cuando dices: que fue concebido por el Espíritu Santo y nació de la virgen María?

R. Que el eterno Hijo de Dios, el cual es[a] y permanece[b] verdadero y eterno Dios, tomó la naturaleza verdaderamente humana de la carne y sangre de la virgen María[c], por obra del Espíritu Santo[d], para que juntamente fuese la verdadera simiente de David[e], semejante en todo a sus hermanos[f] excepto en el pecado[g][109].

P. 36. ¿Qué fruto sacas de la santa concepción y nacimiento de Cristo?

R. Que es nuestro Mediador[a], y con su inocencia y perfecta santidad cubre mis pecados, en los cuales he sido concebido y nacido, para que no aparezcan en la presencia de Dios[b][110].

15.º DÍA DEL SEÑOR

P. 37. ¿Qué profesas cuando dices: padeció?

R. Que todo el tiempo que vivió en este mundo, y especialmente al final de su vida, sostuvo en cuerpo y alma la ira de Dios contra el pecado de todo el género humano[a], para que, con su pasión, como único sacrificio propiciatorio[b], librara nuestro cuerpo y alma de la eterna condenación[c], y alcanzase para nosotros la gracia de Dios, la justicia y la vida eterna[d][111].

P. 38. ¿Por qué padeció bajo el poder de Poncio Pilato juez?

R. Para que, inocente, condenado por el juez político[a], nos librase del severo juicio de Dios que había de venir sobre nosotros[b][112].

P. 39. ¿Es más importante el haber sido crucificado, que morir de otro modo?

R. Sí, porque este género de muerte me asegura que Él cargó sobre sí mismo la maldición sentenciada sobre mí[a], por cuanto la muerte de cruz era maldita de Dios[b][113].

---

[109] **a.** 1 Jn. 5:20; Jn. 1:1; 17:3; Rom. 1:3, Col. 1:15. **b.** Rom. 9:5. **c.** Gál. 4:4; Luc. 1:31,42,43. **d.** Mat. 1:20; Luc. 1:35. **e.** Rom. 1:3; Sal. 132:11; 2 Sam.7:12; Luc. 1:32; Hch 2:30. **f.** Fil. 2:7; Heb. 2:14,17. **g.** Heb. 4:15.

[110] **a.** Heb. 7:26,27. **b.** 1 Ped. 1:18,19; 3:18; 1 Cor. 1:30,31; Rom. 8:3,4; Isa. 53:11; Sal. 32:1.

[111] **a.** Isa. 53:4; 1 Ped. 2:24; 3:18; 1 Tim. 2:6. **b.** Isa.53:10; Ef.5:2; 1Cor. 5:7; 1 Jn. 2:2; Rom. 3:25; Heb. 9:28; 10:14. **c.** Gál 3:13; Col. 1:13; Heb. 9:12; 1 Ped. 1:18,19. **d.** Rom. 3:25, 2 Cor. 5:21; Jn. 2:16; Jn. 6:51; Heb. 9:15; 10:19.

[112] **a.** Jn. 18:38; Mat. 27:24; Luc. 23:14,15; Jn. 19:4. **b.** Sal. 69:4; Isa. 53:4,5; 2 Cor. 5:21; Gál. 3:13.

[113] **a.** Gál. 3:13. **b.** Deu. 21:23.

16.º DÍA DEL SEÑOR

P. 40. ¿Por qué fue necesario que Cristo se humillase hasta la muerte?
R. Debido a la justicia y la verdad de Dios[a], pues no se podía hacer satisfacción por nuestros pecados de ninguna otra manera sino con la misma muerte del Hijo de Dios[b][114].

P. 41. ¿Por qué fue también sepultado?
R. Para testificar que verdaderamente murió[a][115].

P. 42. Ya que Cristo murió por nosotros, ¿por qué hemos de morir también nosotros?
R. Nuestra muerte no es una satisfacción por nuestros pecados[a], sino una liberación del pecado y un paso hacia la vida eterna[b][116].

P. 43. ¿Qué provecho recibimos además del sacrificio y muerte de Cristo en la cruz?
R. Por su poder nuestro viejo hombre es crucificado, muerto y sepultado juntamente con Él[a], para que, en adelante, no reinen más en nosotros las perversas concupiscencias y deseos de la carne[b], sino que nos ofrezcamos a Él como sacrificio agradable[c][117].

P. 44. ¿Por qué se añade: descendió a los infiernos?
R. Para que en mis extremados dolores y grandísimas tentaciones me asegure y me sostenga con este consuelo: que mi Señor Jesucristo, por medio de las inexplicables angustias, los tormentos, espantos, y las infernales turbaciones de su alma, en los cuales fue sumido en toda su pasión[a], pero especialmente en la cruz, me ha librado de las ansias y tormentos del infierno[b][118].

17.º DÍA DEL SEÑOR

P. 45. ¿De qué nos aprovecha la resurrección de Cristo?
R. Primero, por su resurrección ha vencido a la muerte para hacernos partícipes de aquella justicia que conquistó por su muerte[a]; segundo, por su poder también nosotros somos resucitados ahora a una nueva vida[b]; tercero, la resurrección de Cristo, cabeza nuestra, es una cierta prenda de nuestra gloriosa resurrección[119].

---

[114] **a.** Gén. 2:17. **b.** Rom. 8:3,4; Heb. 2:14,15.
[115] **a.** Hch 13:29; Mat. 27:59,60; Luc. 23:53; Jn. 19:38.
[116] **a.** Mc. 8:37; Sal. 49:7. **b.** Fil.1:23; Jn. 5:24; Rom. 7:24.
[117] **a.** Rom. 6:6. **b.** Rom. 6:6, 12. **c.** Rom. 12:1.
[118] **a.** Sal. 18:4,5; 116:3; Mat. 26:38; 27:46; Heb.5:7. **b.** Isa. 53:5.
[119] **a.** Rom. 4:25; 1 Ped. 1:3; 1 Cor. 15:16. **b.** Rom. 6:4; Col. 3:1, Ef. 2:5,6. **c.** 1 Cor. 15:20,21.

18.º DÍA DEL SEÑOR

P. 46. ¿Qué entiendes por: «subió a los cielos»?

R. Que Cristo, a la vista de sus discípulos, fue elevado de la tierra al cielo[a] y que está allí para nuestro beneficio[b], hasta que vuelva a juzgar a los vivos y a los muertos[c][120].

P. 47. Entonces, ¿no está Cristo con nosotros hasta el fin del mundo como lo prometió[a]?

R. Cristo es verdadero Dios y verdadero hombre. En cuanto a la naturaleza humana Él ya no está en la tierra[b]; pero, en cuanto a su deidad, majestad, gracia y espíritu, en ningún momento está ausente de nosotros[c][121].

P. 48. Pero si la naturaleza humana no está presente en donde la divina está, ¿no se separan con esto las dos naturalezas en Cristo?

R. De ninguna manera, porque la divinidad es incomprehensible y está presente en todo lugar[a], por tanto, debe seguirse que su divinidad en efecto está más allá de la naturaleza humana que ha tomado[b], y sin embargo, está en ella y queda unida a ella en una persona[122].

P. 49. ¿Qué beneficios nos da la ascensión de Cristo al cielo?

R. Primero, que Él es nuestro intercesor en el cielo delante del Padre[a]; segundo, que tenemos nuestra carne en el cielo para que, por ello como por una garantía, estemos seguros de que Él, siendo nuestra cabeza, nos atraerá a sí como miembros suyos[b]; tercero, que desde allí nos envía su Espíritu como prenda recíproca[c], por cuya virtud buscamos, no las cosas de la tierra sino las de arriba, donde está sentado a la diestra de Dios[123].

19.º DÍA DEL SEÑOR

P. 50. ¿Por qué se añade: «está sentado a la diestra de Dios Padre Todopoderoso»?

R. Porque Cristo subió al cielo con este propósito, para mostrarse allí como cabeza de su Iglesia[a], por quien el Padre gobierna sobre todas las cosas[b][124].

P. 51. ¿De qué nos sirve esta gloria de Cristo, nuestra cabeza?

R. Primero, para que por su Espíritu Santo derrame en nosotros, sus miembros, los dones celestiales[a]; segundo, para que Él nos proteja y defienda de todos nuestros enemigos[b][125].

---

[120] **a.** Hch 1:9; Mc. 16:19; Luc. 24:51. **b.** Heb.9:24; 4:14; Rom. 8:34; Col. 3:1. **c.** Hch 1:11; Mat.24:30.

[121] **a.** Mat. 28:20. **b.** Heb. 8:4; Mat. 26:11; Jn. 16:28; 17:11; Hch 3:21. **c.** Jn. 4:18; Mat. 28:20.

[122] **a.** Jer.23.24; Hch 7:49. **b.** Col. 2:9; Jn. 3:13; Jn. 11:15; Mat. 28:6.

[123] **a.** 1 Jn. 2:1; Rom. 8:34. **b.** Jn. 14:2; 17:24; 20:17; Ef. 2:6. **c.** Jn. 14:16; 16:7; Hch 2:33; 2 Cor. 1:22; 5:5. **d.** Col. 3:1.

[124] **a.** Ef. 1:20; Col. 1:18. **b.** Mat. 28:18; Jn. 5:22.

[125] **a.** Hch 2:33; Ef. 4:8. **b.** Sal. 2:9; Sal. 110:1,2; Jn. 10:28; Ef. 4:8.

P. 52. ¿Qué consuelo te ofrece el regreso de Cristo para juzgar a los vivos y a los muertos?

R. Que en todas las miserias y persecuciones, con plena confianza, espero del cielo, como juez, a Aquel mismo que primeramente se puso delante del juicio de Dios por mí y alejó de mí toda maldición[a]; el cual echará a todos los enemigos suyos y míos en las penas eternas[b]; y a mí, con todos los elegidos, me conducirá al gozo del cielo y a la gloria eterna[c126].

DE DIOS ESPÍRITU SANTO Y DE NUESTRA SANTIFICACIÓN

20.º DÍA DEL SEÑOR

P. 53. ¿Qué profesas del Espíritu Santo?

R. Primero, que Él es, juntamente con el Padre y el Hijo, verdadero y eterno Dios[a]; y segundo, que viene a morar en mí[b] para que, por la verdadera fe, me haga partícipe de Cristo y de todos sus beneficios[c], me consuele[d] y quede conmigo eternamente[e127].

21.er DÍA DEL SEÑOR

P. 54. ¿Qué profesas de la santa Iglesia cristiana católica?

R. Que el Hijo de Dios[a], desde el principio y hasta el fin del mundo[b], de todo el género humano[c], congrega, guarda y protege para sí[d], por su Espíritu y su Palabra[e], en la unidad de la verdadera fe[f], una comunidad elegida para vida eterna[g]; de la cual yo soy[h], y para siempre permaneceré siendo, un miembro vivo[i128].

P. 55. ¿Qué entiendes por «la comunión de los santos»?

R. Primero, que todos los fieles en general, y cada uno en particular, como miembros del Señor Jesucristo, tienen comunión en Él y en todos sus bienes y dones[a]; segundo, que cada uno debe sentirse obligado a emplear con amor y gozo los dones que ha recibido, utilizándolos en beneficio de los demás[b129].

P. 56. ¿Qué profesas sobre «la remisión de los pecados»?

R. Que Dios, por la satisfacción de Cristo, no quiere acordarse jamás de mis pecados, ni de mi naturaleza corrompida, con la cual debo luchar toda la

---

126 **a.** Fil. 3:20; Luc. 21:28; Rom. 8:23; Tit. 2:13; 1 Tes. 4:16. **b.** Mat. 25:41; 2 Tes. 1:6. **c.** Mat. 25:34; 2 Tes. 1:7.

127 **a.** 1 Jn. 5:7; Gén. 1:2; Isa. 48:16; 1 Cor. 3:16; 6:19; Hch 5:3,4. **b.** Gál. 4:6; Mat. 28:19,20; 2 Cor. 1:22; Ef. 1:13. **c.** Gál. 3:14; 1 Ped. 1:2; 1 Cor. 6:17. **d.** Jn. 15:26; Hch 9:31. **e.** Jn. 14:16; 1 Ped. 4:14.

128 **a.** Ef. 5:26; Jn. 10:11; Hch 20:28; Ef. 4:11-13. **b.** Sal. 71:17,18; Isa. 59:21; 1 Cor. 11:26. **c.** Gén. 26:4; Apo. 5:9. d. Mat. 16:18; Jn. 10:28-30; Sal. 129:1-5. **e.** Isa. 59:21; Rom. 1:16; 10:14-17; Ef. 5:26. **f.** Hch 2:42; Ef. 4:3-5. **g.** Rom. 8:29; Ef.1:10-13. **h.** 1 Jn. 3:14,19-21; 2 Cor.13:5; Rom. 8:10. **i.** Sal. 23:6; 1 Cor. 1:8,9; Jn. 10:28; 1 Jn. 2:19; 1 Ped. 1:5.

129 **a.** 1 Jn. 1:3; Rom. 8:32; 1 Cor. 12:12,13; 1 Cor. 6:17. **b.** 1 Cor. 12:21; 13:1,5; Fil. 2:4-8.

vida[a], sino que gratuitamente me otorga la justicia de Cristo[b] para que yo nunca venga a condenación[c][130].

22.º DÍA DEL SEÑOR

P. 57. ¿Qué consuelo te da «la resurrección de la carne»?
R. Que no solo mi alma después de esta vida será llevada[a] en el mismo instante a Cristo, su cabeza, sino que también está mi carne, siendo resucitada por la potencia de Cristo, será de nuevo unida a mi alma y hecha conforme al glorioso cuerpo de Cristo[b][131].

P. 58. ¿Qué consolación te ofrece el artículo de la vida eterna?
R. Que, así como ahora siento en mi corazón el comienzo del gozo eterno[a], después de esta vida, tendré la dicha perfecta, que ojo no vio, ni oído oyó, ni ha entrado al corazón del hombre, para que por ella alabe a Dios para siempre[b][132].

DE LA JUSTIFICACIÓN

23.ᵉʳ DÍA DEL SEÑOR

P. 59. ¿Qué provecho tiene para ti el creer en todas estas cosas?
R. Que delante de Dios soy justo en Jesucristo, y heredero de la vida eterna[a][133].

P. 60. ¿Cómo eres justo ante Dios?
R. Solo por la fe verdadera en Jesucristo[a], de tal suerte que, aunque mi conciencia me acusa de haber pecado gravemente contra todos los mandamientos de Dios, no habiendo guardado jamás ninguno de ellos[b], y estando siempre inclinado a todo mal[c], Dios, sin mérito alguno mío[d], de pura gracia[e], me imputa y da[f] la perfecta satisfacción[g], justicia y santidad de Cristo[h]; y me acredita todo esto, como si no hubiese yo tenido, ni cometido pecado alguno, antes bien como si yo mismo hubiese cumplido aquella obediencia que Cristo cumplió por mí[i], si tan solo abrazo este beneficio con un corazón creyente[j][134].

P. 61. ¿Por qué afirmas que eres justo solo por la fe?
R. No porque yo sea aceptable ante Dios por la dignidad de mi fe, pues solo la satisfacción, justicia y santidad de Cristo son mi propia justicia delante

---

[130] **a.** 1 Jn. 2:2; 1:7; 2 Cor. 5:19. **b.** Rom. 7:23-25; Jer. 31:34; Miq. 7:19; Sal. 130:3,10,12. **c.** Jn. 3:18; Jn. 5:24.

[131] **a.** Luc. 16:22; 23:43; Fil. 1:21,23. **b.** Job. 19:25,26; 1 Jn. 3:2; Fil. 3:21.

[132] **a.** 2 Cor. 5:2,3. **b.** 1 Cor. 2:9.

[133] **a.** Hab. 2:4; Rom. 1:17; Jn. 3:36.

[134] **a.** Rom. 3:21,22,24; 5:1,2; Gál 2:16, Ef. 2:8,9; Fil. 3:9. **b.** Rom. 3:19. **c.** Rom. 7:23. **d.** Tit. 3:5; Deu. 9:6; Eze. 36:22. **e.** Rom. 3:24; Ef. 2:8. **f.** Rom. 4:4; 2 Cor. 5:19. **g.** 1 Jn. 2:2. **h.** 1 Jn. 2:1. **i.** 2 Cor. 5:21. **j.** Rom. 3:22; Jn. 3:18.

de Dios[a]; sino porque yo no puedo recibir esta justicia y hacerla mía más que a través la fe[b135].

24.º DÍA DEL SEÑOR

P. 62. ¿Por qué no pueden justificarnos ante Dios las buenas obras, aunque solo sea una parte?

R. Porque es necesario que aquella justicia que ha de presentarse delante del juicio de Dios, sea perfecta y totalmente conforme a la Ley Divina[a]; y nuestras buenas obras, aun las mejores en esta vida, son imperfectas y contaminadas de pecado[b136].

P. 63. Entonces, ¿Cómo es posible que nuestras obras no merezcan nada, si Dios promete remunerarlas en la vida presente y en la venidera?

R. Esta remuneración no se da por mérito, sino por gracia[a137].

P. 64. Pero esta doctrina, ¿no hace a los hombres negligentes e impíos?

R. No, porque es imposible que no produzcan frutos de gratitud los que por la fe verdadera han sido injertados en Cristo[a138].

DE LOS SACRAMENTOS

25.º DÍA DEL SEÑOR

P. 65. Si solo la fe nos hace participantes de Cristo y de todos sus beneficios, dime, ¿de dónde procede esta fe?

R. Del Espíritu Santo[a] que la hace obrar por la predicación del santo evangelio, encendiendo nuestros corazones, y confirmándola por el uso de los sacramentos[b139].

P. 66. ¿Qué son los Sacramentos?

R. Son señales sagradas y visibles, y sellos instituidos por Dios, para sernos declarada mejor y sellada por ellos la promesa del evangelio; a saber, que la remisión de los pecados y la vida eterna, por aquel único sacrificio de Cristo cumplido en la cruz, se nos da de gracia no solamente a todos los creyentes en general, sino también a cada uno en particular[a140].

P. 67. Entonces la Palabra y los Sacramentos ¿tienen como fin llevar nuestra fe al sacrificio de Cristo cumplido en la cruz, como el único fundamento de nuestra salvación[a]?

---

135 **a.** 1 Cor. 1:30,31; 2:2. **b.** Rom. 10:10; 1 Jn. 5:10-12.

136 **a.** Gál 3:10; Deu. 27:26. **b.** Isa. 64:6.

137 **a.** Luc. 17:10.

138 **a.** Mat. 7:18; Jn. 15:5.

139 **a.** Ef. 2:8; 6:23; Jn. 3:5; Fil. 1:29. **b.** Mat. 28:19; 1 Ped. 1:22,23.

140 **a.** Gén. 17:11; Rom. 4:11; Deu. 30:6; Lev. 6:25; Heb. 9:7-9,24; Eze. 20:2; Isa. 6:6,7; Isa. 54:9.

R. Así es, porque el Espíritu Santo nos enseña por el evangelio y confirma por los Sacramentos, que toda nuestra salvación se basa en el único sacrificio de Cristo ofrecido por nosotros en la cruz[141].

P. 68. ¿Cuántos sacramentos ha instituido Cristo en el Nuevo Testamento?

R. Dos: El Santo Bautismo y la Santa Cena.

DEL SANTO BAUTISMO

26.º DÍA DEL SEÑOR

P. 69. ¿Por qué el Santo Bautismo te asegura y recuerda que eres partícipe de aquel único sacrificio de Cristo, hecho en la cruz?

R. Porque Cristo ha instituido[a] el lavamiento exterior del agua, añadiendo esta promesa[b], que tan ciertamente soy lavado con su sangre y Espíritu de las inmundicias de mi alma, a saber, de todos mis pecados[c], como soy rociado y lavado exteriormente con el agua, con la cual se suelen limpiar las suciedades del cuerpo[142].

P. 70. ¿Qué es ser lavado con la sangre y el Espíritu de Cristo?

R. Es recibir de la gracia de Dios, la remisión de los pecados, por la sangre de Cristo que derramó por nosotros en su sacrificio en la cruz[a]. Y también ser renovados y santificados por el Espíritu Santo, para ser miembros de Cristo, a fin de que muramos al pecado y vivamos santa e irreprensiblemente[b143].

P. 71. ¿Dónde prometió Cristo que Él nos quiere limpiar tan ciertamente por su sangre y Espíritu como somos lavados por el agua del Bautismo?

R. En la institución del Bautismo, cuyas palabras son estas: «Id, enseñad a todas las gentes, bautizándolas en el nombre del Padre y del Hijo, y del Espíritu Santo»[a], «El que creyere y fuere bautizado, será salvo; más el que no creyere, será condenado»[b]. Esta misma promesa se repite cuando las Sagradas Escrituras llaman al Bautismo «lavamiento de la regeneración y ablución de pecados»[c144].

27.º DÍA DEL SEÑOR

P. 72. ¿Es el lavamiento, la purificación misma de los pecados?

R. No[a]: porque solo la sangre de Jesucristo y el Espíritu Santo nos limpian y purifica de todo pecado[b145].

---

[141] **a.** Rom. 6:3; Gál 3:27.

[142] **a.** Mat. 28:19. **b.** Mat. 28:19; Mc. 16:16; Hch 2:38; Jn. 1:33; Mat. 3:11; Rom. 6:3, 4. **c.** 1 Ped. 3:21; Mc. 1:4; Luc. 3:3.

[143] **a.** Heb. 12:24; 1 Ped. 1:2; Apo. 1:5; 7:14; Zac. 13:1; Eze. 36:25. **b.** Jn. 1:33; 3:5; 1 Cor. 6:11; 12:13; Rom. 6:4; Col. 2:12.

[144] **a.** Mat. 28:19. **b.** Mc.16:16. **c.** Tit.3:5; Hch. 22:16

[145] **a.** Mat. 3:11; 1 Ped. 3:21; Ef. 5:26. **b.** 1 Jn. 1:7; 1 Cor. 6:11.

P. 73. *Entonces, ¿por qué llama el Espíritu Santo al Bautismo el lavamiento de la regeneración y la purificación de los pecados?*

R. Dios no habla así sin una razón justificada, pues Él, no solo quiere enseñarnos que nuestros pecados se purifican por la sangre y el Espíritu de Cristo como las suciedades del cuerpo por el agua[a], sino, más aún; certificarnos por este divino símbolo y prenda que verdaderamente somos limpiados por el lavamiento interior y espiritual de nuestros pecados de la misma manera que somos lavados exteriormente por el agua visible[b146].

P. 74. *¿Se ha de bautizar también a los niños?*

R. Naturalmente, porque están comprendidos, como los adultos, en el Pacto, y pertenecen a la iglesia de Dios[a]. Tanto a estos como a los adultos se les promete, por la sangre de Cristo, la remisión de los pecados[b] y el Espíritu Santo, obrador de la fe[c]; por esto, y como señal de este Pacto, deben ser incorporados a la Iglesia de Dios y diferenciados de los hijos de los infieles[d] así como se hacía en el Pacto del Antiguo Testamento por la circuncisión[e], cuyo sustituto es el Bautismo en el Nuevo Pacto[f147].

DE LA SANTA CENA DE NUESTRO SEÑOR

28.º DÍA DEL SEÑOR

P. 75. *¿Cómo te asegura y confirma la Santa Cena que eres hecho partícipe de aquel único sacrificio de Cristo, ofrecido en la cruz, y de todos sus dones?*

R. Porque Cristo me ha mandado, y también a todos los fieles, comer de este pan partido y beber de esta copa en memoria suya, añadiendo esta promesa[a]: Primero, que su cuerpo ha sido tan ciertamente ofrecido y sacrificado por mí en la cruz, y su sangre derramada por mis pecados, como que yo veo con mis ojos que el pan del Señor es partido para mí y que me es ofrecida la copa; y segundo, que Él, tan ciertamente alimenta mi alma para vida eterna con su cuerpo crucificado y con su sangre derramada, como que yo recibo con la boca corporal, de la mano del ministro, el pan y el vino, símbolos del cuerpo y de la sangre del Señor[148].

P. 76. *¿Qué significa comer el cuerpo sacrificado de Cristo y beber su sangre derramada?*

Significa, no solo abrazar con una firme confianza del alma toda la pasión y muerte de Cristo, y por este medio alcanzar la remisión de pecados y la vida eterna[a], sino unirse más y más a su cuerpo santísimo por el Espíritu Santo[b], el cual habita juntamente en Cristo y en nosotros de tal manera que, aunque Él esté en el cielo[c] y nosotros en la tierra, todavía somos carne de su carne y huesos de sus huesos[d], y que somos vivificados y gobernados para siempre por

---

[146] **a.** Apo. 1:5; 7:14; 1 Cor. 6:11. **b.** Mc. 16:16; Gál. 3:27.

[147] **a.** Gén. 17:7. **b.** Mat. 19:14. **c.** Luc. 1:15; Sal. 22:10; Isa. 44:1-3; Hch 2:39. **d.** Hch 10:47. **e.** Gén.17:14. **f.** Col. 2:11-13.

[148] **a.** Mat. 26:26-28; Mc. 14:22-24; Luc. 22:19,20; 1 Cor. 10:16,17; 1 Cor. 11:23-25; 1 Cor. 12:13.

un solo espíritu[e], como los miembros de nuestros cuerpos lo son por una sola alma[149].

P. 77. *¿Dónde prometió Cristo que alimentaría y daría de beber a los creyentes con su cuerpo y sangre tan ciertamente como comen de este pan partido y beben de esta copa?*

R. En la institución de la cena, cuyas palabras fueron[a]: «Nuestro Señor Jesucristo, la noche que fue entregado, tomó el pan, y habiendo dado gracias, lo partió y dijo: Tomad, comed, esto es mi cuerpo que por vosotros es partido; haced en memoria de mí. Asimismo, tomó también la copa, después de haber cenado, diciendo: Esta copa es el Nuevo Pacto en mi sangre; haced esto todas las veces que la beberéis, en memoria de mí. Así, pues, todas las veces que comiereis este pan y bebiereis esta copa, la muerte del Señor anunciáis hasta que él venga»[b].

Pablo repite esta promesa cuando dice: «La copa de bendición, que bendecimos, ¿no es la comunión de la sangre de Cristo?, el pan que partimos, ¿no es la comunión del cuerpo de Cristo? Siendo uno solo el pan, nosotros, con ser muchos, somos un cuerpo: pues todos participamos de aquel mismo pan»[c][150].

<h2 style="text-align:center">29.º DÍA DEL SEÑOR</h2>

P. 78. *¿El pan y el vino se convierten sustancialmente en el mismo cuerpo y sangre de Cristo?*

R. De ninguna manera[a], pues como el agua del Bautismo no se convierte en la sangre de Cristo, ni es la misma ablución de los pecados, sino solamente una señal y sello de aquellas cosas que nos son selladas en el Bautismo[b], así el pan de la Cena del Señor no es el mismo cuerpo[c], aunque por la naturaleza y uso de los sacramentos[d] es llamado el cuerpo de Cristo[151].

P. 79. *¿Por qué llama Cristo al pan su cuerpo, y a la copa su sangre, o el Nuevo Pacto en su sangre; y Pablo al pan y al vino, la comunión del cuerpo y sangre de Cristo?*

R. Cristo no habla así sin una razón poderosa, y no solamente para enseñarnos que, así como el pan y el vino sustentan la vida corporal, su cuerpo crucificado y su sangre derramada son la verdadera comida y bebida que alimentan nuestras almas para vida eterna[a]; más aún, para asegurarnos por estas señales y sellos visibles que, por obra del Espíritu Santo, somos partícipes de su cuerpo y de su sangre tan ciertamente como que tomamos estos sagrados símbolos en su memoria y por la boca del cuerpo[b]; y también, que su pasión y obediencia son tan ciertamente nuestras, como si nosotros

---

[149] **a.** 1 Jn. 6:35,40,47; Jn. 6:48,50,51; 6:53,54. **b.** Jn. 6:55,56. **c.** Col. 3:1; Hch 3:21; 1 Cor. 11:26. **d.** Ef. 5:29,30; 3:16; 1 Cor. 6:15; 1 Jn. 3:24; 4:13. **e.** Jn. 6:57; 15:1-6; Ef. 4:15,16.

[150] **a.** Mat. 26:26-28; Mc.14:22-24: Luc. 22:9,20. **b.** 1 Cor. 11:23-26. **c.** 1 Cor. 10:16,17

[151] **a.** Mat. 26:29. **b.** Ef. 5:26; Tit. 3:5. **c.** 1 Cor. 11:26. **d.** Gén. 17:10,11; Ex. 12:11,13; 13:9; 1 Ped. 3:21; 1Cor. 10:3,4.

mismos, en nuestras personas, hubiésemos sufrido la pena y realizado la satisfacción por nuestros pecados[152].

30.º DÍA DEL SEÑOR

P. 80. ¿Qué diferencia hay entre la Cena del Señor y la misa papal?
R. La Cena del Señor nos testifica que tenemos remisión perfecta de todos nuestros pecados por el sacrificio único de Cristo, el cual Él mismo realizó en la cruz una sola vez[a]; también que, por el Espíritu Santo, estamos incorporados en Cristo[b], el cual no está ahora en la tierra según su naturaleza humana, sino en los cielos a la diestra de Dios, su Padre[c], donde quiere ser adorado por nosotros[d].

La misa enseña que los vivos y los muertos no tienen la remisión de pecados por la sola pasión de Cristo, a no ser que cada día Cristo sea ofrecido por ellos, por mano de los sacerdotes; enseña también que Cristo está presente corporalmente en forma de pan y de vino, y por tanto ha de ser adorado en ellos. Por lo tanto, el fundamento propio de la misa no es otra cosa que una negación del único sacrificio y pasión de Jesucristo y una idolatría maldita[e][153].

P. 81. ¿Quiénes son los que deben participar de la mesa del Señor?
R. Tan solo aquellos que se duelan verdaderamente de haber ofendido a Dios con sus pecados, y sin embargo, confíen en que estos les son perdonados, y que también las demás flaquezas que en ellos quedan serán cubiertas por la pasión y muerte de Cristo; y que también desean más y más fortalecer su fe y enmendar su vida. Pero los hipócritas y los que no se arrepienten de verdad, comen y beben juicio para sí[a][154].

P. 82. ¿Deben admitirse también a esta Cena, los que por su confesión y vida se declaran infieles e impíos?
R. De ninguna manera, porque así se profana el Pacto de Dios, y se provoca su ira sobre toda la congregación[a]. Por lo cual, la Iglesia debe, según la orden de Cristo y de sus apóstoles (usando de las llaves del reino de los cielos), excomulgar y privar a los tales de la Cena, hasta que se arrepientan y rectifiquen su vida[155].

31.er DÍA DEL SEÑOR

P. 83. ¿Qué son las llaves del reino de los cielos?
R. La predicación del santo evangelio y la disciplina eclesiástica; con los cuales se abre el cielo a los fieles, y se cierra a los infieles.

---

[152] **a.** Jn. 6:55. **b.** 1 Cor. 10:16.

[153] **a.** Heb. 10:10,12, 7:26,27; 9:12,25; Jn. 19:30; Mat. 26:28; Luc. 22:19. **b.** 1 Cor. 10:16,17; 6:17. **c.** Jn. 20:17; Col. 3:1; Heb. 1.3; 8:1. **d.** Mat. 6:20,21; Jn. 4:21; Luc. 24:52; Hch 7:55; Col.3:1; Fil. 3:20; 1 Tes. 1:10. **e.** Heb. 10:12, 14.

[154] **a.** 1 Cor. 11:28;10:19-22.

[155] **a.** 1 Cor. 11:20,34; Isa. 1:11; 66:3; Jer. 7:21; Sal. 50:16.

P. 84. *¿De qué manera se abre y se cierra el reino de los cielos por la predicación del evangelio*

R. Cuando (de acuerdo con el mandamiento de Cristo) es anunciado y testificado públicamente, a todos los fieles en general y a cada uno en particular, que todos los pecados les son perdonados por Dios, por los méritos de Cristo, todas las veces que abracen con verdadera fe la promesa del evangelio. Por el contrario, a todos los infieles e hipócritas, se les anuncia que la ira de Dios y la condenación eterna caerán sobre ellos en tanto y ellos perseveraren en su maldad[a]; según este testimonio del evangelio, Dios juzgará tanto en esta vida como en la venidera[156].

P. 85. *¿De qué manera se cierra y se abre el reino de los cielos por la disciplina eclesiástica?*

R. Cuando (de acuerdo con el mandamiento de Cristo) aquellos que bajo el nombre de cristianos se muestran, en doctrina o en vida, ajenos a Cristo, y después de haber sido fraternalmente amonestados en diversas ocasiones no quieren apartarse de sus errores o maldades, son denunciados a la Iglesia o a los que han sido encargados de ella. Y si aún no obedecen a la amonestación de éstos, por la prohibición de los sacramentos serán expulsados de la congregación cristiana, y por el mismo Dios del reino de Cristo; sin embargo serán otra vez recibidos como miembros de Cristo y de su Iglesia cuando prometan enmienda y por sus obras la demuestren[a][157].

TERCERA PARTE:
DE LA GRATITUD QUE DEBEMOS A DIOS POR LA SALVACIÓN

32.º DÍA DEL SEÑOR

P. 86. *Si somos liberados por Cristo de todos nuestros pecados y miserias sin merecimiento alguno de nuestra parte, sino solo por la misericordia de Dios, ¿por qué hemos de hacer buenas obras?*

R. Porque después de que Cristo nos ha redimido con su sangre, nos renueva también con su Espíritu Santo, a su imagen, a fin de que en toda nuestra vida nos mostremos agradecidos a Dios por tantos beneficios[a], y que Él sea glorificado por nosotros[b]; además, para que cada uno de nosotros sea asegurado de su propia fe por sus frutos[c]; y finalmente para que, también por la piedad e integridad de nuestra vida, ganemos a nuestro prójimo para Cristo[d][158].

---

[156] **a.** Jn. 20:21-23, Mat. 16:19.
[157] **a.** Mat. 18:15-17; 1 Cor. 5:4,5,11; 2 Cor. 2:6-8.
[158] **a.** Rom. 6:13; 12:1,2; 1 Ped. 2:5,9; 1 Cor. 6:20. **b.** Mat. 5:16; 1 Ped. 2:12. **c.** 2 Ped. 1:10; Mat. 7:17; Gál. 5:6,22. **d.** 1 Ped. 3:1,2; Rom. 14:19.

P. 87. *Entonces, ¿no pueden salvarse aquellos que siendo desagradecidos y perseverando en sus pecados no se conviertan a Dios de su maldad?*

R. De ninguna manera, porque, como lo testifican las Sagradas Escrituras, no heredarán el reino de Dios los fornicarios, los idólatras, los adúlteros, los ladrones, los avaros, los borrachos, los maldicientes[a159].

33.er DÍA DEL SEÑOR

P. 88. *¿De cuántas partes se compone el verdadero arrepentimiento y conversión al Señor?*

R. De dos: la muerte del viejo hombre, y la vivificación del nuevo[a160].

P. 89. *¿En qué consiste la muerte del hombre viejo?*

R. En que sintamos pesar, de todo corazón, de haber ofendido a Dios con nuestros pecados, aborreciéndolos y evitándolos[a161].

P. 90. *¿Qué es la vivificación del nuevo hombre?*

R. Es alegrarse de todo corazón en Dios, por Cristo[a], y desear vivir conforme a la voluntad de Dios, así como ejercitarse en toda buena obra[b162].

P. 91. *¿Qué son las buenas obras?*

R. Únicamente aquellas que se realizan con fe verdadera[a], conforme a la Ley de Dios[b], y se aplican solamente a su gloria[c]; y no aquellas que están fundadas en nuestras buenas intenciones o sobre instituciones humanas[d163].

DE LA LEY

34.º DÍA DEL SEÑOR

P. 92. *¿Cuál es la Ley de Dios?*

R. Y habló Dios todas estas palabras (Ex. 20:1-17; Dt. 5:6-21), diciendo: Yo soy Jehová (el Señor) tu Dios, que te saqué de la tierra de Egipto, de casa de servidumbre.

Primer mandamiento: No tendrás dioses ajenos delante de mí.

Segundo mandamiento: No te harás imagen, ni ninguna semejanza de lo que esté arriba en el cielo, ni abajo en la tierra, ni en las aguas debajo de la tierra. No te inclinarás a ellas, ni las honrarás; porque yo soy Jehová tu Dios, fuerte, celoso, que visito la maldad de los padres sobre los hijos hasta la tercera y cuarta generación de los que me aborrecen, y hago misericordia a millares, a los que me aman y guardan mis mandamientos.

Tercer mandamiento: No tomarás el nombre de Jehová tu Dios en vano; porque no dará por inocente Jehová al que tomare su nombre en vano.

---

[159] **a.** 1 Cor. 6:9,10; Ef. 5:5,6; 1 Jn. 3:14.

[160] **a.** Rom. 6:1,4-6; Ef. 4:22-24; Col. 3:5,6,8-10; 1 Cor. 5:7; 2 Cor. 7:10.

[161] **a.** Rom. 8:13; Jl. 2:13; Os. 6:1.

[162] **a.** Rom. 5:1; 14:17; Isa. 57:15. **b.** Rom. 6:10; Gál 2:20.

[163] **a.** Rom. 14:23. **b.** Lev. 18:4; 1 Sam. 15:22; Ef. 2:10. **c.** 1 Cor. 10:31. **d.** Eze. 20:18,19, Isa. 29:13; Mat. 15:7-9.

Cuarto mandamiento: Acuérdate del día de reposo para santificarlo. Seis días trabajarás, y harás toda tu obra; mas el séptimo día es reposo para Jehová tu Dios; no hagas en él obra alguna, tú, ni tu hijo, ni tu hija, ni tu siervo, ni tu criada, ni tu bestia, ni tu extranjero que está dentro de tus puertas. Porque en seis días hizo Jehová los cielos y la tierra, el mar, y todas las cosas que en ellos hay, y reposó en el séptimo día; por tanto, Jehová bendijo el día de reposo y lo santificó.

Quinto mandamiento: Honra a tu padre y a tu madre, para que tus días se alarguen en la tierra que Jehová tu Dios te da.

Sexto mandamiento: No matarás.

Séptimo mandamiento: No cometerás adulterio.

Octavo mandamiento: No hurtarás.

Noveno mandamiento: No hablarás contra tu prójimo falso testimonio.

Décimo mandamiento: No codiciarás la casa de tu prójimo, no codiciarás la mujer de tu prójimo, ni su siervo, ni su criada, ni su buey, ni su asno, ni cosa alguna de tu prójimo.

P. 93. ¿Cómo se dividen estos diez mandamientos?

R. En dos tablas[a], la primera enseña lo que debemos hacer para con Dios; la segunda, lo que debemos hacer para con nuestro prójimo[b][164].

P. 94. ¿Qué manda Dios en el primer mandamiento?

R. Que yo, que deseo la salvación de mi alma, evite y huya de toda idolatría[a], hechicería, encantamiento, superstición[b], invocación de santos y de otras criaturas[c]; y que conozca rectamente al único Dios verdadero[d], que solo en Él confíe[e] con toda humildad[f] y paciencia[g], que solo de Él espere todo bien[h], que de todo corazón le ame[i], tema[j] y reverencie[k]; de tal manera que esté dispuesto a renunciar a todas las criaturas antes que cometer la menor cosa contra su voluntad[l][165].

P. 95. ¿Qué es idolatría?

R. Es poner o idear, en el lugar que solo corresponde al Dios verdadero, quien se ha revelado por su Palabra, o junto a Él, cualquier otra cosa en la cual el hombre deposite su confianza[a][166].

35.º DÍA DEL SEÑOR

P. 96. ¿Qué pide Dios en el segundo mandamiento?

R. Que no representemos a Dios por medio de alguna imagen o figura[a], y solo le rindamos culto como Él lo ha mandado en su Palabra[b][167].

---

[164] **a.** Deu. 4:13; 10:3,4; Ex. 34:28. **b.** Mat. 22:37-40.

[165] **a.** 1 Jn. 5:21; 1 Cor. 6:10; 10:7,14. **b.** Lev. 10:31; Deu. 18:9,10. **c.** Mat. 4:10; Apo. 19:10; 22:8,9. **d.** Jn. 17:3. **e.** Jer.17:5,7. **f.** 1 Ped. 5:5. **g.** Heb. 10:36; Col. 1:11; Rom. 5:3,4; 1 Cor. 10:10; Fil. 2:14. **h.** Sal. 104:27; Isa. 45:7; Stg.1:17. **i.** Deu. 6:5; Mat. 22:37. **j.** Deu. 6:2; Sal. 111:10; Prov. 1:7; 9:10; Mat. 10:28. **k.** Mat. 4:10; Deu. 10:20. **l.** Mat. 5:29; 10:37; Hch 5:29.

[166] **a.** Ef. 5:5; 1 Cr. 16:26; Fil. 3:19; Gál. 4:8; Ef. 2:12; 1 Jn. 2:23; 2 Jn. 1:9; Jn. 5:23.

[167] **a.** Isa. 40:18,19,25; Deu. 4:15,16; Rom. 1:23, Hch 17:20. **b.** 1 Sam. 15:23; Deu. 12:30; Mat. 15:9.

P. 97. ¿No es lícito hacer ninguna imagen?

R. Ni podemos, ni debemos representar a Dios de ninguna manera[a]. Las criaturas pueden ser representadas, pero Dios prohíbe hacer o poseer imágenes de ellas destinadas a ser adoradas o empleadas en Su servicio[b168].

P. 98. ¿No se podrían tolerar las imágenes en las iglesias, como si fuesen libros para enseñar a los ignorantes?

R. No, porque nosotros no debemos ser más sabios que Dios, quien no quiere instruir a Su pueblo por imágenes mudas[a], sino por la predicación viva de Su Palabra[b169].

36.º DÍA DEL SEÑOR

P. 99. ¿Qué nos enseña el tercer mandamiento?

R. Que dejemos de blasfemar[a] o profanar el nombre de Dios por medio de falsos juramentos[b] y maldiciones[c], y aún inútiles juramentos; que no nos hagamos partícipes de tan horrendos pecados al callar cuando los oigamos[d]. En una palabra: que no empleemos el santo nombre de Dios, más que con temor y veneración[e], a fin de que Él sea rectamente confesado[f], invocado[g] y glorificado por nuestras palabras y hechos[h170].

P. 100. Pregunta: ¿Es tan grave pecado el profanar el nombre de Dios por medio de juramentos y blasfemias, que Dios también se enoja contra aquellos que no se opusieron y no lo prohibieron con todas sus fuerzas?

R. Sí[a], porque no hay mayor pecado ni cosa que a Dios más ofenda que el profanar su nombre, por lo cual mandó que esta maldad fuese castigada con la muerte[b171].

37.º DÍA DEL SEÑOR

P. 101. ¿Se puede jurar santamente en nombre de Dios?

R. Sí, cuando el magistrado o la necesidad así lo exijan para sostener y confirmar la fe y la verdad, para la gloria de Dios y el bien de nuestro prójimo. Pues tal manera de prestar juramento está fundada en la palabra de Dios[a] y, en consecuencia, ha sido rectamente empleada por los santos, tanto en el Antiguo como en el Nuevo Testamento[b172].

---

[168] **a.** Isa. 40:25. **b.** Ex. 34:17; 23:24; 34:13; Núm. 33:52.

[169] **a.** Jer. 10:8; Hab. 2:18,19. **b.** Rom. 10:14,15,17; 2 Ped. 1:19; 2 Tim. 3:16,17.

[170] **a.** Lev. 24:15,16. **b.** Lev. 19:12. c. Mat. 5:37; Stg. 5:12. **d.** Lev. 5:1; Prov. 29:34. **e.** Jer. 4:2; Isa. 45:23. **f.** Mat. 10:32; Rom. 10:9,10. **g.** Sal. 50:15; 1 Tim. 2:8. **h.** Col. 3:17; Rom. 2:24; 1 Tim. 6:1.

[171] **a.** Prov. 29:24; Lev. 5:1. **b.** Lev. 24:16.

[172] **a.** Deu. 6:13; 10:20; Isa. 48:1; Heb. 6:16. **b** . Gén. 21.24; 31:53, Js. 9:15; 1 Sam. 24:23; 2 Sal. 3:35; 1 R. 1:29; Rom. 1:9; Rom. 9:1; 2 Cor. 1:23.

P. 102. ¿Es lícito jurar por los santos u otras criaturas?
R. No. Porque el legítimo juramento es una invocación a Dios, por la cual se le pide que Él, como el único que ve los corazones, sea testigo de la verdad, y castigue si el juramento es falso[a]; este honor le corresponde a Él[b][173].

38.º DÍA DEL SEÑOR

P. 103. ¿Qué ordena Dios en el cuarto mandamiento?
R. Primero, que el ministerio de la Palabra y la enseñanza sean mantenidos[a], y que, especialmente en el día de reposo, yo frecuente asiduamente la iglesia, la congregación de Dios[b]; para oír la Palabra de Dios[c], y participar de los santos sacramentos[d], para invocar públicamente al Señor[e], y contribuir cristianamente a ayudar a los necesitados[f].

Además, que todos los días de mi vida cese de mal obrar, para que sea Dios mismo quien obre en mi corazón por su Espíritu y, de este modo, pueda en esta vida empezar el sabbath eterno[g][174].

39.º DÍA DEL SEÑOR

P. 104. ¿Qué manda Dios en el quinto mandamiento?
R. Que muestre a mi padre y a mi madre, y a todos mis superiores, honor, amor y fidelidad; que me someta obedientemente a sus buenas enseñanzas y castigos[a], soportando también, pacientemente, sus flaquezas[b], pues Dios quiere regirnos por medio de ellos[c][175].

40.º DÍA DEL SEÑOR

P. 105. ¿Qué exige Dios en el sexto mandamiento?
R. Que ni por mis pensamientos, palabras, actitud y aún menos por mis actos, por mí mismo o por medio de otro, llegue a injuriar, odiar, ofender o matar a mi prójimo[a]; por el contrario, que renuncie a todo deseo de venganza[b]; que no me haga mal a mí mismo o me exponga temerariamente al peligro[c]. Para impedir esto, el magistrado posee la espada[d][176].

P. 106. ¿Este mandamiento solo prohíbe matar?

---

[173] **a.** 2 Cor. 1:23, Rom. 9:1. **b.** Mat. 5:34-36; Stg. 5:12.

[174] **a.** Tit. 1:5, 2 Tim. 3:14, 1 Cor. 9:13,14; 2 Tim. 2:2; 3:15. **b.** Sal. 40:9,10; 68:26; Hch 2:42. **c.** 1 Tim. 4:13; 1 Cor. 14:29. **d.** 1 Cor. 11:33. **e.** 1 Tim. 2:1; 1 Cor. 14:16. **f.** 1 Cor. 16:2. **g.** Isa. 66:23.

[175] **a.** Ef. 6:1,2,5; Col. 3:18,20,22; Ef. 5:22; Prov. 1:8; 4:1; 15.20; 20:20; Ex. 21:17; Rom13:1. **b.** Prov. 23:22; Gén. 9:24; 1 Ped. 2:18. **c.** Ef. 6:4,9; Col. 3:20; Rom. 13:2,3; Mat. 22:21.

[176] **a.** Mat. 5:21,22; 26:52; Gén. 9:6. **b.** Ef. 4:26, Rom. 12:19; Mat. 18:35; 5:25. **c.** Rom. 13.14; Col. 2:23; Mat. 4:7. **d.** Gén. 9:6; Ex. 21:14; Mat. 26:52; Rom. 13:14.

R. Al prohibir la muerte Dios nos enseña que Él detesta todo lo que de ello se origina, como la envidia[a], el odio[b], la ira[c] y el deseo de venganza, considerando todo esto como verdadero homicidio[d177].

P. 107. ¿Es suficiente, como hemos dicho, el no matar a nuestro prójimo?

R. No. Pues Dios, condenando la envidia, el odio y la ira, quiere que amemos a nuestro prójimo como a nosotros mismos[a], usando para con él toda benignidad, mansedumbre, paciencia y misericordia[b]; impidiendo, hasta donde nos sea posible, el mal que le podría sobrevenir[c]; haciendo bien incluso a nuestros enemigos[d178].

41.er DÍA DEL SEÑOR

P. 108. ¿Qué enseña el séptimo mandamiento?

R. Que Dios maldice toda deshonestidad[a], y en consecuencia nosotros debemos también aborrecerla de todo corazón[b], y vivir casta y sobriamente[c]; sea en el santo estado de matrimonio, o en otro estado[d179].

P. 109. ¿En este mandamiento, prohíbe Dios solo el adulterio y pecados semejantes?

R. Como nuestro cuerpo y alma son templo del Espíritu Santo, Dios quiere que conservemos ambos puros y santos. Para ello prohíbe toda impureza en nuestras acciones, nuestros gestos, nuestras palabras[a], nuestros pensamientos y deseos[b], y todo lo que incita al hombre a ello[c180].

42.º DÍA DEL SEÑOR

P. 110. ¿Qué prohíbe Dios en el octavo mandamiento?

R. Dios prohíbe no solamente el robo[a] y la rapiña[b] que la autoridad castiga, sino que llama también robo a todos los medios malos y engaños con los cuales tratamos de apoderarnos del bien de nuestro prójimo[c]; ya sea por la fuerza por una apariencia de derecho, como son: el peso falso, la mala mercadería[d], la moneda falsa, la usura[e]; o por cualquier otro medio prohibido por Dios. También prohíbe toda avaricia[f] y todo uso inútil de sus dones[g181].

P. 111. ¿Qué te ordena Dios en este mandamiento?

R. Buscar en la medida de mis fuerzas, aquello que sea útil a mi prójimo, de hacer con él lo que yo quisiera que él hiciese conmigo[a], y trabajar fielmente a fin de poder asistir a los necesitados en su pobreza[b182].

---

177 **a.** Prov. 14:30; Rom. 1:29. **b.** 1 Jn. 2:11. **c.** Stg. 1:20; Gál. 5:19-21. **d.** 1 Jn. 3:15.

178 **a.** Mat. 22:39; 7:12, Rom. 12:10. **b.** Ef. 4:2; Gál. 6:1,2; Mat. 5:5; Rom. 12:18; Luc. 6:36; Mat. 5:7; 1 Ped. 3:8; Col. 3:12. **c.** Ex. 23:5. **d.** Mat. 5:44,45; Rom. 12:20.

179 **a.** Lev. 18:28. **b.** Jds. 23. **c.** 1 Tes. 4:3-5. **d.** Heb. 13:4; 1 Cor. 7:7.

180 **a.** Ef. 5:3,4; 1 Cor. 6:18,19. **b.** Mat. 5:27,28. **c.** Ef. 5:18, 1 Cor. 15:33.

181 **a.** 1 Cor. 6:10. **b.** 1 Cor. 5:10; Isa. 33:1. **c.** Luc. 3:14; 1 Tes. 4:6. **d.** Prov. 11:1; 16:11; Eze. 45:9,10; Deu. 25:13. **e.** Sal. 15:5; Luc. 6:35. **f.** 1 Cor. 6:10. **g.** Prov. 23:20,21; 21:20.

182 **a.** Mat. 7:12. **b.** Ef. 4:28.

43.er DÍA DEL SEÑOR

P. 112. *¿Qué se pide en el noveno mandamiento?*

R. Que no levante falsos testimonios contra nadie[a], que no interprete mal las palabras de los demás[b], que no sea ni detractor ni calumniador[c]. Que no ayude a condenar a nadie temerariamente y sin haberle escuchado[d]; que huya de toda clase de mentira y engaño, como obras propias del diablo[e], si no quiero provocar contra mí la gravísima ira de Dios[f]. Que en los juicios, como en cualquier otra ocasión, ame la verdad, la anuncie y la confiese sinceramente[g] y, por último, que procure con todas mis fuerzas defender la honra y reputación de mi prójimo[h][183].

44.º DÍA DEL SEÑOR

P. 113. *¿Qué ordena el décimo mandamiento?*

R. Que ni por deseo, ni por pensamiento, nuestros corazones se rebelen jamás contra alguno de los mandamientos de Dios, sino que en todo tiempo aborrezcamos el pecado de todo corazón y nos deleitemos en toda justicia[a][184].

P. 114. *¿Pueden guardar perfectamente estos mandamientos los que son convertidos a Dios?*

R. No, porque incluso los más santos, en tanto estén en esta vida, no cumplen más que con un pequeño comienzo de esta obediencia[a]. No obstante, empiezan a vivir firmemente no solo de acuerdo con algunos sino con todos los mandamientos de Dios[b][185].

P. 115. *Entonces, ¿por qué quiere Dios que se nos predique tan rigurosamente los diez mandamientos si no hay nadie que pueda observarlos perfectamente en esta vida?*

R. Primeramente, para que durante toda nuestra vida conozcamos, más y más, cuán grande es la inclinación de nuestra naturaleza a pecar[a], y así, busquemos con más fervor la remisión de nuestros pecados y la justicia de Cristo[b]. Después, que nos apliquemos sin descanso a suplicar a Dios la gracia de su Espíritu Santo, para que cada día seamos más renovados a su imagen, hasta que, después de esta vida, alcancemos la perfección que nos es propuesta[c][186].

---

[183] **a.** Prov. 19:5,9; 21:28. **b.** Sal. 15:3; 50:19,20. **c.** Rom.1:30. **d.** Mat. 7:1; Luc. 6:37. **e.** Jn. 8:44. **f.** Prov. 12:22; 13:5. **g.** 1 Cor. 13:6; Ef. 4:25. **h.** 1 Ped. 4:8.

[184] **a.** Rom. 7:7.

[185] **a.** Jn. 1:8; Rom. 7:4,15; Ecl. 7:20; 1 Cor. 13:9. b Rom. 7:22; Sal. 1:2.

[186] **a.** Rom. 3:20; 1 Jn. 1:9; Sal. 32:5. **b.** Mat. 5:6; Rom. 7:24,25. **c.** 1 Cor. 9:24; Fil. 3:12-14.

DE LA ORACIÓN.

45.º DÍA DEL SEÑOR

P. 116. ¿Por qué es necesaria la oración para los cristianos?

R. Porque es el punto principal del agradecimiento que Dios pide de nosotros[a], y porque Él quiere dar su gracia y su Espíritu Santo solo a aquellos que se lo piden con oraciones ardientes y continuas, dándole gracias[b][187].

P. 117. ¿Qué es necesario en la oración para que esta agrade a Dios y sea oída por Él?

R. Primero, que pidamos de todo corazón[a], al único y verdadero Dios, el cual se ha manifestado en su Palabra[b], todas las cosas que Él desea que le pidamos[c]; segundo, que reconociendo sinceramente toda nuestra pobreza y miseria[d], nos humillemos delante de su majestad[e]; y por último, que apoyándonos sobre este firme fundamento[f], sepamos que, pese a nuestra indignidad, Él escuchará nuestra oración por amor del Señor Jesucristo[g], como nos lo ha prometido en su Palabra[h][188].

P. 118. ¿Qué nos ha mandado Dios que le pidamos?

R. Todo lo que es necesario para el alma y para el cuerpo[a], lo cual, nuestro Señor Jesucristo, ha incluido en la oración que Él mismo nos ha enseñado[189].

P. 119. ¿Qué dice esta oración?

R. Padre nuestro que estas en los cielos, santificado sea tu nombre. Venga tu reino. Sea hecha u voluntad, como en el cielo, así también en la tierra. Danos hoy nuestro pan cotidiano, y perdónanos nuestras deudas, como también nosotros perdonamos a nuestros deudores. Y no nos metas en tentación, más líbranos del mal; porque tuyo es el reino, y el poder, y la gloria, por todos los siglos. Amén[a][190].

46.º DÍA DEL SEÑOR

P. 120. ¿Por qué nos pide nuestro Señor Jesucristo que nos dirijamos a Dios diciendo: «Padre nuestro»?

R. Para despertar en nosotros, desde el principio de nuestra oración, el respeto filial y la confianza en Dios que deben ser el fundamento de nuestra oración; a saber, que Dios ha venido a ser nuestro Padre por Jesucristo y está aún menos dispuesto a negarnos lo que le pedimos con fe de lo que nuestros padres nos negarían las cosas terrenales[a][191].

---

[187] **a.** Sal. 50:4. **b.** Mat. 7:7; Luc.11:9,13; 1 Tes. 5:17.

[188] **a.** Jn. 4:24; Sal. 145:18. **b.** Apo. 19:10; Jn. 4:22-24. **c.** Rom. 8:26; 1 Jn. 5:14; Stg. 1:5. **d.** 2 Cr. 20:12. **e.** Sal. 2:11; 34:18; Isa. 66:2. **f.** Rom. 10:14; Stg. 1:6. **g.** Jn. 14:13; 16:23; Dn. 9:18. **h.** Mat. 7:8, Sal. 27:8.

[189] **a.** Stg. 1:17; Mat. 6:33.

[190] **a.** Mat. 6:9-13; Luc. 11:2-4.

[191] **a.** Mat. 7:9-11; Luc. 11:11-13.

P. 121. ¿Por qué se añade: «Que estás en los cielos»?

R. A fin de que no tengamos ninguna idea terrenal de la majestad celestial de Dios[a], y esperemos de su omnipotencia lo que necesitamos para nuestro cuerpo y nuestra alma[b][192].

47.º DÍA DEL SEÑOR

P. 122. ¿Cuál es la primera súplica?

R. «Santificado sea tu nombre», es decir, concédenos ante todo que te conozcamos rectamente[a], y que santifiquemos, y celebremos tu omnipotencia, sabiduría, bondad, justicia, misericordia y verdad, que se manifiestan en todas tus obras[b]. Concédenos también, que toda nuestra vida, en pensamiento, palabra y obra, sea siempre dirigida a este fin: que tu santísimo nombre no sea por nosotros blasfemado ni menospreciado, sino honrado y glorificado[c][193].

48.º DÍA DEL SEÑOR

P. 123. ¿Cuál es su segunda súplica?

R. «Venga tu reino», es decir, reina de tal modo sobre nosotros, por tu Palabra y Espíritu, que nos sometamos cada vez más y más a Ti[a]. Conserva y aumenta tu iglesia[b]. Destruye las obras del diablo y todo poder que se levante contra Ti, lo mismo que todos los consejos que se toman contra tu Palabra[c], hasta que la plenitud de tu reino venga[d], cuando Tú serás todo en todos[e][194].

49.º DÍA DEL SEÑOR

P. 124. ¿Cuál es la tercera súplica?

R. «Sea hecha tu voluntad, como en el cielo, así también en la tierra», es decir, haz que nosotros y todos los hombres, renunciemos a nuestra propia voluntad[a], y con toda humildad obedezcamos la tuya, que es la única buena[b], para que cada uno de nosotros cumpla su deber y vocación, tan fiel y gozosamente[c] como lo hacen los ángeles en el cielo[d][195].

P. 125. ¿Cuál es la cuarta súplica?

R. «Danos hoy nuestro pan cotidiano», es decir, dígnate proveernos de todo lo que es necesario para el cuerpo[a], a fin de que por ello, reconozcamos que Tú eres la única fuente de todo bien[b], y que, ni nuestras necesidades, ni nuestro trabajo, ni incluso los bienes que Tú nos concedes, nos aprovecharían

---

[192] **a.** Jer. 23:23,24; Hch 17:24,25,27. **b.** Rom. 10:12.

[193] **a.** Jn. 17:3; Jer. 9:24; 31:33,34; Mat. 6:33. **b.** Sal. 51:18; 122:6. **c.** 1 Jn. 3:8; Rom. 16:20. **d.** Apo. 22:20, Rom. 8:22,23. **e.** 1 Cor. 15:28.

[194] **a.** Mat. 16:24; Tit. 2:11,12. **b.** Luc. 22:42; Ef. 5:10; Rom. 12:2. **c.** 1 Cor. 7:24. d Sal. 103:20,21.

[195] **a.** Mat. 16:24; Tit. 2:11,12. **b.** Luc. 22:42; Ef. 5:10; Rom. 12:2. **c.** 1 Cor. 7:24. **d.** Sal. 103:20,21.

sino que antes nos dañarían sin tu bendición[c]. Por tanto, concédenos que apartemos nuestra confianza de todas las criaturas para ponerla solo en Ti[d][196].

51.er DÍA DEL SEÑOR

P. 126. ¿Cuál es la quinta súplica?

R. «Perdónanos nuestras deudas, como también nosotros perdonamos a nuestros deudores», es decir, por la preciosa sangre de Jesucristo, dígnate a no imputarnos a nosotros, pobres pecadores, nuestros pecados ni la maldad que está arraigada en nosotros[a], así como nosotros sentimos, debido a este testimonio de tu gracia, el firme propósito de perdonar de todo corazón a nuestro prójimo[b][197].

52.º DÍA DEL SEÑOR

P. 127. ¿Cuál es la sexta súplica?

R. «No nos metas en tentación, más líbranos del mal», es decir, dado que nosotros mismos somos tan débiles que no podríamos estar de pie ni un solo instante[a], y dado que nuestros enemigos mortales: Satanás[b], el mundo[c] y nuestra propia carne[d], nos hacen continua guerra; dígnate a sostenernos y fortificarnos por la potencia de tu Espíritu Santo, para que podamos resistirles valerosamente, y no sucumbamos en ese combate espiritual[e] hasta que logremos finalmente la victoria[f][198].

P. 128. ¿Cómo concluyes esta oración?

R. «Porque tuyo es el reino, el poder, y la gloria, por todos los siglos», es decir, te pedimos todo esto, porque siendo nuestro Rey Todopoderoso, Tú puedes y quieres concedernos toda clase de bien[a], y esto para que, no a nosotros, sino a tu santo nombre sea todo gloria[b] por todos los siglos[199].

P. 129. ¿Qué significa la palabra: «Amén»?

R. «Amén» quiere decir: esto es verdadero y cierto. Porque mi oración es más ciertamente escuchada por Dios de lo que yo siento en mi corazón que he deseado esto de Él[a][200].

---

[196] **a.** Sal. 145:15; 104:27; Mat. 6:26. **b.** Stg. 1:17; Hch. 14:17; 17:27. **c.** 1 Cor. 15:58; Deu. 8:13; Sal. 37:16; 127:1,2. **d.** Sal. 55:22; 62:10; 146:3; Jer. 17:5,7.

[197] **a.** Sal. 51:1; 143:2; 1 Jn. 2:1; Rom. 8:1. **b.** Mat. 6:14.

[198] **a.** Jn. 15:5; Sal. 103:14. **b.** 1 Ped. 5:8; Ef. 6:12. **c.** Jn. 15:19. d Rom. 7:23; Gál. 5:17. **e.** Mat. 26:41; Mc. 13:33. **f.** 1 Tes. 3:13; 5:23.

[199] **a.** Rom. 10:12; 2 Ped. 2:9. **b.** Jn. 14:13; Jer. 33:8,9; Sal. 115:1

[200] **a.** 2 Cor. 1:20; 2 Tim. 2:13.

EL CATECISMO MAYOR
DE WESTMINSTER[201]

Acordado por la Asamblea de Teólogos en Westminster, con la asistencia de los delegados de la Iglesia de Escocia, como parte de la uniformidad pactada y establecida en religión entre las iglesias de Cristo en los reinos de Escocia, Inglaterra e Irlanda.

Aprobado por la Asamblea General de la Iglesia de Escocia, en 1648, para ser un directorio para catequizar a los que tienen habilidad en la fundación religiosa. Con pruebas de las Escrituras.

Acta aprobando el Catecismo Mayor.

La Asamblea General, habiendo examinado exactamente y considerado seriamente el Catecismo Mayor acordado por la Asamblea de los Teólogos en Westminster, con la ayuda de los Delegados de esta Iglesia, siendo las copias del mismo impresas y mandadas a los Presbiterios para ser aún más examinadas; y haciéndose la insinuación pública con frecuencia, en esta Asamblea, de que cualquiera que tuviere cualquier duda u objeciones sobre este lo declarase; encuentra, tras el debido examen, que el dicho Catecismo es conforme a la Palabra de Dios, y en nada contrario a la doctrina recibida, en nada contrario a la adoración pública de Dios, en nada contrario de la disciplina y en nada contrario del gobierno de esta Iglesia; sino una parte necesaria de la propuesta uniformidad en la religión, y un tesoro rico para aumentar el conocimiento entre el pueblo de Dios; así, pues, la Asamblea, bendiciendo al Señor por tan excelente Catecismo preparado, aprueba el

---

[201] Para una introducción general sobre los Estándares de Westminster remítase el lector a la Confesión. Presentamos continuación, y también para el Catecismo Menor, el texto del acta de presentación del Catecismo preparado por la Asamblea de Westminster.

mismo como parte de la uniformidad; concordando, por su parte, que sea un Catecismo común para los tres reinos, y una guía para catequizar a aquellos que hayan adquirido cierta competencia en el conocimiento de las bases de la religión.

Asamblea en Edimburgo, 12 de julio 1648. Sesión 10.

Contenido:

1. El propósito del hombre: P.1.
2. Las Escrituras: P. 2-6
3. Dios: P. 7-16
4. El hombre, el pecado y su naturaleza: P. 17-29.
5. El Pacto de Gracia: P. 30-35.
6. Cristo: P. 36-57.
7. La salvación: P. 58-90.
8. Los deberes de la ley: P. 91-151.
9. Los deberes del evangelio: P. 152-160.
10. Los medios de gracia: P. 161-196.

EL CATECISMO MAYOR
DE WESTMINSTER

P. 1. ¿Cuál es el fin principal y más noble del hombre?

R. El fin principal y más noble del hombre es glorificar a Dios[a] y gozar de él para siempre[b202].

P. 2. ¿Cómo sabemos que hay un Dios?

R. La mera luz de la naturaleza en el hombre y las obras de Dios manifiestan plenamente que Dios[a] existe, pero Su Palabra y Espíritu son los únicos que suficiente y eficazmente lo revelan a los hombres para la salvación de ellos[b203].

P. 3. ¿Qué es la Palabra de Dios?

R. Las Santas Escrituras del Antiguo y Nuevo Testamento son la Palabra de Dios[a], la única regla de fe y obediencia[b204].

P. 4. ¿Cómo sabemos que las Escrituras son la Palabra de Dios?

R. Las Escrituras manifiestan en sí mismas que son la Palabra de Dios por su majestad[a] y pureza[b], por la concordia de todas sus partes[c], y por el fin de su totalidad, que es dar toda gloria a Dios[d]; por su luz y poder para convencer a los pecadores, para consolar y edificar a los creyentes para la salvación[e]; no obstante, el Espíritu de Dios, dando testimonio con las Escrituras y por medio

---

202 **a.** Rom. 11:36; 1 Cor. 10:31. **b.** Sal. 73:24-28; Jn. 17:21-23.

203 **a.** Rom. 1:19,20; Sal. 19:1-3; Hch. 17:28. **b.** 1 Cor. 2:9,10; 2 Tim. 3:15-17; Isa. 59:21.

204 **a.** 2 Tim. 3:16; 2 Ped. 1:19-21. **b.** Ef. 2:20; Apo. 22:18,19; Isa. 8:20; Luc. 16:29,31; Gál. 1:8,9; 2 Tim. 3:15,16.

de ellas al corazón del hombre, es el único que puede persuadir plenamente de que son la verdadera Palabra de Dios[f205].

P. 5. ¿Qué es lo que enseñan principalmente las Escrituras?

R. Lo que principalmente enseñan las Escrituras es lo que el hombre ha de creer respecto a Dios y los deberes que Dios exige al hombre[a206].

P. 6. ¿Qué nos enseñan las Escrituras respecto a Dios?

R. Las Escrituras nos enseñan lo que Dios es[a], las personas que hay en la Divinidad[b], sus decretos[c] y la ejecución de sus decretos[d207].

P. 7. ¿Qué es Dios?

R. Dios es un espíritu[a], en sí y por sí mismo infinito en su ser[b], gloria[c], bienaventuranza[d] y perfección[e], suficiente[f], eterno[g], inmutable[h], incomprensible[i], omnipresente[j], todopoderoso[k], omnisciente[l], muy sabio[m], y muy santo[n], y justísimo[ñ], misericordioso y lleno de gracia, paciente y abundante en bondad y verdad[o208].

P. 8. ¿Hay más de un Dios?

R. No hay sino uno solo, el Dios vivo y verdadero[a209].

P. 9. ¿Cuántas personas hay en la Divinidad?

R. Hay tres personas en la Divinidad: el Padre, el Hijo y el Espíritu Santo; estas tres son un solo eterno y verdadero Dios; mismas en sustancia, iguales en poder y gloria, aunque distintas por sus atributos personales[a210].

P. 10. ¿Cuáles son los atributos personales de las tres personas de la Divinidad?

R. Es propio del Padre haber engendrado al Hijo[a], y del Hijo ser engendrado del Padre[b], y del Espíritu Santo proceder del Padre y del Hijo desde toda la eternidad[c211].

---

205 **a.** Os. 8:12; 1 Cor. 2:6,7,13; Sal. 119:18,129; **b.** Sal. 12:6; 119:140; **c.** Hch. 10:43; 26:22; **d.** Rom. 3:19,27; **e.** Hch. 28:28; Heb. 4:12; Stg. 1:18; Sal. 19:7-9; Rom. 15:4; Hch. 15:4; 20:32; **f.** Jn. 16:13,14; 1 Jn. 2:20,27; Jn. 20:31.

206 **a.** 2 Tim. 1:13.

207 **a.** Heb. 11:6. **b.** 1 Jn. 5:7. **c.** Hch. 15:14,15,18. **d.** Hch. 4:27,28.

208 **a.** Jn.4:24. **b.** Ex.3:14;Job.11:7-9. **c.** Hch. 7:2. **d.** 1 Tim.6:15. **e.** Mat.5:48. **f.** Gén. 17:1. **g.** Sal. 90:2. **h.** Ml. 3:6; Stg. 1:17. **i.** 1R. 8:27. **j.** Sal. 139:1-13. **k.** Apo. 4:8. **l.** Heb. 4:13; Sal. 147:5. **m.** Rom. 16:27. **n.** Isa. 6:3; Apo. 15:4. **o.** Deu. 32:4. **p.** Ex. 34:6.

209 **a.** Deu. 6:4; 1 Cor. 8:4,6; Jer. 10:10.

210 **a.** 1 Jn. 5:7; Mat. 3:16,17; 28:19; 2 Cor. 8:14; Jn. 10:30.

211 **a.** Heb. 1:5,6,8. **b.** Jn. 1:14,18. **c.** Jn. 15:26; Gál. 4:6.

P. 11. ¿Cómo sabemos que el Hijo y el Espíritu Santo son Dios, igualmente con el Padre?

R. Las Escrituras manifiestan que el Hijo y el Espíritu Santo son Dios, igualmente con el Padre, atribuyéndoles nombres[a], propiedades[b], obras[c], y adoración[d] que solo son propios de Dios[212].

P. 12. ¿Qué son los decretos de Dios?

R. Los decretos de Dios son los actos santos, sabios y libres del consejo de su propia voluntad[a], por los que desde la eternidad, y para su propia gloria, ha preordenado inmutablemente todo lo que sucede en el tiempo[b], especialmente en lo tocante a los ángeles y a los hombres[213].

P. 13. ¿Qué es lo que Dios ha decretado especialmente con respecto a los ángeles y a los hombres?

R. Dios, por un decreto eterno e inmutable, por su puro amor, para alabanza de su gracia gloriosa, la cual se manifiesta a su debido tiempo, ha elegido algunos ángeles para la gloria[a]; y, en Cristo, ha escogido a algunos hombres para la vida eterna y, al mismo tiempo, los medios para ello[b]; así también, conforme a su poder soberano y al consejo inescrutable de su propia voluntad (por la cual Él concede o retira su favor según le place), ha pasado por alto y ha preordenado al resto para deshonra e ira, la cual será aplicada a ellos por sus pecados, para alabanza de la gloria de su justicia[c214].

P. 14. ¿Cómo ejecuta Dios sus decretos?

R. Dios ejecuta sus decretos en las obras de creación y de providencia; conforme a su presciencia infalible y el libre e inmutable consejo de su propia voluntad[a215].

P. 15. ¿Cuál es la obra de creación?

R. La obra de creación es aquella por la cual Dios, en el principio, por la palabra de su poder, hizo de la nada el mundo y todas las cosas que hay en este, haciéndolas para sí mismo, en el espacio de seis días y todas muy buenas[a216].

P. 16. ¿Cómo creó Dios a los ángeles?

R. Dios creó a todos los ángeles[a] como espíritus[b] inmortales[c], santos[d], con un conocimiento sobresaliente[e], fuertes en poder[f], para ejecutar sus mandamientos y para alabar Su nombre[g], pero expuestos a cambio[h217].

---

[212] **a.** Isa. 6:3,5,8; Jn. 12:41 con Hch. 28:25; 1 Jn. 5:20; Hch. 5:3,4. **b.** Jn. 1:1; Isa. 9:6; Jn. 2:24,25; 1 Cor. 2:10,11. **c.** Col. 1:16; Gén. 1:2. **d.** Mat. 28:19; 2 Cor. 13:14.

[213] **a.** Ef. 1:11; Rom. 11:33; 9:14,15,18. **b.** Ef. 1:4,11; Rom. 9:22,23; Sal. 33:11.

[214] **a.** 1 Tim. 5:21. **b.** Ef. 1:4-6; 2 Tes. 2:13,14. **c.** Rom. 9:17,18,21,22. Mat. 11:25,26; 2 Tim. 2:20; Jds. 4; 1 Ped. 2:8.

[215] **a.** Ef. 1:11.

[216] **a.** Gén. 1; Heb. 11:3; Prov. 16:4.

[217] **a.** Col. 1:16. **b.** Sal. 104:4. **c.** Mat. 22:30. **d.** Mat. 25:31. **e.** 2 Sal. 14:17; Mat. 24:36. **f.** 2 Tes. 1:7. **g.** Sal. 103:20,21. **h.** 2 Ped. 2:4.

P. 17. ¿Cómo creó Dios al hombre?

R. Después de que Dios hizo a todas las criaturas creó al hombre, varón y hembra[a], formando el cuerpo del hombre del polvo de la tierra[b], y a la mujer de una costilla del hombre[c]; los dotó de almas vivientes, racionales e inmortales[d], haciéndolos conforme a su propia imagen[e], en ciencia[f], justicia y santidad[g], teniendo la ley de Dios escrita en su corazón[h], con poder para cumplirla[i], con dominio sobre las criaturas[j], aunque expuestos a caer[k][218].

P. 18. ¿Cuáles son las obras de providencia de Dios?

R. Las obras de providencia de Dios son su santa[a], sabia[b] y poderosa preservación[c] y gobierno de todas sus criaturas[d], a las cuales ordena, así como todas las acciones de ellas[e], para su propia gloria[f][219].

P. 19. ¿Cuál es la providencia de Dios para con los ángeles?

R. Dios, por su providencia, permitió que algunos de los ángeles, voluntaria e irremediablemente, cayeran en pecado y condenación[a], limitándolos y disponiéndolos a ellos y a todos sus pecados para su propia gloria[b], estableciendo a los demás en la santidad y en la felicidad[c], y empleándolos a todos[d] según le place en la administración de Su poder, misericordia y justicia[e][220].

P. 20. ¿Cuál fue la providencia de Dios para con el hombre en el estado en que este fue creado?

R. La providencia de Dios para con el hombre, en el estado en que este fue creado, consiste en haberle colocado en el paraíso para que lo cultivara, concediéndole libertad para comer del fruto de la tierra[a]; poniendo las criaturas bajo su dominio[b], e instituyendo el matrimonio para su ayuda[c]; proporcionándole la comunión con él[d]; instituyendo el Día de Reposo[e]; entrando en un Pacto de vida con el hombre bajo condición de obediencia personal, perfecta y perpetua[f]; del cual el árbol de la vida era una prenda[g]; prohibiéndole comer del árbol de la ciencia del bien y del mal, bajo pena de muerte[h][221].

---

[218] **a.** Gén. 1:27. **b.** Gén. 2:7. **c.** Gén. 2:22. **d.** Gén. 2:7; Job. 35:11; Ecl. 12:7 con Mat. 10:28 y con Luc. 23:43. **e.** Gén. 1:27. **f.** Col. 3:10. **g.** Ef. 4:24. **h.** Rom. 2:14,15. **i.** Ecl. 7:29. **j.** Gén. 1:28. **k.** Gén. 3:6; Ecl. 7:29.

[219] **a.** Sal. 145:17. **b.** Sal. 104:24; Isa. 28:29. **c.** Heb. 1:3. **d.** Sal. 103:19. **e.** Mat. 10:29,31; Gén. 45:7. **f.** Rom. 11:36; Isa. 63:14.

[220] **a.** Jds. 6 2; Ped. 2:4; Heb. 2:16; Jn. 8:44. **b.** Job. 1:12; Mat. 8:31. **c.** 1 Tim. 5:21; Mc. 8:38; Heb. 12:22. **d.** Sal. 104:4. **e.** 2 R. 19:35; Heb. 1:14.

[221] **a.** Gén. 2:8,15,16. **b.** Gén. 1:28. **c.** Gén. 2:18. **d.** Gén. 1:26-29; 3:8. **e.** Gén. 2:3. **f.** Gál. 3:12. **g.** Gén. 2:9. **h.** Gén. 2:17.

P. 21. ¿*Permaneció el hombre en aquel primer estado en que Dios le creó?*

R. Nuestros primeros padres, dejados a su libre albedrío, por la tentación de Satanás, transgredieron el mandamiento de Dios comiendo del fruto prohibido, cayendo así del estado de inocencia en que fueron creados[a222].

P. 22. *¿Cayó todo el género humano en la primera trasgresión?*

R. Habiéndose hecho el Pacto con Adán como con una persona pública, no solo para sí mismo sino también para su posteridad, todo el género humano, descendiendo de él según la generación ordinaria[a], pecó en él y cayó con él en la primera trasgresión[b223].

P. 23. *¿A qué estado redujo la caída al hombre?*

R. La caída redujo al hombre a un estado de pecado y de miseria[a224].

P. 24. *¿Qué es el pecado?*

R. El pecado es la falta de conformidad con la ley de Dios o la trasgresión de la misma, la cual ha sido dada como regla a la criatura racional[a225].

P. 25. *¿En qué consiste lo pecaminoso del estado en que cayó el hombre?*

R. Lo pecaminoso del estado en que cayó el hombre consiste en la culpabilidad del primer pecado de Adán[a], la falta de la justicia original en la que fue creado, y la corrupción de toda su naturaleza; por lo cual está enteramente indispuesto, incapacitado y en oposición a todo lo que es espiritualmente bueno, e inclinado completamente a lo malo; estado en el cual permanece hasta el día de hoy[b], y el cual es comúnmente llamado pecado original, del cual proceden todas nuestras transgresiones actuales[c226].

P. 26. *¿Cómo se ha trasmitido el primer pecado de nuestros primeros padres a su posteridad?*

R. El pecado original se ha trasmitido de nuestros primeros padres a su posteridad por generación natural, pues todos los que proceden de ellos son, de esta manera, concebidos y nacidos en pecado[a227].

---

[222] **a.** Gén. 3:6-8,13; Ecl. 7:29; 2 Cor. 11:3.

[223] **a.** Hch. 17:26. **b.** Gén. 2:16,17 compare con Rom. 5:13-20 y con 1 Cor. 15:21,22.

[224] **a.** Rom. 5:12; 3:23.

[225] **a.** 1 Jn. 3:4; Gál. 3:10,12.

[226] **a.** Rom. 5:12,19. **b.** Rom. 3:10-19; Ef. 2:1-3; Rom. 5:6; 8:7,8; Gén. 6:5. c Stg. 1:14,15; Mat. 15:19.

[227] **a.** Sal. 51:5; Job. 14:4; 15:14; Jn. 3:6.

P. 27. ¿En qué consiste la miseria del estado en que cayó el hombre?

R. La caída hizo que el género humano perdiera la comunión con Dios[a], y quedara bajo el desagrado de este; de manera que somos, por naturaleza, hijos de ira[b], esclavos de Satanás[c] y estamos justamente expuestos a todo castigo tanto en este mundo como en el venidero[d][228].

P. 28. ¿Cuáles son los castigos por el pecado en este mundo?

R. Los castigos del pecado en este mundo son: en lo interno, ceguera del entendimiento[a], una sensación de reprobación[b], el estar expuestos a intensas creencias falsas[c], dureza de corazón[d], horror de conciencia[e], y afecciones viles[f]; y en lo externo, cosas tales como la maldición de Dios sobre las criaturas por causa nuestra[g], y todos los males que vienen sobre nuestro cuerpo, nombre, estado, relaciones y empleos[h], juntamente con la muerte misma[i][229].

P. 29. ¿Cuál será el castigo del pecado en el mundo venidero?

R. El castigo del pecado en el mundo venidero será la separación eterna de la benéfica presencia de Dios, y los más grandes e interminables tormentos (tanto en alma como en cuerpo) en el fuego del infierno para siempre[a][230].

P. 30. ¿Dejó Dios a todo el género humano perecer en su estado de pecado y de miseria?

R. Dios no dejó perecer a todos los hombres en su estado de pecado y de miseria[a] en que habían caído por el quebrantamiento del primer pacto, llamado comúnmente Pacto de Obras[b], sino que, por su puro amor y misericordia, libertó a sus elegidos sacándolos de tal estado e introduciéndolos en uno de salvación, por un segundo pacto generalmente llamado Pacto de Gracia[c][231].

P. 31. ¿Con quién fue hecho el Pacto de Gracia?

R. El Pacto de Gracia fue hecho con Cristo como segundo Adán, y en Él con todos los elegidos como su simiente[a][232].

P. 32. ¿Cómo se manifiesta la gracia de Dios en el segundo pacto?

R. La gracia de Dios se manifiesta, en el segundo pacto, en que Dios libremente ha provisto y ofrecido a los pecadores un Mediador[a], así como la vida y la salvación por este[b], requiriendo la fe como condición para que ellos tengan parte en Él[c], prometiendo y dando su Espíritu Santo a todos sus

---

[228] **a.** Gén. 3:8,10,24. **b.** Ef. 2:2,3. **c.** 2 Tim. 2:26. **d.** Gén. 2:17; Lam. 3:39; Rom. 6:23; Mat. 25:41,46; Jds. 7.

[229] **a.** Ef. 4:18. **b.** Rom. 1:28. **c.** 2 Tes. 2:11. **d.** Rom. 2:5. **e.** Isa. 33:14; Gén. 4:13; Mat. 27:4. **f.** Rom. 1:26. **g.** Gén. 3:17. **h.** Deu. 28:15-18. **i.** Rom. 6:21, 23.

[230] **a.** 2 Tes. 1:9; Mc. 9:43,44,46,48; Luc. 16:24.

[231] **a.** 1 Tes. 5:9. **b.** Gál. 3:10,12. **c.** Tit. 3:4-7; Gál. 3:21; Rom. 3:20-22.

[232] **a.** Gál. 3:16; Rom. 5:15; Isa. 53:10,11.

elegidos[d], obrando en ellos tanto la fe[e], como todas las otras gracias salvadoras[f], capacitándolos para toda obediencia santa[g] como la evidencia de la verdad de su fe[h] y de su gratitud a Dios[i], y como el camino que Él les ha señalado para salvación[j][233].

P. 33. ¿Ha sido el Pacto de Gracia administrado siempre de la misma manera?

R. El Pacto de Gracia no ha sido administrado siempre de la misma manera, sino que la administración de él, bajo el Antiguo Testamento, fue diferente de aquella bajo la cual se administra en el Nuevo[a][234].

P. 34. ¿Cómo fue administrado el Pacto de Gracia bajo el Antiguo Testamento?

R. El Pacto de Gracia fue administrado bajo el Antiguo Testamento por promesas[a], profecías[b], sacrificios[c], la circuncisión[d], la pascua[e], y otros tipos y ordenanzas; todas las cuales señalaban al Cristo que había de venir, y al mismo tiempo eran suficientes para edificar a los elegidos en la fe en un Mesías prometido[f], por quien tenían remisión de pecados y salvación eterna[g][235].

P. 35. ¿Cómo se administra el Pacto de Gracia bajo el Nuevo Testamento?

R. Bajo el Nuevo Testamento, cuando Cristo, la sustancia, fue exhibido, el Pacto de Gracia fue y será administrado por la predicación de la Palabra[a], y por la administración de los sacramentos del Bautismo[b], y de la Cena del Señor[c], en los que la gracia y la salvación se manifiestan con más plenitud, evidencia y eficacia a todas las naciones[d][236].

P. 36. ¿Quién es el Mediador del Pacto de Gracia?

R. El único Mediador del Pacto de Gracia es el Señor Jesucristo[a], quien, siendo el Hijo eterno de Dios, de la misma sustancia que el Padre e igual a Él[b], en la plenitud del tiempo se hizo hombre[c], y así, fue y continúa siendo Dios y hombre, en dos naturalezas completas y distintas en una sola persona para siempre[d][237].

---

[233] **a.** Gén. 3:15; Isa. 42:6; Jn. 6:27. **b.** 1 Jn. 5:11,12. **c.** Jn. 3:16; Jn. 1:12. **d.** Prov. 1:23. **e.** 2 Cor. 4:13. **f.** Gál. 5:22,23. **g.** Eze. 36:27. **h.** Stg. 2:18,22. **i.** 2 Cor. 5:14,15. **j.** Ef. 2:18.

[234] **a.** 2 Cor. 3:6-9.

[235] **a.** Rom. 15:8. **b.** Hch. 3:20,24. **c.** Heb. 10:1. **d.** Rom. 4:11. **e.** 1 Cor. 5:7. **f.** Heb. 8; 9; 10; 11:13. **g.** Gál. 3:7-9,14.

[236] **a.** Mc. 16:15. **b.** Mc. 28:19,20. **c.** 1 Cor. 11:23-25. **d.** 2 Cor. 3:6-18; Heb. 8:6,10,11; Mat. 28:19.

[237] **a.** 1 Tim. 2:5. **b.** Jn. 1:1,14; 10:30; Fil. 2:6. **c.** Gál. 4:4. **d.** Luc. 1:35; Rom. 9:5; Col. 2:9; Heb. 7:24-25.

P. 37. *¿Cómo se hizo Cristo hombre siendo el Hijo de Dios?*

R. Cristo, el Hijo de Dios, se hizo hombre tomando para sí un cuerpo verdadero y un alma racional[a], siendo concebido por el poder del Espíritu Santo en el vientre de la virgen María, de la sustancia de ella, de la que nació[b], más sin pecado[c238].

P. 38. *¿Por qué el Mediador debía de ser Dios?*

R. Hubo necesidad de que el Mediador fuese Dios para que pudiera sostener y guardar la naturaleza humana de sucumbir bajo la ira infinita de Dios y bajo el poder de la muerte[a]; para dar dignidad y eficacia a sus sufrimientos, obediencia e intercesión[b]; y para satisfacer así la justicia de Dios[c], alcanzar su favor[d], redimir un pueblo especial[e], dar su Espíritu a sus elegidos[f], vencer a todos sus enemigos[g], y traer a su pueblo a la salvación eterna[h239].

P. 39. *¿Por qué debía ser hombre el Mediador?*

R. Era necesario que el Mediador fuese hombre para que fuera enaltecida nuestra naturaleza[a], pudiera prestar obediencia a la ley[b], sufrir e interceder por nosotros en nuestra naturaleza[c], y sentir con nosotros nuestras debilidades[d]; para que pudiéramos recibir la adopción de hijos[e], y tuviéramos ánimo y libre acceso al trono de la gracia[f240].

P. 40. *¿Por qué el Mediador debía de ser Dios y hombre en una sola persona?*

R. Era necesario que el Mediador que iba a reconciliar a Dios y al hombre fuese Dios y hombre, y esto en una sola persona, para que las obras propias de cada naturaleza las aceptara Dios por nosotros[a], y fuera la base de nuestra confianza como las obras de toda la persona[b241].

P. 41. *¿Por qué nuestro Mediador fue llamado Jesús?*

R. Nuestro Mediador fue llamado Jesús porque Él salvaría a su pueblo de todos sus pecados[a242].

P. 42. *¿Por qué nuestro Mediador fue llamado Cristo?*

R. Nuestro Mediador fue llamado Cristo porque fue ungido sin medida con el Espíritu Santo[a], y así fue apartado y plenamente revestido con toda autoridad y capacidad[b], para desempeñar los oficios de profeta[c], sacerdote[d], y

---

[238] **a.** Jn. 1:14; Mat. 26:38. **b.** Luc. 1:27,31,35,42; Gál. 4:4. **c.** Heb. 4:15; 7:26.

[239] **a.** Hch. 2:24,25; Rom. 1:4 compare con Hch. 9:14. **b.** Hch. 20:28; Heb. 9:14; 7:25-28. **c.** Rom. 3:24-26. **d.** Ef. 1:6; Mat. 3:17. **e.** Tit. 2:13,14. **f.** Gál. 4:6. **g.** Luc. 1:68,69,71,74. **h.** Heb. 5:8,9; 9:11-15.

[240] **a.** Heb. 2:16. **b.** Gál. 4:4. **c.** Heb. 2:14; 7:24-25. **d.** Heb. 4:15. **e.** Gál. 4:5. **f.** Heb. 4:16.

[241] **a.** Mat. 1:21,23; 3:17; Heb. 9:14. **b.** 1 Ped. 2:6.

[242] **a.** Mat. 1:21.

rey de su iglesia[e], tanto en el estado de humillación como en el de exaltación[243].

P. 43. ¿Cómo desempeña Cristo el oficio de profeta?

R. Cristo desempeña el oficio de profeta revelando a su iglesia en todas las épocas[a], por su palabra y Espíritu[b], y por revelaciones hechas de diversas maneras[c], toda la voluntad de Dios[d], sobre todas las cosas concernientes a la edificación y salvación de su pueblo[e244].

P. 44. ¿Cómo desempeña Cristo el oficio de sacerdote?

R. Cristo desempeña el oficio de sacerdote en haberse ofrecido a sí mismo una sola vez, en sacrificio sin mancha, a Dios[a], para hacer la reconciliación por los pecados de su pueblo[b], y en interceder continuamente por ellos[c245].

P. 45. ¿Cómo desempeña Cristo el oficio de rey?

R. Cristo desempeña el oficio de rey entresacando del mundo un pueblo para sí mismo[a], al darles oficiales[b], leyes[c], y censuras, a través de lo cual Él los gobierna de una manera visible[d]; al conceder su gracia salvadora a sus elegidos[e], recompensando su obediencia[f], y castigándolos por sus pecados para su corrección[g], preservándolos y sosteniéndoles en todas las tentaciones y sufrimientos[h], restringiendo y venciendo a todos sus enemigos[i], y ordenando poderosamente todas las cosas para su propia gloria[j] y para el bien de ellos[k]; y asimismo, al tomar venganza en los que no conocen a Dios ni obedecen el evangelio[l246].

P. 46. ¿Cuál fue el estado de humillación de Cristo?

R. El estado de humillación de Cristo fue aquella baja condición en la cual, por amor a nosotros, se despojó de su gloria y tomó la forma de siervo en su concepción, nacimiento, vida y muerte, y después de esta hasta la resurrección[a247].

P. 47 ¿Cómo se humilló Cristo en su concepción?

R. Cristo se humilló en su concepción y nacimiento en que siendo desde la eternidad el Hijo de Dios en el seno del Padre, le plació, en el cumplimiento del tiempo, hacerse el hijo del hombre, hecho de una mujer de condición

---

243 **a.** Jn. 3:34; Sal. 45:7. **b.** Jn. 6:27; Mat. 28:18-20. **c.** Hch. 3:21,22; Luc. 4:18,21. **d.** Heb. 5:5-7; 4:14,15. **e.** Sal. 2:6; Mat. 21:5; Isa. 9:6,7; Fil. 2:8-11.

244 **a.** Jn. 1:18. **b.** 1 Ped. 1:10-12. **c.** Heb. 1:1,2. **d.** Jn. 15:15. **e.** Hch. 20:32; Ef. 4:11-13; Jn. 20:31.

245 **a.** Heb. 9:14,28. **b.** Heb. 2:17. **c.** Heb. 7:25.

246 **a.** Hch. 15:14-16; Isa. 55:4,5; Gén. 49:10; Sal. 110:3. **b.** Ef. 4:11,12; 1 Cor. 12:28. **c.** Isa. 33:22. **d.** Mat. 18:17,18; 1 Cor. 5:4,5. **e.** Hch. 5:31. **f.** Apo. 22:12; 2:10. **g.** Apo. 3:19. **h.** Isa. 58:9. **i.** 1 Cor. 15:25; Sal. 110. **j.** Rom. 14:10,11. **k.** Rom. 8:28. **l.** 2 Tes. 1:8,9; Sal. 2:8,9.

247 **a.** Fil. 2:6-8; Luc. 1:31; 2 Cor. 8:9; Hch. 2:24.

humilde, y nacer de ella, con otras diversas circunstancias que hace extraordinaria su humillación[a][248].

P. 48. ¿Cómo se humilló Cristo en esta vida?

R. Cristo se humilló en esta vida al sujetarse a la ley[a], la cual cumplió perfectamente[b], y al luchar con los oprobios del mundo[c], las tentaciones de Satanás[d], y las debilidades de su carne, tanto las comunes a la naturaleza del hombre como las que acompañan especialmente a los de condición humilde[e][249].

P. 49. ¿Cómo se humilló Cristo en su muerte?

R. Cristo se humilló en su muerte al haber sido entregado por Judas[a], abandonado por sus discípulos[b], despreciado y desechado por el mundo[c], condenado por Pilato y atormentado por sus perseguidores[d]; al haber luchado también con los terrores de la muerte y con los poderes de las tinieblas, y haber sentido y llevado el peso de la ira de Dios[e], al haber puesto su vida como ofrenda por el pecado[f], y al sufrir la dolorosa, ignominiosa y maldita muerte de cruz[g][250].

P. 50. ¿Cómo se humilló Cristo después de la muerte?

R. La humillación de Cristo después de la muerte consistió en ser sepultado[a], en continuar en el estado de muerte y bajo el poder de esta hasta el tercer día[b]; lo que se ha expresado otras veces en las palabras: «Descendió a los infiernos»[251].

P. 51. ¿Cuál es el estado de exaltación de Cristo?

R. El estado de exaltación de Cristo comprende su resurrección[a], ascensión[b], el estar sentado a la diestra del Padre[c], y el venir otra vez a juzgar el mundo[d][252].

P. 52. ¿Cómo fue exaltado Cristo en su resurrección?

R. Cristo fue exaltado en su resurrección en que, no habiendo visto corrupción en su muerte (en la cual no pudo ser retenido[a]), y teniendo el mismo cuerpo en que sufrió, con las propiedades esenciales que corresponden al cuerpo[b] (pero sin mortalidad y sin otras debilidades comunes de esta vida), unido realmente a su alma[c], Él se levantó por su propio poder al tercer día de entre los muertos[d]; por lo cual se declaró a sí mismo ser Hijo de Dios[e], satisfizo la justicia divina[f], conquisto la muerte y al que tuvo poder sobre la muerte[g], para ser así Señor de los vivos y de los muertos[h]. Todo esto lo hizo como

---

[248] **a.** Jn. 1:14,18; Gál. 4:4; Luc. 2:7.

[249] **a.** Gál. 4:4. **b.** Mat. 5:17,19. **c.** Sal. 22:6; Heb. 12:2,3. **d.** Mat. 4:1-12; Luc. 4:13. **e.** Heb. 2:17,18; Heb. 4:15; Isa. 52:13,14.

[250] **a.** Mat. 27:4. **b.** Mat. 26:56. **c.** Isa. 53:2,3. **d.** Mat. 27:26-50; Jn. 19:34. **e.** Luc. 22:44; Mat. 27:46. **f.** Isa. 53:10. **g.** Fil. 2:8; Heb. 12:2; Gál. 3:13.

[251] **a.** 1 Cor. 15:3,4. **b.** Sal. 16:10; Hch. 2:24-27,31; Rom. 6:9; Mat. 12:40.

[252] **a.** 1 Cor. 15:4. **b.** Mc. 16:19. **c.** Ef. 1:20. **d.** Hch. 1:11; Hch. 17:31.

persona pública[i], como cabeza de su Iglesia[j], para justificarla[k], vivificarla en la gracia[l], sostenerla contra los enemigos[m], y asegurar a los suyos la resurrección de entre los muertos en el último día[n][253].

P. 53. ¿Cómo fue exaltado Cristo en su ascensión?

R. Cristo fue exaltado en su ascensión en que habiendo aparecido y conversado frecuentemente con sus discípulos después de su resurrección, hablándoles de las cosas pertenecientes al reino de Dios[a], y dándoles la comisión de predicar el evangelio a todas las naciones[b]; cuarenta días después de su resurrección, Él, en nuestra naturaleza y como cabeza nuestra[c], triunfante sobre sus enemigos[d], subió visiblemente a los más altos cielos para recibir dones para los hombres[e], y elevar nuestros afectos hacia el cielo, y preparar un lugar para nosotros[g], donde Él está y continuará hasta su segunda venida[h][254].

P. 54. ¿Cómo ha sido Cristo exaltado al sentarse a la diestra de Dios?

R. Cristo ha sido exaltado al sentarse a la diestra de Dios en que, como Dios-hombre, fue elevado al más alto favor con Dios el Padre[a] con toda la plenitud de gozo[b], gloria[c], y poder sobre todas las cosas en el cielo y en la tierra[d]; en reunir y defender a su iglesia y subyugar a sus enemigos; en enriquecer a su pueblo y a sus ministros con gracias y dones[e], y en interceder por ellos[f][255].

P. 55. ¿Cómo intercede Cristo?

R. Cristo intercede apareciendo en nuestra naturaleza continuamente delante del Padre, en el cielo[a], por el mérito de su obediencia y sacrificio en la tierra[b], declarando su voluntad de haber aplicado este a todos los creyentes[c]; respondiendo a las acusaciones hechas contra estos[d]; procurándoles paz de conciencia a pesar de sus caídas diarias[e], así como el acceso con toda confianza al trono de la gracia[f], y la aceptación de sus personas[g] y servicios[h][256].

P. 56. ¿Cómo será exaltado Cristo cuando venga otra vez a juzgar al mundo?

R. Cristo será exaltado cuando venga otra vez a juzgar al mundo en que Él, que fue juzgado injustamente y condenado por hombres malvados[a], vendrá otra vez en el último día con gran poder[b], y en la plena manifestación de su gloria propia y en la de su Padre, con todos sus santos ángeles[c], con

---

[253] **a.** Hch. 2:24,27. **b.** Luc. 24:39. **c.** Rom. 6:9; Apo. 1:18. **d.** Jn. 10:18. **e.** Rom. 1:4. **f.** Rom. 8:34. **g.** Heb. 2:14. **h.** Rom. 14:9. **i.** 1 Cor. 15:21,22. **j.** Ef. 1:20,22,23; Col. 1:18. **k.** Rom. 4:25. **l.** Ef. 2:1,5,6; Col. 2:12. **m.** 1 Cor. 15:25,27. **n.** 1 Cor. 15:20.

[254] **a.** Hch. 1:2,3. **b.** Mat. 28:19,20. **c.** Heb. 6:20. **d.** Heb. 6:20. **e.** Hch. 1:9-11; Ef. 4:10; Sal. 68:18. **f.** Col. 3:1,2. **g.** Jn. 14:3. **h.** Hch. 3:21.

[255] **a.** Fil. 2:9. **b.** Hch. 2:28; Sal. 16:11. **c.** Jn. 17:5. **d.** Ef. 1:22; 1 Ped. 3:22. **e.** Ef. 4:10-12; Sal. 110. **f.** Rom. 8:34.

[256] **a.** Heb. 9:12,24. **b.** Heb. 1:3. **c.** Jn. 3:16; 17:9,20,24. **d.** Rom. 8:33,34. **e.** Rom. 5:1,2; 1 Jn. 2:1,2. **f.** Heb. 4:16. **g.** Ef. 1:6. **h.** 1 Ped. 2:5.

aclamación, con voz de arcángel y con trompeta de Dios[d], a juzgar al mundo en justicia[e][257].

P. 57. ¿Qué beneficios ha logrado Cristo por su mediación?
R. Cristo ha logrado por su mediación la redención[a] y todos los beneficios del Pacto de Gracia[b][258].

P. 58. ¿Cómo somos hechos partícipes de la redención que Cristo ha comprado?
R. Somos hechos partícipes de los beneficios que Cristo ha comprado, por la aplicación de estos a nosotros[a], lo cual es la obra especial de Dios Espíritu Santo[b][259].

P. 59. ¿Quiénes son hechos partícipes de la redención lograda por Cristo?
R. La redención con toda certeza es aplicada, y eficazmente comunicada a todos aquellos para quienes Cristo la compró[a], quienes, a su debido tiempo, son capacitados por el Espíritu Santo para creer en Cristo conforme al evangelio[b][260].

P. 60. ¿Pueden los que nunca han oído el evangelio y que por lo tanto no conocen a Cristo, ni creen en Él, ser salvos según su modo de vivir conforme a la luz de la naturaleza?
R. Aquellos que nunca han oído el evangelio[a], quienes no conocen a Cristo[b], ni creen en Él, no pueden ser salvos[c] aunque sean diligentes en ajustar su vida a la luz natural[d] y a las leyes de la religión que profesen[e]; ni tampoco hay salvación en ningún otro sino solamente en Cristo[f], quien es Salvador únicamente de su cuerpo, la Iglesia[g][261].

P. 61. ¿Serán salvos todos los que oyen el evangelio y viven en relación con la Iglesia?
R. No todos los que oyen el evangelio y viven en relación con la Iglesia visible serán salvos, sino solamente aquellos que son miembros verdaderos de la Iglesia invisible[a][262].

---

[257] **a.** Hch. 3:14,15. **b.** Mat. 24:30. **c.** Luc. 9:26; Mat. 35:31. **d.** 1 Tes. 4:16. **e.** Hch. 17:31.

[258] **a.** Heb. 9:12. **b.** 2 Cor. 1:20.

[259] **a.** Jn. 1:11,12. **b.** Tit. 3:5,6.

[260] **a.** Ef. 1:13,14; Jn. 6:37,39; 10:15,16. **b.** Ef. 2:8; 2 Cor. 4:13.

[261] **a.** Rom. 10:14. **b.** 2 Tes. 1:8,9; Ef. 2:12; Jn. 1:10-12. **c.** Jn. 8:24; Mc. 16:16. **d.** 1 Cor. 1:20-24. **e.** Jn. 4:22; Rom. 9:31,32; Fil. 3:4-9. **f.** Hch. 4:12. **g.** Ef. 5:23.

[262] **a.** Jn. 12:38-40; Rom. 9:6; Mat. 22:14; 7:21; Rom. 10:7.

P. 62. *¿Qué es la Iglesia visible?*

R. La Iglesia visible es una sociedad formada por todos aquellos que en todos los tiempos y lugares del mundo han profesado o profesan la religión verdadera[a], juntamente con sus hijos[b263].

P. 63. *¿Cuáles son los privilegios especiales de la Iglesia visible?*

R. La Iglesia visible tiene el privilegio de estar bajo el gobierno y cuidado especial de Dios[a]; ser protegida y preservada en todos los tiempos, no obstante la oposición de todos sus enemigos[b]; de disfrutar de la comunión de los santos, los medios ordinarios de salvación[c], y las ofertas de gracia hechas por Cristo a todos los miembros de su Iglesia por el ministerio del evangelio, testificando que todos los que creen en Él serán salvos[d], y excluyendo a todos los que no vienen a Él[e264].

P. 64. *¿Qué es la Iglesia invisible?*

R. La Iglesia invisible es todo el número de los elegidos que han sido, son, y serán reunidos en uno bajo Cristo, su cabeza[a265].

P. 65. *¿Cuáles son los beneficios especiales de los que gozan, por Cristo, los miembros de la Iglesia invisible?*

R. Los miembros de la Iglesia invisible gozan por Cristo de unión y comunión con Él en gracia y gloria[a266].

P. 66. *¿Cuál es la unión que los elegidos tienen con Cristo?*

R. La unión que los elegidos tienen con Cristo es la obra de la gracia de Dios[a] por la que ellos, espiritual y místicamente, pero realmente y de una manera inseparable, son unidos a Cristo como su cabeza y esposo[b]; lo cual es hecho en el llamamiento eficaz de ellos[c267].

P. 67. *¿Qué es el llamamiento eficaz?*

R. El llamamiento eficaz es la obra de la gracia y del poder omnipotente de Dios[a] por la que (de su libre y especial amor a sus elegidos y sin que haya en ellos algo que le mueva a ello[b]), en el tiempo aceptado, Él los invita y atrae a Jesucristo, por su Palabra y Espíritu[c]; iluminando de una manera salvadora sus mentes[d], renovando y determinando poderosamente sus voluntades[e], de tal manera que ellos (aun cuando están en sí mismos muertos en pecado) por

---

263 **a.** 1 Cor. 1:2; 12:13; Rom. 15:9-12; Apo. 7:9; Sal. 2:8; 12:27-31; 45:17; Mat. 28:19,20; Isa. 59:21. **b.** 1 Cor. 7:14; Hch. 2:39; Rom. 11:16; Gén. 17:7.

264 **a.** Isa. 4:5,6; 1 Tim. 4:10. **b.** Sal. 115:1,9; Isa. 31:4,5; Zac. 12:2-4,8,9. **c.** Hch. 2:39,42. **d.** Sal. 147:19,20; Rom. 9:4; Ef. 4:11,12; Mc. 16:15,16. **e.** Jn. 6:37.

265 **a.** Ef. 1:10,22,23; Jn. 10:16; 11:52.

266 **a.** Jn. 17:21; Ef. 2:5,6; Jn. 12:24.

267 **a.** Ef. 1:22; 2:6-8. **b.** 1 Cor. 6:17; Jn. 10:28; Ef. 5:23,30. **c.** 1 Ped. 5:10; 1 Cor. 1:9.

esta obra son hechos voluntarios y capaces para responder libremente a su llamamiento, y aceptar y abrazar la gracia ofrecida y trasmitida en él[f268].

P. 68. ¿Solo los elegidos son eficazmente llamados?

R. Todos los elegidos, y solamente ellos, son eficazmente llamados[a]; aun cuando otros puedan ser externamente llamados por el ministerio de la Palabra[b], y gocen de las operaciones comunes del Espíritu[c]; quienes, por su negligencia y desprecio voluntario de la gracia ofrecida a ellos, son justamente dejados en su incredulidad y nunca vienen a Jesucristo verdaderamente[d269].

P. 69. ¿Cuál es la comunión en gracia que los miembros de la iglesia invisible tienen con Cristo?

R. La comunión en gracia que los miembros de la iglesia invisible tienen con Cristo, es la participación de la virtud de su mediación en la justificación[a], adopción[b], santificación y en cualquier otra cosa que en esta vida manifieste esta unión[c270].

P. 70. ¿Qué es la justificación?

R. La justificación es un acto de la libre gracia de Dios para con los pecadores[a], por la cual Él perdona todos sus pecados, y acepta y estima sus personas como justas a su vista[b]; y esto, no por alguna cosa hecha en ellos o por ellos[c], sino solamente por la obediencia perfecta y la plena satisfacción que dio Cristo, la cual Dios les imputa[d], y que reciben únicamente por la fe[e271].

P. 71. ¿Cómo es la justificación un acto de la libre gracia de Dios?

R. Aunque Cristo, por su obediencia y muerte satisfizo propia, real y plenamente la justicia de Dios en representación de los que son justificados[a]; sin embargo, puesto que aceptó la satisfacción dada por un fiador, la cual podía haber demandado de ellos, y habiendo provisto a este mismo fiador, a su único Hijo[b], imputando la justicia de este, a ellos[c], sin exigir para su justificación más que la fe[d], la cual también es su don[e]; esta justificación es concedida a ellos por la libre gracia[f272].

---

[268] **a.** Jn. 5:25; Ef. 1:18-20; 2 Tim. 1:8,9. **b.** Tit. 3:4,5; Ef. 2:4,5,7,8; Rom. 9:11. **c.** 2 Cor. 5:20 compare con 2 Cor. 6:1,2; Jn. 6:44; 2 Tes. 2:13,14. **d.** Hch. 26:18; 1 Cor. 2:10,12. **e.** Eze. 11:19; 26:26,27; Jn. 6:45. **f.** Ef. 2:5; Fil. 2:13; Deu. 30:6.

[269] **a.** Hch. 13:48. **b.** Mat. 22:14. **c.** Mat. 7:22; Mat. 13:20,21; Heb. 6:4-6. **d.** Jn. 12:38-40; Hch. 28:25-27; Jn. 6:64-65; Sal. 81:11-12.

[270] **a.** Rom. 8:30. **b.** Ef. 1:5. **c.** 1 Cor. 1:30.

[271] **a.** Rom. 3:22,24,25; 4:5. **b.** 2 Cor. 5:19,21; Rom. 3:22,24,25,27,28. **c.** Tit. 3:5,7; Ef. 1:7. **d.** Rom. 5:17-19; 4:6-8. **e.** Hch. 10:43; Gál. 2:16; Fil. 3:9.

[272] **a.** Rom. 5:8,10,19. **b.** 1 Tim. 2:5; Heb. 10:10; Mat. 20:28; Dn. 9:24,26; Isa. 53:4-6,10-12; Heb. 7:22; Rom. 8:32; 1 Ped. 1:18,19. **c.** 2 Cor. 5:21. **d.** Rom. 3:24,25. **e.** Ef. 2:8. f Ef. 1:7.

P. 72. ¿Qué es la fe que justifica?

R. La fe que justifica es una gracia salvadora[a], operada en el corazón del pecador por el Espíritu[b] y la Palabra de Dios[c], por la que él, siendo convencido de su pecado y miseria, de la incapacidad en sí y en otras criaturas para libertarse de su estado de perdición[d], no solamente acepta la verdad de la promesa del evangelio[e], sino también recibe a Cristo y descansa en Él y en su justicia la cual se extiende a él para perdón de pecados[f], y para ser aceptado y tenida su persona como justa delante de Dios para salvación[g][273].

P. 73. ¿Cómo justifica la fe a un pecador delante de Dios?

R. La fe justifica a un pecador delante de Dios no por causa de las otras gracias que la acompañan, o por las buenas obras que son el fruto de ella[a], ni como si la gracia de la fe, o algún acto de ella, fuese imputado para justificación[b]; sino solamente como un instrumento por el cual el pecador recibe y echa mano de Cristo y de su justicia[c][274].

P. 74. ¿Qué es la adopción?

R. La adopción es un acto de la libre gracia de Dios[a], en su Hijo Jesucristo y solamente por Él[b], por el cual todos aquellos que son justificados son recibidos en el número de los hijos[c], tienen el nombre de Él escrito en ellos[d], les es dado el Espíritu de su Hijo[e], están bajo su cuidado y dispensación paternal[f], son admitidos a todos los privilegios y libertades de los hijos de Dios, y son hechos herederos de todas las promesas y coherederos de Cristo en gloria[g][275].

P. 75. ¿Qué es la santificación?

R. La santificación es una obra de la libre gracia de Dios por la cual, aquellos que Dios ha escogido desde antes de la fundación del mundo para que fuesen santos, son, en el tiempo y por la poderosa operación del Espíritu Santo[a], quien les aplica la muerte y resurrección de Cristo[b], renovados en el hombre entero conforme a la imagen de Dios[c]; teniendo las semillas del arrepentimiento para vida sembradas en su corazón y todas las demás gracias salvadoras, siendo estas gracias así[d] avivadas, aumentadas y fortalecidas[e], de tal manera que ellos mueren cada día más y más al pecado y se levantan a novedad de vida[f][276].

---

[273] **a.** Heb. 10:39. **b.** 2 Cor. 4:13; Ef. 1:17-19. **c.** Rom. 10:14,17. **d.** Hch. 2:37; 16:30; Jn. 16:8,9; Rom. 5:6; Ef. 2:1; Hch. 4:12. **e.** Ef. 1:13. **f.** Jn. 1:12; Hch. 16:31; 10:43. **g.** Fil. 3:9; Hch. 15:11.

[274] **a.** Gál. 3:11; Rom. 3:28. **b.** Rom. 4:5 compare con Rom. 10:10. **c.** Jn. 1:12; Fil. 3:9; Gál. 2:16.

[275] **a.** 1 Jn. 3:1. **b.** Ef. 1:5; Gál. 4:4,5. **c.** Jn. 1:12. **d.** 2 Cor. 6:18; Apo. 3:12. **e.** Gál. 4:6. **f.** Sal. 103:13; Prov. 14:26; Mat. 6:32. **g.** Heb. 6:12; Rom. 8:17.

[276] **a.** Ef. 1:4; 1 Cor. 6:11; 2 Tes. 2:13. **b.** Rom. 6:4-6. **c.** Ef. 4:23,24. **d.** Hch. 11:18; 1 Jn. 3:9. **e.** Jds. 20; Heb. 6:11,12; Ef. 3:16-19; Col. 1:10,11. **f.** Rom. 6:4,6,14; Gál. 5:24

P. 76. ¿Qué es el arrepentimiento para vida?

R. El arrepentimiento para vida es una gracia salvadora[a] operada en el corazón del pecador, por el Espíritu[b] y la Palabra de Dios[c], por la cual nace en él una visión y un sentimiento, no solo de lo peligroso[d], sino también de lo inmundo y odioso de sus pecados[e]; y, al apercibir la misericordia de Dios en Cristo para aquellos que se han arrepentido[f], se aflige por sus pecados[g], los odia[h] y se aparta de todos ellos a Dios[i], proponiéndose y esforzándose constantemente en andar con el Señor en todos los caminos de una nueva obediencia[j]277.

P. 77. ¿En qué se diferencian la justificación y la santificación?

R. Aun cuando la santificación va inseparablemente unida a la justificación[a], sin embargo, se diferencian en que, mientras que en la justificación Dios imputa la justicia de Cristo[b]; en la santificación el Espíritu infunde gracia y capacidad para ejercitarse en ella[c]. En la primera, el pecado es perdonado[d]; en la segunda, es subyugado[e]. La una libra igual y perfectamente en esta vida de la ira vengadora de Dios, a todos los creyentes, de manera que nunca caigan en condenación[f]; la otra ni es igual en todos[g], ni es perfecta en esta vida[h], sino que va creciendo en perfección[i]278.

P. 78. ¿De dónde proviene la imperfección de la santificación en los creyentes?

R. La imperfección de la santificación en los creyentes proviene de los restos de pecado que aún quedan en cada parte de ellos, y de la lucha de la carne contra el Espíritu; por lo que son perturbados frecuentemente por las tentaciones, y caen en muchos pecados[a], son estorbados en sus servicios espirituales[b], y sus mejores obras son imperfectas e inmundas a la vista de Dios[c]279.

P. 79. ¿No pueden los creyentes, por razón de sus imperfecciones, por las muchas tentaciones por las que son tomados, caer del estado de gracia?

R. Los verdaderos creyentes, por razón del amor inmutable de Dios[a], de su decreto y de su Pacto en darles perseverancia[b], de su unión inseparable con Cristo[c], de la intercesión continua de este por ellos[d], y del Espíritu y simiente de Dios que mora en ellos[e], no pueden caer ni total ni finalmente del estado

---

277 **a.** 2 Tim. 2:25. **b.** Zac. 12:10. **c.** Hch. 11:18,20,21. **d.** Eze. 28:28,30,32; Luc. 15:17,18; Ós. 2:6,7. **e.** Eze. 36:31; Isa. 30:22. **f.** Jl. 2:12,13. **g.** Jer. 31:18,19. **h.** 2 Cor. 7:11. **i.** Hch. 26:18; Eze. 14:6; 1 R. 8:47,48. **j.** Sal. 119:6,59,128; Luc. 1:6; 2 R. 23:25.

278 **a.** 1 Cor. 6:11; 1 Cor. 1:30. **b.** Rom. 4:6,8. **c.** Eze. 36:27. **d.** Rom. 3:24,25. **e.** Rom. 6:6,14. **f.** Rom. 8:33,34. **g.** 1 Jn. 2:12-14; Heb. 5:12-14. **h.** 1 Jn. 1:8,10. **i.** 2 Cor. 7:1; Fil. 3:12-14.

279 **a.** Rom. 7:18,23; Mc. 14:66-72; Gál. 2:11, 12. **b.** Heb. 12:1. **c.** Isa. 64:6; Ex. 28:38.

de gracia[f], sino que son guardados por el poder de Dios mediante la fe para salvación[g][280].

P. 80. ¿Pueden los creyentes estar infaliblemente seguros de que están en el estado de gracia y que perseverarán en él para salvación?

R. Todos los que son verdaderos creyentes en Cristo y se esfuerzan en andar con buena conciencia delante de Él[a], pueden, sin ninguna revelación extraordinaria, por la fe que descansa en la verdad de las promesas de Dios y por la capacidad que les da el Espíritu para discernir en ellos aquellas gracias, a los cuales son hechas las promesas de vida[b], y dándoles testimonio sus espíritus de que son hijos de Dios[c], estar seguros de que están en el estado de gracia y que perseverarán en él para salvación[d][281].

P. 81. ¿Acaso están seguros todos los verdaderos creyentes en todo tiempo de que viven en un estado de gracia y de que serán salvos?

R. Como la seguridad de la gracia y de la salvación no pertenecen a la esencia de la fe[a], los verdaderos creyentes pueden esperar mucho tiempo antes de obtenerla[b]; y después de disfrutarla, puede debilitarse y sufrir interrupciones, por razón de las muchas perturbaciones, pecados, tentaciones y alejamientos de la presencia Divina[c]; sin embargo, ellos nunca son dejados sin ninguna ayuda y sostén del Espíritu de Dios quien los guarda de caer en profunda desesperación[d][282].

P. 82. ¿Cuál es la comunión en gloria que los miembros de la Iglesia invisible tienen con Cristo?

R. La comunión en gloria que los miembros de la Iglesia invisible tienen con Cristo es, en esta vida[a], inmediatamente después de la muerte[b], y al final llega a la perfección en la resurrección y en el día del juicio[c][283].

P. 83. ¿Cuál es la comunión en gloria con Cristo de la que los miembros de la Iglesia invisible gozan en esta vida?

R. A los miembros de la Iglesia invisible se les comunican en esta vida las primicias de la gloria con Cristo, por cuanto son miembros de Él, su cabeza, y así con Él tienen parte en aquella gloria que Él posee en toda su plenitud[a]; y, como una prenda y garantía de esta, disfrutan sensiblemente del amor de Dios[b], de la paz de conciencia, del gozo en el Espíritu Santo y de la esperanza de gloria[c]. Así como, por la otra parte, la ira vengadora de Dios, el horror de

---

[280] **a.** Jer. 31:3. **b.** 2 Tim. 2:19; Heb. 13:20,21; 2 Sam. 23:5. **c.** 1 Cor. 1:8,9. **d.** Heb. 7:25; Luc. 12:32. **e.** 1 Jn. 3:9; 2:27. **f.** Jer. 32:40; Jn. 10:28. **g.** 1 Ped. 1:5.

[281] **a.** 1 Jn. 2:3. **b.** 1 Cor. 2:12; 1 Jn. 3:14,18,19,21,24; 4:13,16; Heb. 6:11,12. **c.** Rom. 8:16. **d.** 1 Jn. 5:13.

[282] **a.** Ef. 1:13. **b.** Isa. 59:10; Sal. 88. **c.** Sal. 77:1-12; Sal. 51:8,12; 31:22; 22:1. **d.** 1 Jn. 3:9; Job. 13:15; Sal. 73:15,23; Isa. 54:7-10.

[283] **a.** 2 Cor. 3:18. **b.** Luc. 23:43. **c.** 1 Tes. 4:17.

conciencia, y una horrenda expectación de juicio, son para los malvados sensiblmente el inicio de los tormentos que sufrirán después de la muerte[d284].

P. 84. ¿*Morirán todos los hombres?*

R. Habiendo sido el hombre amenazado con la muerte como la paga del pecado[a], está establecido que todos los hombres mueran una vez[b], por cuanto todos han pecado[c285].

P. 85. *Siendo la muerte la paga del pecado, ¿cómo es que los justos no son librados de ella, puesto que sus pecados son perdonados en Cristo?*

R. Los justos serán librados de la muerte misma en el día final, y aun en la muerte son librados del aguijón y tormento de ella[a]; así que, aunque ellos mueren, esto, sin embargo, es muestra del amor de Dios[b], para librarlos perfectamente del pecado y de la miseria[c], y hacerlos aptos para mayor comunión con Cristo en gloria, a la cual ellos entonces entran[d286].

P. 86. *¿Cuál es la comunión en gloria con Cristo, de la que los miembros de la Iglesia invisible gozan inmediatamente después de la muerte?*

R. La comunión en gloria con Cristo de la que los miembros de la Iglesia invisible gozan inmediatamente después de la muerte, consiste en que sus almas son hechas perfectas en santidad[a] y recibidas en los más altos cielos[b] donde contemplan el rostro de Dios en luz y gloria[c]; aguardando la redención completa de sus cuerpos[d], que aún continúan unidos a Cristo[e], y reposan en sus tumbas como en sus lechos[f], hasta el último día en que serán unidos a sus almas[g]. Por el contrario, las almas de los malvados, después que estos mueren, son arrojadas al infierno en donde permanecen en tormentos y densas tinieblas, y sus cuerpos quedan guardados en sus tumbas como en prisiones hasta la resurrección y el juicio del gran día[h287].

P. 87. *¿Qué debemos creer nosotros respecto de la resurrección?*

R. Debemos creer que en el último día habrá una resurrección general de los muertos, así de justos como de injustos[a], y los que sean hallados vivos serán transformados en un momento; y los mismos cuerpos de los muertos que han estado en la tumba serán unidos a sus almas para siempre y se levantarán por el poder de Cristo[b]. Los cuerpos de los justos, por el Espíritu de Cristo, y por la virtud de su resurrección como su cabeza, se levantarán en

---

[284] **a.** Ef. 2:5,6. **b.** Rom. 5:5,6; 2 Cor. 1:22. **c.** Rom. 5:1,2; 14:17. **d.** Gén. 4:13; Mat. 27:4; Heb. 10:27; Rom. 2:9; Mc. 9:44.

[285] **a.** Rom. 6:23 **b.** Heb. 9:27 **c.** Rom. 5:12

[286] **a.** 1 Cor. 15:26, 55-57 Heb. 2:15 **b.** Isa. 52:1, 2 2 R. 22:20 **c.** Apo. 14:13 Ef. 5:27 **d.** Luc. 23:43 Fil. 1:23

[287] **a.** Heb. 12:23 **b.** 2 Cor. 5:1, 6, 8 Fil. 1:23 compare con Hch. 3:21 y con Ef. 4:10 **c.** 1 Jn. 3:2 1 Cor. 13:12 **d.** Rom. 8:23 Sal. 16:9 **e.** 1 Tes. 4:14 **f.** Isa. 57:2 **g.** Job. 19:26, 27 **h.** Luc. 16:23, 24 Hch. 1:25 Jds. 6, 7

poder, espirituales, incorruptibles y hechos semejantes a su cuerpo glorioso[c]; los cuerpos de los malvados serán levantados en deshonra por Él como por un juez ofendido[d][288].

P. 88. ¿Qué seguirá inmediatamente después de la resurrección?

R. Inmediatamente después de la resurrección seguirá el juicio universal y final de los ángeles y de los hombres[a]; cuyo día y hora ningún hombre sabe, para que todos velen y oren, y estén siempre preparados para la venida del Señor[b][289].

P. 89. ¿Qué se hará a los malvados en el día del juicio?

R. En el día del juicio los malvados serán puestos a la izquierda de Cristo[a] y, fundada en la más clara evidencia y con la plena convicción de sus propias conciencias[b], recibirán la temible pero justa sentencia de condenación pronunciada contra ellos[c]; entonces serán echados fuera de la presencia benéfica de Dios, y de la compañía gloriosa de Cristo, de los justos y de todos los santos ángeles, y arrojados al infierno donde serán castigados con tormentos indecibles tanto en cuerpo como en alma, con el diablo y sus ángeles para siempre[d][290].

P. 90. ¿Qué se hará a los justos en el día del juicio?

R. En el día del juicio, los justos siendo llevados a Cristo en las nubes[a], serán puestos a su derecha, y allí, reconocidos y absueltos públicamente[b], se unirán con Cristo para juzgar a los ángeles y hombres réprobos[c], serán recibidos en el cielo[d], donde estarán enteramente y para siempre libres de todo pecado y miseria[e]; llenos de gozos inconcebibles[f], hechos perfectamente santos y felices tanto en cuerpo como en alma, en compañía de santos y ángeles innumerables[g], pero especialmente gozarán del disfrute y visión inmediata de Dios el Padre, de nuestro Señor Jesucristo y del Espíritu Santo, por toda la eternidad[h]. Esta es la comunión plena y perfecta que los miembros de la Iglesia invisible gozarán con Cristo en gloria, en el día de la resurrección y el juicio[291].

Habiendo ya visto lo que las Escrituras nos enseñan principalmente acerca de lo que debemos creer respecto a Dios, pasaremos a considerar lo que requieren en cuanto al deber del hombre.

---

[288] **a.** Hch. 24:15 **b.** 1 Cor. 15:51-53 1 Tes. 4:15-17 Jn. 5:28, 29 **c.** 1 Cor. 15:21-23, 42, 43 Fil. 3:21 **d.** Jn. 5:27-29 Mat. 25:33

[289] **a.** 2 Ped. 2:4, 6, 7, 14, 15 Mat. 25:46 **b.** Mat. 24:36, 42, 44 Luc. 21:35, 36

[290] **a.** Mat. 25:33. **b.** Rom. 2:15,16. **c.** Mat. 25:41-43. **d.** Luc. 16:26; 2 Tes. 1:8,9.

[291] **a.** 1 Tes. 4:17. **b.** Mat. 25:33; 10:32. **c.** 1 Cor. 6:2,3. **d.** Mat. 25:34,46. **e.** Ef. 5:27; Apo. 14:13. **f.** Sal. 16:11. **g.** Heb. 12:22,23. **h.** 1 Jn. 3:2; 1 Cor. 13:12; 1 Tes. 4:17,18.

P. 91. *¿Cuál es el deber que Dios requiere del hombre?*

R. El deber que Dios requiere del hombre es la obediencia a su voluntad revelada[a292].

P. 92. *¿Cuál fue la primera regla que Dios reveló al hombre como regla de obediencia?*

R. La regla de obediencia revelada a Adán en su estado de inocencia, y a todo el género humano en Adán, además de un mandamiento especial de no comer del fruto del árbol de la ciencia del bien y del mal, fue la ley moral[a293].

P. 93 *¿Qué es la ley moral?*

R. La ley moral es la declaración de la voluntad de Dios hecha a la humanidad, guiando y obligando a cada uno a conformarse a ella y obedecerla de un modo personal, perfecto y perpetuo, en el proceder y disposición de todo el hombre, alma y cuerpo[a]; y en el cumplimiento de todos aquellos deberes de santidad y justicia debidos a Dios y al hombre[b]; prometiendo la vida por su cumplimiento y amenazando con la muerte el quebrantamiento de ella[c294].

P. 94. *¿Es de alguna utilidad la ley moral después de la caída?*

R. Aunque ningún hombre, después de la caída, puede alcanzar la justicia y l avida por la ley moral[a]; sin embargo, hay grande utilidad en ella, tanto para todos los hombres en común, como en lo particular, ya sea para los que no son regenerados como para los regenerados[b295].

P. 95. *¿Cuál es la utilidad de la ley moral para todos los hombres?*

R. La ley moral es de utilidad a todos los hombres, para informarles de la naturaleza y voluntad santa de Dios[a], y de sus deberes, obligándolos a andar en conformidad con ella[b]; para convencerlos de su incapacidad para guardarla, de la corrupción pecaminosa de su naturaleza, corazón y vida[c]; para humillarlos al hacerlos sentir su pecado y miseria[d], y de esta manera ayudarlos a tener una percepción más clara de la necesidad que tienen de Cristo[e], y de la perfección de Su obediencia[f296].

P. 96. *¿Cuál es la utilidad particular de la ley para los hombres no regenerados?*

R. La ley moral es de utilidad a los hombres no regenerados para despertar su conciencia a fin de que huyan de la ira venidera[a], para

---

292 **a.** Rom. 12:1,2; Mq. 6:8; 1 S. 25:22.

293 **a.** Gén. 1:26,27; Rom. 2:14,15; 10:5; Gén. 2:17.

294 **a.** Hch. 5:1-3,31,33; Luc. 10:26,27; Gál. 3:10; 1 Tes. 5:23. **b.** Luc. 1:75; Hch. 24:16. **c.** Rom. 10:5; Gál. 3:10,12.

295 **a.** Rom. 10:5; Gál. 3:10,12. **b.** 1 Tim. 1:8.

296 **a.** Lev. 11:44,45; 20:7,8; Rom. 7:12. **b.** Mq. 6:8; Stg. 2:10,11. **c.** Sal. 19:11,12; Rom. 3:20; 7:7. **d.** Rom. 3:9,23. **e.** Gál. 3:21,22. **f.** Rom. 10:4.

conducirlos luego a Cristo[b]; o, si continúan en el estado y vida de pecado, dejarlos sin excusa alguna[c], y bajo la maldición de la ley[d297].

P. 97. ¿Cuál es la utilidad especial de la ley moral para los regenerados?

R. Aun cuando los que son regenerados y creyentes en Cristo son libertados de la ley moral como un Pacto de Obras[a] de tal manera que por ella no son justificados[b], ni condenados[c]; sin embargo, además de la utilidad general de ella, común para todos los hombres, es de utilidad especial para mostrarles cuán obligados están a Cristo por el cumplimiento de ella, por haber sufrido Él su maldición en lugar de ellos y para su bien[d], y estimularlos así a ser más agradecidos[e], y a expresar tal gratitud por el más grande cuidado de ajustar sus vidas a ella como su regla de obediencia[f298].

P. 98. ¿En dónde se halla la ley moral?

R. La ley moral se halla resumida en los diez mandamientos, que fueron pronunciados por la voz de Dios sobre el monte Sinaí, y escritos por Él mismo en dos tablas de piedra[a]; y están redactados en el capítulo veinte de Éxodo. Los primeros cuatro mandamientos contienen nuestro deber para con Dios, y los otros seis, nuestro deber para con los hombres[b299].

P. 99. ¿Qué reglas deben observarse para el correcto entendimiento de los diez mandamientos?

R. Para el correcto entendimiento de los diez mandamientos deben observarse las siguientes reglas:

1. Que la ley es perfecta y obliga a cada uno a conducirse en todas las cosas en conformidad con su justicia, y en una entera obediencia perpetuamente; tanto, que requiere el cumplimiento más perfecto de cada deber y prohíbe aun el más pequeño grado de cada pecado[a].
2. Que es espiritual, de modo que se extiende a los pensamientos, a la voluntad, a los afectos y a todas las demás facultades del alma; tanto en palabras, obras y actitudes[b].
3. Que la misma cosa se requiere o se prohíbe de diversas maneras en varios mandamientos[c].
4. Que cuando un deber se manda, el pecado que le es contrario se prohíbe[d]; y cuando un pecado se prohíbe, el deber que le es contrario se manda[e]. Del mismo modo, cuando una promesa es anexada, la amenaza contraria es incluida[f]; y cuando una amenaza es anexada, la promesa contraria es incluida[g].

---

297 **a.** 1 Tim. 1:9,10. **b.** Gál. 3:24. **c.** Rom. 1:20 compare con Rom. 2:15. **d.** Gál. 3:10.

298 **a.** Rom. 6:14; 7:4,6; Gál. 4:4,5. **b.** Rom. 3:20. **c.** Gál. 5:23; Rom. 8:1. **d.** Rom. 7:24,25; Gál. 3:13,14; Rom. 8:3,4. **e.** Luc. 1:68,69,74,75; Col. 1:12-14. **f.** Rom. 7:22; 12:2; Tit. 2:11-14.

299 **a.** Deu. 10:4; Ex. 34:1-4. **b.** Mat. 22:37-40.

5. Que lo que Dios prohíbe, en ningún tiempo debe hacerse[h]; y lo que manda, es siempre un deber para nosotros[i]; y, sin embargo, no todo deber particular debe hacerse en todos los tiempos[j].
6. Que bajo un pecado o deber, todos los del mismo género se prohíben o se mandan; juntamente con todas sus causas, medios, ocasiones, formas, y provocaciones para los mismos[k].
7. Que en lo que se nos prohíbe o se nos manda, estamos obligados, conforme a nuestra posición, a procurar que sea evitado o que sea realizado por otros, según los deberes del la posición que ocupen[l].
8. Que en lo que se manda a otros, estamos obligados, según nuestra posición y oficio, a ayudarlos[m]; y a tener cuidado de no participar con ellos en lo que les es prohibido[n][300].

P. 100. ¿Qué cosas especiales debemos considerar en los diez mandamientos?

R. En los diez mandamientos debemos considerar el prefacio, la sustancia de los mandamientos mismos y las varias razones que acompañan a algunos de ellos para darles mayor fuerza.

P. 101. ¿Cuál es el prefacio de los diez mandamientos?

R. El prefacio de los diez mandamientos está contenido en estas palabras: «Yo soy JEHOVÁ tu Dios, que te saqué de la tierra de Egipto, de casa de servidumbre»[a]. En donde Dios manifiesta su soberanía como Jehová, el eterno, inmutable y todopoderoso Dios[b]; teniendo su ser en sí y por sí mismo[c] y dando ser a todas sus palabras[d], y obras[e]; y que Él es Dios en pacto, como con Israel en la antigüedad, así con todo su pueblo[f]; que, tal como libertó a Israel de la esclavitud de Egipto, así nos libertará de nuestra servidumbre espiritual[g]; y que, por lo tanto, estamos obligados a tenerle como nuestro único Dios y a guardar todos sus mandamientos[h][301].

P. 102. ¿Cuál es el resumen de los cuatro mandamientos que contienen nuestro deber para con Dios?

R. El resumen de los cuatro mandamientos que contienen nuestro deber para con Dios es amar al Señor nuestro Dios con todo nuestro corazón, con toda nuestra alma, con todas nuestras fuerzas y con toda nuestra mente[a][302].

---

[300] **a.** Sal. 19:7; Stg. 2:10; Mat. 5:21,22. **b.** Rom. 7:14; Deu. 6:5 compare con Mat. 22:37-39; Mat. 5:21,22,27,28,33,34,37-39,43,44. **c.** Col. 3:5; Am. 8:5; Prov. 1:19; 1 Tim.6:10. **d.** Isa. 58:13; Deu. 6:13 compare con Mat. 4:9,10; Mat. 15:4-6. **e.** Mat. 5:21,22-25; Ef. 4:28. **f.** Ex. 20:12 compare con Prov. 30:17. **g.** Jer. 18:7,8; Ex. 20:7 compare con Sal. 15:1,4,5 y con Sal. 24:4,5. **h.** Job. 13:7,8; Rom. 3:8; Job. 36:21; Heb. 11:25. **i.** Deu. 4:8,9. **j.** Mat. 12:7. **k.** Mat. 5:21,22,27,28; Mat. 15:4-6; Heb. 10:24,25; 1 Tes. 5:22; Jds. 23; Gál. 5:26; Col. 3:21. **l.** Ex. 20:10; Lev. 19:17; Gén. 18:19; Js. 24:15; Deu. 6:6,7. **m.** 2 Cor. 1:24. **n.** 1 Tim. 5:22; Ef. 5:11.

[301] **a.** Ex. 20:2. **b.** Isa. 44:6. **c.** Ex. 3:14. **d.** Ex. 6:3. **e.** Hch. 17:24,28. **f** .Gén. 17:7 compare con Rom. 3:29. **g.** Luc. 1:74,75. **h.** 1 Ped. 1:15-18; Lev. 18:30; 19:37.

[302] **a.** Luc. 10:27.

P. 103. ¿Cuál es el primer mandamiento?

R. El primer mandamiento es: «No tendrás dioses ajenos delante de mí»[a][303].

P. 104. ¿Cuáles son los deberes exigidos en el primer mandamiento?

R. Los deberes exigidos en el primer mandamiento son, el conocer y reconocer que Dios es el único Dios verdadero, y Dios nuestro[a]; y adorarle y glorificarle conforme a esto[b], pensando[c] y meditando en Él[d], recordándole[e], teniéndole en la más alta estima[f], honrándole[g], adorándole[h], eligiéndole[i], amándole[j], deseándole[k], y temiéndole[l]; creyendo en Él[m]; confiando[n], esperando[o], deleitándonos[p] y regocijándonos en Él[q]; siendo celosos por Él[r]; invocándole, dándole toda adoración y agradecimientos[s], y rindiéndo toda obediencia y sumisión a Él con todo nuestro ser[t]; siendo cuidadosos de agradarlo en todo[u], y entristeciéndonos cuando en algo es ofendido[v]; y andando en humildad con Él[w][304].

P. 105. ¿Cuáles pecados prohíbe el primer mandamiento?

R. Los pecados prohibidos en el primer mandamiento son el ateísmo, el negar o no tener a Dios[a]; idolatría, el tener o adorar a más dioses que uno, o a cualquier otro juntamente con o en lugar del Dios verdadero[b]; el no tenerlo ni confesarlo como Dios y como Dios nuestro[c]; la omisión o negligencia de cualquier cosa que a Él es debida, requerida en este mandamiento[d]; ignorancia[e], olvido[f], conceptos erroneos, opiniones falses[h], pensamientos indignos y malvados con respecto a Él[i], especulaciones indiscretas y atrevidas en cuanto a sus secretos[j]; toda blasfemia[k], odio a Dios[l]; amor a uno mismo[m], egoísmo[n] y todo otro pensamiento desordenado e inmoderado de nuestra voluntad o afecto sobre otras cosas que nos aparten de Él en todo o en parte[o]; credulidad vana[p], incredulidad[q], herejía[r], error[s], desconfianza[t], desesperación[u], incorregibilidad[v], e insensibilidad bajo sus juicios[w], dureza de corazón[x], orgullo[y], presunción[z], seguridad carnal[aa], tentar a Dios[ab]; usar medios ilícitos[ac]; y confiar en los medios que son ilícitos[ad]; goces y deleites carnales[ae]; un celo corrupto, ciego e indiscreto[af]; tibieza[ag] y frialdad en las cosas de Dios[ah]; alejarnos y apostatar de Dios[ai]; orando o rindiendo culto religioso a los santos, a los ángeles o a cualquier otra criatura[aj]; todo pacto o consulta con el diablo[ak] y seguir sus sugerencias[al]; hacer a los hombres señores y amos de nuestra fe y conciencia[am]; menospreció y desdén de Dios y de sus mandamientos[an]; resistiendo o entristeciendo a su Espíritu[ao], descontento o impaciencia por sus actos providenciales, acusándolo tontamente por los males que nos impone[ap]; y atribuir la alabanza de algo bueno que seamos,

---

[303] **a.** Ex. 20:3.

[304] **a.** 1 Cr. 28:9; Deu. 26:17; Isa. 43:10; Jer. 14:22. **b.** Sal. 95:6,7; Mat. 4:10; Sal. 29:2. **c.** Mat. 3:16. **d.** Sal. 63:6. **e.** Ecl. 12:1. **f.** Sal. 71:19. **g.** Mat. 1:6. **h.** Isa. 45:23. **i.** Js. 24:15,22. **j.** Deu. 6:5. **k.** Sal. 73:25. **l.** Isa. 8:13. **m.** Ex. 14:31. **n.** Isa. 26:4. **o.** Sal. 130:7. **p.** Sal. 37:4. **q.** Sal. 32:11. **r.** Rom. 12:11 compare con Nm. 25:11. **s.** Fil. 4:6. **t.** Jer. 7:23; Stg. 4:7. **u.** 1 Jn. 3:22. **v.** Jer. 31:18; Sal. 119:136. **w.** Mq. 6:8.

tengamos, o hagamos, a la fortuna[aq], a los ídolos[ar], a nosotros mismos[as], o a alguna otra criatura[at][305].

P. 106. ¿Qué cosa especial se nos enseña en estas palabras: «delante de mí», contenidas en el primer mandamiento?

R. En estas palabras, «delante de mí», o ante mi rostro, contenidas en el primer mandamiento, se nos enseña que Dios, quien todo lo ve, apercibe especialmente y se desagrada mucho del pecado de tener cualquier otro Dios; de modo que esto pueda ser un argumento para disuadir al hombre de cometerlo, y agravarlo como una de las provocaciones más atrevidas[a]; y al mismo tiempo para persuadirnos a obrar todo lo que hacemos en su servicio como ante sus ojos[b][306].

P. 107. ¿Cuál es el segundo mandamiento?

R. El segundo mandamiento es: «No te harás imagen, ni ninguna semejanza de cosa que esté arriba en el cielo, ni abajo en la tierra, ni en las aguas debajo de la tierra: No te inclinarás a ellas, ni las honrarás; porque yo soy Jehová tu Dios, fuerte, celoso, que visito la maldad de los padres sobre los hijos, sobre los terceros y sobre los cuartos, a los que me aborrecen, Y que hago misericordia a millares a los que me aman, y guardan mis mandamientos»[a][307].

P. 108. ¿Cuáles son los deberes requeridos en el segundo mandamiento?

R. Les deberes requeridos en el segundo mandamiento son recibir, observar y guardar puros y completos todo el culto religioso y las ordenanzas, tales como Dios les instituyó en su palabra[a]; y especialmente la oración y la acción de gracias en el nombre de Cristo[b]; el oír, leer y predicar la Palabra[c]; la administración y recepción de los sacramentos[d]; el gobierno y disciplina de la Iglesia[e]; el ministerio y el sostenimiento de la misma[f]; los ayunos religiosos[g]; jurar por el nombre de Dios[h], y hacerle votos[i]; así como también el

---

[305] **a.** Sal. 14:1; Ef. 2:12. **b.** Jer. 2:27,28 compare con 1 Tes. 1:9. **c.** Sal. 81:11. **d.** Isa. 43:22-24. **e.** Jer. 4:22; Ós. 4:1,6. **f.** Jer. 2:32. **g.** Hch. 17:23,29. **h.** Isa. 40:18. **i.** Sal. 50:21. **j.** Deu. 29:29. **k.** Tit. 1:16; Heb. 12:16. **l.** Rom. 1:30. **m.** 2 Tim. 3:2. **n.** Fil. 2:21. **o.** 1 Jn. 2:15,16; 1 S. 2:29; Col. 3:2,5. **p.** 1 Jn. 4:1. **q.** Heb. 3:12. **r.** Gál. 5:20; Tit. 3:10. **s.** Hch. 26:9. **t.** Sal. 78:22. **u.** Gén. 4:13. **v.** Jer. 5:3. **w.** Isa. 42:25. **x.** Rom. 2:5. **y.** Jer. 13:15. **z.** Sal. 19:13. **aa.** Sof. 1:12. **ab.** Mat. 4:7. **ac.** Rom. 3:8. **ad.** Jer. 17:5. **ae.** 2 Tim. 3:4. **af.** Gál. 4:17; Jn. 16:2; Rom. 10:2; Luc. 9:54,55. **ag.** Apo. 3:16. **ah.** Apo. 3:1. **ai.** Eze. 14:5; Isa. 1:4,5. **aj.** Rom. 10:13,14; Ós. 4:12; Hch. 10:25,26; Apo. 19:10; Mat. 4:10; Col. 2:18; Rom. 1:25. **ak** .Lev. 20:6; 1 S. 28:7,11 compare con 1 Cr. 10:13,14. **al.** Hch. 5:3. **am.** 2 Cor. 1:24; Mat. 23:9. **an.** Deu. 32:15; 2 Sal. 12:9; Prov. 13:13. **ao.** Hch. 7:51; Ef. 4:30. **ap.** Sal. 73:2,3,13-15,22; Job. 1:22. **aq.** 1 S. 6:7-9. **ar.** Dn. 5:23. **as.** Deu. 8:17; Dn. 4:30. **at.** Hab. 1:16.

[306] **a.** Eze. 8:5-18; Sal. 44:20,21. **b.** 1 Cr. 28:9.

[307] **a.** Ex. 20:4-6.

desaprobar, detestar y oponerse a todo culto falso[j]; y, conforme al estado y vocación de cada uno, destruirlo, así como a todo monumento de idolatría[k][308].

P. 109. ¿Cuáles son los pecados prohibidos en el segundo mandamiento?

R. Las pecados prohibidos en el segundo mandamiento son el inventar[a], aconsejar[b], mandar[c], usar[d] y sabiamente aprobar cualquier culto religioso que no haya sido instituido por Dios mismo[e]; tolerar una falsa religión[f]; el hacer cualquier representación de Dios, ya sea de todas o de alguna de las tres Personas, tanto interiormente en nuestra mente como exteriormente en cualquier clase de imagen o semejanza de cualquier criatura sea cual sea[g]; toda adoración a estas[h], o a Dios en ellas o por ellas[i]; el hacer cualquier representacion de deidades falsas[j] y toda adoración a ellas o el hacer algún servicio perteneciente a ellas[k]; toda invención supersticiosa[l], el corromper la adoración a Dios[m], añadiéndole o quitándole[n] aquello que nosotros mismos hemos inventado y tomado[o], o recibido de otros por tradición[p], aun cuando venga con el título de antigüedad, costumbre[q], devoción[r], buenas intenciones o cualquier otro pretexto[s]; la simonía[t], sacrilegio[u]; toda negligencia[v], desprecio[w], impedimento[x], y oposición a la adoración y ordenanzas que Dios ha establecido[y][309].

P. 110. ¿Cuáles son las razones que acompañan al segundo mandamiento, para darle mayor fuerza?

R. Las razones que acompañan al segunda mandamiento, que le dan mayor fuerza, y que están contenidas en estas palabras: «Porque yo soy Jehová tu Dios, fuerte, celoso, que visito la maldad de los padres sobre los hijos, sobre los terceros y sobre los cuartos, a los que me aborrecen, Y que hago misericordia a millares a los que me aman, y guardan mis mandamientos»[a]; son, además de su soberanía y de la propiedad que Dios tiene sobre nosotros[b], su ferviente celo por su propio culto[c], y su indignación vengativa contra todo culto falso, por ser este fornicación espiritual[d]; teniendo a los transgresores de este mandamiento como aquellos que le odian, y amenazándoles con castigarlos tanto a ellos como a sus generaciones[e]; estimando a los que lo guardan fielmente como aquellos que le aman y

---

308 **a.** Deu. 32:46,47; Mat. 28:20; Hch. 2:42; 1 Tim. 6:13,14. **b.** Fil. 4:6; Ef. 5:20. **c.** Deu. 17:18,19; Hch. 15:21; 2 Tim. 4:2; Stg. 1:21,22; Hch. 10:33. **d.** Mat. 28:19; 1 Cor. 11:23-30. **e.** Mat. 28:15-17; Mat. 16:19; 1 Cor. 5; 12:28. **f.** Ef. 4:11,12; 1 Tim. 5:17,18; 1 Cor. 9:7-15. **g.** Jl. 2:12,13; 1 Cor. 7:5. **h.** Deu. 6:13 **i.** Isa. 19:21 Sal. 76:11 **j.** Hch. 17:16,17; Sal. 16:4. **k.** Deu. 7:5; Isa. 30:22.

309 **a.** Nm. 15:39. **b.** Deu. 13:6-8. **c.** Ós. 5:11; Mq. 6:16. **d.** 1 R. 11:33; 12:33. **e.** Deu. 12:30-32. **f.** Deu. 13:6-12; Zac. 13:2,3; Apo. 2:2,14,15,20; 17:12,16,17. **g.** Deu. 4:15-19; Hch. 17:29; Rom. 1:21-23,25. **h.** Dn. 3:18; Gál. 4:8. **i.** Ex. 32:5. **j.** Ex. 32:8. **k.** 1 R. 13:26,28; Isa. 65:11. **l.** Hch. 17:22; Col. 2:21-23. **m.** Ml. 1:7,8,14. **n.** Deu. 4:2. **o.** Sal. 106:39. **p.** Mat. 15:9. **q.** 1 Ped. 1:18. **r.** Jer. 44:17. **s.** Isa. 65:3-5; Gál. 1:13-14. **t.** 1 S. 13:11,12; 1 S. 15:21. **u.** Hch. 8:18; Rom. 2:22; Ml. 3:8. **v.** Ex. 4:24-26. **w.** Mat. 22:5; Ml. 1:7,13. **x.** Mat. 23:13. **y.** Hch. 13:44,45; 1 Tes. 2:15,16.

guardan sus mandamientos, y prometiéndoles misericordia por muchas generaciones[f][310].

P. 111. ¿Cuál es el tercer mandamiento?

R. El tercer mandamiento es: «No tomarás el nombre de Jehová tu Dios en vano; porque no dará por inocente Jehová al que tomare su nombre en vano»[a][311].

P. 112. ¿Qué se requiere en el tercer mandamiento?

R. El tercer mandamiento requiere que el nombre de Dios, sus títulos, atributos[a], ordenanzas[b], Palabra[c], sacramentos[d], oración[e], juramentos[f], votos[g], suertes[h], obras[i], y cualquier otra cosa por lo cual Él se da a conocer, sean santa y reverentemente usadas en el pensamiento[j], meditación[k], palabra[l], y por escrito[m]; por una profesión santa[n], y una conducta que sea digna[o], para la gloria de Dios[p], y para el bien nuestro[q] y de otros[r][312].

P. 113. ¿Cuáles son los pecados que se prohíben en el tercer mandamiento?

R. Los pecados que se prohíben en el tercer mandamiento son, el no usar el nombre de Dios de la manera que se requiere[a]; y el abusar de él cuando se menciona de una manera ignorante[b], vana[c], irreverente, profana[d], supersticiosa[e], o malvada, o usando de cualquier otro modo sus títulos, atributos[f], ordenanzas[g], u obras[h], por blasfemias[i] y perjurios[j]; toda maldición[k], juramento[l], voto[m] y suerte pecaminosa[n]; el violar nuestros juramentos y votos, si son lícitos[o]; y el cumplirlos si corresponden a cosas ilícitas[p]; murmurar o quejarse contra los decretos de Dios[q], las especulaciones indiscretas sobre ellos[r], o la aplicación falsa de los mismos[s], así como de los actos providenciales de Dios[t]; la mala interpretación[u], aplicación[v], o cualquier otra manera de pervertir su Palabra o alguna parte de ella[w] por burlas profanas[x], cuestiones indiscretas o inútiles, vana palabrería, o el sostener falsas doctrinas[y]; el abusar de él, las criaturas o cualquier cosa que está bajo el nombre de Dios, usándolo para encantamientos[z], prácticas y concupiscencias pecaminosas[aa]; difamar[ab], despreciar[ac], injuriar[ad], u oponerse de cualquier modo a la verdad, gracia y caminos de Dios[ae]; hacer profesión de religión con hipocresía o por fines pecaminosos[af]; avergonzarse de ella[ag], o ser una vergüenza para ella por una conducta inconsistente[ah], imprudente[ai], infructuosa[aj], y ofensiva[ak], o por el apartarse de ella[al][313].

---

310 **a.** Ex. 20:5,6. **b.** Sal. 45:11; Apo. 15:3,4. **c.** Ex. 34:13,14. **d.** 1 Cor. 5:20-22; Jer. 7:18-20; Eze. 16:26,27; Deu. 32:16-20. **e.** Ós. 2:2-4. **f.** Deu. 5:29.

311 **a.** Ex. 20:7.

312 **a.** Mat. 6:9; Deu. 28:58; Sal. 29:2; 68:4; Apo. 15:3,4. **b.** Ml. 1:14; Ecl. 5:1. **c.** Sal. 138:2. **d.** 1 Cor. 11:24,25,28,29. **e.** 1 Tim. 2:8. **f.** Jer. 4:2. **g.** Ecl. 5:2,4-6. **h.** Hch. 1:24,26. **i.** Job. 36:24. **j.** Ml. 3:16. **k.** Sal. 8:1,3,4,9. **l.** Col. 3:17; Sal. 105:2,5. **m.** Sal. 102:18. **n.** 1 Ped. 3:15; Mq. 4:5. **o.** Fil. 1:27. **p.** 1 Cor. 10:31. **q.** Jer. 32:39. **r.** 1 Ped. 2:12.

313 **a.** Ml. 2:2. **b.** Hch. 17:23. **c.** Prov. 30:9. **d.** Ml. 1:6,7,12; Ml. 3:14. **e.** 1 S. 4:3-5; Jer. 7:4,9,10,14,31; Col. 2:20-22. **f.** 2 R. 18:30,35; Ex. 5:2; Sal. 139:20. **g.** Sal. 50:16,17.

P. 114. ¿Cuáles son las razones que acompañan al tercer mandamiento?

R. Las razones que acompañan al tercer mandamiento contenidas en estas palabras: «Jehová tu Dios» y «porque no dará por inocente Jehová al que tomare su nombre en vano»[a], son, puesto que Él es el Señor y nuestro Dios, por lo tanto no debemos profanar su nombre ni abusar de él de ninguna manera[b]; especialmente porque en ninguna manera absolverá ni perdonará a los transgresores de este mandamiento, tanto que Él no permitirá que escapen de su justo juicio[c], aun cuando muchos de ellos escapen de las reprensiones y castigos de los hombres[d][314].

P. 115. ¿Cuál es el cuarto mandamiento?

R. El cuarto mandamiento es: «Acuérdate del día de reposo para santificarlo. Seis días trabajarás, y harás toda tu obra; más el séptimo día es reposo para Jehová tu Dios; no hagas en él obra alguna, tú, ni tu hijo, ni tu hija, ni tu siervo, ni tu criada, ni tu bestia, ni tu extranjero que está dentro de tus puertas. Porque en seis días hizo Jehová los cielos y la tierra, el mar, y todas las cosas que en ellos hay, y reposó en el séptimo día; por tanto, Jehová bendijo el día de reposo y lo santificó»[a][315].

P. 116. ¿Qué se requiere en el cuarto mandamiento?

R. El cuarto mandamiento requiere de todos los hombres el santificar o guardar santos para Dios los tiempos establecidos que Dios ha señalado en su Palabra, expresamente un día entero de cada siete; el cual fue el séptimo desde el principio del mundo hasta la resurrección de Cristo, y desde entonces, es el primer día de la semana, y así continuará hasta el fin del mundo; siendo el Sabbath Cristiano[a], llamado en el Nuevo Testamento el Día del Señor[b][316].

P. 117. ¿Cómo ha de santificarse el Sabbath o el Día del Señor?

R. El Sabbath o el Día del Señor debe santificarse por medio de un reposo santo en todo ese día[a], no solo de las obras que en todo tiempo son pecaminosas, sino aun de aquellos empleos y recreaciones mundanales que

---

h. Isa. 5:12. **i.** 2 R. 19:22; Lev. 24:11. **j.** Zac. 5:4; Zac. 8:17. **k.** 1 S. 17:43; 2 S. 16:5. **l.** Jer. 5:7; 23:10. **m.** Deu. 13:18; Hch. 23:12,14. **n.** Est. 3:7; 9:24; Sal. 22:18. **o.** Sal. 24:4; Eze. 17:16,18,19. **p.** Mc. 6:26; 1 S. 15:22,32-34. **q.** Rom. 9:14,19,20. **r.** Deu. 29:29. **s.** Rom. 3:5,7; Rom. 6:1,2. **t.** Ecl. 8:11; 9:3; Sal. 39. **u.** Mat. 5:21. **v.** Eze. 13:22. **w.** 2 Ped. 3:16; Mat. 22:24-31. **x.** Isa. 22:13; Jer. 23:34,36,38. **y.** 1 Tim. 1:4,6,7; 1 Tim. 6:4,5,20; 2 Tim. 2:14; Tit. 3:9. **z.** Deu. 18:10-14; Hch. 19:13. **aa.** 2 Tim. 4:3,4;Rom. 13:13,14; 1 R. 21:9,10; Jds. 4. **ab.** Hch. 13:45; 1 Jn. 3:12. **ac.** Sal. 1:1; 2 Ped. 3:3. **ad.** 1 Ped. 4:4. **ae.** Hch. 13:45,46,50; Hch. 4:18; 19:9; 1 Tes. 2:16; Heb. 10:29. **af.** 2 Tim. 3:5; Mat. 23:4; 6:1,2,5,16. **ag.** Mc. 8:38. **ah.** Sal. 73:14,15. **ai.** 1 Cor. 6:5,6; Ef. 5:15-17. **aj.** Isa. 5:4; 2 Ped. 1:8,9. **ak.** Rom. 2:23,24. al Gál. 3:1,3; Heb. 6:6.

[314] **a.** Ex. 20:7. **b.** Lev. 19:12. **c.** Eze. 36:21-23; Deu. 28:58,59; Zac. 5:2-4. **d.** 1 S. 2:12,17,22,24; 1 S. 3:13.

[315] **a.** Ex. 20:8-11.

[316] **a.** Deu. 5:12-14; Gén. 2:2,3; 1 Cor. 16:1,2; Hch. 20:7; Mat. 5:17,18; Isa. 56:2,4,6,7. **b.** Apo. 1:10.

son lícitos en los otros días[b]; y al emplear, como nuestro deleite, todo el tiempo (excepto el que se deba emplear en las obras de necesidad y misericordia[c]) en los ejercicios públicos y privados del culto a Dios[d]. Para este fin debemos preparar nuestro corazón y acabar con nuestros negocios terrenales con tal previsión, diligencia, moderación y arreglo tan oportuno, que podamos estar libres y aptos para atender a los deberes de ese día[e][317].

P. 118. ¿Por qué se dirige el encargo de guardar el Sabbath más especialmente a los jefes de familia y a otros superiores?

R. El encargo de guardar el Sabbath se dirige especialmente a los jefes de familia, y a otros superiores, porque ellos están obligados no solo a guardarlo ellos mismos, sino a mirar porque sea guardado por aquellos que están bajo su cuidado; y porque muchas veces son propensos a estorbarlos con trabajos de su propio interés[a][318].

P. 119. ¿Cuáles son los pecados que se prohíben en el cuarto mandamiento?

R. Los pecados que se prohíben en el cuarto mandamiento son, toda omisión de los deberes requeridos[a], y el cumplimiento negligente, descuidado y sin provecho de ellos, así como el fastidiarse de ellos[b]; toda profanación del día por ociosidad, y por hacer aquello que en sí mismo es pecaminoso[c]; y por pensamientos, palabras y obras innecesarias acerca de nuestros empleos y recreaciones mundanales[d][319].

P. 120. ¿Cuáles son las razones que acompañan al cuarto mandamiento para darle mayor fuerza?

R. Las razones que acompañan al cuarto mandamiento para darle mayor fuerza, son tomadas de la equidad del mismo, que Dios nos concede seis días de cada siete para nuestros propios negocios, y que reserva para sí mismo solo uno, en estas palabras: «Seis días trabajarás y harás toda tu obra»[a]; que reclama para sí mismo una propiedad especial de este día, cuando dice: «El séptimo día será reposo para Jehová tu Dios»[b]; que Dios nos da su propio ejemplo: «Porque en seis días hizo Jehová los cielos y la tierra, el mar y todas las cosas que en ellos hay, y reposó en el séptimo día»; y que Dios ha puesto bendición sobre ese día, no solo al santificarlo para que sea un día para su servicio, sino al disponerlo para que sea un medio para bendecirnos cuando lo santificamos: «por tanto Jehová bendijo el día del reposo y lo santificó»[c][320].

---

[317]**a.** Ex. 20:8,10. **b.** Ex. 16:25-28; Neh. 13:15-22; Jer. 17:21,22. **c.** Mat. 13:1-13. **d.** Isa. 58:13; Luc. 4:16; Hch. 20:7; 1 Cor. 16:1,2; Sal. 92; Isa. 66:23; Lev. 23:3. **e.** Ex. 20:8; Luc. 23:54,56; Ex. 26:22,25,26,29; Neh. 13:19.

[318] **a.** Ex. 20:10; Js. 24:15; Neh. 13:15,17; Jer. 17:20-22; Ex. 23:12.

[319] **a.** Eze. 22:26. **b.** Hch. 20:7,9; Eze. 33:30-32; Am. 8:5; Ml. 1:13. **c.** Eze. 23:38. **d.** Jer. 27:24,27; Isa. 58:13.

[320] **a.** Ex. 20:9. **b.** Ex. 20:10. **c.** Ex. 20:11.

P. 121. ¿Por qué se pone la palabra «acuérdate» al principio del cuarto mandamiento?

R. La palabra «acuérdate» se ha puesto al principio del cuarto mandamiento[a], en parte, debido al gran beneficio de recordarlo, pues de este modo somos estimulados en nuestra preparación para guardarlo[b] y, al guardarlo, cumplir mejor los demás mandamientos[c], y para mantener un recuerdo lleno de gratitud por los dos grandes beneficios de la creación y la redención, las cuales contienen un breve resumen de la religión[d]; y en parte, por que nosotros somos propensos a olvidarlo[e], pues hay menos luz de la naturaleza para esto, y no obstante este restringe nuestra libertad natural en cosas que son lícitas en otros momentos[g]; pues no viene más que una vez cada siete días, y muchos negocios mundanales se interponen, y con mucha frecuencia alejan nuestra mente de pensar en él y de prepararnos para santificarlo[h]; y porque Satanás con sus instrumentos trabaja mucho para borrar la gloria, y aun el recuerdo de este día, a fin de conducirnos a toda irreligión e impiedad[i][321],

P. 122. ¿Cuál es el resumen de los seis mandamientos que contiene nuestro deber para con los hombres?

R. El resumen de los seis mandamientos que con tiene nuestro deber para con los hombres, es, amar a nuestro prójimo como a nosotros mismos[a] y hacer a otros lo que queramos que ellos nos hagan[b].[322]

P. 123. ¿Cuál es el quinto mandamiento?

R. El quinto mandamiento es: «Honra a tu padre y a tu madre, para que tus días se alarguen en la tierra que Jehová tu Dios te da»[a][323].

P. 124. ¿A quién se refiere por «padre» y «madre» en el quinto mandamiento?

R. Por padre y madre, en el quinto mandamiento, se refiere no solo a los padres naturales[a], sino a todos los superiores, tanto en edad[b] como en aptitudes[c]; y especialmente aquellos que por la disposición de Dios están sobre nosotros en un puesto de autoridad, ya sea en la familia[d], en la iglesia[e] o en la sociedad[f][324].

P. 125. ¿Por qué son llamados «padre» y «madre» los superiores?

R. Los superiores son llamados «padre» y «madre», para enseñar a estos sus deberes para con sus inferiores, como padres naturales, para expresarles

---

[321] **a.** Ex. 20:8. **b.** Ex. 16:23; Luc. 23:54,56 compare con Mc. 15:42; Neh. 13:19. **c.** Sal. 92 (el título) compare con versos 13, 14; Eze. 20:12,19,20. **d.** Gén. 2:2,3; Sal. 118:22,24 compare con Hch. 4:10,11; Apo. 1:10. **e.** Eze. 22:26. **f.** Neh. 9:14. **g.** Ex. 34:21. **h.** Deu. 5:14,15. Am. 8:5. **i.** Lam. 1:7; Jer. 17:21-23; Neh. 13:15-23.

[322] **a.** Mat. 22:39. **b** .Mat. 7:12.

[323] **a.** Ex. 20:12.

[324] **a.** Prov. 23:22,25; Ef. 6:1,2. **b.** 1 Tim. 5:1,2. **c.** Gén. 4:20-22; Gén. 45:8. **d.** 2 R. 5:13. **e.** 2 R. 2:12; 13:14; Gál. 4:19. **f.** Isa. 49:23.

amor y ternura, conforme a sus varias relaciones[a]; y para enseñar a los inferiores a cumplir, con la más buena voluntad y alegría, sus deberes para con sus superiores, como lo hicieran con sus padres[b][325].

P. 126. ¿Hasta dónde alcanza la extensión general del quinto mandamiento?

R. La extensión general del quinto mandamiento alcanza al cumplimiento de todos aquellos deberes que tenemos los unos para con los otros en nuestras diversas relaciones, como superiores, inferiores o iguales[a][326].

P. 127. ¿Cuál es la honra que los inferiores deben a los superiores?

R. La honra que los inferiores deben a los superiores es, toda debida reverencia de corazón[a], palabra[b] y conducta[c]; oración y gratitud por ellos[d]; imitar sus virtudes y gracias[e]; obediencia voluntaria a sus legítimos mandatos y consejos[f]; la debida sumisión a sus correcciones[g]; fidelidad a ellos[h], la defensa[i] y el cuidado de sus personas y autoridad, conforme a sus varios rangos y a la naturaleza de sus puestos[j]; sobrellevando las debilidades de ellos y cubriéndolas con amor[k], para que puedan serles un honor a ellos y a su gobierno[l][327].

P. 128. ¿Cuáles son los pecados de los inferiores contra los superiores?

R. Los pecados de los inferiores contra los superiores son, toda negligencia en los deberes requeridos para con ellos[a]; envidiar[b], menospreciar[c], y rebelarse[d] contra sus personas[e] y posiciones[f] en sus consejos[g], mandatos y correcciones legítimas[h]; maldecirlos, burlarse de ellos[i], así como toda conducta terca e indecente, que traiga vergüenza y deshonra a los superiores y a su gobierno[j][328].

P. 129. ¿Qué se requiere de los superiores para con los inferiores?

R. Se requiere de los superiores, conforme al poder que han recibido de Dios y aquella relación en la que se hallan, amar a sus inferiores[a], orar por ellos[b] y bendecirlos[c]; instruirlos[d], aconsejarlos y amonestarlos[e]; apoyar[f], elogiar[g], y recompensar a los que hacen bien[h]; amonestar[i], reprender y castigar a los que hacen lo malo[j]; protegerlos[k], y proveerles de todo lo

---

[325] **a.** Ef. 6:4; 2 Cor. 12:14; 1 Tes. 2:7,8,11; Nm. 11:11,12. **b.** 1 Cor. 4:14-16; 2 R. 5:13.

[326] **a.** Ef. 5:21; 1 Ped. 2:17; Rom. 12:10.

[327] **a.** Ml. 1:6; Lev. 19:3. **b.** Prov. 31:28; 1 Ped. 3:6. **c.** Lev. 19:32; 1 R. 2:19. **d.** 1 Tim. 2:1,2. **e.** Heb. 13:7; Fil. 3:17. **f.** Ef. 6:1,2,5-7; 1 Ped. 2:13,14; Rom. 13:1-5; Heb. 13:17; Prov. 4:3,4; 23:22; Ex. 18:19,24. **g.** Heb. 12:9; 1 Ped. 2:18-20. **h.** Tit. 2:9,10. **i.** 1 S. 26:15,16; 2 Sal. 18:3; Est. 6:2. **j.** Mat. 22:21; Rom. 13:6,7; 1 Tim. 5:17,18; Gál. 6:6; Gén. 45:11; 47:12; **k.** 1 Ped. 2:18; Prov. 23:22; Gén. 9:23. l Sal. 127:3-5; Prov. 31:23.

[328] **a.** Mat. 15:4-6. **b.** Nm. 11:28,29. **c.** 1 S. 8:7; Isa. 3:5. **d.** 2 Sal. 15:1-12. **e.** Ex. 21:15. **f.** 1 S. 10:27. **g.** 1 S. 2:25. **h.** Deu. 21:18-21. **i.** Prov. 30:11,17. **j.** Prov. 19:26.

necesario para el alma[l] y el cuerpo[m]; y que, por una conducta solemne, sabia, santa y ejemplar, procuren glorificar a Dios[n], respeto para sí mismos[o], y así preservar aquella autoridad que Dios les ha confiado[p][329].

P. 130. ¿Cuáles son los pecados de los superiores?

R. Los pecados de los superiores son, además de la negligencia en los deberes que se requieren de ellos[a], un cuidado exagerado por ellos mismos[b] y por su propia gloria[c], comodidad, beneficio o placer[d]; el mandar cosas ilícitas[e] o cosas que los inferiores no tienen poder para cumplir[f]; aconsejarlos[g], incitarlos[h], o favorecerlos en lo que es malo[i]; alejarlos, desalentarlos o no ayudarlos en lo que es bueno[j]; corregirlos exageradamente[k]; exponerlos imprudentemente, o abandonarlos a lo malo, a las tentaciones y peligros[l]; provocarlos a ira[m]; o de algún modo deshonrarse a sí mismos o menoscabar su autoridad por un proceder injusto, indiscreto, riguroso o negligente[n][330].

P. 131. ¿Cuáles son los deberes de los iguales?

R. Los deberes de los iguales son, considerar la dignidad y valor de cada uno[a]; en cuanto a honra, dando preferencia unos a otros[b]; y regocijarse por los dones y progreso de los demás como si fueran propios[c][331].

P. 132. ¿Cuáles son los pecados de los iguales?

R. Los pecados de los iguales son, además de la negligencia en los deberes a ellos requeridos[a], subestimar el valor[b], envidiar los dones[c], o lamentarse por el progreso o prosperidad de otros[d]; así como querer ejercer superioridad sobre los demás[e][332].

P. 133. ¿Cuál es la razón que acompaña al quinto mandamiento para darle mayor fuerza?

R. La razón que acompaña al quinto mandamiento, contenida en estas palabras: «Para que tus días se alarguen en la tierra que Jehová tu Dios te da»[a], es una promesa clara de larga vida y prosperidad, en cuanto sirva para la gloria de Dios y el bien propio, a todos los que guarden este mandamiento[b][333].

---

329 **a.** Col. 3:19; Tit. 2:4. **b.** 1 S. 12:23; Job. 1:5. **c.** 1 R. 8:55,56; Heb. 7:7; Gén. 49:28. **d.** Deu. 6:6,7. **e.** Ef. 6:4. **f.** 1 Ped. 3:7. **g.** 1 Ped. 2:14; Rom. 13:3. **h.** Est. 6:3. **i.** Rom. 13:3,4. **j.** Prov. 29:15; 1 Ped. 2:14. **k.** Job. 29:12-17; Isa. 1:10,17. **l.** Ef. 6:4. **m.** 1 Tim. 5:8. **n.** 1 Tim. 4:12; Tit. 2:3-5. **o.** 1 R. 3:28. **p.** Tit. 2:15.

330 **a.** Eze. 34:2-4. **b.** Fil. 2:21. **c.** Jn. 5:44; 7:18. **d.** Isa. 56:10,11; Deu. 17:17. **e.** Dn. 3:4-6; Hch. 4:17,18. **f.** Ex. 5:10-18; Mat. 23:2,4. **g.** Mat. 14:8 compare con Mc. 6:24. **h.** 2 Sal. 13:28. **i.** 1 S. 3:13. **j.** Jn. 7:46-49; Col. 3:21; Ex. 5:17. **k.** 1 Ped. 2:18-20; Heb. 12:10; Deu. 25:3. **l.** Gén. 38:11,26; Hch. 18:17. **m.** Ef. 6:4. **n.** Gén. 9:21; 1 R. 12:13-16; 1:6; 1 S. 2:29-31.

331 **a.** 1 Ped. 2:17. **b.** Rom. 12:10. **c.** Rom. 12:15,16; Fil. 2:3,4.

332 **a.** Rom. 13:8. **b.** 2 Tim. 3:3. **c.** Hch. 7:9; Gál. 5:26. **d.** Nm. 12:2; Est. 6:12,13. **e.** 3 Jn. 9; Luc. 22:24.

333 **a.** Ex. 20:12. **b.** Deu. 5:16; 1 R. 8:25; Ef. 6:2,3.

P. 134. ¿Cuál es el sexto mandamiento?

R. El sexto mandamiento es: «No matarás»[a][334].

P. 135. ¿Cuáles son los deberes que se requieren en el sexto mandamiento?

R. Los deberes que se requieren en el sexto mandamiento son toda seria consideración y esfuerzos lícitos para preservar nuestra propia vida[a] y la de los demás[b], resistiendo todo pensamiento y propósito[c], subyugando todas las pasiones[d], y evitando toda ocasión[e], tentación[f] y práctica, que tiendan a quitar injustamente la vida de alguno[g]; por medio de una justa defensa contra la violencia[h]; sobrellevando pacientemente la mano providencial de Dios[i], con tranquilidad de ánimo[j] y alegría de espíritu[k]; moderación en la comida[l], bebida[m], en medicamentos[n], en el dormir[o], el trabajo[p] y en la recreación[q]; por medio de pensamientos caritativos[r], amor[s], compasión[t], mansedumbre, benignidad y bondad[u]; por una conducta y palabras apacibles[v], amables y corteses[w]; paciencia, y buena disposición para reconciliarse, sobrellevando y perdonando las injurias y volviendo bien por mal[x]; consolando y socorriendo a los afligidos y protegiendo y defendiendo a los inocentes[y][335].

P. 136. ¿Cuáles son los pecados prohibidos en el sexto mandamiento?

R. Los pecados prohibidos en el sexto mandamiento son, el quitarnos la vida[a], o quitársela a otros[b], a no ser un caso de derecho civil[c], de guerra legítima[d] o de defensa necesaria[e]; la negligencia en el uso o el retirar los medios necesarios para preservar la vida[f]; el enojo pecaminoso[g], el odio[h], la envidia[i], el deseo de venganza[j]; toda pasión desordenada[k], y preocupaciones que acongojan[l]; el uso inmoderado de la comida, bebida[m], trabajo[n] y recreaciones[o]; palabras provocativas[p], el oprimir[q], disputar[r], golpear, herir[s], y todo lo que tienda a destruir la vida de cualquiera[t][336].

P. 137. ¿Cuál es el séptimo mandamiento?

R. El séptimo mandamiento es: «No cometerás adulterio»[a][337].

---

[334] **a.** Ex. 20:13.

[335] **a.** Ef. 5:28,29. **b.** 1 R. 18:4. **c.** Jer. 26:15,16; Hch. 23:12,16,17,21,27. **d.** Ef. 4:26,27. **e.** 2 Sal. 2:22; Deu. 22:8. **f.** Mat. 4:6,7; Prov. 1:10,11,15,16. **g.** 1 S. 24:12; 26:9-11; Gén. 37:21,22. **h.** Sal. 82:4; Prov. 24:11,12; 1 S. 14:45. **i.** Stg. 5:7-11; Heb. 12:9. **j.** 1 Tes. 4:11; 1 Ped. 3:3,4; Sal. 37:8-11. **k.** Prov. 17:22. **l.** Prov. 25:16,27. **m.** 1 Tim. 5:23. **n.** Isa. 38:21. **o.** Sal. 127:2. **p.** Ecl. 5:12; 2 Tes. 3:10,12; Prov. 16:26. **q.** Ecl. 3:4,11. **r.** 1 S. 19:4,5; 22:13,14. **s.** Rom. 13:10. **t.** Luc. 10:33,34. **u.** Col. 3:12,13. **v.** Stg. 3:17. **w.** 1 Ped. 3:8-11; Prov. 15:1; Jue. 8:1-3. **x.** Mat. 5:24; Ef. 4:2,32; Rom. 12:17,20,21. **y.** 1 Tes. 5:14; Job. 31:19,20; Mat. 25:35,36; Prov. 31:8,9.

[336] **a.** Hch. 16:28. **b.** Gén. 9:6. **c.** Nm. 35:31,33. **d.** Jer. 48:10; Deu. 20. **e.** Ex. 22:2,3. **f.** Mat. 25:42,43; Stg. 2:15,16; Ecl. 6:1,2. **g.** Mat. 5:22. **h.** 1 Jn. 3:15; Lev. 19:17. **i.** Prov. 14:30. **j.** Rom. 12:19. **k.** Ef. 4:31. **l.** Mat. 6:31,34. **m.** Luc. 21:34; Rom. 13:13. **n.** Ecl. 12:12; Ecl. 2:22,23. **o.** Isa. 5:12. **p.** Prov. 15:1; 12:18. **q.** Eze. 18:18; Ex. 1:14. **r.** Gál. 5:15; Prov. 23:29. **s.** Nm. 35:16-18,21. **t.** Ex. 21:18-36.

[337] **a.** Ex. 20:14.

P. 138. ¿Cuáles son los deberes que se requieren en el séptimo mandamiento?

R. Los deberes que se requieren en el séptimo mandamiento son, castidad en el cuerpo, en la mente, en los afectos[a], en palabras[b] y en conducta[c]; y la preservación de dicha castidad en nosotros mismos y en otros[d]; vigilancia sobre los ojos y los demás sentidos[e]; templanza[f], guardar las compañías castas[g], modestia al vestir[h]; el matrimonio para los que no tengan el don de continencia[i], el amor conyugal[j] y la cohabitación[k]; el trabajo diligente en nuestras ocupaciones[l]; evitando toda ocasión de impureza y resistiendo las tentaciones hacia ella[m][338].

P. 139. ¿Cuáles son los pecados prohibidos en el séptimo mandamiento?

R. Los pecados prohibidos en el séptimo mandamiento, además de la negligencia en los deberes requeridos[a], son el adulterio, la fornicación[b], la violación, el incesto[c], la sodomía y toda concupiscencia contra la naturaleza[d]; todo pensamiento, propósito, imaginación y afecto impuro[e]; todas las conversaciones impuras así como el prestarles atención[f]; miradas lascivas[g], conducta atrevida o frívola, y vestidos que carezcan de modestia[h]; prohibir matrimonios legítimos[i] y autorizar los que son ilícitos[j]; aceptar, tolerar o mantener casas de prostitución o frecuentarlas[k]; enredos de votos de vida en soltería[l], dilatación indebida del matrimonio[m]; tener más de un cónyuge a la vez[n]; el divorcio injusto[o] o el abandono[p]; la ociosidad, glotonería, borrachera[q], compañías impuras[r]; las canciones, libros, pinturas, bailes y juegos lascivos[s]; y todo otro acto de impureza o provocación que tienda a ello, ya sea en nosotros o en los demás[t][339].

P. 140. ¿Cuál es el octavo mandamiento?

R. El octavo mandamiento es: «No hurtarás»[a][340].

P. 141. ¿Cuáles son los deberes que se requieren en el octavo mandamiento?

R. Los deberes que se requieren en el octavo mandamiento son, la verdad, fidelidad y justicia en los contratos y en el comercio entre hombre y hombre[a]; pagar a cada uno lo que le es debido[b]; restituir los bienes que han sido retenidos ilegalmente de sus legítimos propietarios[c]; dar y prestar libremente

---

[338] **a.** 1 Tes. 4:4; Job. 31:1; 1 Cor. 7:34. **b.** Col. 4:6. **c.** 1 Ped. 2:3. **d.** 1 Cor. 7:2,35,36. **e.** Job. 31:1. **f.** Hch. 24:24,25. **g.** Prov. 2:16-20. **h.** 1 Tim. 2:9. **i.** 1 Cor. 7:2,9. **j.** Prov. 5:19,20. **k.** 1 Ped. 3:7. **l.** Prov. 31:11,27,28. **m.** Prov. 5:8; Gén. 39:8-10.

[339] **a.** Prov. 5:7. **b.** Heb. 13:4; Gál. 5:19. **c.** 2 Sal. 13:14; 1 Cor. 5:1. **d.** Rom. 1:24,26,27; Lev. 20:15,16. **e.** Mat. 5:28; 15:19; Col. 3:5. **f.** Ef. 5:3,4; Prov. 7:5,21,22. **g.** Isa. 3:16; 2 Ped. 2:14. **h.** Prov. 7:10,13. **i.** 1 Tim. 4:3. **j.** Lev. 18:1-21; Mc. 6:18; Ml. 2:11,12. **k.** 1 R. 15:12; 2 R. 23:7; Deu. 23:17,18; Lev. 19:29; Jer. 5:7; Prov. 7:24-27. **l.** Mat. 19:10,11. **m.** 1 Cor. 7:7-9; Gén. 38:26. **n.** Ml. 2:14,15; Mat. 19:5. **o.** Ml. 2:16; Mat. 5:32. **p.** 1 Cor. 7:12, 13. **q.** Eze. 16:49; Prov. 23:30-33. **r.** Gén. 39:10; Prov. 5:8. **s.** Ef. 5:4; Eze. 23:14-16; Isa. 23:15-17; Isa. 3:16; Mc. 6:22; Rom. 13:13; 1 Ped. 4:3. **t.** 2 R. 9:30; Jer. 9:30 y con Eze. 23:40.

[340] **a.** Ex. 20:15.

conforme a nuestras posibilidades y a las necesidades de otros[d]; moderación en nuestro juicio, voluntad y afectos respecto a los bienes terrenales[e]; un cuidado prudente en adquirir[f], guardar, usar y disponer de aquellas cosas que son necesarias y convenientes para el sostén de nuestra constitución física, y que son apropiadas a nuestra condición[g]; un oficio legítimo[h] y el ser diligentes en él[i]; ser frugales o moderados[j]; evitar litigios innecesarios[k], fianzas o compromisos semejantes[l]; y un esfuerzo por todo medio lícito y justo para procurar, preservar y acrecentar las riquezas y bienestar de otros, tanto como el nuestro[m][341].

P. 142. ¿Cuáles son los pecados prohibidos en el octavo mandamiento?

R. Los pecados prohibidos en el octavo mandamiento, además de la negligencia en los deberes requeridos[a], son, el robo[b], el asalto[c], el secuestro[d], así como el recibir cosas robadas[e]; el comercio fraudulento[f], pesas y medidas falsas[g], quitar linderos[h], la injusticia y la infidelidad en los contratos entre hombre y hombre[i], o en asuntos de fideicomiso o administración[j]; la opresión[k], extorsión[l], usura[m], cohecho[n], demandas injuriosas[o], despojo o apropiación injusta de propiedades y destrucción de linderos[p]; monopolios gravosos[q]; ocupaciones ilícitas[r] y todos los demás modos injustos y pecaminosos para tomar o retener lo que pertenece a nuestro prójimo, o para enriquecernos[s]; la codicia[t]; la estima y afecto desmedidos hacia los bienes terrenales[u]; cuidados sospechosos y acongojadores para adquirir, guardar y usar de dichos bienes[v]; envidiar la prosperidad de otros[w]; asimismo, la ociosidad[x], prodigalidad, juegos de azar; y todo aquello por lo cual perjudicamos indebidamente nuestro bienestar externo[y]; y también el privarnos del uso debido y las comodidades del estado que Dios nos ha dado[z].[342]

P. 143. ¿Cuál es el noveno mandamiento?

R. El noveno mandamiento es: «No hablarás contra tu prójimo falso testimonio»[a][343].

---

341 **a.** Sal. 15:2,4; Zac. 7:4,10; 8:16,17. **b.** Rom. 13:7. **c.** Lev. 6:2-5; Luc. 19:8. **d.** Luc. 6:30,38; 1 Jn. 3:17; Ef. 4:28; Gál. 6:10. **e.** 1 Tim. 6:6-9; Gál. 6:14. **f.** 1 Tim. 5:8. **g.** Prov. 27:23,24; Ecl. 2:24; 3:12,13; 1 Tim. 6:17,18; Isa. 38:1; Mat. 11:8. **h.** 1 Cor. 7:20; Gén. 2:15; 3:19. **i.** Ef. 4:28; Prov. 10:4. **j.** Jn. 6:12; Prov. 21:20. **k.** 1 Cor. 6:1-9. **l.** Prov. 6:1-6; 11:15. **m.** Lev. 25:35; Deu. 22:1-4; Ex. 23:4,5; Gén. 47:14,20; Fil. 2:4; Mat. 22:39.

342 **a.** Stg. 2:15,16; 1 Jn. 3:17. **b.** Ef. 4:28. **c.** Sal. 62:10. **d.** 1 Tim. 1:10. **e.** Prov. 29:24; Sal. 50:18. **f.** 1 Tes. 4:6. **g.** Prov. 11:1; 20:10. **h.** Deu. 19:14; Prov. 23:10. **i.** Am. 8:5; Sal. 37:21. **j.** Luc. 16:10-12. **k.** Eze. 22:29; Lev. 25:17. **l.** Mat. 23:25; Eze. 22:12. **m.** Sal. 15:5. **n.** Job. 15:34. **o.** 1 Cor. 6:6-8; Prov. 3:29,30. **p.** Isa. 5:8; Mq. 2:2. **q.** Prov. 11:26. **r.** Hch. 19:19,24,25. **s.** Job. 20:19; Stg. 5:4; Prov. 21:6. **t.** Luc. 12:15. **u.** 1 Tim. 6:5; Col. 3:2; Prov. 23:5; Sal. 62:10. **v.** Mat. 6:25,31,34; Ecl. 5:12. **w.** Sal. 73:3; 37:1,7. **x.** 2 Tes. 3:11; Prov. 18:9. **y.** Prov. 21:17; 23:20,21; 28:19. **z.** Ecl. 4:8; 6:2; 1 Tim. 5:8.

343 **a.** Ex. 20:16.

P. 144. ¿Cuáles son los deberes que se requieren en el noveno mandamiento?

R. Los deberes que se requieren en el noveno mandamiento son, el preservar y promover la verdad entre hombre y hombre[a] y el buen nombre, tanto de nuestro prójimo, como el nuestro[b]; responder a favor de la verdad y defenderla[c]; y de corazón[d], con sinceridad[e], libertad[f], claridad[g] y plenamente[h], hablar la verdad y nada más que la verdad, en cuestiones de juicio y justicia[i], así como en otras cosas sean cuales sean[j]; una caritativa estima hacia nuestro prójimo[k]; amando, deseando y regocijándonos por su buen nombre[l]; entristeciéndonos por sus debilidades[m] y cubriéndolas[n]; reconociendo libremente sus dones y gracias divinas[o], defendiendo su inocencia[p]; prestos para recibir un buen informe[q] e indispuestos para creer malos rumores con respecto a ellos[r]; oponerse a los chismosos[s], a los lisonjeros[t] y calumniadores[u]; amar y cuidar nuestro buen nombre, defendiéndolo cuando sea necesario[v]; guardar promesas lícitas[w]; procurar y practicar todo los que es verdadero, honesto, amable y de buen nombre[x]344.

P. 145. ¿Cuáles son los pecados prohibidos en el noveno mandamiento?

R. Los pecados prohibidos en el noveno mandamiento son, todo lo que obstruya la verdad, y el buen nombre tanto el de nuestro prójimo como el nuestro[a], especialmente delante de los tribunales públicos[b]; dar falso testimonio[c], sobornar testigos falsos[d], comparecer y defender a sabiendas una mala causa, desafiar y reprimir la verdad[e]; dictar sentencias injustas[f], llamar malo a lo bueno y bueno a lo malo; recompensar la obra del malo conforme a la obra del justo, y al justo conforme a la obra del malo[g]; falsificar[h] u ocultar la verdad, un silencio inadmisible en una causa justa[i], y el permanecer callados cuando la maldad demanda una justa represión de nosotros[j], o denunciarla a otros[k]; hablar la verdad fuera de tiempo[l] o maliciosamente para lograr un fin perverso[m], o pervertirla para un significado erróneo[n], o expresarla ambiguamente o con doble sentido, para perjuicio de la verdad y la justicia[o]; hablar falsedades[p], mentir[q], calumniar[r], difamar[s], detractar[t], chismear[u], murmurar[v], ridiculizar[w], insultar[x], condenar parcial[y], precipitada[z] y ásperamente[aa]; interpretar mal las intenciones, palabras y acciones de otros[ab]; lisonjear[ac], y vanagloriarse[ad], pensar o hablar demasiado alto y despreciativamente de nosotros o de los demás[ae]; negar los dones y gracias de Dios[af]; engrandecer las faltas pequeñas[ag]; ocultar, excusar o justificar los pecados cuando se demanda una libre confesión de ellos[ah]; descubrir sin necesidad las debilidades de otros[ai]; levantar falsos rumores[aj], recibir y patrocinar informes malignos[ak], y cerrar nuestros oídos a una defensa justa[al]: las malas sospechas[am]; envidiar o lamentarse por el justo crédito que otros reciben[an], procurar o desear estorbarlo[ao]; regocijarse en su desgracia e

---

344 **a.** Zac. 8:16. **b.** 3 Jn. 12. **c.** Prov. 31:8,9. **d.** Sal. 15:2. **e.** 2 Cr. 19:9. **f.** 1 S. 19:4,5. **g.** Js. 7:19. **h.** 2 Sal. 14:18-20. **i.** Lev. 19:15; Prov. 14:5,25. **j.** 2 Cor. 1:17,18; Ef. 4:25. **k.** Heb. 6:9; 1 Cor. 13:7. **l.** Rom. 1:8; 2 Jn. 4; 3 Jn. 3,4. **m.** 2 Cor. 2:4; 12:21. **n.** Prov. 17:9; 1 Ped. 4:8. **o.** 1 Cor. 1:4,5,7; 2 Tim. 1:4,5. **p.** 1 S. 22:14. **q.** 1 Cor. 13:6,7. **r.** Sal. 15:3. **s.** Prov. 25:23. **t.** Prov. 26:24,25. **u.** Sal. 101:5. **v.** Prov. 22:1; Jn. 8:49. **w.** Sal. 15:4. **x.** Fil. 4:8.

infamia[ap]; el desprecio insolente[aq], la admiración vana[ar]; quebrantar promesas lícitas[as]; descuidar tales cosas que son de buen nombre[at] y practicar (o no evitar nosotros mismos, o no impedir lo que podamos en otros) cosas que traigan mal nombre[au][345].

P. 146. ¿Cuál es el décimo mandamiento?

R. El décimo mandamiento es: «No codiciarás la casa de tu prójimo, ni codiciarás la mujer de tu prójimo, ni su siervo, ni su criada, ni su buey, ni su asno, ni cosa alguna de tu prójimo»[a][346].

P. 147. ¿Cuáles son los deberes que se requieren en el décimo mandamiento?

R. Los deberes que se requieren en el décimo mandamiento son, un pleno contentamiento con nuestra propia condición[a], una disposición caritativa de toda el alma para con nuestro prójimo, tanto que todas nuestras predisposiciones y afectos internos en cuanto a él, tiendan y avancen todo el bien de lo que es suyo[b][347].

P. 148. ¿Cuáles son los pecados prohibidos en el décimo mandamiento?

R. Los pecados prohibidos en el décimo mandamiento son: el descontento con nuestro propio estado y condición[a]; envidiar[b] y lamentarse por el bien de nuestro prójimo[c], junto con todas las predisposiciones y afectos desordenados hacia sus pertenencias[d][348].

---

[345] **a.** 1 S. 17:28; 2 S. 16:3; 1:9,10,15,16. **b.** Lev. 19:15; Hab. 1:4. **c.** Prov. 19:5; 6:16,19. **d.** Hch. 6:13. **e.** Jer. 9:3,5; Hch. 24:2,5; Sal. 12:3,4; 52:1-4. **f.** Prov. 17:15; 1 R. 21:9-14. **g.** Isa. 5:23. **h.** Sal. 119:69; Luc. 19:8; 16:5-7. **i.** Lev. 5:1; Deu. 13:8; Hch. 5:3,8,9; 2 Tim. 4:6. **j.** 1 R. 1:6; Lev. 19:17. **k.** Isa. 59:4. **l.** Prov. 29:11. **m.** 1 S. 22:9,10 compare con Sal. 52, el título y versos 1-5. **n.** Sal. 56:5; Jn. 2:19 compare con Mat. 26:60,61. **o.** Gén. 3:5; 26:7,9. **p.** Isa. 59:13. **q.** Lev. 19:11; Col. 3:9. **r.** Sal. 50:20. **s.** Sal. 15:3. **t.** Stg. 4:11; Jer. 38:4. **u.** Lev. 19:16. **v.** Rom. 1:29,30. **w.** Gén. 21:9; Gál. 4:29. **x.** 1 Cor. 6:10. **y.** Mat. 7:1. **z.** Hch. 28:4. **aa.** Gén. 38:24; Rom. 2:1. **ab.** Neh. 6:6-8; Rom. 3:8; Sal. 69:10; 1 S. 1:13-15; 2 Sal. 10:3. **ac.** Sal. 12:2,3. **ad.** 2 Tim. 3:2. **ae.** Luc. 18:9,11; Rom. 12:16; 1 Cor. 4:6; Hch. 12:22; Ex. 4:10-14. **af.** Job. 27:5,6; 4:6. **ag.** Mat. 7:3-5. **ah.** Prov. 28:13; 30:20; Gén. 3:12,13; Jer. 2:35; 2 R. 5:25; Gén. 4:9. **ai.** Gén. 9:22; Prov. 25:9,10. **aj.** Ex. 23:1. **ak.** Prov. 29:12. **al.** Hch. 7:56,57; Job. 31:13,14. **am.** 1 Cor. 13:5; 1 Tim. 6:4. **an.** Nm. 11:29; Mat. 21:15. **ao.** Esd. 4:12,13. **ap.** Jer. 48:27. **aq.** Sal. 35:15,16,21; Mat. 27:28,29. **ar.** Jds. 16; Hch. 12:22. **as.** Rom. 1:31; 2 Tim. 3:3. **at.** 1 S. 2:24. **au.** 2 S. 13:12,13; Prov. 5:8,9; 6:33.

[346] **a.** Ex. 20:17.

[347] **a.** Heb. 13:5; 1 Tim. 6:6. **b.** Job. 31:29; Rom. 12:15; Sal. 122:7-9; 1 Tim. 1:5; Est. 10:3; 1 Cor. 13:4-7.

[348] **a.** 1 R. 21:4; Est. 5:13; 1 Cor. 10:10. **b.** Gál. 5:26; Stg. 3:14,16. **c.** Sal. 112:9,10; Neh. 2:10. **d.** Rom. 7:7,8; Rom. 13:9; Col. 3:5; Deu. 5:21.

P. 149. ¿Puede algún hombre guardar perfectamente los mandamientos de Dios?

R. Ningún hombre es capaz, ni por sí mismo[a], ni por alguna gracia recibida en esta vida, de guardar perfectamente los mandamientos de Dios[b]; sino que diariamente los quebranta en pensamiento[c], palabra y obra[d][349].

P. 150. ¿Son todas las transgresiones a la ley de Dios igualmente atroces en sí mismas y a la vista de Dios?

R. Todas las trasgresiones de la ley de Dios no son igualmente atroces, pero algunos pecados en sí mismos, y por razón de varias circunstancias agravantes, son más atroces que otros a la vista de Dios[a][350].

P. 151. ¿Cuáles son las circunstancias agravantes que hacen a algunos pecados más atroces que otros?

R. Los pecados reciben sus circunstancias agravantes si se considera:

1. Las personas que ofenden[a]: si ellas son personas de edad más madura[b], de gran experiencia o gracia[c], eminentes por su profesión[d], dones[e], puestos[f], oficio[g], si son guías de otros[h], de tal manera que su ejemplo pueda ser seguido por otros[i].

2. Las partes ofendidas[j]: si es directamente contra Dios[k], contra sus atributos[l] y adoración[m]; contra Cristo y su gracia[n]; contra el Espíritu Santo[o], su testimonio[p] y obras[q]; contra los superiores, hombres eminentes[r], y aquellos con quienes estamos especialmente relacionados y tenemos alguna obligación[s]; si es contra alguno de los creyentes[t], especialmente si es un hermano débil[u], si es contra las almas de ellos, o de otros[v], y si contra el bien común de todos o de muchos[w].

3. La naturaleza y calidad de la ofensa[x]: si son contra la letra expresa de la ley[y], si quebrantan muchos mandamientos, si contienen en sí muchos pecados[z]; si no solo son concebidos en el corazón sino que se manifiestan en palabras y acciones[aa], si hacen tropezar a otros[ab] y si no admiten reparación[ac]; si son contra los medios[ad], misericordias[ae], juicios[af], la luz de la naturaleza[ag], la convicción de la conciencia[ah], contra amonestación pública o privada[ai], censuras de la Iglesia[aj], castigos civiles[ak]; y si son contra nuestras oraciones, propósitos, promesas[al], votos[am], pactos[an] y compromisos con Dios y con los hombres[ao]; si son hechos deliberada[ap], voluntaria[aq], presuntuosa[ar], imprudente[as], hinchada[at], maliciosa[au], frecuente[av] u obstinadamente[aw], con deleite[ax], persistencia[ay], o reincidencia después del arrepentimiento[az].

4. Las circunstancias de tiempo[ba] y lugar[bb]: si en el Día del Señor[bc], o en otros tiempos del culto divino[bd]; o inmediatamente antes[be] o después de este[bf], o de otras ayudas para prevenir o remediar tales faltas[bg]; si

---

349 **a.** Stg. 3:2; Jn. 15:5; Rom. 8:3. **b.** Ecl. 7:20; 1 Jn. 1:8,10; Gál. 5:17; Rom. 7:18,19. **c.** Gén. 6:5; 8:21. **d.** Rom. 3:9-19; Stg. 3:2-13.

350 **a.** Jn. 19:11; Eze. 8:6,13,15; 1 Jn. 5:16; Sal. 78:17,32,56.

en público o en la presencia de otros que puedan ser provocados o contaminados por ello[bh][351].

P. 152. ¿Qué es lo que todo pecado merece a la vista de Dios?

R. Todo pecado, aun el más pequeño, siendo contra la soberanía[a], bondad[b] y santidad de Dios[c], y contra su justa ley[d], merece Su ira y maldición[e], tanto en esta vida[f] como en la venidera[g]; y nada puede expiarlo sino la sangre de Cristo[h][352].

P. 153. ¿Qué es lo que Dios requiere de nosotros para que escapemos de su ira y maldición que hemos merecido por causa de las trasgresiones a la ley?

R. Para que escapemos de la ira y maldición de Dios que hemos merecido por causa de las trasgresiones a la ley, Él requiere de nosotros el arrepentimiento para con Dios y la fe en nuestro Señor Jesucristo[a] y el uso diligente de los medios externos, por los que Cristo nos comunica los beneficios de su mediación[b][353].

P. 154. ¿Cuáles son los medios externos por los que Cristo nos comunica los beneficios de su mediación?

R. Los medios externos y ordinarios por los que Cristo comunica a su Iglesia los beneficios de su mediación, son todas sus ordenanzas; especialmente la Palabra, los sacramentos y la oración; todos los cuales son hechos eficaces en los elegidos para salvación[a][354].

---

[351] **a.** Jer. 2:8. **b.** Job. 32:7,9; Ecl. 4:13. **c.** 1 R. 11:4,9. **d.** 2 Sal. 12:14; 1 Cor. 5:1. **e.** Stg. 4:17; Luc. 12:47,48. **f.** Jer. 5:4,5. **g.** 2 S. 12:7-9; Eze. 8:11,12. **h.** Rom. 2:17-24. **i.** Gál. 2:11-14. **j.** Mat. 21:38,39. **k.** 1 S. 2:25; Hch. 5:4; Sal. 51:4. **l.** Rom. 2:4. **m.** Ml. 1:8,14. **n.** Heb. 2:2,3; 12:25. **o.** Heb. 10:29; Mat. 22:31-32. **p.** Ef. 4:30. **q.** Heb. 6:4-6. **r.** Jds. 8; Nm. 12:8,9; Isa. 3:5. **s.** Prov. 30:17; 2 Cor. 12:15; Sal. 55:12-15. **t.** Sof. 2:8,10,11; Mat. 18:6; 1 Cor. 6:8; Apo. 17:6. **u.** 1 Cor. 8:11,12; Rom. 14:13,15,21. **v.** Eze. 13:19; 1 Cor. 8:12; Apo. 18:12,13; Mat. 23:15. **w.** 1 Tes. 2:15,16; Js. 22:20. **x.** Prov. 6:30-33. **y.** Esd. 9:10-12; 1 R. 11:9,10. **z.** Col. 3:5; 1 Tim. 6:10; Prov. 5:8-12; 6:32,33; Js. 7:21. **aa.** Stg. 1:14,15; Mat. 5:22; Mq. 2:1. **ab.** Mat. 18:7; Rom. 2:23,24. **ac.** Deu. 22:22,28,29; Prov. 6:32-35. **ad.** Mat. 11:21-24; Jn. 15:22. **ae.** Isa. 1:3; Deu. 32:6. **af.** Am. 4:8-11; Jer. 5:3. **ag.** Rom. 1:26,27. **ah.** Rom. 1:32; Dn. 5:22; Tit. 3:10,11. **ai.** Prov. 29:1. **aj.** Tit. 3:10; Mat. 18:17. **ak.** Prov. 27:22; 23:35. **al.** Sal. 78:34-37; Jer. 2:20; 42:5,6,20,21. **am.** Ecl. 5:4-6; Prov. 20:25. **an.** Lev. 26:25. **ao.** Prov. 2:17; Eze. 17:18,19. **ap.** Sal. 36:4. **aq.** Jer. 6:16. **ar.** Nm. 15:30; Ex. 21:14. **as.** Jer. 3:3; Prov. 7:13. **at.** Sal. 52:1. **au.** 3 Jn. 10. **av.** Nm. 14:22. **aw.** Zac. 7:11,12. **ax.** Prov. 2:14. **ay.** Isa. 57:17. **az.** Jer. 34:8-11; 2 Ped. 2:20-22. **ba.** 2 R. 5:26. **bb.** Jer. 7:10; Isa. 26:10. **bc.** Eze. 23:37-39. **bd.** Isa. 58:3-5; Nm. 25:6,7. **be.** 1 Cor. 11:20,21. **bf.** Jer. 7:8-10; Prov. 7:14,15; Jn. 13:27,30. **bg.** Neh. 9:13,14. **bh** 2 S. 16:22; 1 S. 2:22-24.

[352] **a.** Stg. 2:10,11. **b.** Ex. 20:1,2. **c.** Hab. 1:13; Lev. 10:3; 11:44,45. **d.** 1 Jn. 3:4; Rom. 7:12. **e.** Ef. 5:6; Gál. 3:10. **f.** Lam. 3:39; Deu. 28:15-68. **g.** Mat. 25:41. **h.** Heb. 9:22; 1 Ped. 1:18,19.

[353] **a.** Hch. 20:21; Mat. 3:7,8; Luc. 13:3,5; Hch. 16:30,31; Jn. 3:16,18. **b.** Prov. 2:1-5; 8:33-36.

[354] **a.** Mat. 28:19,20; Hch. 2:42,46,47.

P. 155 ¿Cómo se hace eficaz la Palabra para la salvación?

R. El Espíritu de Dios hace de la lectura de la Palabra, y especialmente de la predicación de ella, un medio eficaz para iluminar[a], convencer y humillar a los pecadores[b]; sacándolos de sí mismos y conduciéndolos a Cristo[c]; transformándolos a su imagen[d] y sometiéndolos a su voluntad[e]; fortaleciéndolos contra las tentaciones y corrupciones[f]; edificándolos en su gracia[g], y afirmando el corazón de ellos en santidad y consolación por medio de la fe para salvación[h]355.

P. 156. ¿La Palabra de Dios debe ser leída por todos?

R. Aunque no a todos les es permitido leer la Palabra de Dios públicamente a la congregación[a], sin embargo, toda clase de personas están obligadas a leerla para sí mismas[b], y con sus familias[c]. Para este fin, las Santas Escrituras deben traducirse del idioma original al lenguaje común[d]356.

P. 157. ¿Cómo debe leerse la Palabra de Dios?

R. Las Santas Escrituras deben ser leídas con alta y reverente estima de ellas[a]; con una persuasión firme de que son la verdadera Palabra de Dios[b] y de que solo Él puede capacitarnos para entenderlas[c]; con el deseo de conocer, creer y obedecer la voluntad de Dios revelada en ellas[d]; con diligencia[e] y atención tanto al contenido como al propósito[f]; con meditación[g], aplicación[h], abnegación[i] y oración[j]357.

P. 158. ¿Por quién debe ser predicada la Palabra de Dios?

R. La Palabra de Dios debe ser predicada solamente por aquellos que esten suficientemente dotados de los dones necesarios[a], y que también hayan sido debidamente llamados y aprobados para este oficio[b]358.

P. 159. ¿Cómo debe ser predicada la Palabra de Dios por los que son llamados para ello?

R. Los que son llamados para trabajar en el ministerio de la Palabra deben predicar doctrina sana[a], con diligencia[b], a tiempo y fuera de tiempo[c]; con claridad[d], no con palabras persuasivas de humana sabiduría, sino con demostración del Espíritu y de poder[e]; con fidelidad[f], dando a conocer todo el consejo de Dios[g]; con sabiduría[h], adaptándose a las necesidades y capacidades

---

355 **a.** Neh. 8:8; Hch. 26:18; Sal. 19:8. **b.** 1 Cor. 14:24,25; 2 Cr. 34:18,19,26-28. **c.** Hch. 2:37,41; 8:27-39. **d.** 2 Cor. 3:18. **e.** 2 Cor. 10:4-6; Rom. 6:17. **f.** Mat. 4:4,7,10; Ef. 6:16,17; Sal. 19:11; 1 Cor. 10:11. **g.** Hch. 20:32; 2 Tim. 3:15-17. **h.** Rom. 16:25; 1 Tes. 3:2,10,11,13; Rom. 15:4; 10:13-17; 1:16.

356 **a.** Deu. 31:9,11-13; Neh. 8:2,3; 9:3-5. **b.** Deu. 17:19; Apo. 1:3; Jn. 5:39; Isa. 34:16. **c.** Deu. 6:6-9; Gén. 18:17,19; Sal. 78:5-7. **d.** 1 Cor. 14:6,9,11,12,15,16,24,27,28.

357 **a.** Sal. 19:10; Neh. 8:3-10; Ex. 24:7; 2 Cor. 34:27; Isa. 66:2. **b.** 2 Ped. 1:19-21. **c.** Luc. 24:45; 2 Cor. 3:13-16. **d.** Deu. 17:10,20. **e.** Hch. 17:11. **f.** Hch. 8:30,34; Luc. 10:26-28. **g.** Sal. 1:2; 119:97. **h.** 2 Cr. 34:21. **i.** Prov. 3:5; Deu. 33:3. **j.** Prov. 2:1-6; Sal. 119:18; Neh. 7:6,8.

358 **a.** 1 Tim. 3:2,6; Ef. 4:8-11; Os. 4:6; Ml. 2:7; 2 Cor. 3:6. **b.** Jer. 14:15; Rom. 10:15; Heb. 5:4; 1 Cor. 12:28,29; 1 Tim. 3:10; 4:14; 5:22.

de los oyentes[i]; con celo[j], con amor ferviente a Dios[k] y a las almas de Su pueblo[l]; con sinceridad[m], procurando la gloria de Dios[n], y la conversión[o], edificación[p] y salvación de las almas[q][359].

P. 160. ¿Qué se requiere de aquellos que oyen la Palabra predicada?

R. De aquellos que oyen la palabra predicada se requiere atender a ella con diligencia[a], preparación[b] y oración[c]; que con las Escrituras comprueben lo que oyen[d]; que reciban la verdad con fe[e], amor[f], mansedumbre[g] y con una buena disposición[h], como la Palabra de Dios[i]; meditando[j] y discutiendo sobre ella[k], guardándola en el corazón[l] y manifestando en sus vidas los frutos de ella[m][360].

P. 161. ¿Cómo vienen a ser los sacramentos medios eficaces de salvación?

R. Los sacramentos vienen a ser medios eficaces de salvación, no por algún poder que haya en ellos ni por virtud alguna que provenga de la piedad o intención de aquel que los administra, sino solamente por la operación del Espíritu Santo y de la bendición de Cristo que los instituyó[a][361].

P. 162. ¿Qué es un sacramento?

R. Un sacramento es una santa ordenanza instituida por Cristo en su Iglesia[a], para representar, sellar y aplicar[b], para aquellos que están dentro del Pacto de Gracia[c], los beneficios de su mediación[d]; para fortalecer y aumentar la fe y otras gracias divinas[e]; para constreñirlos a la obediencia[f]; para testificar y mantener el amor y comunión de los unos con los otros[g]; y para distinguirlos de los que están fuera[h][362].

P. 163. ¿Cuáles son las partes de un sacramento?

R. Las partes de un sacramento son dos: el símbolo externo y sensible usado conforme al mandato mismo de Cristo; la otra es, la gracia interna y espiritual representada por este[a][363].

---

[359] **a.** Tit. 2:1,8. **b.** Hch. 18:25. **c.** 2 Tim. 4:2. **d.** 1 Cor. 14:19. **e.** 1 Cor. 2:4. **f.** Jer. 23:28; 1 Cor. 4:1,2. **g.** Hch. 20:27. **h.** Col. 1:28; 2 Tim. 2:15. **i.** 1 Cor. 3:2; Heb. 5:12-14; Luc. 12:42. **j.** Hch. 18:25. **k.** 2 Cor. 5:13,14; Fil. 1:15-17. **l.** Col. 4:12; 2 Cor. 12:15. **m.** 2 Cor. 2:17; 4:2. **n.** 1 Tes. 2:4-6; Jn. 7:18. **o.** 1 Cor. 9:19-22. **p.** 2 Cor. 12:19; Ef. 4:12. **q.** 1 Tim. 4:16; Hch. 26:16-18.

[360] **a.** Prov. 8:34. **b.** 1 Ped. 2:1,2; Luc. 8:18. **c.** Sal. 119:18; Ef. 6:18,19. **d.** Hch. 17:11. **e.** Heb. 4:2. **f.** 2 Tes. 2:10. **g.** Stg. 1:21. **h.** Hch. 17:11. **i.** 1 Tes. 2:13. **j.** Luc. 9:44; Heb. 2:1. **k.** Luc. 24:14; Deu. 6:6,7. **l.** Prov. 2:1; Sal. 119:11. **m.** Luc. 8:15; Stg. 1:25.

[361] **a.** 1 Ped. 3:21; Hch. 8:13,23; 1 Cor. 3:6,7; 12:13.

[362] **a.** Gén. 17:7,10; Ex. 12; Mat. 28:19; 26:26-28. **b.** Rom. 4:11; 1 Cor. 11:24,25. **c.** Rom. 15:8; Ex. 12:48. **d.** Hch. 2:38; 1 Cor. 10:16. **e.** Rom. 4:11; Gál. 3:27. **f.** Rom. 6:3,4; 1 Cor. 10:21. **g.** Ef. 4:2-5; 1 Cor. 12:13. **h.** Ef. 2:11,12; Gén. 34:14.

[363] **a.** Mat. 3:11; 1 Ped. 3:21; Rom. 2:28,29.

P. 164. ¿Cuántos sacramentos instituyó Cristo en su Iglesia bajo el Nuevo Testamento?

R. Bajo el Nuevo Testamento Cristo instituyó en su Iglesia solamente dos sacramentos, el Bautismo y la Cena del Señor[a364].

P. 165. ¿Qué es el Bautismo?

R. El Bautismo es un sacramento del Nuevo Pacto, en el cual Cristo ha ordenado que el lavamiento con agua en el nombre del Padre, del Hijo y del Espíritu Santo[a], sea un signo y un sello de unión con Él[b], de remisión de pecado por su sangre[c] y de regeneración por su Espíritu[d]; de adopción[e], y de resurrección para vida eterna[f]. Por este sacramento los que se bautizan son admitidos solemnemente en la Iglesia visible[g], y entran en un compromiso abierto y declarado de pertenecer totalmente al Señor[h365].

P. 166. ¿A quiénes debe administrarse el Bautismo?

R. El Bautismo no debe administrarse a ninguno de los que están fuera de la Iglesia visible y que, por lo tanto, son ajenos al pacto de la promesa, hasta que profesen su fe en Cristo y la obediencia a Él[a]; pero, los niños que descienden de padres los cuales alguno de ellos haya profesado su fe en Cristo y la obediencia a Él, por este hecho están dentro del Pacto y deben ser bautizados[b366].

P. 167. ¿Cómo debemos aplicar de modo práctico nuestro Bautismo?

R. El deber indispensable, pero muchas veces descuidado, de aplicar de modo práctico nuestro Bautismo, debemos llevarlo a cabo a lo largo de toda nuestra vida, especialmente en el tiempo de la tentación, y cuando se está administrando a otros y nosotros estamos presentes[a]; considerando seriamente y con agradecimiento su naturaleza y los fines para los que Cristo lo instituyó, los privilegios y beneficios conferidos y sellados por medio de Él, y el voto solemne que hicimos[b]; siendo humildes por nuestra contaminación pecaminosa, por nuestra falta de cumplimiento, y por andar por el camino contrario a la gracia del Bautismo y de nuestras promesas[c]; creciendo en la seguridad del perdón de los pecados, y de todas las demás bendiciones selladas en nosotros por este sacramento[d]; obteniendo fuerzas de la muerte y resurrección de Cristo, en quien somos bautizados, para la mortificación de la carne y el avivamiento de la gracia divina[e]; y esforzandonos en vivir por la fe[f], para mantener una conducta santa y justa[g], como aquellos que han entregado

---

364 **a.** Mat. 28:19; 1 Cor. 11:20,23; Mat. 26:26-28.

365 **a.** Mat. 28:19. **b.** Gál. 3:27. **c.** Mc. 1:4; Apo. 1:5. **d.** Tit. 3:5; Ef. 5:26. **e.** Gál. 3:26,27. **f.** 1 Cor. 15:29; Rom. 6:5. **g.** 1 Cor. 12:13. **h.** Rom. 6:4.

366 **a.** Hch. 8:36,37; 2:38. **b.** Gén. 17:7,9,14 compare con Gál. 3:9 y con Col. 2:11,12 y con Hch. 2:38,39 y con Rom. 4:11,12; 1 Cor. 7:14; Mat. 28:19; Luc. 18:15,16; Rom. 11:16.

su nombre a Cristo[h]; y andar en amor fraternal, como los que hemos sido bautizados por el mismo Espíritu en un cuerpo[i367].

P. 168. ¿Qué es la Cena del Señor?

R. La Cena del Señor es un sacramento del Nuevo Pacto[a], en el cual, por el dar y recibir el pan y el vino, según lo establecido por Jesucristo, su muerte es declarada; y aquellos que participan dignamente, se alimentan de su cuerpo y de su sangre, para su sustento espiritual y su crecimiento en gracia[b]; su unión y comunión con Él es así confirmada[c]; y testifican y renuevan su gratitud[d] y compromiso para con Dios[e], y su amor y compañerismo los unos para con los otros como miembros del mismo cuerpo místico[f368].

P. 169. ¿Cómo mandó Cristo que fuesen dados y recibidos el pan y el vino en el sacramento de la Cena del Señor?

R. Cristo mandó que los ministros de la palabra, en la administración del sacramento de la Cena del Señor, apartasen del uso común el pan y el vino por medio de las palabras de la institución, la acción de gracias y la oración; tomando y partiendo el pan, y dando a los comulgantes tanto el pan como el vino; quienes, por la misma ordenanza, toman y comen el pan y beben el vino, recordando con gratitud que el cuerpo de Cristo fue partido y dado por ellos, y su sangre fue derramada por ellos[a369].

P. 170. Los que participan dignamente de la Cena del Señor, ¿cómo se alimentan del cuerpo y de la sangre de Cristo?

R. Aunque el cuerpo y la sangre de Cristo no están corporal o carnalmente presentes en, con, o bajo el pan y el vino en la Cena del Señor[a], sin embargo están presentes espiritualmente para la fe del que los recibe, no con menos verdad y realidad que como lo están los elementos mismos para los sentidos externos[b]; así que los que participan dignamente del sacramento de la Cena del Señor, se alimentan del cuerpo y de la sangre de Cristo, no corporal o carnalmente, sino de una manera espiritual; y sin embargo, participan verdadera y realmente[c] cuando por la fe reciben y se aplican a sí mismos el Cristo crucificado y todos los beneficios de su muerte[d370].

P. 171. ¿Cómo deben prepararse los que reciben el sacramento de la Cena del Señor antes de venir a esta?

R. Aquellos que reciben el sacramento de la Cena del Señor, antes de venir a esta, deben prepararse por la examinación de sí mismos[a] de si están en Cristo[b], de sus pecados y necesidades[c]; de la verdad y medida de su conocimiento[d], fe[e], arrepentimiento[f]; amor a Dios y a los hermanos[g], caridad

---

367 **a.** Col. 2:11,12; Rom. 6:4,6,11. **b.** Rom. 6:3-5. **c.** 1 Cor. 1:11-13; Rom. 6:2,3. **d.** Rom. 4:11,12; 1 Ped. 3:21. **e.** Rom. 6:3-5. **f.** Gál. 3:26,27. **g.** Rom. 6:22. **h.** Hch. 2:38. **i.** 1 Cor. 12:13,25-27.

368 **a.** Luc. 22:20. **b.** Mat. 26:26-28; 1 Cor. 11:23-26. **c.** 1 Cor. 10:16. **d.** 1 Cor. 11:24. **e.** 1 Cor. 10:14-16,21. **f.** 1 Cor. 10:17.

369 **a.** 1 Cor. 11:23,24; Mat. 26:26-28; Mc. 14:22-24; Luc. 22:19,20.

370 **a.** Hch. 3:21. **b.** Mat. 26:26,28. **c.** 1 Cor. 11:24-29. **d.** 1 Cor. 10:16.

para con todos los hombres[h], perdonando a aquellos que les han hecho mal[i]; de sus deseos de obtener a Cristo[j] y de su nueva obediencia[k]; renovando el ejercicio de estas gracias[l], por una seria meditación[m] y oración ferviente[n][371].

P. 172. ¿Puede, alguno que duda de estar en Cristo, o de su preparación debida, acercarse a la Cena del Señor?

R. Uno que duda de estar en Cristo o de su debida preparación para el sacramento de la Cena del Señor, puede tener parte verdaderamente en Cristo aun cuando no esté seguro de ello[a]; y, según Dios, puede estar seguro de que tiene parte en Él, si es debidamente afectado cuando apercibe su necesidad de esto[b], y desea sinceramente ser hallado en Cristo y apartarse de la iniquidad[c]: en cuyo caso (ya que las promesas son hechas, y este sacramento fue establecido, para el bien de los cristianos débiles e inseguros[d]) debe lamentar su incredulidad[e], y procurar resolver sus dudas[f]; y, haciendo así, puede y debe acercarse a la Cena del Señor, para que pueda ser más fortalecido[g][372].

P. 173. Si hay alguien que profesa ser cristiano y desea acercarse a la Cena del Señor, ¿se le puede prohibir?

R. Aquellos que aún son ignorantes u ocasionan tropiezo, sin importar su profesión de fe y su deseo de acercarse a la Cena del Señor, deben ser guardados de no acercarse a este sacramento por la autoridad que Cristo ha dejado a su Iglesia[a], hasta que reciban instrucción y manifiesten su reforma[b][373].

P. 174. ¿Qué se requiere de aquellos que reciben el sacramento de la Cena del Señor cuando se está administrando?

R. De aquellos que reciben el sacramento de la Cena del Señor se requiere que, durante el tiempo de su administración, con toda atención y santa reverencia, aguarden en Dios en esta ordenanza[a], que observen diligentemente las acciones y elementos sacramentales[b], que disciernan cuidadosamente el cuerpo del Señor[c], y que tiernamente mediten en su muerte y sufrimientos[d], para, de esta manera, ser estimulados al vigoroso ejercicio de sus gracias[e]; juzgándose a sí mismos[f] y entristeciéndose por su pecado[g], teniendo hambre y sed ardientes de Cristo[h], alimentándose de Él por la fe[i], recibiendo de su plenitud[j], confiando en sus méritos[k], regocijándose en

---

[371] **a.** 1 Cor. 11:28. **b.** 2 Cor. 13:5. **c.** 1 Cor. 5:7 compare con Ex. 12:15. **d.** 1 Cor. 11:29. **e.** 1 Cor. 13:5; Mat. 26:28. **f.** Zac. 12:10; 1 Cor. 11:31. **g.** 1 Cor. 10:16,17; Hch. 2:46,47. **h.** 1 Cor. 5:8; 1 Cor. 11:18,20. **i.** Mat. 5:23,24. **j.** Isa. 55:1; Jn. 7:37. **k.** 1 Cor. 5:7,8. **l.** 1 Cor. 11:25,26,28; Heb. 10:21,22,24; Sal. 26:6. **m.** 1 Cor. 11:24,25. **n.** 2 Cr. 30:18,19; Mat. 26:26.

[372] **a.** Isa. 50:10; 1 Jn. 5:13; Sal. 88; 77:1-12; Jon. 2:4,7. **b.** Isa. 54:7-10; Mat. 5:3,4; Sal. 31:22; 73:13,22,23. **c.** Fil. 3:8,9; Sal. 10:17; 42:1,2,5,11; 2 Tim. 2:19; Isa. 50:10; Sal. 66:18-20. **d.** Isa. 40:11,29,31; Mat. 11:28; 12:20; 26:28. **e.** Mc. 9:24. **f.** Hch. 2:37; 16:30. **g.** Rom. 4:11; 1 Cor. 11:28.

[373] **a.** 1 Cor. 11:27-34 compare con Mat. 7:6 y con 1 Cor. 5:1-13 y con Jds. 23 y con 1 Tim. 5:22. **b.** 2 Cor. 2:7.

su amor[l], dando gracias por su favor inmerecido[m]; renovando su Pacto con Dios[n], y su amor para con todos los santos[o][374].

P. 175. ¿Cuál es el deber de los cristianos después que han recibido el sacramento de la Cena del Señor?

R. El deber de los cristianos después de que han recibido el sacramento de la Cena del Señor, es pensar seriamente cómo se han conducido en ella y con qué resultado[a]; si hallan ánimo y consuelo, bendecir a Dios por ello[b], rogar por la continuidad de esto[c], velar contra las recaídas[d], cumplir sus votos[e], y animarse a atender frecuente a esta ordenanza[f]; pero, si no encuentran ningún beneficio inmediato, revisar más cuidadosamente su preparación para el sacramento y su conducta durante el mismo[g]; y en ambas cosas, si pueden ser aprobados ante Dios y ante sus propias conciencias, que aguarden fruto a su tiempo debido[h]; no obstante, si ven que han fallado en cualquiera de estas, deben humillarse[i], y en adelante ocuparse en ello con mayor cuidado y diligencia[j][375].

P. 176. ¿En qué son semejantes el sacramento del Bautismo y la Cena del Señor?

R. El sacramento del Bautismo y la Cena del Señor son semejantes en que el autor de ambos es Dios[a]; en que la parte espiritual de los dos es Cristo y sus beneficios[b]; en que ambos son sellos del mismo Pacto[c], deben ser administrados por ministros del evangelio, y por nadie más[d]; y en que deben continuar en la Iglesia de Cristo hasta su segunda venida[e][376].

P. 177. ¿En qué difieren los sacramentos del Bautismo y la Cena del Señor?

R. Los sacramentos del Bautismo y la Cena del Señor difieren en que el Bautismo solo ha de administrarse una vez, con agua, para que sea un símbolo y sello de nuestra regeneración y de que hemos sido plantados en Cristo[a], y en que debe administrarse aun a los niños[b]; mientras que la Cena del Señor debe administrarse con frecuencia, bajo los elementos de pan y vino, para representar y exhibir a Cristo como el alimento espiritual del alma[c], y para confirmar nuestra permanencia y crecimiento en él[d], y en que de dicho

---

[374] **a.** Lev. 10:3; Heb. 12:28; Sal. 5:7; 1 Cor. 11:17,26,27. **b.** Ex. 24:8 compare con Mat. 26:28. **c.** 1 Cor. 11:29. **d.** Luc. 22:19. **e.** 1 Cor. 11:26; 10:3-5,11,14. **f.** 1 Cor. 11:31. **g.** Zac. 12:10. **h.** Apo. 22:17. **i.** Jn. 6:35. **j.** Jn. 1:16. **k.** Fil. 1:16. **l.** Sal. 63:4,5; 2 Cr. 30:21. **m.** Sal. 22:26. **n.** Jer. 50:5; Sal. 50:5. **o.** Hch. 2:42.

[375] **a.** Sal. 28:7; 85:8; 1 Cor. 11:17,30,31. **b.** 2 Cr. 30:21,22,23,25,26; Hch. 2:42,46,47. **c.** Sal. 36:10; Cnt. 3:4; 1 Cr. 29:18. **d.** 1 Cor. 10:3-5,12. **e.** Sal. 50:14. **f.** 1 Cor. 11:25,26; Hch. 2:42,46. **g.** Cnt. 5:1-6; Ecl. 5:1-6. **h.** Sal. 123:1,2; 42:5,8; 43:3-5. **i.** 2 Cr. 30:18,19; Isa. 1:16,18. **j.** 2 Cor. 7:11; 1 Cr. 15:12-14.

[376] **a.** Mat. 28:19; 1 Cor. 11:23. **b.** Rom. 6:3,4; 1 Cor. 10:16. **c.** Rom. 4:11; Col. 2:12; Mat. 26:27,28. **d.** Jn. 1:33; Mat. 28:19; 1 Cor. 11:23; 4:1; Heb. 5:4. **e.** Mat. 28:19,20; 1 Cor. 11:26.

sacramento solo participan los que tienen la edad necesaria y que son capaces de examinarse a sí mismos[e377].

P. 178. ¿Qué es la oración?

R. La oración es un ofrecimiento de nuestros deseos a Dios[a], en el nombre de Cristo[b], por la ayuda de su Espíritu[c]; con confesión de nuestros pecados[d] y agradecido reconocimiento de sus misericordias[e378].

P. 179. ¿Debemos orar a Dios solamente?

R. Dios es el único capaz de escudriñar los corazones[a], de escuchar súplicas[b], de perdonar pecados[c] y de cumplir los deseos de todos[d]; en Él solamente se debe creer[e], y a Él solamente se debe adorar con culto religioso[f]; y la oración, siendo una parte especial de este culto[g], debe ser hecha por todos únicamente a Él[h], y a ninguno otro[i379].

P. 180. ¿Qué es orar en el nombre de Cristo?

R. Orar en el nombre de Cristo, es, en obediencia a su mandamiento, y en confianza a sus promesas, pedir misericordia por causa de Él[a]; no por el simple hecho de mencionar su nombre[b], sino adquiriendo nuestro incentivo para orar, nuestro aliento, fuerza y esperanza de ser aceptos en oración, de Cristo y de su mediación[c380].

P. 181. ¿Por qué debemos orar en el nombre de Cristo?

R. Lo pecaminoso del hombre, y su distancia de Dios por causa de esto, siendo tan grande que no podemos tener acceso a su presencia si no por un mediador[a], y no habiendo en el cielo ni en la tierra ningún otro señalado o apto para esta gloriosa obra sino solo Cristo[b], no debemos orar en ningún otro nombre más que en el suyo[c381].

P. 182. ¿Cómo nos ayuda el Espíritu Santo a orar?

R. No sabiendo nosotros pedir lo que conviene, el Espíritu ayuda a nuestra debilidad, capacitándonos para entender para quiénes, por qué y cómo debemos pedir; y al obrar y despertar en nuestro corazón (aunque no en todas las personas, ni en todos los tiempos en la misma medida), aquellas percepciones o ideas, afectos y gracias divinas que son requisitos para el cumplimiento recto de este deber[a382].

---

377 **a.** Mat. 3:11; Tit. 3:5; Gál. 3:27. **b.** Gén. 17:7,9; Hch. 2:38,39; 1 Cor. 7:14. **c.** 1 Cor. 11:23-26. **d.** 1 Cor. 10:16. **e.** 1 Cor. 11:28,29.

378 **a.** Sal. 62:8. **b.** Jn. 16:23. **c.** Rom. 8:26. **d.** Sal. 32:5,6; Dn. 9:4. **e.** Fil. 4:6.

379 **a.** 1 R. 8:39; Hch. 1:24; Rom. 8:27. **b.** Sal. 65:2. **c.** Mq. 7:18. **d.** Sal. 145:18,19. **e.** Rom. 10:14. **f.** Mat. 4:10. **g.** 1 Cor. 1:2. **h.** Sal. 50:15. **i.** Rom. 10:14.

380 **a.** Jn. 14:13,14; 16:24; Dn. 9:17. **b.** Mat. 7:21. **c.** Heb. 4:14-16; 1 Jn. 5:13-15.

381 **a.** Jn. 14:6; Isa. 59:2; Ef. 3:12. **b.** Jn. 6:27; Heb. 7:25-27; 1 Tim. 2:5. **c.** Col. 3:17; Heb. 13:15.

382 **a.** Rom. 8:26,27; Sal. 10:17; Zac. 12:10.

P. 183. ¿Por quiénes debemos orar?

R. Debemos orar por toda la Iglesia de Cristo que está sobre la tierra[a]; por las autoridades[b] y ministros[c]; por nosotros mismos[d], por nuestros hermanos[e] y también por nuestros enemigos[f]; por toda clase de hombres que viven[g] o que vivirán[h]; mas no por los muertos[i] ni por aquellos que sabemos han cometido el pecado de muerte[j][383].

P. 184. ¿Por cuáles cosas debemos orar?

R. Debemos orar por todas las cosas que tienden a la gloria de Dios[a], al bienestar de la Iglesia[b], de nosotros mismos[c] o al bien de los demás[d]; pero no por cosa alguna que sea ilícita[e][384].

P. 185. ¿Cómo debemos orar?

R. Debemos orar con una convicción solemne de la majestad de Dios[a], y con un sentimiento profundo de nuestra indignidad[b], necesidades[c] y pecados[d]; con corazones contritos[e], agradecidos[f] y ensanchados[g]; con entendimiento[h], fe[i], sinceridad[j], fervor[k], amor[l] y perseverancia[m], esperando en Él[n], con sumisión humilde a su voluntad[o][385].

P. 186. ¿Qué regla nos ha dado Dios para dirigirnos en el deber de la oración?

R. Toda la Palabra de Dios es útil para dirigirnos en el deber de la oración[a]; pero la regla especial para dirigirnos es aquella forma de oración que Cristo, nuestro Salvador, enseñó a sus discípulos, comúnmente llamada «El Padre Nuestro»[b][386].

P. 187. ¿Cómo debe usarse El Padre Nuestro?

R. El Padre Nuestro no solamente debe usarse para dirigirnos, como un patrón, conforme al cual debamos hacer otras oraciones; sino que puede también usarse como una oración si se hace con entendimiento, fe, reverencia y otras gracias necesarias para el cumplimiento recto del deber de la oración[a][387].

P. 188. ¿De cuántas partes se compone El Padre Nuestro?

R. El Padre Nuestro está compuesta de tres partes: el prefacio, las peticiones y la conclusión.

---

[383] **a.** Ef. 6:18; Sal. 28:9. **b.** 1 Tim. 2:1,2. **c.** Col. 4:3. **d.** Gén. 32:11. **e.** Stg. 5:16. **f.** Mat. 5:44. **g.** 1 Tim. 2:1,2. **h.** Jn. 17:20; 2 S. 7:29. **i.** 2 S. 12:21-23. **j.** 1 Jn. 5:16.

[384] **a.** Mat. 6:9. **b.** Sal. 51:18; 122:6. **c.** Mat. 7:11. **d.** Sal. 125:4. **e.** 1 Jn. 5:14.

[385] **a.** Ecl. 5:1. **b.** Gén. 18:27; 32:10. **c.** Luc. 15:17-19. **d.** Luc. 18:13,14. **e.** Sal. 51:17. **f.** Fil. 4:6. **g.** 1 S. 1:15; 2:1. **h.** 1 Cor. 14:15. **i.** Mc. 11:24; Stg. 1:6. **j.** Sal. 145:18; 17:1. **k.** Stg. 5:16. **l.** 1 Tim. 2:8. **m.** Ef. 6:18. **n.** Mq. 7:7. **o.** Mat. 26:39.

[386] **a.** 1 Jn. 5:14. **b.** Mat. 6:9-13; Luc. 11:2-4.

[387] **a.** Mat. 6:9 compare con Luc. 11:2.

P. 189. ¿Qué nos enseña el prefacio del Padre Nuestro?

R. El prefacio del Padre Nuestro, contenido en las palabras: «Padre nuestro que estás en los cielos»[a], nos enseña que cuando oremos, nos acerquemos a Dios con confianza de su bondad paternal y de nuestra participación en esta[b]; con reverencia y con todas las demás disposiciones filiales[c], afectos celestiales[d] y convicciones apropiadas de su soberano poder, majestad y misericordiosa condescendencia[e]; como también a orar con otros y por otros[f388].

P. 190. ¿Qué pedimos en la primera petición?

R. En la primera petición, que dice: «Santificado sea tu nombre»[a], reconociendo la profunda incapacidad e indisposición que hay en nosotros y en todos los hombres para honrar rectamentea Dios [b], pedimos que Dios por su gracia nos capacite y nos incline a nosotros y a los demás para conocerlo, reconocerlo y estimarlo altamente[c], sus títulos[d], atributos[e], ordenanzas, palabra[f], obras y todas aquellas cosas por las cuales a Él le place darse a conocer[g]; y que podamos glorificarle en pensamiento, palabra[h] y obra[i]; que Él impida y destruya el ateísmo[j], la ignorancia[k], la idolatría[l], la impiedad[m] y todo lo que le deshonra[n]; y que por su providencia que todo lo gobierna, dirija y disponga todas las cosas para su propia gloria[o389].

P. 191. ¿Qué pedimos en la segunda petición?

R. En la segunda petición, que dice: «Venga tu reino»[a], reconociendo que nosotros y toda la humanidad estamos por naturaleza bajo el dominio del pecado y de Satanás[b], pedimos que el reino del pecado y de Satanás, sea destruido[c], el evangelio propagado por todo el mundo[d], que los judíos sean llamados[e], y se cumpla la plenitud de los gentiles[f]; que la Iglesia sea provista de todos los oficiales y ordenanzas del evangelio[g], limpiada de la corrupción[h], apoyada y sostenida por la autoridad civil[i]: para que las ordenanzas de Cristo sean administradas con pureza, y sean eficaces para la conversión de aquellos que aún están en sus pecados, y para confirmar, confortar y edificar a los ya convertidos[j]: para que Cristo gobierne en nuestro corazón aquí[k], y que apresure su segunda venida y nuestro reinado con él para siempre[l]: y que le plazca ejercer el reinado de su poder en todo el mundo, según conduzca mejor a estos fines[m390].

---

388 **a.** Mat. 6:9. **b.** Luc. 11:13; Rom. 8:15. **c.** Isa. 64:9. **d.** Sal. 123:1; Lam. 3:41. **e.** Isa. 63:15,16; Neh. 1:4-6. **f.** Hch. 12:5.

389 **a.** Ex. 6:9. **b.** 2 Cor. 3:5; Sal. 51:15. **c.** Sal. 67:2,3. **d.** Sal. 83:18. **e.** Sal. 86:10-13,15. **f.** 2 Tes. 3:1; Sal. 147:19,20; 138:1-3; 2 Cor. 2:14,15. **g.** Sal. 145; 8 **h.** Sal. 103:1; 19:14. **i.** Fil. 1:9,11. **j.** Sal. 67:1-4. **k.** Ef. 1:17,18. **l.** Sal. 97:7. **m.** Sal. 74:18,22,23. **n.** 2 R. 19:15,16. **o.** 2 Cr. 20:6,10-12; Sal. 83; 140:4,8.

390 **a.** Mat. 6:10. **b.** Ef. 2:2,3. **c.** Sal. 67:1,18; Apo. 12:10,11. **d.** 2 Tes. 3:1. **e.** Rom. 10:1. **f.** Jn. 17:9,20; Rom. 11:25,26; Sal. 67. **g.** Mat. 9:38; 2 Tes. 3:1. **h.** Ml. 1:11; Sof. 3:9. **i.** 1 Tim. 2:1,2. **j.** Hch. 4:29,30; Ef. 6:18-20; Rom. 15:29,30,32; 1 Tes. 1:11; 2 Tes. 2:16,17. **k.** Ef. 3:14-20. **l.** Apo. 22:20. **m.** Isa. 64:1,2; Apo. 4:8-11.

P. 192. ¿Qué rogamos en la tercera petición?

R. En la tercera petición, que dice: «Sea hecha tu voluntad, como en el cielo, así también en la tierra»[a], reconociendo que por naturaleza nosotros y todos los hombres somos no solamente incapaces y sin voluntad para conocer y hacer lo que Dios quiere[b], sino inclinados a rebelarnos contra su palabra[c], a quejarnos y a murmurar contra su providencia[d], y totalmente inclinados a hacer la voluntad de la carne y del diablo[e], pedimos que Dios, por su Espíritu, quite de nosotros y de los demás toda ceguera[f], maldad[g], indisposición[h], y perversidad de corazón[i]; y que por su gracia nos haga capaces y dispuestos para conocer, hacer, y someternos a su voluntad en todas las cosas[j], con la misma humildad[k], alegría[l], fidelidad[m], diligencia[n], celo[o], sinceridad[p], y constancia[q], con la que lo hacen los ángeles en el cielo[r][391].

P. 193. ¿Qué pedimos en la cuarta petición?

R. En la cuarta petición, que dice: «Danos hoy nuestro pan de cada día»[a], reconociendo que en Adán, y por nuestro propio pecado hemos perdido el derecho a todas las bendiciones externas de esta vida y merecemos que Dios nos prive totalmente de ellas y tener su maldición en el uso de ellas[b]; y que ni ellas por sí mismas son capaces de sustentarnos[c], ni nosotros las merecemos[d], ni podemos procurárnoslas por nuestra industria[e]; sino que estamos inclinados a desearlas[f], tomarlas[g], y usarlas ilícitamente[h]; pedimos para nosotros, y para los demás, que tanto ellos como nosotros, descansando en la providencia de Dios día tras día en el uso de los medios lícitos, podamos, por su don libre y, en cuanto a su sabiduría paternal mejor convenga, gozar de una suficiente porción de tales cosas[i]; y que nos las conceda continuamente y que las bendiga para el uso santo y confortable de ellas[j], y el contentamiento en ellas[k]; y que seamos guardados de todas las cosas que son contrarias a nuestro sostén y comodidad temporal[l][392].

P. 194. ¿Qué rogamos en la quinta petición?

R. En la quinta petición, que dice: «Perdónanos nuestras deudas, como también nosotros perdonamos a nuestros deudores»[a], reconociendo que nosotros y todos los demás somos culpables tanto del pecado original como de pecado actual, que de esta manera nos hemos vuelto deudores ante la justicia de Dios; y que ni nosotros ni otra criatura puede dar la más mínima satisfacción por esta deuda[b]; pedimos para nosotros y para los demás que Dios, por su libre gracia, por medio de la obediencia y satisfacción de Cristo, asido y aplicado por la fe, nos absuelva tanto de la culpa como del castigo del

---

[391] **a.** Mat. 6:10. **b.** Rom. 7:18; Job. 21:14; 1 Cor. 2:14. **c.** Rom. 8:7. **d.** Ex. 17:7; Nm. 14:2. **e.** Ef. 2:2. **f.** Ef. 1:17,18. **g.** Ef. 3:16. **h.** Mat. 26:40,41. **i.** Jer. 31:18,19. **j.** Sal. 119:1,8,35,36; Hch. 21:14. **k.** Mq. 6:8. **l.** Sal. 100:2; Job. 1:21; 2 S. 15:25,26. **m.** Isa. 38:3. **n.** Sal. 119:4,5. **o.** Rom. 12:11. **p.** Sal. 119:80. **q.** Sal. 119:112. **r.** Isa. 6:2,3; Sal. 103:20,21.

[392] **a.** Mat. 6:11. **b.** Gén. 2:17; 3:17; Rom. 8:20-22; Jer. 5:25; Deu. 28:15-17. **c.** Deu. 8:3. **d.** Gén. 32:10. **e.** Deu. 8:17,18. **f.** Jer. 6:13; Mc. 7:21,22. **g.** Os. 12:7. **h.** Stg. 4:3. **i.** Gén. 43:12-14; 28:20; Ef. 4:28; 2 Tes. 3:11,12; Fil. 4:6. **j.** 1 Tim. 4:3-5. **k.** 1 Tim. 6:6-8. **l.** Prov. 30:8,9.

pecado[c], nos acepte en su Amado[d]; continúe su gracia y favor para con nosotros[e], perdone nuestras faltas diarias[f], y nos llene de paz y gozo al darnos diariamente más y más seguridad de perdón[g]; lo cual se nos infunde a pedir, y alienta a esperar, cuando tenemos el testimonio en nosotros de que hemos perdonado de corazón a los demás sus ofensas[h][393].

P. 195. ¿Qué pedimos en la sexta petición?

R. En la sexta petición, que dice: «No nos metas en tentación, más líbranos del mal»[a], reconociendo que el Dios sapientísimo, justísimo y misericordiosísimo puede, por diversos fines justos y santos, ordenar las cosas de manera tal que podamos ser asaltados, derrotados y por un tiempo llevados cautivos por las tentaciones[b]; que Satanás[c], el mundo[d] y la carne, están prestos poderosamente para desviarnos y hacernos caer[e]; y que nosotros, aun después del perdón de nuestros pecados, por razón de nuestra corrupción[f], debilidad y falta de vigilancia[g], no solo estamos expuestos a las tentaciones, e inclinados a caer en ellas[h], sino que también somos incapaces e indispuestos a resistirlas, libertarnos y sacar provecho de ellas[i]; y, por lo tanto, somos dignos de ser abandonados en poder de ellas[j]; pedimos que Dios predomine sobre el mundo y todo lo que hay en él[k], subyugue la carne[l], reprima a Satanás[m], ordene todas las cosas[n], otorgue y bendiga todos los medios de gracia[o], y que nos despierte para ser vigilantes en el uso de ellos, para que nosotros y todo su pueblo por su providencia seamos guardados de ser tentados a pecar[p]; o que, si somos tentados, por su Espíritu seamos sostenidos y capacitados poderosamente para estar firmes a la hora de la tentación[q]; o, si caemos, que nos levantemos y seamos librados de ellas[r], y que de una manera santa las apliquemos a usos prácticos[s]; que nuestra santificación y salvación sean perfeccionadas[t], Satanás sea puesto bajo nuestros pies[u], y que seamos enteramente libertados del pecado, tentación y de todo mal para siempre[v][394].

P. 196. ¿Qué nos enseña el final del Padre Nuestro?

R. El final del Padre Nuestro, que dice: «Porque tuyo es el reino y el poder y la gloria, por todos los siglos. Amén»[a], nos enseña a insistir en nuestras peticiones con argumentos[b] que han de ser tomados, no de algo digno que haya en nosotros o en otra criatura, sino de Dios[c]; y con nuestras oraciones unir alabanzas[d], atribuir a Dios solamente la soberanía eterna, la omnipotencia y la excelencia gloriosa[e]; conforme a las cuales, así como Él puede y está dispuesto a ayudarnos[f], así por la fe somos animados a suplicarle que así lo haga[g], y a esperar tranquilamente en que Él cumplirá nuestras

---

393 **a.** Mat. 6:12. **b.** Rom. 3:9-22; Mat. 18:24,25; Sal. 130:3,4. **c.** Rom. 3:24-26; Heb. 9:22. **d.** Ef. 1:6,7. **e.** 2 Ped. 1:2. **f.** Os. 14:2; Jer. 14:7. **g.** Rom. 15:13; Sal. 51:7-12. **h.** Luc. 11:4; Mat. 6:14,15; Mat. 18:35.

394 **a.** Mat. 6:13. **b.** 2 Cr. 32:31. **c.** 1 Cr. 21:1. **d.** Luc. 21:34; Mc. 4:19. **e.** Stg. 1:14. **f.** Gál. 5:17. **g.** Mat. 26:41. **h.** Mat. 26:69-72; Gál. 2:11-14; 2 Cr. 18:3 compare con 2 Cr. 19:2. **i.** Rom. 7:23,24; 1 Cr. 21:1-4; 2 Cr. 16:7-10. **j.** Sal. 81:11,12. **k.** Jn. 17:15. **l.** Sal. 51:10; 119:133. **m.** 2 Cor. 12:7,8. **n.** 1 Cor. 10:12,13. **o.** Heb. 13:20,21. p Mat. 26:41; Sal. 19:13. q Ef. 3:14-17; 1 Tes. 3:13; Jds. 24. r Sal. 51:12. s 1 Ped. 5:8-10. t 2 Cor. 13:7,9. u Rom. 16:20; Zac. 3:2; Luc. 22:31,32. v Jn. 17:15; 1 Tes. 5:23.

peticiones[h], y como un testimonio de nuestros deseos y certeza, decimos: «Amén»[i][395].

---

[395] **a.** Mat. 6:13. **b.** Rom. 15:30. **c.** Dn. 9:4,7-9,16-19. **d.** Fil. 4:6. **e.** 1 Cr. 29:10-13. **f.** Ef. 3:20,21; Luc. 11:13. **g.** 2 Cr. 20:6,11. h 2 Cr. 14:11. **i.** 1 Cor. 14:16; Apo. 22:20-21.

EL CATECISMO MENOR DE WESTMINSTER

Acordado por la Asamblea de Teólogos en Westminster, con la asistencia de los delegados de la Iglesia de Escocia, como parte de la uniformidad pactada y establecida en religión entre las iglesias de Cristo en los reinos de Escocia, Inglaterra e Irlanda.

Aprobado por la Asamblea General de la Iglesia de Escocia, en 1648, para ser un Directorio para catequizar a los que son de débil capacidad. Con pruebas de las Escrituras.

Acta aprobando el Catecismo Menor.

La Asamblea General considerando seriamente el Catecismo Menor concordado por la Asamblea de Teólogos reunida en Westminster, con la ayuda de los Delegados de esta Iglesia; encuentra, examinándolo, que el dicho Catecismo es agradable a la Palabra de Dios, y en nada contrario a la doctrina recibida, en nada contrario a la adoración pública de Dios, en nada contrario de la disciplina y en nada contrario del gobierno de esta Iglesia: Y así, pues, aprueba el dicho Catecismo Menor, como una parte de la uniformidad propuesta, para ser una guía para catequizar a los que son de débil capacidad.

Asamblea en Edimburgo, 28 julio 1648. Sesión 19.

Contenido:

1. El propósito del hombre: P.1.
2. Las Escrituras: P. 2-3.
3. Dios: P. 4-12.
4. El pecado y su naturaleza: P. 13-19.

5. El Pacto de Gracia: P. 20.
6. Cristo: P. 21-28.
7. La salvación: P. 29-38.
8. Los deberes de la ley: P. 39-85.
9. Los deberes del evangelio: P. 86-87.
10. Los medios de gracia: P. 88-107.

EL CATECISMO MENOR
DE WESTMINSTER

P. 1. ¿Cuál es el fin principal del hombre?

R. El fin principal del hombre es el de glorificar a Dios[a], y gozar de Él para siempre[b][396].

P. 2. ¿Qué regla ha dado Dios para enseñarnos cómo hemos de glorificarle y gozar de Él?

R. La Palabra de Dios, contenidada en las Escrituras del Antiguo y del Nuevo Testamento[a], es la única regla que ha dado Dios para enseñarnos cómo hemos de glorificarle y gozar de Él[b][397].

P. 3. ¿Qué es lo que principalmente enseñan las Escrituras?

R. Lo que principalmente enseñan las Escrituras es lo que el hombre ha de creer respecto a Dios y los deberes que Dios impone al hombre[a][398].

P. 4. ¿Qué es Dios?

R. Dios es un Espíritu[a], infinito[b], eterno[c] e inmutable[d] en su ser[e], sabiduría[f], poder[g], santidad[h], bondad, justicia y verdad[i][399].

P. 5. ¿Hay más de un Dios?

R. No hay sino uno solo, el Dios vivo y verdadero[a][400].

---

[396] **a.** Rom. 11:36; 1 Cor. 10:31. **b.** Sal. 73:25-28.

[397] **a.** 2 Tim. 3:16; Ef. 2:20. **b.** 1 Jn. 1:3,4.

[398] **a.** 2 Tim. 1:13; 3:16.

[399] **a.** Jn. 4:24. **b.** Job. 11:7-9. **c.** Sal. 90:2. **d.** Stg. 1:17. **e.** Ex. 3:14. **f.** Sal. 147:5. **g.** Apo. 4:8. **h.** Apo. 15:4. **i.** Ex. 34:6,7.

[400] **a.** Deu. 6:4; Jer. 10:10.

P. 6. ¿Cuántas personas hay en la Divinidad?
R. Hay tres personas en la Divinidad: el Padre, el Hijo y el Espíritu Santo; y estas tres personas son un solo Dios, mismas en sustancia, iguales en poder y gloria[a401].

P. 7. ¿Qué son los decretos de Dios?
R. Los decretos de Dios son su propósito eterno, según el consejo de su propia voluntad, según el cual ha preordenado, para su propia gloria, todo lo que sucede[a402].

P. 8. ¿Cómo ejecuta Dios sus decretos?
R. Dios ejecuta sus decretos en las obras de creación y de providencia[403].

P. 9. ¿Qué es la obra de creación?
R. La obra de creación consiste en el haber hecho Dios todas las cosas de la nada, por su poderosa palabra, en el espacio de seis días, y todas muy buenas[a404].

P. 10. ¿Cómo creó Dios al hombre?
R. Dios creó al hombre, varón y hembra, según su propia imagen, en conocimiento, justicia y santidad, con dominio sobre las criaturas[a405].

P. 11. ¿Cuáles son las obras de providencia de Dios?
R. Las obras de providencia de Dios son su más santa[a], sabia[b] y poderosa preservación[c] y gobierno de todas sus criaturas y de todas las acciones de estas[d406].

P. 12. ¿Qué acto particular de providencia ejecutó Dios respecto del hombre en el estado en el que este fue creado?
R. Cuando Dios hubo creado al hombre, hizo con él un Pacto de Vida bajo la condición de perfecta obediencia; prohibiéndole comer del árbol de la ciencia del bien y del mal bajo pena de muerte[a407].

---

[401] **a.** 1 Jn. 5:7; Mat. 28:19.

[402] **a.** Ef. 1:4,11; Rom. 9:22,23.

[403] **a.** Sal. 148:8; Isa. 40:26; Dan. 4:35; Hch. 4:24-28; Apo. 4:11.

[404] **a.** Gén. 1; Heb. 11:3.

[405] **a.** Gén. 1:26-28; Col. 3:10; Ef. 4:24.

[406] **a.** Sal. 145:17. **b.** Sal. 104:24; Isa. 28:29. **c.** Heb. 1:3. **d.** Sal. 103:19; Mat. 10:29-31.

[407] **a.** Gál. 3:12; Gén. 2:17.

P. 13. *¿Permanecieron nuestros primeros padres en el estado en que fueron creados?*

R. Nuestros primeros padres, dejados a su libre albedrío, cayeron del estado en que fueron creados, pecando contra Dios[a408].

P. 14. *¿Qué es el pecado?*

R. El pecado es la falta de conformidad a la ley de Dios o la trasgresión de ella[a409].

P. 15. *¿Cuál fue el pecado por cuya causa nuestros primeros padres cayeron del estado en que fueron creados?*

R. El pecado por cuya causa nuestros primeros padres cayeron del estado en que fueron creados fue comer del fruto prohibido[a410].

P. 16. *¿Cayó todo el género humano en la primera trasgresión?*

R. Habiéndose hecho el pacto con Adán, no solo para sí mismo, sino también para su posteridad; todo el género humano que desciende de él según la generación ordinaria, pecó en él y cayó con él en su primera trasgresión[a411].

P. 17. *¿A qué estado redujo la caída al hombre?*

R. La caída redujo al hombre a un estado de pecado y de miseria[a412].

P. 18. *¿En qué consiste lo pecaminoso del estado en que cayó el hombre?*

R. Lo pecaminoso del estado en que cayó el hombre, consiste en la culpabilidad del primer pecado de Adán, la falta de justicia original y la depravación de toda su naturaleza, lo cual es comúnmente llamado pecado original; con todas las trasgresiones actuales que de este proceden[a413].

P. 19. *¿En qué consiste la miseria del estado en que cayó el hombre?*

R. Todo el género humano perdió por su caída la comunión con Dios[a], está bajo su ira y maldición[b], y expuesto a todas las miserias de esta vida actual, a la muerte misma y a las penas del infierno para siempre[c414].

---

408 **a.** Gén. 3:6-8,13; Ecl. 7:29.

409 **a.** 1 Jn. 3:4.

410 **a.** Gén. 3:6,12.

411 **a.** Gén. 2:16,17; Rom. 5:12; 1 Cor. 15:21,22.

412 **a.** Rom. 5:12.

413 **a.** Rom. 5:12,19; 5:10-20; Ef. 2:1-3; Stg. 1:14,15; Mat. 15:19.

414 **a.** Gén. 3:8,10,24. **b.** Ef. 2:2,3; Gál. 3:10. **c.** Lam. 3:39; Rom. 6:23; Mat. 25:41,46.

P. 20. ¿Dejó Dios a todo el género humano perecer en su estado de pecado y de miseria?

R. Habiendo Dios, de su propia soberana voluntad, elegido desde toda la eternidad a algunos para vida eterna[a], entró en un Pacto de Gracia para libertarles de su estado de pecado y de miseria, e introducirles en un estado de salvación por medio de un Redentor[b][415].

P. 21. ¿Quién es el Redentor de los elegidos de Dios?

R. El único Redentor de los elegidos de Dios es el Señor Jesucristo[a], quien, siendo el Hijo eterno de Dios, se hizo hombre[b]; y así era y permanece para siempre, Dios y hombre en dos naturalezas distintas y en una sola persona[c][416].

P. 22. ¿Cómo se hizo Cristo hombre siendo el Hijo de Dios?

R. Cristo, el Hijo de Dios, se hizo hombre al tomar para sí un cuerpo verdadero[a] y un alma racional[b], siendo concebido por el poder del Espíritu Santo, en el vientre de la virgen María, de la cual nació[c], más sin pecado[d][417].

P. 23. ¿Qué oficios ejecuta Cristo como Redentor nuestro?

R. Cristo, como Redentor nuestro, ejecuta los oficios de Profeta, de Sacerdote y de Rey, tanto en su estado de humillación como en el de exaltación[a][418].

P. 24. ¿Cómo ejecuta Cristo el oficio de profeta?

R. Cristo ejecuta el oficio de profeta, revelándonos, por su Palabra y Espíritu, la voluntad de Dios para nuestra salvación[a][419].

P. 25. ¿Cómo ejecuta Cristo el oficio de sacerdote?

R. Cristo ejecuta el oficio de sacerdote habiéndose ofrecido a sí mismo una sola vez en sacrificio para satisfacer las demandas de la justicia divina[a] y reconciliarnos con Dios[b] e intercediendo continuamente por nosotros[c][420].

P. 26. ¿Cómo ejecuta Cristo el oficio de rey?

R. Cristo ejecuta el oficio de rey sujetándonos a sí mismo[a], gobernándonos[b] y defendiéndonos[c], y restringiendo y venciendo a todos sus enemigos y los nuestros[d][421].

---

[415] **a.** Ef. 1:4. **b.** Rom. 3:20-22; Gál. 3:21,22.

[416] **a.** 1 Tim. 2:5,6. **b.** Jn. 1:14; Gál. 4:4. **c.** Rom. 9:5; Luc. 1:35; Col. 2:9; Heb. 7:24,25.

[417] **a.** Heb. 2:14,16; 10:5. **b.** Mat. 26:38. **c.** Luc. 1:27,31,35,42; Gál. 4:4. **d.** Heb. 4:15; 7:26.

[418] **a.** Hch. 3:21,22; Heb. 12:25 compare con 2 Cor. 13:3; Heb. 5:5-7; 7:25; Sal. 2:6; Isa. 9:6,7; Mat. 21:5; Sal. 2:8-11.

[419] **a.** Jn. 1:18; 1 Ped. 1:10-12; Jn. 15:15; 20:31.

[420] **a.** Heb. 9:14,28. **b.** Heb. 2:17. **c.** Heb. 7:24,25.

[421] **a.** Hch. 15:14-16. **b.** Isa. 33:22. **c.** Isa. 32:1,2. **d.** 1 Cor. 15:25; Sal. 110.

P. 27. ¿En qué consistió la humillación de Cristo?

R. La humillación de Cristo consistió en haber nacido, y esto en una baja condición[a], en sujeción a la ley[b], sufriendo las miserias de esta vida[c], la ira de Dios[d] y la muerte maldita de la cruz[e]; en haber sido sepultado[f] y haber permanecido bajo el dominio de la muerte por algún tiempo[g][422].

P. 28. ¿En qué consiste la exaltación de Cristo?

R. La exaltación de Cristo consiste en su resurrección de entre los muertos al tercer día[a], en haber ascendido al cielo[b], en de estar sentado a la diestra de Dios Padre[c], y en venir, en el último día, a juzgar al mundo[d][423].

P. 29. ¿Cómo somos hechos partícipes de la redención comprada por Cristo?

R. Somos hechos partícipes de la redención comprada por Cristo, por la aplicación eficaz de esta a nosotros[a] por su Espíritu Santo[b][424].

P. 30. ¿Cómo nos aplica el Espíritu Santo la redención comprada por Cristo?

R. El Espíritu Santo nos aplica la redención comprada por Cristo obrando fe en nosotros[a], y uniéndonos así a Cristo por nuestro llamamiento eficaz[b][425].

P. 31. ¿Qué es el llamamiento eficaz?

R. El llamamiento eficaz es la obra del Espíritu de Dios[a], por la cual, convenciéndonos de nuestro pecado y de nuestra miseria[b], iluminando nuestras mentes en el conocimiento de Cristo[c] y renovando nuestras voluntades[d], nos persuade y habilita para abrazar a Cristo[e], quien gratuitamente nos es ofrecido en el evangelio[f][426].

P. 32. ¿De qué beneficios participan en esta vida los que son eficazmente llamados?

R. Los que son eficazmente llamados participan en esta vida de la justificación[a], de la adopción[b] y de la santificación, y de los varios beneficios que en esta vida acompañan a estas, o se derivan de ellas[c][427].

P. 33. ¿Qué es la justificación?

R. La justificación es un acto de la libre gracia de Dios, por el cual, Él perdona todos nuestros pecados[a] y nos acepta como justos ante sus ojos[b],

---

422 **a.** Luc. 2:7. **b.** Gál. 4:4. **c.** Heb. 12:2,3; Isa. 53:2,3. **d.** Luc. 22:44; Mat. 27:46. **e.** Fil. 2:8. **f.** 1 Cor. 15:3,4. **g.** Hch. 2:24-27,31.

423 **a.** 1 Cor. 15:4. **b.** Mc. 16:19. **c.** Ef. 1:20. **d.** Hch. 1:11; 17:31.

424 **a.** Jn. 1:11,12. **b.** Tit. 3:5,6.

425 **a.** Ef. 1:13,14; Jn. 6:37,39; Ef. 2:8. **b.** Ef. 3:17; 1 Cor. 1:9.

426 **a.** 2 Tim. 1:9; 2 Tes. 2:13,14. **b.** Hch. 2:37. **c.** Hch. 26:18; 1 Cor. 2:10, 12; 2 Cor. 4:6; Ef.1:17-18. **d.** Deu. 30:6; Eze. 36:26,27; Jn. 3:5; Tit. 3:5. Jn. 6:44,45; Hch. 16:14. f. Isa. 45:22; Mat. 11:28-30; Apo. 22:17.

427 **a.** Rom. 8:30. **b.** Ef. 1:5. **c.** 1 Cor. 1:26,30.

solamente en virtud de la justicia de Cristo imputada a nosotros[c] y recibida únicamente por la fe[d][428].

P. 34. ¿Qué es la adopción?

R. La adopción es un acto de la libre gracia de Dios[a], por el cual somos recibidos en el número y tenemos derecho a todos los privilegios de los hijos de Dios[b][429].

P. 35 ¿Qué es la santificación?

R. La santificación es aquella obra de la libre gracia de Dios[a], por la cual somos completamente restablecidos a la imagen de Dios y puestos en capacidad de morir más y más al pecado y de vivir píamente[b][430].

P. 36. ¿Cuáles son los beneficios que en esta vida acompañan a la justificación, la adopción y la santificación, o que se derivan de ellas?

R. Los beneficios que en esta vida acompañan a la justificación, la adopción y la santificación o que se derivan de ellas, son la seguridad del amor de Dios, la tranquilidad de la conciencia[a], el gozo en el Espíritu Santo[b], el crecimiento en gracia[c] y la perseverancia en ella hasta el fin[d][431].

P. 37. ¿Qué beneficios reciben de Cristo los creyentes, después de la muerte?

R. Las almas de los creyentes después de la muerte son hechas perfectas en santidad[a] y pasan inmediatamente a la gloria[b]; y sus cuerpos, estando todavía unidos a Cristo[c], reposan en sus tumbas[d] hasta la resurrección[e][432].

P. 38. ¿Qué beneficios reciben de Cristo los creyentes, después de la resurrección?

R. Los creyentes, levantándose en gloria en la resurrección[a], serán públicamente reconocidos y absueltos en el día del juicio[b], y entrarán en una perfecta bienaventuranza en el pleno gozo de Dios[c] por toda la eternidad[d][433].

P. 39. ¿Cuál es el deber que Dios exige al hombre?

R. El deber que Dios exige al hombre es la obediencia a su voluntad revelada[a][434].

---

428 **a.** Rom. 3:24,25; 4:6-8. **b.** 2 Cor. 5:19,21. **c.** Rom. 5:17-19. d Gál. 2:16; Fil. 3:9.
429 **a.** 1 Jn. 3:1. **b.** Jn. 1:12; Rom. 8:17.
430 **a.** 2 Tes. 2:13. **b.** Rom. 6:4,6; 8:1.
431 **a.** Rom. 5:1,2,5. **b.** Rom. 14:17. **c.** Prov. 4:18. **d.** 1 Jn. 5:13.
432 **a.** Heb. 12:23. **b.** 2 Cor. 5:1,6,8; Fil. 1:23; Luc. 23:43. **c.** 1 Tes. 4:14. **d.** Isa. 57:2. **e.** Job. 19:26,27.
433 **a.** 1 Cor. 15:43. **b.** Mat. 25:23; 10:32. **c.** 1 Jn. 3:2; 1 Cor. 13:12. **d.** 1 Tes. 4:17,18.
434 **a.** Mq. 6:8; 1 S. 15:22.

P. 40. ¿Cuál fue la primera regla que Dios reveló al hombre como guía de obediencia?
R. La primera regla que Dios reveló al hombre, como guía de obediencia, fue la ley moral[a435].

P. 41. ¿Dónde qué se comprehende sumariamente la ley moral?
R. La ley moral se comprehende sumariamente en los diez mandamientos[a436].

P. 42. ¿Cuál es el resumen de los diez mandamientos?
R. El resumen de los diez mandamientos es, amar al Señor nuestro Dios con todo nuestro corazón, con toda nuestra alma, con todas nuestras fuerzas y con todo nuestro entendimiento; y a nuestro prójimo como a nosotros mismos[a437].

P. 43. ¿Cuál es el prefacio de los diez mandamientos?
R. El prefacio de los diez mandamientos es: «Yo soy JEHOVÁ tu Dios, que te saqué de la tierra de Egipto, de casa de servidumbre»[a438].

P. 44. ¿Qué nos enseña el prefacio de los diez mandamientos?
R. El prefacio de los diez mandamientos nos enseña que, ya que Dios es el Señor y nuestro Dios y Redentor, estamos obligados a guardar todos sus mandamientos[a439].

P. 45. ¿Cuál es el primer mandamiento?
R. El primer mandamiento es: «No tendrás dioses ajenos delante de mí»[a440].

P. 46 ¿Qué se ordena en el primer mandamiento?
R. El primer mandamiento nos ordena que conozcamos y confesemos que Dios es el único Dios verdadero, y Dios nuestro[a]; y que le adoremos y le glorifiquemos de acuerdo con esto[b441].

P.47. ¿Qué se prohíbe en el primer mandamiento?
R. El primer mandamiento prohíbe que neguemos a Dios[a] o que no adoremos y glorifiquemos al verdadero Dios como Dios[b] y como Dios

---

435 **a.** Rom. 2:14,15; 10:5.
436 **a.** Deu. 10:4; Mat. 19:17.
437 **a.** Mat. 22:37-40.
438 **a.** Ex. 20:2.
439 **a.** Luc. 1:74,75; 1 Ped. 1:15-19.
440 **a.** Ex. 20:3.
441 **a.** 1 Cr. 28:9; Deu. 26:17. **b.** Mat. 4:10; Sal. 29:2.

nuestro[c]; y que demos aquella adoración y gloria a alguno otro, las cuales solo a Él son debidas[d442].

P. 48. ¿Qué cosa especial se nos enseña con estas palabras «delante de mí», contenidas en el primer mandamiento?

R. En estas palabras, «delante de mí», contenidas en el primer mandamiento, se nos enseña que Dios, que todo lo ve, se da cuenta y es grandemente ofendido con el pecado de tener cualquier otro dios[a443].

P. 49. ¿Cuál es el segundo mandamiento?

R. El segundo mandamiento, es: «No te harás imagen, ni ninguna semejanza de cosa que esté arriba en el cielo, ni abajo en la tierra, ni en las aguas debajo de la tierra: No te inclinarás a ellas, ni las honrarás; porque yo soy Jehová tu Dios, fuerte, celoso, que visito la maldad de los padres sobre los hijos, sobre los terceros y sobre los cuartos, a los que me aborrecen, y que hago misericordia en millares a los que me aman, y guardan mis mandamientos»[a444].

P. 50. ¿Qué se ordena en el segundo mandamiento?

R. El segundo mandamiento ordena que recibamos, observemos y guardemos, puras y completas, toda la adoración religiosa y las ordenanzas como Dios lo ha establecido en su Palabra[a445].

P. 51. ¿Qué se prohíbe en el segundo mandamiento?

R. El segundo mandamiento prohíbe que la adoración a Dios por medio de imágenes[a] o por cualquier otro medio no autorizado en su Palabra[b446].

P. 52. ¿Cuáles son las razones añadidas al segundo mandamiento?

R. Las razones añadidas al segundo mandamiento son: la soberanía de Dios sobre nosotros[a], su propiedad de nosotros[b] y el celo que Él tiene por su propia adoración[c447].

P. 53. ¿Cuál es el tercer mandamiento?

R. El tercer mandamiento es: «No tomarás el nombre de Jehová tu Dios en vano; porque no dará por inocente Jehová al que tomare su nombre en vano»[a448].

---

442 **a.** Sal. 24:1. **b.** Rom. 1:21. **c.** Sal. 81:10, 11. **d.** Rom. 1:25,26.
443 **a.** Eze. 8:5,6; Sal. 46:20,21.
444 **a.** Ex. 20:4-6.
445 **a.** Deu. 32:46; Mat. 28:20; Hch. 2:42.
446 **a.** Deu. 4:15-19; Ex. 32:5,8. **b.** Deu. 12:31,32.
447 **a.** Sal. 95:2,3,6. **b.** Sal. 45:11. **c.** Ex. 34:13,14.
448 **a.** Ex. 20:7.

P. 54. ¿Qué se exige en el tercer mandamiento?

R. El tercer mandamiento exige el uso santo y reverente de los nombres[a], títulos[b], atributos[c], ordenanzas[d], Palabra[e] y obras[f] de Dios[449].

P. 55. ¿Qué prohíbe el tercer mandamiento?

R. El tercer mandamiento prohíbe toda profanación o abuso de cualquier cosa por la cual Dios se da a conocer[a][450].

P. 56. ¿Cuál es la razón añadida al tercer mandamiento?

R. La razón añadida al tercer mandamiento es, que por más que eviten los infractores de este mandamiento el castigo humano, el Señor, nuestro Dios, no les dejará escapar de Su justo juicio[a][451].

P. 57. ¿Cuál es el cuarto mandamiento?

R. El cuarto mandamiento es: «Acuérdate del día del reposo, para santificarlo: Seis días trabajarás, y harás toda tu obra; Mas el séptimo día será reposo para Jehová tu Dios: no hagas en él obra alguna, tú, ni tu hijo, ni tu hija, ni tu siervo, ni tu criada, ni tu bestia, ni tu extranjero que está dentro de tus puertas: Porque en seis días hizo Jehová los cielos y la tierra, el mar y todas las cosas que en ellos hay, y reposó en el séptimo día: por tanto Jehová bendijo el día del reposo y lo santificó»[a][452].

P. 58. ¿Qué exige el cuarto mandamiento?

R. El cuarto mandamiento exige que consagremos a Dios los tiempos que Él ha señalado en su Palabra; expresamente un día entero de cada siete, para ser un santo sabbath a Él[a][453].

P. 59. ¿Cuál día de los siete ha señalado Dios para ser el sabbath semanal?

R. Desde la creación del mundo hasta la resurrección de Cristo, Dios señaló el séptimo día de la semana para ser el sabbath semanal[a]; más, desde entonces ha señalado el primer día de la semana; para que continúe así hasta el fin del mundo y el cual es el sabbath cristiano[b][454].

P. 60. ¿Cómo ha de santificarse el sabbath?

R. El sabbath debe ser santificado por un santo descanso durante todo ese día[a], aún de aquellos empleos o recreaciones mundanales que son lícitos en otros días[b]; y ocupando todo el tiempo en los ejercicios públicos y privados de

---

[449] **a.** Mat. 6:9; Deu. 28:58. **b.** Sal. 68:4. **c.** Apo. 15:3,4. **d.** Ml. 1:11,14. **e.** Sal. 138:1,2. **f.** Job. 36:24.

[450] **a.** Ml. 1:6,7,12; 2:2; 3:14.

[451] **a.** 1 S. 2:12,17,22,29; 1 S. 3:13; Deu. 28:58,59.

[452] **a.** Ex. 20:8-11.

[453] **a.** Deu. 5:12-14.

[454] **a.** Gén. 2:2,3; 1 Cor. 16:1,2; Hch. 20:7.

culto a Dios[c], salvo aquella parte que se emplee en hacer obras de necesidad o de misericordia[d455].

P. 61. ¿Qué se prohíbe en el cuarto mandamiento?

R. El cuarto mandamiento prohíbe la omisión o cumplimiento negligente de los deberes requeridos[a]; la profanación del día por la ociosidad[b], o por hacer lo que en sí es pecaminoso[c], o por innecesarios pensamientos, palabras u obras respecto a nuestros empleos o recreaciones mundanales[d456].

P. 62. ¿Cuáles son las razones añadidas al cuarto mandamiento?

R. Las razones añadidas al cuarto mandamiento son: el habernos concedido Dios seis días de la semana para nuestras propias ocupaciones[a]; el haberse reservado para sí mismo una propiedad especial sobre el séptimo; el haber bendecido el sabbath, y finalmente su propio ejemplo[b457].

P. 63. ¿Cuál es el quinto mandamiento?

R. El quinto mandamiento es: «Honra a tu padre y a tu madre, para que tus días se alarguen en la tierra que Jehová tu Dios te da»[a458].

P. 64. ¿Qué se exige en el quinto mandamiento?

R. El quinto mandamiento exige la preservación del honor y el cumplimiento de nuestras obligaciones para con toda persona en su respectivo puesto o relación como superior[a], inferior[b] o igual[c459].

P. 65. ¿Qué se prohíbe en el quinto mandamiento?

R. El quinto mandamiento prohíbe que descuidemos o rebajemos el honor o el servicio que corresponde a cada uno en el puesto o relación que ocupa[a460].

P. 66. ¿Cuál es la razón añadida al quinto mandamiento?

R. La razón añadida al quinto mandamiento es la promesa de larga vida y de prosperidad, (en cuanto sirva al bien humano y a la gloria de Dios), hecha a todos los que guarden este mandamiento[a461].

---

[455] **a.** Ex. 20:8,10; 26:25-28. **b.** Neh. 13:15-22. **c.** Luc. 4:16; Hch. 20:7; Sal. 92 (el titulo): Salmo. Cántico para el día de reposo Isa. 66:23. **d.** Mat. 12:1-31, especialmente versos 2 y 12.

[456] **a.** Eze. 22:26; Am. 8:5; Ml. 1:13. **b.** Hch. 20:7,9. **c.** Eze. 23:38. **d.** Jer. 17:24-26; Isa. 58:13.

[457] **a.** Ex. 20:9. **b.** Ex. 20:11.

[458] **a.** Ex. 20:12.

[459] **a.** Ef. 5:21. **b.** 1 Ped. 2:17. **c.** Rom. 12:10.

[460] **a.** Mat. 15:4-6; Eze. 34:2-4; Rom. 13:8.

[461] **a.** Deu. 5:16; Ef. 6:2,3.

P. 67. ¿Cuál es el sexto mandamiento?
R. El sexto mandamiento es: «No matarás»[a][462].

P. 68. ¿Qué se exige en el sexto mandamiento?
R. El sexto mandamiento exige que hagamos todos los esfuerzos legítimos para preservar nuestra vida[a] y la de otros[b][463].

P. 69. ¿Qué se prohíbe en el sexto mandamiento?
R. El sexto mandamiento prohíbe quitar nuestra propia vida o quitar injustamente la de nuestro prójimo, así como también todo lo que tienda a este resultado[a][464].

P. 70. ¿Cuál es el séptimo mandamiento?
R. El séptimo mandamiento es: «No cometerás adulterio»[a][465].

P. 71. ¿Qué se exige en el séptimo mandamiento?
R. El séptimo mandamiento exige que preservemos nuestra propia castidad y la de nuestro prójimo, en corazón, palabra y comportamiento[a][466].

P. 72. ¿Que se prohíbe en el séptimo mandamiento?
R. El séptimo mandamiento prohíbe todo pensamiento, palabra o acción incasta[a][467].

P. 73. ¿Cuál es el octavo mandamiento?
R. El octavo mandamiento es: «No hurtarás»[a][468].

P. 74. ¿Qué se exige en el octavo mandamiento?
R. El octavo mandamiento exige que procuremos y promovamos, por todo medio legítimo, la prosperidad y bienestar de nosotros mismos y de los demás[a][469].

P. 75. ¿Qué se prohíbe en el octavo mandamiento?
R. El octavo mandamiento prohíbe todo lo que impide o tiende a impedir injustamente la prosperidad y bienestar nuestro o de nuestro prójimo[a][470].

---

[462] **a.** Ex. 10:13.
[463] **a.** Ef. 5:28,29. **b.** 1 R. 18:4.
[464] **a.** Hch. 16:28; Gén. 9:6.
[465] **a.** Ex. 20:14.
[466] **a.** 1 Cor. 7:2,3,5,34,36; Col. 4:6; 1 Ped. 3:2.
[467] **a.** Mat. 15:19; 5:28; Ef. 5:3,4.
[468] **a.** Ex. 20:15.
[469] **a.** Gén. 30:30; 1 Tim. 5:8; Lev. 25:35; Deu. 22:1-5; Ex. 25:4,5; Gén. 47:14,20.
[470] **a.** Prov. 21:7; 23:20,21; 28:19; Ef. 4:28.

P. 76. *¿Cuál es el noveno mandamiento?*

R. El noveno mandamiento es: «No hablarás contra tu prójimo falso testimonio»[a471].

P. 77. *¿Qué se exige en el noveno mandamiento?*

R. El noveno mandamiento exige el mantenimiento y la promoción de la verdad entre hombre y hombre[a], y del buen nombre de nosotros mismos así como el de nuestro prójimo[b], especialmente al dar testimonio[c472].

P. 78. *¿Qué se prohíbe en el noveno mandamiento?*

R. El noveno mandamiento prohíbe todo lo que sea perjudicial para la verdad, o que dañe nuestro buen nombre o el de nuestro prójimo[a473].

P. 79. *¿Cuál es el décimo mandamiento?*

R. El décimo mandamiento es: «No codiciarás la casa de tu prójimo, no codiciarás la mujer de tu prójimo, ni su siervo, ni su criada, ni su buey, ni su asno, ni cosa alguna de tu prójimo»[a474].

P. 80. *¿Qué se exige en el décimo mandamiento?*

R. El décimo mandamiento exige que nos contentemos con nuestra propia condición[a] y que tengamos siempre una justa y caritativa disposición de ánimo respecto a nuestro prójimo y a todo lo que es suyo[b475].

P. 81. *¿Qué se prohíbe en el décimo mandamiento?*

R. El décimo mandamiento prohíbe todo descontento de nuestra propia condición[a]; envidia o pesar por el bien de nuestro prójimo[b]; y todo deseo o afección desordenada hacia lo que es suyo[c476].

P.82. *¿Puede algún hombre guardar perfectamente los mandamientos de Dios?*

R. Ningún mero hombre, desde la caída, es capaz, en esta vida, de guardar perfectamente los mandamientos de Dios[a], sino que diariamente los quebranta en pensamiento, en palabra y en hecho[b477].

---

[471] **a.** Ex. 20:16.

[472] **a.** Zab. 8:16. **b.** 3 Jn. 12. **c.** Prov. 14:5,25.

[473] **a.** 1 S. 17:28; Lev. 19:16; Sal. 15:3.

[474] **a.** Ex. 20:17.

[475] **a.** Heb. 13:5; 1 Tim. 6:6. **b.** Job. 31:29; Rom. 12:15; 1 Tim. 1:5; 1 Cor. 13:4-7.

[476] **a.** 1 R. 21:4; Est. 5:13; 1 Cor. 10:10. **b.** Gál. 5:26; Stg. 3:14,16. **c.** Rom. 7:7,8; 13:9; Deu. 5:21.

[477] **a.** Ecl. 7:20; 1 Jn. 1:8,10; Gál. 5:17. **b.** Gén. 6:5; 8:21; Rom. 3:9-21; Stg. 3:2-13.

P. 83. ¿Son igualmente atroces todas las trasgresiones de la ley?

R. Algunas trasgresiones en sí, y por razón de circunstancias agravantes son más atroces que otras a la vista de Dios[a478].

P. 84. ¿Qué es lo que todo pecado merece?

R. Todo pecado merece la ira y la maldición de Dios, tanto en esta vida como en la venidera[a479].

P. 85 ¿Qué nos exige Dios para que escapemos de la ira y la maldición que hemos merecido por el pecado?

R. Para que escapemos de la ira y la maldición de Dios que hemos merecido por razón del pecado, Dios exige de nosotros la fe en Jesucristo, el arrepentimiento para vida[a] y el empleo diligente de todos los medios externos, por los cuales Cristo nos comunica los beneficios de redención[b480].

P. 86. ¿Qué es la fe en Jesucristo?

R. La fe en Jesucristo es una gracia salvadora[a] por la cual recibimos y reposamos solamente en Él para salvación, tal como nos es ofrecido en el evangelio[b481].

P. 87. ¿Qué es el arrepentimiento para vida?

R. El arrepentimiento para vida es una gracia salvadora[a], por la cual el pecador teniendo un verdadero sentimiento de sus pecados[b], y reconociendo la misericordia de Dios en Cristo[c], con dolor y odio por sus pecados se convierten de ellos a Dios[d], con plena determinación de alcanzar una nueva obediencia[e482].

P. 88. ¿Cuáles son los medios externos por los cuales Cristo nos comunica los beneficios de la redención?

R. Los medios externos y ordinarios por los cuales Cristo nos comunica los beneficios de la redención, son sus ordenanzas, especialmente la Palabra, los sacramentos y la oración; todos los cuales son hechos eficaces para la salvación de los elegidos[a483].

P. 89. ¿Cómo viene la palabra a ser eficaz para la salvación?

R. El Espíritu de Dios hace que la lectura, y aún más especialmente, la predicación de la Palabra, sean medios eficaces para convencer y convertir a

---

[478] **a.** Eze. 8:6,13,15; 1 Jn. 5:16; Sal. 68:17,32,56.

[479] **a.** Ef. 5:6; Gál. 3:10; Lam. 3:39; Mat. 25:41.

[480] **a.** Hch. 20:21. **b.** Prov. 2:1-5; 8:33-36; Isa. 55:3.

[481] **a.** Heb. 10:39. **b.** Jn. 1:13; Isa. 26:3,4; Fil. 3:9; Gál. 2:6.

[482] **a.** Hch. 11:18. **b.** Hch. 2:37,38. **c.** Jl. 2:12; Jer. 3:22. **d.** Jer. 31:18,19; Eze. 36:31. **e.** 2 Cor. 7:11; Isa. 1:16,17.

[483] **a.** Mat. 28:19,20; Hch. 2:42,46,47.

los pecadores, y para edificarles en santidad y consuelo por la fe, para salvación[a][484].

P. 90. ¿Cómo ha de ser leída y escuchada la Palabra para que se haga eficaz para la salvación?

R. A fin de que la Palabra se haga eficaz para nuestra salvación, hemos de prestarle atención con diligencia[a], preparación[b] y oración[c]; recibirla con fe y amor[d], atesorarla en el corazón[e] y practicarla en la vida[f][485].

P. 91. ¿Cómo se hacen los sacramentos medios eficaces de salvación?

R. Los sacramentos vienen a ser medios eficaces de salvación, no porque haya alguna virtud en ellos, o en aquel que los administra; sino solamente por la bendición de Cristo[a], y la operación de su Espíritu en aquellos que los reciben con fe[b][486].

P. 92. ¿Qué es un sacramento?

R. Un sacramento es una ordenanza sagrada instituida por Cristo; la cual, por medio de signos sensibles, Cristo y los beneficios del Nuevo Pacto, nos son representados, sellados y aplicados a los creyentes[a][487].

P. 93. ¿Cuáles son los sacramentos del Nuevo Testamento?

R. Los sacramentos del Nuevo Testamento son: El Bautismo[a] y la Cena del Señor[b][488].

P. 94. ¿Qué es el Bautismo?

R. El Bautismo es un sacramento, en el cual, el lavamiento con agua, en nombre del Padre, del Hijo y del Espíritu Santo[a], significa y sella nuestra unión con Cristo, nuestra participación en los beneficios del Pacto de Gracia y nuestro compromiso de ser del Señor[b][489].

P. 95. ¿A quiénes ha de administrarse el Bautismo?

R. El Bautismo no debe administrarse a ninguno de los que estan fuera de la iglesia visible, hasta que profesen su fe en Cristo y obediencia a Él[a]; más los bebés de aquellos que son miembros de la iglesia visible, han de ser bautizados[b][490].

---

484 **a.** Neh. 8:8; 1 Cor. 14:24,25; Hch. 26:18; Sal. 19:8; Hch. 20:32; Rom. 15:4; 2 Tim. 3:15-17; Rom. 10:13-17.

485 **a.** Prov. 8:34. **b.** 1 Ped. 2:1,2. **c.** Sal. 119:18. **d.** Heb. 4:2; 2 Tes. 2:10. **e.** Sal. 119:11. **f.** Luc. 8:15; Stg. 1:25.

486 **a.** 1 Ped. 3:21; Mat. 3:11; 1 Cor. 3:6,7. **b.** 1 Cor. 12:13.

487 **a.** Gén. 17:7,10; Ex. 12; 1 Cor. 11:23,26.

488 **a.** Mat. 28:19. **b.** Mat. 26:26-28.

489 **a.** Mat. 28:19. **b.** Rom. 6:4; Gál. 3:27.

490 **a.** Hch. 8:36,37; 2:38. **b.** Hch. 2:38,39; Gén. 17:10 compare con Col. 2:11,12; 1 Cor. 7:14.

P. 96. ¿Qué es la Cena del Señor?

R. La Cena del Señor es un Sacramento por el cual, dando y recibiendo pan y vino conforme a lo ordenado por Cristo, se anuncia su muerte; y aquellos que dignamente lo reciben son hechos, no de una manera corporal y carnal, sino por la fe, partícipes de su cuerpo y de su sangre, con todos sus beneficios, para su nutrimento espiritual y su crecimiento en la gracia[a491].

P. 97. ¿Qué se requiere para recibir dignamente la Cena del Señor?

R. Para que los participantes reciban dignamente la Cena del Señor, es necesario que hagan un examen del conocimiento que tienen para discernir el cuerpo del Señor[a]; de su fe para alimentarse en Él[b]; de su arrepentimiento[c], amor[d] y nueva obediencia[e], para que no sea que, recibiendo indignamente el sacramento, coman y beban su propia condenación[f492].

P. 98. ¿Qué es la oración?

R. La oración es un acto por el cual manifestamos a Dios[a], en nombre de Cristo[b], nuestros deseos de obtener aquello que sea conforme a su voluntad[c], confesando al mismo tiempo nuestros pecados[d] y reconociendo con gratitud sus beneficios[e493].

P. 99. ¿Qué regla nos ha dado Dios para dirigirnos en la oración?

R. Toda la Palabra de Dios es útil para dirigirnos en la oración[a]; pero la regla especial es aquella oración que Cristo enseñó a sus discípulos y que es comúnmente llamada «El Padre Nuestro»[494].

P. 100. ¿Qué nos enseña el prefacio del Padre Nuestro?

R. El prefacio del Padre Nuestro, que dice: «Padre nuestro, que está en los cielos»[a], nos enseña a acercarnos con santa reverencia y toda confianza a Dios como hijos a su padre quien puede y quiere socorrernos[b]; y también a orar con otros y por otros[c495].

P. 101. ¿Qué rogamos en la primera petición?

R. En la primera petición, que dice: «Santificado sea tu nombre»[a], rogamos que Dios nos ayude a nosotros y a los demás hombres a glorificarle en todo aquello por lo cual se da a conocer[b], y también que Él disponga todas las cosas para su propia gloria[c496].

---

491 **a.** 1 Cor. 11:23-26; 10:16.

492 **a.** 1 Cor. 11:28,29. **b.** 2 Cor. 13:5. **c.** 1 Cor. 11:31. **d.** 1 Cor. 10:16,17. **e.** 1 Cor. 5:7,8. **f.** 1 Cor. 11:28,29.

493 **a.** Sal. 60:8. **b.** Jn. 16:23. **c.** 1 Jn. 5:14. **d.** Sal. 32:5,6; Dn. 9:4. **e.** Fil. 4:6.

494 **a.** 1 Jn. 5:14. **b.** Mat. 6:9-13 compare con Luc. 11:2-4.

495 **a.** Mat. 6:9. **b.** Rom. 8:15; Luc. 6:13. **c.** Hch. 12:5; 1 Tim. 2:1,2.

496 **a.** Mat. 6:9. **b.** Sal. 67:2. **c.** Sal. 83.

P. 102. ¿Qué rogamos en la segunda petición?

R. En la segunda petición que dice: «Venga tu reino»[a], rogamos la destrucción del reino de Satanás[b]; el progreso del reino de gracia[c]; que nosotros y los demás hombres seamos introducidos y conservados en este[d]; y que venga pronto el reino de gloria[e][497].

P. 103. ¿Qué rogamos en la tercera petición?

R. En la tercera petición, que dice: «Sea hecha tu voluntad como en el cielo así también en la tierra»[a], rogamos que Dios, por su gracia, nos dé facultad y buena disposición para conocer, obedecer y someternos en todo[b] a Su santa voluntad, así como lo hacen los ángeles en el cielo[c][498].

P. 104. ¿Qué rogamos en la cuarta petición?

R. En la cuarta petición que dice: «Danos hoy nuestro pan cotidiano»[a] rogamos a Dios, el dador de todo lo bueno, que nos dé una porción suficiente de las cosas temporales, y que con ella nos conceda el gozo de su bendición[499].

P. 105. ¿Qué rogamos en la quinta petición?

R. En la quinta petición que dice: «Perdónanos nuestras deudas, como también nosotros perdonamos a nuestros deudores»[a], rogamos que Dios, por amor a Cristo, perdone gratuitamente todos nuestros pecados[b]; y somos estimulados a pedir esto, porque por su gracia, nos hallamos en disposición de perdonar sinceramente a otros[c][500].

P. 106. ¿Qué rogamos en la sexta petición?

R. En la sexta petición, que dice: «No nos metas en tentación más líbranos del mal»[a], rogamos que Dios nos guarde de ser tentados a pecar[b], o que nos sostenga y nos libre cuando seamos tentados[c][501].

P.107. ¿Qué nos enseña el final del Padre Nuestro?

R. El final del Padre Nuestro, que dice: «Porque tuyo es el reino y el poder y la gloria por todos los siglos. Amén»[a], nos enseña a derivar nuestro ánimo, en oración, solamente de Dios[b] y también a alabarle en nuestras oraciones, atribuyéndole a Él solo el dominio y el poder y la gloria[c]. Y en testimonio de nuestro deseo y seguridad de ser oídos, decimos: «Amén»[d][502].

---

[497] **a.** Mat. 6:10. **b.** Sal. 68:1,18. **c.** Apo. 12:10,11. **d.** 2 Tes. 3:1; Rom. 10:1; Jn. 17:9,20. **e.** Apo. 22:20.

[498] **a.** Mat. 6:10. **b.** Sal. 67; Sal. 119:36; Mat. 26:39; 2 Sal. 15:25; Job. 1:21. **c.** Sal. 103:20,21.

[499] **a.** Mat. 6:11. **b.** Prov. 30:8,9; Gén. 28:20; 1 Tim. 4:4,5.

[500] **a.** Mat. 6:12. **b.** Sal. 51:1,2,7,9; Dn. 9:17-19. **c.** Luc. 11:4.

[501] **a.** Mat. 6:13. **b.** Mat. 26:41. **c.** 2 Cor. 12:7,8.

[502] **a.** Mat. 6:13. **b.** Dn. 9:4,7-9,16-19. **c.** 1 Cr. 29:10-13. **d.** 1 Cor. 14:16; Apo. 22:20,21.

TERCERA PARTE
Confesiones

INTRODUCCIÓN A LA CONFESIÓN DE LOS VALDENSES

Desde que la iglesia Romana comenzó a apartarse de la pura fe cristiana, nunca faltaron quienes, por medio de la enseñanza verdadera de las Escrituras, publicaron sin miedo, y a pesar de las consecuencias, los errores de la iglesia establecida durante aquel tiempo. Hombres piadosos y llenos del Espíritu de Dios que predicaron la verdad y condenaron las herejías de los que decían ser la iglesia de Jesucristo. Dentro de todos los grupos que desde la antigüedad alzaron voz de trompeta ante la injusticia de una fe falsa, aquí nos interesan los llamados «Valdenses». Este nombre, en sus orígenes, no solo era usado para identificar a los pertenecientes a este movimiento religioso, sino que, por otro lado, dentro del uso que le daban diversos autores Romanos, era despectivo[503]. Eran «llamados así por el nombre de su jefe, Valdo»[504], un comerciante piadoso de origen francés que, tras preguntarse sobre su futuro, si repentinamente muriese, buscó consuelo en el evangelio[505]. Comenzó a dar sus bienes a los necesitados y pobres de la ciudad, y a predicar las Escrituras tanto a amigos en hogares como públicamente en las calles[506]. «Pedro... aparece como precursor de San Francisco, con la gran diferencia de que en su época la Iglesia no estaba todavía lista para aceptar los nuevos ideales, como lo estaría una generación más tarde al aparecer el santo de asís»[507] Muchos se adhirieron a su causa y también muchos procuraban su muerte, sobre todo los monjes que al ver en una ocasión como Pedro quemaba públicamente artefactos religiosos, no desistieron en la tarea de poner fin a su vida. Y así, ese mismo día del año 1140, una turba incentivada por los monjes de San Giles lo arrojo a las llamas. Pero esto no puso fin a su ardua labor, ya

---

[503] Abelardo, en su *Introductio ad Theologia*, nombra al grupo de Valdenses con su fundador, bajo el nombre de *Presbítero Hereje*.

[504] *"Valdesios...a primase ipsorum Valde dictos, qui fueras civis Luduni super Rodamum"*. Gualterio. *Map.*, *De nugis curialium;* Ed. Wright, 1850.

[505] "Hallándose un día conversando con varios amigos sobre el umbral de su puerta, uno de ellos cayó muerto repentinamente, lo que turbo a Valdo en gran mamera y se decía: ¿Qué sería de mi alma si en lugar de mi amigo me hubiese sucedido a mí? Impresionado vio consuelo y paz en el evangelio". Ernesto Comba, *Compendio de la Historia de los Valdenses*, p.15.

[506] Otros dicen que la causa de la conversión de Pedro fue tras oír a un juglar (cantante itinerante de clásicos a cambio dinero) entonar la vida de san Alejo, un mendigo cristiano del siglo III, hijo de un rico senador romano que, a sus 17 años, tras huir de su hogar, casamiento, y haber hecho boto de pobreza, se dedicó a la ayuda de los pobres, dar limosna y hacer penitencia.

[507] Justo Gonzales, *Historia de Cristianismo*, (Tomo I) p. 89.

que la semilla, al caer, trae fruto. Muchos más siguieron su ejemplo, tanto de predicación —lo que les ganó dentro de Lyon el nombre del «Pueblo de la Biblia» y «Pobres de Cristo»—, como de austeridad —lo cual les ganó, fuera la ciudad, el apodo de los «Pobre de Lyon»—. Eran llamados *Pauperes spiritu*, por ser pobres de espíritu. Fueron descritos por el autor Medieval Gualterio Map, como personas que «Andan en parejas, descalzos, vestidos con prendas de lana, desposeídos de todo, manteniendo todas las cosas en común como los Apóstoles...»[508] El propósito de Valdo y del movimiento que de él se desprendió (y el de los posteriores reformadores), no era crear una nueva iglesia separada de Roma, sino muy por el contrario, hacer que la iglesia establecida, por la predicación fiel y la piedad de vida, se acercara a la iglesia de Dios registrada en los escritos del Nuevo Testamento. Así, ellos, ante tantas falacias levantadas por sus opositores en su contra, para demostrar su continuidad con la fe católica y ortodoxa de la iglesia de Cristo, redactaron su *declaración* o *confesión de fe*, que, aunque falsamente fechada en el año 1120, fue escrita y fechada muy posteriormente[509].

Nicolás R. Elgueta Cartes

---

[508] Paul Johnson, *Historia del Cristianismo*, p.289,290
[509] Fernando I. Barceló, *Los Valdenses una secta cristiana medieval*, p.16.

LA CONFESIÓN DE LOS VALDENSES

1. Creemos y mantenemos firmemente todo lo que está contenido en los doce artículos del símbolo, comúnmente llamado «El credo de los apóstoles», y consideramos herética cualquier inconsistencia con los doce artículos citados.

2. Creemos que hay un solo Dios: Padre, Hijo, y Espíritu Santo.

3. Reconocemos como Escrituras Sagradas, y canónicas, los libros de la Santa Biblia.

4. Los libros arriba mencionados nos enseñan: Que hay un Dios, todopoderoso, ilimitado en sabiduría, infinito en bondad; y quien, en Su bondad, ha hecho todas las cosas. Porque Él creó a Adán a Su misma imagen y semejanza. Pero, por medio de la enemistad del diablo, y su propia desobediencia, Adán cayó, el pecado entró en el mundo, y nos volvimos transgresores en y por Adán.

5. Que Cristo había sido prometido a los padres que recibieron la ley, a fin de que, conociendo su pecado por la ley, y su injusticia e insuficiencia, puedan desear la venida de Cristo para realizar satisfacción por sus pecados, y cumplir la ley por Él mismo.

6. Que, en el tiempo señalado por el Padre, Cristo nació, en un tiempo cuando la iniquidad abundaba, para manifestar que no era debido a bondad alguna de parte nuestra, porque todos éramos pecadores, sino para que Él, quien es verdadero, pudiera mostrar Su gracia y misericordia hacia nosotros.

7. Que Cristo es nuestra vida, y verdad, y paz, y justicia; nuestro pastor y abogado, nuestro sacrificio y sacerdote; quien murió por la salvación de todo aquel que cree, y que resucitó para la justificación de ellos.

8. Y también creemos firmemente, que no hay otro mediador, o abogado para con Dios el Padre, sino Jesucristo. Y con respecto a la virgen María, ella era santa, humilde, y llena de gracia; y esto también creemos concerniente a todos los otros santos, que están esperando en el cielo la resurrección de sus cuerpos en el día del juicio.

9. Creemos también que, después de esta vida, existen solo dos lugares: uno para los que son salvos, el otro para los condenados, los cuales llamamos paraíso e infierno, negando por completo el purgatorio imaginario del anticristo, inventado en oposición a la verdad.

10. Además, siempre hemos considerado todas las invenciones —en materia de religión— como una abominación indecible delante de Dios; tales como los días de festivales y vigilias de santos, y la llamada «agua bendita», el abstenerse de carne en ciertos días y cosas parecidas, pero sobre todo, las misas.

11. Nos mantenemos en contra de todas las invenciones humanas, como procedentes del anticristo, las cuales producen angustia y son perjudiciales para la libertad de la mente.

12. Consideramos los sacramentos como signos de las cosas santas, o como emblemas de las bendiciones invisibles. Creemos que es propio y aun necesario que los creyentes utilicen estos símbolos o formas visibles cuando esto pueda ser realizado; en el entendido de que, mantenemos que los creyentes pueden ser salvos sin estos signos, cuando no disponen del lugar o la oportunidad de observarlos.

13. No aprobamos otros sacramentos, como instrucción divina, a parte del Bautismo y la Cena del Señor.

14. Honramos a los poderes seculares, con sujeción, obediencia, prontitud y pago.

INTRODUCCIÓN A LA FAMILIA CONFESIONAL SUIZA

Bajo este grupo confesional, se comprenden las *Sesenta y siete conclusiones*, *la confesión Tetrapolitana, Primera confesión de Basilea, Primera y Segunda Helvética y el Consenso Tigurino.*

Las Sesenta y siete tesis (1523) fueron el documento al cual algunos llaman la «primera confesión reformada» que preparó el camino para que la reforma llegara finalmente a Suiza[510]. Estas tesis o conclusiones fueron escritas y presentadas por Ulrico Zwinglio (1484-1531) ante la Primera disputa de Zúrich en enero de 1523. Los principios de la reforma hallaban lentamente su territorio en suiza, pero no lo hicieron definitivamente hasta que el consejo de la ciudad, tras los regaños y críticas de obispo de Constanza, determinara un «debate» donde se trataran los temas discutidos a causa de las enseñanzas y predicaciones de Zwinglio[511]. La conclusión de esta «disputa», luego de la lectura y discusión de las *Sesenta y siete tesis*, fue favorable para el reformador suizo y sus compañeros. La iglesia suiza comenzaría gradualmente a reformarse. Estas *tesis* en el debate de Zúrich fueron un manifiesto de los principios del movimiento protestante. Aunque, ciertamente, no tuvieron una gran autoridad, ni siquiera en el mismo Zúrich, si gozan de reconocimiento a causa de su impacto en lo que al avance de la reforma suiza de refiere[512].

La Confesión Tetrapolitana (1530) es la primera confesión formal de tradición reformada y la que dio pie a las posteriores. Las primeras divisiones que aparecieron dentro del movimiento protestante fueron a causa de los debates que se daban entre luteranos y reformados sobre la doctrina sacramental de la Cena del Señor, específicamente entre las discusiones de Lutero y Zwinglio[513]. En enero de 1530 el emperador Carlos I pronunció un llamado para que se convocara una Dieta en Augsburgo el 8 de abril, esto con el fin de discutir cuestiones doctrinales para lograr una reconciliación entre ambos sectores divididos. Por esa razón, ante el desarrollo de la Dieta de Augsburgo, Martin Bucer (1491-1551) con la ayuda de Wolfgang Capito (1524-1531) y Caspar Hedio (1494-1552)[514] en 1530 se ocuparon rápidamente de redactar una declaración confesional de 23 capítulos que representara, por el

---

[510] G. R. Elton, *La Europa de la Reforma 1517-1559* (© Siglo XXI de España Editores, S. A., 1974, 2016) III, p.75.

[511] Pamela Johnston y Boh Scrihner, *La Reforma en Alemania y Suiza*, 3, p.55.

[512] *Creeds of Christendom*, Volume III, II.

[513] Ver Robert Benedetto (ed.), *The New Westminster Dictionary of Church History: The early, medieval, and reformation ear*, (Westminster John Knox Press, Louisville, London 2008) Volume I, p. 634

[514] Philip Schaaf, *Creeds of Christendom*, Volume I, § 68.

bien de la unidad, a las cuatro ciudades[515] de Constanza, Memmingen, Lindau y Estrasburgo, para ser luego presentada ante la Dieta en el mes de julio. La confesión, luego de la Dieta, fue retenida por un tiempo hasta que en 1531 fue publicada. Aunque ciertamente fue una declaración que no iba a perdurar en el tiempo, ya que pasados unos años las cuatro ciudades se suscribieron a los *Artículos de Esmalcalda* de 1537, su autor principal la mantuvo hasta su muerte en 1551.

La Primera confesión de Basilea (1534) tiene sus antepasados en las *Tesis de Zwinglio* y las *Tesis de Berna* de 1528. Si bien es cierto, la primera obra de reforma en Basilea, en Suiza, no fue principalmente obra del alemán Johannes Ecolampadio (1482-1531)[516], sí recibe el mérito de hacer que la reforma se estableciera más oficialmente y por esa razón suele atribuírsele a él. Ecolampadio fue colaborador de Zwinglio en la obra reformista; sus estudios bíblicos, hermenéuticos y patrísticos fueron de importante contribución para teólogos posteriores. Con el intento de consolidar la reforma en el territorio y unificar a los anabaptistas, produjo la *Confessio Fidei Basileensis* anterior, que fue, luego de su muerte, presentada por Oswald Myconius (1488-1552). Esta *confesión* no tuvo una amplia aceptación, ya que solo se limitó a Basilea y luego de pocos años a Mühlhausen; no obstante, tuvo una vigencia extensa que perduro hasta 1871[517]. Esta confesión se expresa en doce artículos, y como dice Schaff, «es la única confesión reformada que no comienza con la afirmación del principio bíblico, sino que concluye con esta oración notable: "Sometemos esta nuestra confesión al juicio de las Escrituras divinas"»[518].

La Primera Confesión Helvética o *Segunda Confesión de Basilea* (1536) es el documento que representó y expuso la fe de todos los sectores reformados de Suiza[519]. Esta confesión fue redactada por un grupo de eminentes teólogos suizos como Enrique Bullinger (1504-1575) y Leo Jud (1482-1542) de Zürich, Kaspar Megander (1495-1545) de Berna, Oswald Myconius (1488-1552) y Simon Grynaeus (1493-1541) de Basilea, Martin Bucer (1491-1551) y Wolfgang Capito (1478-1571) de Estrasburgo, junto a otros[520]. Fue el fruto del intento de unión que los teólogos suizos (reformados) querían lograr con los Luteranos desde el 30 de enero hasta marzo de 1536. La confesión fue presentada al Concilio General y publicada en Latín bajo el nombre *Elveticiarum ver Helfetiam Confessio fidei summaryia et generalis, composita Basilece*. Su contenido es breve y consiste de veintisiete artículos.

La Segunda Confesión Helvética (1562) es un testimonio de fe personal. Este documento tiene por autor al sucesor de Zwinglio en Grossmünster

---

[515] De ahí que la confesión se llame *Tetra* (cuatro) *politana* (polis, ciudad).

[516] Para una exposición sobra la vida y obra de Ecolampadio ver el excelente trabajo de Diane *Poythress, Reformer of Basel The Life, Thought, and Influence of Johannes Oecolampaius* (Reformación Heritage Books Grand Rapids, Michigan 2011), pp. 1-36.

[517] Georg Plasger, *Lar Confesiones Reformadas en los siglos XVI y XVII* (Lección 6) 2, pp. 9-10.

[518] Philip Schaaf, *Creeds of Christendom*, Volume I, § 53.

[519] J. R. Beeke / Sinclair Ferguson *Reformed Confessions Harmonized* (Bajer Books, Grand Rapids, Michigan, 1999), xi.

[520] Philip Schaaf, *Creeds of Christendom*, Volume I, § 54.

(1532), Zúrich, el renombrado Enrique Bullinger (1504-1575). Este nuevo ministro suizo con su ferviente predicación, su amplio saber teológico, su piedad de vida y su labor pastoral, sería quien desarrollaría y establecería aún más los principios reformados que había plantado Zwinglio. Bullinger fue un dedicado a la escritura, esto se demuestra por sus voluminosas *Decades* (1549-1552) y la profundidad de su texto pactual *De Testamento seu foedere Dei único et aeterno* (1534). Pero aun con estos textos que hablaban de su fe mientras vivía, quería que esa fe no muriera con él, sino que fuera un testimonio de la verdad que entregó a los cristianos de Zúrich. Bajo esa intensión horas «de ocio no conoció...; pero en largas horas de meditación, además de predicar dos veces por semana, sostener copiosa correspondencia, etcétera, compuso una Confesión de Fe»[521]. Acabó su confesión, que él llamaba *Confesión y simple exposición de la fe verdadera*, en 1562, y no tenía como propósito que fuera publicada y adoptada por la iglesia suiza. Más bien quería que fuera un testimonio que, registrado en su testamento, luego de su muerte, fuera presentado al Consejo de la ciudad y declarase sobre todo lo que creía, enseñó y predicó. Sin embargo, para 1566 aquel propósito de Bullinger para con su Confesión dio un giro inesperado. El Príncipe Federico III, quien había ordenado la redacción del *Catecismo de Heidelberg*, solicitó con urgencia a Bullinger y Beza que escribieran una confesión de fe. Ya por parte de Bullinger esta estaba preparada, y junto con Beza concertaron imprimirla en Zúrich para que a comienzos de marzo de 1566 fuera publicada y entregada a los príncipes del Palatinado. Esta Confesión finalmente fue adoptada por el Palatinado y la iglesia Suiza bajo el nombre de *Segunda Confesión Helvética*, encontrando cabida aun fuera de los límites suizos como Inglaterra y Escocia. Esta Confesión es extensa, con un total de 30 capítulos divididos en diversas áreas de teología; de hecho, hoy sería muy similar, en su desarrollo de la doctrina, a una sistemática clásica. A la *Segunda Confesión Helvética* jamás le faltan pasajes bíblicos que confirmen su exposición; como dice Gutiérrez Marín, «no es reducida, sino extensa y razonada, la mención de la Historia de la Iglesia Primitiva, los Padres de la Iglesia y las disensiones doctrinales entre los primeros cristianos»[522] enriquecen su basto contenido.

El Consenso Tigurino (1549) fue un credo sacramental que procuró la unidad entre las iglesias reformadas y la luterana. El desarrollo doctrinal en la tradición protestante sobre la Cena del Señor estuvo en un extenso proceso, marcado por el debate[523]; al comienzo, todo el movimiento protestante en unanimidad rechazó la doctrina Romana acerca del sacramento (*transustanciación*), pero luego acabó, al definir la naturaleza de tal sacramento, dividiéndose a causa de lo mismo[524]. Las primeras discusiones giraron en torno al territorio alemán donde Lutero contra Zwinglio, de

---

[521] M. Gutiérrez Marín, *Zwinglio*: Antología (Producciones Editoriales del Nordeste, Barcelona, España 1973), p. 231..

[522] Emidio Campi und Ruedi Reich, *Consensus Tigurinus* (1549): *die Einigung zwischen Heinrich Bullinger und Johnnes Calvin über der Abendmahl* (2009 Theologischer Verlaf Zürich), p. 9.

[523] Op. cit., p. 235.

[524] Ver Herman Bavinck, *Dogmática Reformada, Volume 4* (© 2012, Editora Cultura Cristã), IV, p. 562.

Zürich, (1520-1524) y Karlstadt (1521-1536) debatían extensamente sobre sus interpretaciones del sacramento de la Cena del Señor. Estas incesantes controversias, aparentemente, llegaron a su fin en la Concordia de Wittenberg de 1536[525]. Sin embargo, en Zúrich, con el sucesor de Zwinglio, el debate prontamente haría presencia, ahora entre Bullinger, Lutero, Calvino y Bucer. Si la unión sacramental entre los alemanes estaba, gracias a Wittenberg, ya establecida, ahora se procuraría por parte de Bucer, influenciado por Lutero, lo mismo, pero en Suiza. Juan Calvino, aunque al comienzo estaba más cercano a Lutero, para 1537 se acabaría inclinando al bando contrario, a la interpretación zwingliana, con algunos reparos. Esta fue la ocasión precisa en que Bullinger representando a Suiza, por medio de la correspondencia de 1546, acudiría a Calvino quien representaba a Ginebra, en busca de una *fórmula de unión* entre ambos y los alemanes Lutero y Bucer. Con este fin de unión, Bullinger y Calvino redactaron, en base a un previo borrador de Bullinger, el *Consensus Tigurinus*, un «Acuerdo común sobre los sacramentos, entre los Ministros de la Iglesia de Zúrich y Juan Calvino, Ministro de la Iglesia de Ginebra». Este documento breve, pero preciso en su exposición, fue finalmente adoptado por las Iglesias de Zurich, Ginebra, St. Gall, Schaffhausen, Grisons, Neuchâtel, Basilea, Francia, Inglaterra y algunos cantones de Alemania. El Consenso está compuesto por una introducción cristológica (1-6), la doctrina general de los sacramentos (7-9), una defensa contra el materialismo sacramental (10-15), la necesidad de la fe (16-20), y una refutación sobre errores específicos (21-26)[526].

Nicolás R. Elgueta Cartes

---

[525] Matthew Barrett (Ed.) *Fundamentos Teológicos de la Reforma: un análisis sistemático* (2018 Publicaciones Kerigma, Salem, Oregon), 18 p. 482.

[526] Hemos seguido aquí la división de Timothy George en *John Calvin and the Church: A Prism of Reform* (1990 Westminster / John Knox Press) I, p. 48.

LAS SESENTA Y SIETE TESIS

Yo, Ulrico Zuinglio, confieso haber predicado, en la muy noble ciudad de Zürich, los artículos y pensamientos que luego pasaré a exponer. Se basan en la Sagrada Escritura, la «theopneustos», o sea, la inspirada por Dios. Me ofrezco a defender dichos artículos y estoy dispuesto a dejarme aleccionar en el caso de que yo no haya comprendido bien la Sagrada Escritura; pero, cualquier corrección que se me haga ha de estar basada exclusivamente en la Sagrada Escritura.

1. Yerran y ofenden a Dios todos los que dicen que nada vale el evangelio si no es confirmado por la Iglesia.

2. He aquí el evangelio resumido: Nuestro Señor, Cristo Jesús, el verdadero Hijo de Dios, nos ha dado a conocer la voluntad de su Padre celestial y con su muerte inocente nos ha redimido y reconciliado con Dios.

3. Por eso es Cristo el único camino de salvación para todos los hombres que fueron, son y serán.

4. Cualquiera que busque o indique otra puerta yerra e incluso es un asesino de las almas y un ladrón.

5. Por consiguiente, todos cuantos enseñan falsas doctrinas diciendo que son iguales al evangelio o que valen más que este, ignoran lo que es el evangelio.

6. Porque Cristo Jesús es el jefe y capitán prometido por Dios a los hombres, y por Dios enviado,

7. para que Él fuese la salvación eterna y la cabeza de todos los creyentes. Estos son su cuerpo que, sin Él, serían un cuerpo muerto, incapaz de emprender nada.

De aquí se colige:

8. Primero: Todos los que viven en Cristo como cabeza son miembros suyos e hijos de Dios, o sea, la Iglesia o comunión de los santos, la esposa de Cristo, la «Ecclesia Catholica», es decir, universal.

9. Segundo: Así como los miembros corporales nada pueden si no son regidos por la cabeza, tampoco nadie puede nada si está en el cuerpo de Cristo sin su cabeza, que es Cristo.

10. Si los hombres actúan neciamente cuando sus miembros obran sin contar con la cabeza y, en consecuencia, se hieren entre sí, y salen perjudicados; así también obran neciamente los miembros de Cristo si intentan emprender algo sin su cabeza: Cristo. Lo que hacen es herirse a sí mismos y sobrecargarse con leyes imprudentes.

11. De aquí procede el que veamos cómo, los preceptos promulgados por gente que llamamos «clérigos», en cuanto a su boato, sus riquezas, su rango, sus títulos y leyes, son la causa de toda necedad; porque no concuerdan con la cabeza.

12. Por eso obran neciamente, aunque no a causa de la cabeza —pues ya se realizan esfuerzos, mediante la gracia divina, para restablecer el valor de la cabeza—, sino porque ya no estamos dispuestos a soportar que obren neciamente, sino que deseamos escuchar solamente lo que la cabeza dice.

13. Oyéndola, se aprende a conocer la voluntad de Dios en forma clara y precisa, y, gracias al Espíritu de Dios, el hombre es atraído hacia Dios y transformado en Él.

14. Por esta razón todos los cristianos deberían poner su máxima atención en que, en todo el mundo, sea predicado únicamente el evangelio.

15. Porque nuestra salvación consiste en creer en el evangelio y, por el contrario, nuestra condenación, en la incredulidad. Y es que el evangelio contiene claramente toda la verdad.

16. En el evangelio se aprende que las doctrinas y los preceptos humanos no ayudan en absoluto para la salvación.

EN CUANTO AL PAPA

17. Que Cristo es el eterno y único sumo sacerdote. De esto se sigue que quienes se han proclamado «sumos sacerdotes», no solamente se oponen a la gloria y el poder de Cristo, sino que incluso le desechan.

EN CUANTO A LA MISA

18. Que Cristo, habiéndose una vez sacrificado a sí mismo, es un eterno sacrificio y el pago por los pecados de todos los creyentes. De esto se sigue que la misa no es ningún sacrificio, sino un memorial del sacrificio y, a la vez, la confirmación de la redención que Cristo ha realizado en favor nuestro.

EN CUANTO A LA INTERCESIÓN DE LOS SANTOS

19. Que Cristo es el único Mediador entre Dios y nosotros.

20. Que Dios quiere concedernos todas las cosas en el nombre de Cristo. De esto se sigue que tampoco necesitaremos de otro mediador en el más allá.

21. Que cuando en este mundo oramos los unos por los otros, lo hacemos confiando en que solamente por Cristo nos serán concedidas todas las cosas.

EN CUANTO A LAS BUENAS OBRAS

22. Que Cristo es nuestra justicia. De esto se sigue que nuestras obras, en la medida en que son de Cristo son buenas, pero en la medida en que son de nosotros no son buenas.

EN CUANTO A LA PROPIEDAD DEL CLERO

23. Que Cristo rechazó las riquezas y las glorias de este mundo. De esto se sigue que aquellos que en nombre de Cristo atesoran riquezas, le perjudican sobremanera, pues le invocan como pretexto de su avaricia y desenfreno.

EN CUANTO A LOS ALIMENTOS PROHIBIDOS

24. Que ningún cristiano está obligado a hacer las obras que Dios no ha mandado, por lo que se puede tomar cualquier alimento en cualquier

tiempo. Y de esto se sigue que las cartas de queso y de mantequilla[527] son un engaño papista.

EN CUANTO A DÍAS SANTOS Y PEREGRINAJES

25. Que el cristiano no depende de fechas o lugares determinados, sino al contrario. De esto se sigue que, quienes señalan fechas y lugares, privan al cristiano de su libertad.

EN CUANTO A VESTIDOS, ROPAS Y SIGNOS

26. Que no hay nada más desagradable para Dios que la hipocresía. Por lo tanto, todo cuanto el hombre haga para aparentar ser mejor que los demás es pura hipocresía y merece ser puesto en entredicho. En esto van incluidos los hábitos o ropajes, los signos (cruces, etcétera) cosidos a la vestimenta, la tonsura, etc.

EN CUANTO A ÓRDENES Y SECTAS

27. Que todos los cristianos son hermanos de Cristo y hermanos entre sí y ninguno debe considerarse superior a otros delante de Dios. Esto quiere decir que las órdenes religiosas, las sectas y los movimientos revolucionarios cristianos no tienen razón de ser.

EN CUANTO AL MATRIMONIO DEL CLERO

28. Que todo lo que Dios ha permitido y no ha prohibido es bueno. Por consiguiente, el matrimonio es cosa lícita para todos los hombres.

29. Que todos los que son llamados clérigos pecan si, después de darse cuenta de que Dios les ha negado la abstinencia, no se protegen por medio del matrimonio.

EN CUANTO A LOS VOTOS DE CASTIDAD

30. Que quienes hacen voto de castidad realizan una promesa ingenua o neciamente. Y por eso, quienes tales votos hacen, obran alevosamente para con los hombres piadosos.

EN CUANTO A LA EXCOMUNIÓN

31. La excomunión no puede ser dictada por una sola persona, sino por la Iglesia, es decir, por la comunión de aquellos con quienes convive el posible excomulgado juntamente con su centinela, o sea, el pastor.

---

[527] Las «cartas de mantequilla» emitidas por el Papa permiten el consumo de «Lacticinia» (es decir, leche, mantequilla, queso, huevos) durante la Cuaresma en áreas en las que es difícil obtener aceite para cocinar.

32. Solamente puede ser castigado con la excomunión quien cause escándalo pública y notoriamente.

EN CUANTO A BIENES ILÍCITOS

33. Si alguien ha acumulado bienes de fortuna por medios injustos, dichos bienes no deben servir para beneficio de los templos, los conventos, los frailes o las monjas, sino que deben ser destinados a personas indigentes, o sea, necesitadas.

EN CUANTO AL MAGISTRADO

34. El, así llamado, «poder espiritual» que ostentan las autoridades eclesiásticas no tiene ningún fundamento en la doctrina de Cristo;

35. por el contrario, las autoridades civiles y seculares son quienes tienen poder y fundamento en la doctrina y los hechos de Cristo.

36. El poder judicial que pretende ejercer la, así llamada, «autoridad eclesiástica» le pertenece, en realidad, a las autoridades seculares, siempre que estas sean cristianas.

37. Todos los cristianos sin excepción deben obediencia a la autoridad secular,

38. mientras ella no ordene cosas que vayan contra Dios.

39. Por eso, las leyes de la autoridad secular, en su totalidad, han de estar en conformidad con la voluntad de Dios, de modo que protejan al oprimido, aun cuando este no levante la voz.

40. Solamente la autoridad civil tiene el derecho de condenar a muerte sin provocar la ira de Dios. Pero puede sentenciar a muerte únicamente a aquellos que pública y notoriamente ofendan contra lo que Dios ha ordenado.

41. Si, en forma justa, las autoridades civiles brindan consejo y ayuda a aquellos por quienes deben rendir cuentas ante Dios, estos a su vez están obligados a proporcionar para el sustento corporal de ellas.

42. Más si, por el contrario, las autoridades civiles son infieles y actúan más allá del gobierno de Cristo, es la voluntad de Dios que sean destituidas.

43. Resumiendo: El mejor y más firme gobierno legislativo es el que rige conforme a la voluntad de Dios, mientras que el peor y más débil gobierno es el que actúa únicamente conforme a su propio arbitrio.

EN CUANTO A LA ORACIÓN

44. Los verdaderos adoradores invocan a Dios en espíritu y en verdad sin jactarse delante de los hombres.

45. Los hipócritas realizan sus obras para que los hombres las vean; pero ya han recibido su recompensa.

46. Así pues, los cánticos en el templo y el predicar mucho, pero sin devoción y solamente para ganar dinero, son cosas hechas buscando la alabanza de los hombres o por mero afán de lucro.

EN CUANTO A LOS ESCÁNDALOS

47. Todo hombre debe preferir dejarse matar antes que escandalizar al cristiano o hacerle caer en desgracia.

48. Si alguien por debilidad o ignorancia se siente escandalizado, no se le debe dejar en su debilidad o ignorancia, sino que es preciso fortalecerle, a fin de que no considere pecado lo que no es pecado.

49. El mayor escándalo que conozco es que se prohíba casarse a los clérigos y, en cambio, se les permita, si abonan dinero, tener trato con rameras.

EN CUANTO A LA REMISIÓN DE PECADOS

50. Sola y exclusivamente Dios mismo perdona los pecados por Cristo Jesús, nuestro Señor.

51. Quien permita a la criatura humana perdonar pecados despoja a Dios de su gloria para dársela a lo que no es Dios. Esto es en el fondo idolatría pura.

52. De aquí que la confesión de los pecados hecha ante un sacerdote o simplemente ante el prójimo no deba considerarse como perdón de los pecados, sino como solicitar prudente y buen consejo.

53. Menos la excomunión, los actos de penitencia impuestos son consecuencia del juicio u opinión puramente humanos. Dichos actos tampoco borran los pecados, sino que solamente han de ser impuestos para que los demás se atemoricen.

54. Cristo ha soportado todos nuestros dolores y padecimientos. Quien atribuya a los actos de penitencia lo que solo es de Cristo yerra y ofende a Dios.

55. Quien diga que al hombre arrepentido no le es perdonado este o aquel pecado; quien tal cosa diga, no obra en lugar de Dios ni de Pedro, sino de Satanás.

56. Quien solamente por dinero perdone ciertos pecados hace causa común con Simón y Balaam y es un verdadero apóstol del diablo.

EN CUANTO AL PURGATORIO

57. La verdadera Sagrada Escritura nada sabe de un Purgatorio después de la muerte.

58. El juzgar sobre los muertos le corresponde exclusivamente a Dios.

59. Cuanto menos Dios nos ha dado a conocer estas cosas tanto más hemos de guardarnos de intentar saber algo acerca de ellas.

60. No considero que sea malo el que una persona atribulada ruegue por los muertos la gracia de Dios. Pero determinar que se ruegue en determinada fecha y con afán de lucro no es humano, sino diabólico.

EN CUANTO AL SACERCODIO

61. La Sagrada Escritura nada sabe de ese carácter especial que finalmente se han apropiado los sacerdotes.

62. La Sagrada Escritura tampoco reconoce otros sacerdotes fuera de aquellos que predican el evangelio.

63. Acerca de estos últimos ordena que se les honre, o sea, que se les proporcione lo necesario para su sustento.

EN CUANTO AL CESE DE LOS ABUSOS

64. A todos cuantos reconozcan sus errores no hay que castigarles, sino dejarlos que vivan y mueran en paz, y en cuanto a los ingresos que como sacerdotes venían disfrutando, mírese esta cuestión con cristiana caridad.

65. Por lo que atañe a aquellos que no reconozcan sus errores, ya Dios los juzgará conforme a su justicia divina. En consecuencia, no deben aplicárseles castigos corporales, a no ser que se comporten tan desconsideradamente que no haya modo de tratarlos de otra forma.

66. Ahora ya han de humillarse todos los jerarcas eclesiásticos y levantar la cruz de Cristo en lugar de alzar el arca del dinero. Si no lo hacen así, se hundirán; porque el hacha ya está puesta junto a las raíces del árbol.

67. Si alguno desea discutir conmigo acerca de los intereses sobre el préstamo, el diezmo, los niños sin bautizar o la Confirmación, me ofrezco gustoso a dar respuesta. Pero que nadie intente discutir

conmigo esgrimiendo argumentos sofísticos o aduciendo charlatanerías humanas, sino que de antemano reconozca la Sagrada Escritura por único juez, a fin de que se encuentre la verdad o se mantenga en pie, si, como espero, ya ha sido hallada. Amén.

¡Que Dios sea con nosotros!

LAS SESENTA Y SIETE TESIS

conmigo esgrimiendo argumentos sofísticos o aduciendo charlatanerías humanas, sino que de antemano reconozca la Sagrada Escritura por único juez, a fin de que se encuentre la verdad o se mantenga en pie, si, como espero, ya ha sido hallada. Amén.

¡Que Dios sea con nosotros!

LA CONFESIÓN
TETRAPOLITANA

Confesión de las cuatro ciudades, Estrasburgo, Constanza, Memmingen y Lindan, en donde exponen su fe a su majestad imperial en la dieta de Augsburgo.

EXORDIO

Su venerable majestad, el poderosísimo y clementísimo emperador, ha mandado que las órdenes y estados del Sacro Imperio, en lo que concierne a cada uno en cuanto a la esperanza de actuar para tranquilizar a la Iglesia, presenten su opinión —reducida a un escrito en ambos idiomas, latín y alemán— en relación con la religión, así como con respecto a los errores y vicios que se han insinuado en oposición a esta, para su discusión y examen, con la finalidad de que, de ese modo, se pueda encontrar una forma y una manera de restaurar a su lugar la doctrina pura y que todos los errores sean abolidos. Deseamos, como es correcto, obedecer tal mandato, el cual no se ha originado tanto en un designio religioso que busque el beneficio de la Iglesia, sino que exhibe y saborea la incomparable clemencia y amabilidad, por medio de la cual, Su Venerable Majestad se ha hecho tan amado por todo el mundo. Porque en estos asuntos nunca hemos buscado otra cosa que eso, que, siendo abrogadas aquellas cosas que son contrarias a los santos evangelios y a los mandamientos de Cristo, se nos permita —no solo a nosotros, sino también a todos aquellos que han profesado a Cristo— seguirlo en su doctrina pura, siendo la única vivificante. Por lo cual oramos y suplicamos con humildad a Su Venerable Majestad que sea presto a nosotros para dignarse a escuchar y considerar lo que presentamos como razón de la esperanza que hay en nosotros, para que, con respecto a estos asuntos, no haya duda de que sobre todo ha sido nuestro deseo apuntar solo a aquello por lo que podamos complacer, en primer lugar, a nuestro Creador y Restaurador, Cristo, y luego también a Su Venerable Majestad. Y que, en obediencia al llamamiento, podamos demostrar que hemos abrazado una doctrina variando un poco del uso común, influenciados por ningún otro propósito o esperanza que esta, y siendo persuadidos de la manera en la que Aquel que nos ha formado y renovado nos lo requiere, nos prometemos como el resultado, y esto especialmente debido a la alabanza eminente por la cual hace mucho tiempo que le se ha celebrado entre nosotros por su religión, rectitud y piedad, por las cuales, Su Venerable Majestad, reconocerá la verdad sobre todas las cosas que hemos recibido por algún tiempo, como la doctrina de Cristo y como la enseñanza de una religión más pura, y aprobará absolutamente nuestro intento, y nos incluirá entre los que se han esforzado por obedecerlo con la mayor fidelidad. Porque el renombrado celo de Su Muy Venerable Majestad, la verdad y la justicia y su ferviente piedad no nos permite ni siquiera sospechar que usted nos prejuzgará antes de que seamos aún escuchados, o que no nos escuchará amablemente y con atención, o que, habiéndonos escuchado, y sopesado con su deliberación devota lo que presentamos, Dios, ayudando a su espíritu —ya que Él ha dirigido tan exitosamente a su Muy Venerable Majestad en otros asuntos— que no percibirá de inmediato que hemos seguido las mismas doctrinas de Cristo.

CAPÍTULO I
DEL ASUNTO — TEMA DE LOS SERMONES

Primero, por lo tanto, desde hace unos diez años, por la notable bondad de Dios, la doctrina de Cristo comenzó a ser tratada con algo más de certeza y claridad que antes en todas partes de Alemania, y por lo tanto, entre nosotros, al igual que en otros lugares, muchas doctrinas de nuestra religión fueron objeto de controversias públicas, y —en un grado en constante aumento— entre los sabios y, especialmente, entre los que ocupan el cargo de maestros de Cristo en las iglesias; por lo tanto, como era necesario, mientras Satanás indudablemente ejercía su obra de manera que la gente estaba dividida peligrosamente por sermones contradictorios, considerando lo que escribe San Pablo, que «la Escritura divinamente inspirada es provechosa para la doctrina, para que donde haya pecado pueda ser detectado y corregido, y todos sean instruidos en justicia, para que el hombre de Dios sea perfecto, equipado para toda buena obra», también nosotros, influenciados e inducidos a evitar toda demora, no solo por el temor de Dios sino por el peligro seguro para el estado, ordenamos finalmente a nuestros predicadores que enseñasen desde el púlpito nada más que lo que está contenido en las Sagradas Escrituras o que está fielmente fundamentado en ellas. Porque, en semejante crisis, no nos ha parecido inapropiado acudir a donde, desde la antigüedad y siempre, no solo los santísimos padres, obispos y príncipes, sino también los hijos de Dios en todas partes, han recurrido: a la autoridad de las Sagradas Escrituras. Para la alabanza de ellas, San Lucas menciona a algunos como más nobles que los de Tesalónica, ya que el evangelio de Cristo, que habían escuchado, lo examinaron de acuerdo con las Escrituras, en la cuales Pablo deseaba más fervientemente que su discipulo Timoteo se ejercitase, y sin las cuales ningún pontífice ha exigido jamás obediencia a sus decretos, ni los padres credibilidad a sus escritos, ni los príncipes autoridad a sus leyes, y solo de las cuales el gran concilio del Sacro Imperio reunido en Nuremberg en el año 1523 decretó que los santos sermones se deben derivar. Porque si San Pablo enseñó la verdad cuando dijo que por la Sagrada Escritura el hombre de Dios es perfeccionado y preparado para toda buena obra, nada puede faltar de la verdad cristiana o de la sana doctrina al que se esfuerza religiosamente por pedir consejo a la Escritura.

CAPÍTULO II
DE LA SANTÍSIMA TRINIDAD Y EL MISTERIO DEL CRISTO ENCARNADO

Por lo tanto, como los santos sermones se derivaron de esta fuente y cesaron las contiendas peligrosas, aquellos en quienes había algún deseo de piedad han obtenido un conocimiento mucho más certero de la doctrina de Cristo y han comenzado a expresarlo en la vida. Tal como ellos se han apartado de aquellas cosas que habían sido indebidamente adheridas a la doctrina de Cristo, así han sido confirmados en las que están de acuerdo con ella. Entre estas cosas se encuentra lo que la Iglesia de Cristo ha creído hasta ahora con respecto a la Santísima Trinidad, a saber: que Dios el Padre, el Hijo y el

Espíritu Santo son uno en sustancia y no admiten más distinciones que las de las personas; también que nuestro Salvador Jesucristo, siendo verdadero Dios, llegó a ser igualmente verdadero hombre, no confundiéndose las dos naturalezas, sino estando tan unidas en la misma persona, que en todas las edades nunca se separarán. Ellos tampoco difieren, en estos detalles, en ningún sentido de lo que la Iglesia, instruida por los santos evangelios, cree acerca de nuestro Salvador Jesucristo, quien fue concebido del Espíritu Santo, nació entonces de la virgen María, y quien finalmente —después de haber cumplido el oficio de predicar el evangelio; y despúes de haber muerto en la cruz y haber sido sepultado— descendió a los infiernos, y al tercer día fue llamado de entre los muertos a la vida inmortal; y cuando, mediante diversos argumentos, demostró esto a los testigos designados para ello, fue llevado hasta el cielo a la diestra de su Padre, de donde lo buscamos como Juez de vivos y muertos. Mientras tanto, reconocemos que, sin embargo, está presente con su Iglesia, incluso hasta el fin del mundo; que la renueva y santifica, y la adorna como Su única y amada novia con toda clase de atavíos de virtudes. En estos puntos, dado que no diferimos en nada del consentimiento común de los cristianos, creemos que es suficiente de esta manera testificar de nuestra fe.

CAPÍTULO III
DE LA JUSTIFICACIÓN Y LA FE

Con respecto a aquellas cosas que comúnmente se enseñaron sobre la manera en que llegamos a ser partícipes de la redención hecha por Cristo y sobre los deberes de un cristiano, nuestros predicadores difieren en cierta medida de los dogmas recibidos recientemente. Esos puntos que hemos seguido nos esforzaremos por explicarlos de la manera más clara a Vuestra Venerable Majestad y, al mismo tiempo, por indicar de buena fe los pasajes de las Escrituras que nos han apremiado a ellos. Primero, por lo tanto, dado que durante algunos años se nos enseñó que las propias obras del hombre son necesarias para su justificación, nuestros predicadores han enseñado que toda esta justificación debe atribuirse al beneplácito de Dios y al mérito de Cristo, y debe ser recibida por la fe sola. Los siguientes pasajes de la Escritura —entre otros— los han movido a ello: «A todos los que lo recibieron, les dio el poder de convertirse en hijos de Dios, a los que creen en su nombre: que no nacieron de la sangre, ni de la voluntad de la carne sino de Dios» (Jn. 1:12). «De cierto, de cierto te digo que el que no naciere de nuevo no puede ver el reino de Dios» (Jn. 3: 3). «Nadie conoce al Hijo sino el Padre; ninguno conoce al Padre, sino el Hijo, y aquel a quien el Hijo lo revelare» (Mt. 11:27). «Bienaventurado eres, Simón BarJonas[528]; porque no te lo ha revelado sangre ni carne.» (Mt. 16:17). «Ningún hombre puede venir a mí, a menos que mi Padre lo atraiga» (Jn. 6:44). «Por gracia son salvos por la fe; y eso no de ustedes mismos; es el regalo de Dios: no por obras, para que ningún hombre se jacte. Porque somos su obra, creados en Cristo Jesús para buenas obras, las cuales Dios ordenó antes para que caminemos en ellas» (Ef. 2: 8, 10). Porque,

---

[528] O Hijo de Jonar (Aqal.)

puesto que es nuestra justicia y vida eterna conocer a Dios y a Jesucristo nuestro Salvador, y puesto que esto está tan lejos de ser una obra de carne y sangre que es necesario para ello nacer de nuevo; ni venimos al Hijo, a menos que el Padre nos atraiga; ni conocemos al Padre, a menos que el Hijo lo revele; y puesto que Pablo escribe con tanta claridad: «Ni de nosotros, ni de nuestras obras»; es suficientemente evidente que nuestras obras no pueden ayudarnos en nada, de modo que, en lugar de ser injustos —tal como hemos nacido— seamos justos; porque así como somos por naturaleza hijos de ira, y por lo tanto injustos, asimismo somos incapaces de hacer algo justo o agradable ante Dios. Pero el inicio de toda nuestra justicia y salvación debe proceder de la misericordia del Señor, quien, desde su propio favor y de la contemplación de la muerte de su Hijo, ofrece primero la doctrina de la verdad y su evangelio, siendo enviados aquellos que han de predicarlo; y, en segundo lugar, como «el hombre natural no percibe las cosas del Espíritu de Dios», como dice San Pablo (I Cor. 2:14), hace que un rayo de su luz se eleve, al mismo tiempo, en las tinieblas de nuestro corazón, para que ahora podamos creer su evangelio predicado a nosotros, siendo persuadidos de la verdad del mismo por su Espíritu de lo alto; y luego, confiando en el testimonio de este Espíritu, que todos, en él, con confianza filial, digamos: «Abba, Padre», obteniendo así la salvación, de acuerdo con el dicho: «Todo el que crea en el nombre del Señor será salvo».

CAPÍTULO IV
DE LAS BUENAS OBRAS QUE PROCEDEN DE LA FE A TRAVÉS DEL AMOR

No queremos que esto se entienda como si pusiéramos salvación y justicia en pensamientos perezosos de la mente, o en una fe desprovista de amor —la cual es llamada sin forma—, viendo que estamos seguros de que ningún hombre puede ser justificado o salvado a menos que ame supremamente e imite muy fervientemente a Dios. «Porque a los que antes conoció, también los predestinó para que fuesen hechos conformes a la imagen de su Hijo»; a saber, como en la gloria de una vida bendita, así en el cultivo de la inocencia y la justicia perfectas; «Porque somos hechura suya, creados para buenas obras». Pero nadie puede amar a Dios por encima de todas las cosas, e imitarlo dignamente, sino quien realmente lo conoce y espera de Él todo lo bueno.

Por lo tanto, no podemos ser justificados de otra manera —es decir, llegar a ser justos, así como salvos (porque la justicia es incluso nuestra salvación)— , más que siendo dotados principalmente de fe, por medio de la cual creer en el evangelio. Y, por lo tanto, siendo persuadidos de que Dios nos ha adoptado como hijos suyos, y que siempre nos otorgará su bondad paternal, dependemos totalmente de su voluntad. San Agustín en su libro, *De Fide et Operibus*, llama a esta fe: «evangélica», es decir, la que es eficaz por amor. Solo por esto somos regenerados y la imagen de Dios en nosotros es restaurada. Por esto, aunque nacemos corruptos —siendo nuestros pensamientos, incluso desde nuestra infancia, totalmente propensos al mal— llegamos a ser buenos y rectos. Porque de esto, nosotros, estando completamente satisfechos con Dios, la fuente perenne de bendiciones que es copiosamente efluente, nos mostramos a los demás como dioses —es decir, verdaderos hijos de Dios— luchando, por amor, en la medida de lo posible por el beneficio de ellos. Porque «el que ama a su hermano permanece en la luz» y «es nacido de Dios», y está enteramente entregado al nuevo —y al mismo tiempo antiguo— mandamiento sobre el amor mutuo. Y este amor es el cumplimiento de toda la ley, como dice Pablo: «Toda la ley se cumple, en una palabra: Amarás a tu prójimo como a ti mismo» (Gal.5: 14). Porque todo lo que enseña la ley de Dios tiene este fin y requiere esta única cosa, que por fin podamos ser reformados a la imagen perfecta de Dios, siendo buenos en todas las cosas, y estando listos y dispuestos a servir para provecho de los hombres; lo cual no podemos hacer a menos que seamos equipados con virtudes de todo tipo. Porque, ¿quién puede proponer y hacer todas las cosas, como lo requiere el deber cristiano, para la verdadera edificación de la Iglesia y el sólido beneficio de todos —es decir, de acuerdo con la ley de Dios— y para su gloria, excepto que piense y hable y haga todo en orden y bien, y que por lo tanto esté familiarizado con toda la suma de virtudes?

CAPÍTULO V
A QUIÉN LAS BUENAS OBRAS DEBEN ATRIBUIRSELES Y CUÁN NECESARIAS SON

Pero, dado que los que son hijos de Dios son guiados por el Espíritu de Dios, en lugar de actuar por ellos mismos (Rom. 8:14); y dado que «de él, y por él, y para él, son todas las cosas» (Rom. 11:36), cualquier cosa que hagamos bien y santamente no debe atribuirse a nadie más que a este único Espíritu; dador de todas las virtudes. Sin embargo, él no nos obliga, sino que nos guía, estando dispuestos, obrando en nosotros tanto el querer como el hacer (Fil. 2:13). Agustín, por lo tanto, escribe sabiamente que Dios recompensa en nosotros sus propias obras. Con esto estamos tan lejos de rechazar las buenas obras que negamos rotundamente que cualquiera pueda ser salvo a menos de que, por el espíritu de Cristo, sea llevado tan lejos que no haya en él falta de buenas obras, para las cuales Dios lo creó. Porque hay varios miembros de un mismo cuerpo; por lo tanto, cada uno de nosotros no tiene el mismo oficio (1 Cor. 12). En la misma medida en la que es tan necesario, para que se cumpla la ley, que el cielo y la tierra pasen antes de que sea remitido un ápice o el más mínimo punto de ella, asímismo, ya que solo Dios es bueno, y que ha creado todas las cosas de la nada, y que por su Espíritu nos hace enteramente nuevos y enteramente nos conduce (porque en Cristo nada vale sino una nueva criatura), ninguna de estas cosas puede ser atribuida a los poderes humanos; y debemos confesar que todas las cosas son meros dones de Dios, quien nos favorece y ama por su propia voluntad, y no por mérito alguno nuestro. De lo anterior se puede conocer suficientemente lo que creemos que es la justificación, por quién nos es traida, de qué manera la recibimos, y por cuales pasajes de la Escritura se nos induce a creer de esta manera. Porque, aunque de muchos pasajes hemos citado solo unos pocos, sin embargo, por estos pocos cualquiera que esté incluso moderadamente versado en las Escrituras quedará satisfecho, e incluso más que satisfecho, de que pasajes de este tipo no nos atribuyen más que pecado y perdición, como dice Oseas, y que toda nuestra justicia y salvación se atribuyan al Señor, se lee en muchos lugares de las Escrituras.

CAPÍTULO VI
DE LOS DEBERES DE UN CRISTIANO

Ahora es indudable cuáles son los deberes de un cristiano, y a qué acciones debe dedicarse principalmente; es decir, a todas aquellas por las cuales cada uno, por su parte, pueda beneficiar a su prójimo; primero, con respecto a la vida eterna, para que ellos puedan comenzar a conocer, adorar y temer a Dios; y luego con respecto a la vida presente, para que no les falte nada de lo que se requiere para las necesidades corporales. Porque toda la ley de Dios —que es el mandamiento más absoluto de toda justicia— se resume en esta sola palabra; «Amarás a tu prójimo como a ti mismo» (Rom. 13:9), por lo que toda la justicia también debe resumirse y ejercerse en la demostración de ese amor. Por lo tanto, nada en absoluto debe contarse entre los deberes de un cristiano que no tenga fuerza alguna para beneficiar a nuestro prójimo, y cada obra de este tipo pertenece tanto más al cristiano cuanto más ventaja pueda acumular para su prójimo. Por lo tanto, después de las funciones eclesiásticas, colocamos entre los deberes principales de un cristiano la administración del gobierno, la obediencia a los magistrados (porque estos son importantes para el beneficio común), el cuidado que se dedica a la esposa, los hijos y la familia, y el honor que se entrega a los padres, porque sin ellos la vida de los hombres no puede subsistir y, por último, las profesiones de las buenas artes y todas las ramas honorables de aprendizaje, ya que sin el cultivo de estas, necesariamente estaríamos en la miseria de las bendiciones más grandes, y aquellas que son peculiares de la humanidad. Sin embargo, en estos y en todos los demás deberes de la vida humana, ningún hombre debe tomar nada para sí mismo, sino considerar concienzudamente hacia dónde lo llama Dios. Para concluir, que cada hombre considere cuál es su deber, y que ese deber es el más noble, el cual puede conferir la mayor ventaja a los hombres.

CAPÍTULO VII
DE LAS ORACIONES Y AYUNOS

Tenemos oraciones y ayunos, acciones que, sin embargo, son las más santas y apropiadas para los cristianos, a las cuales nuestros eclesiásticos exhortan con la mayor diligencia a sus oyentes. Porque el verdadero ayuno es, por así decirlo, una renuncia a la vida presente —la cual siempre está sujeta a los malos deseos—, y una meditación sobre la vida futura —la cual está libre de perturbaciones—. La oración es un elevamiento de la mente hacia Dios, y una conversación con Él, tal, que ninguna otra cosa enciende tanto al hombre con afectos celestiales y ajusta más poderosamente su mente a la voluntad de Dios. No obstante, por santos y necesarios que sean estos ejercicios para los cristianos, sin embargo, puesto que no sirven al prójimo tanto como el hombre que está dispuesto a servir a su prójimo con provecho, no deben preferirse a la santa doctrina, las exhortaciones, las amonestaciones piadosas, y otros deberes por los cuales nuestro prójimo recibe inmediato beneficio. Por lo tanto, leemos del Salvador que durante la noche se entregó a la oración, pero durante el día, a la doctrina y la curación de los enfermos. Porque así como el amor es mayor que la fe y la esperanza, creemos que las cosas que se relacionan más cercanamente a este —a saber las que traen provecho seguro a los hombres— deben ser preferidas sobre todas las otras funciones sagradas. Por lo tanto, Crisóstomo escribió que, en toda la compañía de virtudes, el ayuno ocupaba el último lugar.

CAPÍTULO VIII
DEL MANDAMIENTO DE AYUNOS

Pero como ninguna mente, a menos que sea muy ardiente y peculiarmente influenciada por la inspiración de lo alto, puede orar o ayunar correcta y provechosamente, creemos que es mejor, según el ejemplo de los apóstoles y de la Iglesia primitiva y más pura, por medio de santas exhortaciones, invitar a los hombres a estas cosas en lugar de exhortarlos por preceptos, especialmente aquellos que atan a los hombres bajo pena de pecado —como se comprometieron a hacer los sacerdotes que han habido últimamente; ya que el orden de los sacerdotes no había degenerado poco—. Así que preferimos dejar que el lugar, el tiempo y la forma de orar y ayunar sean determinados por el Espíritu Santo —sin el cual es imposible que alguien ore o ayune correctamente—, en lugar de prescribirlos por leyes fijas, especialmente aquellas que no pueden romperse sin expiación alguna.

Sin embargo, a causa de los más jóvenes e imperfectos, nuestros predicadores no desaprueban el señalar un tiempo y un modo fijos para la oración y el ayuno, mediante los cuales, como mediante santas introducciones, puedan prepararse para ellos, siempre que esto se haga sin comprometer la conciencia. Fuimos llevados a esta opinión no solo porque la naturaleza de estas acciones entra en conflicto con toda compulsión ingrata, sino especialmente por la consideración de que ni Cristo mismo ni ninguno de sus apóstoles han mencionado de ninguna manera tales preceptos. San Crisóstomo también testifica: «Tú ves», dice él, «que una vida recta ayuda más que todas las otras cosas. Ahora, llamo una vida recta no al trabajo del ayuno, ni al lecho de cilicio o cenizas, sino a si desprecias el dinero malhabido; si ardes de amor; si alimentas al hambriento con tu pan; si vences la ira; si no deseas la vanagloria; si no estás poseído por la envidia. Porque estas son muestras de una vida justa». Porque Cristo no dice que su ayuno deba ser imitado —aunque habría podido señalar esos cuarenta días— sino: «Aprendan de mí, que soy manso y humilde de corazón». Sí, más bien dice, por el contrario: «Todo lo que se les ponga delante, coman». Además, no leemos que ningún ayuno solemne y establecido fue designado para el antiguo pueblo de Dios, excepto el de un día. Porque los ayunos que los profetas y los reyes ordenaron, según el testimonio de las Escrituras, como es evidente, no fueron algo fijo, sino que se ordenaron solo para un momento cuando ciertas calamidades, ya sea inminentes o ya existentes, requirieron tales medidas. Por lo tanto, viendo que la Escritura, como afirma claramente San Pablo, instruye en toda buena obra, pero ignora estos ayunos impuestos por preceptos, no vemos cómo podría ser lícito para los sucesores de los apóstoles oprimir a la Iglesia con una carga tan grande y peligrosa. Verdaderamente Ireneo testifica que en el pasado la observancia de los ayunos en las iglesias era diversa y gratuita (como se lee en la *Historia Eclesiástica*, libro VIII.Capítulo 14). En el mismo libro, Eusebio menciona que un tal Apolonio, un escritor eclesiástico, entre otros argumentos, usó esto también para refutar la doctrina del hereje Montano, que fue el primero que hizo leyes para el ayuno. Tan indigno consideraba esto de los que profesaban la sana doctrina de Cristo. Entonces Crisóstomo dijo en cierto lugar: «El ayuno es bueno, pero nadie se deje obligar». Y en otro lugar exhorta al que no puede ayunar a abstenerse de manjares, y afirma que esto no difiere mucho del ayuno, y que es un arma poderosa para reprimir la furia del diablo. Además, la experiencia en sí misma prueba con creces que tales mandamientos relacionados con los ayunos han sido un gran obstáculo para la piedad.

Por lo tanto, cuando vimos muy evidentemente que los principales hombres de la Iglesia más allá de la autoridad de las Escrituras asumieron esta autoridad para ordenar ayunos que ataran las conciencias de los hombres, permitimos que las conciencias se liberaran de estas trampas por medio de las Escrituras, y especialmente por los escritos de Pablo, que con singular seriedad quitan estos rudimentos del mundo del cuello de los cristianos. Porque el dicho de Pablo no debe tener un peso ligero para nosotros: «Por tanto, nadie os juzgue en comida o bebida, o respecto de un días de fiesta, o de la luna nueva, o de los días de reposo». Y de nuevo: «Por tanto, si estáis muertos con Cristo a los rudimentos del mundo, ¿por qué, como si vivís en el mundo, estáis sujetos a ordenanzas?».

Porque si San Pablo —aparte de quien nadie, en ningún momento, enseñó a Cristo con mayor certeza— sostiene que por medio de Cristo hemos obtenido tal libertad en cuanto las cosas externas que no solo no concede a ninguna criatura el derecho de cargar a los que creen en Cristo con las ceremonias y observancias que Dios mismo designó —queriendo que en su propio tiempo estas fuesen provechosas— sino que también denuncia que se han apartado de Cristo, y que Cristo no tiene ningún efecto, para aquellos que se dejan hacer siervos de estas, ¿qué veredicto pensamos que debería ser dictado sobre aquellos mandamientos que los hombres han elaborado por sí mismos, no solo sin ningún oráculo, sino también sin ningún ejemplo digno de ser seguido, y que, por lo tanto, son para la mayoría no solo miserables y débiles, sino también dañinos; no elementos —es decir, rudimentos de la santa disciplina— sino impedimentos para la verdadera piedad? ¡Cuánto más injusto será para cualquiera asumir este poder sobre la herencia de Cristo, para oprimirla con tal esclavitud, y cuánto nos alejaría de Cristo el someternos a estas cosas! Porque, ¿quién no ve que la gloria de Cristo —por la cual debemos vivir enteramente, tal como él nos redimió enteramente para sí y nos liberó, y esto también por su sangre— se oscurece más si, sin su autoridad, atamos nuestra conciencia a las leyes que son invenciones de los hombres, antes que a las que tienen a Dios por autor, aunque alguna vez, en su propio tiempo, fueron observadas? Ciertamente, es menos culpable vivir como judío que como pagano. Pero es costumbre de los paganos recibir leyes para la adoración a Dios que se han originado sin el consejo de Dios, sino solo de la invención humana. Por lo tanto, el dicho de Pablo corresponde a este lugar: «Comprados sois por precio; no seáis esclavos de los hombres».

CAPÍTULO IX
DE LA OPCIÓN DE CARNES

Por la misma causa fue remitida también la selección de carnes prescritas para ciertos días, que San Pablo, escribiendo a Timoteo, llama doctrina de demonios. Tampoco está firmemente fundamentada la respuesta de quienes sostienen que estas expresiones se utilizaron únicamente contra los maniqueos, encratitas, tacianos y marcionitas, que prohibieron por completo ciertos tipos de carnes y matrimonios. El apóstol en este lugar condenó a los que ordenan «abstenerse de las carnes que Dios ha creado para ser recibidas», etc. Actualmente también prohíben tomar ciertas carnes en ciertos días, sin embargo, ordenan a los hombres que se abstengan de las carnes que Dios creó para ser tomadas, de modo que son semejantes a las doctrinas de los demonios, como es manifiesto por la razón que agregó el apóstol. Porque él dice que Dios ha creado todo lo que es bueno, y que no se debe rechazar nada que se reciba con acción de gracias, y no exceptúa ocasiones, aun cuando nadie favoreció la frugalidad, la templanza y también los castigos escogidos de la carne y los ayunos legales, más que él. Ciertamente, un cristiano debe observar la templanza, pero esto en todo momento; y la carne a veces debe ser azotada disminuyendo la dieta acostumbrada, pero la sencillez y moderación de las carnes conduce a esto más que el tipo de comida. Para concluir: es necesario que los cristianos, de vez en cuando, asuman un ayuno debido; pero eso no debe ser una abstinencia de ciertas carnes, sino de todas las carnes, ni de las carnes solamente, sino de todos los placeres de esta vida. Pues, ¿qué tipo de ayuno es este, y qué abstinencia, cambiar solo el tipo de placeres tal como suelen hacer los que se consideran hoy más devotos que otros (ya que San Crisóstomo no considera que sea un ayuno si continuamos por completo sin carnes hasta el anochecer, a menos que, junto con la abstinencia de las carnes, nos abstengamos también de aquellas cosas que son dañinas, y otorguemos mucho tiempo libre a la búsqueda de las cosas espirituales)?

CAPÍTULO X
QUE POR ORACIONES Y AYUNOS NO DEBEMOS BUSCAR
EL MÉRITO DE NADA

Además, nuestros eclesiásticos han enseñado que este error con respecto a las oraciones y los ayunos —es decir, que a los hombres se les enseña comúnmente a buscar algún tipo de mérito y justificación por estas obras suyas— debe enmendarse. Porque así como somos salvos por gracia mediante la fe, así también somos justificados. Y de las obras de la ley (entre las cuales se cuentan las oraciones y los ayunos) Pablo ha escrito así: «Cristo os ha quedado sin efecto para todos los que sois justificados por la ley; de la gracia habéis caído. Porque nosotros por el Espíritu aguardamos la esperanza de la justicia por la fe». Por tanto, debemos orar, pero con el fin de recibir de Dios y no para conferirle algo; debemos ayunar para que podamos orar mejor y mantener la carne dentro del deber, no para que podamos merecer algo para nosotros mismos ante Dios. Este es el único fin y uso de las oraciones y ayunos que prescriben tanto la Escritura como los escritos y ejemplos de los padres. Además, nuestras circunstancias son tales que, aunque podríamos orar y ayunar con tanta devoción, y realizar todas las cosas que Dios nos ha ordenado hasta que nada más se nos pueda exigir (cosa que hasta ahora ningún mortal ha realizado jamás), aún debiéramos confesar que somos siervos inútiles. ¿Qué mérito, por lo tanto, podríamos imaginar?

CAPÍTULO XI
QUE EL ÚNICO DIOS DEBE SER ADORADO A TRAVÉS DE CRISTO

Se ha rechazado otro abuso sobre estas cosas, por el cual algunos piensan que con ayunos y oraciones pueden obligar a la virgen María —que dio a luz a Dios—, y a otros santos para que, por su intercesión y méritos, sean librados de todos los males, tanto del cuerpo como del alma, y enriquecidos con todo tipo de cosas buenas. Pues nuestros predicadores enseñan que solamente el Padre celestial debe ser invocado por medio de Cristo, como único Mediador, y que de él debemos pedir todas las cosas, pues él mismo ha testificado que no nos negará nada que le pidamos solamente con fe y en el nombre de Cristo. Dado que, por tanto, Pablo proclama a este único hombre, Jesucristo, como Mediador entre Dios y los hombres, y dado que nadie puede amarnos más ni tener más influencia con el Padre que él, nuestros predicadores suelen instar que basta con este único abogado e intercesor ante el Padre. No obstante, aun enseñan el deber de honrar a la santísima virgen María, madre de Dios, y a todos los santos, con la mayor devoción, pero también enseñan que esto solo puede hacerse cuando nos esforzamos por lograr aquellas cosas que les agradaron a ellos especialmente —a saber, inocencia y piedad— de las cuales nos han dado eminentes ejemplos. Porque como todas las personas piadosas aman a Dios con todo el corazón, el alma y las fuerzas, en nada podemos agradarles más que en que, junto con ellas, con el mayor ardor posible, amemos e imitemos a Dios. Pues ellos no atribuyen su salvación a sus propios méritos, y mucho menos piensan en ayudarnos con estos. Cada uno de ellos, cuando vivió aquí, dijo con Pablo: «La vida que ahora vivo en la carne, la vivo por la fe del Hijo de Dios, quien me amó y se entregó a sí mismo por mí. No anulo la gracia de Dios». Por lo tanto, viendo que ellos mismos atribuyeron todo cuanto habían recibido a la gracia de Dios y a la redención de Jesucristo, no podemos gratificarlos mejor que confiando también en esa misma asistencia.

CAPÍTULO XII
DEL MONACATO

Por la misma razón por la que toda nuestra justificación consiste en la fe de Jesucristo —de donde obtenemos la libertad de todas las cosas externas— hemos permitido que los lazos del monacato también se suelten entre nosotros. Pues vimos que esta libertad de los cristianos fue afirmada con fervor en todas partes por San Pablo, por la cual cada cristiano, estando seguro en sí mismo de que toda justicia y salvación deben buscarse solo en Jesucristo nuestro Señor, y también que debe usar siempre todas las cosas de esta vida para el beneficio del prójimo, y así también para la gloria de Dios, libremente permite que él mismo, y todo lo que tiene, sea arbitrado y dirigido por el Espíritu Santo de Cristo, el otorgador de verdadera adopción y libertad, y que sea también nombrado y otorgado no solo para el beneficio de sus prójimos, sino también para la gloria de Dios. Al retener esta libertad demostramos que somos siervos de Dios; al traicionarla por los hombres, enganchándonos a sus inventos, nosotros, como blasfemos, abandonamos a Cristo y huimos hacia los hombres. Con esto haríamos la más grande maldad ya que Cristo nos compró no con un precio insignificante, con su sangre nos redimió de la servidumbre mortal de Satanás. Esta es la razón por la cual San Pablo, escribiendo a los Gálatas, detestaba tanto que se hubieran atado ellos mismos a las ceremonias de la ley, aunque fueran divinas; sin embargo, como hemos demostrado anteriormente, la excusa para esto es mucho mejor que someterse al yugo de aquellas ceremonias que los hombres inventan por sí mismos. Porque escribió — y con verdad— que los que admiten el yugo de estas ceremonias desprecian la gracia de Dios y consideran la muerte de Cristo como cosa inútil. Y por ello dice que teme haber trabajado en vano por ellos, y los exhorta a permanecer firmes en la libertad con que Cristo los hizo libres, y no volver a enredarse en el yugo de la esclavitud. Ahora bien, es evidente que el monacato no es más que esclavitud a las tradiciones humanas, y de aquellas que Pablo ha condenado por nombre en los pasajes que hemos citado. Porque indudablemente, los que profesan el monacato se consagran a estos inventos de hombres con la esperanza de méritos. De ahí que consideren que es una ofensa tan atroz desertar por la libertad de Cristo. Por lo tanto, como nuestro cuerpo y nuestro espíritu pertenecen a Dios (y esto en un doble sentido, es decir, por condición y por redención) no puede ser lícito para los cristianos hacerse esclavos de esta servidumbre monástica, más de lo que para los sirvientes temporales es el cambiar de amos. Además, es innegable que, con tales ataduras y votos de vivir en pos de los mandamientos de los hombres se ocasiona una necesidad —como antes siempre solía ser— de transgredir la ley de Dios; puesto que la ley de Dios requiere que, de acuerdo con su capacidad, el cristiano sea útil al magistrado, a los padres, a los parientes y todos los demás a quienes Dios le ha acercado y le ha llevado, para que este les brinde su ayuda, en cualquier lugar, hora o forma en que lo requiera su beneficio. Entonces, permítasele abrazar ese modo de vida por el cual él puede ocuparse principalmente de los asuntos de su prójimo; y que no elija el celibato a menos que le sea dado para el reino de Dios, es decir, para promover la piedad y la gloria de Dios, renunciar al matrimonio y hacerse eunuco. Porque el mandamiento de Dios, emitido por Pablo, permanece, el cual ningún de los hombres puede anular: «Para evitar la fornicación, que cada hombre» (sin excepción) «tenga su propia esposa, y que cada mujer tenga su propio esposo». Y para todos, que no reciban esta palabra sobre la adopción de una vida en soltería para el reino de los cielos, como lo testifica el mismo Cristo, quien más que nadie exactamente sabía y enseñó con mayor fidelidad cuál es el poder de la naturaleza humana o qué es aceptable para el Padre. Ahora, es bien sabido que, quienes asumen estos votos monásticos, están vinculados a un cierto tipo de hombres que consideran ilícito ser obediente y sumiso al magistrado o a sus padres, o a cualquier hombre (solo exceptuando al jefe del monasterio), o creen ilícito aliviarse con su sustancia, y sobre todo casarse, aun cuando se estén quemando; y, en consecuencia, caen necesariamente en todo tipo de formas vergonzosas de vida. Dado que, por lo tanto, queda claro que estos votos monásticos hacen que un hombre se libere del servicio de Cristo, y no esté sujeto tanto a la esclavitud de los hombres como a Satanás, y que los lleva necesariamente a transgredir la ley de Dios, — como es natural a todas las tradiciones humanas—, y por lo tanto, entra en conflicto manifiestamente con los mandamientos de Dios; creemos muy bien que deben considerarse nulos, ya que no solo la ley escrita, sino también la ley de la naturaleza, ordenan que se anule una promesa si su observancia obstaculiza la buena moral, y mucho más si obstaculiza la religión. Por lo tanto, no podríamos resistir a nadie que quisiera intercambiar una vida monástica —sin duda una esclavitud a Satanás—, por una vida cristiana. Tampoco podríamos oponernos a otros del orden eclesiástico que, al casarse, abrazaron un tipo de vida de la que se podía esperar un mayor beneficio para su prójimo y una mayor pureza de la vida en la que vivían antes. Para concluir: no nos comprometemos a prohibir del derecho al matrimonio a aquellos que perseveraban en el ministerio de Dios, cualesquiera que fueran los votos de castidad que hayan asumido. En esto fuimos influenciados por las razones arriba especificadas, ya que San Pablo, el defensor de la verdadera castidad, supone que hasta un obispo es un hombre casado. Porque justamente hemos preferido esta única ley divina sobre todas las leyes humanas, a saber: «Para evitar la fornicación, que cada hombre tenga su propia esposa». Es indudable —ya que esta ley ha sido rechazada por tanto tiempo— que todo tipo de lujurias —incluso aquellas que no se pueden mencionar por reverencia a su Venerable Majestad, el excelentísimo emperador— han agobiado al orden eclesiástico, por lo que hoy no hay ningún tipo de mortales más abominables que los que llevan este nombre.

CAPITULO XIII
DEL CARGO, DIGNIDAD Y PODER DE LOS MINISTROS EN LA IGLESIA

Sobre el ministerio y la dignidad del orden eclesiástico enseñamos: primero, que no hay poder en la Iglesia excepto la edificación; en segundo lugar, que no debemos pensar de ningún hombre en este estado de otra manera que como Pablo deseaba que él mismo, Pedro, Apolos y otros, fuersen estimados, a saber, como ministros de Cristo y administradores de los misterios de Dios; de quienes se requiere, principalmente, que cada uno sea hallado fiel. Estos tienen las llaves del reino de los cielos, el poder de atar y desatar, de remitir y de retener los pecados; pero esto de tal manera que no son más que ministros de Cristo, quienes son los únicos que tienen tal derecho y prerrogativa. Porque así como él es el único que puede renovar las almas, así es el único que, con su poder, abre el cielo a los hombres y los absuelve de sus pecados. Ambas cosas vienen a nosotros solo cuando nos es dado el ser renovados en la mente y el tener nuestra ciudadanía en el cielo.

Incumbe a los ministros de la iglesia plantar y regar con la Palabra, de las cuales cosas ninguna es eficaz por sí misma, porque es Dios quien da el crecimiento. Pues nadie es suficiente en sí mismo para pensar algo como de sí mismo, sino que su suficiencia es de Dios, quien también ha hecho, a quienes él ha deseado, ministros del Nuevo Pacto, para hacer que los hombres debidamente convencidos acerca de Cristo sean verdaderamente partícipes de él; no para ministrar la letra muerta —es decir, la doctrina que resuena solo externamente, sin cambiar el corazón— sino la que anima el espíritu y renueva el corazón. Por lo tanto, son, a la larga, colaboradores de Dios, y verdaderamente abren el cielo y remiten los pecados. Por eso, al entregar este poder a los apóstoles, Cristo sopló sobre ellos y dijo: «Recibid el Espíritu Santo», y luego añadió: «A quienes remitáis los pecados, les son remitidos». Por lo tanto, lo que constituye a los ministros de la Iglesia en obispos, maestros y pastores, aptos y debidamente consagrados, es que hayan sido enviados divinamente («porque, ¿cómo predicarán si no son enviados?»), esto es, que hayan recibido el poder y la mente para predicar el evangelio y alimentar al rebaño de Cristo, y también el Espíritu Santo que coopera, es decir, que persuade los corazones. San Pablo relata otras virtudes con las que deben dotarse los hombres de esta orden.

Por tanto, los que son enviados, ungidos y dotados de esta manera tienen un fervoroso cuidado por el rebaño del Señor y trabajan fielmente para alimentarlo; y nosotros los reconocemos en el número de obispos, ancianos y pastores, y como dignos de doble honor, y todo cristiano debe obedecer con la mayor prontitud sus mandamientos. Pero quienes se dedican a cosas diferentes se colocan en un lugar diferente y se distinguen por un nombre diferente.

Sin embargo, la vida de ninguno de ellos debería ser tan ofensiva como para que los cristianos vacilen en abrazar cualquier cosa que ellos puedan declarar, ya sea desde Moisés o desde la silla de Cristo; es decir, de la Ley o del evangelio. Pero las ovejas de Cristo no deben oír la voz de los que introducen cosas extrañas. Además, los que han recibido poder en las cosas seculares, según lo ordenado por Dios, lo tienen de manera tal que resiste a una ordenanza de Dios quien no está dispuesto a obedecer su dirección en asuntos que no entran en conflicto con los mandamientos de Dios. Por lo tanto, la acusación de algunos contra nosotros es una calumnia, a saber, que nuestros predicadores socavan la jurisdicción de los eclesiásticos. La jurisdicción temporal que tienen nunca ha sido interferida por nuestros predicadores. Y la jurisdicción espiritual, por la cual deben, por la Palabra de Dios, liberar las conciencias y alimentarlas fielmente del evangelio de Cristo. A menudo han invocado; tan lejos están de resistirlo. Pero la razón por la que no soportamos la doctrina de ciertos eclesiásticos y, según la necesidad, llamamos a otros en su lugar, o, como es manifiesto, retuvimos a los que han sido destituidos por las autoridades episcopales, es que estos últimos claramente proclamaron la voz de nuestro Pastor, mientras que los primeros declararon la de los extraños. Porque cuando se trata de los intereses del evangelio y de la sana doctrina, los que verdaderamente creen en Cristo deben volverse enteramente al Obispo de nuestras almas, Jesucristo, y de ninguna manera admitir la voz de extraños. En esto, a nadie se puede injuriar, ya que las palabras de Pablo son verdaderas: «Porque todo es vuestro; sea Pablo, sea

Apolos, sea Cefas, sea el mundo, sea la vida, sea la muerte, sea lo presente, sea lo por venir; todos es vuestro; y vosotros sois de Cristo; y Cristo es de Dios». Ciertamente, si Pedro y Pablo, con el mundo entero, son hasta ahora nuestros, y nosotros de ninguna manera de ellos, sino de Cristo, y él de su Padre —es decir, que en todas las cosas que somos, vivimos solo para él, con este fin, usando todas las cosas como nuestras—; ninguno de los eclesiásticos puede quejarse justamente de nosotros de que no les obedecemos lo suficiente, mientras sea evidente que seguimos la voluntad de Dios. Estas cosas se enseñan entre nosotros con respecto al oficio, la dignidad y la autoridad de los ministros de la Iglesia, y los pasajes de las Escrituras que hemos citado, y otros como esos, nos han influido para que creer que es verdad.

CAPÍTULO XIV
DE LAS TRADICIONES HUMANAS

Además, con respecto a las tradiciones de los padres, o aquellas que en este día ordenan los obispos y la Iglesia, la opinión de nuestros hombres es la siguiente:

Cuentan entre las tradiciones humanas rechazadas en las Escrituras solo aquellas que se oponen a la ley de Dios (como la atadura de la conciencia respecto a la carne, la bebida, los tiempos y otras cosas externas; como prohibir el matrimonio a aquellos a quienes es necesario para una vida honorable, y otras cosas de ese tipo). En cuanto a aquellas tradiciones que están de acuerdo con la Escritura, y que fueron instituidas por la buena moral y el beneficio de los hombres, aunque no se expresen en la Escritura en palabras, sin embargo, ya que fluyen del mandato del amor —que ordena todas las cosas de manera más conveniente— son rectamente consideradas divinas en lugar de humanas. De este tipo eran las de Pablo: que las mujeres no rezaran en la iglesia con la cabeza descubierta o los hombres con las cabezas cubiertas; que los que comulguen esperen al otro; que nadie debe hablar con lenguas en la congregación sin un intérprete; que los profetas sin confusión deben entregar sus profecías para ser juzgados por los oyentes. La Iglesia observa con razón muchas de estas cosas hoy y ordena cosas nuevas cada vez que surge la oportunidad. Quien rechaza esto, no desprecia a meros hombres, sino la autoridad de Dios; porque todo estatuto útil proviene de él, pues «toda la verdad que se habla o se escribe, se habla y se escribe como mandamiento de Aquel que es la verdad misma», tal como dice San Agustín. A menudo hay una disputa sobre qué tradición es útil y cuál no, es decir, qué tradición promueve y cual obstaculiza la piedad; pero quien no busca lo suyo, sino que se entrega enteramente al bienestar público, verá sin dificultad si algo corresponde al mandamiento divino o no. Además, dado que la condición de los cristianos es tal que incluso sacan beneficio de las injurias, el cristiano no se negará a obedecer ni siquiera las leyes injustas, siempre que no manden nada impío. Y esto en conformidad con el dicho de Cristo: «El que te obligue a ir una milla, ve con él dos». Por eso el cristiano debe ser realmente todo para todos, para que esté dispuesto a hacer todo por el beneficio y la piedad de los hombres y a sufrir, siempre que con ello no se opongan a los mandamientos de Dios. Por eso, todo el mundo obedece las leyes civiles que no entran en conflicto con la piedad, cuanto más fácilmente y más plenamente sean imbuidos de la fe en Cristo.

CAPÍTULO XV
DE LA IGLESIA

Debemos exponer ahora lo que pensamos sobre la Iglesia y los sacramentos. Por lo tanto, la Iglesia de Cristo —que con frecuencia es llamada el reino de los cielos—, es la comunión de aquellos que profesan ser cristianos y se han entregado por completo a la fe en él; con quienes, sin embargo, hasta el fin del mundo, se mezclan los que fingen fe en Cristo no teniéndola verdaderamente. Esto es lo que enseñó el Señor en la parábola de la cizaña, también por las redes que se arrojan al mar y sacan pescados malos juntamente con los buenos; y luego, también por la parábola del rey que ordenó que todos fueran invitados al matrimonio de su hijo, y pronto hizo que el que no tenía la prenda de boda fuera expulsado; además, también cuando la Iglesia es proclamada la novia de Cristo, por quien se entregó para que pudiera ser santificada; cuando se le llama la casa de Dios, columna y pilar de la verdad, el Monte Sion, la ciudad del Dios viviente, la Jerusalén celestial, la Iglesia de los primogénitos que están inscritos en el cielo; estos encomios pertenecen solo a aquellos que verdaderamente han obtenido un lugar entre los hijos de Dios porque creen firmemente en Cristo. Dado que el Salvador realmente gobierna entre ellos, se convierten en su Iglesia y congregación —es decir, la llamada sociedad de santos— como se explica el término «Iglesia» en el Credo Apostólico; a esta el Espíritu Santo gobierna, de esta Cristo jamás está ausente sino que la santifica a fin de presentársela sin culpa, sin mancha ni arruga; a esta, finalmente, quien no oyere, debe ser considerado un gentil y publicano. Aunque no se puede ver aquello por lo que ella tiene derecho a ser llamada la Iglesia de Cristo —esto es, la fe en Cristo—, puede ser suficientemente conocida por sus frutos. De estos frutos los más nobles son la valiente confesión de la verdad, el amor fraternal ofrecido a todos y el valiente desprecio de todas las cosas por amor a Cristo. Esto no puede faltar dondequiera que el evangelio y los sacramentos sean puramente administrados.

Dado que la iglesia también es el reino de Dios y, por lo tanto, todo en ella debe funcionar correctamente, ella tiene diferentes oficios para sus siervos; porque es un cuerpo compuesto de varios miembros, cada uno de los cuales tiene su propia labor. Mientras desempeñan de buena fe su ministerio, trabajando fervientemente en la palabra y la doctrina, representan verdaderamente a la Iglesia, de modo que quienquiera que les escuche, se puede decir con razón que escuchó a la iglesia. Pero por qué espíritu deben ser movidos y con qué autoridad dotados, lo mencionamos anteriormente y dimos cuenta de nuestra fe en este asunto cuando explicamos nuestra fe con respecto al ministerio de la iglesia. Porque los que enseñan lo que está en conflicto con los mandamientos de Cristo no pueden representar a la Iglesia de Cristo; sin embargo, puede ocurrir —y de hecho ocurre con frecuencia— que los malvados tanto profetizan en el nombre de Cristo como juzgan en la Iglesia. Pero quienes proponen lo que difiere de las doctrinas de Cristo, aunque estén dentro de la Iglesia, sin embargo, puesto que están absortos en el error y no proclaman la voz del Pastor, sin duda no pueden representar a la Iglesia, la esposa de Cristo. Por tanto, no deben ser escuchados en el nombre de Cristo, ya que las ovejas de Cristo no siguen la voz de un extraño. Estas cosas que nuestros teólogos enseñan de la Iglesia derivan de los pasajes citados y pasajes similares.

CAPÍTULO XVI
DE LOS SACRAMENTOS

Además, dado que la Iglesia vive aquí en la carne —aunque no anda según la carne— agradó al Señor enseñarla, amonestarla y exhortarla también por la Palabra externa; y para que esto suceda más convenientemente, quiso también que los suyos mantuviesen una sociedad externa entre ellos. Por lo cual también les ha dado símbolos sagrados, a los que llamamos sacramentos. Entre estos el Bautismo y la Cena del Señor son los principales. Creemos que estos fueron llamados sacramentos por los antiguos, no solo porque son signos visibles de la gracia invisible (para usar las palabras de San Agustín), sino también porque en ellos se hace —por así decirlo— una profesión de fe.

CAPÍTULO XVII
DEL BAUTISMO

Así que confesamos sobre el Bautismo, lo que las Sagradas Escrituras enseñan en varios lugares, que por medio de él somos sepultados en la muerte de Cristo, unidos en un solo cuerpo, y revestidos de Cristo; que es el lavamiento de la regeneración, el cual lava los pecados y nos salva.

Todo esto lo entendemos como lo interpreta San Pedro cuando dice: «Y correspondiendo a esto, el Bautismo ahora también nos salva, no eliminando la inmundicia de la carne, sino como petición de una buena conciencia hacia Dios». Porque sin fe es imposible agradar a Dios, y somos salvos por gracia, no por nuestras obras. Pero ya que el Bautismo es el sacramento del Pacto que Dios hace con aquellos que son suyos, prometiendo ser Dios y Protector suyo así como de su descendencia, y tenerles como Su pueblo, y finalmente, ya que es un símbolo de renovación a través del Espíritu —la cual ocurre a través de Cristo—, nuestros teólogos enseñan que también se les debe dar a los infantes, no menos que como antes, bajo Moisés, eran circuncidados. Porque en verdad somos hijos de Abraham. Por lo tanto, no menos a nosotros que a los antiguos, pertenece la promesa: «yo seré tu Dios y el Dios de tu descendencia».

CAPÍTULO XVIII
DE LA EUCARISTÍA

Con respecto a este venerable sacramento del cuerpo y la sangre de Cristo, todo lo que los evangelistas, Pablo y los santos padres, han dejado por escrito, nuestros hombres, en la mejor fe, enseñan, encomiendan e inculcan. Por eso nuestro pueblo proclama con especial celo la bondad de Cristo para con los suyos, según la cual él, no menos hoy que en aquella última cena, a todos los que con sinceridad han dado su nombre entre sus discípulos y reciben esta Cena según su institución, se digna dar su verdadero cuerpo y su verdadera sangre para ser verdaderamente comido y bebido como alimento y bebida de las almas, con lo cual son alimentados para vida eterna, para que él viva y permanezca en ellos y ellos en él, para ser resucitados por él en el último día a una vida nueva e inmortal, según sus palabras de verdad eterna: «Toma, come; este es mi cuerpo», etc.; «bébanlo todos; porque esta es mi sangre», etc. Ahora, nuestros eclesiásticos, con especial diligencia, apartan la mente de nuestro pueblo tanto de toda contienda como de toda indagación superflua y curiosa hacia lo único que es provechoso, y lo único que fue considerado por Cristo nuestro Salvador, es decir, que, alimentados de él, vivamos en él y por él una vida agradable a Dios, santa, y por tanto eterna y bendita, y que los que participamos de un solo pan en la Santa Cena seamos entre nosotros un solo pan y un solo cuerpo. De ahí que el divino Sacramento sea administrado y recibido en la Sagrada Comunión con la mayor devoción y especial reverencia.

De estas cosas, que son verdaderamente de esta manera, su Venerable Majestad, el Clementísimo Emperador, sabe cuán falsamente nuestros adversarios proclaman que nuestros hombres cambian las palabras de Cristo y les hacen violencia con interpretaciones humanas; que nada excepto el mero pan y el mero vino se administran en nuestra Cena; y así, entre nosotros, la Cena del Señor ha sido despreciada y rechazada por ellos. Porque con la mayor seriedad nuestros hombres siempre enseñan y exhortan a que cada hombre con fe simple abrace estas palabras del Señor, rechazando todos los recursos y falsas interpretaciones de los hombres, y eliminando toda vacilación, apliquen su mente a su verdadero significado, y finalmente, que con tanta devoción como sea posible, reciban estos sacramentos para la alimentación vivificante de sus almas y el recuerdo agradecido de tan gran beneficio; tal como se hace generalmente ahora entre nosotros con mayor frecuencia y devoción que antes. Al mismo tiempo, sin embargo, nuestros predicadores siempre se han ofrecido, y todavía se ofrecen hoy, para dar cuenta de su fe y de su doctrina con toda modestia y verdad, acerca de todo lo que creen y enseñan con respecto a este sacramento, y esto, de hecho, no solo a Su Venerable Majestad, sino a todo el que lo demande.

CAPITULO XIX
LA MISA

Además, desde que Cristo instituyó su Cena de esta manera, la cual luego comenzó a llamarse misa —es decir, que allí los fieles, siendo alimentados con su cuerpo y sangre hasta la eternidad, deben manifestar su muerte, por la cual son redimidos—, nuestros eclesiásticos, de esta manera dando gracias y recomendando esta salvación a otros también, no podían hacer otra cosa que condenar, por un lado, el descuido general de estas cosas y, por otro, la presunción de los celebrantes de las misas al ofrecer a Cristo por los vivos y los muertos, y haciendo de la misa una obra por la cual se obtiene, casi por sí sola, el favor de Dios y la salvación, sin importar lo que los hombres crean o como vivan. Por lo tanto, el comercio vergonzoso y extremadamente impío en este santuario se ha infiltrado, y ha llegado al punto en que hoy no hay nada más lucrativo que la misa.

Nuestro pueblo, por tanto, rechazó las misas privadas porque el Señor ordenó este sacramento a sus discípulos para ser usado en comunidad. Por eso, Pablo también ordena a los corintios que se esperen unos a otros cuando participen de la Santa Cena, y declara que la Cena del Señor no es observada cuando todos están comiendo su propia comida en la mesa. Además, su jactancia de que ofrecen a Cristo como una víctima, nuestros hombres la condenan, porque la Epístola a los Hebreos testifica claramente que así como los hombres mueren una vez, así también Cristo fue ofrecido una vez para quitar los pecados de muchos, y no puede ser ofrecido otra vez más de lo que puede morir otra vez; y por este motivo, como sacrificio perfecto por nuestros pecados, se sienta para siempre a la diestra de Dios, esperando lo que resta, hasta que sus enemigos sean puestos como estrado bajo sus pies. «Porque por una sola ofrenda perfeccionó para siempre a los que son santificados». Pero, el hecho de que ellos hagan de la misa una buena obra, de la cual se obtiene algo de Dios, nuestros predicadores han enseñado que entra en conflicto con la declaracion uniforme de las Escrituras; que somos justificados y que recibimos el favor de Dios por el Espíritu de Cristo y por medio de la fe, acerca de lo cual los testimonios bíblicos ya han sido citados anteriormente. Que además la muerte de Cristo no se proclame en la misa, los nuestros han demostrado que es contrario al mandamiento de Cristo (de recibir estos sacramentos en memoria de él mismo), y a la admonición de Pablo (de proclamar la muerte del Señor hasta que él venga).

Pero, el hecho de que muchos ahora lean la misa, sin ninguna mente piadosa, sino simplemente con el propósito de alimentar el cuerpo, nuestros predicadores han demostrado que es tan execrable para Dios que a pesar de que la misa en sí no era un obstáculo para la piedad, sin embargo, debería, justamente y por orden de Dios, ser abolida. Esto está claro tan solo desde Isaías. Porque nuestro Dios es espíritu y verdad, y por lo tanto no quiere ser adorado salvo en espíritu y en verdad. Además, cuán doloroso es para el Señor esta charlatanería indecorosa introducida con referencia a estos sacramentos —que también han enseñado—, debe conjeturarse por el hecho de que Cristo tan severamente y totalmente en contra de sus modales acostumbrados, tomando para sí mismo venganza externa, echó del templo a aquellos compradores y vendedores, aunque parecían estar haciendo negocios solo para que se hiciesen mayores sacrificios de acuerdo con la ley.

Por lo tanto, dado que el rito de la misa, como se celebra comúnmente, entra en conflicto de tantas maneras con la Escritura de Dios, y como también es diferente, en muchos aspectos, de lo que observaron los santos padres, ha sido condenado muy severamente entre nosotros desde el púlpito, y por la Palabra de Dios, llegando a ser tan detestable que muchos lo han abandonado por su propia voluntad, y otros tantos cuando fue abrogada por la autoridad del magistrado. Esto lo hemos admitido por ninguna otra razón que porque, a lo largo de toda la Escritura, el Espíritu de Dios no detesta nada tan fervientemente, ni manda que algo sea eliminado tan seriamente, como una adoración a Él inventada y falsa. Ahora bien, todo el que no carece del todo de religión sabe la obligación inevitable que recae sobre el hombre temeroso de

Dios tan pronto como está convencido de que Dios exige algo. Porque cualquiera podría prever fácilmente cuántos soportarían que cualquier cosa, en un rito tan sagrado como la misa, fuera cambiada por nosotros; tampoco hubo quien no hubiera preferido no solo no ofender a Su Venerable Majestad, sino incluso a cualquier príncipe de la más baja categoría. Pero puesto que no se tenía la menor duda de que por el rito común de la misa Dios era grandemente provocado a ira, y su gloria —por la cual ellos incluso debían entregar la vida—, se oscurecía, no debían haber hecho otra cosa que quitarla, no fuera que por su consentimiento se hiciesen responsables de disminuir la gloria de Dios. En verdad, si Dios ha de ser amado y adorado sobre todo, los hombres piadosos no deben tolerar nada de lo que Él abomina. Acerca de que esta singular causa nos ha constreñido para cambiar ciertos asuntos concernientes a estas cosas, llamamos como testigo a aquel para quien nada es secreto ni oculto.

CAPÍTULO XX
DE LA CONFESIÓN

Puesto que, verdaderamente, la confesión de los pecados que surge de la piedad no puede ser realizada por ningún hombre si su arrepentimiento y verdadera contrición de alma no le impulsen a ello, esta no puede ser obtenida por la fuerza por ningún mandamiento. Por tanto, ni el mismo Cristo ni los apóstoles quisieron ordenarla. Por esta razón, por lo tanto, nuestros eclesiásticos exhortan a los hombres a confesar sus pecados, y juntamente con ello a mostrar su fruto —a saber, que un hombre busque en privado consuelo, consejo, doctrina e instrucción de alguien que sea cristiano y sabio—; sin embargo, que por mandamientos no se obligue a nadie, sino que se afirme que tales mandamientos dañan la piedad. Porque la institución de confesar los pecados a un sacerdote ha llevado a innumerables almas a una grave desesperación, y está sujeta a tantas otras faltas que debería haber sido abrogada hace mucho tiempo; e indudablemente habría sido abrogada si los oficiales de las iglesias en tiempos más recientes hubiesen ardido con el mismo celo por remover escollos así como Nestorio, obispo de Constantinopla, en tiempos anteriores, abolió la confesión secreta en su iglesia debido a que una mujer de la nobleza, quien iba a menudo a la iglesia como para realizar obras de penitencia, se encontraba frecuentemente durmiendo con un diácono. Indudablemente, en muchos lugares se cometieron innumerables pecados de este tipo.

Además, las leyes pontificias requieren que el oyente y el juez de la confesión sea de tal carácter, tan santo, erudito, sabio y misericordioso, que apenas se pueda determinar a quién confesar entre los que son nombrados comúnmente para escuchar las confesiones. Los doctos también opinan que es mejor confesarse a un laico que a un sacerdote de quien no se puede esperar la edificación en la piedad. En resumen, una confesión que no es provocada por un arrepentimiento serio y un verdadero dolor del alma por los pecados hace más daño que bien. Por tanto, puesto que solo Dios puede darnos arrepentimiento de nuestros pecados y verdadero dolor por haberlos cometido, nada saludable en este asunto puede lograrse mediante preceptos, como la experiencia misma lo ha puesto de manifiesto.

<h2 style="text-align:center">CAPÍTULO XXI
DE LOS CANTOS Y ORACIONES DE LOS ECLESIÁSTICOS</h2>

Por la misma razón —a saber, para que no se permitiese una ofensa a Dios, que pudiera ocurrir bajo el pretexto de su servicio, aparte de lo cual nada puede ofenderlo más— nuestros hombres han condenado la mayoría de las cosas en cuanto a los cánticos y oraciones de los eclesiásticos. Porque es claramente manifiesto que estos han degenerado desde la primera institución de los padres, ya que nadie que haya examinado los escritos de los antiguos ignora que ellos tenían la costumbre de leer enfáticamente algunos salmos y también exponerlos en conexión con un capítulo de la Escritura; mientras que ahora se cantan muchos de los salmos, pero casi sin pensar, y de la lectura de la Escritura solo quedan los comienzos de los capítulos, mientras que se incluyen innumerables cosas que, una tras otra, sirven más a la superstición que a la piedad. Por lo tanto, en primer lugar nuestros ministros han denunciado la mezcla de no pocas cosas que son contrarias a las Escrituras con las santas oraciones y los cánticos, ya que atribuyen a algunos santos lo que pertenece solo a Cristo —es decir, la liberación de los pecados y de otros males— y no tanto para obtener el favor de Dios y toda clase de bendiciones por la súplica como para otorgarlos como un regalo. En segundo lugar, que su multitud se ha vuelto demasiado grande para ser cantada o recitada con un corazón devoto; pero si uno le habla a Dios sin pensar, no es más que una burla. Finalmente, que de ellos se han hecho obras meritorias, que se venden por un precio no pequeño, sin mencionar que, contrario al mandato expreso del Espíritu Santo en las Escrituras, todo se habla y se canta en un idioma que no solo el pueblo no entiende, sino que a veces ni siquiera los entienden los que se ganan la vida con estos cánticos y oraciones.

<h2 style="text-align:center">CAPÍTULO XXII
DE LAS ESTATUAS E IMÁGENES</h2>

Finalmente, contra las estatuas e imágenes nuestros predicadores han aplicado los santos oráculos, principalmente porque estas comenzaron a ser adoradas y veneradas abiertamente, y se les dedicaba un gasto vano que se debía al Cristo hambriento, sediento y desnudo; y, por último, porque mediante su adoración y el gasto que requirieron (ambas cosas en conflicto con la Palabra de Dios) se buscaban méritos con Dios.

Este error religioso también ha sido contrarrestado por la autoridad de la Iglesia antigua que, sin duda, abominó ver imagenes pintadas o talladas en la casa de Dios, tal como es suficientemente probado por el acto que Epifanio, obispo de Salamina en Chipre, informó de sí mismo; que cuando él vio en una cortina en cierta iglesia, una imagen de Cristo o de algun santo (pues escribe que no recuerda exactamente), se enardeció de tal indignación al ver colgando en la iglesia aquella imagen de un hombre en oposición a la autoridad de las Escrituras, y a nuestra fe y religión, que en seguida rasgó la cortina y ordenó que con ella se envolviese el cadáver de un pobre. La carta en la que este hombre de Dios narra esto de sí mismo —escribiendo a Juan, obispo de Jerusalén—, San Jerónimo la ha traducido como genuina al latín, y no ha tachado ni una palabra, en lo más mínimo, en desaprobación al juicio de Epifanio acerca de las imágenes. De esto se deduce claramente que ni San Jerónimo, ni el obispo de Jerusalén a quien Epifanio escribió, pensaban distinto con respecto a las imágenes.

Porque la declaración que se hace comúnmente, que mediante las estatuas e imágenes se enseña e instruye a los más rudos, no es razón suficiente para tolerar pinturas y estatuas, especialmente cuando la gente las adora. El pueblo antiguo de Dios era de una clase más tosca, por lo que era necesario instruirlos mediante numerosas ceremonias; sin embargo, Dios jamás pensó que las imágenes fuesen de un valor tal que pudiesen enseñar e instruir a los más rudos, ya que las prohibió entre las cosas más importantes. Si se responde que Dios prohibió las imágenes que fueron adoradas, se sigue inmediatamente que cuando todos hayan comenzado a adorarlas, deberían ser retiradas universalmente de las iglesias a causa de la ofensa que ocasionan. Porque todas las cosas en la Iglesia deben estar encaminadas a la edificación, y de ninguna manera debería tolerarse algo que pueda servir como una trampa y no generar ningún beneficio.

Además, como generalmente se objeta acerca de la enseñanza, San Atanasio, refutando a los paganos que defienden sus ídolos con este argumento, lo rechaza de esta manera: «Que digan, pregunto, ¿de qué manera Dios es conocido a través de las imágenes? ¿A través del material del que están hechas, o a través de la forma que se le ha dado? Si es a causa de la materia, ¿qué necesidad hay ahora de la forma? Ya que incluso antes de que fuese formada, Dios podía ser conocido a partir de la materia (en el sentido de que todo da testimonio de su gloria). Pero, si la forma dada a la materia es la causa del conocimiento de Dios, ¿qué necesidad hay ahora del cuadro y otros materiales?, porque ¿acaso no se conoce a Dios más bien a través de los mismos animales de los cuales se hacen las imágenes? Porque la gloria de Dios se ve más claramente a través de seres animados, racionales e irracionales, que lo que se manifiesta a través de lo inanimado e inmóvil. Por lo tanto, cuando, con el fin de comprender a Dios, esculpes o moldeas imágenes, haces lo que de ninguna manera es digno de Él». Lactancio también ha dicho mucho en oposición a este pretexto (*Instituciones Divinas*, libro II). Porque para el que puede ser enseñado con provecho, en adición a las palabras de exhortación, las obras vivas y verdaderas de Dios, por sí mismas, son de mucha más ayuda que las vanas imágenes que los hombres preparan.

Dado que Dios ha dado su juicio sobre las imágenes en tantos pasajes de las Escrituras, no es apropiado que los hombres esperemos algún beneficio de los objetos cuyo peligro Dios nos ha mandado evitar, especialmente cuando nosotros mismos hemos aprendido por experiencia, cuánto obstaculizan la piedad. Nuestros hombres también confiesan que, en sí mismo, el uso de imágenes es libre; no obstante, por libre que sea, el cristiano debe considerar lo que es conveniente y que edifica, y debe usar imágenes de tal manera y en tal lugar que no presenten un obstáculo para nadie. Porque Pablo estaba dispuesto a tener prohibidos tanto la carne como el vino durante toda su vida si sabía que, de alguna manera, dañaban el bienestar de los demás.

CAPÍTULO XXIII
DE LOS MAGISTRADOS

Hemos señalado anteriormente que nuestros eclesiásticos han asignado un lugar de primer orden, entre las buenas obras, a la obediencia que se rinde a los magistrados; y, asimismo, que enseñan que toda persona debe obedecer más diligentemente las leyes públicas en la medida en la que sea más justa y más devota en su cristianismo. En consecuencia, enseñan que ejercer el cargo de magistrado es la función más sagrada que puede ser otorgada por Dios. Por lo cual ha sucedido que los que ejercen el poder público son llamados «dioses» en las Escrituras. Porque si administran su oficio de manera adecuada y apropiadamente, la doctrina y la vida del pueblo irán bien; ya que Dios suele ordenar nuestros asuntos de modo que el bienestar y la ruina de los súbditos dependan en gran parte de los que están a la cabeza. Por tanto, nadie ejerce los deberes de magistrado más dignamente que los mejores y más devotos cristianos. De ahí que los emperadores y reyes más devotos hayan promovido a obispos y otros clérigos a ramas administrativas seculares. En este asunto, aunque eran religiosos y sabios, había una falla: a saber, que no podían hacer lo necesario para la administración adecuada de ambos cargos, y tenían que fallar, ya sea en su deber para con las iglesias al gobernarlas por la Palabra, o en su deber para con el estado al gobernarlo con autoridad.

CONCLUSIÓN

Estos son los puntos principales, invencibilísimo y piadosísimo emperador, en los que nuestros hombres se han alejado en cierta medida de la doctrina común de los eclesiásticos, siendo impelidos a ello por la sola autoridad de las Escrituras, que, muy justamente, es preferible a todas las demás tradiciones. Estas cosas, expuestas por nosotros como pudimos en tan breve tiempo, deseamos ofrecer, Su Sacra Majestad, para dar cuenta de nuestra fe a usted a quien, después de Dios, honramos y reverenciamos principalmente; y también para mostrar cuán necesario es consultar con prontitud y gravedad, de qué manera y forma se conocerá, sopesará y discutirá un asunto de tan grande importancia, como en primer lugar lo exige el respeto a Dios, por cuyo exaltado interés debemos actuar con temor y temblor; y como en segundo lugar, es digno de Su Santa Majestad, tan reconocido por su clemencia y religión; y finalmente, los mismos medios para alcanzar la paz que exige Su Majestad; aquella paz segura y firme que, cuando hay disensión acerca de la fe y la religión, no puede adquirirse como cuando, antes que todas las cosas, las mentes de los hombres están claramente instruidas acerca de la verdad.

Además, quizás parezca innecesario que mencionemos tantas cosas relacionadas con estos asuntos, ya que los príncipes más famosos —el Elector de Sajonia y otros— han expuesto de manera muy completa y exhaustiva los asuntos de controversia actual en nuestra sagrada religión. Pero, debido a que Su Venerable Majestad ha requerido que todos los que tienen algún interés en este asunto le declaren su opinión, por eso también hemos considerado nuestro deber presentar a Su Santa Majestad la confesión de lo que se enseña entre nosotros. Aunque el tema es tan vasto y abarca tantas cosas que incluso lo que hemos declarado en ambos lados es demasiado minúsculo y escaso como para permitir la esperanza de determinar algo cierto en estas controversias, y algo que pueda recibir la aprobación, no de todos, pero al menos de una buena parte del pueblo cristiano, pues tan pequeño, en verdad, es el número de quienes se suscriben a la verdad. Dado que, por lo tanto, este es un asunto de gran importancia, y es tan variado y diverso, y dado que no puede decidirse de manera provechosa a menos que sea bien conocido y examinado por muchos, rogamos a Su Sacra Majestad, y muy huildemente requerimos de Dios y de nuestro Salvador —cuya gloria indudablemente usted busca en primer lugar— que haga convocar, tan pronto como sea posible, un Concilio General, libre y verdaderamente cristiano; lo cual, hasta ahora, ha parecido tan necesario, tanto a Su Sagrada Majestad como a otros príncipes, para pacificar los asuntos de la Iglesia, que en casi todas las asambleas del Imperio que se han celebrado desde el comienzo de esta disensión acerca de la religión, tanto los comisionados de Su Sagrada Majestad como otros príncipes del Imperio testificaron públicamente que de ninguna otra manera en estos asuntos podría lograrse lo que es provechoso. Por lo tanto, en la última asamblea celebrada en Espira, Su Sacra Majestad dio ocasión para esperar que el Romano Pontífice no impidiera la pronta convocatoria de tal concilio.

Pero si la oportunidad de un consejo general no puede obtenerse a tiempo, sin embargo, al menos Su Sagrada Majestad podría nombrar una asamblea provincial de los doctores de todos los grados y estados, a la cual todos los que sea conveniente que estén presentes puedan acudir con libertad y seguridad, que cada hombre puede ser escuchado, y todas las cosas puedan ser sopesadas y juzgadas por tales hombres, quienes —es seguro—, estando dotados del temor de Dios, nada preferirán antes que su gloria. Porque no es desconocido con qué dignidad y diligencia se condujeron en tiempos pasados, tanto los emperadores como los obispos, al decidir controversias de fe, las cuales no obstante eran frecuentemente de mucha menos importancia que las que ahora están agitando a Alemania; de modo que pensaron que valía la pena reunirlos para examinar las mismas cosas una segunda y tercera vez. Ahora bien, quien considere cómo están las cosas en el presente no puede dudar de que en este día se necesita mayor fidelidad, seriedad, mansedumbre y habilidad que nunca antes, para que la religión de Cristo pueda ser restaurada a su propio lugar. Porque si la verdad está con nosotros, como sin duda creemos, ¡cuánto tiempo, trabajo y oración, se requerirá para que ellos también lo reconozcan; sin el consentimiento, o al menos la concesión de los cuales, no se logrará una sólida paz! Pero si erramos —de lo cual no tenemos dudas de que estamos muy distantes—, se requerirá no poco cuidado y no poco tiempo para que tantos miles de personas vuelvan al camino correcto. Dedicar tal cuidado y tiempo a esta causa no contradice la dignidad de Su Majestad, ya que es justo que usted nos exprese la mente de Jesucristo, quien es el Redentor de todos nosotros y en cuyo lugar usted nos gobierna. Puesto que él vino con el propósito de buscar y salvar lo que se había perdido, no hay razón por la cual Su Venerable Majestad, aunque crea que, sin lugar a dudas, hemos caído de la verdad, rehúse dejar a las noventa y nueve en el desierto, y buscar la centésima y traerla de vuelta al redil de Cristo; es decir, preferir este asunto a todos los demás asuntos, para que el significado de Cristo en cada una de estas cosas —las cuales están actualmente en controversia— pueda sernos explicado clara y definitivamente desde las Escrituras, a pesar de que seamos pocos y de una clase humilde. Ciertamente seremos enseñables y dejaremos de lado toda obstinación, siempre que se nos permita escuchar la voz de nuestro Pastor Jesucristo, y todas las cosas sean sustentadas por las Escrituras, las cuales enseñan todo aquello que es bueno. Porque si ocurriera que, siendo rechazado el cuidado de enseñarnos, se procurasen formas compendiosas de edictos (lo cual no tememos mientras el asunto está en manos de Su Venerable Majestad), tantos miles de personas entrarían en un miedo indescriptible; quienes, persuadidos de que es a Dios a quien se debe prestar oído en primer lugar, y luego, que los dogmas que seguimos se apoyan en los indudables oráculos de Dios, están siempre atemorizados por los dichos del Salvador: «No temas a los que matan el cuerpo»; «El que pierde su vida la encontrará»; «Si alguien no odia a su padre y madre, etc., sí, y también a su propia vida, no puede ser mi discípulo»; «Todo aquel que se avergüence de mí en esta generación adúltera y pecadora, de él también me avergonzaré ante mi Padre y sus ángeles»; y cosas por el estilo.

Conmovidos por esta voz atronadora, muchos tolerarán valientemente hasta el extremo; el miedo a la muerte abatiría a algunas personas si en este asunto no se usara de doctrina sino de edictos, y de violencia antes que hacerles notar su error, pero esto solo por un tiempo. Porque el valor de una sólida persuasión acerca de la religión, y cómo esta hace que los hombres no tengan en cuenta no solo la propiedad, sino también la vida misma, se ha visto suficientemente —e incluso más que suficiente— en muchos, durante los últimos diez años, por no hablar de las generaciones anteriores, quienes han sufrido voluntariamente no solo el exilio y la proscripción, sino incluso las cadenas, la tortura y la muerte misma, antes que dejarse apartar del juicio que concibieron y que creyeron como verdadero. Si ahora, cuando hay un desacuerdo concerniente a los asuntos de menor importancia, se encuentran pocos a quienes se pueda llevar a una concordia no fingida a menos que se les persuada de la ley o la equidad de sus condiciones, ¿cómo, entonces, cuando la controversia es concerniente a la religión, podemos esperar verdadera paz e indudable tranquilidad de los asuntos —como la que Su Venerable Majestad está tratando de establecer— a menos que en ambos lados se acuerde qué es lo que Dios aprueba y qué es lo que armoniza con las Escrituras? Porque así como la religión, por derecho y costumbre de las naciones, es preferida antes que todas las demás cosas; así ninguna controversia de los mortales entre sí podría ser más vehemente y severa que la que se emprende por los altares y las divinidades. Pero como Su Venerable Majestad ha usado tan inexpresable clemencia hacia sus enemigos, —es decir, hacia aquellos que (por no hablar de otras cosas) han ejercido toda clase de hostilidad— abrigamos con justicia la esperanza de que también en este asunto maneje todo de tal manera que se reconozca que ellos están en contra nuestra, para quienes su bienestar y honor están siempre en el corazón, como lo hemos demostrado por nuestros hechos y como lo demostraremos ardientemente en el futuro. Porque hemos arreglado todo en este asunto de tal manera que para todos los justos debe haber sido claro que nunca se nos ha ocurrido dañar a alguien o comprar nuestra ventaja con el daño de otros. Ciertamente hemos corrido peligro por este asunto, y hemos tenido muchos costos, pero ni la más mínima ganancia, excepto por una cosa, que estamos mejor instruidos acerca de la gracia que Dios nos ofrece en Cristo, y por la gracia de Dios hemos comenzado a esperar con más confianza el futuro. Esto es de tal importancia para nosotros que no creemos que hayamos hecho o sufrido todavía nada que sea digno de ello, ya que es inestimable y debe preferirse por encima de todas las cosas que hay en los cielos y en la tierra. Tan lejos hemos estado de añorar las riquezas de los eclesiásticos que cuando los labradores fueron alborotados defendimos tales recursos, en interés de los eclesiásticos, con el mayor costo y peligro. El evangelio de nuestro Señor Jesucristo (¡que nos ama tanto!) es lo único que nos insta y nos ha inducido a hacer todas aquellas cosas que parecen haber sido introducidas como innovaciones.

Que, por lo tanto, Su Venerable Majestad prefiera seguir el ejemplo de los emperadores más poderosos y verdaderamente felices, Constantino, Joviniano, Teodosio y otros semejantes, quienes mediante la doctrina enseñada diariamente con toda humildad por los más santos y vigilantes obispos, y también mediante los concilios legítimamente reunidos, y mediante la discusión seria de todas las cosas se ocuparon de los que yerran y trataron por todos los medios de traerlos de vuelta al camino antes de que determinaran algo más severo en su contra; antes que seguir el ejemplo de aquellos que, ciertamente, tuvieron consejeros que eran muy diferentes a los antiguos y verdaderamente santos padres, y alcanzaron un resultado que no correspondía en modo alguno a la piedad de estos últimos. En consecuencia, que Su Venerable Majestad no se aparte de esto al afirmar que la mayor parte de lo que se está discutiendo ahora se ha decidido antes, especialmente en el Concilio de Constanza, porque es notorio que el clero no tiene nada en común con las innumerables, igualmente santas y necesarias resoluciones de las anteriores asambleas eclesiásticas, y que con este, todo ha degenerado de tal modo que todos los dotados de sentido común deben exclamar que se necesita un concilio para la restauración de la religión y la santidad del orden eclesiástico. Pero si lo que se decretó en Constanza les agradó tanto, ¿cómo es posible que mientras tanto lo que demanda ese decreto no se haya llevado a cabo de ninguna manera (que cada diez años se celebre un concilio cristiano)? Porque haciendo esto se podría recuperar o conservar mucha piedad y fe.

Pero, ¿quién negaría que, siempre que estalla la enfermedad, también debe usarse el remedio, y que quienes realmente están en posesión de la verdad no pueden dudar nunca en presentársela a los buenos y defenderla de los malos en donde cualquier fruto de ella haya de ser esperado? Dado que tantos miles viven ahora en la más triste confusión con respecto a las enseñanzas de la religión, ¿quién puede negar que existe la esperanza de frutos más abundantes, tales que puedan instar a todos aquellos a quienes el Espíritu de Cristo gobierna a que, abandonando todas las demás cosas, y sin estimar ningún trabajo o gasto demasiado grande, se dediquen con todos sus poderes a esta única cosa; a saber, que la doctrina de Cristo —fuente de toda justicia y salvación— pueda ser considerada adecuadamente, purgada de todos los errores y ofrecida en su forma natural a todos los que aman la piedad y la verdadera adoración a Dios, mediante la cual una paz santa y eternamente firme y la verdadera tranquilidad de todas las cosas puedan ser restauradas y confirmadas a las ovejas de Cristo, por quienes Él ha derramado su sangre, y quienes ahora son tan excesivamente perturbadas? Como hemos dicho, esta paz no podrá ser restaurada y confirmada de ninguna otra manera. Porque, mientras que en otras cosas a veces deben ceder, en cuestiones de piedad deben aferrarse tanto a las palabras de Dios y confiar en ellas de modo tal que si tuvieran mil almas, estén más dispuestos a llevarlas al matadero que a entregar un jota o una tilde de lo que creen que es un mandamiento de Dios. Ahora, si una sola alma tiene más valor que el mundo entero, ¿qué se debe hacer por la salvación de tantas miríadas? Tal esperanza nos invita, en verdad, desde la consideración de que aquellos que son acusados de error ante Su Venerable Majestad no piden nada más que instrucción, y se han aplicado plenamente a las Sagradas Escrituras, que son completamente suficientes para refutar todo error, y porque Cristo nuestro Redentor ha prometido inequívocamente que donde dos o tres estuvieran reunidos en su nombre, él estaría entre ellos y les concedería aquello en lo que se pusieren de acuerdo.

Estas cosas, Sacro Emperador, aquí las mencionamos no por otra razón sino para mostrar nuestra obediencia a su deseo de que expongamos nuestra opinión sobre la reforma de la religión. Porque, de lo contrario, tenemos la esperanza de que Su Venerable Majestad considere bien y vea suficientemente aquello a lo que la necesidad nos impulsa, qué fruto incita y, finalmente, cuán digno es esto para Su Venerable Majestad, que es tan alabado por la religión y la clemencia; que, reunidos todos los hombres de la más alta reputación de erudición y piedad, se haga el esfuerzo de aprender qué debe pensarse de cada doctrina que se acaba de discutir, y luego, los ministros idóneos de Cristo darán una explicación, con toda mansedumbre y fidelidad, a los que se cree que están en el error. Sin embargo, como también es de temer que no faltan los que tratan de llevar a Su Venerable Majestad hacia otros pensamientos, nos ha parecido bien responderles de esta manera, como a Su Venerable Majestad en persona; y todas las otras cosas que hemos expuesto y confesado para ningún otro propósito que, por nuestra parte, mantener la gloria de Cristo Jesús, nuestro Dios, y obedecer a Su Majestad Imperial, como es correcto; le rogamos, de acuerdo con su excelencia y clemencia, por lo que eres dueño, para tomar e interpretar en buena parte, y para dignarse a considerarnos entre aquellos que verdaderamente desde el corazón desean mostrarse no menos obedientes y sumisos con la mayor sumisión que nuestros ilustres antepasados, estando preparados en esta causa, hasta ahora como es legal, entregar tanto la propiedad como nuestras vidas. ¡Que el Rey de reyes, Jesucristo, conceda a Su Venerable Majestad en este asunto, así como en otros, hacer todas las cosas para su gloria, y preservarte durante mucho tiempo y felizmente hacerte avanzar tanto en salud como en prosperidad, para el bienestar de todo el gobierno cristiano! AMÉN.

LA PRIMERA CONFESIÓN DE BASILEA

I. ACERCA DE DIOS

Creemos en Dios el Padre, Dios el Hijo y Dios el Espíritu Santo; una Trinidad santa y divina; tres personas y un solo Dios eterno y todopoderoso en esencia y sustancia, y no tres dioses. También creemos que Dios ha creado todas las cosas por su Verbo eterno, es decir, por su Hijo unigénito, y que preserva y fortalece todas las cosas por Su Espíritu, es decir, por Su poder; y, por lo tanto, Dios sostiene y gobierna todas las cosas, ya que Él las creó[529].

Por consiguiente, confesamos que antes de crear el mundo, Dios escogió a todos los que quería otorgar la herencia de la salvación eterna[530].

II. ACERCA DEL HOMBRE

Confesamos que en el principio Dios hizo al hombre intachable y a imagen de la justicia y santidad, pero él voluntariamente cayó en pecado. Por esta caída toda la raza humana fue corrompida y sujetada a la condenación. Además, nuestra naturaleza fue debilitada y se volvió tan inclinada al pecado que, a menos que sea restaurada por el Espíritu de Dios, el hombre ni hace ni quiere hacer nada bueno de sí mismo[531].

---

[529] La fe universal. Esto se prueba por las Escrituras enteras del Antiguo y Nuevo Testamento en muchos pasajes: Gén. 1:1 ff.; Jn. 1:14; I Cr. 29:11.12; Hch. 2:23.

[530] Rom. 8:28 ff.; 9:6 ff.; 11:5 ff.; Ef. 1:4 ff.

[531] Gén. 1:26; Ef. 4:21; Gén. 8:6; 5:3; Rom. 5:12, 15 ff.: I Cor. 15:21 f.; Ef. 2:1 ff.; Gén. 6:5; 8:21; Jn. 3:3 ff.; Rom. 3:10 ff., 23; Sal. 142 (143): 2. 10; Ef. 2:1 ff.

III. EL CUIDADO DE DIOS POR NOSOTROS

Aunque el hombre por la caída se sometió a la condenación y se convirtió en enemigo de Dios, sin embargo, Dios nunca dejó de cuidar a la raza humana. Testimonios de esto son los patriarcas, las promesas antes y después de la caída, la ley dada por Dios a través de Moisés y los santos profetas[532].

IV. ACERCA DE CRISTO, VERDADERO DIOS Y VERDADERO HOMBRE

Firmemente creemos y confesamos que Cristo nos fue dado por el Padre en el tiempo designado según las promesas de Dios, y que el Verbo eterno y divino se hizo carne; es decir, el Hijo de Dios, unido con la naturaleza humana en una persona, se hizo nuestro hermano a fin de que seamos herederos de Dios a través de él[533].

Acerca de este Jesucristo, creemos que fue concebido por el Espíritu Santo, nació de la pura y sin mancha virgen María, sufrió bajo Poncio Pilato, fue crucificado y muerto por nuestros pecados; y así, ofreciéndose a sí mismo, satisfizo a Dios por nuestros pecados y los pecados de todos los creyentes y nos reconcilió con Dios, nuestro Padre celestial, y por su muerte ha conquistado y vencido al mundo, la muerte y el infierno. Asimismo, creemos que según la carne fue sepultado, descendió al infierno, al tercer día resucitó de entre los muertos, y cuando se hubo probado suficientemente a sí mismo, ascendió al cielo con cuerpo y alma donde se sienta a la diestra de Dios en la gloria de Dios su Padre celestial, desde donde vendrá a juzgar a vivos y muertos. Además, como prometió, envió a sus discípulos su Espíritu Santo, en quien creemos, así como creemos en el Padre y el Hijo[534].

V. ACERCA DE LA IGLESIA

Creemos en una sola y santa Iglesia Cristiana, la comunión de los santos, la asamblea espiritual de creyentes, la cual es santa y la única novia de Cristo, y de la cual son ciudadanos todos los que confiesan que Jesús es el Cristo, el cordero de Dios que quita el pecado del mundo, y quien también confirma tal fe por obras de amor[535].

En esta Iglesia se usa el único y mismo sacramento, a saber, el Bautismo para entrar a la Iglesia y, a su debido tiempo, y en una etapa posterior de la vida, la

---

[532] Rom. 5:16 ff.; Gén. 3:15; 21:15; 26:3, 4. 24; 28:13 ff.

[533] Mat. 1:20 ff.; Luc. 2:10 ff.; Jn. 1:14; Fil. 2:6-7. Tenemos un Padre, a saber, Dios a través de Cristo. Rom. 6:8 f.; Rom. 8:15 ff.; He. 2:10 f.

[534] Mat. 1:18 ff.; Luc. 1:35; 2:7. Todos los evangelistas lo testifican. Mat. 20:28; 26e28; Rom. 5:6 ff.; I Cor. 15:3 f.; 1 P. 2:24; He. 9:14 1.; 26. 28; 10:10, 12, 14; Rom. 6:10; I P. 3:18: Jn. 16:11, 33; Fil. 2:9 IL; Col. 2:14 1.; I Cor. 15:4 ff., 14; Mr. 16:19; Luc. 24:51: Hch. 1:9 ff.; Mat. 26:64; Ef. 1:20 ff.; Col. 3:1; He. 1:13; 10:12; 12:2; Hch. 2:1 ff.

[535] Mat. 16:18; Ef. 1:22 f.; 5:25 ff.; Jn. 3:29; II Cor. 11:2; Ef. 2:19 Li He. 12:22 f.; Jn. 1:29; Gál. 5:6.

Cena del Señor, como un testimonio de la fe y el amor fraternal tal como fue prometido en el Bautismo[536].

Esta Iglesia Cristiana se esfuerza por guardar el vínculo de la paz y el amor en unidad y, por lo tanto, no tiene comunión con sectas ni con las reglas de órdenes religiosas que están determinadas a distinguir entre días, comidas, vestimentas y pompa eclesiástica[537].

VI. ACERCA DE LA CENA DE NUESTRO SEÑOR

Confesamos que el Señor Jesús instituyó su santa Cena para la observancia de su santa pasión con acción de gracias, para proclamar su muerte, y también para atestiguar el amor y la unidad cristiana con verdadera fe[538].

Y así como en el Bautismo, en el que se nos ofrece el lavamiento de los pecados por los ministros de la Iglesia, pero solo puede ser efectuado por el Padre, Hijo y Espíritu Santo, el agua sigue siendo verdadera agua; así también el pan y el vino siguen siendo pan y vino en la Cena del Señor, en la que el cuerpo y la sangre verdaderos de Cristo son retratados y nos son ofrecidos con el pan y el vino del Señor, junto con las palabras de institución[539].

Sin embargo, creemos firmemente que Cristo mismo es el alimento para vida eterna del alma creyente, y que nuestras almas, por la fe en el Cristo crucificado, son nutridas con la carne y la sangre de Cristo[540]; y que nosotros, como miembros de su cuerpo, del cual él es la única Cabeza, vivimos en él y él en nosotros, de tal modo que en el día del juicio seamos levantados por él, y en él, para gozo y bienaventuranza eterna. Por lo tanto, confesamos esto: que Cristo está presente en su santa Cena para todos los que creen verdaderamente[541].

No obstante, no encerramos en el pan y el vino del Señor el cuerpo natural, verdadero y esencial de Cristo, quien nació de la pura virgen María, sufrió por nosotros y ascendió al cielo[542]. Consecuentemente, no adoramos a Cristo en estos signos del pan y el vino que comúnmente llamamos sacramentos del

---

[536]Mat. 3:11; 28:19: Hch. 2:41 f.: 16:15. 33; Col. 2:12; Mat. 26:26 ff.; 14:22 ff.; Luc. 22:19 f.: I Cor. 11:23 ff.

[537] Rom. 12:9 f.; Jn. 15:12. 17; I Jn. 3:11, 14, 16, 23; 4:7 f.; 20f.

[538]Luc. 22:19; I Cor. 11:23; 10:16 f.

[539] Una poderosa parábola contra los enemigos de la verdad. Jn. 6:35 1f. Es ciertamente un alimento espiritual y, por lo tanto, deba ser disfrutado por un alma creyente.

[540] Es decir, las almas son satisfechas, fortalecidas y robustecidas, y están contentas y en paz, y alegres y listas para todo, así como el cuerpo es nutrido por el alimento corporal. Un hombre se vuelve un miembro espiritual del cuerpo espiritual de Cristo.

[541] Sacramentalmente y a través de la contemplación de la fe que alza los pensamientos de un hombre al cielo, pero no baja a Cristo de la diestra de Dios en su naturaleza humana.

[542] Hch. 1:9 f.; 7:55 f.; Col. 3:1 f.; He. 1:3; 10:19 f.

cuerpo y la sangre de Cristo, sino en el cielo a la diestra de Dios el Padre, de donde vendrá a juzgar a los vivos y muertos[543].

VII. ACERCA DEL USO DE LA EXCOMUNIÓN

Debido a que hay cizaña mezclada con la Iglesia de Cristo, Cristo ha dado a su Iglesia autoridad para excomulgar tales cizañas cuando se manifiestan a sí mismas por crímenes y pecados intolerables contra el mandato del Señor; a fin de que, tanto como sea posible, la Iglesia pueda mantener su apariencia sin tacha. Esta es la razón por la que usamos la excomunión en la Iglesia[544].

Pero la Iglesia Cristiana excomulga solo por la recuperación de los ofensores y, en consecuencia, los recibe nuevamente con alegría luego de que han mejorado y abandonado su vida escandalosa[545].

VIII. ACERCA DEL GOBIERNO

Dios ha investido a los gobiernos, sus siervos, con la espada y con el mayor poder externo para la protección de los buenos y para la venganza y el castigo de los malos. Por esta razón, cada gobierno cristiano con el que deseamos ser contados, debe hacer todo lo que esté en su poder para que el nombre de Dios sea reverenciado entre sus gobernados, el reino de Dios extendido y su voluntad observada por la extirpación asidua de crímenes[546].

IX. ACERCA DE LA FE Y LAS OBRAS

Confesamos que hay perdón de pecados a través de la fe en Jesucristo el crucificado. Aunque esta fe es continuamente ejercitada, señalizada y, por consiguiente, confirmada por obras de amor, no atribuimos a las obras —que son el fruto de la fe— la justicia y satisfacción por nuestros pecados. Por el contrario, esto lo atribuimos solamente a una confianza y fe genuina en la sangre derramada del Cordero de Dios. Porque libremente confesamos que todas las cosas nos son otorgadas en Cristo, quien es nuestra justicia, santidad, redención, el camino, la verdad, la sabiduría y la vida. Por lo tanto, las obras de los creyentes no son para satisfacción de sus pecados, sino que solamente tienen el propósito de mostrar, en cierto grado, nuestra gratitud al Señor Dios por la gran bondad que nos ha mostrado en Cristo[547].

---

[543] Hch. 3:21; II Ti. 4:1.

[544] Mat. 18:15 If.; I Cor. 5:3 ff.; II Tes. 3:6, 14; I Ti. 1:19 f.

[545] II Cor. 2:6 ff.; I Ti. 1:20.

[546] Rom. 13:1 ff.; 1 Ped. 2:13 ff. A los gobiernos paganos siempre se les ha encargado este oficio; ¡cuánto más deba requerirse a un gobierno cristiano que sea un verdadero teniente de Dios!

[547] Mat. 20:28; Mr. 10:45; Luc. 7:48. 50: Jn. 3:15 f., 36; 5:24: 6:28 35, 40, 47; Rom. 3:21 ff.; 4; 10:4 ff.; Gál. 2:16 ff.; Rom. 3:27 f.; Ef. 2:8 1.. 13 ff.; I Cor. 1:1, 30 f.; Rom. 8:32: Ef. 2:9 f.; Jn. 14:6. La gratitud consiste en recompensar bendiciones recibidas. Ahora bien, Dios no puede ser recompensado, dado que no le falta nada. Por

X. ACERCA DEL DÍA DEL JUICIO

Creemos que habrá un día de juicio en el que tendrá lugar la resurrección de la carne, cuando cada hombre recibirá de Cristo, el juez, según cómo haya vivido en esta vida: vida eterna, si con fe verdadera y amor sincero ha producido obras de justicia que son el fruto de la fe; o fuego eterno, si ha hecho bien[548] o mal sin fe o con una fe fingida y sin amor[549].

XI. ACERCA DE LAS COSAS ORDENADAS Y NO ORDENADAS

Confesamos que, así como nadie puede requerir cosas que Cristo no ha ordenado, así de la misma manera nadie puede prohibir lo que él no ha prohibido. Por esta razón sostenemos que el ayuno confesional durante la Cuaresma, los días santos, y cosas de este tipo introducidas por hombres, no son ordenadas y, por otro lado, que el matrimonio de los sacerdotes no está prohibido[550].

Aun menos se debe permitir lo que Dios ha prohibido. Esta es la razón por la que rechazamos la veneración e invocación de los santos difuntos[551], la veneración y exaltación de imágenes, y cosas parecidas. Además, nadie puede prohibir lo que Dios ha permitido. Por esta razón no pensamos que esté prohibido disfrutar de alimentos con acción de gracias[552].

XII. CONTRA EL ERROR DE LOS ANABAUTISTAS

Declaramos públicamente que no solo no aceptamos, sino que incluso rechazamos como una abominación y blasfemia, las doctrinas extrañas y falsas que están entre las opiniones condenables e impías pronunciadas por estos espíritus facciosos; a saber, que los niños (a quienes bautizamos según la costumbre de los apóstoles y de la Iglesia temprana; y debido a que el Bautismo ha reemplazado la circuncisión) no deben ser bautizados; que en ningún caso se debe hacer juramento, incluso si el honor de Dios y el amor del

---

lo tanto, miramos a su demanda, a saber, fe y obrar de amor. Dios exige fe para sí mismo y amor por nuestro prójimo.

[548] "Bien" deba entenderse como *bien de acuerdo con el juicio humano*.

[549] Mat. 24:30; 25:31 ff.; II Ti. 4:1, 8; Rom. 2:5 ff.; II Cor. 5:10; Jn. 5:25 ff.

[550] Está escrito: ¡A él oíd! Mat. 17:5; Luc. 9:35; Deu. 18:18 f.; Hch 7:37.

[551] Sin embargo, con respecto a ellos, confesamos que están con Dios, reinando con Cristo en la eternidad, porque ellos han confesado a Cristo con palabras y hechos como su Salvador, su redención y justicia, sin ninguna ayuda de mérito humano. Por lo tanto, los alabamos altamente como aquellos que han sido perdonados por Dios y son ahora herederos de un reino eterno, pero todo para honra de Dios y de Cristo.

[552] Él dice: "Yo soy el Señor tu Dios", Lev. 18:2, y en Deu.10:17, él habla a través de Moisés: Porque el Señor tu Dios es Dios de dioses y señor de señores, el Dios grande, poderoso, terrible, etc. Por lo tanto, ¿quién querría permitir entre sus criaturas lo que él ha prohibido? I Ti. 1:4 ff.

prójimo lo requieren[553] ; y que los cristianos no deben ocupar cargos políticos[554] , junto con todas las doctrinas que se oponen a la enseñanza pura y sana de Jesucristo.

Finalmente, deseamos presentar esta, nuestra confesión, al juicio de las Escrituras divinas. Y si se nos informa desde las mismas Sagradas Escrituras de una mejor, hemos expresado nuestra disposición continua de obedecer a Dios y su santa Palabra con acción de gracias.

Promulgada en una asamblea de nuestro Concilio, el miércoles 21 de enero del año 1534 después del nacimiento de Cristo nuestro único Salvador.

HEINRICH RYHINER,
Clérigo de la Ciudad de Basilea.

---

[553] Se puede haber un juramento en momentos apropiados: porque Dios lo ha ordenado en el Antiguo Testamento y Cristo no lo ha prohibido en el Nuevo. Cristo y también los apóstoles han hecho juramentos.

[554] El gobierno, entonces, solo es un verdadero gobierno cuando es verdaderamente cristiano.

LA PRIMERA CONFESIÓN HELVÉTICA

La Confesión común de la santa, verdadera y antigua fe cristiana y de nuestros conciudadanos creyentes, en Zúrich, Berna, Basilea, Schaffhausen, St. Gallen, Mühlhausen y Biel, y hasta nueva orden, elaborada, ordenada y deliberada en Basilea — 1, 2, 3 y 4 de febrero de 1536.

Las iglesias unidas en una confederación, aceptando el evangelio de Cristo, presentan una corta y común Confesión de Fe a todos los creyentes y piadosos hombres para su consideración, evaluación y juicio.

ARTÍCULO 1
SOBRE LA SANTA ESCRITURA

La santa, divina y bíblica Escritura, que es la Palabra de Dios inspirada por el Espíritu Santo y entregada al mundo por los profetas y apóstoles, es la más antigua, más perfecta y más alta enseñanza, y la cual trata solamente con todo lo que sirve para el conocimiento verdadero, amor y honor de Dios, así como la verdadera piedad y la edificación para la bondad, honestidad y bendición en la vida.

ARTÍCULO 2
SOBRE LA INTERPRETACIÓN DE LA ESCRITURA

Esta santa y divina Escritura se interpreta en, no otra forma, sino a sí misma; y se explica por la regla de fe y amor.

"

ARTICULO 3
SOBRE LOS MAESTROS ANTIGUOS

En donde los santos padres y maestros antiguos, quienes han explicado y expuesto la Escritura, no se apartaron de esta regla, les reconocemos y consideramos, no solo como expositores de la Escritura, sino como instrumentos elegidos por medio de quienes Dios ha hablado y operado.

ARTÍCULO 4
SOBRE LA DOCTRINA DE LOS HOMBRES

Consideramos todos las demás doctrinas y artículos de hombres, que nos han llevado lejos de Dios y la fe verdadera, como vanas e inefectivas, sin importar cuán atractivas, buenas, estimadas y de prolongado uso puedan ser; como San Mateo mismo atestigua en el capítulo 15 donde dice: «En vano ellos me adoran, enseñando como doctrinas preceptos de hombres».

ARTÍCULO 5
SOBRE EL PROPÓSITO DE LA SANTA ESCRITURA Y AQUELLO A LO QUE FINALMENTE APUNTA

Toda la Escritura Bíblica concierne solamente a que el hombre entienda que Dios es bueno y benefactor de él; y que públicamente ha exhibido y demostrado Su bondad a toda la raza humana a través de Cristo, Su Hijo. Sin embargo, viene a nosotros y es recibida por la sola fe, y es manifestada y demostrada por el amor hacia nuestro prójimo.

ARTÍCULO 6
SOBRE DIOS

Acerca de Dios, sostenemos que hay un solo, verdadero, viviente y todopoderoso Dios. Uno en esencia, tres en cuanto a las personas. Quien ha creado todas las cosas de la nada por Su Palabra, que por Su Hijo y Su providencia legisla, gobierna y preserva todas las cosas justa, verdadera y sabiamente.

ARTÍCULO 7
SOBRE EL HOMBRE

El hombre, la más perfecta imagen de Dios en la tierra y, entre las criaturas visibles, la más excelente y eminente, está compuesta por cuerpo y alma. El cuerpo es mortal, el alma inmortal. Este hombre, a quien Dios hizo justo y bueno, cayó en pecado por su propia culpa arrastrando con él a toda la raza humana en su caída, y sujetándola a miseria.

ARTÍCULO 8
SOBRE EL PECADO ORIGINAL

Este pecado original heredado ha penetrado tanto en toda la raza humana, y ha destruido y envenenado al hombre —quien se había vuelto hijo de ira y enemigo de Dios— que no podía ser salvado y restauradado por nadie excepto por Dios, a través de Cristo. Cualquier bien remanente en él es continuamente gastado por las faltas e imperfecciones diarias, por lo que se vuelve aún más débil. Ya que el poder del pecado y la imperfección son tan fuertes en nosotros, la razón no puede seguir lo que conoce, ni la mente puede encender una chispa divina y avivarla.

ARTÍCULO 9
SOBRE LA LIBERTAD DE ELECCIÓN QUE ES LLAMADA LIBRE ALBEDRÍO

Atribuimos libertad de elección al hombre porque encontramos en nosotros mismos que hacemos el bien y el mal a sabiendas y deliberadamente. Somos capaces de hacer el mal por nosotros mismos, no obstante no podemos aceptar, ni cumplir el bien a menos que seamos iluminados, empujados y llevados por la gracia de Cristo. Porque Dios es quien obra en nosotros el querer como el hacer, de acuerdo con Su buena voluntad. Nuestra salvación viene de Dios mientras que de nosotros no hay nada sino pecado y condenación.

ARTÍCULO 10
CÓMO DIOS HA SALVADO AL HOMBRE POR SU ETERNO CONSEJO

Aun cuando el hombre, por su culpa y transgresión, es merecedor de eterna condenación y yace bajo la justa ira de Dios, aun así Dios, el Padre de gracia, nunca ha cesado de ser condescendiente con él. Podemos percibir y entender esto suficiente, clara y llanamente por la primera promesa; y por toda la ley, por la cual, el pecado despierta, aunque se elimina; y por Cristo el Señor que fue designado y dado para ese propósito.

ARTÍCULO 11
SOBRE CRISTO, EL SEÑOR, Y LO QUE TENEMOS POR MEDIO DE ÉL

Este Cristo, el Señor, verdadero Hijo de Dios, verdadero Dios y hombre, asumió la verdadera naturaleza humana, con cuerpo y alma, en el tiempo estipulado por Dios desde la eternidad. Él tiene dos naturalezas distintas y separadas en una sola e indisoluble persona. La asunción de la naturaleza humana sucedió para que nos resucitara a nosotros, quienes estábamos muertos, y para hacernos los herederos de Dios. También, esa es la razón por la que se ha vuelto nuestro hermano.

De la pura virgen María, por la cooperación del Espíritu Santo, este Cristo, el Señor, el Hijo del Dios vivo y verdadero, ha asumido la carne que es santa por su unidad con la Divinidad en todas las cosas; como nuestra carne, pero sin pecado, ya que sería un sacrificio puro e inmaculado, y la ha entregado a la muerte por nosotros como pago, perdón y lavamiento de todos los pecados.

Y para que nosotros podamos tener una perfecta esperanza y confianza en cuanto a nuestra vida inmortal, él ha ofrecido su carne, la cual había levantado de nuevo de la muerte a la vida a la diestra de Su Padre todopoderoso.

Este Señor Jesucristo, quien ha superado y conquistado la muerte, el pecado y todos los poderes del infierno, es nuestro precursor, nuestro líder, y nuestra cabeza. Él es el verdadero sumo sacerdote, quien se sienta a la diestra de Dios y siempre defiende y promueve nuestra causa, hasta que nos devuelva y restaure a la imagen en la cual fuimos creados, y nos lleve a la comunión de Su divina naturaleza.

Esperamos que este Señor Jesús venga al final del mundo como un verdadero y justo Juez que pasará un verdadero juicio sobre la carne que Él ha elevado al tribunal. Él guiará a los piadosos y creyentes al cielo, y condenará e introducirá a los incrédulos en cuerpo y alma al castigo eterno.

Como este Señor Jesús es nuestro único mediador, abogado, sacrificio, sumo sacerdote, Señor y Rey, lo reconocemos solo a él y, creemos con todo nuestro corazón, que solo él es nuestra reconciliación, nuestra redención, santificación, pago, sabiduría, defensa y liberación. Aquí rechazamos todo lo que se representa como el medio, el sacrificio y la reconciliación de nuestra vida y salvación, y no reconocemos nada más que a Cristo el Señor.

ARTÍCULO 12
EL PROPÓSITO DE LA ENSEÑANZA EVANGÉLICA

Por consiguiente, en toda la enseñanza evangélica, el artículo más sublime y primordial, y el que debe ser expresamente expuesto en cada sermón e impreso en los corazones de los hombres, debe ser que somos preservados y salvados únicamente por la sola misericordia de Dios y por el mérito de Cristo. Sin embargo, para que los hombres puedan entender cuán necesario es Cristo para su salvación y bienaventuranza, la magnitud y la gravedad del pecado deben ser señaladas, descritas y presentadas ante ellos de la manera más clara y sencilla posible por medio de la ley y la muerte de Cristo.

ARTÍCULO 13
CÓMO LA GRACIA Y EL MÉRITO DE CRISTO SON COMUNICADOS A NOSOTROS Y EL FRUTO QUE VIENE DE ELLO

No obtenemos a través de nuestros méritos o poderes tan sublimes y grandes beneficios de la gracia y verdadera santificación del Espíritu de Dios, sino a través de la fe que es un puro don de Dios.

Esta fe es un fundamento seguro, firme y sólido para todas las cosas que se esperan de Dios y de las cuales se derivan el amor y, por consiguiente, todas las virtudes y los frutos de las buenas obras.

Y aunque piadosos creyentes constantemente se ejerciten en tales frutos de fe, aun así, no creemos que la piedad y la salvación sean obtenidas por tales obras, sino solo por la gracia de Dios. Aunque esta fe afecta innumerables buenas obras, no se apoya en ellas, sino en la misericordia de Dios. Tal fe es el servicio verdadero y apropiado con el cual un hombre agrada a Dios.

ARTÍCULO 14
SOBRE LA IGLESIA

Sostenemos que, de las piedras vivas construidas sobre la piedra viva, una santa y universal Iglesia es edificada y reunida. Es la comunión y congregación de todos los santos, la novia y esposa de Cristo, a quien él lava con Su sangre y a quien finalmente presenta al Padre sin arruga, ni mancha. Y aunque esta Iglesia y congregación de Cristo está abierta y es conocida por los ojos de Dios, aun así, no es solo conocida, sino también reunida y construida por signos visibles, ritos y ordenanzas, las cuales Cristo mismo ha instituido y establecido por la Palabra de Dios como una disciplina universal, pública y ordenada. Sin estas marcas ninguna es contada con esta Iglesia (hablando en general y sin un especial permiso revelado por Dios).

ARTÍCULO 15
SOBRE LOS MINISTROS DE LA PALABRA DE DIOS Y LOS FRUTOS QUE LE SIGUEN

Por lo tanto, también creemos que los ministros de la Iglesia son colaboradores, como San Pablo los llama, a través de quienes Cristo imparte y ofrece a aquellos que creen en él, el conocimiento de él mismo y el perdón de sus pecados; por medio de ellos convierte, fortalece y conforta a los hombres, pero también los amonesta y juzga, aunque entendiendo que en todas las cosas atribuimos la eficacia y poder solo a Dios el Señor, y solo se transmite al ministro. Porque es cierto que este poder y eficacia nunca debe o puede ser atribuida a la criatura, sino que Dios la dispensa a aquellos que Él escoge de acuerdo a Su libre voluntad.

ARTÍCULO 16
SOBRE LA AUTORIDAD DE LA IGLESIA

La autoridad de predicar la Palabra de Dios y de atender al rebaño del Señor, el cual, propiamente hablando, es el oficio de las llaves, prescribe un patrón de vida para todos los hombres, sean de alto o bajo nivel. Dado que es ordenado por Dios, es una gran y santa encomienda la cual no debe ser violada. Este poder administrativo no debe ser conferido a nadie a menos que primero haya sido reconocido y aceptado para ser competente y adecuado para tal oficio, por divino llamamiento y elección, y por aquellos quienes después de una cuidadosa deliberación han sido nombrados y elegidos como un comité de la Iglesia para ese propósito.

ARTÍCULO 17
SOBRE LA ELECCIÓN DE LOS MINISTROS DE LA IGLESIA

Nadie debe ser encargado y confiado en este oficio y ministerio a menos que primero haya sido reconocido y examinado por los ministros y ancianos de la Iglesia, y también por aquellos cristianos gobernantes elegidos para tal oficio en nombre de la Iglesia; que sea bien instruido en las Sagradas Escrituras y en el conocimiento de la voluntad de Dios; intachable en la piedad y pureza de vida, y celoso y ferviente en la promoción del honor y el nombre de Cristo con diligencia y seriedad. Y ya que esta es una elección verdadera y propia de Dios, es razonable y correcto que sean reconocidos y aceptados por el juicio de la Iglesia y la imposición de manos de los ancianos.

ARTÍCULO 18
QUIEN ES EL PASTOR Y CABEZA DE LA IGLESIA

Cristo mismo es la única y propia cabeza y pastor de Su Iglesia. Él da a Su Iglesia pastores y maestros que a Su mandamiento ministran la Palabra y el oficio de las llaves de manera ordenada y regular, como se indicó anteriormente. Por consiguiente, no reconocemos ni aceptamos a la cabeza en Roma ni a los que en su nombre son obispos.

ARTÍCULO 19
LO QUE SON EL OFICIO DEL MINISTRO Y EL OFICIO DE LA IGLESIA

El más alto y principal asunto en este oficio es que el ministro de la Iglesia predique la contrición y arrepentimiento de los pecados, la abundancia de vida, y el perdón de pecados; y todo, por medio de Cristo. Además, los ministros deben orar sin cesar por el pueblo para que apliquen a ellos mismos, de todo corazón y diligentemente, la Santa Escritura y la Palabra de Dios, mediante la lectura y devota meditación, y con la Palabra de Dios como la espada del Espíritu; perseguir al diablo con odio mortal por todos los medios; y aplastar y debilitar su poder para que pueda defender a los ciudadanos de la ciudad de Cristo y puedan advertir, repeler y alejar a los malvados. Y cuando los malvados en su sacrilegio y vicios descarados estén decididos para siempre a escandalizar y destruir a la Iglesia, deben ser expulsados por los ministros de la Palabra y por el gobierno cristiano instituido para tal fin; o ser castigados y corregidos de alguna otra manera adecuada y apropiada hasta que confiesen su error, cambien y sean restaurados. Pero, cuando un ciudadano de Cristo, que ha sido delincuente, está perdido, y ha sido expulsado, se convierte y confiesa sinceramente y admite su pecado y error, busca de buena gana el remedio para sus faltas, cede a la disciplina espiritual y alegra a todos los piadosos con su nueva diligencia y celo en el ejercicio de la piedad, debe ser aceptado de nuevo en la Iglesia.

ARTÍCULO 20
SOBRE EL PODER Y EFICACIA DE LOS SACRAMENTOS

Los signos, los cuales son llamados sacramentos, son dos: El Bautismo y la Cena del Señor. Estos sacramentos son importantes y santos signos de asuntos sublimes y secretos. Sin embargo, ellos no son meros signos vacíos, sino que consisten en la señal y la substancia. Porque en el Bautismo el agua es el signo, pero la substancia y asunto espiritual es el nuevo nacimiento y la admisión en el pueblo de Dios. En la Santa Cena el pan y el vino son los signos, pero la substancia espiritual es la comunión del cuerpo y la sangre de Cristo, la salvación adquirida en la Cruz, y el perdón de pecados. Tal como los signos son recibidos físicamente, así estos asuntos substanciales, invisibles y espirituales son recibidos por fe. Además, todo el poder, la eficacia y el fruto de los sacramentos residen en estas cosas espirituales y sustanciales.

Consecuentemente, confesamos que los sacramentos no son simplemente señales externas de la comunidad Cristiana. Por el contrario, son signos de la gracia divina por la cual los ministros de la Iglesia cooperan con el Señor con el propósito y el fin que Él mismo promete, ofrece y provee eficazmente. Confesamos, sin embargo, que todo poder santificador y salvador debe atribuirse únicamente a Dios, el Señor, como dijimos anteriormente con respecto a los siervos de la Palabra.

ARTÍCULO 21
SOBRE EL BAUTISMO

De acuerdo con la institución el Señor, el Bautismo es el lavamiento de la regeneración, el cual el Señor ofrece y presenta a Sus elegidos con una seña visible a través del ministerio de la Iglesia, como se estableció y explicó anteriormente. Bautizamos a nuestros hijos con este baño santo porque sería injusto si robáramos de la comunión del pueblo de Dios a los que han nacido de nosotros para ser el pueblo de Dios, también para el cual habían sido destinados por la Palabra divina y del cual se puede suponer que han sido elegidos por Dios.

ARTÍCULO 22
SOBRE LA CENA DEL SEÑOR

En relación con la Cena del Señor, sostenemos, por tanto, que en ella el Señor ofrece verdaderamente su cuerpo y su sangre —es decir, él mismo— a los suyos, y los capacita para disfrutar de tal fruto de modo que él vive cada vez más en ellos y ellos en él. No creemos que el cuerpo y la sangre del Señor estén naturalmente unidos con el pan y el vino o que estén encerrados espacialmente en ellos, sino que, según la institución del Señor, el pan y el vino son signos altamente significativos, santos y verdaderos, por los cuales, la verdadera comunión de su cuerpo y su sangre es administrada y ofrecida a los creyentes por el Señor mismo por medio del ministerio de la Iglesia; no como alimento perecedero para el vientre sino como alimento y comida de una vida espiritual y eterna.

Frecuentemente, hacemos uso de esta sublime y santa comida para que, recordándole, podamos percibir con los ojos de la fe la muerte y la sangre de Cristo crucificado y, siendo un anticipo de la naturaleza del cielo y una experiencia genuina de vida eterna, podamos aspirar por nuestra salvación. Con esta comida interior espiritual y vivificante nos deleitamos y refrescamos por su dulzura inexpresable, y nos regocijamos al encontrar nuestra vida en la muerte de Cristo. Por lo tanto, exclamamos de gozo en nuestros corazones y, con mayor razón, estallamos en acción de gracias por un favor tan costoso y sublime que Él ha mostrado hacia nosotros.

Por lo tanto, se nos culpa injustamente de dar poco valor a estas señales. Porque estas santas señales y sacramentos son cosas sagradas y venerables, y porque han sido instituidas y usadas por Cristo, el sumo sacerdote. Por lo tanto, de acuerdo a lo discutido anteriormente, ellas presentan y ofrecen las cosas espirituales que significan; dan testimonio de las cosas que han sucedido; retratan y nos recuerdan cosas tan altas y santas. Y por medio de una singular semejanza con las cosas que significan, arrojan una gran y gloriosa luz sobre las cosas sagradas y divinas. Además, son una especie de ayuda y apoyo a la fe, y son como un juramento con el que los creyentes se obligan y se ofrecen a su Cabeza y a la Iglesia. Sin embargo, aunque valoramos mucho estas señales sagradas y extremadamente significativas, atribuimos el poder vivificante y santificante siempre a él, el único que es la vida, a quien sea la alabanza por siempre y para siempre. Amén.

ARTÍCULO 23
SOBRE LAS SANTAS ASAMBLEAS Y REUNIONES DE CREYENTES

Sostenemos que las santas asambleas y reuniones de creyentes deben ser conducidas de tal forma que la Palabra de Dios se coloque ante el pueblo, en un lugar común el cual se reserve para solo este propósito; que los misterios de la Escritura sean diariamente expuestos y explicados por ministros calificados; que la Cena del Señor sea observada para que la fe de los creyentes se ejercite constantemente; y que oraciones serias por las necesidades de todos los hombres sean hechas. Otras ceremonias, las cuales son innumerables, tal como cálices, vestidos sacerdotales para la misa, túnicas corales, capuchas, tonsuras, banderas, velas, altares, oro y plata, en la medida en que sirven para obstaculizar y pervertir la verdadera religión y el culto adecuado a Dios, y especialmente los ídolos e imágenes que se utilizan para el culto y que son un escándalo, y cualquier otra cosa muy impía; queremos haberlas desterrado lejos de nuestras santas congregaciones.

ARTÍCULO 24
SOBRE LOS ASUNTOS QUE NO SON ORDENADOS NI PROHIBIDOS, PERO QUE SON ADIÁFORA Y VOLUNTARIOS

Todas las cosas que son denominadas, y propiamente hablando, son adiáforas, pueden ser usadas libremente por cristianos devotos y creyentes en todo tiempo y lugar, siempre y cuando lo hagan juiciosamente y con amor. El creyente debe usar todas las cosas de tal manera que se promueva el honor de Dios y no se ofenda a la Iglesia y al prójimo.

ARTÍCULO 25
SOBRE AQUELLOS QUE DIVIDEN LA IGLESIA DE CRISTO CON FALSAS DOCTRINAS, AQUELLOS QUE SE SEPARAN DE ELLA O CONSPIRAN CONTRA ELLA.

Cuando todos aquellos que se separan y se dividen de la santa comunión y sociedad de la Iglesia, introducen doctrinas ajenas e impías en la Iglesia, o se adhieren a tales doctrinas (faltas que en nuestros días son principalmente evidentes en los anabaptistas), y no escuchan, ni prestan atención a la advertencia de la Iglesia y a la instrucción cristiana sino que, queriendo obstinadamente persistir en su contienda y error, con el consiguiente perjuicio y seducción de la Iglesia, deben ser castigados y suprimidos por el poder supremo, para que no envenenen, dañen o contaminen el rebaño de Dios con su falsa doctrina.

ARTÍCULO 26
SOBRE EL GOBIERNO TEMPORAL

Puesto que todo el poder del gobierno proviene de Dios, su oficio más alto y principal (a no ser que prefiera ejercer la tiranía) es proteger y promover el verdadero honor de Dios y el culto apropiado a Dios, castigando y desarraigando toda blasfemia, y ejerciendo toda la diligencia posible para promover y poner en efecto lo que el ministro de la Iglesia y predicador del evangelio enseña y expone de la Palabra de Dios. Sin embargo, para que tal verdadera religión (un genuino culto a Dios y una conducta correcta) pueda levantarse y florecer, el gobierno se esforzará, sobre todo, en que se proclame fielmente la pura Palabra de Dios a la congregación y en que nadie se vea impedido de escucharla. Que se regulen bien las escuelas, se enseñe bien a la ciudadanía, se instruya cuidadosamente y se discipline; que se atienda bien a los ministros de la Iglesia y a los pobres de la Iglesia, y se provea adecuada y debidamente para sus necesidades. Para ello deben servir los bienes de la Iglesia.

Además, el gobierno debe gobernar al pueblo según leyes justas y divinas. Debe juzgar y administrar justicia, preservar la paz y el bienestar público; proteger y defender el interés público; y castigar con justicia a los infractores según la naturaleza de sus delitos contra la vida y la propiedad. Porque cuando un gobierno hace esto, sirve a Dios, su Señor, como debe y está obligado a hacerlo.

Aunque somos libres en Cristo, todos nosotros debemos obedecer esta autoridad suprema y estar listos para servirla con nuestras vidas, bienes y posesiones. Con amor sincero y por fe, debemos mostrar que estamos sujetos a ella, haciendo votos y juramentos cuando sus órdenes y mandamientos no se oponen manifiestamente a Cristo, por cuya causa la honramos y obedecemos.

<h2 style="text-align:center">ARTÍCULO 27
SOBRE EL SANTO MATRIMONIO</h2>

Sostenemos que el matrimonio ha sido instituido y prescrito por Dios para todos los hombres que están calificados y son aptos para él y que de otra manera no han sido llamados por Dios a vivir una vida casta fuera del matrimonio. Ninguna orden o estado es tan santo y honorable como para que el matrimonio se oponga a él y deba ser prohibido. Puesto que tal matrimonio debe ser confirmado en presencia de la Iglesia por medio de una exhortación y un voto públicos acordes con su dignidad, el gobierno debe también respetarlo y procurar que el matrimonio se celebre legal y decentemente y se le dé un reconocimiento legítimo y honorable, y que no se disuelva a la ligera sin motivos serios y justificados.

Por consiguiente, no podemos alabar los monasterios y la castidad impura e irregular de todos los supuestos clérigos, ni la vida indolente e inútil que llevan, que ciertas personas han instituido y dispuesto por un celo errado. Por el contrario, rechazamos todo esto como una cosa abominable y espantosa inventada e ideada por los hombres en oposición al orden establecido por Dios.

Basilea, 26 de marzo de 1536

Aprobado y adoptada unánimemente por los delegados de las ciudades anteriormente mencionadas.

LA SEGUNDA CONFESIÓN HELVÉTICA

Confesión y sencilla explicación de la verdadera fe y de las doctrinas católicas de la pura religión cristiana, publicada de común acuerdo por los ministros de la Iglesia de Cristo en la Confederación Helvética, residentes en Zürich, Berna, Schaffhausen, San Gall, Chur, los Grisones e igualmente Mühihausen y Biel, a los cuales se han unido también los ministros de la iglesia de Ginebra con el fin de testimoniar a todos los creyentes que están en la verdadera y primitiva Iglesia de Cristo y que no propagan falsas doctrinas, por lo cual nada tienen en común con estas o aquellas sectas o con errores doctrinarios. Y damos a conocer esta Confesión también con el objeto de que todos los creyentes puedan juzgar por sí mismos.

Rom. 10:10 «Porque con el corazón se cree para justicia, pero con la boca se hace confesión para salvación».

Zürich, imprenta de Christoph Froschauer, mes de marzo de 1566.

ARTÍCULO 1
LA SAGRADA ESCRITURA ES LA VERDADERA PALABRA DE DIOS

LOS ESCRITOS CANÓNICOS. Creemos y confesamos que los escritos canónicos de los santos profetas y apóstoles, en ambos testamentos, son la verdadera Palabra de Dios; y que poseen fuerza y fundamento suficientes de modo que no necesitan ser confirmados por los hombres, ya que Dios mismo habló a los padres, profetas y apóstoles, y sigue hablándonos por las Sagradas

Escrituras. En estas Sagradas Escrituras, la Iglesia católica de Cristo dispone, pues, de una completa exposición de todo lo que corresponde a una pura enseñanza de la fe salvadora y de la vida que es agradable a Dios. Por eso Dios prohíbe claramente que se añada o quite nada a lo que está escrito.

LA BIBLIA NOS ENSEÑA DE MANERA PERFECTA LO QUE ES TODA LA PIEDAD. Juzgamos, por tanto, que de estas Escrituras se derivan la verdadera sabiduría y la piedad; el perfeccionamiento y cómo dirigir las iglesias; la enseñanza en todos los deberes de la piedad; y también la demostración de las doctrinas y la refutación de todos los errores; y, de igual modo, todas las amonestaciones necesarias. Ya lo señala la palabra apostólica, que dice: «Toda Escritura es inspirada divinamente y útil para enseñar», etc. (2 Tim. 3:16). También dice el apóstol a Timoteo: «Esto te escribo... para que sepas cómo conviene comportarse en la casa de Dios» (1 Tim. 3:15).

LA BIBLIA ES LA PALABRA DE DIOS. E igualmente escribe el mismo apóstol a los Tesalonicenses: «...cuando recibisteis la palabra de Dios que os predicamos, la recibisteis no como palabra de hombres, sino como verdaderamente la palabra de Dios», etc. (1 Tes. 2:13). El Señor mismo ha dicho en el evangelio: «Porque no seréis vosotros los que hablaréis, sino el Espíritu de vuestro Padre hablará en vosotros. Por eso, el que os oiga, me oye a mí, y el que os deseche, me desecha a mí.» (Mat. 10:20; Luc. 10:16; Jn. 13:20).

LA PREDICACIÓN DE LA PALABRA DE DIOS ES PALABRA DE DIOS. Por consiguiente, si hoy en día es anunciada dicha Palabra de Dios en la iglesia, por predicadores debidamente autorizados, creemos que la mismísima Palabra de Dios es proclamada y escuchada por los creyentes. No obstante, igualmente creemos que no debe inventarse ninguna otra palabra de Dios ni esperar que venga del cielo. Por otra parte, hemos de colocar la atención en la misma Palabra de Dios más que en el predicador; pues incluso si se tratase de un hombre malvado y pecador, la Palabra de Dios permanece igualmente verdadera y buena. Consideramos que tampoco ha de pensarse que la predicación pronunciada sea de escasa utilidad por el hecho de que la enseñanza de la verdadera religión depende de la iluminación del Espíritu Santo. Y es que está escrito: «Y no enseñará más ninguno a su prójimo, ni ninguno a su hermano: "Conoce al Señor", porque todos me conocerán» (Jer. 31:34). Y «así que ni el que planta es algo, ni el que riega; sino Dios que da el crecimiento» (1 Cor. 3:7).

LA ILUMINACIÓN INTERIOR NO HACE INNECESARIA LA PREDICACIÓN HUMANA. Aunque, en verdad, nadie viene a Cristo si el Padre no lo lleva (Jn. 6:44), y sin que sea iluminado interiormente por el Espíritu Santo; sabemos, sin embargo, que la voluntad de Dios es que su Palabra sea predicada públicamente en todas partes. Indudablemente, Dios podría haber enseñado a Cornelio (según Hechos de los Apóstoles) sin valerse del servicio de San Pedro, mediante el Espíritu Santo o mediante un ángel. No obstante, Dios indicó a Cornelio que mandase buscar a Pedro, del cual el ángel dice: «Él te dirá lo que tienes que hacer» (Hech. 10:6). Y es que el mismo que ilumina a los hombres interiormente con el don del Espíritu Santo ordenó a sus discípulos: «Id por todo el mundo; predicad el evangelio a toda criatura» (Marc. 16:15 y Hech. 16:10). Por eso el apóstol Pablo, estando en Filipos, predicó el evangelio externamente a Lidia, la comerciante en púrpura;

«...pero el Señor le abrió el corazón» (Hech. 16:14). E igualmente hallamos que Pablo, según Romanos 10:13-17, luego de desarrollar de manera brillante sus ideas, llega a esta conclusión: «Luego la fe es por el oír; y el oír por la palabra de Dios». Concedemos, claro está, que Dios puede iluminar a hombres también sin la predicación externa; que puede iluminar a quienes quiera y cuando Él quiera —lo cual se debe a su omnipotencia—. Pero aquí nosotros nos referimos al modo usual en que los hombres deben ser enseñados; el modo que Dios nos ha transmitido con mandamientos y ejemplos.

HEREJÍAS. Por consiguiente, condenamos todas las falsas doctrinas de Artemón, los maniqueos, los valentinianos y las de Cerdón y los marcionitas, quienes han negado que las Sagradas Escrituras sean obra del Espíritu Santo o no han reconocido partes de ellas, o se han permitido escribir en ellas intercalaciones y realizar mutilaciones.

LIBROS APÓCRIFOS. Al mismo tiempo no ocultamos el que ciertos libros del Antiguo Testamento fueron llamados por los antiguos: «apócrifos» o «ecciesiastici»; y que deseaban que fuesen leídos en las iglesias pero no usados para confirmar la fe. Así, Agustín, recuerda que en los libros de los Reyes se mencionan nombres y libros de ciertos profetas (*La ciudad de Dios*, Parte 18, capítulo 38), pero añade que dichos libros no figuran en el canon y que los libros que tenemos bastan para la piedad.

ARTICULO 2
LA INTERPRETACIÓN DE LAS SAGRADAS ESCRITURAS, LOS PADRES DE LA IGLESIA, LOS CONCILIOS Y LAS TRADICIONES

LA VERDADERA INTERPRETACIÓN DE LA BIBLIA. El apóstol Pedro ha declarado que la interpretación de las Sagradas Escrituras no puede quedar al arbitrio de cada cual (2 Ped. 1:20), por tanto no aceptamos todas las interpretaciones posibles. Tampoco reconocemos como fidedigna y verdadera interpretación de las Escrituras aquella que enseña la iglesia romana, es decir la que los defensores de la misma intentan imponer a todos. Por el contrario, reconocemos solamente como ortodoxa y genuina interpretación de las Escrituras aquella que de ellas mismas se extrae —examinando a fondo el sentido del lenguaje en que fueron escritas, teniendo también en cuenta el contexto y, finalmente, comparando pasajes semejantes y diversos, especialmente con los pasajes más claros—, que concuerda con la regla de la fe y del amor, y contribuye a la gloria de Dios y a la salvación de los hombres

LA INTERPRETACIÓN DE LOS PADRES DE LA IGLESIA. Por estas razones no despreciamos las interpretaciones de los santos padres griegos y latinos, ni tampoco rechazamos sus discusiones y escritos sobre cosas sagradas, siempre que concuerden con las Sagradas Escritura; no obstante, modestamente discrepamos de ellos cuando se descubre que establecen cosas que difieren de las Escrituras o que son totalmente contrarias a ellas. Consideramos no ser injustos con ellos, viendo que todos ellos, en unánime consentimiento, no aspiraban a que sus propios escritos tuviesen el mismo valor que los canónicos —es decir, los bíblicos—. Los Padres de la Iglesia exigían que se examinase su interpretación para ver si estaba de acuerdo con las Escrituras o si disentía de ellas, y hasta exigían que, de sus escritos, se aceptase lo concordante y se desaprobase lo disconforme con las Escrituras.

CONCILIOS. En la misma línea situamos los decretos y cánones de los concilios. Por lo tanto, no nos permitimos, en controversias sobre religión o cuestiones de fe, plantear nuestro caso únicamente desde las opiniones de los padres de la iglesia o las conclusiones conciliares; mucho menos por las costumbres recibidas, o por los muchos que las sustentan; ni tampoco por la convicción de que todo ello posea ya validez. En cuestiones de fe reconocemos a Dios como el único Juez quien, mediante las Sagradas Escrituras, distingue tanto entre lo verdadero y lo falso como entre lo aceptable o inaceptable. O sea, aceptamos el juicio de hombres llenos del Espíritu, juicios basados solamente en la Palabra de Dios. Ciertamente Jeremías y otros profetas condenaron con vehemencia las asambleas de sacerdotes que se establecieron contra la ley de Dios, y advirtieron expresamente que no oigamos a los «padres», ni siguiéramos su camino, quienes, siguiendo sus propias invenciones, se desviaron de la ley de Dios.

TRADICIONES HUMANAS. Igualmente rechazamos las tradiciones humanas aunque estén adoranadas con títulos llamativos como si fueran de origen divino o apostólico; de las cuales se dice que fueron legadas a la Iglesia mediante la tradición oral de los apóstoles y la tradición escrita de varones apostólicos, de un obispo a otro. No obstante, cuando dichas tradiciones son comparadas con las Escrituras se advierte que no están de acuerdo con ellas, y por su desacuerdo muestran que no son apostólicas en absoluto. Así como los apóstoles no han enseñado nada contradictorio, tampoco los varones apostólicos han manifestado nada contradictorio a los apóstoles mismos. Supondría, realmente, una blasfemia el afirmar que los apóstoles, al hablar, contradijeron sus propios escritos. Pablo manifiesta claramente que ha enseñado lo mismo en todas las iglesias (1 Cor. 4:17). Y repite: «No os escribimos otras cosas de las que leéis o también conocéis» (2 Cor. 1:13). En otras ocasiones afirma que él y sus discípulos —o sea, los varones apostólicos— siempre han seguido el mismo camino, y que igualmente todo lo realizan con el mismo espíritu (2 Cor. 12:18). Los judíos poseían también la tradición de los «antiguos»; pero el Señor se opuso duramente a ella, demostrando que su observancia era obstáculo a la ley de Dios, y que Dios es adorado en vano por dichas tradiciones (Mat 15:3, 6; Marc. 7:7).

ARTÍCULO 3
DIOS EN SU UNIDAD Y TRINIDAD

EL ÚNICO DIOS. Creemos y enseñamos que Dios es único en esencia y naturaleza; subsistiendo en sí mismo, todo-suficiente en sí mismo; invisible, incorpóreo, infinito, creador de todas las cosas visibles e invisibles; el Bien Supremo, el viviente, quien a todo vivifica y preserva; omnipotente, supremamente sabio; benévolo y misericordioso, justo y veraz. Pero aborrecemos el politeísmo; porque expresamente está escrito: «El Señor, nuestro Dios, es uno» (Deut. 6:4). «Yo soy el Señor, tu Dios... No tendrás otros dioses delante de mí» (Ex. 20:3). «Yo soy el Señor, y no hay otro que yo» (Is. 45:5 y 18). «¿No soy yo el Señor? Y no hay otro Dios que yo. A mi lado no existe otro Dios verdadero, salvador» (Is. 45:21). «El Señor, el Señor, fuerte, misericordioso y fiel; tardo para la ira y grande en benignidad y verdad» (Ex. 34: 6).

EL DIOS TRINO. Igualmente creemos y enseñamos que ese Dios infinito, indivisible e inmezclable es diferenciable en tres personas: Padre, Hijo y Espíritu Santo. Y esto de la siguiente manera: El Padre ha engendrado al Hijo desde la eternidad; el Hijo es engendrado por una generación inefable; y el Espíritu Santo procede de ambos desde toda eternidad y ha de ser adorado con ambos. Esto significa que no se trata de tres dioses, sino de tres personas cosustanciales, coeternas, coiguales; distintas con respecto a las hipóstasis y con respecto al orden, procediendo la una de la otra pero sin desigualdad alguna. Unidas entre sí, conforme a su naturaleza y esencia, de manera que hay un solo Dios, y la naturaleza divina es común al Padre, al Hijo y al Espíritu Santo. Porque la Escritura nos ha entregado una distinción manifiesta de personas, cuando el ángel dijo a María, entre otras cosas: «El Espíritu Santo vendrá sobre ti, y el poder del Altísimo te cubrirá con su sombra; por eso el niño que nacerá será llamado Hijo de Dios.» (Luc. 1:35). Pero, también en el bautismo de Cristo se oyó una voz del cielo que llegó hasta Jesús, diciendo: «Este es mi hijo amado» (Mat. 3:17); y, al mismo tiempo, apareció el Espíritu Santo en forma de paloma (Jn. 1:32). Cuando el Señor mismo dio el mandato de bautizar, señaló que el Bautismo se realizase «en nombre del Padre, del Hijo y del Espíritu Santo» (Mat. 28:19). En otra parte del evangelio dijo: «Pero el Consolador, el Espíritu Santo, al cual el Padre enviará en mi nombre...» (Jn. 14:26). También dice: «Cuando venga el Consolador, el cual yo os enviaré del Padre, el Espíritu de verdad, que procede del Padre, él dará testimonio de mi» (Jn. 15:26). En resumen, aceptamos el *Credo de los apóstoles*, el cual nos transmite la tradición de la verdadera fe.

HEREJÍAS. Por eso condenamos el parecer de los judíos y mahometanos y todos cuantos blasfeman sobre esa Santísima Trinidad, digna de adoración. Igualmente condenamos todas las herejías y a todos los herejes, según los cuales el Hijo y el Espíritu Santo son Dios únicamente de nombre, o que hay algo creado o subsirviente, o subordinado en la Trinidad, o algo desigual en ella, algo mayor o menor, cosas corporales o corporalmente formadas, cosas distintas en cuanto a su carácter o voluntad, o que existen en la Trinidad mezcolanzas o unidades, o que el Hijo y el Espíritu Santo sean solamente situaciones o formas especiales del Dios Padre; tal cómo lo han creído los monarquianos o los noecianos, como Praxeas, o los patripasianos, como Sabelio, el samosateno, Ecio y Macedonio, los antropomorfitas y, finalmente, como Arrio y tantos otros.

ARTÍCULO 4
IMÁGENES DE DIOS, DE CRISTO Y DE LOS SANTOS

IMÁGENES DE DIOS. Siendo Dios espíritu invisible y esencia infinita, resulta imposible representarle valiéndose de alguna forma artística o de una imagen. De aquí que, conforme a las Sagradas Escrituras, consideremos cualquier imagen visible de Dios como puro engaño. Por lo tanto, no condenamos solamente los ídolos paganos, sino también las imágenes que veneran algunos cristianos.

IMÁGENES DE CRISTO. Porque aunque Cristo asumió la naturaleza humana, no la asumió para servir de modelo a escultores y pintores. Él ha dicho que no vino «para abolir la ley y los profetas» (Mat. 5:17), y el caso es que tanto la ley como los profetas han prohibido las imágenes (Deut. 4:16 y 23; Is. 40:18 y sgs.). Cristo negó que su presencia corporal fuese provechosa para la Iglesia, y prometió que estaría cerca de nosotros por su Espíritu para siempre (Jn. 16:7). ¿Quién, por lo tanto, creería que una sombra o semejanza de su cuerpo aportaría algún beneficio al piadoso? (2 Cor. 5:16). Y si Cristo permanece en nosotros mediante su Santo Espíritu, entonces nosotros somos templo de Dios (1 Cor. 3:16) y, «¿Qué comunión hay entre el templo de Dios y los ídolos?» (2 Cor. 6:16).

IMÁGENES DE LOS SANTOS. Y si los espíritus bienaventurados y los perfectos en los cielos, mientras vivían aquí en la tierra, combatieron toda veneración de ídolos y contra estos mismos lucharon (Hech. 3:12; 14:15; Apoc. 14:7; Apoc. 22:8 y 9), ¿quién es capaz de imaginarse que los perfectos celestiales y los ángeles estan complacidos con sus propias imágenes, ante las cuales los hombres doblan sus rodillas, destocan su cabeza y a las cuales veneran de tantas maneras?

LAS ESCRITURAS DE LOS LAICOS. Con el fin de que los hombres fuesen enseñados en la fe, conociesen las cosas divinas y fuesen instruidos en lo que atañe a su salvación, el Señor ha ordenado predicar el evangelio (Mat. 16:15), no pintar y enseñar a los laicos por medio de cuadros. El Señor ha ordenado y mandado los sacramentos, pero nunca ha ordenado que haya imágenes. Además, dondequiera que volvamos la mirada, vemos a las criaturas vivas y verdaderas de Dios que, si son observadas como es debido, causan una impresión mucho más vívida en los espectadores que todas las imágenes o cuadros vanos, inmóviles, débiles y muertos hechos por los hombres, de los cuales el profeta dice con toda razón: «Tienen ojos, pero no ven» (Sal. 115: 5).

LACTANCIO. Justamente por esto estamos de acuerdo con la frase del antiguo escritor Lactancio, que dice: «Es indudable que donde haya una imagen no hay ninguna religión.»

EPIFANIO Y JERÓNIMO. Aprobamos que el fiel obispo Epifanio, al hallar una imagen de Cristo, o de algún santo, en una cortina a la puerta de la iglesia, la cortase o mandase quitar, razonando que el exponer, a la vista de los fieles de la Iglesia, cualquier imagen, contradecía a las Sagradas Escrituras. Consecuentemente, ordenó alejar de la Iglesia todas las cortinas semejantes, arguyendo que iban en contra de la fe y conducían a una confusión indigna de la Iglesia y de los creyentes.

AGUSTÍN. Estamos conformes con la opinión de San Agustín que dice: «Nuestra fe no significa venerar lo hecho por los hombres. Estos, como artistas, merecen gran respeto; pero no debemos venerar su obra como si se tratase de cosa divina». (*De Vera Religione*, cap. 55).

ARTICULO 5
ADORACIÓN, VENERACIÓN E INVOCACIÓN DE DIOS POR EL ÚNICO MEDIADOR JESUCRISTO

SOLAMENTE DIOS DEBE SER ADORADO Y VENERADO. Enseñamos que solo el Dios verdadero debe ser adorado y venerado. No damos honra y gloria a ninguno otro, conforme al mandato del Señor: «Al Señor tu Dios adorarás, y a Él solo servirás» (Mat. 4:10). Todos los profetas reprendieron muy seriamente al pueblo de Israel cuando este adoraba y veneraba a dioses extraños en vez de adorar y venerar a Dios. Pero enseñamos que Dios debe ser adorado y venerado como Él mismo nos ha enseñado a adorarle, es decir, «en espíritu y en verdad» (Jn. 4:23 y 24); a saber, no de manera supersticiosa, sino con sinceridad, conforme a su Palabra, no sea que en algún momento nos diga: «¿Quién demanda esto de vuestras manos?» (Is. 1:12 y sgs; Jer. 6:20). También el apóstol Pablo dice: «Dios no es honrado por manos de hombres, como si necesitase de algo; pues Él da a todos vida y respiración y todas las cosas» (Hech. 17:25).

SOLO DIOS DEBE SER INVOCADO A TRAVÉS DE LA SOLA MEDIACIÓN DE CRISTO. A este Dios invocamos en todas las crisis y pruebas de nuestras vidas, y esto por mediación de nuestro único Mediador e Intercesor, Jesucristo. Porque se nos ha ordenado concretamente: «Invócame en el día de la angustia, y yo te salvaré y tú me alabarás» (Sal. 50:15). Pero nuestro Señor nos ha dado muy benévolamente la promesa: «Todo cuanto pidiereis al Padre en mi nombre, os lo dará.» (Jn. 16:23). Y también: «Venid a mí todos los que estáis atribulados y cargados, y yo os haré descansar.» (Mat. 11:28) Y si está escrito: «¿Cómo van a invocar a aquel en el cual no han creído?» (Rom. 10:14); entonces creemos únicamente en Dios y a Él solo invocamos, pero lo hacemos por medio de Cristo. Dice el apóstol: «Hay solo un Dios y hay un solo mediador entre Dios y los hombres: Jesucristo hombre.» (1 Tim. 2:5) Y, además: «Si alguien peca, tenemos un intercesor junto al Padre: Jesucristo, el Justo.» (1 Jn. 2:1)

LOS SANTOS NO DEBEN SER ADORADOS, VENERADOS O INVOCADOS. Por eso no adoramos, veneramos ni rezamos a los santos en el cielo, ni a otros dioses, y no los reconocemos como nuestros intercesores o mediadores ante el Padre en el cielo. A nosotros nos basta con Dios y el mediador, Cristo; y la honra, honor y gloria que rendimos a Dios y a su Hijo, como es debido, a nadie más los daremos, pues Dios ha dicho expresamente: «A otro no daré mi gloria» (Is. 42:8). Y Pedro dice: «No hay otro nombre bajo el cielo, dado a los hombres, en que podamos ser salvos» (Hech. 4:12). Quienes por la fe han hallado paz en ese nombre, solamente se atienen a Cristo.

EL DEBIDO HONOR A LOS SANTOS. Conste que en modo alguno despreciamos a los llamados santos ni los consideramos en poco. Reconocemos que son miembros vivos del cuerpo de Cristo, amigos de Dios, y que han vencido a la carne y al mundo. Por eso los amamos como hermanos y también los honramos, pero no en el sentido de veneración divina, sino considerándolos dignos de honorífica estimación y merecedores de alabanza. Al mismo tiempo, seguimos su ejemplo. Y es que deseamos, ansiosamente y con oración, como seguidores de su fe y sus virtudes, compartir un día con ellos la salvación, con ellos morar eternamente con Dios y con ellos gozarnos en Cristo. A este respecto aprobamos también las palabras de San Agustín escritas en su libro *De vera religione*, cuando dice: «Nuestra fe no consiste en la veneración de los que murieron. Si vivieron piadosamente, consideramos que ellos no tienen la pretensión de excelsa veneración, sino que desean que cada uno de nosotros sea venerado, y se gozan de que, gracias a la iluminación divina, compartamos sus méritos. Y por eso son venerables; por eso, porque son dignos de imitación. Pero no hay que adorarles en un sentido religioso».

RELIQUIAS DE LOS SANTOS. Mucho menos creemos en la adoración o veneración de las reliquias de los santos. Aquellos antiguos santos —o sea, cristianos—, pensaban haber honrado ya bastante a sus muertos enterrándolos, una vez que su espíritu había ascendido a los cielos. Y pensaban que las reliquias más nobles de sus antepasados eran sus virtudes, su doctrina y su fe. Y en su tiempo, al alabar a los difuntos, se esforzaron por ser como ellos.

JURAR SOLO EN NOMBRE DE DIOS. Estos hombres antiguos no juraron excepto por el nombre del único Dios, Jehová, según lo prescrito por la ley divina. Y del mismo modo en que esta prohíbe jurar en nombre de otros dioses (Deut. 10:20; Ex. 23:13), nosotros no juramos lo que se exige con respecto a los llamados santos. De aquí que condenemos cualquier doctrina que honra demasiado a los santos celestiales.

ARTÍCULO 6
LA PROVIDENCIA DIVINA

LA PROVIDENCIA DE DIOS LO RIGE TODO. Creemos que por la providencia de este omnisciente, eterno y todopoderoso Dios, todo cuanto hay en los cielos y en la tierra es preservado y gobernado. Porque David testimonia y dice: «El Señor está por encima de todos los pueblos, y su gloria sobre los cielos. ¿Quién como el Señor nuestro Dios, que está sentado en lo alto, que mira a lo lejos los cielos y la tierra?» (Sal. 113:4-6). El mismo David dice: «Escudriñas todos mis caminos. Incluso antes de que una palabra esté en mi lengua, he aquí, oh Señor, tú lo sabes completamente» (Sal. 139:3 y 4). También Pablo dice y testimonia: «En Él vivimos, y nos movemos y somos» (Hech. 17:28). Y dice también: «De Él y por Él y para Él son todas las cosas» (Rom. 11:36). Justamente por esto manifiesta Agustín, conforme a las Sagradas Escrituras, en el libro *De Agone Christi* (capítulo 8): «Ha dicho el Señor: "¿No se venden dos gorriones por pocos céntimos? Y, sin embargo, ni un solo gorrión caerá al suelo sin la voluntad de Dios"» (Mat. 10:29). Con estas palabras Agustín quería decir que la omnipotencia divina impera incluso sobre aquello que a los hombres les parece insignificante. Porque el que es la verdad dice que las aves del cielo son alimentadas por Él y los lirios del campo son vestidos por Él; también dice que los cabellos de nuestra cabeza están contados (Mat. 6:26 y 28. Mat. 10:30).

LOS EPICÚREOS. Por eso desechamos la opinión de los epicúreos, que niegan la providencia divina, e igualmente la opinión de quienes, blasfemando, afirman que Dios únicamente se mueve en celestiales regiones sin poder ver lo que nos atañe y, por consiguiente, sin cuidarse de nosotros. David, el profeta real, también condenó esto cuando dijo: «¿Hasta cuándo Señor, pueden clamar triunfo estos ateos? Piensan que el Señor no ve lo que acontece, que el Dios de Israel no lo ve. Pero, atención, necios entre el pueblo; necios que necesitáis de inteligencia. Quien os ha dado el oído, ¿no os oirá? Quien os ha dado el ojo, ¿no os verá?» (Sal. 94:3 y 7-9).

NO HAY QUE MENOSPRECIAR LOS MEDIOS DE LA PROVIDENCIA. Realmente, no despreciamos los medios de los que la providencia se vale; pero enseñamos que hemos de acomodarnos a ellos siempre y cuando nos sean recomendados por la Palabra de Dios. De aquí que desaprobemos las palabras ligeras de la gente que dice que si todo depende de la providencia divina, nuestras aspiraciones y esfuerzos resultan vanos y basta con que todo lo confiemos a la providencia divina, y no tenemos motivo de preocuparnos ni porqué hacer nada. Recordamos que Pablo reconoce ir a Roma por la providencia divina, pues la Palabra le dijo: «También en Roma darás testimonio» (Hech. 23:11), y también: «Nadie de vosotros perecerá» (Hech. 27:22) y, además: «que ni aun cabello de la cabeza de ninguno de vosotros perecerá» (Hech. 27:31); y recordando todo esto, recordemos igualmente cómo Pablo, en vista de que los marinos pretenden huir, dice al capitán: «Si estos no siguen en la nave nadie quedará con vida» (Hech. 27:31). Y es que Dios es quien todo lo determina, marcando tanto los comienzos como los medios para llegar al objetivo propuesto. Los paganos confían las cosas al destino ciego y a la indecisa casualidad. Por su parte, el apóstol Santiago no quiere que digamos: «Hoy o mañana iremos a esta o aquella ciudad», sino que añade: «en vez de esto, deberíais decir: "Si Dios quiere, viviremos, haremos esto o aquello"» (Sant. 4:13). Y Agustín dice: «Todo lo que a los vanidosos les parece suceder en la naturaleza por accidente, ocurre solo por su Palabra, porque ocurre solo bajo su mandato» (Interpretación del Salmo 148). Por ejemplo, parece pura casualidad que, buscando las burras de su padre, Saúl se encontrase con el profeta Samuel, pero el Señor ya había anunciado antes al profeta: «Mañana a tal y tal hora te enviaré un hombre del país de Benjamín...» (1 Sam. 9:16).

ARTÍCULO 7
LA CREACIÓN DE TODAS LAS COSAS, LOS ÁNGELES, EL DIABLO Y EL HOMBRE

DIOS CREÓ TODAS LAS COSAS. Este Dios bueno y todopoderoso, mediante su Palabra, que en Él y con Él es coeterna, ha creado todo lo visible e invisible, y lo mantiene y conserva mediante su Espíritu, que juntamente con Él es coeterno. Por eso testimonia David, diciendo: «Los cielos han sido hechos por la palabra del Señor y todo el ejército celestial ha sido hecho por su espíritu» (Sal. 33:6). Mas, conforme a las Escrituras, todo lo creado por Dios era bueno (Gn. 1:31), creado, además, para provecho y uso de los hombres. Por nuestra parte afirmamos que todas las cosas provienen de un único fundamento original.

MANIQUEOS Y MARCIONITAS. De aquí que desechemos la opinión de los maniqueos y marcionitas, que en forma atea enseñaban que existen dos fundamentos del ser y dos naturalezas, a saber, la naturaleza del bien y la del mal; y dos fundamentos originales y, por consiguiente, dos dioses enemigos: un dios del bien y un dios del mal.

ÁNGELES Y DEMONIOS. De entre todas las criaturas, sobresalen los ángeles y los hombres. Acerca de los ángeles la Sagrada Escritura dice: «El que hace a los vientos sus mensajeros, y a las flamas de fuego sus ministros» (Sal. 104:4). Y también: «¿No son todos espíritus ministradores, enviados para servicio a favor de los que serán herederos de la salvación?» (Hebr. 1:14). En cuanto al diablo, Jesús mismo testifica: «Desde el principio era un asesino y no permanecía en la verdad; porque en él no hay verdad. Si mentiras dice, dice de lo suyo; porque es un mentiroso y padre de la mentira» (Jn. 8:44). En consecuencia, enseñamos que algunos ángeles permanecieron en obediencia y fueron destinados a servir fielmente a Dios y a los hombres; los otros, empero, cayeron por su propia culpa, fueron condenados al mal y son los enemigos de todo lo bueno y de los creyentes, etcétera.

EL HOMBRE. En cuanto al hombre, dice la Escritura que en el principio fue creado bueno, a imagen y semejanza de Dios, y que Dios lo puso en el paraíso como señor de todo lo creado (Gen. 2:7 y 8). Esto es lo que tan maravillosamente ensalza David en el Salmo 8. Además, Dios le dio una compañera y los bendijo. Afirmamos, asimismo, que el hombre consiste de dos elementos distintos en una sola persona: Un alma inmortal que al desligarse del cuerpo ni duerme, ni muere; y un cuerpo mortal, el cual, ciertamente, en el juicio final resucitará de entre los muertos, de manera que a partir de entonces el hombre entero, ya sea en vida o en muerte, permanecezca eternamente.

LAS SECTAS. Condenamos el parecer de todos aquellos que se burlan o que con razones sutiles niegan la inmortalidad del alma, o afirman que el alma duerme o que es una parte de Dios. Resumiendo, condenamos todas las opiniones de todos los hombres, sean cuantos sean, que se apartan de lo que nos ha sido entregado en las Sagradas Escrituras, en la Iglesia apostólica de Jesucristo, en cuanto a la creación, los ángeles, los malos espíritus y el hombre.

ARTÍCULO 8
LA CAÍDA DEL HOMBRE, EL PECADO Y LA CAUSA DEL PECADO

LA CAÍDA. En el principio el hombre fue hecho a imagen y semejanza de Dios; en verdadera justicia y santidad, bueno y sin mancha. Mas cuando, instigado por la serpiente y movido por su propia culpa, dejó la bondad y la justicia, cayó bajo el poder del pecado, de la muerte y bajo toda suerte de males. Y este estado en que cayó es el mismo en que todos sus descendientes nos hallamos.

EL PECADO. Por pecado entendemos la innata perversión del hombre que ha sido heredada y propagada a todos nosotros desde nuestros primeros padres, por la cual nos encontramos supeditados a pasiones insanas, apartados de lo bueno e inclinados hacia todo lo malo; llenos de maldad, desconfianza, desprecio y odio a Dios, e incapacitados no solo de hacer lo bueno, sino incluso de pensarlo. Y en tanto ofendemos gravemente la ley de Dios, y esto de manera continua, abrigando malos pensamientos, palabras y actos, producimos frutos corruptos como sucede con cualquier árbol malo (Mat. 12:53 sgs.). Por esta causa somos, por culpa propia, víctimas de la ira de Dios y nos vemos sujetos a justos castigos, de modo que Dios nos habría condenado a todos si Cristo, el Redentor, no nos hubiese redimido.

LA MUERTE. Por muerte entendemos no solamente la muerte corporal que todos debemos sufrir por causa del pecado, sino también los castigos eternos que nos corresponden por nuestros pecados y corrupciones. Pues el apóstol dice: «Estabais muertos en vuestros delitos y pecados... y éramos por naturaleza hijos de ira, lo mismo que los demás. Pero Dios, que es rico en misericordia, por su gran amor con que nos amó, aun estando nosotros muertos en pecados, nos dio vida juntamente con Cristo» (Efes. 2:1 sgs.). E igualmente dice el apóstol: «Como el pecado entró en el mundo por un hombre, y por el pecado la muerte, así la muerte pasó a todos los hombres, por cuanto todos pecaron» (Rom. 5:12).

EL PECADO ORIGINAL. Reconocemos, pues, que todos los hombres llevan la mancha del pecado original.

LOS PECADOS ACTUALES. Asimismo, reconocemos que todos los demás pecados que surgen de este son denominados pecado y son realmente pecado sin importar el nombre que se les pueda dar; sean «mortales», «veniales», o el pecado denominado «contra el Espíritu Santo», el cual es imperdonable (Marc. 3:29; 1.a Jn. 5:16). Confesamos, no obstante, que no todos los pecados son iguales; aunque todos fluyan de la misma fuente de perdición y de incredulidad, algunos son mas serios que otros, tal como dijo el Señor, que el país de Sodoma y Gomorra saldrá mejor parado que una ciudad que rechaza la palabra del evangelio (Mat. 10:15; 11:20 sgs.).

SECTAS. De aquí que condenemos la opinión de todos quienes han enseñado lo contrario, Pelagio y los pelagianos especialmente; pero también los jovinianos que, a semejanza de los estoicos, consideran todos los pecados como iguales. Estamos completamente de acuerdo con San Agustín, quien derivó y defendió su punto de vista desde las Sagradas Escrituras.

DIOS NO ES EL CAUSANTE DEL PECADO Y QUÉ DEBE ENTENDERSE POR «ENDURECIMIENTO». Condenamos, además, el parecer de Florino y Blasto —contra los cuales escribió Ireneo—, y el parecer de todos aquellos que pretenden poner a Dios como autor del pecado. Porque está escrito expresamente: «No eres un Dios que se complace en la impiedad... aborreces a todos los malhechores...» (Sal. 5:5-7). Y en el evangelio leemos: «Cuando el diablo habla mentiras, lo hace sacándolo de lo suyo propio; porque es un mentiroso y padre de la mentira» (Juan 8:44). Existe en nuestro interior ya bastante pecaminosidad y bastante corrupción para que Dios tenga que infundirnos todavía mayores imperfecciones. Pero si en las Escrituras se nos dice que Dios endurece el sentir del hombre, lo ciega o lo entrega a una mente reprobada, hemos de entender que lo hace por un juicio justo, como justo Juez y Vengador. Finalmente, si en la Escritura se menciona que Dios realiza algo malo, aunque solo aparentemente es así, esto no significa que el hombre no haga lo malo, sino que Dios se lo permite y —conforme a su juicio siempre recto— no lo previene, aunque podría haberlo impedido si lo hubiese querido, o porque vuelve en bien lo que los hombres hicieron con maldad —como hizo en el caso de los hermanos de José— o porque permite los pecados hasta el punto que le parece conveniente y no consiente que progresen. San Agustín dice en su *Enchiridion:* «De manera misteriosa e inexplicable nada acontece sin la voluntad de Dios, incluso lo que va en contra de su voluntad. Y es que no acontecería si Él no lo consintiese. Y, por lo tanto, al no oponerse a ello es que se realiza su voluntad; pues Dios, siendo bueno, no permitiría que se obrase el mal si su omnipotencia no pudiese aun del mal hacer bien».

CUESTIONES PRODUCTO DE LA CURIOSIDAD. Las demás cuestiones, si Dios quiso que Adán cayese o si Dios le condujo a caer; o porqué Dios no impidió la caída, son cuestiones que consideramos producto de la mera curiosidad —a menos de que, tal vez, la maldad de los herejes o de otros hombres presuntuosos nos obligue a explicarlas desde la Palabra de Dios, como lo han hecho con frecuencia piadosos maestros de la Iglesia—. Lo que con respecto a dichas cuestiones sabemos, es que Dios prohibió al hombre comer de aquel fruto y que castigó la transgresión; también sabemos que lo malo que acontece, no lo es debido a la providencia divina, a su voluntad o su poder, sino debido a Satanás y nuestra propia voluntad que se opone a la de Dios.

ARTÍCULO 9
LA LIBRE VOLUNTAD Y OTRAS FACULTADES DEL HOMBRE

En esta cuestión, que siempre ha suscitado muchos conflictos en la Iglesia, enseñamos que la situación, o el modo de ser del hombre, hay que considerarlo de manera tripartita.

CÓMO ERA EL HOMBRE ANTES DE LA CAÍDA. Por una parte, figura el estado en que el hombre, al principio, antes de la caída, se encontraba: Era incondicionalmente recto y libre, de manera que podía igualmente permanecer en el bien, como también decidirse por el mal. El hecho es que se decidió por el mal y con ello se ha envuelto a sí mismo, y a la humanidad entera, en pecado y muerte, como antes ya dijimos.

CÓMO ERA EL HOMBRE DESPUÉS DE LA CAÍDA. Lo segundo es considerar cómo ha sido el hombre después de la caída. Ciertamente, no se vio privado de su entendimiento ni de su voluntad, como si hubiese sido convertido en un pedazo de madera o en una piedra. Pero las facultades mencionadas que poseía resultaron tan cambiadas y reducidas que ya no pueden hacer lo que podían antes de la caída; pues su entendimiento está entenebrecido y su voluntad, que antes fue libre, vino a ser esclava. Ahora sirve al pecado, no involuntaria, sino voluntariamente. Y por eso se le llama volición libre y no obligada. [*Etenim voluntas, non noluntas dicitur*]

EL HOMBRE HACE LO MALO VOLUNTARIAMENTE. De aquí que con respecto al mal o al pecado, ni Dios ni el diablo obligan al hombre, sino que este hace lo malo por propio impulso, y en este sentido posee, ciertamente, una voluntad libérrima. Aunque observemos de vez en cuando que Dios impide las peores obras y designios de los hombres, de modo que no lleguen a realizarse; Dios no priva al hombre de su voluntad hacia el mal, sino que se adelanta, con su divino poder, a lo planeado por la libre voluntad humana. Por ejemplo, los hermanos de José se propusieron matarlo, pero no lo consiguieron porque los designios de Dios eran muy otros.

EL HOMBRE ES INCAPAZ DE HACER EL BIEN MEDIANTE SUS PROPIOS RECURSOS. En cuanto al bien y a la virtud, el propio entendimiento del hombre no acierta por sí mismo a juzgar las cosas divinas. Y es que los evangelios y los escritos apostólicos exigen de cada uno de nosotros el nacer de nuevo si esperamos ser salvos. Precisamente por eso, el primer nacimiento, o sea, el de Adán, no contribuye en nada a nuestra bienaventuranza. Pablo dice: «El hombre natural no acepta las cosas que provienen del espíritu de Dios» (1 Cor. 2:14). Y también dice que no estamos en condiciones de pensar lo bueno por nosotros mismos (2 Cor. 3:5). Sin duda es el entendimiento, o el espíritu, el guía de la voluntad; pero si ese guía es ciego, ya podemos imaginarnos a dónde irá a parar la voluntad. De aquí procede que el hombre que no haya nacido de nuevo carece de la voluntad libre para el bien, y tampoco tiene las fuerzas necesarias para realizar lo bueno. En el evangelio dice el Señor: «Os aseguro que quien peca es un siervo del pecado» (Jn. 8:34). Y el apóstol Pablo dice: «Los deseos de la carne son enemistad contra Dios, pues la carne no se supedita a la ley de Dios, ni siquiera es capaz de ello» (Rom. 8:7).

COMPRENSIÓN DE LAS ARTES. Sin embargo, en cuanto a las cosas terrenales, el hombre, pese a su caída, no carece de entendimiento; porque Dios, en su misericordia, ha permitido que permanezcan las facultades naturales de la mente que, por cierto, son muy inferiores a las que poseía antes de la caída. Dios manda también que dichas facultades que el hombre tiene sean ejercitadas y cuidadas, concediendo Él mismo, para tal fin, los dones necesarios, y haciendo que estos prosperen. Y es cosa manifiesta que sin la bendición divina nada lograríamos en todos las artes. En cualquier caso, la Escritura refiere todas las artes a Dios; y, por lo demás, incluso los paganos atribuyen a los dioses el origen de las buenas artes y habilidades del hombre.

LA CAPACIDAD DE LOS REGENERADOS Y HASTA QUÉ PUNTO POSEEN LIBRE ALBEDRÍO. Finalmente, hay que examinar si los nacidos de nuevo poseen una libre voluntad y hasta qué punto la poseen. En la regeneración, la mente es iluminada por el Espíritu Santo para que pueda conocer los misterios y la voluntad de Dios. Por obra del Espíritu Santo la voluntad misma no solamente resulta cambiada sino que, a la vez, es equipada con las facultades necesarias en virtud de las cuales puede, por impulso interior, desear lo bueno y realizarlo (Rom. 8:1 siguientes). Si negásemos esto, tendríamos que negar también la libertad cristiana e introducir la esclavitud de la ley. Pero Dios dice por el profeta: «Daré mi ley en sus entrañas, y la escribiré en sus corazones» (Jer. 31:33; Ezeq. 36:26 sgs.). Y el Señor dice en el evangelio: «Si el Hijo os libertare, seréis verdaderamente libres» (Jn. 8:36). También Pablo escribe a los Filipenses: «Porque a vosotros os ha sido concedido, no solo que creáis en Cristo, sino también que padezcáis por él» (Fil. 1:29). Y añade: «Y confío en esto, que el que comenzó en vosotros la buena obra, la perfeccionará hasta el día de Jesucristo» (Fil. 1:6). Y dice también: «Porque Dios es el que en vosotros obra tanto el querer como el hacer, por su buena voluntad» (Fil. 2:13).

LOS REGENERADOS ACTÚAN POR SÍ MISMOS Y NO SOLAMENTE COMO EMPUJADOS. A este respecto enseñamos que es preciso tener en cuenta dos cosas: En primer lugar, que los regenerados actúan por sí mismos y no solamente como empujados cuando se deciden por lo bueno y lo realizan. Y es que Dios los mueve a que hagan por sí mismos lo que hacen. De aquí que con razón Agustín aduce acertadamente el dicho de que «se dice que Dios es nuestro ayudador. Pero nadie puede ser ayudado a menos que él mismo haga algo». Los maniqueos despojaban a los hombres de toda actuación propia, convirtiéndolo así en un leño o una piedra

TAMBIÉN EN LOS REGENERADOS ES DÉBIL EL LIBRE ALBEDRIO. La segunda cosa que ha de tenerse en cuenta es que, en los regenerados, queda aún debilidad. Pues dado que el pecado habita en nosotros, y la carne, en los nacidos de nuevo, se opone al Espíritu hasta el final de sus vidas, no logran fácilmente, en todas las cosas, lo que se habían propuesto. Esto lo confirma el apóstol Pablo en Romanos 7 y Gálatas 5. Por lo tanto, este libre albedrío es débil en nosotros a causa de los remanentes del viejo Adán y de la corrupción humana innata que permanece en nosotros hasta el final de nuestras vidas. Mas dado que ni las inclinaciones de la carne ni los restos del viejo hombre son tan eficaces como para extinguir por completo la obra del Espíritu, por eso se dice que los fieles son libres; pero a condición de que reconozcan en serio su debilidad y no se gloríen de su libre albedrío. Los creyentes deben asentir siempre a aquella palabra apostólica, tantas veces citada por el bienaventurado Agustín, que dice: «¿Qué tienes que no hayas recibido? Y si lo recibiste, ¿de qué te glorías como si no lo hubieses recibido?» (1 Cor. 4:7). Sucede, además, que no siempre acontece lo que nos hemos propuesto. Y es que el logro de las cosas está únicamente en manos de Dios. Por eso ruega Pablo al Señor que este haga prosperar su viaje a Roma (Rom. 1:10). También de esto se colige cuan débil es el libre albedrío.

LIBERTAD EN COSAS EXTERNAS. Por lo demás, nadie niega que con respecto a cosas externas los regenerados y todos los demás hombres poseen libre voluntad. Esta predisposición la tiene el hombre igual que las demás criaturas (¡porque él no es inferior a ellas!), de manera que puede desear una cosa y renunciar a otra; puede hablar o callar, marcharse de casa o no salir a la calle, etc. Mas, aun a este respecto, el poder de Dios se impone, y así Balaam no llegó a donde quería (Nm. 24), y Zacarías, al salir del templo, se vio impedido de hablar (Luc. 1).

DOCTRINAS ERRÓNEAS. En lo que a esto atañe, desechamos la doctrina de los maniqueos, que niegan que el origen del mal proceda de la libre voluntad del hombre, el cual había sido creado bueno. Igualmente desechamos la opinión de los pelagianos, que afirman que el hombre caído posee la suficiente libre voluntad para realizar el bien ordenado por Dios. La Sagrada Escritura se manifiesta en contra de unos y otros: «Dios creó bueno al hombre», dice a los maniqueos; «Si el Hijo os libertare, seréis verdaderamente libres» (Jn. 8:36), dice a los pelagianos.

ARTÍCULO 10
LA PREDESTINACIÓN DIVINA Y LA ELECCIÓN DE LOS SANTOS

LA ELECCIÓN DE LA GRACIA. Dios, desde toda la eternidad ha predestinado, o elegido gratuitamente y por pura gracia, a los santos que quiere salvar en Cristo, sin consideración alguna de algo en los hombres, conforme a la palabra apostólica: «Dios nos ha escogido en Cristo antes de la fundación del mundo» (Efes. 1:4). Y también: «Dios nos salvó y llamó con vocación santa, no conforme a nuestras obras, sino según su intención y su gracia, la cual nos es dada en Cristo Jesús antes de los tiempos de eternidad; pero ahora es manifestada por la aparición de nuestro Salvador Jesucristo» (2 Timoteo 1:9 y 10).

SOMOS ELEGIDOS Y PREDESTINADOS EN CRISTO. De manera que Dios, usando de medios —pero no a causa de algún mérito nuestro— nos ha elegido en Cristo y por causa de Cristo, de donde resulta que los elegidos son los que ahora están injertados en Cristo por la fe. Los réprobos, o no-elegidos, son quienes no están en Cristo, según el dicho apostólico: «Examinaos a vosotros mismos para ver si estáis en la fe; probaos a vosotros mismos. ¿No os conocéis a vosotros mismos que Jesucristo está en vosotros? Si así no fuera, es que estaríais desechados» (2 Cor.13:5).

HEMOS SIDO ELEGIDOS CON UN FIN DETERMINADO. Finalmente, los santos son elegidos en Cristo, por Dios, con un fin determinado, que el mismo apóstol explica cuando dice: «Nos escogió en Cristo antes de la fundación del mundo para que fuésemos santos y sin mancha ante Él en amor; habiéndonos predestinado para ser hijos adoptivos suyos por Jesucristo, conforme al libre designio de su voluntad para alabanza de la gloria de su gracia...» (Efe. 1:4-6).

DEBEMOS TENER UNA BUENA ESPERANZA PARA TODOS. Aunque Dios sabe quiénes son los suyos, y aquí y allá se haga mención del pequeño número de elegidos, debemos esperar el bien de todos, y no juzgar precipitadamente a ningún hombre como réprobo. A los Filipenses, Pablo les escribe concretamente: «Doy gracias a Dios... por todos vosotros (ise refiere a toda la iglesia de Filipos!), por vuestra comunión en el evangelio desde el primer día hasta ahora, confiando en esto, que el que comenzó en vosotros la buena obra, la perfeccionará... es justo que yo sienta esto con respecto a todos vosotros» (Filip. 1:3-7).

SI SON POCOS LOS ELEGIDOS. Cuando, según Lucas 13:23, preguntaron al Señor si únicamente se salvarían pocos, el Señor no contestó si pocos o muchos serían los salvados o los desechados, sino que, antes bien, amonestó a que cada cual se esforzase en entrar por la puerta estrecha; como si hubiese querido decir: «No es cosa vuestra el inquirir curiosamente en estas cosas, sino esforzaos en entrar en los cielos siguiendo ahora la senda angosta».

LO QUE DEBE SER CONDENADO EN ESTE ASUNTO. Por lo tanto, no podemos aprobar las ideas impías de ciertas personas que dicen: «Son pocos los elegidos, y como no es seguro que yo esté en el número de los elegidos, no dejaré que mi disfrute en esta vida se marchite». Otros dicen: «Si Dios ya me ha predestinado y elegido, nada me impedirá gozar de la bienaventuranza que ciertamente ya está señalada para mí, pese a la maldad que yo pueda cometer; y si estoy en el número de los réprobos, de nada me valdrán ni la fe ni el arrepentimiento, dado que el designio de Dios es invariable. Por consiguiente, de nada aprovecharán enseñanzas o amonestaciones». Contra esta clase de gente se alza la palabra apostólica, que dice: «El siervo del Señor no debe ser litigioso, sino manso para con todos, apto para enseñar, sufrido; que con mansedumbre corrija a los rebeldes: porque quizá Dios les dé que se arrepientan para conocer la verdad, y se zafen de los lazos del diablo, que los tiene así cautivos y sujetos a su voluntad» (2 Tim. 2:24-26).

LAS AMONESTACIONES NO SON EN VANO PORQUE LA SALVACIÓN PROVENGA DE LA ELECCIÓN. Pues también Agustín señala que es preciso predicar ambas cosas: La libre elección de gracia y la predestinación así como la amonestación y enseñanza provechosa. (Lib. *De Dono Perseverantiae*, cap. 14 y sigs.).

SI SOMOS ELEGIDOS. Desaprobamos, pues, el comportamiento de aquellos hombres que, fuera de la fe en Cristo, buscan respuesta a la cuestión de si han sido elegidos por Dios y de cuáles son los designios de Dios para con ellos desde toda la eternidad. Porque la predicación del evangelio debe ser escuchada y debe ser creída; y debe sostenerse, sin duda alguna, que si crees y estás en Cristo, eres elegido. Porque el Padre nos ha revelado, en Jesucristo, su eterno designio de predestinación, como antes expliqué desde la palabra apostólica en 2ª Timoteo 1:9 y sgs. Ante todo es necesario, pues, enseñar y reafirmar cuán grande amor del Padre hacia nosotros nos ha sido revelado en Cristo. Es necesario oír lo que el Señor mismo nos predica diariamente en el evangelio, en tanto nos llama y dice: «Venid a mí todos los que estáis trabajados y cargados; que yo os haré descansar» (Mat. 11:28). «De tal manera amó Dios al mundo, que ha dado a su Hijo Unigénito, para que todo aquel que en él crea no se pierda, sino tenga vida eterna» (Jn. 3:16). Y también: «No es la voluntad de vuestro Padre en los cielos que se pierda uno de estos pequeños» (Mat. 18:14). Por lo tanto, sea Cristo el espejo en el que podamos contemplar nuestra predestinación. Testimonio suficientemente claro y seguro tendremos de estar inscritos en el Libro de la Vida si guardamos comunión con Cristo y si, en fe verdadera, él es nuestro y nosotros suyos.

TENTACIONES CON MOTIVO DE LA PREDESTINACIÓN. Dado que apenas si existe una tentación más peligrosa que la referente a la predestinación, nos consolará el que las promesas de Dios son para todos los creyentes, pues Él mismo dice: «Pedid y se os dará... porque el que pide recibe» (Luc. 11:9 y 10). Finalmente, podemos orar junto con toda la Iglesia: «Padre nuestro que estás en los cielos» (Mat. 6:9), porque por el Bautismo somos injertados en el cuerpo de Cristo, y somos a menudo alimentados en su Iglesia con su carne y sangre para vida eterna. Así fortalecidos, debemos — según la indicación de Pablo— luchar por nuestra salvación con temor y temblor (Fil. 2:12).

ARTÍCULO 11
JESUCRISTO, DIOS Y HOMBRE VERDADERO Y ÚNICO
SALVADOR DEL MUNDO

CRISTO ES DIOS VERDADERO. Creemos y enseñamos, además, que el Hijo de Dios, nuestro Señor Jesucristo, fue predestinado y dado como salvador del mundo desde la eternidad. Creemos que ha sido engendrado por el Padre, no solo cuando aceptó, de la virgen María, carne y sangre, y no solo antes de la creación del mundo, sino por el Padre antes de toda la eternidad, y esto de un modo inefable. Pues Isaías dice: «¿quién contará su generación?» (Is. 53:8), y dice Miquéas: «Su origen es desde el principio, desde los días de la eternidad» (Mq. 5:2). Porque también Juan manifiesta en su evangelio: «En el principio era el Verbo, y el Verbo era con Dios, y el Verbo era Dios» (Jn. 1:1). Por tanto, con respecto a su divinidad, el Hijo es coigual y cosustancial con el Padre; Dios verdadero (Fil. 2:11), no solo en nombre o por adopción o por cualquier mérito, sino en sustancia y naturaleza, como el apóstol Juan ha dicho a menudo: «Este es el Dios verdadero y la vida eterna» (1 Jn. 5:20). Dice Pablo: A su hijo lo «constituyó heredero de todo, por el cual, asimismo, hizo el universo; y quien, siendo el resplandor de su gloria, y la misma imagen de su sustancia, y sustentando todas las cosas con la palabra de su potencia...» (Heb. 1:2 y 3). Porque también en el evangelio ha dicho el Señor mismo: «Ahora pues, Padre, glorifícame tú cerca de ti mismo con aquella gloria que tuve cerca de ti antes de que el mundo fuese» (Jn. 17:5). Y en otro lugar del evangelio leemos que los judíos intentaban matar a Jesús, porque él «llamaba a Dios su Padre, haciéndose igual a Dios» (Jn. 5:18).

SECTAS. De aquí que desechemos rotundamente la impía doctrina de Arrio y todos los arríanos, los cuales niegan la filialidad[555] divina de Jesús. Y en especial desechamos radicalmente las blasfemias del español Miguel Servet y todos sus partidarios, blasfemias que Satanás, valiéndose de esos hombres, ha sacado del infierno contra el Hijo de Dios y anda esparciendo por todo el mundo de una manera insolentísima e impía.

CRISTO ES HOMBRE VERDADERO TENIENDO VERDADERA CARNE. También creemos y enseñamos que el Hijo eterno del Dios eterno fue hecho Hijo del hombre, de la simiente de Abraham y David; pero no en virtud de ser engendrado por un varón, como decían los ebionitas, sino que fue concebido castamente por el Espíritu Santo, y nacido de la siempre virgen María, como nos explica cuidadosamente la historia evangélica (Mat. 1). También Pablo dice: «Porque ciertamente no tomó a los ángeles, sino a la simiente de Abraham tomó» (Heb. 2:16). Igualmente afirma el apóstol Juan que quien no crea que Cristo ha venido en carne; no es de Dios. Por lo tanto, la carne de Cristo no era de aparente naturaleza, ni tampoco descendida del cielo, como soñaban Valentín y Marción.

UN ALMA RACIONAL EN CRISTO. Tampoco carecía el alma de nuestro Señor Jesús de sentido y razón, como pensaba Apolinario; ni poseía un cuerpo sin alma, como Eunomio enseñaba, sino alma con su razón, y carne con sus sentidos, por lo que en el tiempo de su pasión sufrió verdaderos dolores corporales, como él mismo testificó cuando dijo: «Mi alma está muy triste hasta la muerte» (Mat. 26:38). Y también: «Ahora está turbada mi alma» (Jn. (12:27).

LAS DOS NATURALEZAS EN CRISTO. De aquí que reconozcamos, en nuestro Señor Jesucristo —el único y siempre el mismo— dos naturalezas o modos sustanciales de ser; uno divino y uno humano (Heb. 2). Acerca de ambas cosas decimos que están unidas, pero esto de manera tal que no se absorben, ni se confunden, ni se mezclan. Más bien están unidas y ligadas en una sola persona, de manera que las propiedades de ambas naturalezas siempre persisten.

---

[555] O Filiabeón.

SOLAMENTE UN CRISTO, NO DOS. O sea que nosotros veneramos solamente a un señor Jesucristo y no a dos señores distintos. En una sola persona Dios verdadero y hombre verdadero, según la naturaleza divina, sustancialmente igual al Padre; más según la naturaleza humana, sustancialmente igual a nosotros, y en todo semejante a nosotros, excepto en lo concerniente al pecado (Heb. 4:15).

SECTAS. Por esta razón desechamos rotundamente la doctrina de los nestorianos, que de un solo Cristo hacen dos y desarticulan la unidad de la persona de Cristo. Así mismo, condenamos la necedad de Eutiques y de los monotelistas o monofisitas, que borran las propiedades de la naturaleza humana.

LA NATURALEZA DIVINA DE CRISTO NO ES PASIBLE, Y LA NATURALEZA HUMANA NO ESTÁ EN TODAS PARTES. Por lo tanto, de ninguna manera enseñamos que la naturaleza divina en Cristo haya sufrido o que Cristo en su naturaleza humana exista todavía en este mundo o se encuentre en todas partes. Ni creemos ni enseñamos que el verdadero cuerpo de Cristo, luego de la glorificación, haya sucumbido o haya sido divinizado, y esto de manera que haya renunciado a las cualidades de cuerpo y alma retornando así a su naturaleza divina; o sea, que desde entonces tenga solamente una naturaleza.

SECTAS. De aquí que de ninguna manera aprobamos o aceptamos las sutilezas necias, confusas, oscuras y siempre variadas de un Schwenkfeid y semejantes acróbatas intelectuales con respecto a esta cuestión.

NUESTRO SEÑOR PADECIÓ VERDADERAMENTE. Creemos, por el contrario, que nuestro Señor Jesucristo verdaderamente ha padecido en su carne por nosotros y verdaderamente ha muerto por nosotros, como dice Pedro (1 Ped. 4:1). Aborrecemos la opinión loca de los jacobitas y todos los turcos, que niegan y escarnecen los padecimientos de Jesús. Al mismo tiempo, no negamos que el Señor de la gloria, según las palabras del apóstol Pablo, haya sido crucificado por nosotros (1 Cor. 2:8).

COMMUNICATIO IDIOMATUM. Con fe y reverencia nos valemos de la doctrina que, basada en la Sagrada Escritura, manifiesta que las propiedades o cualidades ajenas a una de las naturalezas de Cristo pueden aplicarse algunas veces también a la otra. Esta doctrina fue aplicada ya por los antiguos padres de la Iglesia al interpretar y comparar pasajes de la Escritura aparentemente contradictorios.

CRISTO VERDADERAMENTE RESUCITÓ. Creemos y enseñamos que este, nuestro Señor Jesucristo, con el cuerpo verdadero con que fue crucificado y murió, ha resucitado de entre los muertos, sin procurarse otro cuerpo en lugar del sepultado y sin adoptar espíritu en lugar de cuerpo, sino conservando su cuerpo verdadero. Por eso muestra a sus discípulos —quienes creían ver el espíritu del Señor— sus manos y sus pies con las heridas de los clavos, y al hacerlo, les dice: «Mirad mis manos y mis pies, que yo mismo soy: palpad, y ved; que el espíritu ni tiene carne ni huesos, como veis que yo tengo» (Luc. 24:39).

CRISTO VERDADERAMENTE ASCENDIÓ AL CIELO. También creemos que nuestro Señor Jesucristo, en su mismo cuerpo, ascendió sobre todos los cielos visibles al cielo más alto, es decir, la morada de Dios y de los benditos, a la diestra de Dios Padre. Aunque esto signifique una igual participación en la gloria y majestad, también se toma como un lugar determinado acerca del cual el Señor, hablando en el evangelio, dice: «Voy, pues, a preparar lugar para vosotros» (Jn. 14:2). Pero también dice el apóstol Pedro: «Es menester que el cielo tenga a Cristo hasta los tiempos de la restauración de todas las cosas» (Hech. 3:21). Y del cielo, el mismo Cristo volverá en juicio, cuando la maldad en el mundo haya llegado a su apogeo y cuando el anticristo, habiendo corrompido la religión verdadera, llene todas las cosas de superstición e impiedad y devaste cruelmente a la Iglesia con derramamiento de sangre y llamas (Dan. 11). Pero Cristo vendrá otra vez para reclamar lo suyo, y con su venida para destruir al anticristo, y para juzgar a vivos y muertos (Hch. 17:31). Porque los muertos resucitarán (1 Tes. 4:14 y sigs.), y aquellos que en ese día —que es desconocido para todas las criaturas (Mar. 13:32)— estén vivos, serán transformados «en un abrir y cerrar de ojos», y todos los fieles serán arrebatados para recibir a Cristo en el aire, a fin de que juntamente con él entren en las moradas de la bienaventuranza y vivan eternamente (1 Cor. 15:51 y 52). Pero los incrédulos y los impíos descenderán con los demonios al infierno donde arderán eternamente sin poder ser redimidos de sus tormentos (Mat. 25:46).

SECTAS. Por eso desechamos las doctrinas de todos aquellos que niegan la verdadera resurrección del cuerpo (2 Tim. 2:18) e igualmente desechamos la opinión de quienes, como Juan de Jerusalén —contra el cual ha escrito Jerónimo—, sustentan una idea errónea sobre los cuerpos celestiales. Asimismo, desechamos la opinión de quienes han creído que también los demonios y todos los impíos llegarían a ser salvados y con ello acabaría su castigo. Pues el Señor ha dicho simplemente: «El gusano de ellos no muere, y el fuego nunca se apaga» (Marc. 9:48). Además, desechamos los sueños judíos según los cuales habrá una edad de oro en la tierra antes del día del juicio, y en la que los piadosos, habiendo sometido a todos sus enemigos impíos, poseerán todos los reinos de este mundo. Pero la verdad conforme a los evangelios y la doctrina apostólica es completamente diferente (Mat. 24 y 25; Luc. 18; también 2 Tes. 2 y 2 Tim. 3 y 4.)

EL FRUTO DE LA MUERTE Y RESURRECCIÓN DE CRISTO. Mediante sus padecimientos y su muerte, y por todo aquello que ha hecho y que soportó por nosotros desde que vino en carne, nuestro Señor ha reconciliado al Padre celestial con todos los creyentes, ha borrado el pecado, arrebatado a la muerte su poder, vencido la condenación y el infierno, y por su resurrección de entre los muertos ha traído a la luz una vez más, y ha repuesto, la vida y la inmortalidad. Pues él es nuestra justicia, nuestra vida y nuestra resurrección, y aún más: La perfección y redención de todos los creyentes, su salvación y su superabundante riqueza (Rom. 4:25; 10:4; 1 Cor. 1:30; Jn. 6:33 sgs; 11:25 sgs). Porque el apóstol dice: «Por cuanto agradó al Padre que en él habitase toda plenitud» (Col. 1:19), «y en él estáis cumplidos, sois perfectos» (Col. 2:9 y 10).

JESUCRISTO, EL ÚNICO SALVADOR DEL MUNDO Y EL VERDADERO Y ESPERADO MESÍAS. Porque enseñamos y creemos que este Jesucristo, nuestro Señor, es el único y eterno Salvador de la raza humana y, por tanto, del mundo entero; en quien, por la fe, son salvos todos los que antes de la ley, bajo la ley y bajo el evangelio, han alcanzado la salvación o la alcanzarán antes de que llegue el final de este tiempo en que vivimos. Y es que el Señor mismo dice en el evangelio: «El que no entra por la puerta al corral de las ovejas, sino que entra por otra parte, el tal es ladrón y salteador...» «Yo soy la puerta de las ovejas» (Jn. 10:1 y 7). También dice en otro pasaje del evangelio de Juan: «Abraham vuestro padre se gozó por ver mi día; y lo vio y se gozó» (Jn. 8:56). Pero también el apóstol Pedro dice: «En ningún otro hay salvación [fuera de Cristo]; porque no hay otro nombre bajo el cielo dado a los hombres por el cual podamos ser salvos» (Hech. 4:12; 10:43; 15:11). En el mismo sentido escribe Pablo: «nuestros padres... comieron el mismo alimento espiritual y todos bebieron la misma bebida espiritual; porque bebían de la roca espiritual que los seguía, y la roca era Cristo» (1 Cor. 10:3 y 4). Así, también leemos que Juan ha dicho que Cristo es el «cordero sacrificado desde la fundación del mundo» (Apoc. 13:8). Y Juan el Bautista, testifica: «He aquí el cordero de Dios que quita el pecado del mundo» (Jn. 1:29). Por eso confesamos y predicamos en alta voz que Jesucristo es el único Redentor y Salvador, Rey y Sumo Sacerdote; el verdadero Mesías esperado y bendito, al cual todos los tipos de la ley y las promesas de los profetas prefiguraron y prometieron de antemano. Dios nos lo ha dado a nosotros mismos como Señor y lo ha enviado de manera que no tengamos que esperar a ninguno otro. Y nada podemos hacer, por nuestra parte, sino dar toda clase de gloria a Cristo, creer en él y hallar descanso solamente en él, considerando inferiores y desechables todos los demás apoyos que en la vida se nos ofrezcan. Porque todos los que busquen su salvación en otra cosa que no sea únicamente en Jesucristo, han caído de la gracia de Dios y han anulado a Cristo para sí mismos (Gal. 5:4).

RECONOCIMIENTO DE LAS CONFESIONES PROCLAMADAS EN LOS CUATRO PRIMEROS CONCILIOS. Dicho resumidamente, nosotros creemos de corazón y confesamos libre y abiertamente con la boca lo que contienen las confesiones de los cuatro primeros y más importantes sínodos eclesiásticos de Nicea, Constantinopla, Éfeso y Calcedonia, así como también la Confesión de Atanasio y demás confesiones sobre el misterio de la encarnación de nuestro señor Jesucristo; pues todo ello se basa en las Sagradas Escrituras. Por el contrario, desechamos todo lo que contradice a las mencionadas confesiones.

SECTAS. Y de esta manera mantenemos la fe cristiana, ortodoxa y católica íntegra e intacta; sabiendo que en los símbolos mencionados no hay nada que no esté de acuerdo con la Palabra de Dios y que no constituya del todo una exposición sincera de la fe.

<h3 style="text-align:center">ARTÍCULO 12
LA LEY DE DIOS</h3>

LA LEY NOS EXPONE LA VOLUNTAD DE DIOS. Enseñamos que mediante la ley de Dios nos ha sido expuesta la voluntad de Dios; lo que Él quiere y no quiere que hagamos, y lo que es bueno y justo, o malo e injusto. Por lo tanto, confesamos que la ley es buena y santa.

LA LEY NATURAL. Esta ley, por un lado, ha sido escrita por el dedo de Dios en el corazón de los hombres (Rom. 2:15) y es llamada «ley natural»; por otro lado, fue grabada por el dedo de Dios en las dos tablas de la ley de Moisés y explicada con mayor detalle en los libros de Moisés (Ex. 20:1 sgs; Deut. 5:6

sgs). Para mayor claridad distinguimos la ley moral, contenida en los diez mandamientos, o en las dos tablas, y que es explicada en los libros de Moisés; de la ley ceremonial, que determina las ceremonias y el culto a Dios; y de la ley judicial, que se ocupa de asuntos políticos y domésticos.

LA LEY ES PERFECTA Y COMPLETA. Creemos que mediante dicha ley divina nos han sido dados a conocer, perfectamente, la voluntad de Dios y todos los mandamientos necesarios referentes a las diveras esferas en que la vida se desenvuelve. De lo contrario, el Señor no hubiese prohibido diciendo: «No añadiréis nada a la palabra que yo os mando, ni disminuiréis nada de ella...» (Deut. 4:2; 12:32); y no habría ordenado caminar correctamente conforme a esa ley y no desviarse de ella ni a la derecha ni a la izquierda (Isa. 30:21).

¿POR QUÉ HA SIDO DADA LA LEY? Enseñamos que esta ley no ha sido dada a los hombres a fin de que por su observancia seamos declarados justos, sino más bien para que por sus acusaciones reconozcamos nuestra debilidad, nuestro pecado, nuestra condenación, y desesperando con respecto a nuestra propia capacidad, nos dirijamos en fe a Cristo. Claramente dice el apóstol: «Porque la ley obra ira» (Rom. 3:20 y 4:15) y «por la ley es el conocimiento del pecado». Y es que, si la ley nos hubiera sido dada con objeto de hacernos justos y vivificarnos, la justificación sería realmente por la ley. Pero el caso es que la Escritura (esto es, la ley) ha puesto a todos bajo pecado, a fin de que la promesa sea dada, a los creyentes, por la fe en Cristo. De aquí que la ley resulta nuestro educador para llevarnos a Cristo, con objeto de que seamos declarados justos por la fe (Gal. 3:21 sgs).

LA CARNE NO PUEDE CUMPLIR LA LEY. Porque ningún hombre puede ni podría satisfacer la ley de Dios y cumplirla, pues la debilidad de nuestra carne se adhiere y permanece en nosotros hasta nuestro postrer suspiro. Vuelve a decir el apóstol: «Porque, para lograr lo que era imposible para la ley, por cuanto era débil por la carne, Dios envió a su Hijo en semejanza de carne de pecado» (Rom. 8:3). Por eso Cristo es el cumplimiento de la ley y nuestra perfección (Rom 10-4).

HASTA QUÉ PUNTO HA SIDO ABROGADA LA LEY. De modo que la ley de Dios es abrogada, pero en el sentido de que no nos condena ni trae la ira de Dios sobre nosotros; porque estamos bajo la gracia y no bajo la ley. Además, Cristo ha cumplido todas las figuras de la ley, lo cual quiere decir que tenemos la cosa misma y que las sombras han cesado, que tenemos en Cristo la verdad y la completa plenitud de la vida. Esto no significa que desechemos la ley, menospreciándola, pues tenemos presentes las palabras del Señor, quien dijo: «Yo no he venido para abolir la ley, sino para cumplirla» (Mat. 5:17). Sabemos que la ley nos muestra lo que es la virtud y el vicio. También sabemos que la ley, si es interpretada conforme al evangelio, resulta de beneficio para la Iglesia y que, por consiguiente, no debe excluirse de la Iglesia su lectura. Pues si bien el rostro de Moisés estaba cubierto con un velo, el apóstol acentúa que ese velo ha sido quitado y abolido por Cristo.

SECTAS. Por estas razones condenamos todo cuanto los herejes, antiguos o nuevos, han enseñado contra la ley.

ARTÍCULO 13
EL EVANGELIO DE JESUCRISTO, LAS PROMESAS, EL ESPÍRITU Y LA LETRA

LA LEY FRENTE AL EVANGELIO. El evangelio se opone a la ley; pues mientras la ley obra la ira de Dios y anuncia maldición, el evangelio predica la gracia y la bendición. El evangelista Juan dice: «La ley fue dada por Moisés, pero la gracia y la verdad han venido mediante Jesucristo» (Jn. 1:17). Es cierto, sin embargo, que aquellos que antes de la ley, y bajo la ley, han vivido, no estaban completamente sin el evangelio.

EN EL ANTIGUO PACTO ESTABAN YA LAS PROMESAS EVANGÉLICAS. Ya poseían, por cierto, preciosas promesas evangélicas, como, por ejemplo: «La simiente de la mujer quebrantará la cabeza de la serpiente» (Gen.1:15). «En tu simiente serán benditas todas las naciones de la tierra» (Gen. 22:18). «No será quitado el cetro de Judá... hasta que venga el dominador» (Gen. 49:10). «Profeta de en medio de ti, de tus hermanos, te levantará Jehová, tu Dios, a él oiréis» (Deut. 18:15; Hech. 3:23).

DOS CLASES DE PROMESAS. Reconocemos que a los padres les fueron concedidas dos clases de promesas, como también a nosotros nos han sido reveladas: Las unas se referían a las cosas presentes o terrenales. Por ejemplo: Al país de Canaán y las victorias —o, a nosotros, se nos promete, digamos, el pan cotidiano—. Las otras promesas se referían y siguen refiriéndose todavía a las cosas celestiales y eternas, o sea, a la gracia divina, el perdón de los pecados y la vida eterna por la fe en Jesucristo.

EN EL ANTIGUO PACTO HABÍAN NO SOLAMENTE PROMESAS TERRENALES, SINO TAMBIÉN ESPIRITUALES. Los antiguos no tenían, pues, simplemente promesas de carácter externo y terrenal, sino también promesas espirituales y celestiales en Cristo. Dice Pedro: «Con respecto a esa salvación, los profetas que profetizaron de la gracia que había de venir a vosotros, han inquirido y diligentemente buscado» (1 Ped. 1:10). Por eso también el apóstol Pablo ha dicho: «El evangelio lo había prometido Dios antes, por sus profetas, en las Sagradas Escrituras» (Rom. 1:2). De todo esto se desprende con meridiana claridad que los antiguos en modo alguno se encontraron sin evangelio.

¿QUÉ ES, REALMENTE, EL EVANGELIO? Aunque también nuestros padres poseían del modo indicado el evangelio en los escritos de los profetas —evangelio mediante el cual alcanzaron la fe en Cristo—, en su más profundo significado el evangelio es el gozoso y bienaventurado mensaje que a nosotros, al mundo, predicaron primero Juan el Bautista, luego el Señor Jesucristo mismo y más tarde los apóstoles y sus seguidores. He aquí su contenido: Dios ha realizado lo que había prometido desde la creación del mundo y lo ha hecho enviándonos, y más aún, dándonos, a su Hijo unigénito y, con él, también la reconciliación con el Padre, el perdón de los pecados, toda la plenitud y la vida eterna. Por lo tanto, la historia delineada por los cuatro evangelistas, que explica cómo estas cosas fueron hechas o cumplidas por Cristo, qué cosas enseñó, y que los que creen en él tienen toda la plenitud, se llama con razón «el evangelio». La predicación y lo escritos de los apóstoles explicándonos cómo hemos recibido el Hijo de mano del Padre y cómo, en él, tenemos ya salvación y vida completas, también se denomina con razón «doctrina evangélica», de manera que hasta hoy mantiene tal nombre tan glorioso, siempre y cuando dicha doctrina sea rectamente predicada.

ESPÍRITU Y LETRA. El apóstol Pablo llama a dicha predicación del evangelio «espíritu» y «ministerio del Espíritu», ya que, por la fe, no solamente en los oídos, sino también en el corazón de los creyentes, por la ilumunación del Espíritu Santo (2 Cor. 3: 6), actúa y es cosa viviente. La letra es, al contrario del espíritu, toda manifestación externa, y especialmente la doctrina de la ley, la cual, sin el Espíritu y sin la fe, provocan en el corazón de quienes no están en la fe viva, solamente ira e inclinación al pecado. Por eso el apóstol Pablo la califica de «servicio de la muerte». Y a ello se refiere cuando afirma: «La letra mata, pero el espíritu vivifica» (2 Cor. 3:6).

SECTAS. Hubo falsos apóstoles que predicaban el evangelio mezclándolo con la ley, falsificándolo; pues enseñaban que Cristo no puede salvar sin la ley. Así parece que decían los ebionitas, seguidores del falsario maestro Ebión, y los nazareos, conocidos antiguamente también como míneos. Por nuestra parte, desechamos todas sus opiniones y enseñamos, en tanto anunciamos rectamente el evangelio, que los creyentes somos justificados únicamente por el Espíritu y no por la ley. Una explicación más extensa acerca de esto seguirá después bajo el título de «La justificación».

LA DOCTRINA DEL EVANGELIO NO ES NUEVA, SINO LA MÁS ANTIGUA DOCTRINA. Aparentemente, la doctrina del evangelio tal y como fue anunciada, primero, por Cristo semejaba una nueva doctrina en comparación con la doctrina farisaica de la ley; y aunque también Jeremías profetizó un Nuevo Pacto, la doctrina del evangelio no solo en su tiempo ya era antigua y hasta hoy lo sigue siendo, sino que es, sin duda, la doctrina más antigua del mundo. Actualmente solamente los papistas la denominan «nueva» porque la comparan con la doctrina que ellos mismos se han confeccionado. En realidad, el designio divino desde toda eternidad ha sido que el mundo se salvase por Cristo, y este propósito y eterno designio lo ha revelado Dios al mundo por el evangelio (2 Tim. 1:9-10). Se desprende claramente de esto que la religión y doctrina evangélicas son las más antiguas de todas las doctrinas que fueron, son y serán. De aquí que consideremos que veneran un fatal error, y hablan indignamente del designio eterno de Dios, todos cuantos llaman a la doctrina evangélica una moderna religión y una fe que apenas existe desde hace treinta años. A quienes así piensan se refiere la palabra del profeta Isaías, cuando dice: «¡Ay de los que a lo malo dicen bueno, y a lo bueno malo: que hacen de la luz tinieblas, y de las tinieblas luz; que ponen lo amargo por dulce, y lo dulce por amargo!» (Is. 5:20).

ARTÍCULO 14
EL ARREPENTIMIENTO Y LA CONVERSIÓN DEL HOMBRE

El evangelio está estrechamente vinculado a la doctrina del arrepentimiento. Ya dice el Señor en el evangelio «que se predicase en su nombre el arrepentimiento... en todas las naciones» (Luc. 24:47).

¿QUÉ ES ARREPENTIMIENTO? Por arrepentimiento entendemos, pues, (1) la renovación del pensar y del sentir del hombre pecador que es despertada por la palabra del evangelio y por el Espíritu Santo, y que es recibida por la fe verdadera, de modo que el hombre pecador inmediatamente reconoce su innata corrupción y todos sus pecados, de los cuales la Palabra de Dios le acusa; (2) los llora de corazón, y no solo los lamenta y confiesa francamente ante Dios con un sentimiento de vergüenza, sino que también; (3) con indignación los abomina, y (4) buscando diligentemente enmendar sus caminos, aspira sin cesar por la inocencia y la virtud, cosas en que se ejercita a conciencia durante el resto su vida.

ARREPENTIMIENTO ES VOLVERSE A DIOS. El verdadero arrepentimiento consiste, realmente, en esto: Sincera y completa inclinación hacia Dios y hacia todo lo bueno, y persistente alejamiento del diablo y todo lo malo.

1. EL ARREPENTIMIENTO ES UN DON DE DIOS. De manera terminante manifestamos que dicho arrepentimiento es un puro don de Dios y no una obra de nuestra propia capacidad. Pues el apóstol ordena: «El siervo del Señor... corrija con mansedumbre a los que se oponen, por si quizá Dios les conceda que se arrepientan para conocer la verdad» (2 Tim. 2:25).

2. EL ARREPENTIMIENTO SE ENTRISTECE POR LOS PECADOS COMETIDOS. Aquella mujer pecadora —de la que habla el evangelio— que con sus lágrimas mojó los pies del Señor (Luc. 7:38); y Pedro llorando amargamente y lamentando haber negado al Señor (Luc. 22:62), muestran claramente que el corazón de la persona arrepentida llora con verdadera congoja por los pecados cometidos.

3. EL ARREPENTIMIENTO CONFIESA A DIOS LOS PECADOS. Además, también el arrepentido hijo pródigo, y el publicano de la parábola —en contraste con el fariseo—, nos ofrecen excelentes ejemplos de cómo debemos confesar nuestros pecados delante de Dios. El hijo pródigo dice: «Padre, he pecado contra el cielo y contra ti; no soy digno de ser llamado tu hijo; hazme como a uno de tus jornaleros» (Luc. 15: 18 sgs); y el otro, el publicano, ni siquiera osaba alzar sus ojos al cielo, y golpeando su pecho dijo: «Oh, Dios, ten misericordia de mí» (Luc. 18-13). No dudamos de que a ambos aceptó Dios misericordiosamente. También dice el apóstol Juan.: «Si confesamos nuestros pecados, Él es fiel y justo para perdonarnos nuestros pecados y limpiarnos de toda maldad. Si dijésemos que no hemos pecado, hacemos a Dios mentiroso, y su Palabra no está en nosotros» (1 Jn. 1:9 y 10).

CONFESIÓN Y ABSOLUCIÓN DEL SACERDOTE. Creemos, sin embargo, que esa confesión sincera, manifestada solo ante Dios, es suficiente; ora acontezca a solas entre el pecador y Dios, ora tenga lugar públicamente en la iglesia, donde es pronunciada la confesión general de los pecados. No creemos que para lograr el perdón de los pecados, sea necesario que el pecador confiese sus pecados a un sacerdote, murmurándoselos al oído y, asímismo, oyendo de él la absolución con imposición de manos. En las Sagradas Escrituras no figura ninguna indicación respecto a esto ni de ello se presentan ejemplos. El rey David testimonia, diciendo: «Mi pecado te declaré, y no encubrí mi iniquidad. Confesaré, dije, contra mí mis rebeliones para con Jehová; y tú perdonaste la maldad de mi pecado» (Sal. 32:5). Pero el mismo Señor también nos enseña a orar, diciendo: «Padre nuestro que estás en los cielos... perdónanos nuestras deudas, así como también nosotros perdonamos a nuestros deudores» (Mat. 6:12). Por consiguiente, lo necesario es que confesemos a Dios nuestros pecados y nos reconciliemos con el prójimo si en algo le hemos ofendido. Acerca de esta forma de confesión dice el apóstol Santiago: «Confesad vuestras faltas unos a otros» (Sant. 5:16). Pero si alguien, viéndose agobiado bajo la carga de sus pecados y acosado de tentaciones desconcertantes, busca consejo, orientación y consuelo de un ministro de Iglesia o de algún hermano conocedor de la Palabra de Dios, no tenemos objeción contra eso; así como también aprobamos plenamente aquella confesión general y pública de los pecados que generalmente se dice en la Iglesia y en las reuniones de culto, como señalamos anteriormente, en la medida en que está de acuerdo con las Escrituras.

LAS LLAVES DEL REINO. Acerca de las llaves del Reino de Dios, que el Señor confió a los apóstoles, hay muchos que parlotean las cosas más raras y con ellas forjan espadas, alabardas, cetros y coronas, y el poder total sobre los más grandes reinos así como sobre el cuerpo y el alma. Por nuestra parte, nos guiamos sencillamente por la Palabra del Señor y afirmamos que todos los servidores de la Iglesia, debidamente llamados a serlo, poseen las llaves del reino, y ejercen el empleo de las mismas, cuando predican el evangelio; o sea, cuando enseñan, amonestan, consuelan, castiguan, y mantienen bajo disciplina a las personas confiadas a su cuidado.

ABRIR Y CERRAR. Pues, de este modo, abren el reino de los cielos a los obedientes y lo cierran a los desobedientes. El Señor ha prometido (Mat. 16:19) y entregado estas llaves a los apóstoles (Jn. 20:23; Marc. 16:15; Luc. 24:47 y sgs.); cuando envió a sus discípulos y ordenó que predicasen el evangelio a todas las naciones para perdón de los pecados.

EL MINISTERIO DE LA RECONCILIACIÓN. En su segunda epístola a los Corintios, dice el apóstol que el Señor ha concedido a sus ministros el ministerio de la reconciliación (2 Cor. 5:18 sgs.), explicando, al mismo tiempo, en qué consiste, esto es, en la predicación y la enseñanza de la reconciliación. Para aclarar aún mejor sus palabras, el apóstol añade que los ministros de Cristo son «embajadores en nombre de Cristo... como si Dios rogase mediante nosotros, os rogamos en nombre de Cristo: ¡Reconciliaos con Dios!». Y esto, naturalmente, en la obediencia de la fe. De manera, que ejercen el poder de las llaves cuando amonestan a creer y a arrepentirse. Es así como reconcilian a los hombres con Dios.

LOS MINISTROS DE LA PALABRA PUEDEN PERDONAR PECADOS. Es así como perdonan los pecados, y así es como abren el reino celestial y hacen que entren en él los creyentes. Actuando de este modo se diferencian mucho de aquellos que el Señor menciona en el evangelio, diciendo: «¡Ay de vosotros, doctores de la ley; que habéis quitado la llave del conocimiento; vosotros mismos no entrasteis, y habéis impedido entrar a quienes lo deseaban» (Luc. 11:52).

CÓMO ACONTECE EL PERDÓN DE LOS PECADOS. Los ministros de la Iglesia absuelven los pecados, debida y eficazmente, cuando predican el evangelio de Cristo, juntamente con el perdón de los pecados; este perdón se le promete a cada creyente en particular —así como cada cual ha sido bautizado en particular—. Precisamente, los ministros de la Iglesia deben testimoniar que el perdón es válido para cada uno personalmente. No creemos que la absolución resulte más eficaz si se le susurra a alguien al oído o si se murmura individualmente sobre la cabeza de alguien. Insistimos en que el perdón de los pecados por la sangre de Jesús tiene que ser predicado celosamente a los hombres, además de que cada uno debe ser advertido particularmente de que el perdón de los pecados le corresponde a él.

DILIGENCIA EN LA RENOVACIÓN DE LA VIDA. El evangelio nos ofrece, por lo demás, ejemplos de cuán vigilante y diligente debe ser el penitente en la lucha por la novedad de vida, en la mortificación del viejo hombre y la vivificación del nuevo. El Señor dijo al paralítico, al cual había curado: «Mira; has sido sanado; no peques más, porque podría sucederte algo peor» (Jn. 5:14). Indultó el Señor a la mujer adúltera, pero le dijo: «Vete y desde ahora no peques más» (Jn. 8:11). Con estas palabras no ha querido decir que el hombre llegaría a no pecar más mientras viva, sino que recomienda vigilancia y concienzudo celo para que nos esforcemos, por todos los medios, rogando que Dios nos ayude a no volver a cometer pecado —del cual, por así decirlo, hemos resucitado—, y a que no seamos vencidos por la carne, el mundo y el diablo. Según el evangelio, el publicano Zaqueo, una vez aceptado en gracia por el Señor, exclama: «Señor, la mitad de mis bienes la reparto entre los pobres y si a alguien he engañado, le devuelvo cuatro veces más de lo que sonsaqué» (Luc. 19:8). Y así, también predicamos que los verdaderamente arrepentidos deben estar dispuestos a resarcir el mal que hicieron, a ser misericordiosos y a dar limosna, y siempre amonestamos a todos con las palabras del apóstol Pablo: «Que el pecado no domine vuestro cuerpo mortal de modo que obedezcáis a sus apetitos. No entreguéis vuestros miembros el pecado como instrumentos de injusticia, sino entregaos vosotros mismos a Dios, como es propio de quienes han resucitado de entre los muertos y entregad vuestros miembros como instrumentos de justicia» (Rom. 6:12 y 13).

ERRORES. Conforme a lo antes dicho, desechamos las opiniones de toda la gente que abusa de la predicación evangélica afirmando: «El retorno a Dios es fácil. Cristo ha borrado todos los pecados. Fácil es igualmente lograr el perdón de los pecados y, por consiguiente, ¿porqué no pecar? Tampoco es necesario preocuparse del arrepentimiento». Nosotros, sin embargo, enseñamos sin cesar que el acceso a Dios es cosa por nada impedida y que Él perdona a todos los creyentes sus pecados con la sola excepción de uno, que es el pecado contra el Espíritu Santo (Marc. 3:29).

SECTAS. Desechamos, igualmente, las opiniones de los antiguos y modernos novacianos y también de los cátaros.

LAS INDULGENCIAS PAPALES. Sobre todo, desechamos la doctrina lucrativa del papa con respecto al arrepentimiento, así como también su simonía y su comercio simoniaco de las indulgencias. Nos remitimos al juicio pronunciado por Pedro, cuando dijo: «Tu dinero perezca contigo, que piensas que el don de Dios se gana por dinero. Tú no tienes ni parte ni suerte en esta cuestión; porque tu corazón no es recto delante de Dios» (Hech. 8:20-21).

OBRAS EXPIATORIAS PROPIAS. Desaprobamos también la opinión de quienes creen satisfacer a Dios mediante obras expiatorias por los pecados cometidos. Y es que enseñamos que solo Cristo, por sus padecimientos y su muerte, ha satisfecho, indultado y pagado por todos los pecados (Is. 53:1; 1 Cor. 1:30). No obstante, insistimos, como antes dijimos, en la mortificación de la carne; pero no dejamos de añadir, pese a todo, que no se debe apremiar a Dios a que reconozca dicha mortificación como expiación del pecado. Al contrario: La mortificación ha de ser ejercitada con toda humildad, como corresponde a los hijos de Dios; ejercitada como una nueva obediencia que emana de la gratitud por la redención y por la satisfacción perfecta que hemos recibido por la muerte y la obra expiatoria del Hijo de Dios.

ARTÍCULO 15
LA VERDADERA JUSTIFICACIÓN DE LOS CREYENTES

¿QUÉ ES LA JUSTIFICACIÓN? Según el apóstol en su tratamiento de la justificación, justificar significa perdonar los pecados, absolver de la culpa y del castigo, ser aceptado por gracia y ser declarado justo. A los Romanos les escribe: «¿Quién acusará a los escogidos de Dios? Dios es el que justifica» (Rom. 8.33). Declarar justo y condenar son cosas contradictorias. En los Hechos de los Apóstoles dice el apóstol: «Por Cristo os es anunciada remisión de pecados; y de todo lo que por la ley de Moisés no pudisteis ser justificados, en Cristo es justificado todo aquel que creyere» (Hch. 13:38-39). También en la ley y los profetas leemos: «Cuando haya pleito entre algunos y se llegue a celebrar el juicio, y sean juzgados, entonces absolverán al justo y condenarán al malvado» (Deut. 25:1). Y se dice en Isaías 5:23: ¡Ay de aquellos que dan por justo al impío... porque han sido sobornados!».

A CAUSA DE CRISTO SOMOS DECLARADOS JUSTOS. Indudablemente, todos nosotros somos pecadores e impíos por naturaleza y ante el trono de Dios se demostrará nuestra injusticia y resultaremos condenados a muerte. Pero es igualmente indudable que, ante Dios, nuestro juez, somos declarados justos solamente por la gracia de Cristo, o sea, absueltos de pecados y de muerte, sin que valgan ni los méritos propios ni la calidad de la persona. Es imposible manifestarlo más claramente que el apóstol Pablo, cuando dice: «Pues todos pecaron, y están destituidos de la gloria de Dios, siendo justificados gratuitamente por su gracia, por la redención que es en Cristo Jesús» (Rom.3:23 y 24).

JUSTICIA IMPUTADA. Puesto que Cristo tomó sobre sí los pecados del mundo y los ha borrado, satisfaciendo de esta manera la justicia divina —únicamente por causa de Cristo, que ha padecido y resucitado— Dios mira misericordiosamente nuestros pecados y no nos los imputa. Por el contrario, nos imputa la justicia de Cristo como si fuera la nuestra propia. De esta manera, no somos solamente lavados, purificados o santos, sino que también somos hombres que han recibido la justicia de Cristo (2 Cor. 5:19 sgs.; Rom. 4:25). Por consiguiente, somos absueltos de los pecados, de la muerte y de la condenación y somos justos y herederos de vida eterna. Por lo tanto, hablando con propiedad, solo Dios nos justifica, y solo justifica a causa de Cristo, no imputándonos pecados, sino imputando su justicia a nosotros.

JUSTIFICACIÓN SOLO POR LA FE. Dado que recibimos esa justificación no en virtud de estas o aquellas buenas obras, sino únicamente por la fe en la misericordia de Dios y en Cristo, enseñamos y creemos, juntamente con el apóstol que el hombre pecador es justificado solo por la fe en Cristo, pero no por la ley ni por ninguna obra. Pues el apóstol dice: «Así, llegamos a la conclusión de que el hombre es justificado por la fe sin las obras de la ley

(Rom. 3:28). Aún más: «Si Abraham fue justificado por las obras, tiene de qué gloriarse; pero no ante Dios. Porque, ¿qué dice la Escritura?: Y creyó Abraham a Dios y le fue imputado por justicia... Mas al que no obra, pero cree en aquel que justifica al impío, la fe le es contada por justicia» (Rom. 4:2 sgs.; Gen. 15:6). Y a continuación: «Porque por gracia sois salvos por la fe; y esto no se debe a vosotros, pues es don de Dios; no por obras, para que nadie se gloríe» (Efes. 2:8 y 9). De aquí que, como la fe acepta a Cristo como nuestra justicia, y todo lo atribuye a la gracia de Dios en Cristo, de esta manera la fe recibe la justificación, y esto solo por causa de Cristo y no porque sea una obra nuestra propia, pues es un don de Dios.

POR LA FE RECIBIMOS A CRISTO. Por lo demás, el Señor indica de varias maneras que debemos recibir en fe a Cristo. Por ejemplo, Juan 6, donde Cristo dice que el hombre necesita creer para comer y comer para creer. Pues así como nosotros, comiendo, ingerimos el alimento; del mismo modo, creyendo, tomamos parte en Cristo.

LA JUSTIFICACIÓN NO DEBE SER ATRIBUIDA, EN PARTE, A CRISTO O A LA FE Y, EN PARTE, A NOSOTROS MISMOS. Por eso, no dividimos el beneficio de la justificación como si hubiera que atribuirlo, en parte, a la gracia de Dios y, en parte, a nosotros mismos; a nuestro amor, a nuestras obras o a nuestros méritos; sino que atribuimos dicho beneficio enteramente a la gracia de Dios, en Cristo, por medio de la fe. Nuestro amor y nuestras obras tampoco agradarían a Dios, ya que procedían de hombres injustos; por eso, tenemos que ser, primero, justos y es entonces cuando podemos amar y hacer buenas obras. Mas como ya hemos dicho, somos justos por la fe en Cristo por pura gracia de Dios, quién no nos imputa los pecados, sino, por el contrario, nos imputa la justicia de Cristo y nos cuenta por justicia la fe en Cristo. Además, el apóstol claramente hace proceder de la fe el amor, cuando dice: «El fin del mandamiento es la caridad nacida de corazón limpio y de buena conciencia y de fe no fingida» (1 Tim. 1:5).

COMPARACIÓN ENTRE SANTIAGO Y PABLO. Por eso no nos referimos aquí a la fe hipócrita, vacía, inactiva y muerta, sino a la fe viva y vivificante. Es y se llama a esta fe «viva», porque aprehende a Cristo, quien es la vida y el dador de vida, y porque se manifiesta como viviente en obras vivas. En modo alguno contradice Santiago nuestra doctrina (Sant. 2:14 sgs.), ya que habla de una fe vacía y muerta con la que ciertas personas se jactaban cuando no tenían al Cristo vivo en su corazón por la fe. Y si Santiago ha dicho que las obras justifican, tampoco pretende con esto contradecir al apóstol Pablo (¡si así fuese, habría que desecharle!), sino que, lo que pretende, es señalar que Abraham demostró con obras su fe viva y justificante, como todos los justos lo hacen, quienes confían solamente en Cristo y no en sus propias obras. También dice el apóstol Pablo: «Yo vivo; pero no vivo ya yo, sino Cristo vive en mí. Lo que ahora vivo en la carne lo vivo en la fe en el hijo de Dios, el cual me amó y se entregó a sí mismo por mí. No menosprecio la gracia de Dios; porque si la justicia acontece por la ley, entonces Cristo murió en vano» (Gal. 2:20 y 21).

ARTÍCULO 16
LA FE, LAS BUENAS OBRAS Y SU RECOMPENSA Y LOS «MÉRITOS» DEL HOMBRE

¿QUÉ ES LA FE? La fe cristiana no es una mera opinión o convicción humana, sino una firmísima confianza, un asentimiento manifiesto y constante de la mente, y una aprehensión completamente segura de la verdad de Dios expuesta en las Sagradas Escrituras y en el Credo Apostólico, y por lo tanto, también de Dios como el sumo bien y, especialmente, de la promesa divina y de Cristo, el cual es el compendio de todas las promesas.

LA FE ES UN DON DE DIOS. Esta fe, sin embargo, es enteramente un don de Dios, el cual Él, por gracia y conforme a su criterio, concede a sus elegidos, y esto cuando Él quiere, a quien Él la quiere dar y en la medida que a Él le place; lo cual realiza por el Espíritu Santo, mediante la predicación del evangelio y la oración de fe.

CRECIMIENTO DE LA FE. Esta fe puede crecer, y si este crecimiento no fuera dado también por Dios, los apóstoles no habrían dicho: «Señor, auméntanos la fe» (Luc. 17:5). Todo cuanto hasta ahora hemos dicho acerca de la fe ya lo enseñaron los apóstoles antes que nosotros. Pablo dice: «Es, pues, la fe la sustancia de las cosas que se esperan, la demostración de las cosas que no se ven» (Hebr. 11:1). También dice: «Todas las promesas de Dios son en Él, Sí, y en Él, Amén» (2 Cor. 1:20), y escribe a los filipenses: «A vosotros ha sido concedido... el creer en Cristo» (Fil. 1:29). Asimismo: «...conforme a la medida de fe que Dios repartió a cada uno» (Rom. 12:3). También dice: «Porque no es de todos la fe» (2. Tes. 3:2) y, «pero no todos obedecen al evangelio» (Rom. 10:16). Mas también Lucas testimonia: «Y creyeron todos los que estaban ordenados para vida eterna» (Hech. 13:48). Por eso vuelve Pablo a calificar la fe como «la fe de los escogidos de Dios» (Tit. 1:1). Y también: «La fe es por el oír; y el oír por la palabra de Dios» (Rom. 10:17). En otros pasajes de sus epístolas indica con frecuencia que hay que rogar a Dios por fe.

LA FE EFICAZ Y ACTIVA. El mismo apóstol se refiere a la «fe que obra por amor» (Gal. 5:6). Esta fe trae paz a nuestra conciencia y abre el libre acceso a Dios, de modo que nos allegamos hasta Él mismo con confianza y recibimos de Él lo que nos es beneficioso y lo que necesitamos. También nos mantiene la fe dentro de los límites del deber, tanto para con Dios como para con el prójimo, y fortalece nuestra paciencia en las tribulaciones, forma y crea el verdadero testimonio y produce, por decirlo brevemente, buenos frutos y buenas obras de todo género.

BUENAS OBRAS. Por eso enseñamos que las obras realmente buenas surgen solamente de la fe viva por el Espíritu Santo, y son realizadas por los creyentes conforme a la voluntad y al mandamiento de la Palabra de Dios. Pues dice el apóstol Pedro: «Vosotros también, poniendo toda diligencia... añadid a vuestra fe virtud; a la virtud conocimiento, y al conocimiento templanza...» (2 Ped. 1:5 sgs.). Antes ya dijimos que la ley de Dios, que es la voluntad de Dios, nos prescribe el modelo de las buenas obras. Y el apóstol Pablo dice: «La voluntad de Dios es vuestra santificación: que os apartéis de fornicación... y que ninguno oprima ni engañe en nada a su hermano» (1 Tes. 4:3 sgs.).

OBRAS IDEADAS POR LOS HOMBRES. Y es que Dios no tiene en cuenta obras y actos cúlticos realizados conforme a la elección arbitraria de los hombres, y a esto Pablo le llama «culto voluntario» (Col. 2:23). De ello también habla el Señor en el evangelio: «Mas en vano me honran, enseñando doctrinas y mandamientos de hombres» (Mat. 15:9). Por estas razones desechamos tales obras; pero, por el contrario, aprobamos y recomendamos las obras que correspondan a la voluntad y mandato de Dios.

OBJETO DE LAS BUENAS OBRAS. Mas, estas obras, no deben ser hechas con el objeto de ganar por ellas la vida eterna. Pues, como dice el apóstol, «la dádiva de Dios es vida eterna» (Rom. 6:23). Tampoco debemos hacerlas para que la gente se fije en nosotros, cosa que el Señor condena (Mat. 6), ni por afán de ganancia, lo cual él igualmente condena (Mat. 23), sino para la gloria de Dios, para adornar nuestra vocación, para demostrar a Dios nuestra gratitud y para beneficio del prójimo. También dice el Señor en el evangelio: «Que vuestra luz resplandezca delante de los hombres, a fin de que vean vuestras buenas obras y alaben a vuestro Padre que está en los cielos» (Mat. 5:16). Pero, igualmente, manifiesta el apóstol Pablo al escribir: «Os ruego que andéis como es digno de la vocación con que habéis sido llamados» (Efes. 4:1), y «todo lo que hagáis, sea de palabra o de hecho, hacedlo todo en el nombre del Señor Jesús, dando gracias a Dios Padre por él» (Col. 3:17); «No mire cada uno a lo suyo propio, sino cada cual también a lo de los otros» (Fil. 2:4), y «aprendan asimismo los nuestros a aplicarse en buenas obras para los usos necesarios, para que no sean sin fruto» (Tit. 3:14).

NO MENOSPRECIAR LAS BUENAS OBRAS. Aunque, como el apóstol Pablo, enseñemos que el hombre es gratuitamente justificado por la fe en Cristo y esto no por estas o aquellas buenas obras, no pretendemos menospreciarlas o desecharlas; pues sabemos que el hombre ni ha sido creado ni regenerado por la fe para estar ocioso, sino, más bien, para hacer incesantemente lo bueno y beneficioso. Ya dice el Señor en el evangelio: «Todo buen árbol da buenos frutos, pero el mal árbol da malos frutos» (Mat. 7:17; 1:33). Dice también: «El que está en mí y yo en él, da abundante fruto» (Jn. 15:5). Afirma el apóstol: «Porque somos hechura suya, creados en Cristo Jesús para buenas obras, las cuales Dios preparó para que anduviésemos en ellas» (Ef. 2:10), y «Él se dio a sí mismo por nosotros para redimirnos de toda iniquidad, y limpiar para sí un pueblo propio, celoso de buenas obras» (Tit. 2; 14). Nos apartamos, pues, de todos aquellos que desprecian las buenas obras y aseguran neciamente que no es preciso ocuparse de ellas y que no valen para nada.

NO NOS SALVAMOS POR LAS BUENAS OBRAS. Como ya anteriormente dijimos, no es que pensemos que por las buenas obras venga la salvación o que sean imprescindibles para salvarse, como si, sin ellas, nadie se hubiese salvado hasta ahora. Porque queda bien claro que solamente por la gracia y por los beneficios de Cristo somos salvos. Pero las buenas obras tienen que proceder necesariamente de la fe. Así, resulta que, no en sentido expreso, se habla de las buenas obras en conexión con la salvación; porque la salvación se debe expresamente a la gracia. Bien conocidas son las palabras del apóstol: «Y si por gracia, entonces no por las obras: de otra manera la gracia ya no es gracia. Y si por las obras, ya no es gracia; de otra manera la obra ya no es obra» (Rom. 11:6).

LAS BUENAS OBRAS AGRADAN A DIOS. Las obras que hacemos por fe agradan a Dios y son aprobadas por Él; porque los hombres que hacen buenas obras a causa de su fe en Cristo, agradan a Dios, y también porque son realizadas en virtud del Espíritu Santo, por la gracia divina. El santo apóstol Pedro dice: «...de cualquier nación que le teme y obra justicia, se agrada» (Hech. 10:35). Y Pablo manifiesta: «No cesamos de orar por vosotros y de pedir que seáis llenos del conocimiento de su voluntad... para que andéis como es digno del Señor, agradándole en todo, fructificando en toda buena obra...» (Col. 1:9 y 10).

ENSEÑAMOS LAS VIRTUDES VERDADERAS Y NO LAS FALSAS Y FILOSÓFICAS. Por eso enseñamos, celosamente, virtudes verdaderas y no falsas y filosóficas; obras realmente buenas y deberes cristianos reales, grabándolos diligente y celosamente en las mentes de todos los hombres. Reprendemos, por otra parte, la pereza e hipocresía de todos aquellos que con la boca alaban y confiesan el evangelio, pero lo deshonran llevando una vida vergonzosa; les reprendemos, haciéndoles ver las terribles amenazas de Dios contra tales cosas, y, a la vez, las ricas promesas y generosas recompensas de Dios. De esta manera les amonestamos, consolamos y reprendemos.

DIOS RECOMPENSA NUESTRAS BUENAS OBRAS. También enseñamos que Dios recompensa en abundancia, a quienes hacen el bien, conforme a la palabra del profeta: «Reprime tu voz del llanto, y tus ojos de las lágrimas; porque salario hay para tu obra» (Jer. 31:16; Is. 4). También ha dicho el Señor en el evangelio: «Gozaos y alegraos; porque vuestro galardón es grande en los cielos» (Mat. 5:12) y «Cualquiera que dé a uno de estos pequeñitos un vaso de agua fría solamente, en nombre del discípulo, de cierto os digo, que no perderá su recompensa» (Mat. 10:42). Sin embargo, no atribuimos dicha recompensa, que el Señor concede, a los méritos del recompensado, sino a la bondad, generosidad y veracidad de Dios, que promete y otorga la recompensa, y quien, aunque no debe nada a nadie, sin embargo, promete que dará una recompensa a sus fieles servidores; y lo hace realmente para que le honren. Claro está que incluso en las obras de los santos hay mucho que es indigno de Dios y mucho que es imperfecto. Mas como Dios acepta a quienes hacen el bien y ama cordialmente a los que actúan en nombre de Cristo, Él paga siempre la recompensa prometida. Porque, en otros aspectos, nuestra justicia se compara con un «trapo de inmundicia» (Is. 64:6). Pero, también dice el Señor en el evangelio: «Así también vosotros, cuando hayáis hecho todo lo que se os ha mandado, decid: Siervos inútiles somos, porque lo que debíamos hacer, hicimos» (Luc. 17:10).

NO HAY MÉRITOS DEL HOMBRE. Al enseñar nosotros que Dios recompensa nuestras buenas obras, decimos, con Agustín, que Dios no corona en nosotros nuestros méritos sino sus dones. Por eso también consideramos la recompensa como gracia y todavía, más como gracia que como galardón; ya que el bien que hacemos es debido a la ayuda de Dios más que a nosotros mismos, y porque Pablo dice: «¿qué tienes que no hayas recibido? Y si lo recibiste, ¿de qué te glorías como si nada hubieses recibido?» (1 Cor. 4:7). Es esto la consecuencia que saca el bienaventurado mártir Cipriano: «En ningún aspecto tenemos de qué gloriarnos, pues nada es nuestro». Nos oponemos, pues, a quienes defienden de tal manera los méritos humanos, que invalidan la gracia de Dios.

ARTÍCULO 17
LA SANTA IGLESIA CATÓLICA DE DIOS Y LA ÚNICA CABEZA DE LA IGLESIA

LA IGLESIA SIEMPRE HA SIDO Y SIEMPRE SERÁ. Debido a que Dios, desde el principo, quiso que los hombres fuesen salvos y que llegasen al conocimiento de la verdad (I Tim. 2: 4), por eso es absolutamente necesario que siempre haya habido y que siga habiendo ahora, y hasta el fin de los tiempos, una Iglesia.

¿QUÉ ES LA IGLESIA? La Iglesia es una asamblea de creyentes convocados o reunidos de entre el mundo; una comunión de santos, es decir, de aquellos que verdaderamente conocen, adoran y sirven de manera correcta al Dios verdadero, por la Palabra y el Espíritu Santo, en Cristo el Salvador y, en fe, participan de todos los beneficios que Cristo ofrece gratuitamente.

CIUDADANOS DE UNA PATRIA. Todos estos hombres son ciudadanos de una patria, viviendo bajo el mismo Señor, bajo las mismas leyes y teniendo la misma participación en todos los bienes. Así los ha denominado el apóstol: «Conciudadanos de los santos y miembros de la familia de Dios» (Efes. 2:19), llamando a los creyentes en este mundo «santos» porque son santificados por la sangre del Hijo de Dios (1 Cor. 6:11). El artículo del Credo: «Creo una santa, Iglesia católica, la comunión de los santos» debe entenderse enteramente en relación con estos santos.

UNA SOLA IGLESIA EN TODOS LOS TIEMPOS. Y dado que siempre ha habido un solo Dios, un solo Mediador entre Dios y los hombres, Jesús, el Mesías, un pastor de todo el rebaño, una cabeza de ese cuerpo y, finalmente, un Espíritu, una salvación, una fe y un Testamento o Pacto; se colige ineludiblemente que también existe una sola Iglesia.

LA IGLESIA CATÓLICA. Por lo tanto, llamamos católica a esta Iglesia porque es universal; se extiende por todas partes del mundo y sobre todas las épocas y ni el espacio ni el tiempo la limitan. Por tanto, condenamos a los donatistas que pretendían delimitar la Iglesia dentro de un rincón de África. Tampoco aprobamos la doctrina del clero romano, que considera únicamente a la Iglesia romana como católica.

PARTES Y FORMAS DE LA IGLESIA. Ciertamente, se distinguen en la Iglesia diversas partes o modos de ser; pero no porque se halle en sí misma dividida o desgarrada, sino porque es distinta a causa de la diversidad de sus miembros.

IGLESIA MILITANTE E IGLESIA TRIUNFANTE. Todos ellos, por una parte, constituyen la Iglesia militante, y por otra, a la Iglesia triunfante. La primera lucha hasta hoy en la tierra contra la carne, el mundo y el príncipe de este mundo —que es el diablo—; contra el pecado y la muerte. Pero la segunda, liberada de toda lucha, triunfa en los cielos y, libre de todas las cosas mencionadas, se goza delante de Dios. Sin embargo, ambas guardan juntas una comunión o unión.

LA IGLESIA PARTICULAR. La Iglesia que milita en la tierra siempre estuvo constituida por numerosas iglesias particulares, pero todas ellas pertenecen a la unidad de la Iglesia católica. Esta iglesia era de otra manera antes de la ley, bajo los patriarcas; de otra manera bajo Moisés, con la ley, y también de otra manera a partir de Cristo, con el evangelio.

EL ANTIGUO Y NUEVO PUEBLO DEL PACTO. Por lo general, se hace una distinción entre dos tipos de pueblos, el antigüo y el nuevo, a saber, el pueblo de los israelitas y el pueblo del pacto de los gentiles, o de los que han sido reunidos en la Iglesia de entre los judíos y los gentiles. También se distinguen dos testamentos, el Antiguo y el Nuevo Testamento

LA MISMA IGLESIA PARA EL PUEBLO VIEJO Y EL NUEVO. Pero todos estos pueblos formaron y siguen formando una sola comunidad; todos tienen la salvación en un Mesías, en el que todos están unidos como miembros de un cuerpo bajo una misma cabeza, unidos en la misma fe, gozando del mismo alimento y de la misma bebida espiritual. No dejamos de reconocer que en el transcurso de los tiempos ha habido diversas confesiones referentes al Mesías prometido y al Mesías que ya ha venido al mundo; pero, una vez abolida la ley ceremonial, la luz resplandece con mayor claridad y nos han sido concedidos también más libertad y más dones.

LA IGLESIA ES LA CASA DEL DIOS VIVIENTE. Esa santa Iglesia de Dios es llamada la casa del Dios viviente, edificada con piedras vivas y espirituales y fundada sobre la roca inamovible, sobre el fundamento fuera del cual no puede ponerse otro. Por eso se denomina «columna y valuarte de la verdad» (1 Tim. 3:15).

LA IGLESIA VERDADERA NO YERRA. No yerra mientras se apoye en la roca que es Cristo y en el fundamento de los apóstoles y profetas. Pero nada tiene de extraño que se equivoque tantas veces como abandone a aquel que es la única verdad.

LA IGLESIA ESPOSA Y VIRGEN DE CRISTO. También se llama a la Iglesia virgen y esposa de Cristo, y, por cierto, la única y amada. Dice el apóstol: «Os he desposado a un marido, para presentaros como una virgen pura a Cristo» (2 Cor.11:2).

LA IGLESIA ES EL REBAÑO DE CRISTO. Asimismo, se denomina a la Iglesia rebaño de ovejas con el único pastor, que es Cristo (Ezeq. 34 y Jn. 10).

LA IGLESIA ES EL CUERPO DE CRISTO. Y si también se llama a la Iglesia cuerpo de Cristo es porque los creyentes son miembros vivientes de Cristo bajo Cristo, la cabeza.

SOLO CRISTO ES CABEZA DE LA IGLESIA. Es la cabeza la que tiene la preeminencia en el cuerpo, y de ella todo el cuerpo recibe la vida; por su espíritu el cuerpo se rige en todas las cosas; de ella, también, el cuerpo progresa y crece. El cuerpo únicamente tiene una cabeza y a ella está adaptado. Por eso no puede tener la Iglesia otra cabeza que Cristo, pues si la Iglesia es el cuerpo espiritual ha de tener la cabeza espiritual que le corresponde, y, fuera del espíritu de Cristo no puede ser gobernada por otro espíritu. Dice Pablo: «Y él es la cabeza del cuerpo, que es la Iglesia; él, que es el principio, el primogénito de los muertos, para que en todo tenga primacía» (Col. 1:18). También dice el apóstol: «Cristo es cabeza de la Iglesia y él es el que da la salud al cuerpo» (Efes. 5:23). Además, Dios «sometió todas las cosas debajo de sus pies, lo dio por cabeza sobre todas las cosas a la Iglesia, la cual es su cuerpo, la plenitud de aquel que llena todas las cosas con todo» (Efes. 1:22 y 23). Asimismo: «Crezcamos en todas las cosas en aquel que es la cabeza, o sea, Cristo, del cual, todo el cuerpo compuesto y bien ligado entre sí por todas las coyunturas que entre sí se ayudan, cada miembro, conforme a su medida, toma aumento del cuerpo para su propia edificación en amor» (Efes. 4:15 y 16).

CRISTO ES EL ÚNICO PASTOR SUPREMO DE LA IGLESIA. Desaprobamos por esta razón la doctrina del clero romano, que hace de su papa en Roma el pastor universal y la cabeza suprema de la Iglesia militante aquí en la tierra, y por tanto el mismo vicario de Jesucristo, que tiene, como ellos dicen, toda plenitud de poder y autoridad soberana en la Iglesia. Porque enseñamos que Cristo el Señor es y sigue siendo el único pastor universal y sumo Pontífice que permanece en el mundo; y que en la Iglesia él mismo realiza todos los deberes de obispo y de pastor ante Dios Padre hasta el fin del mundo

¿UN VICARIO DE CRISTO? Por eso no precisa de ningún vicario, el cual solamente es necesario para representar a alguien que está ausente. Pero Cristo está presente en la Iglesia y es la cabeza que le da la vida.

EN LA IGLESIA NO HAY PRIMACÍA. A sus apóstoles, y a los seguidores de estos, les ha prohibido terminantemente introducir primacía y señorío en la Iglesia. ¿Quién no ve, por tanto, que quien contradice y se opone a esta pura verdad es más bien contado entre el número de aquellos de quienes profetizaron los apóstoles de Cristo? Por ejemplo: Pedro en 2 Ped. 2:1 sgs; Pablo en Hech. 20:29 sgs.; 2 Cor. 11:3 sgs.; 2 Tes. 2:3 sgs., y también en otros pasajes.

NO HAY TRASTORNO EN LA IGLESIA. Con nuestra renuncia al primado romano no causamos ni desorden ni confusión en la Iglesia, ya que enseñamos que el gobierno de la Iglesia que los apóstoles transmitieron es suficiente para mantener a la Iglesia en el debido orden.

NO HA HABIDO DESORDEN EN LA IGLESIA. Al principio, cuando aún no existía ninguna cabeza romana para —como se dice hoy— mantener el orden en la Iglesia, esta no carecía de orden ni de disciplina. La cabeza romana ciertamente preserva su tiranía y la corrupción que ha traído a la Iglesia, y mientras tanto obstaculiza, resiste y, con toda la fuerza que puede reunir, combate la justa reforma de la Iglesia.

CONTIENDAS Y DIVISIONES EN LA IGLESIA. Se nos reprocha que en nuestras iglesias hay contiendas y disensiones desde que se separaron de la Iglesia romana. Y de ello deducen que no se trata de verdaderas iglesias. ¡Como si en la Iglesia romana no hubiese habido nunca sectas, ni disputas, ni contiendas acerca de la religión, cuestiones no solamente manifestadas desde el pulpito, sino también en medio del pueblo! Reconocemos, claro está, que el apóstol ha dicho: «Dios no es Dios de disensión, sino de paz» (1 Cor. 14:33) y, también: «Si entre vosotros hay celos y riñas, ¿no es eso señal de que sois carnales?». A la vez, es innegable que Dios actuó en la Iglesia apostólica y que esta era una verdadera Iglesia aun cuando también en ella hubo contiendas y disensiones. El apóstol Pablo reprendió al apóstol Pedro (Gálatas 2:11 y sig.), y Bernabé discrepó de Pablo. En la iglesia de Antioquía surgieron serias disputas entre personas que predicaban al mismo y único Cristo, según nos cuenta Lucas (Hech. 15). En todos los tiempos ha habido grandes contenciones en la Iglesia, y los más excelentes maestros de la ella han diferido entre sí sobre asuntos importantes sin que, mientras tanto, la Iglesia deje de ser Iglesia a causa de estas contiendas. Porque así le agrada a Dios usar las disensiones que surgen en la Iglesia para la gloria de su nombre, para ilustrar la verdad, y para que los que están en lo correcto sean manifiestos (1 Cor. 11:19).

CARACTERÍSTICAS Y MARCAS DE LA IGLESIA VERDADERA. Así como no reconocemos a ninguna otra cabeza de la Iglesia que no sea Cristo, no reconocemos como Iglesia verdadera a cada iglesia que se jacta de serlo, pero enseñamos que la verdadera Iglesia es aquella en la que se encuentran las caractrísticas o marcas de la Iglesia verdadera, especialmente la predicación legítima y sincera de la Palabra de Dios tal como nos fue entregada en los libros de los profetas y apóstoles, los cuales nos llevan a Cristo, quien dijo en el evangelio: «Mis ovejas oyen mi voz, y yo las conozco, y ellos me siguen, y yo les doy vida eterna. Al extraño no siguen, sino que huyen de él, porque no conocen la voz de los extraños» (Jn 10: 5, 27, 28). Si en la Iglesia hay dicha clase de personas, estas tienen una fe, un Espíritu y adoran solamente a un Dios, al cual adoran en espíritu y en verdad; le aman solo a Él con todo su corazón y con todas sus fuerzas; le invocan solo a Él por Cristo, el único Mediador y abogado, y fuera de Cristo y de la fe en Cristo no buscan ninguna otra justicia ni ninguna otra vida. Y porque reconocen solamente a Cristo por cabeza y fundamento de la Iglesia, y, estando sobre este fundamento, se renuevan cada día mediante el arrepentimiento, llevando con paciencia la cruz que les ha sido impuesta. Además, unidos con todos los miembros de Cristo por un sincero amor y demuestran que son discípulos de Jesús al perseverar en el vínculo de la paz y la santa unidad. Al mismo tiempo, participan en los sacramentos instituidos por Cristo y entregados a nosotros por sus apóstoles, sin usarlos de otra manera que como los recibieron del Señor. Todos conocen las palabras del apóstol: «Porque yo recibí del Señor lo que también os he enseñado» (1 Cor. 11:23). Por tanto, rechazamos como ajenas a la verdadera Iglesia de Cristo aquellas iglesias que no son lo que se supone que deberían ser, por mucho que se jacten de la sucesión ininterrumpida de sus obispos, de su unidad y de su vejez. Con meridiana claridad nos enseñan los apóstoles a «huir de la idolatría» (I Cor. 10:14; I Jn 5:21), y a «salir de Babilonia» sin guardar ninguna comunión con ellas, so pena de ser castigados por Dios juntamente con ella (Apoc. 18:4; 2 Cor. 6:14 sgs.).

FUERA DE LA IGLESIA NO HAY SALVACIÓN. Valoramos tanto la comunión con la verdadera Iglesia, que afirmamos que nadie puede vivir ante Dios si no mantiene la comunión con la verdadera Iglesia de Dios, sino que se aparta de ella. Así como fuera del arca de Noé no hubo salvación cuando la humanidad pereció en el diluvio, creemos que fuera de Cristo no hay salvación segura, ya que él se ofrece a sí mismo para ser disfrutado por los elegidos en la Iglesia. Por eso enseñamos que quien quiera vivir no debe aislarse de la verdadera Iglesia de Cristo.

LA IGLESIA NO ESTÁ INCONDICIONALMENTE SUJETA A SUS MARCAS. Sin embargo, no limitamos la Iglesia tan estrechamente a las marcas mencionadas como para enseñar que están fuera de la Iglesia todos aquellos que no participan de los sacramentos, al menos no voluntariamente y por desprecio, sino más bien, siendo forzados por la necesidad, absteniéndose involuntariamente de ellos o siendo privados de ellos. Tampoco excluimos a aquellos en quienes la fe a veces se desvanece —a menos que se extinga por completo o luego cese—, ni a aquellos en quienes hay imperfecciones o errores por debilidad. Sabemos que Dios ha tenido en el mundo algunos amigos no pertenecientes al pueblo de Israel. Sabemos lo que sucedió con el pueblo de Dios en la cautividad babilónica, donde, durante setenta años tuvo que prescindir de su culto sacrificial. Sabemos lo acontecido al santo apóstol Pedro cuando negó al Señor, e igualmente conocemos lo que a diario suele suceder a los elegidos y fieles de Dios que se descarrían y son débiles. Sabemos, además, cómo eran en tiempos apostólicos las iglesias de Galacia y Corinto, a las que el apóstol Pablo acusa de graves delitos y, no obstante, les llama santas iglesias de Cristo (I Cor. 1: 2; Gá. 1: 2).

LA IGLESIA A VECES PARECE SER ELIMINADA. Sí, y a veces sucede que Dios, en su justo juicio, permite que la verdad de su Palabra, la fe católica y el debido culto a Él sean tan oscurecidos y destruidos que la Iglesia parece casi eliminada, y como si ya no existiese; como vemos que sucedió en los días de Elías (I R. 19:10, 14), y en otras épocas. Sin embargo, en este mundo y en tales tiempos oscuros, Dios todavía tiene sus verdaderos adoradores, y de hecho no son pocos, sino siete mil y más (1 R. 19:18; Apoc. 7:3 sgs.). También exclama el apóstol: «Pero el fundamento de Dios está firme, teniendo este sello: Conoce el Señor a los que son suyos», etc. (2 Ti. 2:19). De ahí que la Iglesia de Dios pueda denominarse invisible; no porque quienes en ella están congregados sean invisibles, sino porque se oculta a nuestros ojos y solamente Dios la conoce, de modo que a menudo escapa en secreto al juicio humano.

NO TODOS LOS QUE ESTÁN EN LA IGLESIA PERTENECEN A LA VERDADERA IGLESIA. Una vez más, no todos los que se cuentan en el número de la Iglesia son santos y miembros vivos y verdaderos de la Iglesia. Pues hay muchos hipócritas, que visiblemente oyen la Palabra de Dios y públicamente reciben los Sacramentos; en apariencia invocan solo a Dios en nombre de Cristo y confiesan que Cristo es su única justicia, como si adorasen a Dios, cumpliesen sus deberes cristianos de caridad y tuviesen paciencia para recibir las desdichas. En realidad, carecen interiormente de la verdadera iluminación del Espíritu Santo, carecen de fe, de un corazón sincero y de constancia hasta el final. Pero tarde o temprano tales personas resultan desenmascaradas. «Salieron de nosotros, mas no eran de nosotros; porque si hubieran sido de nosotros, ciertamente habrían permanecido con nosotros», dice el apóstol Juan (1 Jn. 2:19). Y aunque simulen piedad, no son de la Iglesia, sin embargo, se les considera en la Iglesia, así como los traidores en un estado se cuentan entre sus ciudadanos antes de ser descubiertos; son como la cizaña y el tamo entre el trigo o, también, parecidos a bultos y tumores que se hallan en un cuerpo sano, aunque, en realidad, antes son hinchazones y deformidades enfermizas que verdaderos miembros del cuerpo. Por ser esto así, la Iglesia de Dios se compara con razón con una red que atrapa toda clase de peces y con un campo en que la cizaña y el trigo crecen juntamente (Mat. 13:47 ss; 13:24 ss).

NO JUZGAR PREMATURAMENTE. Guardémonos, pues, de juzgar antes de tiempo, excluyendo, condenando o excomulgando, a quienes el Señor no quiere que sean excluidos o excomulgados, o sea, a quienes no podemos apartar sin pérdida para la Iglesia. Por otra parte, debemos permanecer vigilantes, a fin de que, mientras los piadosos duermen, los impíos no progresen, dañando así a la Iglesia.

LA UNIDAD DE LA IGLESIA NO CONSISTE RITOS EXTERNOS. Con todo empeño enseñamos también la necesidad de considerar en qué consisten, ante todo, la verdad y la unidad de la Iglesia, con el fin de no causar divisiones imprudentemente o fomentarlas en la Iglesia. La unidad de la Iglesia no radica en las ceremonias externas y en los usos cultuales, sino, sobre todo, en la verdad y unidad de la fe católica. Pero esta fe no nos ha sido legada por preceptos humanos, sino por las Sagradas Escrituras, cuyo compendio es el Credo Apostólico. Por eso leemos que entre los antiguos cristianos existían diferencias con respecto a los usos cúlticos, lo cual constituía una libre variedad, y nadie pensó nunca que la unidad de la Iglesia se disolvía por ello. Por eso enseñamos que la verdadera armonía de la Iglesia consiste en doctrinas y en la predicación verdadera y armoniosa del evangelio de Cristo, y en ritos que han sido expresamente entregados por el Señor. Esto nos mueve a acentuar de una manera especial las palabras del apóstol, cuando dijo: «Así que todos los que somos perfectos, esto mismo sintamos: y si otra cosa sentís, esto también os lo revelará Dios. Empero en aquello a que hemos llegado, sigamos la misma regla, sintamos una misma cosa» (Fil. 3:15 y 16).

ARTÍCULO 18
LOS MINISTROS DE LA IGLESIA; COMO SON ORDENADOS A SU CARGO Y CUALES SON SUS DEBERES

DIOS SE VALE DE MINISTROS AL EDIFICAR SU IGLESIA. Para congregar y fundamentar su Iglesia, para dirigirla y mantenerla, Dios siempre se ha valido de ministros, y sigue y proseguirá sirviéndose de ellos mientras haya una Iglesia en este mundo.

INSTITUCIÓN Y ORIGEN DEL MINISTERIO PASTORAL. De aquí que el origen, la institción y el oficio de los ministros sea antiquísimo; procediendo de Dios mismo y no es, desde luego, un orden nuevo, o uno simplemente establecido por los hombres. Indudablemente, Dios podría haberlo creado por sí mismo, y de forma inmediata, constituir una congregación de entre los hombres; pero prefirió valerse del servicio de hombres para relacionarse con los hombres. En consecuencia, los ministros han de ser considerados no únicamente como simples servidores, sino como servidores de Dios, porque mediante ellos Dios quiere que los hombres se salven.

EL MINISTERIO NO DEBE SER DESPRECIADO. Por eso advertimos a los hombres que tengan cuidado de no atribuir lo que tiene que ver con nuestra conversión e instrucción al poder secreto del Espítritu Santo de tal manera que invalidemos al ministerio eclesiástico. Es preciso recordar una y otra vez las palabras del apóstol: «¿Cómo creerán a aquel de quien no han oído? ¿Y cómo oirán sin haber quién les predique?... Luego la fe es por el oír; y el oír por la palabra de Dios» (Rom. 10:14 y 17). Y el Señor ha dicho en el evangelio: «De cierto, de cierto os digo: El que recibe al que yo enviare, a mí me recibe; y el que a mí me recibe, recibe al que me envió» (Jn. 13: 20). Y el macedonio que, estando Pablo en Asia Menor, se le apareció en una visión, le amonestó, diciendo: «Pasa a Macedonia, y ayúdanos» (Hech. 16:9). En otro pasaje dice el mismo apóstol: «Nosotros, coadjutores somos de Dios; y vosotros campo de labranza de Dios sois, edificio de Dios sois» (1 Cor. 3:9). Sin embargo, por otro lado, debemos tener cuidado de no atribuir demasiado a los ministros y al ministerio; y pensemos en lo que el Señor dice en el evangelio: «Ninguno puede venir a mí si el Padre no le trajere» (Jn. 6:44). Pensemos también en lo que el apóstol escribe: «¿Qué es, pues, Pablo?; ¿y qué es Apolos? Ministros por los cuales habéis creído; y eso según lo que a cada uno ha concedido el Señor. Yo planté, Apolos regó: más Dios ha dado el crecimiento. Así que ni el que planta es algo, ni el que riega; sino Dios, que da el crecimiento» (1 Cor. 3: 5-7).

DIOS MUEVE LOS CORAZONES. Creamos, por tanto, en la palabra de Dios, conforme a la cual Él nos enseña, externamente, mediante sus ministros, pero interiormente mueve a la fe al corazón de sus elegidos mediante el Espíritu Santo; o sea, que hemos de dar toda la gloria a Dios por ese gran beneficio. Acerca de esto ya nos hemos referido en el primer capítulo de nuestra exposición.

QUIÉNES SON LOS MINISTROS Y DE QUÉ TIPO DIOS LOS HA DADO AL MUNDO. Por cierto, que desde el principio del mundo Dios se ha servido de los hombres más notables (pues si bien no eran sabios en lo concerniente a la sabiduría intelectual o filosofía, sí destacaban por la verdadera sabiduría que de Dios tenían), a saber, los patriarcas, con los cuales Dios habló muchas veces por medio de ángeles. Los patriarcas fueron los profetas y maestros de su época, y Dios dispuso, para que cumplieran su encomienda, que viviesen varios siglos, a fin de que fuesen, por así decirlo, padres y luces del mundo. A ellos siguieron Moisés y los profetas, que fueron de renombre en el mundo entero.

CRISTO NUESTRO MAESTRO. Después de ellos envió el Padre celestial incluso a su Hijo unigénito como el más perfecto maestro del mundo, en quien estaba escondida la sabiduría divina que también llegó hasta nosotros mediante la doctrina más santa, más sencilla y más perfecta. Porque él eligió discípulos y de ellos hizo apóstoles. Y estos se lanzaron por el mundo entero; y, en todas partes, mediante la predicación del evangelio, congregaron iglesias. Después, nombraron pastores y maestros en todas las iglesias, conforme al mandato de Cristo, quien, mediante sus sucesores, ha enseñado y dirigido a la Iglesia hasta el día de hoy. Así como Dios concedió al antiguo pueblo del pacto patriarcas, juntamente con Moisés y los profetas, así también ha enviado al pueblo del Nuevo Pacto a su Hijo Unigénito y, con él, los apóstoles y maestros de la Iglesia.

MINISTROS DEL NUEVO PACTO. Los servidores del nuevo pueblo del pacto ostentan diversos nombres. Se les llama: apóstoles, profetas, evangelistas, encargados (obispos), ancianos (presbíteros), pastores (pastores o párrocos) y maestros (doctores). (1 Cor. 12:28; Efes. 4:11).

APÓSTOLES. Los apóstoles no tenían domicilio fijo, sino que recorrían los países y fundaban diversas iglesias. Pero una vez fundadas, dejaron de haber apóstoles pues en su lugar estaban los pastores.

PROFETAS. En tiempos pasados, los profetas eran videntes, conocedores del futuro; pero también explicaban las Sagradas Escrituras. Estos profetas existen todavía.[556]

EVANGELISTAS. A los autores de las historias del evangelio se les llamaba evangelistas; pero también se daba este nombre a los predicadores del evangelio. Por eso también Pablo ordena a Timoteo «haz obra de evangelista» (2 Tim. 4:5)

OBISPOS. Los obispos son los supervisores y vigilantes de la Iglesia y también administradores de los bienes necesarios de ella.

PRESBÍTEROS. Los presbíteros son los ancianos —no por la edad—, los consejeros o cuidadores de la iglesia, por así decirlo, quienes con su prudente consejo guían a la iglesia.

PASTORES. Los pastores apacientan el rebaño o el redil del Señor y cuidan de que nada necesario le falte.

MAESTROS. Los maestros instruyen y enseñan la verdadera fe y la verdadera piedad. Por lo tanto hoy podemos considerar como servidores de la Iglesia: obispos, ancianos (presbíteros), pastores (o párrocos) y maestros (doctores).

ÓRDENES PAPALES. Con el tiempo han sido introducidos en la Iglesia de Dios bastantes títulos ministeriales más. Así, se nombraron patriarcas, arzobispos y obispos; también metropolitanos, sacerdotes, diáconos y subdiáconos, acólitos, exorcistas, cantores, porteros y diversos otros, como: cardenales, prebostes, priores, padres de una orden, superiores e inferiores. Sin embargo, no nos hemos preocupado de lo que todas estas personas fueran antes y prosigan siendo hoy. A nosotros nos basta con la doctrina apostólica de los ministros.

MONJES. Completamente convencidos de que ni Cristo ni los apóstoles han instituido el monacato, sus órdenes o sectas, enseñamos que de nada aprovechan a la Iglesia, antes, al contrario, son su perdición. En otros tiempos eran soportables (vivían como ermitaños, se ganaban el pan trabajando, no suponían una carga para nadie, sino que estaban supeditados a los pastores de sus iglesias igual que el pueblo en general); pero hoy en día todo el mundo advierte cómo viven. Ellos formulan no sé qué votos; pero llevan una vida bastante contraria a sus votos, hasta el punto de que hasta los mejores de entre los monjes merecen ser contados entre la gente de que el apóstol ha dicho: «Oímos que andan algunos entre vosotros desordenadamente, no trabajando en nada, sino ocupados en curiosear» (2 Tes. 3:11). Por eso no hay lugar en nuestras iglesias para tales gentes y enseñamos que no debe haberlo en las iglesias de Cristo.

LOS MINISTROS HAN DE SER LLAMADOS Y ELEGIDOS. Nadie debe usurpar el honor del ministerio eclesiástico, o sea, apropiárselo mediante el soborno o cualquier engaño, o por propia elección. Antes bien, los ministros de la Iglesia han de ser llamados y elegidos por votación eclesiástica y legítima. Esto significa que su elección ha de realizarse en el temor de Dios, bien sea por la iglesia o por quienes ella delegue, sin subversión, partidismos o disputas. Pero que no se elijan personas cualesquiera, sino varones aptos

---

[556] Los que explicaban las Escrituras

para el ministerio, poseedores de buenos y santos conocimientos, dueños de una elocuencia piadosa y de prudencia sin dobleces; varones conocidos también como personas modestas y honradas, conforme a la regla apostólica impuesta por el apóstol en 1 Tim. 3: 2 ss y Tit. 1:7 ss.

ORDENACIÓN DE LOS MINISTROS. Los elegidos han de ser ordenados al ministerio por los ancianos con oración intercesora pública e imposición de manos. Condenamos, en cuanto a este punto, a todos los que por cuenta propia aspiran a ministerios, aunque no hayan sido elegidos, ni enviados, ni odenados (Jer. 23). No aceptamos servidores ineptos y faltos de los dones que necesariamente ha de tener un pastor

Sin embargo, reconocemos que la sencillez no perjudicial de algunos pastores de la Iglesia primitiva favoreció a esta más que la polifacética, escogida y fina, pero un poco orgullosa educación de algunos otros. Por eso, incluso hoy, si la gente no es del todo ignorante, no rechazamos su piadosa sencillez.

EL SACERDOCIO GENERAL DE LOS CREYENTES. Ciertamente, los apóstoles de Cristo llamaron sacerdotes a todos los creyentes en Cristo; pero no sacerdotes en un sentido ministerial, sino porque todos nosotros, como creyentes, somos reyes y sacerdotes que por Cristo pueden ofrecer sacrificios espirituales (Ex. 19:6; 1 Ped. 2:9; Apo. 1:6). El sacerdocio general de los creyentes y el oficio del ministerio son, pues, dos cosas completamente distintas: Mientras que el sacerdocio general es común a todos los cristianos —como acabamos de decir—, el oficio de ministerio no es común a todos. Nosotros no abolimos el sacerdocio en la Iglesia cuando suprimimos el sacerdocio papal en la Iglesia de Cristo.

SACERDOTES Y MINISTERIO SACERDOTAL. Innegablemente, en el Nuevo Pacto de Cristo no existe el sacerdocio como existía en el antiguo pueblo del pacto; que practicaba la unción extrema, usaba de vestiduras sacras y toda una serie de ceremonias, todo lo cual eran símbolos referentes a Cristo, quien, al venir al mundo, los ha cumplido y abolido. Pero él mismo sigue siendo el único sacerdote para siempre (Hb. 7), y para que no deroguemos nada de él, no impartimos el nombre de sacerdote a ningún ministro. Porque el Señor mismo no nombró sacerdotes en la Iglesia del Nuevo Pacto que, habiendo recibido autoridad del obispo, puedan ofrecer diariamente el sacrificio, que es la misma carne y sangre del Señor, por los vivos y los muertos, sino ministros que pueden enseñar y administrar los sacramentos.

LA NATURALEZA DE LOS MINISTROS DEL NUEVO PACTO. Pablo explica simple y brevemente qué debemos pensar de los ministros del Nuevo Pacto o de la Iglesia cristiana y lo que son: «Téngannos los hombres por ministros de Cristo y dispensadores de los misterios de Dios» (1 Cor. 4:1). Lo que el apóstol quiere es que consideremos a los ministros realmente como servidores. Ministros les ha llamado el apóstol. Ministros significa, en realidad, «remeros», sujetos a la voluntad del patrón del barco, o sea, hombres que no viven para sí mismos o para su propio capricho, sino para otros, para sus amos, en este caso, de cuyo mandato dependen por completo. Y es que un ministro de la Iglesia ha de cumplir sus deberes sin excepción y por completo guiado, no por lo que mejor le parezca, sino ateniéndose siempre a realizar aquello que su Señor le ha ordenado. El apóstol señala claramente que el Señor es Cristo, a él se deben los ministros como siervos en todo lo concerniente al ministerio.

LOS SERVIDORES SON ADMINISTRADORES DE LOS MISTERIOS DE DIOS. Además, para explicar más detalladamente lo que es el servicio de los ministros de la Iglesia, el apóstol añade que son administradores o mayordomos de los misterios de Dios. Pablo califica que los «misterios de Dios» son el evangelio de Cristo (especialmente en Efes. 3:3 y 9). En la Iglesia primitiva también los sacramentos eran denominados «misterios de Cristo». Por tanto, para este fin son llamados los ministros de la Iglesia, es decir, para predicar el evangelio de Cristo a los creyentes y para administrar los sacramentos. Pues en el evangelio, además, leemos de aquel «mayordomo fiel y prudente» a quien su señor «pondrá sobre su casa, para que a tiempo les dé su alimento» (Luc. 12:42). También se cuenta, en otro pasaje del evangelio, que el señor «yéndose lejos», fuera de su país, abandona su casa y concede plenos poderes a sus siervos o incluso sobre su hacienda y señala a cada cual su labor (Mat. 25:14 y sgs.).

EL PODER DE LOS MINISTROS EN LA IGLESIA. Ahora, por tanto, conviene que también digamos algo sobre el poder y el deber de los ministros de la Iglesia. Acerca de los poderes, cierta gente ha exagerado y supeditado a su poder, ni más ni menos, todo lo que hay en la tierra, obrando así en contra del mandato del Señor, el cual ha prohibido a los suyos el dominio, y ha alabado la humildad (Luc. 22: 24 ss; Mat. 18:3 sgs; 20:25 ss). De hecho, existe otro poder que es puro y absoluto, que se llama el poder del derecho. Según este poder, todas las cosas en el mundo entero están sujetas a Cristo, que es el Señor de todo, como él mismo ha testificado cuando dijo: «Todo poder me ha sido dado en los cielos y en la tierra» (Mat. 28:18). Asimismo: «Yo soy el primero y el último; y el que vivo, y he sido muerto; y he aquí que vivo por toda eternidad... Y tengo las llaves del infierno y de la muerte» (Apoc. 1:17 y 18). Y también: «...el que tiene la llave de David, el que abre y ninguno cierra, y cierra y ninguno abre» (Apoc. 3:7).

EL SEÑOR SE RESERVA EL PODER DEFINITIVO. El Señor se reserva para sí este poder y no lo confiere a ninguno otro para, por así decirlo, hacer de espectador inactivo mirando la obra de sus servidores. Dice Isaías: «Y sobre sus hombros quiero poner también las llaves de la casa de David» (Is. 22:22) «...y el principado es sobre su hombro» (Is. 9:6). Y es que Dios no deposita su soberanía sobre los hombros de otros, sino que conserva y ejercita su poder hasta ahora en tanto todo lo gobierna.

EL PODER DEL OFICIAL Y DEL MINISTRO. Otra cosa es el poder del oficio o del ministerio; y ambas cosas están limitadas por el único poseedor de todo el poder. El poder ministerial es más un servir que un dominar.

EL PODER DE LAS LLAVES. Un señor y dueño puede poner en manos de su mayordomo el mando de la casa; por eso entrega a él las llaves, junto con la facultad de permitir o prohibir la entrada en la casa a quienes el Señor haya admitido o excluido. En virtud del poder recibido, el mayordomo cumple su deber haciendo lo que su señor le haya ordenado; el señor, por su parte, confirma lo que el mayordomo haga y desea que la decisión de este sea considerada y reconocida como si procediera del señor mismo. A esto se refieren, precisamente, las palabras del evangelio: «A ti te daré las llaves del reino; y todo lo que ligares en la tierra será ligado en el cielo; y todo lo que desatares en la tierra, será desatado en los cielos» (Mat. 16:19) e, igualmente: «A los que perdonéis los pecados, les serán perdonados; a los que no se los perdonéis, no le serán perdonados» (Jn. 20:23). En el caso de que el mayordomo no actúe como su señor se lo ha ordenado, sino que falte a la fidelidad a él debida, es natural que el señor declare como no válido lo realizado por el mayordomo. Por consiguiente, el poder eclesiástico de los ministros en la Iglesia es el servicio mediante el cual, ciertamente, ellos gobiernan la Iglesia, pero actuando en la Iglesia tal y como el Señor lo ha prescrito. En tal caso, los creyentes lo aceptarán como si el Señor mismo hubiese actuado. Por lo demás antes ya hemos hablado del poder de las llaves.

EL PODER DE LOS MINISTROS ES IGUAL, UNO Y EL MISMO. Realmente, a todos los ministros de la Iglesia les ha sido conferido uno y el mismo poder o autoridad ministerial. Ciertamente, al principio, los obispos o presbíteros gobernaron la Iglesia en labor conjunta; ninguno se elevó a sí mismo por encima de otro, ninguno usurpó mayor poder o autoridad sobre sus colaboradores. Por recordar las palabras del Señor, «el que es principal sea como el que sirve» (Luc. 22:26), se mantuvieron en la humildad y, mediante el servicio mutuo, se ayudaron mutuamente en el gobierno y la conservación de la Iglesia.

ORDEN QUE DEBE SER PRESERVADO. No obstante esto, y por amor al buen orden, uno de ellos o uno por ellos, elegido entre los ministros, cuidaba de las asambleas de la iglesia y exponía las cuestiones a tratar, recogía la opinión de los demás e intentaba todo lo posible para que no surgiesen desórdenes. En los Hechos de los Apóstoles leemos que así hizo el santo apóstol Pedro, aunque no estaba por encima de ninguno ni poseía mayor poder que los demás. El mártir Cipriano dice muy bien en su tratado *De Simplicitate Clericorum:* «Los otros apóstoles eran sin duda lo que era Pedro, dotados de una comunión similar de honor y poder; pero su primacía procede de la unidad para que la Iglesia pueda ser mostrada como una».

CUÁNDO Y CÓMO PUEDE SER UN MINISTRO DIRECTOR DE LOS DEMÁS MINISTROS. Semejantes observaciones hace también Jerónimo en su exégesis de la Epístola a Tito, diciendo: «Antes de que, promovidas por el diablo, surgiesen disputas en cuestiones de fe, las iglesias estaban dirigidas por el consejo común de los ancianos. Pero cuando cada cual empezó a considerar como "suyos" a los que había bautizado, en lugar de considerarlos propiedad de Cristo, se acordó que uno de los ancianos elegido entre los demás tuviese autoridad sobre ellos y tomase sobre sí la responsabilidad de la iglesia con el fin de alejar toda semilla de partidismos». Pero Jerónimo no considera dicho acuerdo como cosa de Dios; porque acto seguido añade: «Así como los sacerdotes saben que, conforme a la costumbre de la Iglesia, están supeditados a sus jefes, también los obispos habrán de tener en cuenta que más por la costumbre que por el orden divino se hallan por encima de los sacerdotes con los cuales conjuntamente deberían gobernar la Iglesia», así se explica Jerónimo. Por tanto, nadie puede, con razón, prohibir el retorno a la antigua constitución de la Iglesia de Dios, y el recurrir a ella, antes que a las costumbres humanas.

DEBERES DE LOS MINISTROS. Los deberes de los ministros son variados; sin embargo, en su mayor parte se limitan a dos, en los que se comprenden todos los demás: la enseñanza del evangelio de Cristo y la debida administración de los sacramentos. Es deber de los ministros reunir a la congregación para la celebración del culto y, en este, exponer la Palabra de Dios y aplicar la doctrina completa, a las necesidades de la iglesia y para beneficio de la misma, con objeto de que, lo que se enseñe, sea de provecho a todos los oyentes y de edifciación para los creyentes. Es deber de los ministros adoctrinar y amonestar a los ignorantes; acelerar el paso de aquellos otros que no recorren el camino del Señor, o que caminan por él demasiado lentamente; consolar y fortalecer a los pusilánimes y protegerlos contra las tentaciones del diablo; castigar a los pecadores; hacer volver al buen camino a los que yerran, levantar a los caídos, convencer a los rebeldes y, finalmente, ahuyentar a los lobos que acechan al redil. Reprenderán prudente, y muy seriamente, los vicios y a los viciosos; y no serán indulgentes con actos vergonzosos, ni guardarán silencio acerca de ellos. Además, administrarán los sacramentos, amonestando a que sean debidamente usados y preparando a todos con doctrina pura para recibirlos. Es también deber de los ministros el mantener a los creyentes en santa unidad, prohibir los partidismos, dar enseñanza a los niños, rogar ayuda para los necesitados de la congregación, visitar a los enfermos y a los atribulados a causa de diversas tentaciones, enseñarles y mantenerlos en el camino de la vida. Además, en tiempos difíciles ordenarán días de oración y de arrepentimiento públicos, combinados con ayuno; es decir, una santa abstinencia y un cuidar muy esmeradamente todo aquello que pueda servir a las iglesias para el orden, la paz y la salvación. Con objeto de que el servidor logre realizar todo lo dicho mejor y más fácilmente, se le debe exigir, en primer lugar, que sea temeroso de Dios, que sea constante en oración, aplicado en la lectura de las Sagradas Escrituras, despierto y vigilante en todas las cosas y que, llevando una vida limpia, sea como una luz ante todos.

DISCIPLINA ECLESIÁSTICA. Y dado que la disciplina ha de reinar en la Iglesia y la excomunión era usada en la época de los primeros padres y hubo juicios eclesiásticos, entre el pueblo de Dios, en los que esta disciplina fue ejercida por varones sabios y piadosos, corresponde también a los ministros el regular esta disciplina según las circunstancias del tiempo, de la vida pública y de necesidad, para la edificación de la iglesia. Pero siempre habrá que atenerse a la regla de que todo suceda para edificación, en forma decente, honesta, sin ánimo de tiranía o riña. Porque el apóstol testifica que la autoridad en la Iglesia le fue dada por el Señor para edificar y no para destruir (2 Cor. 10:8). Y el Señor mismo ha prohibido arrancar la cizaña en el campo de Dios; porque existe el peligro de arrancar con ella también el trigo (Mat. 13:29 ss).

INCLUSO LOS MINISTROS MALVADOS DEBEN SER ESCUCHADOS. Condenamos el error de los donatistas, que tanto la doctrina como la administración de los sacramentos los hacen depender, para su eficacia o ineficacia, de la vida buena o mala de los ministros. Porque sabemos que la voz de Cristo debe oírse, aun cuando provenga de la boca de los ministros malvados; porque el Señor mismo dijo: «Todo lo que os digan que guardéis, guardadlo y hacedlo; mas no hagáis conforme a sus obras» (Mat. 23:3). Sabemos que los sacramentos son santificados por la institución y la palabra de Cristo, y que son eficaces para los creyentes, aunque sean administrados por ministros indignos. Con respecto a este asunto, Agustín, el bendito siervo de Dios, muchas veces argumentó desde las Escrituras contra los donatistas.

SÍNODOS. Ahora bien; entre los ministros debe imperar verdadera disciplina. Por eso, en los sínodos se debe examinar a fondo la doctrina y conducta de los ministros. Los que hayan caído en falta serán castigados por los ancianos y conducidos de nuevo al buen camino, si aún hay esperanza de mejoría; pero si se muestran incorregibles, serán destituidos como lobos ahuyentados del rebaño del Señor por los verdaderos pastores. Pues si se trata de falsos maestros no deben ser tolerados en absoluto. Tampoco desaprobamos los concilios ecuménicos, si se convocan según el ejemplo de los apóstoles, para el bienestar de la Iglesia y no para su destrucción.

EL OBRERO ES DIGNO DE SU SALARIO. Todos los ministros fieles son, como buenos obreros, dignos de su salario, y no cometen pecado aceptando un sueldo y todo cuanto necesitan para vivir ellos y su familia. Pues el apóstol demuestra que es justo que la iglesia abone dicho mantenimiento y que sea aceptado por los ministros (1 Cor. 9:7 ss.: 1 Tim. 5:18 y otros pasajes). Esta doctrina apostólica refuta la opinión anabaptista, según la cual los ministros que viven de su servicio son despreciables y merecedores de los peores insultos.

ARTÍCULO 19
LOS SACRAMENTOS DE LA IGLESIA DE CRISTO

LOS SACRAMENTOS VAN UNIDOS A LA PALABRA DE DIOS. Desde el principio Dios unió a la predicación de la Palabra, en su Iglesia, los sacramentos o símbolos sacros del Pacto. Así lo testifica claramente toda la Sagrada Escritura.

¿QUÉ SON SACRAMENTOS? Pero los sacramentos son símbolos místicos, ritos sacros o actos sagrados, que Dios mismo ha instituido y que consisten en su Palabra, en símbolos y cosas significadas, mediante los cuales Él quiere mantener y renovar, en la Iglesia, la memoria de los sublimes beneficios que ha aportado al hombre; mediante los cuales, también, sella sus promesas, y exteriormente representa y, por así decirlo, ofrece a nuestra vista, aquellas cosas que interiormente obra por nosotros, y así, fortalece y aumenta nuestra fe mediante la obra del Espíritu de Dios en nuestros corazones; finalmente, por los sacramentos, Él nos distingue de los demás pueblos y religiones, y nos consagra y nos liga solamente a él, a la vez que nos muestra lo que Él exige de nosotros.

SACRAMENTOS DEL ANTIGUO Y DEL NUEVO PACTO. Ahora, hay sacramentos del pueblo del Antiguo Pacto por un lado, y sacramentos del pueblo del Nuevo Pacto por el otro. Los sacramentos del pueblo del Antiguo Pacto eran la circuncisión y el cordero pascual que se sacrificaba; y que, por lo tanto, es contado entre los sacrificios que eran presentados a Dios desde los comienzos del mundo.

¿CUÁNTOS SON LOS SACRAMENTOS DEL PUEBLO DEL NUEVO PACTO? Los sacramentos del pueblo del Nuevo Pacto son el Bautismo y la Cena del Señor. Hay quienes reconocen siete sacramentos en el pueblo del

Nuevo Pacto. De entre ellos nosotros reconocemos la Penitencia, la Ordenación de los ministros —pero, desde luego, no la papal, sino la apostólica—, y el Matrimonio como beneficiosas ordenanzas de Dios, pero no como sacramentos. La Confirmación y la Extremaunción son inventos humanos, de los cuales la Iglesia puede prescindir sin ningún perjuicio, por lo cual no los hay en nuestras iglesias; pues están acompañadas de elementos que en modo alguno podemos admitir. Por eso aborrecemos todos los comercios que hacen los romanos en la administración de los sacramentos.

EL AUTOR DE LOS SACRAMENTOS. El autor de todos los sacramentos no es ningún hombre, sino solo Dios. Los hombres no pueden instituir sacramentos, ya que estos pertenecen al culto. Pero los hombres no tienen derecho a disponer de la organización y forma de adoración, sino que han de aceptar lo instituido por Dios y atenerse a ello. Además, adjuntas a los sacramentos van promesas que requieren fe; y la fe se apoya únicamente en la Palabra de Dios. Podemos considerar la Palabra de Dios como una especie de documento o carta, pero los sacramentos hemos de considerarlos como sellos que únicamente Dios pone a la carta.

CRISTO ACTÚA HASTA HOY EN LOS SACRAMENTOS. Como instituidor de los sacramentos, Dios actúa constantemente en la Iglesia en la que los sacramentos son administrados debidamente, para que los fieles, cuando los reciban de los ministros, sepan que Dios obra en su propia ordenanza, por lo que los reciben como de la mano de Dios; y las faltas del ministro (aunque sean muy grandes) no pueden afectarlos, ya que reconocen que la integridad de los sacramentos depende de la institución del Señor.

ES NECESARIO DIFERENCIAR ENTRE EL INSTITUIDOR DE LOS SACRAMENTOS Y QUIENES LOS ADMINISTRAN. Por eso, precisamente, en la administración de los sacramentos distinguen entre el Señor mismo y el ministro del Señor, en tanto reconocen y confiesan, que la sustancia propia de los sacramentos es administrada por el Señor, pero los signos son administrados por los siervos.

CONTENIDO O COSA PRINCIPAL DE LOS SACRAMENTOS. Pero lo principal que Dios promete en todos los sacramentos y a lo que todos los piadosos de todas las edades dirigen su atención (algunos lo llaman la sustancia y la materia de los sacramentos) es Cristo el Salvador, el único sacrificio, y el cordero de Dios inmolado desde la fundación del mundo; esa roca de la cual, también, bebieron todos nuestros padres, por quien todos los elegidos son circuncidados, con circuncisión no hecha por mano, por el Espíritu Santo, y son lavados de todos sus pecados, y son alimentados con el mismo cuerpo y sangre de Cristo para vida eterna.

SEMEJANZA Y DIFERENCIA ENTRE LOS SACRAMENTOS DEL PUEBLO ANTIGUO PACTO Y DEL PUEBLO DEL NUEVO. En cuanto a lo principal de los sacramentos, su verdadera sustancia o carácter, los sacramentos de ambos pueblos del pacto son iguales. Pues el único Mediador y Salvador, Cristo, es en ambos casos lo principal y la propia sustancia de los sacramentos. Y es que hay un Dios, que en ambos casos los ha instituido. Fueron dados a ambos pueblos como signos y sellos de la gracia y de las promesas de Dios, para recordar y renovar la memoria de los grandes beneficios de Dios, y deben distinguir a los fieles de todas las religiones del mundo. Los creyentes han de recibirlos espiritualmente, y quienes los reciben deben permanecer unidos a la Iglesia y recordar sus deberes como creyentes. En estos y otros aspectos similares los sacramentos de ambos pueblos no son diferentes, aunque en los signos externos sí lo son. Y, efectivamente, con respecto a los signos marcamos una gran diferencia. Nuestros sacramentos son de más firme permanencia y duran mucho más tiempo y no cambiarán jamás hasta el final del mundo, ya que testifican que la sustancia y la promesa de los sacramentos han sido cumplidas exhaustivamente en Cristo, mientras que los sacramentos del Antiguo Pacto solamente significaban que serían cumplidos. Los nuestros, además, son más simples y menos laboriosos, menos suntuosos y envueltos en ceremonias. Además, se extienden sobre un pueblo mucho mayor, que está esparcido por todo el mundo; y como son más excelentes y mediante el Espíritu Santo influyen en la fe, acrecentándola, la consecuencia es una mayor plenitud del Espíritu.

ABOLIDOS LOS ANTIGUOS SACRAMENTOS, A ELLOS HEREDAN NUESTROS SACRAMENTOS. Dado que no ha sido donado el verdadero Mesías, Cristo, y la plenitud de la gracia se ha derramado sobre el pueblo del Nuevo Pacto, los sacramentos del antiguo pueblo de Dios han perdido validez, han sido abolidos y en su lugar han sido introducidos los signos del Nuevo Pacto: El Bautismo en lugar de la circuncisión, y la Cena del Señor en lugar del cordero pascual y los sacrificios.

EN QUÉ CONSISTEN LOS SACRAMENTOS. Más así como en otros tiempos los sacramentos se componían de la palabra, el signo y la cosa significada, así aun ahora se componen, por así decirlo, por las mismas partes.

LA CONSAGRACIÓN DE LOS SACRAMENTOS. Pues por la palabra de Dios se hace sacramento lo que antes no era sacramento. Por la palabra, son los sacramentos consagrados y santificados por Aquel que los ha instituido. Santificar y consagrar significa dedicar a Dios algo para uso santo, o sea, destinarlo a un uso santo, luego de haberlo apartado del uso corriente y mundano. Los signos o símbolos de los sacramentos han sido tomados del uso corriente, es decir, son cosas externas y visibles. Porque en el Bautismo la señal es el elemento del agua, y aquel lavamiento visible que hace el ministro; pero la cosa significada es la regeneración y la limpieza de los pecados. Asimismo, en la Cena del Señor, la señal exterior es el pan y el vino, tomados de las cosas que se usan comúnmente para el alimento y la bebida; pero la cosa significada es el cuerpo de Cristo el cual fue dado, y su sangre la cual fue derramada por nosotros, o la comunión del cuerpo y la sangre del Señor. Por tanto, el agua, el pan y el vino, según su naturaleza y fuera de la institución divina y el uso sagrado, son solo lo que son llamados y lo que experimentamos. Pero cuando se les añade la Palabra de Dios, junto con la invocación del nombre divino y la repetición de su primera institución y santificación, entonces estos signos son consagrados y mostrados como santificados por Cristo. Porque la primera institución y consagración de los sacramentos de Cristo permanece siempre efectiva en la Iglesia de Dios, de modo que aquellos que no celebran de otra manera los sacramentos sino solo como el mismo Señor los instituyó desde el principio, disfrutan todavía hoy de esa primera y suprema consagración. Y por eso en la celebración de los sacramentos se repiten las mismas palabras de Cristo.

LOS SIGNOS TOMAN NOMBRE DE LAS COSAS SIGNIFICADAS. Y a medida que aprendemos de la Palabra de Dios que estos signos fueron instituidos para otro propósito que el uso habitual, así enseñamos que ahora, en su uso santo, toman sobre ellos los nombres de las cosas significadas, y ya no se llaman simplemente agua, pan o vino, sino también regeneración o lavamiento del agua, y el cuerpo y la sangre del Señor o los símbolos y sacramentos del cuerpo y la sangre del Señor. No es que los símbolos se conviertan en cosas significadas o dejen de ser lo que son en su propia naturaleza. Porque de otro modo no serían sacramentos. Si fueran solo la cosa significada, no serían signos.

UNION SACRAMENTAL. Por tanto, los signos adquieren los nombres de las cosas porque son signos místicos de las cosas sagradas, y porque los signos y las cosas significadas están sacramentalmente unidos, unidos o entrelazados por un significado místico, y por el propósito o voluntad de quien instituyó los sacramentos. Y es que agua, pan y vino no son signos o símbolos corrientes, sino símbolos sacramentales. Porque el agua, el pan y el vino no son signos comunes, sino santos. Y el que instituyó el agua en el Bautismo no lo instituyó con la voluntad y la intención de que los fieles fuesen rociados con la mera agua del Bautismo; y quien mandó comer el pan y beber el vino en la cena no quiso que los fieles recibieran solo pan y vino sin ningún misterio, como cuando comen pan en sus casas; sino que participasen espiritualmente de las cosas significadas, y por la fe fuesen verdaderamente limpiados de sus pecados y hechos partícipes de Cristo.

SECTAS. Desaprobamos, por consiguiente, la opinión de quienes atribuyen la sacralidad de los sacramentos a cualidades especiales o a las fórmulas y al poder de las palabras pronunciadas por un sacerdote consagrado, o a su intención de consagrar, o a otras circunstancias casuales que no hemos recibido como tradición ni del Señor Jesucristo ni de los apóstoles. Tampoco aprobamos la doctrina de quienes se refieren a los sacramentos como a cosas corrientes y no como símbolos sacros y eficaces. Tampoco aprobamos a quienes desprecian el aspecto visible de los sacramentos a causa del invisible y, por tanto, creen que los signos son superfluos porque piensan que ya disfrutan de las cosas en sí mismas; como, al parecer, enseñaban los mesalianos.

LA COSA SIGNIFICADA NO ESTÁ INCLUIDA NI VINCULADA A LOS SACRAMENTOS. No aprobamos la doctrina de quienes enseñan que la gracia y las cosas significadas están tan ligadas e incluidas en los signos que quienes participan externamente en los signos, sin importar qué tipo de personas sean, también participan internamente de la gracia y de las cosas significadas. Así como no estimamos la perfección de los sacramentos por la dignidad o indignidad de quienes los administran, tampoco la estimamos conforme a la actitud de quienes los reciben. Porque sabemos que la perfección de los sacramentos depende de la fe y de la veracidad y de la pura bondad de Dios. Porque así como la Palabra de Dios sigue siendo la verdadera Palabra de Dios, en la que, cuando se predica, no solo se repiten las palabras desnudas, sino que al mismo tiempo las cosas significadas o anunciadas en palabras son ofrecidas por Dios, incluso si los impíos y los incrédulos oyen y comprenden las palabras pero no disfrutan de las cosas significadas —porque no las reciben por la fe verdadera—; asímismo, los sacramentos, que por la Palabra consisten en signos y cosas significadas, siguen siendo sacramentos verdaderos e inviolables, que significan no solo cosas sagradas, sino, por la ofrenda de Dios, las cosas significadas, aun cuando los incrédulos no reciban lo ofrecido. Esto no es culpa de Dios, que las da y ofrece, sino de los hombres que las reciben sin fe e ilegítimamente; pero cuya incredulidad no invalida la fidelidad de Dios (Rom. 3:3 sgs.)

PARA QUÉ HAN SIDO INSTITUIDOS LOS SACRAMENTOS. Como ya en un principio, al explicar la sustancia y carácter de los sacramentos, señalamos de paso por qué han sido instituidos, resulta innecesario fatigar al lector repitiendo lo antes dicho. En consecuencia, nos referiremos únicamente a los sacramentos del nuevo pueblo del pacto tratándolos por separado.

ARTÍCULO 20
EL SANTO BAUTISMO

INSTITUCIÓN DEL BAUTISMO. El Bautismo ha sido instituido y consagrado por Dios y el primero en bautizar fue Juan, quien sumergió a Cristo en el agua del Jordán. De él pasó a los apóstoles, quienes también bautizaron con agua. El Señor les ordenó claramente que predicaran el evangelio y bautizaran «en nombre del Padre y del Hijo y del Espíritu Santo» (Mat. 28:19). Cuando los judíos preguntaron al apóstol Pedro qué es lo que tenían que hacer, Pedro les dijo: «Cada cual de vosotros ha de bautizarse en el nombre de Jesucristo para perdón de vuestros pecados, y así recibiréis el don del Espíritu Santo» (Hech. 2:37). Por eso algunos han denominado al Bautismo «el signo de la iniciación del pueblo de Dios», en el sentido de que mediante el Bautismo los hombres son consagrados como elegidos de Dios.

SOLO UN BAUTISMO. En la Iglesia de Dios hay, por consiguiente, un solo Bautismo y basta con ser bautizado una vez; esto es, por consagrado a Dios una sola vez. Y es que el Bautismo recibido una vez tiene valor para toda la vida y es la prenda eterna de que hemos sido aceptados como hijos de Dios.

¿QUÉ ES EL BAUTISMO? Porque ser bautizado en nombre de Cristo significa estar inscrito, consagrado y recibido en el Pacto y en la familia, y así, participar de la herencia de los hijos de Dios; sí, y en esta vida ser llamados por el nombre de Dios —esto es, ser llamado hijo de Dios—, ser limpios también de la inmundicia de los pecados, y recibir la multiforme gracia de Dios para llevar una vida nueva e inocente. Por tanto, el Bautismo retiene y renueva la memoria del beneficio inconmensurable de Dios que ha mostrado a la raza de los mortales. Y es que todos nacemos en pecado y somos hijos de ira. Pero Dios, que es rico en misericordia, nos limpia de los pecados por gracia mediante la sangre de su Hijo, nos acepta como hijos en él, nos une con él a través de su santo Pacto y nos otorga diversos dones para que podamos llevar una nueva vida. Y todo esto queda sellado por el Bautismo. Porque, interiormente, volvemos a nacer, y somos limpiados y renovados por Dios mediante el Espíritu Santo; y, exteriormente, recibimos la afirmación de los dones gloriosos a través del agua, en la que estos magníficos dones también están representados y, por así decirlo, nos son ofrecidos visiblemente.

EL BAUTISMO DE AGUA. Por eso somos bautizados, o sea, lavados o rociados con agua visible. Porque el agua limpia la suciedad, reanima el cuerpo cansado y acalorado y lo refresca. Y la gracia de Dios otorga estos beneficios a las almas, y lo hace de manera invisible o espiritual.

PROMESA Y COMPROMISO DEL BAUTISMO. Además, por el signo o símbolo del Bautismo, Dios nos separa de todas las demás religiones y los demás pueblos y nos consagra a sí mismo como su propiedad. Al recibir, pues, el Bautismo confesamos nuestra fe, nos comprometemos a obedecer a Dios, a mortificar nuestra carne y a llevar una nueva vida; de este modo somos inscritos en el santo servicio militar de Cristo para que durante toda nuestra vida luchemos contra el mundo, Satanás y nuestra propia carne. Además, somos bautizados en un solo cuerpo de la Iglesia, para que con todos los miembros de la Iglesia podamos concurrir maravillosamente en la misma fe y en asistencia mutua.

LA FORMA DEL BAUTIZMO. Para nosotros la más perfecta forma de bautizar es aquella con que fue bautizado Cristo mismo y con que bautizaron los apóstoles. Por tanto, no consideramos necesarias, para la perfección del Bautismo, aquellas cosas que por medio del hombre fueron añadidas después y llegaron a ser utilizadas en la Iglesia. Por ejemplo, el exorcismo, el uso de una vela encendida o el empleo de aceite, sal, saliva y cosas semejantes, entre las que cuenta el que el Bautismo sea conmemorado dos veces cada año con diversas ceremonias. Por nuestra parte, creemos que solamente un Bautismo es santificado en la Iglesia conforme a la primera institución divina que lo santifica y que es consagrado por la Palabra de Dios, y de eficacia duradera y permanente en virtud de la primera bendición impartida por Dios.

QUIÉNES DEBEN BAUTIZAR. Según nuestra doctrina, el Bautismo no debe ser realizado en la Iglesia por mujeres o parteras, pues el apóstol Pablo excluye a las mujeres de los ministerios eclesiásticos. Y el Bautismo, añadimos nosotros, es uno de los actos eclesiásticos pastorales.

ANABAPTISTAS. Nos oponemos a los anabaptistas, los cuales no aceptan el Bautismo infantil de los hijos de los creyentes. Porque según el evangelio, «el reino de Dios es de los niños», y estos están incluidos en el Pacto de Dios. ¿Por qué, pues, no deben recibir la señal del Pacto de Dios? ¿Por qué no deberían ser consagrados por el santo Bautismo cuando ya pertenecen a la Iglesia y son propiedad de Dios? Condenamos también a los anabautistas en el resto de sus doctrinas peculiares que sostienen y que son contrarias a la Palabra de Dios. No somos anabaptistas y con ellos no tenemos nada en común.

ARTÍCULO 21
LA SANTA CENA DEL SEÑOR

LA SANTA CENA. La Cena del Señor, denominada también Mesa del Señor o Eucaristía —o sea, acción de gracias—, debe su nombre a que fue instituida por Cristo en esa última cena, la cual todavía la representa, y a que los creyentes que participan de ella reciben de manera espiritual alimento y bebida.

EL QUE HA INSTRUIDO Y SANTIFICADO LA SANTA CENA. Pues no instituyó la Santa Cena un ángel o un hombre cualquiera, sino el mismo Hijo de Dios, nuestro Señor Jesucristo, el cual la ha santificado, primero, para su Iglesia. Pero dicha consagración o bendición perdura hasta el día de hoy para todos aquellos que no celebran otra sino la misma Cena que instituyó el Señor y al hacerlo leen en voz alta las palabras con que el Señor la instituyó, y en todas las cosas miran solamente a Cristo, de cuyas manos, por así decirlo, reciben lo que les es ofrecido por los ministros de la Iglesia.

LA SANTA CENA EN MEMORIA DE CRISTO. Mediante el sagrado rito el Señor quiere que el sublime beneficio que él ha realizado para la humanidad permanezca en perpetuo recuerdo, a saber, que al dar su cuerpo y derramar su sangre, ha perdonado todos nuestros pecados y nos ha redimido de la muerte eterna y del poder del diablo, y ahora nos alimenta con su carne y nos da a beber su sangre, las cuales, siendo recibidas espiritualmente por la fe verdadera, nos alimentan para vida eterna. El Señor renueva este gran beneficio tantas veces como se celebra la Santa Cena. Pues él ha dicho: «¡Haced esto en memoria de mí!». Así que esta Santa Cena sella el hecho de que el cuerpo del Señor realmente fue entregado por nosotros y que su sangre fue derramada para el perdón de nuestros pecados, para que nuestra fe no vacile de ninguna manera.

EL SIGNO Y LA COSA SIGNIFICADA. Con este sacramento el ministro pone de manifiesto, exteriormente y en forma visible, lo que, por así decirlo, interiormente es concedido al alma por el Espíritu Santo de forma invisible. Externamente, el ministro ofrece el pan y se oyen las palabras del Señor: «Tomad, comed: Esto es mi cuerpo; tomad y repartidlo entre vosotros. Bebed de este cáliz todos: Esto es mi sangre». En consecuencia, los creyentes reciben lo que el servidor del Señor les entrega; comen el pan del Señor y beben de la copa del Señor. Pero interiormente reciben, en virtud del servicio realizado por Cristo, carne y sangre del Señor mediante el Espíritu Santo y son alimentados con ambas cosas para vida eterna. Porque la carne y la sangre de Cristo mismo, al haber sido entregado por nosotros y ser nuestro Salvador, es el fundamento y la sustancia de la Santa Cena, y no consentimos que ninguna otra cosa la sustituyan.

COMIDA CORPORAL DEL SEÑOR. Pero para comprender mejor y más claramente cómo la carne y la sangre de Cristo son el alimento y la bebida de los creyentes y cómo son recibidos por los creyentes para vida eterna, añadiríamos estas pocas cosas. Hay más de un tipo de alimentación. Hay una alimentación corporal mediante la cual la comida se lleva a la boca, se mastica con los dientes y se traga hacia el estómago. En tiempos pasados, los capernaítas pensaban que la carne del Señor debía comerse de esta manera, pero él los refuta en Juan cap. 6. Pero la carne de Cristo no puede ser comida corporalmente, cosa que resultaría una maldad y una repugnante grosería; la carne de Cristo no es comida para el vientre. En este punto no cabe discusión. Por lo tanto, desaprobamos ese canon en los decretos del Papa, Ego Berengarius (De Consecrat., Dist. 2). Porque ni los piadosos de la Iglesia primitiva creyeron, ni nosotros tampoco creemos, que el cuerpo de Cristo deba ser comido corporal y esencialmente con la boca corporal.

COMIDA ESPIRITUAL DEL SEÑOR. Existe, sin embargo, una manera espiritual de comer el cuerpo de Cristo, sin que esto signifique que supongamos que el alimento se transforma en espíritu, sino mediante la cual el cuerpo y la sangre del Señor, mientras permanecen en su propia esencia y propiedad, se nos comunican espiritualmente. Acontece esto no en forma corporal, sino en forma espiritual, por el Espíritu Santo, que aplica y nos concede estas cosas —que han sido adquiridas para nosotros por el sacrificio del cuerpo y la sangre del Señor por nosotros; a saber, la remisión de los pecados, la liberación y la vida eterna—; para que Cristo viva en nosotros y nosotros vivamos en él, y para hacernos recibirlo por fe verdadera para que él sea, para nosotros, ese alimento y bebida espirituales, es decir, nuestra vida.

CRISTO COMO ALIMENTO SUSTENTA NUESTRA VIDA. Porque así como la comida y la bebida corporales no solo refrescan y fortalecen nuestro cuerpo, sino que también lo mantienen vivo, así la carne de Cristo entregada por nosotros y su sangre derramada por nosotros, no solo refrescan y fortalecen nuestras almas, sino que también la preservan con vida. Por cierto que esto no acontece por el hecho de que comamos el pan y bebamos del vino corporalmente, sino porque ambos nos son comunicados de manera espiritual por el Espíritu Santo. Pues dice el Señor: «El pan que yo daré es, al mismo tiempo, mi carne, que daré para que el mundo tenga vida» (Jn. 6:51). Y también: «La carne (comida corporalmente, claro está) de nada aprovecha; es el Espíritu el que da vida.» Y: «Las palabras que os he hablado son Espíritu y son vida» (Jn. 6:63).

POR LA FE ENTRA CRISTO EN NOSOTROS. El alimento hemos de comerlo e ingerirlo a fin de que en nosotros ejerza su acción y sus cualidades benéficas, ya que de nada nos aprovecha si, simplemente, lo tenemos a mano sin usar de él. Asímismo, es necesario que gustemos de Cristo con fe, a fin de que él sea nuestro, viva en nosotros y nosotros vivamos en él. Dice el Señor: «Yo soy el pan de vida; el que a mí viene no pasará hambre, y el que crea en mí no tendrá sed nunca más.» Y también: «El que coma mi carne vivirá, porque yo vivo», y «...él quedará en mí y yo permaneceré en él».

ALIMENTO ESPIRITUAL. De todo lo indicado se desprende que no entendemos por alimento espiritual una especie de alimento ficticio, sino el mismo cuerpo del Señor, cuerpo entregado por nosotros, pero que, indudablemente, no es disfrutado por los creyentes corporalmente, sino espiritualmente, por la fe. Nos atenemos, pues, estrechamente a la doctrina de Cristo, nuestro Señor y Salvador mismo, conforme al evangelio de Juan, capítulo 6. Y este comer de la carne y beber de la sangre del Señor es tan necesario para salvación, que sin ello nadie puede ser salvo.

LA COMIDA ESPIRITUAL ES NECESARIA PARA SALVACIÓN. Pero diremos también que tal comida y bebida espiritual igualmente tiene lugar fuera de la Santa Cena tantas veces y siempre que el hombre crea en Cristo. Posiblemente a esto se refieren las palabras de Agustín, cuando dice: «¿Para qué estás preparando tus dientes y tu vientre? Cree, y así, creyendo, habrás ya comido».

EL COMER SACRAMENTALMENTE EL CUERPO DE CRISTO. Además del disfrute sublime espiritual, existe el comer sacramentalmente el cuerpo del Señor, comer mediante el cual el creyente no participa simplemente en forma espiritual e interior del verdadero cuerpo y la verdadera sangre del Señor, sino que recibe, al acercarse a la mesa del Señor, también en forma externa y visible, el sacramento del cuerpo y de la sangre del Señor. De modo que el creyente ya ha recibido antes —en tanto ha creído— el alimento que da vida, y lo está disfrutando hasta ahora; pero recibe algo más si toma el sacramento. Y es que, por la continua comunión del cuerpo y la sangre del Señor, realiza progresos y su fe se inflama más y más; crece y adquiere fortaleza en virtud de ese alimento espiritual. Porque mientras vivimos, la fe crece constantemente. Y quien, con fe verdadera, reciba el sacramento exteriormente, no recibe únicamente el signo o símbolo; sino, como ya dijimos, disfruta también de la cosa misma. Además, presta obediencia a lo ordenado por el Señor, da gracias de corazón y alegremente por su redención y por la de toda la humanidad, conmemora con fe la muerte del Señor y, ante toda la Iglesia, da testimonio de ser miembro del cuerpo de la misma. De esta manera es confirmado y sellado, para aquellos que reciben el sacramento, el hecho de que el cuerpo del Señor fue entregado y su sangre derramada, no solo por los hombres en general, sino en particular por cada comulgante fiel, para quien es comida y bebida para vida eterna.

LOS INCRÉDULOS COMEN EL SACRAMENTO HACIÉNDOSE CULPABLES. Pero quien se acerca sin fe a la santa mesa del Señor disfruta del sacramento solo externamente, sin recibir lo esencial del sacramento, o sea, aquello que aporta vida y salvación. Semejantes personas comen indignamente en la mesa del Señor. Cualquiera que coma el pan o beba de la copa del Señor indignamente, será culpable del cuerpo y la sangre del Señor, y come y bebe para sentencia condenatoria contra sí mismo (1 Cor. 11: 26-29). Porque todo aquel que vaya a la mesa del Señor sin verdadera fe escarnece la muerte de Cristo y por eso come y bebe para su propia condenación.

LA PRESENCIA DE CRISTO EN LA SANTA CENA. Por lo tanto, no unimos el cuerpo del Señor y su sangre con el pan y el vino como para decir que el pan mismo es el cuerpo de Cristo, excepto de una manera sacramental; o que el cuerpo de Cristo se esconde corporalmente debajo del pan, de modo que debe ser adorado bajo la forma de pan; o, sin embargo, que quien recibe la señal, recibe también la cosa misma. El cuerpo de Cristo está en el cielo, a la diestra del Padre. Y eso obliga a que elevemos los corazones y no nos atengamos al pan, ni adoremos al Señor en el pan. Sin embargo, el Señor no está ausente cuando su iglesia celebra la Santa Cena. También el sol se halla lejos de nosotros, en el cielo, y no obstante con su potencia está entre nosotros. Cuánto más el Sol de Justicia, Cristo, aunque en su cuerpo esté ausente de nosotros en el cielo, está presente con nosotros, no corporalmente, sino espiritualmente, por su operación vivificante, como él mismo explicó en su Última Cena prometiendo que estaría entre y con nosotros (Jn. 14:15 y 16). De esto se deduce que no celebramos la Santa Cena sin Cristo, y, sin embargo, celebramos una «cena incruenta y misteriosa», como la denominaba toda la antigua Iglesia.

OTROS FINES DE LA SANTA CENA. Además, en la celebración de la Cena del Señor se nos exhorta a ser conscientes de quién es el cuerpo del que nos hemos convertido en miembros, y que, por lo tanto, podamos ser de un mismo sentir con todos los hermanos, vivir una vida santa y no contaminarnos con maldad y religiones extrañas; sino que, perseverando en la fe verdadera hasta el final de nuestra vida, nos esforcemos por brillar en santidad de vida.

PREPARACIÓN PARA LA SANTA CENA. Por lo tanto, es apropiado que cuando vayamos a la Cena, primero nos examinemos a nosotros mismos de acuerdo con el mandamiento del apóstol, especialmente en cuanto a la clase de fe que tenemos, si creemos que Cristo ha venido a salvar a los pecadores y a llamarlos al arrepentimiento, y si cada uno cree que está en el número de los que han sido liberados y salvos por Cristo; y si está decidido a cambiar su vida inicua, a llevar una vida santa y, con la ayuda del Señor, a perseverar en la religión verdadera y en la armonía con los hermanos, y a dar las gracias debidas a Dios por su redención.

LA OBSERVANCIA DE LA CENA CON PAN Y VINO. Por lo que respecta al sacro rito, o sea, a la forma y manera de celebrar la Santa Cena, consideramos que la mejor y más sencilla es la que se atiene, lo más cerca posible, a lo ordenado primeramente por el Señor y a la doctrina de los apóstoles. Dicha forma consiste en proclamar la Palabra de Dios, en piadosas oraciones, en cómo el Señor actuó y la repetición de ello; en el comer del cuerpo del Señor y beber de su sangre; conmemorando la muerte salvadora del Señor, y en una fiel acción de gracias; y en una santa comunión en la unión de todos los miembros de la Iglesia. Refutamos, por consiguiente, la opinión de aquellos que han privado a los creyentes de una parte del sacramento, o sea, del cáliz del Señor. Los tales obran muy pecaminosamente contra lo ordenado por el Señor, el cual ha dicho: «Bebed de él todos»; y esto no lo ha dicho expresamente con respecto al pan. Cómo haya sido la celebración de la misa entre los antiguos y si era permitida o no, es cosa que no vamos a discutir ahora. Pero con toda franqueza decimos que la misa hoy, celebrada usualmente por toda la Iglesia Romana, ha sido abolida en nuestras iglesias por numerosas y muy bien fundadas razones, que ahora, en favor de la brevedad, no podemos enumerar detalladamente. En modo alguno nos era posible aprobar el que el acto salvífico se convirtiese en un espectáculo vacío y una fuente de ingresos, o que fuese celebrado pagando, y además no aceptamos se diga que el sacerdote, al celebrar la misa, «hace» el verdadero cuerpo de Cristo y lo sacrifica realmente para perdón de los pecados por los vivos y por los muertos y también, incluso, en honor, o para celebrar o conmemorar, a los santos que están en el cielo, etcétera.

«Enseñamos que los ministrantes de la Santa Cena vayan vestidos corrientemente y se valgan de utensilios también corrientes, aunque lo uno y lo otro debe ser, naturalmente, limpio y decoroso. El bienaventurado obispo Ambrosio ha dicho: "Los sacramentos no exigen que se emplee el oro, cosa que tampoco armoniza con ellos, ya que no pueden ser adquiridos por oro." Por eso usamos en nuestras iglesias de cestas colocadas sobre la mesa del Señor, y el pan se pone en platillos de madera y en ellos es ofrecido al pueblo..., y no en "platillos sacrificiales" de oro, como suelen llamárseles. Asimismo, no se ofrece la sangre del Señor en cálices de oro, sino en vasos de madera. Y es que enseñamos que Dios no aprueba el lujo, sino la mesura; por otro lado, al hacer uso de los sacramentos, no hay que preocuparse del material de los utensilios ni poner en estos la mirada, sino que ha de tenerse en cuenta únicamente el misterio. Por eso nos valemos de mesas portátiles de madera y hemos abolido todos los altares. Con respecto a cuántas veces ha de celebrarse la Santa Cena en el templo, cada iglesia debe determinarlo libremente, pero siempre a condición de que ninguno abuse de esta libertad.»

ARTÍCULO 22
EL CULTO EN LA IGLESIA Y LA ASISTENCIA AL MISMO

LO QUE SE DEBE HACER EN LAS ASAMBLEAS DE CULTO. Aunque a todos les esté permitido leer las Sagradas Escriturasen privado en casa y edificarse unos a otros en la religión verdadera mediante explicaciones y enseñanzas, son decididamente necesarias las sacras asambleas, o sea, las reuniones en el templo o iglesia con los siguientes fines: Predicar al pueblo la Palabra de Dios ordenadamente, elevar públicamente súplicas y oraciones, administrar los sacramentos en debida forma y colectar donativos para los pobres, y para las necesidades de la iglesia y el mantenimiento de las actividades eclesiásticas usuales. Es innegable que en la Iglesia primitiva apostólica tales reuniones eran frecuentemente visitadas por todos los creyentes.

NO ABSTENERSE DEL CULTO. El hecho de tener en poco estas reuniones y abstenerse de asistir a ellas es un desprecio de la religión verdadera. La gente que tal desprecio haga será amonestada seriamente por los pastores y las autoridades temerosas de Dios a no proseguir absteniéndose tenazmente del culto y las asambleas sacras.

EL CULTO PÚBLICO. Las reuniones de los fieles no deben celebrarse a escondidas y en secreto, sino pública y regularmente, a no ser que lo impida una persecución de los enemigos de Cristo y su Iglesia. Y es que no hemos olvidado que en otros tiempos las reuniones de los primeros cristianos se celebraban en lugares escondidos a causa de la tiranía de los emperadores.

LUGARES DE CULTO DECENTES. Los lugares de reunión de los creyentes deben ser decorosos y, en todos los aspectos, apropiados a la dignidad de la Iglesia de Dios. Se escogerán edificios y templos espaciosos, pero se deben purgar de todo lo que no sea apropiado para una Iglesia. Y todo debe arreglarse conforme el decoro, la necesidad y la decencia piadosa, para que no falte nada de lo que se requiere para la adoración y las obras necesarias de la Iglesia.

HUMILDAD Y MODESTIA EN EL CULTO. Si bien creemos que Dios no mora «en templos hechos por manos humanas», sabemos, sin embargo, por la Palabra de Dios y el uso sagrado, que los lugares dedicados a Dios y a su culto no son lugares cualesquiera, sino lugares santos; y quien en ellos se encuentre debe portarse reverente y modestamente, ya que se halla en un lugar sagrado, en presencia de Dios y de sus santos ángeles.

LA VERDADERA ORNAMENTACIÓN DE LOS SANTUARIOS. Por lo tanto, todo atuendo lujoso, todo orgullo y todo lo que no conviene a la humildad, disciplina y modestia cristianas, debe ser desterrado de los santuarios y lugares de oración de los cristianos. Porque la verdadera ornamentación de las iglesias no consiste en marfil, oro y piedras preciosas, sino en la sencillez, piedad y virtudes de los que están en la casa de Dios.

ADORACIÓN EN EL LENGUAJE COMÚN. No haya lenguaje extranjero y extraño en el culto. Que en la iglesia todo se realice decente y ordenadamente; que todo sirva para edificación. ¡Fuera, pues, con lenguas extrañas en los cultos! ¡Que todo se pronuncie, diga y hable en el lenguaje del pueblo, lenguaje usual, corriente que la gente entenderá en la reunión cúltica!

ARTÍCULO 23
ORACIONES, CÁNTICOS Y LOS SIETE TIEMPOS DE ORACIÓN (LAS HORAS CANÓNICAS)

EL LENGUAJE DEL PUEBLO. Es cosa permitida, naturalmente, que cada cual ore por su cuenta en cualquier lenguaje que comprenda; pero las oraciones públicas, en las asambleas de culto, han de ser pronunciadas en el idioma corriente y comprensible para todos.

LA ORACIÓN. Que todas las oraciones de los fieles se dirijan solo a Dios, únicamente por la mediación de Cristo, por fe y amor. Invocar a los santos del cielo o solicitar su intercesión, es cosa que prohíben el sacerdocio del Señor Jesucristo y la religión verdadera. No puede faltar la oración intercesora por las autoridades, «por los reyes y todos los que están revestidos de autoridad»; por los servidores o ministros de la Iglesia y por todas las necesidades de las iglesias. En caso de que sobrevengan pruebas difíciles, sobre todo para la Iglesia, se debe orar incesantemente tanto en el hogar como públicamente.

LIBERTAD EN LAS ORACIONES. La oración ha de ser voluntaria, no obligada, ni por dinero. Tampoco es apropiado que la oración se restrinja supersticiosamente a un lugar, como si no se pudiera orar en ningún otro lugar excepto en la iglesia. Igualmente, resulta innecesario que las oraciones públicas hayan de ser las mismas en todas las iglesias y realizadas al mismo tiempo, es decir, a la misma hora. Hagan las iglesias uso de esta libertad que tienen para orar. Sócrates dice en su libro de la Historia de la Iglesia: «No es posible hallar en ningún lugar dos iglesias que estén totalmente de acuerdo en la oración» (*Hist. Ecclesiast.* V.22, 57). Los autores de esta diferencia, creo, fueron los que estuvieron a cargo de las Iglesias en momentos particulares. Nos parece, sin embargo, muy recomendable y digno de imitación que reine unanimidad en las oraciones.

FORMA Y MODO DE LA ORACIÓN PÚBLICA. También conviene con respecto a las oraciones públicas, como en cualquier otra cosa, guardar la debida mesura, evitando sean demasiado largas a fin de que no se hagan pesadas. Por eso en el culto debe emplearse la mayor parte del tiempo a la exposición del evangelio y guardarse de que los fieles sientan fatiga a causa de oraciones demasiado largas; porque resulta que cuando llega el momento de oír la predicación del evangelio, la gente, ya cansada, o desea abandonar la reunión o, por fatiga, anhela que el culto concluya cuanto antes. Para esas personas, el sermón parece demasiado largo, aunque sea realmente breve. También conviene a los predicadores no extenderse demasiado, o sea, guardar la debida mesura.

EL CÁNTICO EN EL CULTO. Asimismo, se debe ejercer moderación cuando se usa el canto en una reunión de adoración. Ese canto que ellos llaman canto gregoriano presenta muchos absurdos, y por eso, con razón, ha sido abolido de nuestras iglesias y también de muchas otras. Nada hay que reprochar a aquellas iglesias que cuidan de la oración fiel y debidamente ordenada, pero que no tienen la costumbre de cantar. Y es bien sabido a partir de los testimonios de la iglesia antigua que el canto, aunque es una antigua constumbre en las Iglesias orientales, fue posteriormente adoptado también por las occidentales.

LAS SIETE HORAS DE ORACIÓN. Las horas canónicas, los siete diversos momentos de oración, o sea, las oraciones organizadas para determinadas horas del día, cantadas o recitadas por los papistas, jamás fueron conocidas en la Iglesia antigua. Esto se puede probar a partir de la propia liturgia de las horas y por una gran variedad de razones. Dichas «horas» contienen muchas cosas absurdas (por no decirlo más crudamente), y por esta causa han prescindido de ellas las iglesias y en su lugar han introducido lo que es provechoso y saludable a toda la Iglesia de Dios.

ARTÍCULO 24
LOS DÍAS FESTIVOS, EL AYUNO Y LA ELECCIÓN DE LOS ALIMENTOS

Aunque la religión no está sujeta a ningún tiempo determinado, requiere, para poder ser plantada y ejercitada, una sensata distribución del tiempo. A ello se debe el que cada iglesia eligiese para uso propio un tiempo determinado para la oración pública, la predicación del evangelio y la celebración de los sacramentos.

NECESIDAD DE SEÑALAR UN TIEMPO FIJO PARA EL CULTO. No le está permitido a cualquiera el alterar caprichosamente ese orden establecido en la iglesia. Porque a menos que se dedique el tiempo necesarios para el ejercicio exterior de la religión, sin duda los hombres se apartarían de ella por sus propios asuntos.

EL DÍA DEL SEÑOR. Por lo tanto, vemos que en las iglesias antiguas no solo había ciertas horas establecidas en la semana para las reuniones, sino que también el Día del Señor mismo, desde la época de los apóstoles, fue apartado por ellos, para un santo descanso, una práctica que ahora correctamente han conservado nuestras Iglesias en aras de la adoración y el amor.

LA SUPERSTICIÓN. Sin embargo, no por esto consentimos ninguna especie de legalismo judaico, ni tampoco costumbres supersticiosas. Y es que no creemos que haya unos días más sagrados que otros, ni consideramos que el no hacer nada, en sí mismo, agrade a Dios; sino que celebramos y guardamos libremente el Día del Señor en vez del sábado.

DÍAS FESTIVOS CRISTIANOS Y FIESTAS DEDICADAS A LOS SANTOS. Además, si en la libertad cristiana, las iglesias celebran religiosamente la memoria de la natividad del Señor, su circuncisión, su pasión, su resurrección y su ascensión al cielo, y el envío del Espíritu Santo sobre sus discípulos, lo aprobamos altamente. En cambio, no consentimos fiestas en honor de personas o de santos. Los días festivos, claro está, tienen que ver con los mandamientos de la primera tabla de la ley y deben estar dedicados a Dios únicamente. Finalmente, los días santos que han sido instituidos para los santos y que hemos abolido, tienen mucho de absurdo e inútil, y no deben ser tolerados. Pero, al mismo tiempo, concedemos que no es inútil, en fechas determinadas y en su lugar apropiado, recordar al pueblo, mediante piadosos sermones, que piense en los santos, presentándolos como ejemplo y modelo.

EL AYUNO. Cuanto más lamente la Iglesia de Cristo la glotonería, el alcoholismo, toda clase de lujuria e incontinencia, tanto más nos recomienda el ayuno cristiano. Ayunar no es otra cosa que la continencia y mesura de los fieles, la disciplina, vigilancia y castigo de nuestra carne, cosas a las cuales hemos de atenernos conforme a las necesidades que se presentan; y así es cómo nos humillamos ante Dios y restringimos los apetitos carnales, a fin de que la carne obedezca al espíritu más fácil y voluntariamente. Por tanto, los que no hacen caso de tales cosas, no ayunan, pues que imaginan que ayunar consiste en llenan el estómago una vez al día, y en un tiempo determinado o prescrito se abstienen de ciertos alimentos, creyendo que por haber obrado así agradan a Dios y hacen algo bueno. Pero el ayuno es, más bien, únicamente, una pequeña ayuda para la oración de los santos y para toda clase de virtudes. Pero, como se ve en los libros de los profetas, el ayuno de los judíos —que ayunaban por la comida, pero no por la iniquidad—, no agradó a Dios.

AYUNOS PÚBLICOS Y PRIVADOS. Hay dos clases de ayuno, el público y el privado. En otros tiempos se ayunaba públicamente en casos en que la Iglesia era puesta a prueba y en tentación. Entonces ni siquiera se tomaba bocado hasta llegada la tarde, y durante tal ayuno la gente se entregaba a la oración, tomaba parte en el culto y hacía penitencia. Esto era, más bien, una manifestación del desconsuelo, muy a menudo mencionada por los profetas, sobre todo por Joel (Joel. 2:12 sgs). Semejante ayuno debe celebrarse también hoy en día si la Iglesia padece tiempos calamitosos. En cuanto a cada uno de nosotros, bien podemos imponernos un ayuno, si sentimos que nuestro espíritu flaquea. Así uno despoja a la carne de sus contaminados apetitos.

CÓMO DEBE SER EL AYUNO. Todo ayuno debe surgir de un espíritu libre, voluntarioso y humillado, pero no impuesto para lograr el aplauso o el favor de los hombres, y todavía menos por el afán de adquirir una especie de meritoria justificación. Ayune, pues, cada cual con el fin de mortificar su carne y así poder servir a Dios con mayor fervor.

CUARESMA. Los cuarenta días de ayuno antes de pascua de resurrección eran, sin duda, conocidos en la antigua Iglesia, pero ni una sola vez son mencionados en los escritos de los apóstoles. Por consiguiente, dicho ayuno no puede ser impuesto a los creyentes. Es seguro que existieron formas y usos diversos del mismo, pues el escritor Ireneo, muy antiguo, dice: «Unos opinan que solamente debe ayunarse un día, mientras que otros señalan dos o varios días, e incluso algunos indican que es preciso ayunar cuarenta días. Esta diversidad en la observancia del ayuno no ha empezado, pues, en nuestros días, sino mucho antes de nosotros; por quienes, a mi juicio, no se atuvieron sencillamente a la tradición, sino que, ya sea por negligencia o por ignorancia, cayeron en otra costumbre». También el historiador Sócrates dice: «Como no se encuentra ningún texto antiguo sobre este asunto, creo que los apóstoles confiaron este ayuno a la decisión de cada cual, de manera que sin temor, ni por obligación, cada cual hacía lo que es bueno» (*Hist. Ecclesiast.* V.22, 40).

ELECCIÓN DE LOS ALIMENTOS. En cuanto a la elección de los alimentos, creemos que al ayunar ha de privarse al cuerpo de todo aquello que haga más rebelde a la carne, en lo cual ella se goza desmesuradamente y de donde provienen sus nefastos apetitos; trátese de comer pescado, carne, especias, manjares o vinos fuertes. Por lo demás, sabemos que todas las criaturas de Dios han sido creadas para uso y servicio de los hombres (Ex. 2:15). Todas las cosas que Dios hizo son buenas y, sin distinción, deben usarse en el temor de Dios y con la debida moderación. Porque el apóstol dice: «Para los que son puros todos es puro» (Tit. 1:15). Y también: «Comed de todo lo que se vende en la carnicería sin elegir esto o lo otro por motivos de conciencia» (1 Cor. 10:25). Y el mismo apóstol nombra «doctrina demoníaca» la sustentada por quienes «ordenan abstenerse de ciertos alimentos». Y es que «Dios creó los alimentos para ser recibidos con acción de gracias por aquellos que creen y conocen esta verdad de que todo lo creado por Dios es bueno, y nada debe ser rechazado si se recibe con acción de gracias» (1 Tim. 4:1 sgs). Pero en la epístola a los Colosenses hace reproches a quienes, mediante una exagerada abstinencia, pretenden ganar reputación de especial santidad (Col. 2:18 sgs.).

SECTAS. Por eso desaprobamos rotundamente la doctrina de los tacianos y encratitas, e igualmente a todos los discípulos de Eustaquio, contra los cuales fue convocado el sínodo de Gangra.

ARTÍCULO 25
SOBRE LA ENSEÑANZA DE LA JUVENTUD Y LOS CUIDADOS EPIRITUALES A LOS ENFERMOS

LA JUVENTUD HA DE SER ADOCTRINADA EN LA PIEDAD. El Señor exigió, de su pueblo del Antiguo Pacto, el dedicarse con el mayor cuidado posible a la instrucción de la juventud desde su infancia; y en su ley ordenó una y otra vez que se enseñase a los niños y se les explicase los misterios de los sacramentos. Ahora bien, puesto que es bien sabido, debido a los escritos de los evangelistas y apóstoles, que Dios no se preocupa menos por la juventud de su pueblo del Nuevo Pacto, pues testifica abiertamente y dice: «Dejad a los niños venir a mí... porque de ellos es el reino de los cielos» (Marc. 10:14), los pastores de las iglesias actúan muy sabiamente cuando temprano y cuidadosamente catequizan a los jóvenes, poniendo las primeras bases de la fe y enseñando fielmente los rudimentos de nuestra religión, exponiendo los Diez Mandamientos, el Credo Apostólico, el Padrenuestro y la doctrina de los sacramentos, junto con otros principios y puntos fundamentales de nuestra religión. Dejemos que la Iglesia muestre aquí su fe y diligencia en llevar a los niños a la catequesis, deseosa y feliz de que sus hijos sean bien instruidos.

VISITAR A LOS ENFERMOS. Dado que las personas nunca están expuestas a tentaciones más severas que cuando están plagadas de debilidad o enfermas, o deprimidas en alma y cuerpo; seguramente nunca será más apropiado que los pastores de la Iglesia velen con más cuidado por el bienestar de sus rebaños que en tales enfermedades y flaquezas. Ellos deben visitar pronto a los enfermos; pero los enfermos, a su vez, han de solicitar su visita si su estado lo requiere. Los pastores los consolarán, los fortalecerán en la fe verdadera y los prepararán para resistir las perniciosas insinuaciones del diablo. Además, indicarán que en el hogar del enfermo no falten las oraciones de sus familiares, y, de ser necesario, también debe orarse por la salvación de la persona enferma en el culto público y cuidar que abandone este mundo piadosamente. Sin embargo desaprobamos, como antes ya dijimos, la visita papista al enfermo para que este reciba la extremaunción; porque no solamente es cosa absurda, sino que tampoco lo admiten las Sagradas Escrituras, ni existe tradición alguna acerca de ello.

ARTÍCULO 26
EL SEPELIO DE LOS CREYENTES. SOBRE EL DESTINO DE LOS DIFUNTOS. EL PURGATORIO. SOBRE LA APARICIÓN DE LOS ESPÍRITUS

EL SEPELIO O ENTIERRO. Como los cuerpos de los creyentes son los templos del Espíritu Santo —que realmente creemos que resucitarán en el día postrero—, las Escrituras ordenan que sean encomendados, honorablemente y sin superstición, a la tierra; que se haga mención honorable de aquellos santos que han dormido en el Señor; y que todos los deberes de piedad familiar sean mostrados a los que quedaron atrás, a sus viudas y huérfanos. Aparte de esto, ninguna otra cosa, según nuestra doctrina, hay que hacer por los difuntos. Muy duramente desaprobamos el proceder de las personas cínicas que no se preocupan del cuerpo de los muertos, o los arrojan con gran indiferencia y desprecio en cualquier hoyo o que, también, jamás tienen una palabra de aprecio para los difuntos, ni el más mínimo cuidado por sus familiares y seres queridos.

PREOCUPACIÓN EXAGERADA POR LOS DIFUNTOS. Por otro lado, no aprobamos tampoco la actitud de la gente que, en forma excesiva y erróneamente, se preocupa de sus muertos y, como paganos, lamenta su partida (no reprochamos que exista un sentimiento mesurado de dolor, como indica el apóstol en 1ª Tesalonicenses 4:13 e incluso consideraríamos inhumano la falta de dicho sentimiento); es decir, ofrecen sacrificios por los difuntos, murmuran ciertas oraciones a cambio de una paga; y lo hacen con el fin de liberar a sus familiares de los tormentos a los que la muerte los conduce, pensando los difuntos serán verdaderamente liberados que mediante dichos encantamientos.

ESTADO DEL ALMA DESPUÉS DE LA MUERTE. Porque creemos que los creyentes van directamente a Cristo después de la muerte del cuerpo y, por lo tanto, no necesitan ni el apoyo ni la intercesión de los vivos, ni ninguno de sus servicios. También creemos que los incrédulos serán arrojados directamente al infierno, de donde ninguna salida se abrirá para los malvados por el servicio de los vivos.

EL PURGATORIO. Lo que cierta gente informa sobre el purgatorio contradice al artículo del Credo, que dice: «Creo en el perdón de los pecados y en la vida eterna» y una completa purificación por medio de Cristo, e igualmente contradice a las siguientes palabras de Cristo: «De cierto, de cierto os digo: El que oye mi palabra y cree en aquel que me ha enviado tiene vida eterna y no será juzgado, sino que ha pasado de muerte a vida» (Jn. 5:24). Y también: «El que está limpio solamente necesita que sus pies sean lavados, porque está verdaderamente limpio. Y vosotros estáis limpios...» (Jn. 13:10).

APARICIONES DE LOS ESPÍRITUS. En cuanto a lo que se dice acerca de los espíritus y del alma de los difuntos, asegurando que de vez en cuando se aparecen a los vivos solicitando de ellos servicios para ser redimidos, consideramos dichas apariciones como una burla, una astucia y un engaño del diablo, el cual, así como puede transformarse en un ángel de luz, también se esfuerza en destruir la fe verdadera o en sembrar la duda. Ya en el Antiguo Testamento ha prohibido el Señor investigar lo que haya de verdad sobre los difuntos y, asimismo, el tener trato con los espíritus (Deut. 18:11). Y no se le concedió al hombre rico, que padecía tormento en el infierno, el poder ir a ver a sus hermanos, como el evangelio, siempre veraz, cuenta. La voz de Dios le anuncia expresamente: «Tienen a Moisés y a los profetas; ¡óiganlos!... Si no oyen a Moisés y a los profetas, no se convencerán tampoco si alguien resucita de entre los muertos» (Luc. 16:29 ss).

ARTÍCULO 27
LOS USOS, LAS CEREMONIAS Y LA COSAS INTERMEDIAS

CEREMONIAS Y USOS. El pueblo del Antiguo Pacto recibió en su tiempo ceremonias como una especie de disciplina a la que estaban sujetos a la ley como bajo un educador o un tutor. Pero desde la venida del Redentor Jesucristo, y una vez cumplida la ley, y como creyentes, ya no estamos bajo la ley (Rom. 6:14), y las ceremonias han desaparecido. Los apóstoles no quisieron bajo ninguna circunstancia mantenerlas o renovarlas en la Iglesia de Cristo, y así lo manifestaron públicamente al renunciar a imponer carga alguna sobre la Iglesia (Hech. 15:28 y 10). Justamente por eso, si aumentamos las ceremonias y costumbres en la Iglesia de Cristo a la manera de la Iglesia antigua, parecería que quisiéramos reintroducir el judaísmo y restablecerlo. Disentimos, por lo tanto, de aquellos cuya opinión es que, en la Iglesia de Cristo, deben practicarse diversas ceremonias a fin de estar sujetos a una especie de disciplina infantil. Porque si los apóstoles no quisieron imponer ceremonias y costumbres de origen divino al pueblo cristiano, ¿quién con sentido común, por favor, querrá imponer sobre ellos los inventos ideados por el hombre? Cuanto más numerosos sean los usos en la Iglesia tanto más resultará perjudicada la libertad cristiana; pero, además, en nada se favorecerá a Cristo y a la fe. Y es que el pueblo buscará, practicando usos y costumbres, lo que por la fe solamente ha de buscarse en el Hijo de Dios, Jesucristo. Bastan, pues, a los piadosos, los contados, humildes y sencillos usos que no contradicen a la Palabra de Dios.

DIVERSOS USOS. Si se encuentran diferentes usos en las iglesias, nadie debería pensar que por eso las iglesias no están desunidas. Dice Sócrates: «Sería imposible describir todos los usos en las iglesias existentes, en ciudades y países. No hay religión que en todas partes se valga de los mismos usos, aunque enseñe la misma doctrina. O sea que también quienes tienen la misma fe se diferencian entre sí en sus usos y costumbres» (*Hist. ecclesiast.* V.22, 30, 62). Actualmente conocemos en nuestras iglesias diversos usos en la manera de celebrar la Santa Cena e igualmente en algunas otras cosas. Sin embargo, nuestra doctrina es la misma y la unidad y comunidad entre nuestras iglesias permanece. Las iglesias siempre se han valido de la libertad cristiana al tratarse de los mencionados usos; porque son cosas indiferentes. Y esto es lo que nosotros mantenemos actualmente.

COSAS INDIFERENTES. A este respecto lanzamos, no obstante, la advertencia de que no se cuente entre las cosas indiferentes las que, en realidad, no lo son. Porque hay algunos que consideran la misa y el uso de imágenes en los lugares de culto como cosas indiferentes. «Indiferente» —dijo Jerónimo a Agustín— «es lo que no resulta ni bueno ni malo, de manera que ni se hace justicia ni tampoco injusticia, se practique o no se practique». De aquí que cuando las cosas indiferentes, no importantes, se entrelazan con el Credo ya dejan de ser libres. Por ejemplo, Pablo indica que es lícito comer carne si nadie invoca que se trata de carne consagrada a los ídolos; en este caso no es lícito comer carne, porque el que come, por el solo hecho de comerla, parece aprobar el culto a los ídolos (1 Cor. 8: 9 ss.; 10:25 ss).

ARTÍCULO 28
LOS BIENES DE LA IGLESIA

LOS BIENES DE LA IGLESIA Y SU USO APROPIADO. Los bienes de la Iglesia proceden de legados de los príncipes y de la generosidad de los creyentes que regalaron sus posesiones a la Iglesia. Y es que la Iglesia necesita de medios y siempre dispuso de ellos para cubrir sus necesidades. Ahora bien, el verdadero uso de los bienes de la Iglesia era, y es ahora, mantener la enseñanza en las escuelas y en las asambleas sacras, junto con todos los cultos, ritos y edificios de la Iglesia; finalmente, mantener a maestros, eruditos y ministros, con otras cosas necesarias, y especialmente el socorro y alivio de los pobres.

ADMINISTRADORES. Por eso es preciso elegir hombres piadosos, prudentes, versados en la administración de bienes, que administren ordenadamente las posesiones eclesiásticas.

ABUSO DE LOS BIENES. Pero si estos bienes de la Iglesia son empleados abusivamente a causa de tiempos difíciles o por la fuerza, la ignorancia o la rapacidad de ciertas personas, habrá que buscar varones piadosos y prudentes que restituyan los bienes eclesiásticos al santo empleo al que están destinados. Porque con estos abusos sacrílegos no deben guardarse contemplaciones. Por lo tanto, enseñamos que las escuelas e instituciones que se han corrompido en la doctrina, el culto y la moral deben reformarse, y que el socorro de los pobres debe organizarse de manera diligente, sabia y de buena fe.

ARTÍCULO 29
EL CELIBATO, EL MATRIMONIO Y EL HOGAR

LOS SOLTEROS. El que haya recibido del cielo el don del celibato y manifieste ser limpio de corazón y de mente, y guarde la debida continencia sin verse atormentado de malas pasiones, que sirva a Dios conforme a su vocación, mientras se sienta dotado con ese don divino; pero que no se considere superior a los demás, sino sirva al Señor siempre sencilla y humildemente. Porque los tales son más propensos a ocuparse de las cosas divinas que los que se distraen con los asuntos privados de una familia. Mas si viesen que ya no poseen el don del celibato y se sintiesen de continuos sujetos a pasiones, recuerden la palabra del apóstol: «Más vale casarse que quemarse» (1 Cor. 7:9).

EL MATRIMONIO. El matrimonio mismo —un remedio saludable contra la incontinencia y, a la vez, práctica de la continencia—, ha sido instituido por Dios, el Señor, el cual lo ha bendecido abundantemente y ha querido que hombre y mujer permanezcan unidos indisolublemente y convivan en amor y armonía (Mat. 19:4 ss). Ya sabemos que el apóstol ha dicho: «Honroso es en todo el matrimonio, y el lecho sin mancilla» (Hebr. 13:4). Y también: «Si la doncella se casare, no pecó» (1 Cor. 7: 28).

SECTAS. Por lo tanto, condenamos la poligamia y repudiamos la opinión de quienes condenan un segundo matrimonio.

LA BODA EN LA IGLESIA. Enseñamos que el matrimonio debe contraerse ordenadamente en el temor de Dios y no en oposición a las leyes que prohíben se celebre entre familiares de ciertos grados a fin de evitar el incesto. Para contraer matrimonio es preciso el consentimiento de los padres o sus representantes y, sobre todo, con el fin impuesto por Dios al instituir el matrimonio. El matrimonio debe ser confirmado en la iglesia públicamente con oraciones y la bendición. Además, ha de ser llevado en santidad mediante una inquebrantable fidelidad conyugal, recíproca dependencia, amor y pureza.

JUECES PARA LOS MATRIMONIOS. Evítense las riñas, la discordia, la lascivia y el adulterio. En la Iglesia habrán de existir un tribunal y piadosos jueces, cuya misión será la de proteger los matrimonios, poner coto a la impudencia y desvergüenza y allanar las desavenencias matrimoniales.

LA EDUCACIÓN DE LOS HIJOS. Los padres deben educar a sus hijos en el temor del Señor, también deben mantenerlos recordando la palabra del apóstol: «Si alguno no tiene cuidado de los suyos, y mayormente de los de su casa, la fe negó, y es peor que un infiel» (1 Tim. 5:8). Cosa de los padres es también que sus hijos se preparen para una profesión respetable, con la que puedan mantenerse; deberán mantenerlos alejados de la ociosidad y en todas estas cosas inculcarles la verdadera fe en Dios, no sea que por falta de confianza, o demasiada seguridad, o codicia inmunda, se aparten del buen camino y no logren producir frutos auténticos. Queda fuera de toda duda que aquellas obras realizadas por los padres con verdadera fe, cumpliendo sus deberes matrimoniales y familiares, son ante Dios santas y realmente buenas y agradan a Dios no menos que las oraciones, el ayudo y las limosnas. Es esto lo que enseña el apóstol Pablo, especialmente en su primera epístola a Timoteo y su espístola a Tito. Y, junto con dicho apóstol, contamos entre las doctrinas de Satanás las de aquellos que prohíben el matrimonio, lo reprochan públicamente o sospechan secretamente de él como si no fuera santo y puro. Por nuestra parte, aborrecemos el celibato impuro, la lascivia y la fornicación secreta y abierta de los hipócritas que aparentan continencia y son los que menos se atienen a ella. A todos estos los juzgará Dios. Por el contrario, no condenamos ni la riqueza ni a los ricos, siempre y cuando se trate de gente piadosa que use debidamente de sus riquezas. Pero condenamos a la secta de los «apostólicos» y sus congéneres.

ARTÍCULO 30
EL MAGISTRADO CIVIL

LA MAGISTRATURA VIENE DE DIOS. La magistratura de todo tipo es instituida por Dios mismo para la paz y la tranquilidad de la raza humana, y esto de manera que dicha autoridad ostenta la posición más elevada del mundo. Si el magistrado se muestra hostil a la Iglesia, esta difícilmente podrá impedirlo o estorbarlo; pero si se comporta amablemente con ella o incluso es miembro de ella, será también un miembro utilísimo e importante, dado que puede ofrecerle muchas ventajas y ayudarle en gran manera.

EL DEBER DEL MAGISTRADO. El deber principal del magistrado es cuidar de la paz y del orden público y mantener ambas cosas. Naturalmente, nunca hará esto mejor que siendo verdaderamente temeroso de Dios y piadoso; es decir, cuando —siguiendo el ejemplo de los más santos reyes y príncipes del pueblo de Dios— fomenta la predicación de la verdad y la fe pura, desarraiga toda superstición juntamente con toda la impiedad y toda idolatría y protege a la Iglesia de Dios. Enseñamos, pues, que el primer cuidado que corresponde al santo magistrado es la religión.

Debe tener en sus manos la Palabra de Dios y procurar que no se enseñe nada contrario a la misma. Además, regirá al pueblo que Dios le ha confiado mediante buenas leyes hechas según la Palabra de Dios, y manteniendo al pueblo en disciplina, en cumplimiento del deber y en obediencia. Ejercerá su juicio juzgando con rectitud, sin hacer diferencia entre las personas y sin aceptar ninguna clase de soborno; protegerá a las viudas, a los huérfanos y a los oprimidos; pondrá coto a los injustos, engañadores y violentos o incluso acabará con ellos. Porque no en vano ha recibido de Dios la espada (Rom. 13:4).

Por tanto, que blanda esta espada de Dios contra todos los malhechores, sediciosos, ladrones, asesinos, opresores, blasfemos, perjuros y todos aquellos a quienes Dios le ha mandado castigar e incluso ejecutar. Que reprima a los herejes obstinados (quienes verdaderamente sean herejes), que no cesan de blasfemar la majestad de Dios y de perturbar, e incluso de destruir a la Iglesia de Dios.

LA GUERRA. Y si es necesario preservar la seguridad del pueblo mediante la guerra, que haga la guerra en el nombre de Dios; siempre que primero haya buscado la paz por todos los medios posibles y no pueda salvar a su pueblo de ninguna otra manera que no sea mediante la guerra. Y cuando el magistrado hace estas cosas con fe, sirve a Dios por las mismas obras que son verdaderamente buenas y recibe la bendición del Señor. Desechamos la doctrina de los anabaptistas, que niegan que un cristiano pueda ocupar el cargo de magistrado y también que un hombre pueda ser ejecutado justamente por el magistrado, o que el magistrado pueda hacer la guerra, o que se deban prestar juramentos a un magistrado, y cosas por el estilo.

DEBERES DE LOS SÚBDITOS. Porque así como Dios quiere salvaguardar el bien de su pueblo por medio del magistrado —a quien ha dado al mundo para que sea, por así decirlo, un padre—, así también ordena a todos los súbditos que reconozcan en el magistrado este favor de Dios. Por eso se debe respetar y honrar al magistrado como servidor de Dios; se le debe amar, estar sujetos a él y orar por él como se ora por un padre; todas sus órdenes justas y convenientes deben ser obedecidas, así como también se debe abonar fiel y voluntariamente a los impuestos, gabelas y demás obligaciones económicas. Y si el bien público de la patria o la justicia lo exigen, y el magistrado se ve obligado a emprender una guerra, se debe sacrificar la vida y derramar la propia sangre por el bien común y la justicia, pero haciéndolo en nombre de Dios, voluntariamente, con valor y confianza. Más quien se oponga a las autoridades, provoca la terrible ira de Dios.

SECTAS Y LEVANTAMIENTOS. Condenamos, por lo tanto, a todos los que menosprecian al magistrado: Rebeldes, enemigos del estado, levantiscos inútiles que nada valen, y todos los que se niegan, abierta o indirectamente, a cumplir con los deberes exigidos.

Rogamos a Dios, nuestro bondadosísimo Padre celestial, que por Jesucristo, nuestro único Señor y Salvador, bendiga a los dirigentes del pueblo y también a nosotros y a todo su pueblo. A Él sea alabanza y honor y gracias por todos los siglos. Amén.

EL CONSENSO TIGURINO

ARTÍCULO 1
TODO EL GOBIERNO ESPIRITUAL DE LA IGLESIA NOS LLEVA A CRISTO

Al ver que Cristo es el fin de la ley, y el conocimiento de él comprende en sí mismo la suma total del evangelio, no hay duda de que el objetivo de todo el gobierno espiritual de la Iglesia es llevarnos a Cristo. Solo por él llegamos a Dios, quien es el fin último de una vida bendita. Quien se desvíe de esto en el más mínimo grado, nunca podrá hablar debida ni apropiadamente de ninguna de las ordenanzas de Dios.

ARTÍCULO 2
EL VERDADERO CONOCIMIENTO DE LOS SACRAMENTOS DEL CONOCIMIENTO DE CRISTO

Puesto que los sacramentos son apéndices del evangelio, uno solo puede hablar de manera apropiada y útil de su naturaleza, virtud, oficio y beneficio, si uno comienza partiendo de Cristo; y no solo debe anunciar de manera directa el nombre de Cristo, sino que debe mantenerse fiel al propósito para el cual él nos fue dado por el Padre y a las bendiciones que nos ha conferido.

ARTÍCULO 3
NATURALEZA DEL CONOCIMIENTO DE CRISTO

Por lo tanto, debemos sostener que Cristo, siendo el Hijo eterno de Dios, y de la misma esencia y gloria con el Padre, asumió nuestra carne, para comunicarnos, por derecho de adopción, lo que él poseía por naturaleza, es decir, para hacernos hijos de Dios. Esto sucede cuando nosotros, injertados por la fe en el cuerpo de Cristo, y en virtud del Espíritu Santo, primero somos contados como justos por una imputación gratuita de justicia y luego somos regenerados a una nueva vida, por lo que siendo formados de nuevo a la imagen de nuestro Padre celestial, renunciamos al viejo hombre.

ARTÍCULO 4
CRISTO SACERDOTE Y REY

Así, Cristo, en su naturaleza humana, debe ser considerado como nuestro sacerdote, quien expió nuestros pecados con el sacrificio único de su muerte. Él es quien ha quitado todas nuestras transgresiones por su obediencia, quien nos proporcionó una justicia perfecta y ahora intercede por nosotros para que podamos tener acceso a Dios. Debe ser considerado como una víctima expiatoria por la que Dios se reconcilia con el mundo; como un hermano que ha hecho hijos bendecidos de Dios a quienes una vez fueron hijos miserables de Adán; como un reparador, quien, por la agencia de su Espíritu, reforma lo que es vicioso en nosotros, para que dejemos de vivir para el mundo y la carne, y Dios mismo pueda vivir en nosotros; como un rey, que nos enriquece con todo tipo de bendiciones, quien nos gobierna y nos defiende con su poder, quien nos provee de armas espirituales para que podamos permanecer invictos contra el mundo y el diablo, quien nos libera de todo daño, nos gobierna y nos guía con el cetro de su boca. Él debe ser tan reconocido en todas sus cualidades que nos traiga, a sí mismo, como verdadero Dios, y al Padre, hasta que se cumpla aquello que será al final; a saber, hasta que Dios sea todo y en todos.

ARTÍCULO 5
CÓMO CRISTO SE COMUNICA CON NOSOTROS

Además, para que Cristo pueda así manifestarse ante nosotros y producir estos efectos en nosotros, debe hacerse uno con nosotros y debemos ser injertados en su cuerpo. Porque él no derrama su vida en nosotros a menos que sea nuestra cabeza, de la cual todo el cuerpo, unido y conectado a través de cada articulación de suministro, hace que cada miembro aumente en la proporción de su trabajo.

ARTÍCULO 6
COMUNIÓN ESPIRITUAL. INSTITUCIÓN DE LOS
SACRAMENTOS

Esta comunión espiritual que tenemos con el Hijo de Dios, cuando vive en nosotros por su Espíritu, hace que cada creyente sea partícipe de todas las bendiciones que en él residen. Para dar testimonio de esto, se instituyó la predicación del evangelio y se nos confió el uso de los sacramentos, a saber, los sacramentos del Santo Bautismo y la Santa Cena.

ARTÍCULO 7
LOS FINES DE LOS SACRAMENTOS

Los fines de los sacramentos son que sean marcas e insignias de la profesión cristiana y de nuestro compañerismo o fraternidad, que nos inciten a la gratitud, a ejercicios de fe y a una vida piadosa; en resumen, que sean contratos que nos obliguen a esto. Pero entre otros fines, el principal es que Dios pueda, por medio de ellos, testificar, representar y sellar su gracia en nosotros. Porque aunque no significan nada que no haya sido anunciado por la Palabra, sin embargo, es un gran beneficio, en primer lugar, que ante nuestros ojos se presenten imágenes vivas que causen una impresión más profunda en nuestros sentidos, al traer el objeto de una manera más directa ante ellos, trayendo la muerte de Cristo y todos sus beneficios a nuestro recuerdo para que nuestra fe puede ser mejor ejercida; y, en segundo lugar, que lo que la boca de Dios había anunciado sea, por así decirlo, confirmado y ratificado por sellos.

ARTÍCULO 8
EL SEÑOR VERDADERAMENTE PRESENTA LO QUE LOS SACRAMENTOS VERDADERAMENTE REPRESENTAN, AGRADECIMIENTO

Puesto que los testimonios y sellos que Dios nos ha dado por su gracia son verdaderos; no cabe duda de que Dios realmente concede en nosotros, por su Espíritu, lo que los sacramentos representan ante nuestros ojos y ante otros sentidos; en otras palabras, obtenemos la posesión de Cristo como la fuente de todas las bendiciones, tanto para que podamos ser reconciliados con Dios por medio de su muerte, y así ser renovados por su Espíritu a la santidad de la vida; como para obtener la justicia y finalmente la salvación; y también para que podamos dar gracias por los beneficios que una vez se exhibieron en la cruz, y que ahora recibimos diariamente por la fe.

ARTÍCULO 9
LOS SIGNOS Y SU SIGNIFICADO NO ESTÁN DESUNIDOS, SOLO SON DISTINTOS

Por tanto, aunque hagamos una distinción, como es debido, entre los signos y las cosas significadas, no separamos la verdad de los signos. Pero reconocemos que todos los que abrazan con fe las promesas que allí son ofrecidas, reciben a Cristo espiritualmente junto con sus beneficios espirituales; e incluso, aquellos que durante ya mucho tiempo han sido participantes de Cristo, continúan y renuevan esa comunión.

ARTÍCULO 10
LA PROMESA QUE DEBE SER REPRESENTADA PRINCIPALMENTE EN LOS SACRAMENTOS.

Es apropiado no mirar los signos mismos, sino más bien la promesa anexa a ellos. Por tanto, en la medida en que nuestra fe se beneficie de la promesa ofrecida, se manifestará esa fuerza y eficacia de la que hablamos. Así, el elemento del agua, pan, o vino, de ninguna manera nos ofrece a Cristo, ni nos hacen poseedores de sus beneficios espirituales. Se debe observar, más bien, la promesa, cuyo oficio es guiarnos a Cristo por el camino directo de la fe, que nos hace partícipes de Cristo.

ARTÍCULO 11
NO DEBEMOS QUEDARNOS CONTEMPLANDO LOS ELEMENTOS.

Esto refuta el error de quienes miran con perplejidad los elementos y les atribuyen su confianza para salvación. Porque los sacramentos, separados de Cristo, no son más que máscaras vacías; sin embargo, en todos ellos resuena claramente una voz que nos dice que nos aferremos a Cristo y que no busquemos la gracia de la salvación en ningún otro lugar.

ARTÍCULO 12
LOS SACRAMENTOS NO EFECTÚAN NADA POR SÍ MISMOS.

Además, si se nos concede algo bueno a través de los sacramentos, no es por virtud inherente de estos, ni aunque se entienda, por medio de ellos, la promesa por la que se distinguen. Porque es solo Dios quien actúa por su Espíritu y, cuando usa la instrumentalidad de los sacramentos, no infunde su propia virtud en ellos ni deroga en ningún aspecto el funcionamiento efectivo de su Espíritu, sino que, en adaptación a nuestra debilidad, los usa como ayuda; sin embargo de tal manera que todo el poder de actuar permanece solo con Él.

ARTÍCULO 13
DIOS USA EL INSTRUMENTO, PERO TODA LA VIRTUD ES SUYA

Y así, como nos advierte Pablo, el que siembra o riega no es nada, sino solo Dios que da el crecimiento. Lo mismo hay que decir de los sacramentos, que no son nada, porque de nada servirán si Dios no los hace efectivos en todo. Son, en verdad, instrumentos mediante los cuales Dios actúa eficazmente, cuando le place; sin embargo, de tal manera que toda la obra de nuestra salvación debe ser atribuida únicamente a Él.

ARTÍCULO 14
TODO HA SIDO CUMPLIDO POR CRISTO

Concluimos, pues, que solo Cristo es quien en verdad bautiza internamente; quien en la Cena nos hace partícipes de sí mismo; quien, en definitiva, cumple lo que se figura en los sacramentos, y utiliza su ayuda de tal manera que todo el efecto reside en su Espíritu.

ARTÍCULO 15
CÓMO CONFIRMAN LOS SACRAMENTOS

De este modo, a los sacramentos a veces se les llama sellos, y se dice que nutren, confirman y promueven la fe; y, sin embargo, en el sentido propio, solo el Espíritu es el sello, en tanto que él es quien inicia y perfecciona la fe. Porque todos estos atributos de los sacramentos ocupan un lugar inferior, de modo que ni la más mínima porción de nuestra salvación puede ser transferida del único autor de la misma, a las criaturas o elementos.

ARTÍCULO 16
NO TODOS LOS QUE PARTICIPAN DE LOS SACRAMENTOS
PARTICIPAN DE LA REALIDAD

Además, enseñamos cuidadosamente que Dios no ejerce su poder indiscriminadamente en todos los que reciben los sacramentos, sino solo en los elegidos. Porque, así como no ilumina en la fe a nadie más que a aquellos a quienes ha predestinado para vida, así, por la agencia secreta de su Espíritu, hace que los elegidos reciban lo que los sacramentos ofrecen.

ARTÍCULO 17
LOS SACRAMENTOS NO CONFIEREN GRACIA

Por esta doctrina se refuta aquella ficción de los sofistas que enseña que los sacramentos confieren gracia a todos los que no interponen el obstáculo del pecado mortal. Porque, además de que en los sacramentos no se recibe nada excepto por la fe, debemos también sostener que la gracia de Dios no está de ninguna manera tan anexa a ellos que quien recibe el signo también gane la posesión del objeto. Porque los signos se administran igual para réprobos y elegidos, pero la realidad solo alcanza a estos últimos.

ARTÍCULO 18
LOS DONES SON OFRECIDOS A TODOS, PERO SOLO LOS
CREYENTES LOS RECIBEN

Es verdad que Cristo, con sus dones, es ofrecido a todos en común, y que la verdad de Dios no es derribada por la infidelidad de los hombres, los sacramentos siempre conservan su eficacia; pero todos no son capaces de recibir a Cristo y sus dones. Por lo tanto, nada cambia por parte de Dios, pero en lo que respecta al hombre cada uno recibe según la medida de su fe.

ARTÍCULO 19
LOS CREYENTES ANTES DE LOS SACRAMENTOS Y AUN SIN EL USO DE ELLOS, SE COMUNICAN CON CRISTO

Y como no es más provechoso para los infieles el usar de los sacramentos que el abstenerse de ellos, sino que es bastante destructivo para ellos; por otra parte, la realidad que es significada permanece firme para los fieles, incluso fuera del uso de los sacramentos. Así los pecados de Pablo fueron lavados por el Bautismo, aunque ya habían sido lavados anteriormente. Así mismo el Bautismo fue el manantial de la regeneración para Cornelio, aunque ya había recibido el Espíritu Santo. Así, en la Cena, Cristo se comunica a sí mismo a nosotros, aunque se había impartido previamente, y permanece perpetuamente en nosotros. Puesto que a todos se les manda que se examinen a sí mismos, se deduce que se requiere fe de todos antes de que se acerquen al sacramento. Y la fe no puede existir sin Cristo; pero en la medida en que la fe es confirmada y acrecentada por los sacramentos, los dones de Dios se confirman en nosotros y así Cristo crece en nosotros y nosotros en él.

ARTÍCULO 20
EL BENEFICIO NO SIEMPRE SE RECIBE EN EL ACTO DE COMUNICACIÓN

El beneficio que recibimos de los sacramentos no debe limitarse, en modo alguno, al momento en que se nos administran, como si el signo visible, cuando se ofrecen, trajese consigo, en ese mismo momento, la gracia de Dios. Pues a aquellos que fueron bautizados cuando eran simples niños, Dios regenera en la infancia o en la adolescencia, ocasionalmente incluso en la vejez. Así, la utilidad del Bautismo está abierta a todo el período de la vida, porque la promesa contenida en él está perpetuamente en vigor. Y a veces puede suceder que el uso de la Santa Cena, que debido a nuestra irreflexión o lentitud de corazón hace poco bien en el momento, después dé sus frutos.

ARTÍCULO 21
LA IDEA DE UNA PRESENCIA LOCAL DEBE SER RECHAZADA.

Es particularmente necesario rechazar toda idea de una presencia local. Porque mientras que los signos están presentes en este mundo y se perciben con los ojos y se tocan con las manos; Cristo, como hombre, no está en ninguna parte sino en el cielo y no debe buscarse de otra manera que con la mente y el entendimiento de la fe. Por lo tanto, es una superstición perversa e impía encerrarlo bajo elementos de este mundo.

ARTÍCULO 22
EXPLICACIÓN DE LAS PALABRAS «ESTE ES MI CUERPO»

A aquellos que insisten en que las solemnes palabras de la Cena, «Este es mi cuerpo; esta es mi sangre», deben ser tomadas en lo que ellos llaman el sentido literal preciso, los repudiamos como intérpretes absurdos. Porque sostenemos, por controversia, que deben ser tomadas en sentido figurado, recibiendo, el pan y el vino, el nombre de lo que significan. Tampoco debe pensarse que sea algo nuevo o inútil transferir el nombre de las cosas figuradas por metonimia al signo, ya que en toda la Escritura se dan modos de expresión similares, y nosotros, al decir esto, no afirmamos nada más que lo que se encuentra en los escritores más antiguos y más aprobados de la Iglesia.

ARTÍCULO 23
SOBRE INGERIR LA CARNE DE CRISTO

Cuando se dice que Cristo, por el hecho de que comamos su carne y bebamos su sangre —las cuales aquí se representan—, alimenta nuestras almas a través de la fe por medio del Espíritu Santo, no debemos entenderlo como si se produjese una mezcla o transfusión de sustancias; pues extraemos la vida de la carne una vez ofrecida en sacrificio y de la sangre derramada en expiación.

ARTÍCULO 24
CONTRA LA TRANSUBSTANCIACIÓN Y OTROS DISPARATES

De este modo se refutan no solo la ficción de los papistas sobre la transubstanciación, sino todas las groseras invenciones y las fútiles argucias que, o bien derogan su gloria celestial, o bien son, en cierto modo, repugnantes para la realidad de su naturaleza humana. Porque consideramos que no es menos absurdo poner a Cristo bajo el pan, o unirlo al pan, que transubstanciar el pan en su cuerpo.

ARTÍCULO 25
EL CUERPO DE CRISTO ESTÁ LOCALMENTE EN EL CIELO

Y para que no quede ninguna ambigüedad cuando decimos que Cristo debe ser buscado en los cielos, esta manera de hablar para nosotros denota y expresa distancia de lugar. Aunque filosóficamente hablando no hay lugar sobre los cielos; sin embargo, puesto que el cuerpo de Cristo lleva la naturaleza y forma de un cuerpo humano, es finito y está contenido en el cielo como si estuviera en un lugar; y está necesariamente tan distante de nosotros por un intervalo de lugar tan grande como el que hay entre el cielo y la tierra.

ARTÍCULO 26
CRISTO NO DEBE SER ADORADO EN EL PAN

Y si no es correcto colocar a Cristo en el pan y el vino con nuestra imaginación, mucho menos es lícito adorarlo en el pan. Porque aunque el pan se nos da como símbolo y prenda de esa comunión que tenemos con Cristo, sin embargo, es un signo y no la cosa en sí, y debido a que no tiene la cosa incluida o adherida a este, por lo tanto, aquellos que vuelven su mente a este, con el fin de adorar a Cristo, lo convierten en un ídolo.

INTRODUCCIÓN A LA CONFESIÓN GALICANA

La Confesión de Fe de La Rochelle fue elaborada, sobre la base de un borrador enviado por Juan Calvino[557], por el primer sínodo nacional de las iglesias reformadas de Francia. Las sesiones de este sínodo se llevaron a cabo del 25 al 29 de mayo de 1559, en la ciudad de París, específicamente en la casa de un protestante conocido como *Le Vicomte*[558]. No estaban representadas todas las iglesias reformadas de Francia, ya que habría sido muy difícil realizar una reunión numerosa, en un espacio tan pequeño, y ante el riesgo inminente que representaba la persecución[559]. Al menos fueron representadas 72 iglesias[560] de la zona oeste y de París[561], aunque Jean Delumeau sostiene que «la asamblea estaba compuesta sobre todo por delegados de la *Francia parisina*»[562].

Es importante señalar que, en una carta que data del 17 mayo de 1559 y cuyo destinatario era el pastor de la Iglesia Reformada de París, François de Morel, Calvino mostró su descontento respecto a la realización de este primer sínodo y a la elaboración de una confesión, ya que veía en esto motivaciones políticas. En una parte dice: «Si hay algunos que quieren a toda costa producir una confesión de fe, atestiguan a los ángeles y a los hombres que esta pasión nos desagrada [...] lamento mucho que ustedes sean demasiado

---

[557] El texto original de Calvino fue publicado en la *Ioannis Calvini Opera Omnia*, IX, pp.739-752.

[558] Ubicada en la calle Maqas-Saint-German, que actualmente se llama Visconti.

[559] Además del "crimen de herejía" por el cual podían juzgar los tribunales eclesiásticos, el Edicto de Compiègne de 1557 otorgó la autoridad a los tribunales civiles para juzgar a los protestantes en casos que fuesen de escándalo público.

[560] Entre los años 1555 y 1562, fueron enviados desde las Academia de Lausana y Ginebra una gran cantidad de pastores para liderar las iglesias francesas. Cf. Jean-Luc MOUTON. Calvin, París, 2009, p.357.

[561] Garton. ZELLER. La Réforme, París: S.E.D.E.S., 1973, p.296.

[562] Jean DELUMEAU. *Naissance et afirmasion de la Réforme*, París: Presses Universitaires de France, 1991, p.151.

impacientes»[563]. A pesar de su oposición, terminó enviando una primera versión de la confesión[564], además de tres delegados.

Esta confesión lleva el nombre del séptimo sínodo nacional de la Iglesia Reformada de Francia, realizado el 2 de abril de 1571 en la ciudad de La Rochelle, porque fue allí que quedaron definitivamente depurados y aprobados los 40 artículos[565] junto con un libro de disciplina[566]. Este libro de disciplina reforzó la autoridad del cuerpo de pastores y dio a la totalidad de la estructura eclesial, un fuerte carácter jerárquico[567]. La adopción definitiva de la Confesión de Fe en el Sínodo de La Rochelle, fue con la presencia de Teodoro de Beza[568], la reina Jeanne d'Albret y su hijo el príncipe Enrique IV, el almirante Gaspard de Coligny, el príncipe Louis de Condé y miembros de la nobleza que abrazaron la Reforma; este acontecimiento fue conocido como el *sínodo de los príncipes*.

Colaboración de Gonzalo David. Licenciado en Teología (Seminario Teológico Presbiteriano, Chile). Master en Teología (Facultad de Teología Protestante de París, Francia). Actualmente sirve como asistente pastoral en la Iglesia Protestante Unida de Saint- Germain-en-Laye (región de París, Francia).

Contenido

- Cap. I Dios y su revelación 1-8
- Cap. II El hombre y su pecado 9-11
- Cap. III Jesucristo 12-15
- Cap. IV La obra de salvación 16-24
- Cap. V La iglesia: su naturaleza 25-28
- Cap. VI La iglesia: su organización 29-33
- Cap. VII Los sacramentos 34-38
- Cap. VIII Los poderes públicos 39-40

---

[563] Citado por Jean-Daniel BENOÎT. "L'Année 1559 dans les annales calviniennes", *Revue d'histoire et de philosophie religieuses* n°2 (1959), pp. 113-114. Previamente, François de Morel ya había escrito un par de cartas a Calvino. El extracto de una de ellas dice lo siguiente: "Es bueno y conveniente que usted sepa, mi señor, la forma de proceder que se aplica a todos los que queman. Después de haberlos condenado y antes de asesinarlos, son torturados para que revelen los nombres de los otros, y así nadie muera hasta que todos estén en peligro", refiriéndose a la persecusión de la que eran víctimas los protestantes parisinos. Cf. Jules BONNET (ed.). *Lettres de Jean Calvin: lettres françaises*. Biblioteca Nacional de Francia. En: https://gallica. bnf.fr/ark:/12148/bpt6k2092498/texteBrut (Consultado: 6 de febrero de 2020).

[564] El borrador de Calvino se puede encontrar en Bernard Cottret, *Histoire de la Réforme protestante*, pp. 287-293.

[565] Henri DUBIEF, Jacques POUJOL (dirs.). *La France protestante. Histoire et lieux de mémoire*, París: Les Éditions de Paris; Carrières-sous-Poissy: Les Éditions La Cause, 2005, p.24.

[566]Cf. Pierre CHAUNU, *Les temps des Réformes II La Réforme protestante*, Bruselas: Complexe, 1994, p.536.

[567] *Ibid.*

[568] Ningún sínodo ha corregido ni modificado esta confesión.

LA CONFESIÓN GALICANA

CAPÍTULO I
DIOS Y SU REVELACIÓN

1. Dios

Creemos y confesamos que hay un solo Dios[a], que es una sola y simple esencia espiritual[b], eterna[c], invisible[d], inmutable[e], infinita, incomprensible[f], inefable, que todo lo puede[g], que es todo sabiduría[h], todo bondad[i], todo justicia[j] y todo misericordia[k][569].

2. La Revelación

Este es el Dios que se da a conocer a los hombres, en primer lugar, por sus obras, por la creación como por la preservación y por la manera de gobernarlas hacia un fin determinado (su providencia)[a]; y en segundo lugar, y más claramente aún, por la Palabra[b], primero revelada a través de la palabra hablada[c], y luego registrado por escrito en los libros que llamamos Sagradas Escrituras[d][570].

3. Las Sagradas Escrituras

Toda la Sagrada Escritura está contenida en los libros canónicos del Antiguo y del Nuevo Testamento, los cual aquí se detalla:

---

[569] **a.** Deu. 4:35,39; 1 Cor. 8:4,6. **b.** Gen. 1:3; Ex. 3:14; Jn. 4:24; 2 Cor. 3:17. **c.** Rom. 1:20. **d.** 1 Tim. 1:17. **e.** Ml. 3:6; Num. 23:19. **f.** Rom. 11:33; Hch. 7:48; 17:23. **g.** Jer. 10:7,10; Luc. 1:37. **h.** Rom. 16:27. **i.** Mat. 19:17. **j.** Jer. 12:1; Sal. 119:137. **k.** Ex. 34:6,7.

[570] **a.** Rom. 1:19,20. **b.** Rom. 15:4; Jn. 5:39; Heb. 1:1. **c.** Gen. 15:1; 3:15; 18:1. **d.** Ex. 24:3,4; Rom. 1:2.

Antiguo Testamento:

Los cinco libros de Moisés, a saber: Génesis, Éxodo, Levítico, Números, Deuteronomio; Josué, Jueces, Rut, el primero y segundo libro de Samuel, el primero y segundo libro de Reyes, el primero y segundo libro de Crónicas, Esdras, Nehemías, Ester, Job, Salmos, los Proverbios de Salomón, Eclesiastés, el Cantar de los Cantares, Isaías, Jeremías, las Lamentaciones de Jeremías, Ezequiel, Daniel, Oseas, Joel, Amós, Abdías, Jonás, Miqueas, Nahum, Habacuc, Sofonías, Hageo, Zacarías y Malaquías.

Nuevo Testamento:

El santo evangelio según san Mateo, según san Marcos, según san Lucas y según san Juan. El segundo libro de san Lucas, también llamado los Hechos Apostólicos. Las epístolas de san Pablo: una a los Romanos, dos a los Corintios, una a los Gálatas, una a los Efesios, una a los Filipenses, una a los Colosenses, dos a los Tesalonicenses, dos a Timoteo, una a Tito y una a Filemón. La epístola a los Hebreos, la epístola a Santiago (Jacobo), la primera y segunda epístolas de Pedro, la primera, segunda y tercera epístolas de Juan, la epístola de Judas, y el Apocalipsis.

4. La Escritura, regla de la Fe

Reconocemos que estos estos libros son canónicos y la regla certísima de nuestra fe[a], no tanto por el común acuerdo y el consentimiento de la Iglesia, sino por el testimonio y persuasión interior del Santo Espíritu, que nos hace distinguirlos de otros libros eclesiásticos en los cuales, aun siendo útiles, no podemos fundar ningún artículo de fe[571].

5. La autoridad de la Escritura

Creemos que la Palabra contenida en estos libros procede de Dios[a] y recibe su autoridad únicamente de Él y no de los hombres[b]. Y puesto que ella es la regla de toda verdad, la cual contiene todo lo necesario para el servicio a Dios y para nuestra salvación[c], no le es lícito a los hombres, ni siquiera a los ángeles, añadir, quitar, ni cambiar de ella nada[d]. De donde se sigue que ninguna autoridad, ya sea de antigüedad, o costumbre, o números, o sabiduría humana, o juicios, o proclamas, o edictos, o decretos, o concilios, o visiones, o milagros, debe oponerse a estas Sagradas Escrituras[e], pero, por el contrario, todas las cosas deben ser examinadas, reguladas y reformadas según ellas[f]. Y, por tanto, confesamos los tres símbolos, a saber: el símbolo de los Apóstoles, el de Nicea y el de Atanasio. Porque ellos son conforme la Palabra de Dios[572].

6. La Trinidad

Esta Escritura Santa nos enseña que, en la sola y simple esencia divina que hemos confesado, hay tres personas: el Padre, el Hijo y el Santo Espíritu[a]. El

---

571 **a.** Sal. 12:7; 19:8,9.

572 **a.** 2 Tm 3:16,17; 1 P. 1:11,12; 2 P. 1:20,21. **b.** Jn. 3:26-31; 5:33,34; 1 Tim. 1:15. **c.** Jn. 15:15; 20:31; Hch. 20:27. **d.** Deu. 4:2; 12:32; Gal. 1:8; Pro. 30:6; Apo. 22:18,19. **e.** Mat. 15:9; Hch. 5:28,29. **f.** 1 Cor. 11:2,23.

Padre, causa primera, inicio y origen de todas las cosas; El Hijo, su Palabra y su Sabiduría eterna; El Santo Espíritu, su fuerza, su poder y su eficacia activa. El Hijo es eternamente engendrado del Padre; el Santo Espíritu procede eternamente del Padre y del Hijo. Las tres Personas de la Trinidad no están mezcladas pero sí diferenciadas, ellas no están separadas, puesto que poseen una esencia, una eternidad, y un poder idénticos, y son iguales en gloria y en majestad[b]. Aceptamos pues, sobre este punto, las conclusiones de los concilios de la antigüedad, y rechazamos contundentemente todas las sectas y herejías que han sido desechadas por los santos doctores, como san Hilario, san Atanasio, san Ambrosio y san Cirilo[573].

7. La Creación

Creemos que Dios, en tres Personas cooperantes, por su poder, sabiduría e incomprensible bondad, ha creado todas las cosas, no tan solo el cielo, la tierra y todo cuanto en ellos hay, sino también a los espíritus invisibles[a], algunos de los cuales (Satán y los demonios) se han apartado y han ido a la perdición[b], mientras que otros (los ángeles) han continuado en obediencia[c]. Creemos que los primeros, habiendo naufragado en la perversidad, son enemigos de todo bien, por consiguiente también de toda la Iglesia[d]; y que los otros, habiendo sido preservados por la gracia de Dios, son los servidores encargados de glorificar su nombre y de ministrar a favor de los elegidos[e574].

8. La Providencia de Dios

Creemos que Dios no solamente ha creado todas las cosas, sino que además las gobierna y dirige, disponiendo de todo aquello que sucede en el mundo y ajustándolo todo en conformidad a su designio[a]. Cierto es también, que no creemos, en absoluto, que Dios sea el autor del mal o que la culpabilidad pueda serle imputada[b], sino todo lo contrario, ya que su voluntad es la regla soberana e infalible de toda rectitud y de toda justicia verdadera[c]. Mas Dios dispone de medios admirables para servirse aún de los demonios y de los impíos, de tal suerte que sabe como transformar en bien el mal que hacen, y del cual son responsablemente culpables[d]. Y así, confesando que nada acontece sin la providencia de Dios, nosotros adoramos con humildad los secretos que nos son ocultos, sin suscitar por nuestra parte cuestionamientos que sobrepasen a nuestro entendimiento[e]. Mas, al contrario, nos aplicaremos en nuestro interés personal en aquello que la Santa Escritura nos enseña, para estar en paz y en seguridad; puesto que Dios, a quien todas las cosas son sujetas, vela sobre nosotros con un cuidado paternal tal, que no permitirá que caiga de nosotros un solo cabello de nuestra cabeza sin su voluntad[f]. De este modo, Él tiene bajo control los demonios y a todos nuestros enemigos, de suerte que no pueden causarnos al más mínimo mal sin su permiso[g575].

---

573 **a.** Deu. 4:12; 10:17; Mat. 28:19; 1 Jn. 5:7. **b.** Mat. 28:19; Jn. 1:1; 17:5; Hch. 17:25; Rom. 1:7; 1 Jn. 5:7.

574 **a.** Gén. 1:1; 3:1; Jn. 1:3; Col. 1:16; Heb. 1:2. **b.** 2 P. 2:4; Jud. 6. **c.** Sal. 103:20,21. **d.** Jn. 8:44. **e.** Heb. 14:14; Sal. 34:8; 91:11.

575 **a.** Sal. 104; 119:89-96; 147; Pro. 16:4; Mat. 10:29; 2:23; 4:28; 17.24,26 28; Rom. 9:11; Efe. 1:11. **b.** Sal. 5:5; 13:9; 1 Jn. 2:16; 3:8. **c.** Job 1:22. **d.** Hch. 2:23,24;

CAPÍTULO II
EL HOMBRE Y SU PECADO

9. Pureza original y caída del hombre

Creemos que el hombre fue creado puro y perfecto a imagen de Dios[a], y que por su propia culpa cayó de la gracia que había recibido originalmente[b], separándose así de Dios, fuente de toda justicia y de todo bien, de modo que su naturaleza, a partir de ese instante, quedó enteramente corrompida[c]. Creemos que el hombre, estando cegado en su espíritu y depravado en su corazón, ha perdido toda integridad sin quedar de ella resto alguno. Y aunque todavía hay en él algún discernimiento del bien o del mal[d], afirmamos sin embargo que la luz que subsiste en él se transforma en tinieblas cuando se trata de buscar a Dios, de modo que de ninguna manera puede acercarse a Él con su inteligencia y razón[e]. Aunque el hombre tiene una voluntad por la cual es incitado a hacer esto o aquello, nosotros creemos, sin embargo, que está totalmente cautiva del pecado[f], de forma tal que no tiene capacidad propia para hacer el bien más que aquel que el propio Dios le conceda[g][576].

10. La herencia del pecado

Creemos que toda la descendencia de Adán está infectada de la inmundicia del pecado original, el cual es una inclinación viciada hereditaria[a] y no tan solo una mera imitación, como enseñan los pelagianos, de los cuales nosotros reprobamos estos errores suyos. Consideramos que no es necesario buscar cómo el pecado de un hombre se ha transmitido a su descendencia, ya que nos es suficiente con saber que aquello que Dios dio a Adán no lo fue para él solo, más para toda su descendencia juntament con él; y que así, en la persona misma de Adán, hemos sido desposeídos de todo bien, y hemos caído en un estado de pecado y miseria[577].

11. La condenación del pecado

Creemos, además, que esta inclinación viciada original es pecado en todo el sentido de la palabra, suficiente por sí mismo para condenar a todo el género humano, incluso a los niños pequeños en el seno materno, y que Dios lo considera tal[a]; creemos igualmente que incluso después del Bautismo todavía tiene la naturaleza del pecado, pero la condenación de él es abolida para los hijos de Dios, por su mera gracia y amor gratuitos[b]; creemos, asimismo, que el pecado original es una perversión que produce siempre sus frutos de corrupción y de rebeldía[c], tales, que aún los hombres más santos, aunque

---

4:27,28. **e.** Rom. 9:19,20; 11:33. **f.** Mat. 10:30; Luc. 21:18. **g.** Gen. 3:15; Job 1:12; 2:6; Mat. 8:31; Jn. 19:11.

[576] **a.** Gen.1:26;Ecl.7:29;Efe.4:24.**b.**Gen.3:17;Rom5:12;Efe.2:2,3.**c.**Gen.6:5;8:21.**d**.Rom1:20,21;2:18-20.**e.**Rom1:21; 1 Cor. 2:14. **f.** Rom. 6:16,17; 8:6,7. **g.** Jn. 10:23; 1:12; 3:6; 8:36; 15:5; Rom. 7:18; 1 Cor. 4:7; 2 Cor. 3:5; Fil. 2:13.

[577] **a.** Gen. 6:5; 8:21; Job 14:4; Sal. 51:7; Mat. 15:19; Rom. 5:12-18.

luchan y resisten, no cesan de estar llenos de debilidades y de faltas en tanto que estén viviendo en este mundo[d578].

CAPÍTULO III
JESUCRISTO

12. Nuestra elección en Jesucristo

Creemos que, de esta corrupción y condenación general en que todos los hombres yacen inmersos, Dios ha apartado a aquellos que, en su eterna e inmutable voluntad, eligió en nuestro Señor Jesucristo por su sola bondad y misericordia; y esto sin consideración previa de las obras de ellos[a]. Creemos que él deja a los demás en aquella misma corrupción y condenación para mostrar en ellos su justicia[b], tal como en los primeros hace resplandecer las riquezas de su misericordia[c] —ya que estos no son mejores que los otros hasta que Dios los distingue según el designio inmutable que ha determinado en Jesucristo antes de la fundación del mundo[d]—. No hay persona alguna que pueda apropiarse de tal beneficio por sus propios medios, ya que por naturaleza no podemos tener un solo sentimiento, afecto o pensamiento bueno, a menos que Dios se haya anticipado y lo haya puesto primero en nuestros corazones[e579].

13. Nuestra salvación en Cristo

Creemos que, en Jesucristo, todo cuanto es necesario para nuestra salvación nos ha sido ofrecido y comunicado. Creemos que Jesucristo, que nos fue dado para que seamos salvados, ha sido hecho para nosotros a la vez sabiduría, y justicia, santificación, y redención[a], de manera que si nos separamos de él, renunciamos a la misericordia del Padre, en la cual debemos tener nuestro único refugio[b580].

14. La divinidad y humanidad de Jesucristo

Creemos que Jesucristo, siendo la sabiduría de Dios y su Hijo eterno, se ha revestido de nuestra carne a fin de ser Dios y hombre en una misma persona[a] y, verdaderamente, un hombre semejante a nosotros[b]; capaz de sufrir en su cuerpo y alma, no diferente a nosotros más que en que él ha sido puro y sin mancha[c]. En cuanto a su humanidad, creemos que Cristo ha sido la auténtica posteridad de Abraham y de David[d], quien fue concebido por la eficacia secreta del Espíritu Santo[e], por lo cual nosotros rechazamos todas las herejías que durante los tiempos antiguos han estado perturbando a las iglesias, y especialmente las imaginaciones diabólicas de Servet, quien le atribuye al Señor Jesús una deidad fantástica. Especialmente cuando dice que él es la idea y el mecenas de todas las cosas, y nombra al Hijo de Dios personal o

---

[578] **a.** Sal. 51:7; Rom. 3:9-12,23; 5:12; Efe. 2:3. **b.** Rom. 7. **c.** Rom. 7:5. **d.** Rom. 7:14-19; 2 Cor. 12:7.

[579] **a.** Jer. 1:5; Rom. 8:28-30; 9; Ef. 1:4,5; Rom. 3:28; 2 Tim. 1:9; Tit. 3:5. **b.** Ex. 9:16; Rom. 9:22; 2 Tm. 2:20. **c.** Ef. 1:7; Rom. 3:22,23; 9:23. **d.** Ef. 1:4; 2 Tim. 1:9. **e.** Jn. 10:23; Rom. 9:16; Ef. 1:4,5, 2 Tm. 1:9; Fil. 2:13; Tit. 3:3.

[580] **a.** 1 Cor. 1:30; Ef. 1:7; Col. 1:13,14; 1 Tim. 1:15; 2:14. **b.** Jn. 3:18; 1 Jn. 2:23.

figurativo, y finalmente lo forja con un cuerpo de tres elementos no creados, mezclando y destruyendo, de ese modo, ambas naturalezas[581].

15. Las dos naturalezas de Cristo

Creemos que, en una misma persona —a saber, Jesucristo—, las dos naturalezas están verdadera e inseparablemente conjuntas y unidas, cada una de ellas conservando, sin embargo, sus propiedades distintivas; de modo que, en esta unión de dos naturalezas, la naturaleza divina mantiene sus propiedades distintivas, permaneciendo increada, infinita y llenando todas las cosas; e igualmente, la naturaleza humana permanece finita, teniendo su forma, sus límites y sus propiedades distintivas[a]. Por otra parte, aunque Jesucristo, habiendo resucitado, ha concedido inmortalidad a su cuerpo, creemos sin embargo que no ha despojado de su realidad propia a su naturaleza humana[b]. Consideramos pues al Cristo en su divinidad, de tal suerte que no lo despojamos de su humanidad[582].

CAPÍTULO IV
LA OBRA DE SALVACIÓN

16. La muerte de Cristo

Creemos que Dios, enviando a su Hijo al mundo, ha querido mostrar su amor y su inestimable bondad para nosotros, entregándolo a morir para realizar toda justicia y resucitándolo de entre los muertos para asegurarnos la vida celestial[583].

17. Nuestra reconciliación

Creemos que, por el sacrificio único que el Señor Jesús ha ofrecido sobre la cruz, somos reconciliados con Dios, a fin de que seamos tenidos por justos delante de Él y considerados como tales[a]. No podemos, en efecto, serle aceptos y participar de su adopción a no ser que Él perdone nuestros pecados y los sepulte[b]. Afirmamos, pues, que Jesucristo es nuestra integral y perfecta purificación[c]; que en su muerte tenemos una total reparación para pagar nuestras deudas e iniquidades —de las cuales somos culpables— y que no podemos librarnos por nosotros mismos sino tan solo por este medio[d][584].

18. Nuestro perdón gratuito

Creemos que toda justicia nuestra está fundamentada sobre la remisión de nuestros pecados, y que nuestra única y verdadera felicidad se halla dentro de ese perdón, como dice David[a]. Es por esto que rechazamos contundentemente todos los otros medios por los cuales creyéramos poder justificarnos delante de Dios[b]; y esto, sin la presuposición de virtud o mérito alguno. Nosotros nos

---

[581] **a.** Jn. 1:14; Fil. 2:6,7. **b.** Heb. 2:17. **c.** 2 Cor. 5:21. **d.** Hch. 13:23; Rom. 1:3; 8:3; 9:5; Heb. 2:14,15; 4:15. **e.** Luc. 1:28,31,35; 2:11; Mat. 1:18.

[582] **a.** Mat. 1:20,21; Luc. 1:31,32,35,42,43; Jn. 1:14; Rm 9:5; 1 Tim. 2:5; 3:16; Heb. 5:8. **b.** Luc. 24:38,39; Rom. 1:4; Fil. 2:6-11; 3:21.

[583] **a.** Jn. 3:16; 15:13; 1 Jn. 4:9; Rom. 4:25; 1 Tim. 1:14,15.

[584] **a.** 2 Cor. 5:19; Ef. 5:2; Heb. 5:7-9; 9:14; 10:10,12,14; 1 Tim 1.15. **b.** 1 P. 2:24,25. **c.** Ef. 5:26; Tit. 3:5. **d.** Heb. 9:14; 1 P. 1:18,19; l Jn. 1:7; Rom. 3:26.

atenemos únicamente a la obediencia de Jesucristo, que nos es atribuida para cubrir todas nuestras faltas como también para hacernos hallar gracia y favor delante de Dios[c]. En efecto, creemos que apartándonos tan solo minimamente de este fundamento no podremos hallar reposo en ningún lugar[d], sino que estaremos siempre atormentados por la inquietud ya que —cautivos de nosotros mismos— seremos dignos de ser aborrecidos por Dios, y no estaremos jamás en paz con Él sino hasta que estemos firmemente convencidos de ser amados, estando en Jesucristo[585].

19. La plegaria

Creemos que es por este medio que tenemos la libertad y el privilegio de invocar a Dios con la plena confianza de que Él se mostrará como nuestro Padre[a]. Ya que no tendríamos acceso alguno al Padre, sino es porque somos introducidos en su relación por este Mediador. Para ser aceptados en su nombre, es necesario que recibamos nuestra vida de Jesucristo como nuestra Cabeza[b][586].

20. La justificación por la fe

Creemos que Dios nos hace partícipes de esta justicia (art.18) por la sola fe, puesto que está dicho que Jesucristo sufrió para conseguir nuestra salvación, con el fin de que cualquiera que en él crea no perezca[a]. Creemos que participamos de la justicia de Jesucristo en la medida en que nos apropiamos de las promesas de vida que nos han sido dadas en Él —estando adaptadas apropiadamente a nuestra necesidad— y en la medida en que experimentamos su eficacia cuando las aceptamos; porque estamos convencidos —la misma Palabra de Dios nos da formal seguridad— de que no seremos decepcionados en aquello que ellas nos prometen. Así, la justicia que obtenemos por la fe depende de promesas gratuitas con las cuales Dios declara y testifica que nos ama[b][587].

21. El don de la fe

Creemos que, por la gracia secreta del Espíritu Santo[a], recibimos la luz de la fe de manera que es un don gratuito y personal que Dios otorga a quien bien le parece[b], para que los fieles no tengan de qué gloriarse[c] por el hecho de haber sido preferidos antes que otros, sino que esto les obligue a ser más esforzados. Creemos asimismo que la fe no ha sido dada a los elegidos tan solo de una manera temporal, para introducirlos dentro del buen camino, sino para hacerlos también perseverar hasta el final de sus vidas[d]. Pues, así como corresponde a Dios el inicio de esta obra de gracia, también corresponde a Él su perfeccionamiento[e][588].

---

[585] **a.** Sal. 32:1,2; Rom. 4:7,8. **b.** Rom. 3:19. **c.** Rom. 5:19; 1 Tim. 2:5; 1 Jn. 2:1,2; Rom. 1:16. **d.** Hch. 4:12.

[586] **a.** Rom. 5:1; 8:15; Gal. 4:6; Ef. 3:12. **b.** Jn. 15:16; Rom. 5:2; Ef. 2:13-15; 1 Tim. 2:5; Hb 4:14.

[587] **a.** Jn. 3:16 **b.** Rom. 3:24,25,27,28,30; 1:16,17; 4:3; 9:30-32; 11:6; Gal. 2:16; 3:9,10,18,24; 5:4; Fil. 3:9; 2 Tim. 1:9; Tit. 3:5,6; Heb. 11:7; Hch. 10:43; Jn. 17:23-26.

[588] **a.** Ef.1:7-18; 1 Tes. 1:5; 2 P. 1:3,4. **b.** Rom. 9:16,18,24,25; 1 Cor. 4:7. **c.** Ef. 2:8. **d.** 1 Cor. 1:8,9. **e.** Fil. 1:6; 2:13.

22. Nuestra regeneración

Creemos que, estando sometidos al pecado por causa de nuestra naturaleza corrompida, es por esta fe que somos regenerados, a fin de que vivamos una vida renovada[a]. En efecto, es apropiándonos de la promesa que nos es hecha por el evangelio —a saber, que Dios nos otorgará su Espíritu—, que recibimos, por la fe, la gracia de vivir santamente y en el temor de Dios. Por consiguiente, la fe no solamente no enfría en nosotros el deseo de vivir correcta[b] y santamente, sino, por el contrario, engendra, excita y produce necesariamente las buenas obras[c]. Es Dios quien nos regenera para lograr nuestra salvación, capacitándonos para hacer el bien a través de la guía del Espíritu Santo[d]; por lo tanto, confesamos que nuestras buenas obras no pueden contarse como méritos para nuestra justificación o darnos derecho de ser adoptados como hijos de Dios[e]. Pues siempre estaríamos a la deriva, en la duda y la ansiedad, si nuestra conciencia no estuviera anclada en la satisfacción con la que Jesucristo nos ha absuelto[f][589].

23. El uso de la ley y de los profetas

Creemos que con la venida de Jesucristo todas las imágenes y ordenanzas de la ley llegaron a su fin[a]. Sin embargo, aun cuando las ceremonias del Antiguo Testamento no están ya más en uso, su sustancia y verdad permanecen en la persona de aquel en quien se cumplen[b]. Creemos, además, que es necesario ayudarnos de la ley y de los profetas, tanto para regular nuestras vidas, como también para ser confirmados en las promesas del evangelio[c][590].

24. Rechazo de las falsas doctrinas

Puesto que Jesucristo nos ha sido dado por único abogado[a] y nos ha ordenado dirigirnos directamente a su Padre, en su Nombre[b]; y ya que no nos es lícito orar de otra forma que no sea en conformidad a la que se nos ha descrito en su Palabra[c]; creemos que todo aquello que los hombres han inventado en cuanto a la intercesión de los santos no es más que abuso y artimañas de Satanás para desviarnos de la manera correcta de adorar a Dios[d]. Rechazamos también todos los otros medios que los hombres pretenden tener para «redimirse», contrariando con ello a Dios; ya que con ello desmerecen el sacrificio de la muerte y pasión de Jesucristo. Finalmente, consideramos el purgatorio como un error procedente de este mismo mercado; de donde se derivan también los votos monásticos, los peregrinajes, la prohibición de casarse y de consumir ciertos alimentos, la observancia ceremoniosa de ciertos días, la confesión auricular, las indulgencias y todas las cosas semejantes a estas, por las cuales pretenden merecer la gracia y la salvación[e]. Todas estas cosas, las rechazamos rotundamente, no tan solo a causa de la

---

[589] **a.** Tit. 3:5; 1 P. 1:3; Rom. 6:17-20; Col. 2:13; 3:10. **b.** Jn. 2:17-26. **c.** Gál. 5:6,22; 1 Jn. 2:34; 2 P. 1:5,8. **d.** Deu. 30:6; Jn. 3:5. **e.** Luc. 17:10; Sal. 6:2; Rom. 3:19,20; 4:3-5. **f.** Rom. 5:1,2.

[590] **a.** Rom. 10:4; Gál. 3; 4; Col. 2:17; Jn. 1:17. **b.** Gál. 4:3,9; 2 P. 1:19; Luc. 1:70; Jn. 5:10. **c.** 2 Tim. 3:16; 2 P. 3:2.

idea errada de mérito añadido, sino también porque son inventos humanos que imponen yugo sobre nuestras conciencias[591].

CAPÍTULO V
LA IGLESIA: SU NATURALEZA

25. El ministerio de la predicación y de los Sacramentos

Creemos que, puesto que disfrutamos de Jesucristo solo a través del evangelio[a], el orden de la Iglesia —el cual ha sido establecido por la autoridad de Cristo— es sagrado e inviolable[b]; y que, por lo tanto, la iglesia no puede existir sin pastores que estén a cargo de la enseñanza. Creemos que los pastores, cuando son debidamente llamados, y ejercen fielmente su cargo, deben ser honrados y oídos con respeto[c]. No que Dios dependa de tales ayudas o medios inferiores, sino porque a Él le place mantenernos en un solo cuerpo, por medio de esta carga u obligación y de esta disciplina. Por consiguiente, reprobamos los espíritus quiméricos que quisieran, bien que pudieran, destruir el ministerio de la predicación de la Palabra de Dios y de los Sacramentos[592].

26. La unidad de la Iglesia

Creemos pues, que ninguno debe separarse y buscar complacerse a sí mismo, antes bien, todos los fieles deben congregarse, guardar y mantener la unidad de la Iglesia, y someterse a la enseñanza en común y al yugo de Jesucristo[a]; y esto, en todo lugar donde Dios haya establecido un orden eclesial verdadero, aun a pesar de que el magistrado civil y sus edictos llegasen a ser opuestos a ello. Creemos que todos aquellos que no se someten a este orden eclesial, o se confabulan formando un partido separado, contravienen, oponiéndose al orden establecido por Dios[b][593].

27. La Iglesia Verdadera

Creemos sin embargo que es necesario discernir cuidadosamente y con claridad cuál es iglesia verdadera, ya que se hace un innegable abuso de este título[a]. En conformidad con la Palabra, confesamos pues, que Iglesia Verdadera es la comunidad de fieles que, de común acuerdo, quieren servir y caminar siguiendo la Palabra de Dios y esta pura religión, dependiendo de ella, y siendo ella para su provecho a lo largo de toda su vida; creciendo y fortaleciéndose sin cesar dentro del santo temor de Dios a medida que sienten la necesidad de progresar y marchar siempre avanzando más y más[b]. Aunque se esfuercen continuamente, no pueden tener ninguna esperanza salvo en la remisión de sus pecados[c]. Sin embargo, no negamos que entre los fieles,

---

[591] **a.** 1 Jn. 2:1,2; 1 Tim. 2:5; Hch. 4:12. **b.** Jn. 16:23,24. **c.** Mat. 6:9; Luc. 11:2. **d.** Hch. 10:25,26; 14:15; Apo. 19:10; 22:8,9. **e.** Mat. 15:11; 6:16-18; Hch. 10:14,15; Rom. 14:2; Gál. 4:9,10; Col. 2:18-23; 1 Tim. 4:2-5.

[592] **a.** 1 Jn. 2:1, 2; 1 Tim. 2:5; Hch. 4:12. **b.** Jn. 16:23,24. **c.** Mat. 6:9; Luc. 11:2. **d.** Hch. 10:25,26; 14:15; Apo. 19:10; 22:8,9. **e.** Mat. 15:11; 6:16-18; Hch. 10:14,15; Rom. 14:2; Gál. 4:9,10; Col. 2:18-23; 1 Tim. 4:2-5.

[593] **a.** Sal. 5:8; 22; 23; 42:5; Ef. 4:12; Fil. 2:3; Heb. 2:12; 1 P. 3:8; 5:3. **b.** Hch. 4:17,19,20; Heb. 10:25.

pueda haber hipócritas y réprobos, de donde la malignidad no puede, con todo, privar a la Iglesia de su título legítimo[d][594].

28. Las falsas iglesias

Fundados sobre esta convicción, afirmamos que allí donde la Palabra de Dios no es recibida; donde se le quiere tratar con indiferencia, no sometiéndose a ella ni por asomo; y donde no se hace un uso auténtico de los Sacramentos, propiamente hablando, no puede haber una Iglesia[a]. Por esto condenamos las asambleas papales, porque la verdad pura de Dios está vanalizada; los Sacramentos, corrompidos, alterados, falsificados o totalmente arruinados; y toda suerte de supersticiones e idolatrías están en plena actualidad entre ellos. Estimamos pues, que todos aquellos que se unen a tales actos, y participan en ellos, se separan y mutilan del cuerpo de Cristo[b]. Sin embargo, puesto que aún queda algún pequeño rastro de Iglesia en el papismo, y puesto que ha subsistido en él cierta realidad esencial del Bautismo —y añadiendo el hecho, también, de que la eficacia del Bautismo no depende de quienes lo administran[c]—, nosotros confesamos que los bautizados en él no necesitan en absoluto de un segundo Bautismo. Pero, a causa de sus corrupciones, no podemos responsablemente llevar a nuestros infantes a su Bautismo sin contaminarnos[595].

CAPÍTULO VI
LA IGLESIA: SU ORGANIZACIÓN

29. Los ministerios

En cuanto a la Iglesia verdadera, creemos que debe estar gobernada según el orden establecido por nuestro Señor Jesucristo[a]; a saber, que haya pastores, ancianos y diáconos, a fin de que la pureza de la doctrina sea preservada; que los errores sean corregidos y reprimidos; que los pobres y todos los afligidos sean socorridos en su necesidad; que se celebren asambleas en el nombre de Dios, para que grandes y pequeños sean edificados[596].

30. La igualdad de los pastores.

Creemos que todos los verdaderos pastores, dondequiera que se encuentren, tienen igual autoridad y poder bajo una única Cabeza, un solo Soberano y un solo Obispo Universal, Jesucristo[a]. Por esta razón, creemos que ninguna Iglesia puede reclamar dominio o soberanía sobre otra[597].

31. Las vocaciones

Creemos que nadie debe comprometerse a gobernar la Iglesia por su propia autoridad, sino que esto debe derivarse de la elección[a], en la medida de lo posible y según lo permita Dios. Y hacemos esta excepción, particularmente,

---

594 **a.** Mat. 3:8-10; 7:22,24; 1 Cor. 3:10-11; Miq 2:10-12. **b.** Ef. 2:9-20; 4:1-12; 1 Tim. 3:15; Deu. 31:12. **c.** Rom. 3. **d.** Mat. 13:2; 2 Tim. 2:16-20.

595 **a.** Mat. 10:14-15; Jn. 10; 1 Cor. 3:10-13; Ef. 2:9-21. **b.** 2 Cor. 6:14-16; 1 Cor. 6:15. **c.** Mat. 3:11; 28:19; Mc. 1:8; Hch. 1:5; 11:15-17; 19:4-5; 1 Cor. 1:13.

596 **a.** Hch. 6:3,4; Ef. 4:11; 1 Tim. 3:1-13; Tit. 1:5-9; 1 Cor. 12.

597 **a.** Mat. 20:20-28; 1 Cor. 3:4-9; Ef 1:22; Col. 1:18,19.

porque a veces —e incluso en nuestros días— el estado de la iglesia ha sido tan quebrantado que Dios ha levantado líderes de una manera extraordinaria para reconstruir una iglesia en ruinas y desolada. Sin embargo, creemos que es necesario, siempre, conformarse a esta regla: que todos los pastores, ancianos y diáconos estén seguros de estar llamados por Dios a su vocación[b][598].

32. La unión entre las Iglesias

Creemos también que es bueno y útil que aquellos que son elegidos para ser oficiales de la iglesia determinen qué medios deban usarse para dirigir y administrar todo el cuerpo de la Iglesia[a] y, sin embargo, que no se mengüe en nada de aquello que el Señor Jesucristo nos ha ordenado sobre este asunto[b]. Esto no impide el que haya reglamentos particulares a cada cuestión o lugar, según cada ocasión lo requiera[599].

33. Leyes y reglamentos eclesiásticos

Sin embargo, rechazamos todas las invenciones humanas y todas las leyes que se quieran introducir o implementar, so pretexto de servir a Dios, y por las cuales se pretenda atar las conciencias[a]. Aprobamos tan solo aquello que contribuya a establecer la concordia y lo que sea apropiado para mantenerla, y a mantener a cada uno —desde el mayor hasta el menor— dentro de la obediencia. Debemos pues seguir sobre este punto aquello que nuestro Señor ha declarado en cuanto a la excomunión, la cual aprobamos y confesamos ser necesaria junto con todas sus consecuencias[b][600].

CAPÍTULO VII
LOS SACRAMENTOS

34. Los Sacramentos en general

Creemos que los Sacramentos son añadidos a la Palabra para confirmárnosla más ampliamente, a fin de servirnos de prenda y sello de la gracia de Dios, de suerte que, a causa de nuestra debilidad y de nuestra ignorancia, concurren a aliviar y ayudar a nuestra fe[a]. Creemos que los Sacramentos son signos externos mediante los cuales Dios actúa por el poder del Espíritu, a fin de que ninguno de ellos nos sea representado en vano[b]. Estamos también totalmente persuadidos que toda la sustancia y la realidad de los Sacramentos yacen en Jesucristo[601].

35. El Bautismo

Nosotros reconocemos tan solo dos Sacramentos comunes a toda la Iglesia: el Bautismo y la Santa Cena. El Bautismo nos es dado en testimonio de nuestra

---

[598] **a.** Mat. 28:19; Mc. 16:15; Jn. 15:16; Hch. 1:21; 6:1-3; Rom. 10:15; Tit. 1:5. **b.** Gál. 1:15; 2 Tim. 3:3-7,15.

[599] **a.** Hch. 15:6-7,25,28; Rom. 12:6-8. **b.** 1 Cor. 14:40; 1 P. 5:1-3.

[600] **a.** Rom. 16:17,18; 1 Cor. 3:11; Gál. 5:1; Col. 2:8. **b.** Mat. 18:17; 1 Cor. 5:45; 1 Tim. 1:20.

[601] **a.** Ex. 12; Mat. 26.26-27; Rom. 4:11; 1 Cor. 11:23,24. **b.** Hch. 22:16; Gál. 3:27; Ef. 5:26.

adopción, para que así seamos injertados en el cuerpo de Cristo, a fin de ser lavados y limpiados por su sangre, y renovados por su Espíritu para vivir una vida de santidad[a]. Cierto es que recibimos tan solo una vez el Bautismo, sin embargo, afirmamos también que los beneficios que nos son presentados se extienden al curso completo de nuestra vida, e incluso hasta nuestra muerte, de modo que tenemos un testimonio permanente de que Jesucristo será siempre nuestra justicia y nuestra santificación[b]. Si bien el Bautismo es un sacramento de fe y de arrepentimiento[c], no obstante, puesto que Dios recibe en su Iglesia a los infantes juntamente con sus padres[d], decimos que, por la autoridad de Jesucristo, los infantes engendrados de creyentes deben ser bautizados[602].

36. La Santa Cena

Confesamos que la Santa Cena nos aporta el testimonio de nuestra unidad con Jesucristo[a]. En efecto, no es que Jesucristo tan solo haya muerto y resucitado una sola vez por nosotros, sino que también nos apacienta y nos alimenta verdaderamente con su carne y su sangre, a fin de que seamos uno con él y que su vida nos sea comunicada[b]. Ahora bien, a pesar de que él está en el cielo hasta que retorne para juzgar al mundo[c], nosotros creemos también que nos nutre y vivifica por la acción secreta e incomprensible de su Espíritu, de la sustancia de su cuerpo y de su sangre[d]. Afirmamos que esto se lleva a cabo espiritualmente, lo cual no significa que sustituyamos la realidad y la verdad de la Cena por imaginación o fantasía, sino que este misterio traspasa, por su grandeza, nuestra capacidad humana, y todo el orden de la naturaleza. En pocas palabras, puesto que es celestial, estimamos pues que no puede ser asido sino más que por la fe[603].

37. La eficacia de los Sacramentos

Creemos, como ya lo hemos dicho, que tanto en la Cena como en el Bautismo, Dios nos da real y efectivamente aquello que estos representan. Es por ello que sumamos a los signos la verdadera posesión y al sereno goce de aquello que nos es presentado. Y así, todos aquellos que aportan a la sagrada mesa de Cristo una fe pura, reciben verdaderamente —como un vaso de agua llenado plenamente— aquello que los signos atestiguan. Porque el cuerpo y la sangre de Jesucristo no sirven menos como alimento y bebida para el alma, de lo que el pan y el vino sirven como alimento para nuestro cuerpo físico[a604].

38. La necesidad de los sacramentos

Afirmamos que aunque el agua es una sustancia ordinaria, testifica verdaderamente de la limpieza interior de nuestras almas por la sangre de Jesucristo a través del poder del Espíritu Santo[a]; y, por otra parte, que el pan y el vino, que nos son dados en la Cena, nos sirven verdaderamente de alimento espiritual, ya que ellos nos muestran, como ante nuestros ojos, que

---

[602] **a.** Rom. 6:3,4; Hch. 22:16; Tit. 3:5; Ef. 5:26. **b.** Rom. 4; 6:22-23. **c.** Mat. 3:11; Mc. 1:4; 16:16; Luc. 3:3; Hch. 13:24; 19:4. **d.** Mat. 19:14; 1 Cor. 7:14.

[603] **a.** 1 Cor. 10:16,17; 11:24. **b.** Jn. 6:55-57; 17:21; Rom. 8:32. **c.** Mc. 16:19; Hch. 1:2-11; 3:21. **d.** 1 Cor. 10:16; Jn. 6:35.

[604] **a.** Mat. 26:26; 1 Cor. 11:24,25.

la carne de Jesucristo es nuestra comida, y su sangre nuestra bebida[b]. Desaprobamos pues los espíritus fantasiosos, y a los sacramentalistas, que no quieren recibir estos signos y estas marcas, aun cuando Jesús declara: «Esto es mi cuerpo, y esta copa es mi sangre»[c605].

CAPÍTULO VIII
LOS PODERES PÚBLICOS

39. La necesidad de gobernaciones

Creemos que Dios desea que el mundo sea gobernado por leyes y magistrados, de modo que se pueda poner alguna restricción a sus apetitos desordenados[a]. Y, así como Él ha establecido reinos, repúblicas y todo tipo de principados —hereditarios o no— y todo lo concerniente a un gobierno justo —del cual desea ser considerado autor—; así ha puesto la espada en manos de los magistrados para reprimir los pecados cometidos no solo contra la segunda tabla de los mandamientos de Dios, sino también contra la primera. Por lo tanto, debemos, debido a Él, no solo someternos a ellos como superiores, sino honrarlos y tenerlos con toda reverencia como lugartenientes y oficiales de Él, a quienes Él ha comisionado para ejercer una autoridad legítima y santa[b606].

40. La obediencia a las autoridades.

Afirmamos pues, que es necesario obedecer sus leyes y reglamentos, pagar tasas, impuestos y otras cuotas, y consentir a esta obediencia de una buena y sincera voluntad, aun cuando ellas mismas lleguen a ser infieles, siempre que el imperio soberano de Dios permanezca intacto[a]. Y así, reprobamos a aquellos que quisieran rechazar toda jerarquía, establecer la comunidad y la mezcla de bienes y derrocar el orden de la justicia[607].

---

[605] **a.** Rom. 6:3,4; 1 Cor. 6:11; Ef. 5:26. **b** .Jn. 6:51; 1 Cor. 11:24. **c.** Mat. 26:26; 1 Cor. 11:24,25.

[606] **a.** Ex. 18:20,21; Mat. 17:24-27; Rom. 13:1-7. **b.** 1 P. 2:13,14; 1 Tim. 2:2.

[607] **a.** Mat. 17:24; Hch. 4:17-19.

INTRODUCCIÓN A LA CONFESIÓN ESCOCESA

Aunque el Imperio Romano conquistó lo que llamamos Inglaterra y Gales, nunca pudo dominar el área ahora conocida como Escocia. Además, quedando tan lejos de la sede de la Iglesia Católica Romana, esta no pudo ejercer mucho control sobre el clero escocés. Muchos de los clérigos eran hijos de los nobles, quienes compraban oficios eclesiásticos para que sus hijos pudieran vivir de las ofrendas. Como consecuencia, el clero era sumamente ignorante y corrupto. David Beaton fue el ejemplo más notorio, siendo a su vez embajador escocés en Francia, miembro del parlamento escocés, obispo, arzobispo y cardenal. La condición deplorable de la iglesia clamaba por una reforma profunda.

El Nuevo Testamento traducido en inglés por William Tyndale y los escritos de Martín Lutero empezaron a ejercer influencia en Escocia e instar el impulso reformador. Tres de los primeros predicadores protestantes, Patrick Hamilton, George Wishart, y Walter Mill fueron quemados. El cardenal Beaton arregló el arresto y la ejecución de Wishart, uno de los actos que fomentaron oposición creciente al cardenal y terminaron en su propio asesinato.

Cuando el Rey Jacobo V murió en 1542, su esposa María, francesa y católica, gobernó como regente. La hija infante de Jacobo, también llamada María, fue la heredera legítima del trono de Escocia. Creció en Francia y se casó con el príncipe francés Francisco II, que ascendió al trono francés en 1559. Después de la muerte repentina de Francisco en 1560 y también de la madre de María, ella regresó a Escocia.

Antes de que llegara la nueva reina, el parlamento fue convocado el primer día de agosto y, de acuerdo a sus convicciones protestantes, pidió que los ministros reformados escribieran una confesión de fe. Seis ministros, todos llamados Juan, incluyendo a Juan Knox, escribieron la confesión en solo cuatro días. El parlamento la ratificó el día 17 de agosto. Solo tres no votaron a favor, y los obispos Romanos declinaron la oportunidad de refutar las doctrinas expresadas en la confesión. El parlamento envió una copia a la reina María, todavía en Paris, para su aprobación, pero no la recibió con agrado, puesto que su firme determinación era restaurar la primacía de la Iglesia Católica Romana en Escocia.

María nunca logró su propósito. Después de aprobar la confesión, el parlamento también abolió la misa, rechazó la jurisdicción del papa y deshizo las leyes que favorecían la Iglesia Católica Romana y perjudicaban la fe reformada. Cuando la Iglesia de Escocia fue formada oficialmente en 1567, reconoció la confesión como expresión de su fe. La Confesión Escocesa mantuvo su posición como la confesión de fe de la Iglesia de Escocia hasta que fue reemplazada por la Confesión de Fe de Westminster noventa años después.

Colaboración del Dr. Larry Trotter; ministro en la Iglesia Presbiteriana en América y la Iglesia Nacional Presbiteriana de México.

Contenido

- Capítulo I: Dios
- Capítulo II: La creación del ser humano
- Capitulo III: El pecado original
- Capitulo IV: La revelación de la promesa
- Capítulo V: La persistencia, el crecimiento y la preservación de la Iglesia
- Capítulo VI: La encarnación de Cristo Jesús
- Capitulo VII: Por qué el mediador tenía que ser verdadero Dios y verdadero hombre
- Capitulo VIII: La elección
- Capitulo IX: Pasión, muerte y sepultura de Cristo
- Capitulo X: La resurrección
- Capitulo XI: La ascensión
- Capitulo XII: Fe en el espíritu santo
- Capitulo XIII: La causa de las buenas obras
- Capitulo XIV: Las obras que dios considera buenas
- Capitulo XV: La perfección de la ley y la imperfección del ser humano
- Capitulo XVI: La Iglesia
- Capitulo XVII: La inmortalidad de las almas
- Capitulo XVIII: Las marcas por las cuales la iglesia verdadera se diferencia de la falsa y quién juzgará la doctrina
- Capitulo XIX: La autoridad de las escrituras
- Capitulo XX: Los concilios generales, su poder, autoridad y la causa de su convocatoria
- Capitulo XXI: Los sacramentos
- Capitulo XXII: La administración correcta de los sacramentos
- Capitulo XXIII: Quienes tienen derecho a los sacramentos
- Capitulo XXIV: El magistrado civil
- Capitulo XXV: Los dones gratuitamente otorgados a la iglesia

LA CONFESIÓN ESCOCESA[608]

CAPÍTULO I
DIOS

Confesamos y reconocemos a un solo Dios, a quien solo debemos allegarnos, a quien solo debemos servir[609], a quien solo debemos adorar y en quien solo debemos confiar[a]. Un Dios que es eterno, infinito, inconmensurable, incomprensible, omnipotente, invisible[b]; uno en sustancia y sin embargo distinto en tres personas, el Padre, el Hijo y el Espíritu Santo[c]. Por quien confesamos y creemos que todas las cosas, en el cielo y en la tierra, tanto visibles como invisibles, han sido creadas, retienen su ser, y son gobernadas y guiadas por su inescrutable providencia hacia aquellos fines que su eterna sabiduría, bondad y justicia ha señalado para ellas, para la manifestación de su propia gloria[d][610].

CAPÍTULO II
LA CREACIÓN DEL SER HUMANO

Confesamos y reconocemos que nuestro Dios creó al ser humano, es decir, a nuestro primer padre, Adán, conforme a su imagen y semejanza, a quien dio

---

[608] Ver el *Prefacio* de la confesión en el apéndice de la obra de John Knox, *History of the Reformation of Religion in Scotland*, p.342.

[609] La frase «a quien solo debemos allegarnos, a quien solo debemos servir», como dice Cuthbart Lennox (*History of the Reformation of Religion in Scotland*, ed. 1905), aunque no forma parte del texto que él usó de la Confesión, sí está en otras ediciones impresas antiguas.

[610] **a.** Deu. 6:4; 1 Cor. 8:6; Deu. 4:35. **b.** 1 Tim. 1:17; 1 R. 8:27; 2 Crón. 6:18; PD. 139:7-8; Gén. 17:1; 1 Tim. 6:15-16; Ex. 3:14-15. **c.** Mat. 28:19; 1 Jn. 5:7 **d.** Gén. 1:1, Heb. 11:3; Hch. 17:28; Prov. 16:4.

sabiduría, autoridad, justicia, libre determinación y conciencia de sí mismo, de modo que en la totalidad de la naturaleza del ser humano no se encontrase imperfección alguna[a]. De esta dignidad y perfección ambos, el hombre y la mujer, cayeron; la mujer siendo engañada por la serpiente y el hombre obedeciendo la voz de la mujer; conspirando ambos contra la soberana majestad de Dios, quien, en palabras claras, les había advertido previamente que perecerían si se atrevían a comer del árbol prohibido[b][611].

CAPÍTULO III
EL PECADO ORIGINAL

A causa de esta transgresión, generalmente llamada pecado original, la imagen de Dios fue totalmente desfigurada en los seres humanos, y estos y sus descendientes llegaron a ser por naturaleza hostiles a Dios, esclavos de Satanás y siervos del pecado[a]. Y así, la muerte eterna ha tenido, y tendrá, poder y dominio sobre todos los que no han sido, ni son, ni serán nacidos de nuevo. Este segundo nacimiento es resultado del poder del Espíritu Santo, quien obra en los corazones de los escogidos de Dios una fe segura en la promesa de Dios revelada a nosotros en su Palabra; fe por la cual nos asimos a Jesucristo con las gracias y las bendiciones que en él se nos prometen[b][612].

CAPITULO IV
LA REVELACIÓN DE LA PROMESA

Creemos firmemente que Dios, después de la espantosa y horrible desobediencia de sus criaturas, buscó a Adán de nuevo, lo llamó[a], lo reprendió y lo declaró culpable de su pecado; después, le hizo una promesa diciéndole que «la simiente de la mujer heriría la cabeza de la serpiente»[b]; esto es, que destruiría las obras del diablo. Esta promesa, como de tiempo en tiempo se repetiría y se haría más clara, sería abrazada con gozo y recibida constantemente por todos los fieles desde Adán hasta Noé, de Noé a Abraham, de Abraham a David, y así sucesivamente hasta la encarnación de Cristo Jesús; todos los que estuvieron bajo la ley —nos referimos a los padres creyentes— vieron el día gozoso de Cristo Jesús y se regocijaron[c][613].

CAPITULO V
LA PERSISTENCIA, EL CRECIMIENTO Y LA PRESERVACIÓN DE LA IGLESIA

Creemos con certeza que Dios conservó, instruyó multiplicó, honró, adornó y llamó de muerte a vida a su Iglesia en todas las edades, desde Adán hasta la venida de Cristo Jesús en la carne[a]. Pues Él llamó a Abraham a salir de la tierra

---

[611] **a.** Gén. 1:26-28; Col. 3:10; Ef. 4:24. **b.** Gén. 3:6; 2:17.

[612] **a.** Sal. 51:5; Rom. 5:10; 7:5; 2 Tim. 2:26; Ef 2:1-3. **b.** Rom. 5:14,21, 6:23; Jn. 3:5; Rom. 5:1; Fil.1:29

[613] **a.** Gén. 3:9. **b.** Gén. 3:15. **c.** Gén. 12:3; 15:5-6; 2 Sam. 7:14; Es un. 7:14; 9:6; Hag. 2:6; Jn. 8:56.

de sus padres, lo instruyó y multiplicó su simiente[b], maravillosamente lo preservó y, más maravillosamente aún, liberó a su descendencia de la esclavitud y tiranía del Faraón[c]. A esta descendencia dio sus leyes, constituciones y ceremonias[d]; a ellos Él dio la tierra de Canaán[e], y después de haberles dado los jueces y más tarde a Saúl, les dio a David como rey, a quien dio la promesa de que uno de sus descendientes se sentaría para siempre sobre su trono[f]. A este mismo pueblo, de tiempo en tiempo, Dios envió profetas para hacerle volver al camino recto de su Dios[g], del cual se desviaron algunas veces a causa de la idolatría. Y aunque, a causa de su contumaz desprecio de la justicia, Dios se sintió compelido a entregarlos a sus enemigos[h] —como previamente había sido advertido por boca de Moisés[i], de modo que la santa ciudad fue destruida, el templo arrasado por fuego[j] y la tierra toda desolada durante setenta años[k]—;sin embargo, compasivamente los restituyó a Jerusalén, donde la ciudad y el templo fueron reconstruidos; ellos resistieron todas las tentaciones y asaltos de Satanás hasta que, en cumplimiento de la promesa, el Mesías vino[614].

CAPITULO VI
LA ENCARNACIÓN DE CRISTO JESÚS

Al cumplirse la plenitud de los tiempos, Dios envió a este mundo a su Hijo[a], su eterna sabiduría, la sustancia de su propia gloria, quien tomó la naturaleza humana de la sustancia de una mujer, una virgen, por medio del Espíritu Santo[b]. Y así nació la «simiente justa de David», el «Ángel del gran consejo de Dios», el auténtico Mesías prometido, a quien confesamos y quien reconocemos ser el Emmanuel, verdadero Dios y verdadero hombre, de dos naturalezas perfectas, unidas y juntas en una sola persona[c]. De modo que, por nuestra confesión, condenamos las abominables y pestilentes herejías de Arrio, Marción, Eutiquio, Nestorio y a todos cuantos negaron la eternidad de su Deidad o la verdad de su humanidad, o las confundieron o dividieron[615].

CAPITULO VII
POR QUÉ EL MEDIADOR TENÍA QUE SER VERDADERO DIOS Y VERDADERO HOMBRE

Reconocemos y confesamos que esta maravillosa unión entre la Divinidad y la humanidad en Cristo Jesús, surgió del eterno e inmutable decreto de Dios de quien proviene y depende toda nuestra salvación[a][616].

---

[614] **a.** Eze. 6:6-14. **b.** Gén. 12:1; 13:1. **c.** Ex. 1. etc. **d.** Jos. 1:3; 23:4. **e.** 1 Sam. 10:1; 16:13. **f.** 2 Sam. 7:12. **g.** 2 R. 17: 13-19. **h.** 2 R. 24:3-4. **i.** Deu. 28:36,48. **j.** 2 R. 25. **k.** Dan. 9:2. **l.** Jer. 30; Esdras 1.

[615] **a.** Gal. 4:4. **b.** Luc. 1:31; Mat. 1:18; 2:1. Rom. 1:3. Jn. 1:45; Mat. 1:23. **c.** 1 Tim. 2:5.

[616] **a.** Ef. 1:3-6

CAPITULO VIII
LA ELECCIÓN

Ese mismo Dios y Padre eterno, quien por sola gracia nos eligió en su Hijo, Cristo Jesús, antes de poner los cimientos del mundo[a], lo designó para ser nuestra cabeza[b], nuestro hermano[c], nuestro pastor y el gran obispo de nuestras almas[d]. Pero como la oposición entre la justicia de Dios y nuestros pecados era tal que ninguna carne por sí sola podría llegar a alcanzar a Dios[e], fue necesario que el Hijo de Dios descendiera a nosotros y tomase un cuerpo semejante al nuestro; carne de nuestra carne, y hueso de nuestros huesos, y llegase así a ser el Mediador perfecto entre Dios y el hombre[f]; dándoles poder, a todos los que creen en él, de ser hijos e hijas de Dios[g], como él mismo dice: «Subo a mi Padre y a vuestro Padre, a mi Dios y a vuestro Dios»[h]. Por esta santísima hermandad se nos restituye todo lo que perdimos en Adán[i]. Por lo tanto, no tememos llamar a Dios nuestro Padre[j]; no tanto porque nos haya creado, cosa que tenemos en común con los réprobos[k], sino porque nos ha dado a su único Hijo como nuestro hermano[l], y gracia para reconocerlo y abrazarlo como nuestro único Mediador. Más aún, fue necesario que el Mesías y Redentor fuera verdadero Dios y verdadero hombre para que fuese capaz de sufrir el castigo por nuestras transgresiones y presentarse a sí mismo ante el juicio del Padre y, en lugar nuestro, sufrir por nuestra transgresión y desobediencia[m] y, por su muerte, vencer a aquel que fue el autor de la muerte[n]. Pero porque la sola Divinidad no podía sufrir la muerte, ni la humanidad vencerla, Dios unió a ambas en una sola persona, de modo que la debilidad de una sufriera y fuera sujeta a la muerte —la cual nosotros merecíamos—, y el infinito e invencible poder de la otra —esto es, de la Divinidad—, triunfara y nos comprara la vida, la libertad y la victoria eterna[o]. Por tanto, esto confesamos y creemos sin duda alguna[617].

CAPITULO IX
PASIÓN, MUERTE Y SEPULTURA DE CRISTO

Creemos que nuestro Señor Jesús se ofreció a sí mismo como un sacrificio voluntario, a su Padre, por nosotros[a]; que sufrió la contradicción de los pecadores, siendo herido y atormentado por nuestras transgresiones[b]; que él —el limpio e inocente Cordero de Dios[c]—, fue condenado por un juez terrenal[d] para que nosotros fuésemos absueltos por el tribunal de Dios[e]; que sufrió no solo la cruel muerte de cruz, maldita por sentencia de Dios[f], sino también, por un tiempo[g], la ira de su Padre merecida por los pecadores. Sin embargo, reconocemos que él siguió siendo el único, bien amado, y bendito Hijo de su Padre aun en medio de su angustia y tormentos, los cuales sufrió, en cuerpo y alma, para hacer plena satisfacción por los pecados de su pueblo[h]. Por esto confesamos y declaramos que no queda ningún otro sacrificio por el pecado[i];

---

[617] **a.** Ef. 1:11. Mat. 25:34. **b.** Ef. 1:22-23. **c.** Heb. 2:7-8; 11-12. Sal. 22:22. **d.** Heb. 13:20. 1 Ped. 2:24; 5:4. **e.** Sal. 130:3; 143:2. **f.** 1 Tim. 2:5. **g.** Jn. 1:12. **h.** Jn. 20:17. **i.** Rom. 5:17-19. **j.** Rom. 8:15; Gal. 4:5-6. **k.** Hch. 17:26. **l.** Heb. 2:11-12. **m.** 1 Ped. 3:18. Isa. 53:8. **n.** Hch. 2:24. **o.** Jn. 1:2. Hch. 20:20. 1 Tim. 3:16. Jn. 3:16.

si alguien afirma que sí lo hay, no vacilamos en decir que blasfema contra la muerte de Cristo y la expiación eterna que él, de ese modo, compró para nosotros[618].

CAPITULO X
LA RESURRECCIÓN

Creemos, sin duda alguna, que puesto que era imposible que los dolores de la muerte retuviesen en esclavitud al Autor de la Vida[a]; nuestro Señor Jesús, siendo crucificado, muerto y sepultado, y habiendo descendido a los infiernos, verdaderamente se levantó de nuevo para nuestra justificación[b], y para la destrucción de quien era el autor de la muerte y nos devolvió la vida a nosotros que estábamos sujetos a la muerte y al cautiverio de ella[c]. Sabemos que su resurrección fue confirmada por el testimonio de sus enemigos[d], y por la resurrección de los muertos cuyos sepulcros en verdad se abrieron y se levantaron, los cuales aparecieron a muchos en la ciudad de Jerusalén[e]. También fue confirmada por el testimonio de sus ángeles[f] y por los sentidos y el discernimiento de sus apóstoles y de otros que conversaron, comieron y bebieron con él después de su resurrección[g][619].

CAPITULO XI
LA ASCENSIÓN

No tenemos ninguna duda de que, el mismo cuerpo que nació de la virgen, fue crucificado, muerto y sepultado; que se levantó de nuevo y ascendió a los cielos hasta el cumplimiento de todas las cosas[a]; donde él —en nombre nuestro y para nuestro consuelo— ha recibido todo el poder en la tierra y en el cielo[b]; donde está sentado a la diestra del Padre, habiendo recibido su reino; y siendo nuestro único Abogado y Mediador[c]. Tal gloria, honor y primacía, entre todos los hermanos, él solo la poseerá; hasta que todos sus enemigos sean sometidos bajo sus pies[d], como indudablemente creemos que ocurrirá en el Juicio Final. Creemos que el mismo Señor Jesús regresará visiblemente para este Juicio Final del mismo modo que se lo vio ascender[e]. Por lo tanto, firmemente creemos que llegará el tiempo de restituir y renovar todas las cosas[f], de modo que aquellos que desde el principio sufrieron violencia, injurias, e injusticia por causa de la justicia, heredarán la bendita inmortalidad prometida a ellos desde el principio[g]. Por el contrario, los obstinados, desobedientes, crueles perseguidores, los impuros, los idólatras, y toda suerte de incrédulos, serán lanzados al abismo de total oscuridad, donde el gusano no morirá ni su fuego se extinguirá[h]. La memoria de ese día, y del juicio a celebrarse en el mismo, no solo es un freno por el cual todos nuestros deseos carnales son reprimidos, sino también es un consuelo tan inestimable que ni las amenazas de los príncipes mundanos, ni el miedo a los

---

[618] **a.** Heb. 10:1-12. **b.** Isa. 53:5. Heb. 12:3. **c.** Jn. 1:29. **d.** Mat. 27:11. Mar. 15. Luc. 23. **e.** Gál. 3:13. **f.** Deu. 21:23. **g.** Mat. 26:38-39. **h.** 2 Cor. 5:21. **i.** Heb. 9:12; 10:14.

[619]**a.** Hch. 2:24. **b.** Hch. 3:26; Rom. 6:5, 9; 4:25. **c.** Heb. 2:14-15. **d.** Mat. 28:4. **e.** Mat. 27: 52-53. **f.** Mat. 28:5-6. **g.** Jn. 20:27; 21:7, 12-13; Luc. 24:41-43.

peligros presentes, o a la muerte temporal, puede hacernos renunciar y abandonar esa bendita sociedad que nosotros, los miembros, tenemos con nuestra Cabeza y con nuestro Mediador, Cristo Jesús[i]; a quien confesamos y reconocemos como el Mesías prometido, la única Cabeza de su Iglesia, nuestro justo Legislador, nuestro único Sumo Sacerdote, Abogado y Mediador[j]. Detestamos y aborrecemos totalmente a cualquier humano o ángel que se atreva a inmiscuirse en estos honores y oficios, considerándolos blasfemos contra nuestro Soberano y Supremo Gobernador, Cristo Jesús[620].

CAPITULO XII
FE EN EL ESPÍRITU SANTO

Esta, nuestra fe, y la seguridad de la misma, no proceden de carne ni de sangre —esto es, de poderes naturales dentro de nosotros—; sino que son inspiración del Espíritu Santo[a], a quien confesamos Dios igualmente con el Padre y con el Hijo[b]; quien nos santifica, y por cuya propia acción somos llevados a la verdad total; sin el cual seríamos para siempre enemigos de Dios e ignorantes de su Hijo, Cristo Jesús. Por naturaleza estamos tan muertos, ciegos y pervertidos, que no podemos sentir cuando somos aguijoneados, ver la luz cuando brilla, ni asentir a la voluntad de Dios cuando es revelada, a menos que el Espíritu del Señor Jesús avive aquello que está muerto, ilumine la oscuridad de nuestras mentes, e incline nuestros obstinados corazones a obedecer su bendita voluntad[c]. Y tal como confesamos que Dios el Padre nos creó cuando aún no existíamos[d]; y así como su Hijo, nuestro Señor Jesús, nos redimió cuando aún éramos sus enemigos[e]; asímismo confesamos también que el Espíritu Santo nos santifica y regenera sin tener en consideración nuestros méritos de antes o después de nuestra regeneración[f]. Para decirlo en forma más clara, así como renunciamos voluntariamente a cualquier honor y gloria por nuestra propia creación y redención[g], así también lo hacemos por nuestra regeneración y santificación, ya que, por nosotros mismos, no somos capaces de concebir un solo pensamiento bueno; pero el que ha comenzado la buena obra en nosotros nos hace perseverar en ella[h], para la alabanza y la gloria de su inmerecida gracia[i][621].

CAPITULO XIII
LA CAUSA DE LAS BUENAS OBRAS

La causa de las buenas obras, confesamos, no es nuestro libre albedrío, sino el Espíritu del Señor Jesús que habita en nuestros corazones por medio de

---

[620] **a.** Mar. 16:9; Mat. 28:6; Luc. 24:51; Hch. 1:9. **b.** Mat. 28:18. **c.** 1 Jn. 2:1; 1 Tim. 2:5. **d.** Sal. 110:1; Mat. 22:44; Mar. 12:36; Luc. 20:42-43. **e.** Hch. 1:8. **f.** Hch. 3:19. **g.** Mat. 25:34; Tes. 1:4-8. **h.** Apo. 21:27; Isa. 66:24; Mat. 25:41; Mar. 9:44, 46, 48; Mat. 22:13. **i.** 2 Ped. 3:11; 2 Cor. 5:9-11; Luc. 21: 27-28; Jn. 14:1. **j.** Isa. 7:14; Ef. 1:22; Col. 1:18; Heb. 9:11, 15; 10:21. 1 Jn. 2:1; 1 Tim. 2:5

[621] **a.** Mat. 16:17. Jn. 14:26; 15:26; 16:13. **b.** Hch. 5:3-4. **c.** Col. 2:13. Ef. 2:1. Jn. 9:39. Apo. 3:17. Mat. 17:17. Mar. 9:19. Luc. 9:41. Jn. 6:63. Miq. 7:8. 1 R. 8:57-58. **d.** Sal. 100:3. **e.** Rom. 5:10. **f.** Jn. 3:5. Tito 3:5. Rom. 5:8. **g.** Fil. 3:7. **h.** Fil. 1:6. 2 Cor. 3:5. **i.** Ef. 1:6.

una fe genuina, y produce aquellas obras que Dios ha preparado para que andemos en ellas. Resueltamente afirmamos que es blasfemia decir que Cristo habita en los corazones de aquellos en quienes no hay espíritu de santificación[a]. Por lo tanto, no vacilamos en afirmar que no tienen una fe verdadera ni porción alguna del Espíritu del Señor Jesús, los asesinos, los opresores, los perseguidores crueles, los adúlteros, los impuros, los idólatras, los ladrones, y todos los que hacen iniquidad, mientras permanezcan obstinadamente en su maldad. Porque tan pronto como el Espíritu del Señor Jesús —a quien los hijos escogidos de Dios reciben por medio de la fe verdadera— se apodera del corazón de cualquier ser humano, así de pronto lo regenera y renueva en forma tal que comienza a odiar lo que antes amaba y a amar lo que antes odiaba. De allí procede esa batalla continua en los hijos de Dios entre la carne y el Espíritu. Mientras que la carne y el hombre natural, siendo corruptos, codician lo que es agradable y delicioso para ellos mismos; siendo envidiosos en la adversidad y orgullosos en la prosperidad, y estando en todo momento propensos a ofender la majestad de Dios[b]; el Espíritu de Dios, quien da testimonio a nuestro espíritu de que somos hijos e hijas de Dios[c], nos hace resistir placeres impuros y nos hace gemir en presencia de Dios por nuestra liberación de esta esclavitud a la corrupción[d] y, finalmente, nos ayuda a triunfar sobre el pecado de modo que este no reine en nuestros cuerpos mortales[e]. Otros seres humanos no participan de este conflicto ya que no tienen el Espíritu de Dios, sino que siguen y obedecen al pecado, y no sienten remordimiento ya que actúan como el diablo y como su corrupta naturaleza les apremia. Pero los hijos de Dios luchan contra el pecado, sollozan y se lamentan cuando son tentados a hacer el mal y, si caen, se levantan de nuevo con un genuino y ardiente arrepentimiento[f]; esto lo pueden hacer, no por su propio poder sino por el poder del Señor Jesús, aparte de quien nada pueden realizar[g][622].

CAPITULO XIV
LAS OBRAS QUE DIOS CONSIDERA BUENAS

Confesamos y reconocemos que Dios ha dado a los seres humanos su santa ley, en la cual no solo se prohíben todas aquellas obras que desagradan y ofenden la santa majestad de Dios, sino que son ordenadas las que le agradan y para las cuales ha prometido recompensa[a]. Estas obras son de dos clases: unas se hacen para honrar a Dios; las otras para beneficio de nuestro prójimo y ambas tienen como garantía la voluntad revelada de Dios. Tener un solo Dios, adorarlo y honrarlo, clamar a Él en nuestras dificultades, reverenciar su santo Nombre, oír su Palabra y creerla, y participar de sus santos sacramentos, pertenecen a la primera clase[b]. Honrar al padre, a la madre, a los príncipes, gobernantes y poderes superiores; amarlos, apoyarlos, obedecer sus órdenes —si estas no se oponen a los mandamientos de Dios—, salvar la vida de los inocentes, sofocar la tiranía, mantener nuestros cuerpos limpios y puros, vivir sobriamente y ser temperantes; tratar con justicia de palabra y de

---

[622] **a.** Ef. 2:10. Fil. 2:13. Jn. 15:5. Rom. 8:9. **b.** Rom. 7:15-25. Gál. 5:17. **c.** Rom. 8:16. **d.** Rom. 7:24; 8:22. **e.** Rom. 6:12. **f.** 2 Tim. 2:26. **g.** Jn. 15:5.

hecho a todas las personas y, finalmente, reprimir cualquier deseo de perjudicar a nuestro prójimo[c], son las obras de la segunda categoría, y son aceptables y agradables a Dios ya que son ordenadas por Él mismo. Obras en sentido contrario son pecados que desagradan a Dios y lo mueven a ira; obras tales como no invocar su nombre cuando lo necesitamos, no oír su Palabra con reverencia sino condenarla y despreciarla, tener o adorar ídolos, practicar y defender la idolatría, tomar el Nombre venerable de Dios livianamente, profanar, abusar o condenar los sacramentos de Cristo Jesús, desobedecer o resistir a cualquiera a quien Dios haya dado autoridad, mientras no exceda los límites de su oficio[d] para asesinar o consentirlo, odiar, o permitir que se derrame sangre inocente si se puede evitar[e]. En conclusión, confesamos y afirmamos que el violar cualquier mandamiento, sea de la primera o de la segunda categoría, es pecado por el cual la ira[f] y el desagrado de Dios se inflaman contra el mundo orgulloso e ingrato. Por eso afirmamos que las buenas obras son aquellas que se hacen por la fe[g] y el mandato de Dios[h], quien en su ley ha establecido las cosas que le agradan. Afirmamos que no son malas obras solo aquellas que expresamente se hacen en contra de los mandamientos de Dios[i], sino también, en asuntos religiosos y de culto a Dios, aquellas que no tienen más garantía que la invención y opinión de los hombres. Tales obras fueron rechazadas por Dios desde el principio, como se expresa en las palabras del profeta Isaías[j] y de nuestro Maestro, Cristo Jesús: «En vano me adoran, enseñando como doctrinas, mandamientos de hombres»[k623].

<h2 style="text-align:center">CAPITULO XV
LA PERFECCIÓN DE LA LEY Y LA IMPERFECCIÓN DEL SER HUMANO</h2>

Confesamos y reconocemos que la ley de Dios es en sumo grado justa, adecuada, santa y perfecta, ordenando aquellas cosas que, hechas con propiedad, pueden dar vida y conducir al ser humano a la eterna felicidad[a]; pero nuestra naturaleza es tan corrompida, débil, e imperfecta, que nunca somos capaces de cumplir perfectamente las obras de la ley[b].

Aun después de nuestro nuevo nacimiento, si decimos que no estamos en pecado, nos engañamos a nosotros mismos y la verdad de Dios no mora en nosotros[c]. Por lo tanto, es esencial para nosotros asirnos a Cristo, a su justicia y su expiación, ya que él es el fin y la consumación de la ley y porque es por él que somos liberados de modo que el anatema de Dios no caiga sobre nosotros, aun cuando no cumplamos la ley en su totalidad[d]. Porque Dios el Padre, mirándonos en el cuerpo de su Hijo Cristo Jesús, acepta nuestra obediencia imperfecta como si fuese perfecta[e] y, con la justicia de su Hijo, cubre nuestras obras desfiguradas por muchas manchas[f]. No queremos decir que seamos liberados de tal modo que no tengamos que obedecer la ley —ya que hemos

---

[623] **a.** Éx. 20:3. Deu. 5:6; 4:8. **b.** Luc. 10:27-28. Miq. 6:8. **c.** Ef. 6:1,7. Eze. 22:1. 1 Cor. 6:19-20. 1 Tes. 4:3-7. Jer. 22:3. Isa. 50:1. 1 Tes. 4:6. **d.** Rom. 13:2. **e.** Eze. 22:13. **f.** 1 Jn. 3:4. **g.** Rom. 14:23. Heb. 11:6. **h.** 1 Sam. 15:22. 1 Cor. 10:31. **i.** 1 Jn. 3:4. **j.** Isa. 29:13. **k.** Mat. 15:9. Mar. 7:7.

reconocido su importancia—, pero afirmamos que ningún ser humano en la tierra, con la única excepción de Cristo Jesús, ha obedecido, obedece u obedecerá la ley tal como la ley lo requiere[g]. Y cuando lo hayamos hecho todo, debemos caer de rodillas y confesar sinceramente que somos siervos inútiles. Por tanto, quienquiera que se jacte de los méritos de sus propias obras o ponga su confianza en obras super-meritorias se jacta de algo que no existe y pone su confianza en una abominable idolatría[624].

CAPITULO XVI
LA IGLESIA

Así como creemos en un solo Dios, Padre, Hijo y Espíritu Santo, también creemos firmemente que desde el principio ha habido, hay y hasta el fin del mundo habrá, una solo Iglesia; esto es, una sociedad y multitud de personas que lo adoran correctamente y lo abrazan por medio de la fe en Cristo Jesús[a], quien es la única cabeza de la Iglesia, así como a la vez ella es su cuerpo y su esposa. Esta Iglesia es católica, o universal, porque en ella están los elegidos de todas las edades, de todos los reinos, naciones y lenguas, sean judíos o gentiles, que tienen comunión y sociedad con Dios el Padre y con su Hijo, Cristo Jesús, mediante la santificación del Espíritu Santo[b]. Se le llama, por lo tanto, la comunión, no de profanos, sino de santos, quienes, como ciudadanos de la Jerusalén celestial[c], disfrutan de los inestimables beneficios de un Dios, un Señor, una fe, y un Bautismo[d]. Fuera de esta Iglesia no hay ni vida ni felicidad eternas. Por lo tanto, rechazamos totalmente la blasfemia de aquellos que afirman que quienes vivan de acuerdo con la equidad y la justicia serán salvos sin importar la religión que profesen. Porque así como sin Cristo Jesús no hay vida ni salvación[e], tampoco habrá quien participe de ella, sino los que el Padre ha dado a su Hijo Jesucristo, quienes en el tiempo vienen a él[f], confiesan su doctrina y creen en él —incluimos a los hijos juntamente con los padres creyentes[g]—. Esta Iglesia es invisible, conocida solo por Dios, quien solo sabe a quienes ha elegido[h], e incluye a los elegidos que ya han muerto —comúnmente llamada Iglesia triunfante—, a aquellos que aún viven y luchan contra el pecado y contra Satanás, y a aquellos que vivirán en lo sucesivo[i][625].

CAPITULO XVII
LA INMORTALIDAD DE LAS ALMAS

Los elegidos que han muerto disfrutan de paz y descansan de sus obras[a]; no que duerman y estén perdidos en el olvido como algunos fanáticos afirman, sino que han sido liberados de todo temor y tormento, y de todas las tentaciones a las cuales nosotros, y todos los elegidos de Dios[b], estamos

---

[624] **a.** Lev. 18:5. Gal. 3:12. 1 Tim. 1:8. Rom. 7:12. Sal. 19:7-9; 19:11. **b.** Deu. 5:29. Rom. 10:3. **c.** 1 R. 8:46. 2 Cron. 6:36. Prov.20:9. Ecl 7:22. 1 Jn. 1:8. **d.** Rom. 10:4. Gal. 3:13. Deu. 27:26. **e.** Fil. 2:15. **f.** Isa. 64:6. **g.** Luc. 17:10.

[625] **a.** Mat. 28:20; Ef. 1:4. **b.** Col. 1:18; Ef. 5:23-24, etc .; Apo. 7:9. **c.** Ef. 2:19. **d.** Ef. 4:5. **e.** Jn. 3:36. **f.** Jn. 5:24; 6:37; 6:39; 6:65; 17:6. **g.** Hch. 2:39. **h.** 2 Tim. 2:19; Jn. 13:18. **i.** Ef. 1:10; Col. 1:20; Heb. 12:4.

sujetos en esta vida, y a causa de lo cual somos llamados Iglesia Militante. Por el contrario, los réprobos e infieles que han muerto sufren angustia, tormentos y dolores indescriptibles[c]. Ni unos ni otros están en tal estado de letargo que no puedan sentir ni gozo ni dolor, como Cristo testifica en la parábola en el capítulo dieciséis de Lucas[d], en las palabras al ladrón[e], así como en las palabras de las almas que claman bajo el altar[f]: «¿Hasta cuándo, Señor santo y verdadero, no juzgas y vengas nuestra sangre en los que moran en la tierra?»[626].

CAPITULO XVIII
LAS MARCAS POR LAS CUALES LA IGLESIA VERDADERA SE DIFERENCIA DE LA FALSA Y QUIÉN JUZGARÁ LA DOCTRINA

Puesto que Satanás ha trabajado desde el principio para ornamentar su pestilente sinagoga con el título de «Iglesia de Dios», y ha incitado a crueles asesinos a perseguir y a hostigar a la Iglesia verdadera y a sus miembros —como hizo Caín con Abel[a], Ismael con Isaac[b], Esaú con Jacob[c] y todo el sacerdocio de los judíos con Cristo Jesús mismo y con sus apóstoles después de él[d]—; por tanto, es necesario que la Iglesia verdadera se distinga de las sinagogas inmundas con marcas claras y perfectas, no sea que, siendo engañados, recibamos y abracemos para nuestra propia condenación la una por la otra. Declaramos, pues, que las marcas, señales y pruebas seguras por las cuales la esposa inmaculada de Cristo se distingue de la horrible ramera, la falsa Iglesia, no son ni la antigüedad, ni el título usurpado, ni la sucesión en línea recta, ni una localización determinada, ni el número de personas que aprueben un error. Porque Caín fue primero que Abel y que Set[e] en edad y título; Jerusalén tenía precedencia sobre todas las otras partes de la tierra[f], ya que en ella había sacerdotes que descendían en línea directa de Aarón; y fueron más los que siguieron a los escribas, fariseos y sacerdotes, que los que sinceramente siguieron a Cristo Jesús y a sus doctrinas[g], y, sin embargo, suponemos que ninguna persona en su sano juicio pensará que ninguno de los mencionados conformó la Iglesia de Dios.

Creemos, reconocemos y afirmamos, por tanto, que las marcas de la verdadera Iglesia son: primero, la predicación correcta de la Palabra de Dios, en la cual Dios se nos ha revelado, como lo declaran los escritos proféticos y apostólicos; segundo, la correcta administración de los sacramentos de Cristo Jesús, con los cuales deben asociarse la Palabra y la promesa de Dios para sellarlos y confirmarlos en nuestros corazones[h]; y, finalmente, la disciplina eclesiástica justa y honestamente aplicada, como lo estipula la Palabra de Dios, por la cual se reprime el vicio y se sustenta la virtud[i]. Dondequiera que estas marcas se manifiesten y se mantengan por algún tiempo —siendo el número de personas no menor a dos o tres— allí, sin lugar a dudas, yace la verdadera Iglesia de Cristo y él, conforme a su promesa, está en medio de ella[j]. Esta no es aquella Iglesia universal de la que hemos hablado antes, sino que

---

[626] **a.** Apo. 14:13. **b.** Isa. 25:8. Apo. 7:14-17; 21:4. **c.** Apo. 16:10-11. Isa. 66:24. Mar. 9:44, 46, 48. **d.** Luc. 16:23-26. **e.** Luc. 23:43. **f.** Apo. 6:9-10.

una iglesia particular, como las de Corinto[k], Galacia[l], Éfeso[m], y otras, donde el ministerio fue iniciado por Pablo y a las que él mismo llamó iglesias de Dios.

Tales iglesias, nosotros, los ciudadanos del reino de Escocia, profesantes de Cristo Jesús, afirmamos tenerlas en nuestras ciudades, pueblos y distritos reformados, porque la doctrina enseñada en nuestras iglesias está contenidas en la Palabra escrita de Dios; a saber, en los libros del Antiguo y el Nuevo Testamentos, libros que fueron reconocidos originalmente como canónicos y en los cuales están suficientemente explicadas todas las cosas que es necesario creer para salvación[n]. Confesamos que la interpretación de las Escrituras no pertenece a ninguna persona, sea pública o privada, ni a ninguna iglesia por ninguna preeminencia o por precedencia, personal o local, que tenga sobre otras; sino que pertenece al Espíritu de Dios por quien ellas fueron escritas[o].

Así, cuando surge una controversia acerca de la comprensión correcta de un pasaje o de una sección de la Escritura, o para la reforma de algún abuso dentro de la iglesia de Dios, debemos preguntar, no tanto por lo que otros han dicho o hecho antes de nosotros, sino por lo que el Espíritu Santo dice uniformemente dentro del cuerpo de las Escrituras y lo que Cristo mismo hizo y ordenó[p]; porque esto es algo universalmente admitido: que el Espíritu de Dios —que es el Espíritu de unidad— no puede contradecirse a sí mismo[q]. De modo que si la interpretación u opinión de cualquier teólogo, iglesia o concilio es contraria a la Palabra explícita de Dios escrita en otro pasaje de la Escritura, lo más cierto es que aquella no sea la verdadera interpretación ni el significado atribuido por el Espíritu Santo, aun cuando concilios, reinos y naciones lo hayan aprobado y recibido. Nosotros no nos arriesgamos a recibir, o a reconocer, ninguna interpretación que sea contraria a cualquier aspecto esencial de la fe, o a cualquier texto claro y sencillo de la Escritura, o a la ley de la caridad[627].

CAPITULO XIX
LA AUTORIDAD DE LAS ESCRITURAS

Así como creemos y confesamos que las Escrituras de Dios son suficientes para instruir y perfeccionar a los hijos e hijas de Dios, así también afirmamos y confesamos que su autoridad proviene de Dios, y no depende de hombres ni de ángeles[a]. Afirmamos, por lo tanto, que aquellos que dicen que las Escrituras no tienen más autoridad que la que reciben de la Iglesia, blasfeman contra Dios y son perjudiciales a la Iglesia verdadera, la cual siempre oye y obedece a la voz de su propio Esposo y Pastor, y no se atribuye el ser maestra o autoridad sobre las mismas[b628].

---

[627] **a.** Gén. 4: 8. **b.** Gén. 21: 9. **c.** Gén. 27:41. **d.** Mat. 23:34; Jn. 15: 18-20,24; 11:47, 53; Hch. 4: 1-3; 5:17, etc. **e.** Gén. 4: 1. **f.** Sal. 48: 2-3; Mat. 5:35. **g.** Jn. 12:42. **h.** Ef. 2:20; Hch. 2:42; Jn. 10:27; 18:37; 1 Cor. 1:13; Mat. 18: 19-20; Mar. 16: 15-16; 1 Cor. 11: 24-26; Rom. 4:11. **i.** Mat. 18: 15-18; 1 Cor. 5: 4-5. **j.** Mat. 18: 19-20. **k.** 1 Cor. 1: 2; 2 Cor. 1: 2. **l.** Gál. 1: 2. **m.** Ef. 1: 1; Hch. 16: 9-10; 18: 1, etc .; 20:17, etc. **n.** Jn. 20:31; 2 Tim. 3: 16-17. **o.** 2 Ped. 1: 20-21. **p.** Jn. 5:39. **q.** Ef. 4: 3-4.

[628] **a.** 1 Tim. 3:16-17. **b.** Jn. 10:27.

CAPITULO XX
LOS CONCILIOS GENERALES, SU PODER, AUTORIDAD Y LA CAUSA DE SU CONVOCATORIA

Así como no condenamos precipitadamente lo que personas buenas, reunidas legalmente en concilios generales nos presentan; tampoco recibimos sin juicio crítico lo que ha sido declarado bajo el nombre de estos concilios generales, porque es evidente que, siendo humanos, algunos han errado de forma manifiesta y eso en asuntos de gran peso e importancia[a]. En la medida que algún concilio confirme sus decretos con la Palabra explícita de Dios, así los acatamos y aceptamos. Pero si algunos, bajo el nombre de un concilio, pretenden inventar falsos artículos de fe, o tomar decisiones contrarias a la Palabra de Dios, entonces debemos rechazarlos rotundamente como doctrinas demoníacas que apartan nuestras almas de la voz del Dios único, para seguir doctrinas y enseñanzas humanas[b].

La razón por la cual los concilios generales se reunieron no fue la de promulgar ninguna ley permanente que no hubiera sido formulada previamente por Dios, ni definir nuevos artículos de fe, ni otorgar autoridad a la Palabra de Dios; mucho menos para hacer que esta fuese la Palabra de Dios, ni aún para dar la interpretación verdadera de la misma, como si esta no hubiese sido expresada anteriormente por su santa voluntad en su Palabra[c]. Pero la razón de ser de los concilios, al menos de aquellos que merecen tal nombre, fue en parte la de refutar herejías, y hacer pública confesión de su fe a generaciones futuras, lo cual hicieron con la autoridad de la Palabra escrita de Dios, y no bajo la opinión o prerrogativa de que no podían equivocarse por razón de número. Juzgamos que esta fue la razón principal para celebrar los concilios generales. La segunda fue que debía establecerse y observarse una buena norma y orden en la Iglesia, donde, como en la casa de Dios[d], es propio que todo se haga decentemente y en orden[e]. No que pensemos que una sola política o un solo orden deba diseñarse para todas las edades, tiempos y lugares, porque las ceremonias diseñadas por los seres humanos son temporales, de modo que pueden ser cambiadas, y deben serlo, cuando fomenten más la superstición que la edificación de la Iglesia[629].

CAPITULO XXI
LOS SACRAMENTOS

Así como los padres bajo la ley, además de los sacrificios, tenían dos sacramentos principales, esto es, la circuncisión y la pascua, y quienes los rechazaban no eran reconocidos como parte del pueblo de Dios[a], nosotros reconocemos y confesamos que ahora, en el tiempo del evangelio, tenemos dos sacramentos principales, los únicos instituidos por el Señor Jesús, y ordenados para ser practicados por todos aquellos que serán contados como miembros de su cuerpo, estos son, el Bautismo y la Cena o la Mesa del Señor

---

[629] **a.** Gál. 2:11-14. **b.** 1 Tim. 4:1-3; Col. 2:18-23. **c.** Hch. 15:1, etc. **d.** 1 Tim. 3:15; Heb. 3:2. **e.** 1 Cor. 14:40.

Jesús, también llamada la Comunión de su Cuerpo y de su Sangre[b]. Estos Sacramentos, tanto los del Antiguo como los del Nuevo Testamentos, fueron instituidos por Dios, no solo para hacer una distinción visible entre su pueblo y aquellos que estaban fuera del Pacto, sino para fortalecer la fe de sus hijos y, por la participación de estos en los sacramentos, sellar en sus corazones la seguridad de su promesa, y esa más que bendita conjunción, unión y asociación que los elegidos tienen con su Cabeza, Cristo Jesús.

Así, condenamos absolutamente la vanidad de aquellos que afirman que los Sacramentos no son más que meros símbolos desnudos y vacíos. No, nosotros creemos firmemente que por el Bautismo somos injertados en Cristo Jesús, participamos de su justicia, por la cual nuestros pecados son cubiertos y perdonados; y también que en la Cena —correctamente celebrada— Cristo Jesús se une a nosotros de tal manera que él llega a ser verdadero alimento y nutrición para nuestras almas[c]. No que imaginemos que ocurre una transubstanciación del pan al cuerpo de Cristo, y del vino a su sangre natural, tal como los romanistas han enseñado perniciosamente y creído falsamente; sino que esta unión y conjunción que tenemos con el cuerpo y la sangre de Cristo Jesús en la celebración apropiada de los sacramentos, es forjada por medio del Espíritu Santo, quien por medio de una fe verdadera nos lleva por sobre todas las cosas visibles, carnales y terrenales, y nos alimenta con el cuerpo quebrantado y la sangre derramada de Cristo Jesús una sola vez por nosotros, quien está ahora en el cielo y es nuestro abogado ante el Padre[d]. A pesar de la distancia entre su cuerpo glorificado en el cielo, y nosotros los mortales en la tierra, debemos creer con toda seguridad que el pan que partimos es la comunión del cuerpo de Cristo y la copa que bendecimos es la comunión de su sangre[e]. Así confesamos y creemos, sin duda alguna, que los fieles, al hacer uso correcto de la Mesa del Señor, comen el cuerpo y beben la sangre del Señor Jesús en forma tal que él permanece en ellos y ellos en él, y son hechos carne de su carne y hueso de sus huesos[f] de tal manera que, así como la Deidad eterna ha dado a la carne de Cristo Jesús —la cual por naturaleza era corruptible y mortal[g]— vida e inmortalidad, así también comiendo y bebiendo de la carne de Cristo Jesús, hace lo mismo por nosotros. Reconocemos que esto no se nos da en el momento, ni por el poder, ni por la virtud de los sacramentos solamente, sino que afirmamos que los fieles, en el uso apropiado de la Mesa del Señor, logran tal unión con Cristo Jesús[h] que el ser humano natural no puede comprender.

Más aún, afirmamos que aunque los fieles, impedidos por su negligencia y debilidad, no se benefician tanto como debieran en el momento mismo de la Cena. Sin embargo, posteriormente, esta dará fruto siendo semilla viva plantada en buena tierra. Porque el Espíritu Santo, que nunca puede ser separado de la correcta institución del Señor Jesús, no privará a los fieles del fruto de esta mística acción. Todo esto, sin embargo, únicamente hace que el sacramento sea eficaz en nosotros. Por lo tanto, si alguien nos calumnia diciendo que afirmamos o creemos que los sacramentos son símbolos y nada más, son difamadores y hablan contra la verdad manifiesta. Por otro lado, inmediatamente reconocemos que hacemos una distinción entre Cristo Jesús en su eterna sustancia y los elementos de los signos sacramentales. De modo que ni adoramos los elementos en lugar de lo que ellos representan, ni los despreciamos o subestimamos, sino que los utilizamos con gran respeto, examinándonos diligentemente a nosotros mismos antes de participar de ellos, ya que el apóstol nos dice «cualquiera que comiere este pan, y bebiere esta copa del Señor indignamente, será culpado del cuerpo y de la sangre del Señor»[i630].

CAPITULO XXII
LA ADMINISTRACIÓN CORRECTA DE LOS SACRAMENTOS

Para que los sacramentos sean correctamente administrados, juzgamos que se requieren dos cosas: Primero, que sean administrados por ministros legítimos, los cuales declaramos que son solo los que están designadas para predicar la Palabra, y a quienes Dios ha dado poder para predicar el evangelio, y quienes son legalmente llamadas por alguna iglesia. La segunda, es que los Sacramentos deben administrarse con los elementos y en la forma en que Dios ha prescrito; de otra manera, estos dejan de ser los sacramentos de Cristo Jesús.

Esta es la razón por la cual rechazamos las enseñanzas de la Iglesia Romana y nos distanciamos de sus sacramentos; primeramente, porque sus ministros no son verdaderos ministros de Cristo Jesús (ciertamente ellos incluso permiten a las mujeres bautizar, a quienes el Espíritu Santo no permitiría ni predicar en la congregación); y en segundo lugar, porque han adulterado ambos sacramentos con sus propias añadiduras en forma tal, que nada de la sencillez original de los mismos permanece. La adición de aceite, sal, saliva, y cosas tales en el Bautismo son meras añadiduras humanas. Adorar o venerar el sacramento, llevarlo por las calles y por los pueblos en procesión, o conservarlo en una vitrina especial, no es el uso apropiado del sacramento de Cristo, sino un abuso del mismo. Cristo Jesús dijo: «Tomad, comed» y «Haced esto en memoria de mí»[a]. Con estas palabras y mandamientos, él santificó el pan y el vino como el sacramento de su cuerpo santo y de su sangre, para que el uno fuera comido y el otro bebido por todos; y no para que fueran honrados y adorados como Dios, en la forma en que lo hacen los romanistas. Más aún, al negar una parte del sacramento —la bendita copa— al pueblo, cometen un sacrilegio.

Además, para que los sacramentos sean correctamente administrados, se requiere que el fin y la causa por la que fueron instituidos sean comprendidos y observados, tanto por el ministro, como por el comulgante. Porque si el comulgante no entiende lo que está haciendo, el sacramento no está siendo administrado correctamente, como sucedía en el Antiguo Testamento con los sacrificios. De igual modo, si el maestro enseña falsa doctrina, lo cual Dios detesta, aunque los sacramentos sean por él ordenados, no se están administrando correctamente, ya que personas malvadas los utilizan para un propósito distinto al ordenado por Dios. Afirmamos que esto es lo que la

---

[630] **a.** Gén. 17:10-11; Ex. 23:3, etc.; Gén. 17:14; Num. 9:13. **b.** Mat. 28:19; Mar. 16:15-16; Mat. 26:26-28; Mar. 14:22-24; Luc. 22:19-20; 1 Cor. 11:23-26. **c.** 1 Cor. 10:16; Rom. 6:3-5; Gál. 3:27. **d.** Mar. 16:19; Luc. 24:51; Acts 1:11; 3:21. **e.** 1 Cor. 10:16. **f.** Ef. 5:30. **g.** Matt. 27:50; Mar. 15:37; Luc. 23:46; Jn. 19:30. **h.** Jn. 6:51; 6:53-58. **i.** 1 Cor. 11:27-29.

Iglesia Romana ha hecho con los sacramentos, ya que allí toda la acción de Cristo se ha adulterado de tal forma, propósito y significado. Lo que Cristo Jesús hizo y ordenó que se hiciera, es obvio en los evangelios y en San Pablo; lo que el sacerdote hace en el altar no tenemos que comentarlo. La finalidad y el propósito de la institución del sacramento establecido por Cristo, para lo cual debe administrarse, se expresa en las palabras «Haced esto en memoria de mí», y en «Porque todas las veces que comiereis este pan y bebiereis esta copa, la muerte del Señor anunciáis —esto es, exaltan, predican, magnifican y alaban la muerte del Señor— hasta que él venga»[b]. Pero con qué fin y en qué opinión los sacerdotes dicen su Misa, que las palabras de los mismos, sus propios doctores y escritos atestigüen: esto es, que como mediadores entre Cristo y su Iglesia, ellos pueden ofrecer a Dios el Padre un sacrificio en propiciación por los pecados de los vivos y de los muertos. Doctrina que, siendo una blasfemia a Cristo Jesús, y privando de su eficacia a la suficiencia del sacrificio único, una vez ofrecido para purificación de todos aquellos que han de ser santificados[c], nosotros aborrecemos, detestamos y rechazamos completamente[631].

CAPITULO XXIII
QUIENES TIENEN DERECHO A LOS SACRAMENTOS

Confesamos y reconocemos que el Bautismo pertenece tanto a los hijos de los creyentes como a quienes tienen edad y discernimiento; por lo tanto, condenamos el error de los anabaptistas, quienes niegan el Bautismo a los niños antes de que tengan fe y comprensión[a]. No obstante, afirmamos que la Cena del Señor es solamente para los que, perteneciendo a la comunidad de la fe, pueden examinarse a sí mismos, tanto en su fe como en sus deberes para con su prójimo. Quienes comen y beben de esa santa mesa sin fe, o estando en disención y división con sus hermanos, comen indignamente[b]. Por esta razón los ministros de nuestra Iglesia examinan pública e individualmente el conocimiento y conversación de los que han de ser admitidos en la mesa del Señor Jesús[632].

CAPITULO XXIV
EL MAGISTRADO CIVIL

Confesamos y reconocemos que imperios, reinos, dominios y ciudades son designados y ordenados por Dios; sus poderes y autoridades, emperadores en imperios, reyes en sus reinos, duques y príncipes en sus dominios y magistrados en las ciudades, son ordenados por el santo decreto de Dios para la manifestación de su propia gloria y para el bienestar de todos los seres humanos[a]. Sostenemos que cualquiera que conspire para rebelarse o para deponer los poderes civiles debidamente establecidos, no son solamente enemigos de la humanidad, sino rebeldes contra la voluntad de Dios[b].

---

[631] **a.** Mat. 26:26; Mar. 14:22; Luc. 22:19; 1 Cor. 11:24. **b.** 1 Cor. 11:24-26. **c.** Heb. 9:27-28; 10:14.
[632] **a.** Col. 2:11-12; Rom. 4:11; Gén. 17:10; Mat. 28:19. **b.** 1 Cor. 11:28-29.

Más aún, confesamos y reconocemos que estas personas colocadas en posiciones de autoridad deben ser amadas, honradas, temidas, y apoyadas con el más alto respeto[c], porque son lugartenientes de Dios y, en sus concilios, Dios mismo se sienta y juzga[d]. Ellos son los jueces y príncipes a quienes Dios ha dado la espada para la alabanza y defensa de quienes hacen el bien, y para vengar y castigar a quienes abiertamente hacen el mal[e]. Además, afirmamos que corresponde a los reyes, príncipes, gobernantes y magistrados, principalmente y por sobre todo, la preservación y purificación de la religión; para que no solo sean designados para la política civil, sino también para el mantenimiento de la religión verdadera y para la supresión de la idolatría y de la superstición. Esto se puede ver en David[f], Josafat[g], Ezequías[h], Josías[i] y otros altamente reconocidos por su celo en esta causa. Por lo tanto, confesamos y reconocemos que quienes resisten los poderes superiores, en la medida en que estos actúen dentro de su propia jurisdicción, se oponen a los decretos de Dios y no pueden considerarse libres de culpa. Sostenemos, además que en la medida en que los príncipes y gobernantes cumplan responsablemente sus oficios, cualquiera que les niegue ayuda, consejo o servicio se los niega a Dios, quien por medio de su lugarteniente los requiere de ellos[633].

CAPITULO XXV
LOS DONES GRATUITAMENTE OTORGADOS A LA IGLESIA

Si bien la Palabra de Dios predicada con propiedad, los sacramentos correctamente administrados, y la disciplina ejecutada de acuerdo con la Palabra de Dios son marcas genuinas e infalibles de la Iglesia verdadera, sin embargo, no queremos decir que cualquier persona que pertenezca a esa compañía, es miembro elegido de Cristo Jesús[a]. Reconocemos y confesamos que mucha hierba mala y cizaña están sembradas junto al trigo y crecen abundantemente en medio del trigo; es decir, que los réprobos pueden hallarse en la fraternidad de los escogidos y pueden tomar parte de modo externo en los beneficios de la Palabra y los Sacramentos. Pero como profesan a Dios solo por un tiempo con sus labios y no con sus corazones, ellos fallan, y no perseveran hasta el final[b]. Por lo tanto, no comparten los frutos de la muerte, resurrección y ascensión de Cristo.

Pero quienes genuinamente creen en su corazón y resueltamente confiesan al Señor Jesús con sus labios, ciertamente recibirán dones[c]. Primeramente, en esta vida, recibirán la remisión de sus pecados, y esto, por la fe en la sangre de Cristo solamente; porque aunque el pecado permanecerá y continuamente habitará en nuestros cuerpos mortales, no será tomado en cuenta en contra nuestra, sino que será perdonado y cubierto por la justicia de Cristo[d]. En segundo lugar, en el Juicio final, cada hombre y mujer será resucitado en carne[e]. Los mares y la tierra devolverán sus muertos. Y ciertamente, el Eterno, nuestro Dios, extenderá su mano sobre el polvo y los

---

[633] **a.** Rom. 13:1; Tito 3:1; 1 Ped. 2: 13-14. **b.** Rom. 13:2. **c.** Rom. 13:7; 1 Ped. 2:17. **d.** Sal. 82:1. **e.** 1 Ped.. 2:14. **f.** 1 Cró. 22-26. **g.** 2 Cró. 17: 6, etc; 19: 8, etc. **h.** 2 Cró. 29-31. **i.** 2 Cró. 34-35.

muertos se levantarán incorruptibles[f] y con la mismísima sustancia de la carne que ahora cada criatura lleva[g], para recibir de acuerdo a sus obras, gloria o castigo[h]. Pero quienes ahora se deleitan en la vanidad, la crueldad, la inmundicia, la superstición, o la idolatría, serán condenados al fuego inextinguible, en el cual quienes ahora sirven al diablo en todas sus abominaciones serán atormentados por siempre, en cuerpo y en espíritu. Por el contrario, quienes perseveran en hacer el bien hasta el fin, resueltamente confesando al Señor Jesús, recibirán gloria y honor e inmortalidad —constantemente lo creemos— para reinar por siempre en vida eterna con Cristo Jesús[i]; a cuyo cuerpo glorificado todos sus elegidos serán semejantes[j] cuando él se presente de nuevo para juzgar y entregue el Reino a Dios su Padre, quien entonces será y permanecerá por siempre el todo en todas las cosas, Dios bendito para siempre[k], a quien, con el Hijo, y el Espíritu, sea toda gloria ahora y por siempre jamás. Amén.

Levántate, oh Señor, y confunde a tus enemigos. Que huyan de tu presencia los que odian tu nombre divino. Da a tus siervos poder para predicar tu Palabra con denuedo, y que todas las naciones se adhieran al verdadero conocimiento tuyo[634].

---

634 **a.** Mat. 13:24, etc. **b.** Mat. 13:20-21. **c.** Rom. 10:9,13. **d.** Rom. 7. **e.** John 5:28-29. **f.** Apo. 20:13. **g.** Job 19:25-27. **h.** Mat. 25:31-46. **i.** Apo. 14:10; Rom. 2:6-10. **j.** Fil. 3:21. **k.** 1 Cor. 15:24,28. **l.** Núm. 10:35; Ps. 68:1; Hch. 4:29.

INTRODUCCIÓN A LA CONFESIÓN BELGA

La Confesión belga es una de las confesiones reformadas más conocidas y queridas. Philip Schaff, el venerable historiador de la iglesia y sus confesiones, observa que es «en general, la mejor declaración simbólica del sistema de doctrina calvinista, con la excepción de la Confesión de Westminster». Esta confesión se conoce más comúnmente como la Confesión «Belga» porque surgió de las iglesias reformadas de habla francesa en las «tierras bajas» o «países bajos» del sur (ahora Bélgica). Ha servido históricamente como uno de los tres símbolos confesionales de las iglesias reformadas holandesas. El afecto por esta confesión entre estas iglesias se deriva tanto de las circunstancias conmovedoras sufridas por su autor y suscriptores originales, como de su rica declaración de la fe reformada.

En nuestro breve esbozo de esta confesión, abordaremos ambas características: primero, los antecedentes y el entorno dentro del cual se produjo la Confesión Belga; y, en segundo lugar, el contenido distintivo de su declaración clásica de la fe reformada.

Antecedentes y entorno

La Confesión Belga fue escrita originalmente por un pastor reformado de habla francesa, Guido de Brés, quien había sido alumno de Calvino en Ginebra. Aunque de Brés fue el autor principal de la Confesión Belga, otros pastores y teólogos reformados, incluido Francis Junius —quien luego se convertiría en un conocido profesor reformado en la Universidad de Leiden—, contribuyeron a la forma final y recibida de la Confesión.

Escrita por primera vez en 1561, se enviaron copias de la Confesión a Ginebra y a otras iglesias reformadas para su aprobación. La forma actual de la Confesión proviene de la época del gran Sínodo de Dordt en 1618-19, cuando el texto fue revisado y aprobado oficialmente en cuatro idiomas (en el original francés, en latín, en holandés y en alemán). No mucho después de que se escribió por primera vez, la Confesión Belga se presentó a Felipe II de España, que ejercía el gobierno sobre los Países Bajos en ese momento, con la vana esperanza de que la tolerancia se extendiera a la fe reformada. Desde el principio, esta confesión gozó de una pronta aceptación entre las iglesias reformadas de los Países Bajos.

Poco antes de su muerte como mártir, el principal autor de la Confesión belga, Guido de Brés, escribió desde la prisión las siguientes palabras a su esposa Catherine:

LA CONFESIÓN BELGA

Tu dolor y angustia, que me preocupan en medio de mi gozo y alegría, son la causa de que te escriba esta presente carta. Te ruego sinceramente que no te aflijas más allá de toda medida... Si el Señor hubiera deseado que viviéramos juntos por más tiempo, fácilmente podría haberlo hecho así. Pero tal no era su placer. Que se haga su buena voluntad, entonces, y que eso sea suficiente sobre todas las razones... Te ruego que te consueles en el Señor, que te encomiendes a ti y a tus asuntos a Él, porque Él es el Esposo de la viuda y el Padre de los huérfanos, y nunca te dejará ni te abandonará... ¡Adiós, Catherine, mi bien amada! Ruego a mi Dios que te consuele y te dé resignación a su santa voluntad. Tu fiel esposo, Guido de Bres.

Estas conmovedoras palabras por de Bres fueron escritas poco antes de que fuera martirizado, colgando por su fe, y testigo del gran sufrimiento de los creyentes evangélicos y reformados en los Países Bajos. Estos fuertes creyentes, que podían hablar de «gozo y alegría» incluso en medio de una severa persecución, declararon en el prefacio de la Confesión que «ofrecerían sus espaldas a los azotes, sus lenguas a los cuchillos, sus bocas a las mordazas, y sus cuerpos enteros al fuego», antes de negar la verdad del evangelio. Que estas palabras no fueron una jactancia vana se aprecia en que aproximadamente 100,000 creyentes reformados perdieron la vida durante la lucha por la reforma de la iglesia en los Países Bajos.

El propósito de la preparación de la Confesión Belga y su presentación a Felipe II es de particular importancia. Ante la intensa persecución de este soberano católico romano y sus magistrados, Guido de Brés y los creyentes reformados de los Países Bajos estaban ansiosos por demostrar que su fe era consistente con la enseñanza de la Sagrada Escritura y con el antiguo consenso de la santa iglesia católica y sus concilios. En consecuencia, la Confesión Belga tiene un tono irénico en todas partes, especialmente en su cuidadosa demostración del compromiso de la fe reformada con las grandes doctrinas bíblicas de la Trinidad, así como con la persona y la obra de Cristo. La enseñanza católica romana es rechazada en puntos críticos, pero el objetivo de la Confesión es persuadir a sus lectores de que la fe reformada no es otra cosa que la fe histórica de la iglesia cristiana.

Otro propósito de la confesión, que la distingue de la Confesión Francesa o Galicana de 1559 —con la cual la Confesión Belga comparte muchas similitudes sorprendentes—, era demostrar que la fe reformada era distinta de la de los «anabaptistas». Entre los anabaptistas, quienes tuvieron una influencia considerable en los Países Bajos en el período temprano de la Reforma, hubo quienes rechazaron no solo la práctica del Bautismo infantil sino también la legitimidad del magistrado civil como siervo de Dios y como instrumento para ejercer Su gobierno. Los anabaptistas distinguieron agudamente el reino espiritual de Cristo, la iglesia, del orden civil, y abogaron por una estricta separación del mundo, lo cual requería una negativa al servicio militar, al juramento y al pago de impuestos. Algunas de las características más distintivas de la Confesión Belga indican que fue escrita para defender la fe reformada contra el supuesto de que compartía estas características del partido radical de la Reforma.

Contenido Distintivo

La Confesión Belga no es una declaración confesional como los Cánones de Dort que se escribieron para abordar un error doctrinal particular. Al igual que sus precursores —la Confesión de Calvino de Ginebra y la Confesión Galicana (ambas completadas en 1559)—, la Confesión Belga ofrece una declaración exhaustiva de la fe cristiana y reformada. En términos generales, los contenidos de los treinta y siete artículos que comprenden la Confesión se distribuyen de acuerdo con los tres artículos del Credo de los Apóstoles. Después de varios artículos introductorios que exponen la visión de la Reforma acerca de la inspiración y autoridad de las Escrituras canónicas (Art. 1-7), la Confesión primero afirma la verdad de la Trinidad y de las obras de creación y providencia de Dios (Art. 8-13). La sección central de la Confesión establece la enseñanza bíblica sobre la persona y la obra de Cristo, distinguiendo la comprensión de la Reforma sobre la salvación, solo por gracia a través de la sola fe, de los errores de la enseñanza medieval católica romana (Art. 14-23). La sección final de la Confesión ofrece una declaración resumida de la persona y obra del Espíritu, que incluye varios artículos sobre la iglesia y los sacramentos, así como un artículo específico sobre el nombramiento divino y el ministerio del magistrado civil (Art. 24-37).

Para los fines de nuestro breve resumen del contenido de la Confesión Belga, identificaremos dos temas principales que se destacan en su testimonio de la fe reformada.

Primero, como la posterior Confesión de Fe de Westminster, la Confesión Belga abre con una declaración clásica de la doctrina reformada de la revelación, particularmente la doctrina de la Escritura. De acuerdo al Artículo 2, Dios se «da a conocer» por dos medios, la revelación general y la revelación especial. Aunque la misma creación y la superintendencia de la historia bajo los propósitos soberanos de Dios dan testimonio del poder y la divinidad eterna de Dios, como el «libro más elegante», esta revelación general solo deja al hombre pecador en un estado de inexcusable ignorancia y rebelión ante Dios. Por lo tanto, para dar a conocer «más claramente» Su voluntad y propósito, especialmente Su obra redentora a través de Jesucristo, en el evangelio, Dios ha provisto a su iglesia con las Sagradas Escrituras. Estas Escrituras canónicas, que fueron producidas bajo inspiración y poseen la plena autoridad de su Autor Divino, son la única norma para la regulación y fundamento de la fe cristiana.

Segundo, en su testimonio sobre la persona y la obra de Cristo, la Confesión Belga no solo hace eco del antiguo consenso de la iglesia, sino que también enfatiza la comprensión reformada distintiva de la soberana y misericordiosa elección (Art. 16), y de la obra redentora de Cristo por Su pueblo. La doctrina de la justificación solo por gracia, a través de la fe, está claramente articulada. De especial interés es el Artículo 22, que fue ligeramente revisado en el Sínodo de Dordt en el contexto de los debates sobre la naturaleza de la justicia de Cristo que fue imputada para la justificación del creyente. Este artículo señala específicamente que la justicia de Cristo incluye «todos sus méritos y tantas obras santas que ha hecho por nosotros y en lugar nuestro», aclarando así que la justicia imputada a los creyentes incluye lo que se conoce como la «obediencia activa» de Cristo. Mientras que la justificación de los creyentes se distingue claramente de la gracia de la santificación, estos dos beneficios de la obra salvadora de Cristo se unen inseparablemente en la comunicación de la gracia de Dios en Cristo a los creyentes (Art. 24).

Aunque la Confesión Belga tiene marcas evidentes del contexto histórico en el que se escribió por primera vez, sigue siendo una de las mejores declaraciones históricas de la fe de las iglesias reformadas. Los creyentes evangélicos harían bien en familiarizarse con esta Confesión, tomando nota especialmente de las difíciles circunstancias de persecución dentro de las cuales fue escrita. Sellada con la sangre de muchos mártires, este sólido testimonio del evangelio de la gracia libre y soberana de Dios en Cristo continúa expresando para muchos la «fe viva de los muertos» (Jaroslav Pelikan).

Corlenis P. Venema
Ph.D., Princeton Theological Seminary, es presidente en Mid-America Reformed Seminary, y se desempeña como pastor asociado en Redeemer Union Reformed Church (URC).

LA CONFESIÓN BELGA

ARTÍCULO 1
EL ÚNICO DIOS

Todos nosotros creemos con el corazón y confesamos con la boca que hay un ser espiritual, único y simple, al que llamamos Dios; quien es eterno, incomprensible, invisible, inmutable, infinito, todopoderoso, perfectamente sabio, justo, bueno y fuente superabundante de todos los bienes[635].

ARTÍCULO 2
LOS MEDIOS POR LOS CUALES CONOCEMOS A DIOS

A Él le conocemos a través de dos medios. En primer lugar, por la creación, conservación y gobierno del universo: porque este es para nuestros ojos como un hermoso libro en el que todas las criaturas, grandes y pequeñas, son cual caracteres que nos dan a contemplar las cosas invisibles de Dios, a saber, su eterno poder y deidad, como dice el apóstol Pablo; todas las cuales son suficientes para convencer a los hombres, y privarles de toda excusa. En segundo lugar, Él se nos da a conocer aún más clara y perfectamente por Su santa y divina Palabra, esto es, tanto como nos sea necesario saber en esta vida, para Su gloria y nuestra salvación[636].

---

[635] Rom. 10:10; 2 Cor. 3:17; Jn. 4:24; Ef. 4:6; 1 Tim. 2:5; Deu. 6:4; Ml. 2:10; Isa. 40:28; 40:18-25; Col. 1:15; 1 Tim. 6:16; Stg. 1:17; Sal. 145:3; Isa. 40:12; 40:13-14; Mat. 19:17; Jer. 2:13.

[636] Sal. 19:1; Rom. 1:20; Sal. 19:7; 1 Cor. 2:9,10; 1:18-21.

ARTÍCULO 3
LA PALABRA ESCRITA DE DIOS

Confesamos que esta Palabra de Dios no fue enviada ni entregada por «voluntad humana», sino que «los santos hombres de Dios hablaron siendo inspirados por el Espíritu Santo», conforme dice el apóstol Pedro. Después, Dios, por un cuidado especial que tiene de nosotros y de nuestra salvación, a Sus siervos los profetas y apóstoles les mandó consignar por escrito Su Palabra revelada; y Él mismo escribió con Su dedo las dos tablas de la ley. Por esta razón, a tales escritos los denominamos santas y divinas Escrituras[637].

ARTÍCULO 4
LOS LIBROS CANÓNICOS

Tenemos las Sagradas Escrituras en dos libros: el Antiguo y el Nuevo Testamento, y los llamamos libros canónicos porque contra ellos no hay nada que objetar. A éstos se los enumera en la Iglesia de Dios del modo siguiente:

Los libros del Antiguo Testamento son, los cinco libros de Moisés: Génesis, Éxodo, Levítico, Números, Deuteronomio; los libros de Josué, Jueces y Rut; los dos libros de Samuel, los dos libros de Reyes, los dos libros de Crónicas, comúnmente llamados Paralipómenos; el primer libro de Esdras, Nehemías, Ester, Job, los Salmos de David; los tres libros de Salomón, esto es, Proverbios, Eclesiastés y el Cantar de los Cantares; los cuatro grandes profetas Isaías, Jeremías[638], Ezequiel, Daniel; y los doce profetas menores, que son Oseas, Joel, Amós, Abdías, Jonás, Miqueas, Nahum, Habacuc, Sofonías, Hageo, Zacarías y Malaquías.

Y los del Nuevo Testamento son los cuatro evangelistas: Mateo, Marcos, Lucas y Juan; los Hechos de los Apóstoles; las catorce epístolas del apóstol Pablo: una a los Romanos, dos a los Corintios, una a los Gálatas, una a los Efesios, una a los Filipenses, una a los Colosenses, dos a los Tesalonicenses, dos a Timoteo, una a Tito, una a Filemón y una a los Hebreos; las siete epístolas de los otros apóstoles, que son, una de Santiago, dos de Pedro, tres de Juan, una de Judas y el Apocalipsis del apóstol Juan.

ARTÍCULO 5
LA AUTORIDAD DE LA ESCRITURA

Recibimos estos libros, y únicamente estos, como sagrados y canónicos, para regular, fundamentar y confirmar nuestra fe. Y creemos sin duda alguna todo lo que está comprendido en ellos; no tanto porque la Iglesia los acepta y los aprueba como tales, sino más especialmente porque el Espíritu Santo testifica en nuestro corazón que son de Dios, de lo cual llevan la evidencia en sí mismos. Porque incluso los ciegos son capaces de percibir que las cosas que en ellos se anuncian se cumplen.

---

[637] 2 Ped. 1:21; Sal. 102:18; Ex. 17:14; 34:27; Deu. 5:22; Ex. 31:18.
[638] Aquí se incluye el libro de Lamentaciones junto con el libro de Jeremías.

ARTÍCULO 6
LA DIFERENCIA ENTRE LIBROS CANÓNICOS Y APÓCRIFOS

A estos santos libros los distinguimos de los apócrifos, que son los siguientes: el tercero y cuarto libro de Esdras, el libro de Tobías, Judit, el libro de la Sabiduría, Eclesiástico, Baruc, el apéndice al libro de Ester; la oración de los tres mancebos en el fuego, la historia de Susana, la historia de Bel y el Dragón; la oración de Manasés, y los dos libros de los Macabeos. La iglesia podrá leer estos libros, y también tomar de ellos enseñanzas en tanto estén en conformidad con los libros canónicos; pero están lejos de tener tal poder y eficacia, como para que podamos, por su testimonio, confirmar algún punto de fe, o de la religión cristiana; mucho menos ir en menoscabo de la autoridad de los otros libros sagrados.

ARTÍCULO 7
LA SUFICIENCIA DE LAS ESCRITURAS

Creemos que estas Santas Escrituras contienen plenamente la voluntad de Dios, y que todo lo que el hombre debe creer para ser salvo es suficientemente enseñado en ellas. Toda la forma de adoración que Dios exige de nosotros se halla extensamente descrita en ella. Por tanto, es ilícito que alguien, aunque incluso sean apóstoles, enseñe de otra manera que como ahora se nos enseña en la Sagradas Escrituras; es más, ni aunque fuera un ángel del cielo, como dice el apóstol Pablo. Porque ya que está vedado añadir algo a la Palabra de Dios, o quitar algo de ella (Dt. 4:2; 12:32; 30:6; Ap. 22:19), es evidente que su doctrina es perfectísima y completa en todas sus formas. No podemos considerar ningún escrito de hombres, por santos que estos hombres hayan sido, de igual valor que las divinas Escrituras; ni debemos considerar la costumbre, ni la mayoría, o la antigüedad, o la sucesión de los tiempos o las personas, o los concilios, decretos o resoluciones con la verdad de Dios (pues la verdad está sobre todas las cosas); porque todos los hombres son de suyo mentirosos y más vanos que la misma vanidad. Por tanto, rechazamos de todo corazón todo lo que no concuerda con esta regla infalible, según nos enseñaron los apóstoles, diciendo: «Probad los espíritus si son de Dios. Asimismo, si alguno viene a vosotros, y no trae esta doctrina, no lo recibáis en casa»[639].

ARTÍCULO 8
LA TRINIDAD

De acuerdo con esta verdad y esta Palabra de Dios, creemos en un solo Dios; el cual es una única esencia en la que hay tres personas, real, verdadera y eternamente distintas según sus atributos incomunicables; y que son el Padre,

---

[639] 1 Tim. 3:16-17; 1 Ped. 1:10-12; Prov. 30:6; Gál 3:15; Ap 22:18-19; 1 Tim 1:3; Gál. 1:8,11; 1 Cor. 15:2; Hch. 26:22; Rom. 15:4; Hch. 18:28; Deu. 12:32; 1 Ped. 4:10-11; Luc. 11:13; Hch. 20:27; Jn. 4:25; 15:15; 1 Tim. 1:13; Col. 2:8; Heh 4:19; Jn. 3:13-31; 1 Jn. 2:19; Hbr. 8:9; 2 Pe 2:1-19; Mat. 15:3; Mc. 7:7; Isa. 1:12; Sal. 62:9; 2 Tim. 2:14; Mat. 17:5; Isa. 8:20; 1 Cor. 2:4; 3:11; Sal 12:6; Deu. 4:5-6; Efe 4:5; 1 Jn. 4:1; 2 Jn. 10.

y el Hijo, y el Espíritu Santo. El Padre es la causa, el origen y el principio de todas las cosas, tanto visibles como invisibles. El Hijo es el verbo, la sabiduría y la imagen del Padre. El Espíritu Santo es el eterno poder y fuerza, procedente del Padre y del Hijo. Sin embargo, esta distinción no hace que Dios esté dividido en tres, ya que las Sagradas Escrituras nos enseñan que el Padre, el Hijo, y el Espíritu Santo, cada uno tiene su personalidad, distinta por sus atributos; pero de tal manera que estas tres personas son un solo Dios. Así pues, es evidente que el Padre no es el Hijo, y que el Hijo no es el Padre, y que asimismo tampoco el Espíritu Santo es el Padre ni el Hijo. A pesar de eso, estas personas, tan distintas, no están divididas, ni tampoco mezcladas entre sí. Porque el Padre no se ha encarnado, ni tampoco el Espíritu Santo, sino solamente el Hijo. El Padre nunca ha sido sin su hijo, ni sin su Espíritu Santo; porque los tres son coeternos en una sola misma esencia, allí no hay primero, ni último; porque los tres son uno solo en verdad, en potencia, en bondad y en misericordia[640].

ARTÍCULO 9
EL TESTIMONIO BÍBLICO DE LA TRINIDAD

Sabemos todo esto por los testimonios de las Sagradas Escrituras, así como también por sus operaciones, y mayormente por aquellas que percibimos en nosotros mismos. Los testimonios de las Sagradas Escrituras, que nos enseñan a creer en esta Santa Trinidad, están descritos en muchas partes del Antiguo Testamento; los cuales no es necesario enumerarlos todos, sino elegirlos con discernimiento y juicio. En Génesis 1:26-27, Dios dice: «Hagamos al hombre a nuestra imagen, conforme a nuestra semejanza... Y creó Dios al hombre a su imagen, varón y hembra los creó». Y en Génesis 3:22: «He aquí que el hombre es como uno de nosotros». De este dicho, «hagamos al hombre a nuestra imagen», resulta evidente que hay más de una persona en la Divinidad; y cuando Él dice: «Y creó Dios», nos indica la unidad. Bien es verdad que Él no dice cuántas son las personas que hay; pero lo que para nosotros es algo oscuro en el Antiguo Testamento, está muy claro en el Nuevo. Pues cuando nuestro Señor fue bautizado en el Jordán, se escuchó la voz del Padre, que decía: «Este es mi Hijo amado»; el Hijo fue visto en el agua, y el Espíritu Santo se manifestó en forma de paloma. Además, en el Bautismo de todos los creyentes esta fórmula es instituida por Cristo: «Bautizándolos en el nombre del Padre, y del Hijo, y del Espíritu Santo». En el evangelio de Lucas, el ángel Gabriel así se dirigió a María, la madre del Señor: «El Espíritu Santo vendrá sobre ti, y el poder del Altísimo te cubrirá con su sombra; por lo cual también el Santo Ser que nacerá, será llamado Hijo de Dios». Asimismo: «La gracia del Señor Jesucristo, el amor de Dios y la comunión del Espíritu Santo sean con todos vosotros». Y «tres son los que dan testimonio en el cielo: el Padre, el Verbo y el Espíritu Santo; y estos tres son uno». En todos estos lugares se nos enseña sobradamente, que hay tres personas en una única esencia divina. Y aunque esta doctrina sobrepasa por mucho todo

---

[640] 1 Cor. 8:6; Jn. 5:17-18, 32, 36, 37; Col. 1:15,18; 1 Cor. 1:24; Jn. 1:14; 1 Jn. 1:1; Ap 19:13; Prov. 8:22; Heb. 1:3; Mat. 28:19; 3:16-17; Jn. 1:14; Miq. 5:2.

entendimiento humano, no obstante, ahora la creemos por medio de la Palabra de Dios, y esperamos disfrutar de su perfecto conocimiento y beneficio en el cielo. Además de esto, también hay que hacer notar los oficios y operaciones particulares de estas tres personas con respecto a nosotros: el Padre es llamado nuestro Creador, por su poder; el Hijo es nuestro Salvador y Redentor, por su sangre; el Espíritu Santo es nuestro Santificador, por su morada en nuestros corazones. Esta doctrina de la Santísima Trinidad ha sido siempre sostenida y mantenida en la Iglesia verdadera, desde los tiempos de los apóstoles hasta ahora, en contra de los judíos, los mahometanos y algunos falsos cristianos y herejes como Marción, Manes, Praxeas, Sabelio, Pablo de Samosata, Arrio y otros semejantes, los cuales fueron justamente condenados por los padres ortodoxos. Por lo tanto, con respecto a este punto, aceptamos gustosamente los tres sumarios de fe, a saber, el de los Apóstoles, el de Nicea y el de Atanasio, así como también lo que fue resuelto por los antiguos en conformidad con estos sumarios[641].

ARTÍCULO 10
LA DEIDAD DE CRISTO

Creemos que Jesucristo, según su naturaleza divina, es el único Hijo engendrado de Dios, engendrado desde la eternidad, no hecho, ni creado —porque entonces sería una criatura—, sino coesencial y coeterno con el Padre, la imagen expresa del Padre y el resplandor de Su gloria, siéndole en todo igual. Él es el Hijo de Dios, no solo desde el momento que asumió nuestra naturaleza, sino desde toda la eternidad; según nos enseñan estos testimonios al ser comparados entre sí: Moisés dice que Dios creó el mundo, y Juan dice que todas las cosas fueron creadas por el Verbo, al cual llama Dios. El apóstol dice que Dios hizo el mundo por su Hijo; de la misma manera, que Dios ha creado todas las cosas por Jesucristo. De manera que aquel que es llamado Dios, el Verbo, el Hijo y Jesucristo, ya existía, cuando todas las cosas fueron creadas por Él. Y por eso el profeta Miqueas dice: «Sus salidas son desde el principio, desde los días de la eternidad». Y el apóstol: «Ni tiene principio de días, ni fin de vida». Así pues, Él es aquel Dios Todopoderoso, eterno y verdadero, a quien invocamos, adoramos y servimos[642].

---

[641] Gén. 1:26-27; 3:22; Mat. 3:16; 28:19; Luc. 1:35; 2 Cor. 13:14; 1 Jn. 5:7; Hch. 2:32,33; 1 Ped. 1:2; 1 Jn. 4:13-14; Gál. 4:6; Ef. 3:14,16; Tit. 3:4,6; Jds. 1:20-21; Rom. 8:9; Hch. 10:38; 8:29,37; Jn. 14:16.

[642] Jn. 1:18; 1:34; 1:14; Col 1:15; Heb, 1:3; Jn. 10:30; Isa. 7:14; Rom. 9:5; 2 Cor. 5:19-20; Hch. 20:21; Rom. 14:18; Jn. 14:9; Tit. 2:10; 1 Cor. 10:9; Mat. 3:17; 17:5; Jn. 8:24,54; 1 Tes. 3:11; Flp. 2:11; Heb. 1:1-2; 3:3-4; 1 Jn. 5:5; Jn. 20:31; 7:29; Apo. 1:6; Gál. 4:4; Sal. 2:7-12; Jn. 8:58; 17:5; Heb. 13:8; Gén. 1:1; Jn. 1:3; Heb 11:3; Col. 1:15-16; Ef. 3:1-4; 8-9; 1 Cor. 8:6; Miq 5:2.

ARTÍCULO 11
LA DEIDAD DEL ESPÍRITU SANTO

Asimismo creemos y confesamos que el Espíritu Santo procede del Padre y del Hijo desde la eternidad; por lo tanto, no ha sido hecho, ni creado, ni tampoco engendrado, sino que solo procede de ambos; el cual, en orden, es la tercera persona de la santa Trinidad; de una sola misma esencia, majestad y gloria con el Padre y con el Hijo; por lo que es el verdadero y eterno Dios, como nos enseñan las Sagradas Escrituras[643].

ARTÍCULO 12
LA CREACIÓN DE TODAS LAS COSAS

Creemos que el Padre, por el Verbo, es decir, por su Hijo, ha creado de la nada el cielo, la tierra, y todas las criaturas, como a Él le pareció bien, dando a cada criatura su ser, figura y forma, y distintos oficios para servir a su Creador y que Él también las mantiene y gobierna según su providencia eterna y su poder infinito, para que sirvan al hombre, a fin de que este sirva a su Dios. Él también creó buenos a los ángeles para ser sus mensajeros y para servir a los elegidos; algunos de los cuales, de aquella excelencia en la que Él los había creado, han caído en la condenación eterna, y los otros, por la gracia de Dios, han perseverado en su primer estado y no han caído. Los demonios y los espíritus malignos se pervirtieron de tal manera que son enemigos de Dios y de todo lo bueno. Con todas sus fuerzas, acechan como asesinos para arruinar a la iglesia y todos sus miembros, y para destruir todo por medio de sus malvadas estratagemas; por eso, por su propia maldad son sentenciados a condenación eterna, esperándoles diariamente sus terribles tormentos. De modo que rechazamos y aborrecemos el error de los saduceos, quienes niegan la existencia de espíritus y ángeles; y asimismo el de los maniqueos, los cuales dicen que los demonios tienen su origen en sí mismos, y que son impíos de su propia naturaleza, sin que se hayan pervertido.

ARTÍCULO 13
LA DOCTRINA DE LA PROVIDENCIA DE DIOS

Creemos que este buen Dios, después de haber creado todas las cosas, no las abandonó ni las entregó al acaso o al azar, sino que las dirige y gobierna según Su santa voluntad, de tal manera que nada acontece en este mundo sin Su ordenamiento. No obstante, Dios no es autor ni puede ser culpado del pecado que sucede; porque Su poder y bondad son tan grandes e incomprensibles, que ordena y ejecuta Su obra de la manera más excelente y justa, incluso cuando los demonios y los malvados actúen injustamente. Y en cuanto a que sus acciones sobrepasen el entendimiento humano, no indagaremos con curiosidad más allá de lo que nuestra capacidad nos permite; sino con la mayor humildad y reverencia adoramos los justos juicios de Dios, que nos son

---

[643] Gén. 1:2; Sal. 33:6; Isa. 32:15; Jn. 15:26; Sal. 104:30; Jn. 14:16; 14:26; Mat. 28:19; Rom. 8:9; 1 Cor. 3:16; 6:11; Hch. 5:3.

ocultos, contentándonos con ser discípulos de Cristo, para aprender solo lo que Él nos ha revelado en su Palabra, sin traspasar estos límites. Esta doctrina nos da un consuelo inefable, ya que ella nos enseña que nada nos puede acontecer por casualidad, sino por la disposición de nuestro muy misericordioso Padre Celestial. Él vela por nosotros con cuidado paternal, sujetando a todas las criaturas bajo su dominio, de tal manera que ni un solo cabello de nuestra cabeza (pues están todos contados), ni un gorrión, pueden caer a tierra, sin la voluntad de nuestro Padre, en quien confiamos completamente; estando persuadidos de que Él reprime a los demonios y a todos nuestros enemigos, los cuales no nos pueden perjudicar sin Su permiso y voluntad. Y en esto reprobamos el condenable error de los epicúreos que dicen que Dios no se inmiscuye en nada, y deja acontecer casualmente las cosas[644].

ARTÍCULO 14
LA CREACIÓN Y LA CAÍDA DEL HOMBRE

Creemos que Dios ha creado al hombre del polvo de la tierra, y lo ha hecho y lo ha formado según Su imagen y semejanza, bueno, justo y santo, capaz de convenir con su voluntad en todo con la voluntad de Dios. Pero, cuando anduvo en honor, no lo entendió él así, ni reconoció su excelencia, sino que por propia voluntad se sometió voluntariamente al pecado y, en consecuencia, a la muerte y a la maldición, prestando oídos a las palabras del diablo. Pues transgredió el mandamiento de vida que había recibido; y por el pecado se separó de Dios que era su vida verdadera, habiendo pervertido toda su naturaleza; por lo cual se hizo culpable y sujeto a muerte física y espiritual. Y habiéndose hecho impío, perverso y corrompido en todos sus caminos, ha perdido todos los excelentes dones que había recibido de Dios, no quedándole de ellos más que pequeños restos, los cuales son suficientes para dejar al hombre sin excusa; ya que toda la luz que hay en nosotros, se ha trocado en tinieblas, como nos enseña las Escrituras, diciendo: «La luz en las tinieblas resplandece, y las tinieblas no prevalecieron contra ella»; aquí Juan llama tinieblas a los hombres. Por lo cual rechazamos todo lo que contra esto se enseña sobre el libre albedrío del hombre, toda vez que el hombre no es más que un esclavo del pecado, y no tiene nada en sí mismo, si no le es dado del cielo. Porque, ¿quién hay que se gloríe de poder hacer algo bueno como de sí mismo, dado que Cristo dice: «Ninguno puede venir a mí, si el Padre que me envió no le trajere?» ¿Quién se gloriará en su propia voluntad, cuando entiende que la mente carnal es enemistad contra Dios? ¿Quién hablará de su conocimiento, siendo así que el hombre natural no percibe las cosas que son del Espíritu de Dios? Para abreviar, ¿quién sugerirá algún pensamiento, si comprende que no somos competentes por nosotros mismos para pensar algo como de nosotros mismos, sino que nuestra competencia proviene de Dios? Y

---

[644] Jn. 5:17; Heb. 1:3; Prov. 16:1; Ef. 1:11; Stg. 4:13-15; 1:13; Job. 1:21; 2 Rey. 22:20; Heb. 4:28; Hch. 2:23; Sal. 105:25; Isa. 10:5; 2 Tes. 2:11; 1 S. 2:25; Sal. 11:53; Isa. 45:7; Am. 3:6; 2 Tes. 2:11; Eze. 4:9; Rom. 1:28; 1 Re 11:23; Prov. 21:1; Mat. 10:29, 30; Gén. 45:8; 50:20; 2 S. 16:10; Mat. 8:31; Sal. 5:4; 1 Jn. 3:8.

por eso, lo que dice el apóstol, con razón debe tenerse por cierto y seguro, y es esto, que Dios es el que «en nosotros produce así el querer como el hacer por Su buena voluntad». Porque no hay entendimiento ni voluntad conforme al entendimiento y la voluntad de Dios, si Cristo no los ha obrado en el hombre; lo cual nos lo enseña Él diciendo: «Porque separados de mí nada podéis hacer»[645].

ARTÍCULO 15
LA DOCTRINA DEL PECADO ORIGINAL

Creemos que, por la desobediencia de Adán, el pecado original se ha extendido a toda la humanidad; que es una depravación de toda la naturaleza y un defecto hereditario, con lo cual aun los niños pequeños son contaminados en el seno de sus madres, y que produce en el hombre toda clase de pecados, estando en él como una raíz; y por eso es tan repugnante y abominable a los ojos de Dios, que es suficiente para condenar a toda la humanidad. Y no es abolido, ni enteramente desarraigado por el Bautismo, ya que el pecado siempre brota de esta fuente lamentable, como el agua de una fuente; si bien a los hijos de Dios no les es imputado para condenación, sino que les es perdonado por su gracia y misericordia. No para descansar tranquilamente en el pecado, sino para que el sentimiento de esta corrupción haga a los creyentes gemir constantemente, deseando ser librados de este cuerpo de muerte. Y en esto rechazamos el error de los pelagianos que dicen que el pecado procede de la imitación[646].

ARTÍCULO 16
LA DOCTRINA DE LA ELECCIÓN

Creemos que, ya que todo el linaje de Adán ha caído así en perdición y ruina por el pecado del primer hombre, Dios se mostró a sí mismo tal cual es, a saber: misericordioso y justo. Misericordioso, porque libera y preserva de esta perdición a aquellos que Él, en su eterno e inmutable consejo, de pura misericordia, ha elegido en Jesucristo nuestro Señor, sin consideración alguna a las obras de ellos. Justo, porque a los otros deja en su caída y perdición en que ellos mismos se han arrojado[647].

---

[645] Gén. 2:7; 3:19; Ecl. 12:7; Gén. 1:26-27; Ef. 4:24; Sal. 49:20; Gén. 3:1-6; Rom. 5:12,21; Gén. 3:17-18; Ecl. 7:29; Rom. 5:12; Jn. 8:7; Rom. 2:12; 3:10; 8:6; Hch. 14:16; Rom. 1:20-21; Ef. 4:17-19; 5:8; Jn. 1:5; Sal. 94:11; Rom. 8:5; Jn. 3:27; Sal. 28:8; Isa. 45:25; Jn. 6:44; Rom. 8:7; 1 Cor. 2:14; 2 Cor. 3:5; Fil. 2:13; Jn. 15:5.

[646] Rom. 5:12-13; Rom. 7:24

[647] Rom. 3:12; Jn. 6:37,44; Deu. 32:8; Rom. 11:34-35; Jn. 10:29; 13:18; 18:9; 17:12; Rom. 9:16; Ml. 1:2-3; 2 Tm. 1:9; Tit 3:4-5; Rom. 11:5,9,11; 2 Tim 2:20; Rom. 9:21; Mat. 15:24.

ARTÍCULO 17
LA RECUPERACIÓN DEL HOMBRE CAÍDO

Creemos que nuestro buen Dios, por su admirable sabiduría y bondad, viendo que de esta manera el hombre se había arrojado a la muerte corporal y espiritual, y que se había hecho totalmente miserable, le agradó buscarlo cuando temblando huía de Su presencia y lo consoló prometiéndole que daría a Su Hijo, el cual nacería de una mujer, a fin de quebrantar la cabeza de la serpiente y le haría bienaventurado[648].

ARTÍCULO 18
LA ENCARNACIÓN

Confesamos, pues, que Dios consumó la promesa hecha a los antiguos padres por boca de sus santos profetas cuando envió al mundo, en el tiempo por Él determinado, a Su propio Hijo, unigénito y eterno. Él tomó forma de siervo, y se hizo semejante a los hombres, tomando realmente la naturaleza humana verdadera, con todas sus debilidades, excepto el pecado, siendo concebido en el seno de la bienaventurada virgen María por el poder del Espíritu Santo, sin intervención de varón. Y no solamente tomó la naturaleza humana en lo que al cuerpo se refiere, sino que también tomó una verdadera alma humana, a fin de que El fuese un verdadero hombre. Pues ya que tanto el alma como el cuerpo estaban perdidos, así era necesario que Él tomara los dos para salvarlos a ambos. Por eso confesamos —en oposición a la herejía de los anabaptistas, quienes niegan que Cristo tomó carne humana de su madre—, que Cristo tomó la misma carne y sangre que los niños; que Él es el fruto de los lomos de David, según la carne; nacido de la simiente de David según la carne; fruto del vientre de María, nacido de mujer; vástago de David; retoño de la raíz de Isaí; surgido de la tribu de Judá; descendiente de los judíos, según la carne; de la simiente de Abraham, porque echó mano de la simiente de Abraham, y fue hecho semejante a sus hermanos en todo, excepto en el pecado; así que Él es en verdad nuestro Emmanuel, esto es, Dios con nosotros[649].

ARTÍCULO 19
LAS DOS NATURALEZAS DE CRISTO

Creemos que, por esta concepción, la Persona del Hijo está inseparablemente unida y conectada con la naturaleza humana; de manera que no hay dos Hijos de Dios, ni dos personas, sino dos naturalezas, unidas en una sola persona; pero cada naturaleza conserva sus propiedades distintivas propias. Así, su

---

[648]Gén. 3:8,9; 22:18; Isa. 7:14; Jn. 7:42; 2 Tim. 2: 8; Heb. 7:14; Jn. 1:1; 1:14; Gál. 4:4; Gén. 3:15.

[649] Luc. 1:54-55; Gn 26:4; 2 S. 7:12; Sal. 132:11; Hch 13:23; Flp 2:7; 1 Tim. 3:16; 2 S. 7:12; Sal. 132:11; 1 Cor. 12:3; Luc. 1:35; Heb. 2:14; Hch. 2:30; Rom. 1:3; Luc. 1:42; Gál 4:4; Jer. 33:15; Isa. 11:1; Heb. 7:14; Rom. 9:5; Gál. 3:16; Heb 2:16,17; 4:15; Mat. 1:16,23.

naturaleza divina siempre ha permanecido no creada, sin principio de días o fin de vida, llenando cielo y tierra; así también la naturaleza humana no ha perdido sus propiedades, sino que ha permanecido siendo una criatura, teniendo principio de días, siendo una naturaleza finita y conservando todas las propiedades de un cuerpo verdadero. Y, si bien, por su resurrección él le ha dado inmortalidad, sin embargo, no ha cambiado la realidad de su naturaleza humana, por cuanto nuestra salvación y resurrección dependen de la realidad de Su cuerpo. Pero estas dos naturalezas están tan íntimamente unidas en una sola Persona, las cuales ni aun por su muerte han sido separadas. De modo que, lo que él, al morir, encomendó en manos de su Padre, era un verdadero espíritu humano que salía de su cuerpo. Pero, entretanto, la naturaleza divina permaneció siempre unida a la humana, incluso cuando él yacía en el sepulcro. Y la Divinidad no cesó de estar en él, tal como estuvo en él cuándo era un niño pequeño, aunque por un breve tiempo no se reveló claramente. Por eso reconocemos, que él es verdadero Dios y verdadero hombre: verdadero Dios, por su poder para vencer a la muerte, y verdadero hombre, para que él pudiera morir por nosotros en la debilidad de su carne[650].

ARTÍCULO 20
LA JUSTICIA Y LA MISERICORDIA DE DIOS EN CRISTO

Creemos que Dios, que es perfectamente misericordioso y justo, envió a Su Hijo a asumir esa naturaleza en la que se había cometido la desobediencia, a fin de satisfacer y llevar en ella el castigo de los pecados por medio de Su amarga pasión y muerte. Así pues, Dios manifestó Su justicia contra Su Hijo cuando cargó sobre Él nuestro pecado; y ha derramado Su bondad y misericordia sobre nosotros que éramos culpables y dignos de condenación, entregando Su Hijo hasta la muerte por nosotros, movido por un amor muy perfecto, y resucitándole para nuestra justificación, para que por él tuviéramos inmortalidad y vida eterna[651].

ARTÍCULO 21
LA EXPIACIÓN

Creemos que Jesucristo es el eterno Sumo Sacerdote, con juramento según el orden de Melquisedec, y quien se ha presentado en nuestro nombre ante el Padre para apaciguar Su ira con plena satisfacción, ofreciéndose a sí mismo en el madero de la cruz, derramando su preciosa sangre para purificación de nuestros pecados, como los profetas habían predicho. Porque escrito está: «Mas él herido fue por nuestras rebeliones, molido por nuestros pecados; el castigo de nuestra paz fue sobre él, y por su llaga fuimos nosotros curados». Fue llevado como un cordero al matadero, contado con los transgresores y condenado por Poncio Pilato como malhechor, aunque primero lo había

---

650 Jn. 10:30, Ef. 4:8 10, Heb. 1:3, Mi. 28:20, Mi. 26:11, Hch. 1:11; 3:21, Mat., 27:50, Luc. 24:39, Jn. 20:25; Hch. 1:3.
651 Heb. 2:14; Rom. 8:3, Rom. 8:32, Rom. 4:25.

declarado inocente. Por tanto: pagó lo que no robó (Salmo 69:4), y padeció el justo por los injustos, tanto en su cuerpo como en su alma, sintiendo el terrible castigo que nuestros pecados habían merecido; de tal manera que su sudor se volvió como gotas de sangre que caían al suelo. Él clamó: «Dios mío. Dios mío, ¿por qué me has desamparado?». Y ha padecido todo esto por la remisión de nuestros pecados. Por lo cual, con razón, decimos con el apóstol Pablo: «nos propusimos no saber entre nosotros cosa alguna sino a Jesucristo, y a este crucificado»; y aun «estimamos todas las cosas como pérdida por la excelencia del conocimiento de Cristo Jesús, nuestro Señor». Hallamos toda clase de consuelo en sus heridas; y tampoco es necesario buscar o inventar algún otro medio para reconciliarnos con Dios, sino solamente este único sacrificio, porque «con una sola ofrenda hizo perfectos para siempre» a los creyentes. También por esta causa fue llamado por el ángel de Dios, Jesús, esto es, Salvador, porque él salvaría a su pueblo de sus pecados[652].

ARTÍCULO 22
LA JUSTICIA DE LA FE

Creemos que, para obtener el verdadero conocimiento de este gran misterio, el Espíritu Santo enciende en nuestros corazones una fe sincera, la cual abraza a Jesucristo con todos Sus méritos, se lo apropia, y fuera de él ya no busca ninguna otra cosa. Porque necesariamente tiene que concluirse, o que todas las cosas que son necesarias para nuestra salvación no se hallan en Jesucristo, o que, si todo está en él, entonces aquel que posee por la fe a Jesucristo, tiene salvación completa en él. De modo que, si se dijera que Cristo no es suficiente, sino que además de él es aún necesario algo más, sería una muy grande blasfemia porque de ahí se seguiría que Cristo es solamente un Salvador a medias. Por eso, debidamente decimos con el apóstol Pablo, que el hombre es justificado solo por la fe o por la fe sin las obras. Sin embargo, para decirlo más claramente, no decimos que sea la fe misma la que nos justifica, pues ella es solamente un medio por el cual abrazamos a Cristo, nuestra justicia. Mas Jesucristo, imputándonos todos sus méritos y las obras santas que ha hecho por nosotros y en lugar nuestro, es nuestra justicia. Y la fe es un instrumento que nos mantiene en comunión con él en todos sus beneficios, los cuales, siendo hechos nuestros, nos son más que suficientes para la absolución de nuestros pecados[653].

---

[652] Sal. 110:4; Heb. 5:10; Rom. 5:8-9; Heb. 9:12; Jn. 3:16; 1 Tim. 1:15; Fil. 2:8; 1 Ped. 1:18-19; Isa. 53:5; 1 Ped. 2:24; Isa. 53:7,12; Mat. 15:28, Sal. 69:4; 1Pe 3:18; Ex. 12:6; Rom. 5:6; Sal. 22:15; 9:26; Luc. 22:44; Mat. 21:46; 1 Cor. 2:2; Flp. 3:8; Heb. 9:5,28; 10:14; Mat. 1:21; Hch. 4:12; Luc. 1:31.

[653] Sal. 51:6; Ef. 1:16-18; 1 Tes. 1:6; 1 Cor. 2:12; Gál. 2:21; Jer. 23:6; 51:10; 1 Cor. 15:3; Mat. 1:21; Rom. 8:1; Hch. 13:26; Sal. 32:1; Rom. 3:20,28; Gál. 2:16; Heb. 7.19; Rom.10:3,4; 10:9; 4:5; 3:24.27; Fil. 3:9; Rom. 4:2; 1 Cor. 4:7; Rom. 8:29,33.

ARTÍCULO 23
LA JUSTIFICACIÓN DE LOS PECADORES

Creemos que nuestra salvación radica en el perdón de nuestros pecados por causa de Jesucristo, y que en esto está comprendida nuestra justicia ante Dios; como David y Pablo nos enseñan, declarando que la bienaventuranza del hombre es que Dios le imputa la justicia sin las obras. Y este mismo apóstol dice que somos justificados gratuitamente por Su gracia, mediante la redención que es en Cristo Jesús (Rom. 3 24). Y por esto, nos asimos siempre a este fundamento, dando todo el honor a Dios, humillándonos y reconociéndonos como realmente somos, sin presumir de confiar en nada en nosotros mismos, ni en ningún mérito nuestro, confiando y descansando tan solo en la obediencia de Cristo crucificado, que llega a ser nuestra cuando creemos en Él. Esta es suficiente para cubrir todas nuestras iniquidades, y para darnos confianza de ser aprobados por Dios, librando la conciencia de temor, asombro y espanto; sin hacer como nuestro primer padre Adán quien, temblando, pretendía cubrirse con hojas de higuera. Por cierto, si tuviéramos que comparecer ante Dios confiando en nosotros mismos o en cualquiera otra criatura por pequeña que esta fuese, ¡pobres de nosotros! seríamos consumidos. Y por eso es que cada uno debe decir con David: «Oh Jehová, no entres en juicio con tu siervo: porque no se justificará delante de ti ningún ser humano»[654].

ARTÍCULO 24
LA SANTIFICACIÓN DE LOS PECADORES

Creemos que esta fe verdadera, habiendo sido obrada en el hombre por el oír de la Palabra de Dios y por la operación del Espíritu Santo, lo regenera y hace de él un hombre nuevo, haciendo que viva en una vida nueva, y liberándolo de la esclavitud del pecado. Por eso, lejos está de la verdad, que esta fe justificadora haga que los hombres descuiden su vida piadosa y santa; por el contrario, sin esta fe nunca harían nada por amor a Dios, sino solo por amor propio y por temor de ser condenados. Así, pues, es imposible que esta santa fe no sea fructífera en el hombre; ya que no hablamos de una fe vana, sino de una fe tal, que la Escritura la llama: «la fe que obra por el amor», y que mueve al hombre a ejercitarse en las obras que Dios le ha mandado en Su Palabra. Tales obras, al proceder de la buena raíz de la fe, son buenas y agradables a los ojos de Dios, por cuanto todas ellas son santificadas por Su gracia, sin embargo, no son tomadas en cuenta para nuestra justificación. Porque es por la fe en Cristo que somos justificados, aun antes de hacer obras buenas; de otro modo no podrían ser buenas, como tampoco el fruto de un árbol puede ser bueno, a menos que el árbol mismo lo sea, Así, pues, hacemos buenas obras, pero no para merecer (pues, ¿qué mereceríamos?); es más, estamos en deuda con Dios por las buenas obras que hacemos, y no Él con nosotros, ya

---

[654] Heb. 11:7; 1 Jn. 2:1; Ef 2:8; 2 Cor. 5:19; 1 Tim 2:6; Rom. 4:6; Ez 36:22,32; Deu. 27:26; Stg. 2:10; 1 Cor. 4:4; Hch 4:12; Sof. 3:11,12; Heb. 10:20; Gén. 3:7; Luc. 16:15; Sal. 18:27; 143:2.

que es Él quien obra en nosotros tanto el querer como el hacer por Su buena voluntad. Prestemos, pues, atención a lo que está escrito: «Cuando hayáis hecho todo lo que os ha sido ordenado; decid: Siervos inútiles, pues lo que debíamos hacer, hicimos». Sin embargo, no negamos que Dios premia las buenas obras; pero es por Su gracia que Él corona sus dádivas. Además, aunque hacemos buenas obras, no basamos nuestra salvación en ellas; porque no podemos hacer ninguna obra que no esté contaminada por nuestra carne y que también sea digna de castigo. y aunque pudiéramos producir alguna, el recuerdo de un solo pecado bastaría para que Dios la desechase. De este modo, pues, estaríamos siempre en deuda, llevados de aquí para allá, sin seguridad alguna y nuestras pobres conciencias estarían siempre torturadas, si no descansaran sobre los méritos de la pasión y muerte de nuestro Salvador[655].

ARTÍCULO 25
EL CUMPLIMIENTO DE LA LEY

Creemos que las ceremonias y figuras de la ley terminaron con la venida de Cristo, y que todas las sombras han llegado a su fin; de tal modo, que el uso de estas debe ser abolido entre los cristianos; no obstante, nos queda la verdad y la sustancia de ellas en Cristo Jesús, en quien tienen su cumplimiento. Entretanto, usamos aún los testimonios tomados de la ley y de los profetas, para confirmarnos en la doctrina del evangelio, y para regular nuestra vida en toda honestidad, para la gloria de Dios, de acuerdo con su voluntad[656].

ARTÍCULO 26
LA INTERCESIÓN DE CRISTO

Creemos que no tenemos ningún acceso a Dios sino solo mediante el único Mediador y Abogado, Jesucristo, el justo, quien para este propósito se hizo hombre, habiendo unido en una persona las naturalezas divina y humana, para que nosotros, los hombres, pudiésemos tener acceso a la majestad divina; de otra manera, ese acceso nos estaría vedado. Pero este Mediador que el Padre nos ha dado entre Él y nosotros no debe asustarnos por su grandeza, o hacer que busquemos a otro según nuestro criterio. Porque no hay nadie, ni en el cielo ni en la tierra, entre las criaturas, que nos ame más que Jesucristo: quien, siendo en forma de Dios, se despojó a sí mismo y tomó la forma de un hombre y de un siervo por nosotros, y fue hecho semejante a sus hermanos en todas las cosas. Si tuviésemos que buscar otro Mediador que nos fuere favorable, ¿a quién podríamos hallar que nos amara más que él, que dio su vida por nosotros, aun siendo sus enemigos? Y, si tuviéramos que buscar a uno que tenga poder y autoridad, ¿quién hay que tenga tanto de ambas cosas como aquel que está sentado a la diestra de Dios, a quien le fue dada toda

---

[655] Rom. 10.17; Ef: 4.5; Jn. 8:36; Tit. 2:12; Heb. 11:6; 1 Tim. 1:5; Gál. 5:6; Tit. 5:8; Rom. 9:31,32; Rom. 14:25; Heb. 11:4; Mat. 7:17; 1 Cor. 4:7; Flp. 2:13; Isa. 26:12; Luc. 17:10; Rom. 2:6,7; 2 Jn. 8; Is 64:6; Rom. 11:5; Rom. 10:11; Hab 2:4.
[656] Rom. 10:4; Gál. 3:24; Col. 2:17; 2 Ped. 3:18.

potestad en el cielo y en la tierra? ¿Y quién será oído antes que el propio bienamado Hijo de Dios? Por lo tanto, fue pura falta de confianza lo que introdujo la costumbre de deshonrar a los santos en lugar de honrarlos, haciendo lo que ellos mismos nunca hicieron ni exigieron. Por el contrario, constantemente rechazaron tal honor de acuerdo con su sagrado deber, como se desprende de sus escritos. Aquí no se debe aducir nuestra indignidad, porque no se trata de ofrecer nuestras oraciones sobre la base de nuestra propia dignidad, sino únicamente sobre la base de la excelencia y la dignidad del Señor Jesucristo, cuya justicia ha llegado a ser nuestra por la fe. Por eso, el apóstol, queriendo librarnos de este temor insensato, o mejor aún, de esta desconfianza, nos dice que Jesucristo debía ser en todo semejante a sus hermanos, para venir a ser misericordioso y fiel sumo sacerdote en lo que a Dios se refiere, para expiar los pecados del pueblo. Pues en cuanto él mismo padeció siendo tentado, es poderoso para socorrer a los que son tentados. Y luego, para infundirnos más valor para ir a Él, nos dice: «Por tanto, teniendo un gran sumo sacerdote que traspasó los cielos, Jesús el Hijo de Dios, retengamos nuestra profesión. Porque no tenemos un sumo sacerdote que no pueda compadecerse de nuestras debilidades, sino uno que fue tentado en todo según nuestra semejanza, pero sin pecado. Acerquémonos, pues, confiadamente al trono de la gracia, para alcanzar misericordia y hallar gracia para el oportuno socorro». El mismo apóstol, dice: «Así que, hermanos, teniendo libertad para entrar en el Lugar Santísimo por la sangre de Jesucristo, acerquémonos con corazón sincero, en plena certidumbre de fe, purificados los corazones de mala conciencia, y lavados los cuerpos con agua pura». Y, asimismo: «Mas este, por cuanto permanece para siempre, tiene un sacerdocio inmutable; por lo cual puede también salvar perpetuamente a los que por él se acercan a Dios, viviendo siempre para interceder por ellos». ¿Qué más falta? Ya que Cristo mismo declara: «Yo soy el camino, y la verdad, y la vida; nadie viene al Padre, sino por mí». ¿Por qué buscar otro abogado, siendo que a Dios le agradó darnos a Su Hijo como Abogado? No le abandonemos a él para tomar a otro; o lo que es más, para buscar a otro sin poderlo encontrar jamás; porque cuando Dios nos lo dio, sabía muy bien que éramos pecadores. Por eso, según el mandato de Cristo, invocamos al Padre Celestial por medio de Cristo, nuestro único Mediador, conforme hemos aprendido en la oración del Señor; estando seguros de que cuanto pidiéramos al Padre en su nombre, nos será dado[657].

ARTÍCULO 27
LA SANTA IGLESIA CATÓLICA

Creemos y confesamos una única iglesia católica o universal, la cual es una santa congregación de los verdaderos creyentes en Cristo, quienes toda su salvación la esperan en Jesucristo, siendo lavados por su sangre, santificados

---

[657] 1 Tim. 2:5; 1Jn. 2:1; Ef. 3:12; Rom. 8:2; Jer. 2:11; 16:20; Ef. 3:19; Mat. 11:28. Flp. 2:6,7; Heb. 2:1; Jn. 15:13; Rom. 5:8; Heb. 1:3; Mat. 28:18; Stg. 5:17,18; Sal. 115:1; Hch. 14:14,15; Jer. 17:5,7; 1 Cor. 1:30; Heb. 2:17,18; Heb. 4:14,16; Heb. 10:19,22; Heb. 7:24,25; Jn. 14; Sal. 44:20; 1 Tim. 2:5; 1 Jn. 2:1; Hch. 11:15; Luc. 11:2-4; Jn. 14:13.

y sellados por el Espíritu Santo. Esta iglesia ha existido desde el principio del mundo, y será hasta el fin; deduciéndose, según esto, que Cristo es un Rey eterno que no puede serlo sin súbditos. Y esta santa iglesia es guardada por Dios, sostenida contra el furor del mundo entero; aun cuando, a veces, durante algún tiempo parezca, a los ojos de los hombres, haber venido a ser muy pequeña y quedar reducida a nada; así como el Señor, durante el peligroso reinado de Acab, retuvo para sí a siete mil almas que no doblaron sus rodillas ante Baal. Además, esta santa Iglesia tampoco está situada, sujeta o delimitada a cierto lugar o a ciertas personas, sino que se halla esparcida y extendida por todo el mundo; sin embargo está ensamblada y unida de corazón y voluntad en un mismo Espíritu, por el poder de la fe[658].

ARTÍCULO 28
LAS OBLIGACIONES DE LOS MIEMBROS DE LA IGLESIA

Creemos, puesto que esta santa congregación es una asamblea de los que son salvos, y que fuera de ella no hay salvación, que nadie debe retirarse de ella, contento de estar solo, sin importar su estatus o posición; sino que todos están obligados a unirse a ella; manteniendo la unidad de la Iglesia, sometiéndose a su enseñanza y disciplina, inclinándose bajo el yugo de Jesucristo, y sirviendo a la edificación de los hermanos, según los dones que Dios les ha otorgado, como miembros entre sí de un mismo cuerpo. Para que esto pueda ser observado de manera más efectiva, es deber de todos los creyentes, según la Palabra de Dios, separarse de aquellos que no son de la Iglesia, y unirse a esta congregación en cualquier lugar donde Dios la haya establecido; aún en el caso de que los magistrados y los edictos de los príncipes estuviesen en contra de ello, y aun cuando deban sufrir la muerte o algún otro castigo corporal. Por lo tanto, todos aquellos que se separen de ella o que no se unan a ella, obran en contra de la ordenanza de Dios[659].

ARTÍCULO 29
LAS SEÑALES DE LA VERDADERA IGLESIA

Creemos que, por medio de la Palabra de Dios se ha de distinguir diligentemente y con buena prudencia, cuál sea la iglesia verdadera; puesto que todas las sectas existentes hoy día en el mundo asumen para ellas el nombre de iglesia. No hablamos aquí de la compañía de los hipócritas, los cuales se hallan en la iglesia entremezclados con los buenos y, sin embargo, no siendo de la iglesia, aun cuando corporalmente están en ella; sino que decimos que el cuerpo y la comunión de la iglesia verdadera se han de distinguir de todas las sectas que dicen que son la iglesia. Las marcas para conocer la iglesia verdadera son estas: si se predica la doctrina pura del

---

[658] Gén. 22:18; Jn. 10:3,4,14,16; Hch. 2:21; Luc. 17:21; 2 Tim. 2:19; Jer. 31:36; 2 S. 7:16; Sal. 110:4; 89:36; Mat. 28:18-20; Sal. 102:13; 46:5; Mat. 16:18; 1Ped. 3:20; Isa. 1:9; 1 R. 19:18; Hch. 4:32; Ef. 4:3,4.

[659] Heb. 2:11,17; Sal. 22:22; Mat. 11:28-30; Ef. 4:12; Isa.49:22; 52:11,12; Apo. 17:2; 18:4; Heb. 10:25; Hch. 4:1; 4:19.

evangelio en ella; si mantiene la administración pura de los sacramentos, tal como fueron instituidos por Cristo; si se aplica la disciplina cristiana para castigar los pecados. Resumiendo: si se observa una conducta de acuerdo con la pura Palabra de Dios, desechando todo lo que se opone a ella, teniendo a Jesucristo como la única cabeza. Mediante esto se puede conocer con seguridad a la iglesia verdadera, y a nadie le es lícito separarse de ella. Y respecto a los que son de la iglesia, a estos se les puede conocer por las marcas de los cristianos, a saber: por la fe; y cuando, habiendo aceptado al único Salvador Jesucristo, huyen del pecado, siguen la justicia, aman al verdadero Dios y a su prójimo, no se apartan ni a derecha ni a izquierda, y crucifican la carne con las obras de ella. No que ya no haya grandes debilidades en ellos, sino que luchan contra ellas todos los días de su vida por medio del Espíritu, amparándose constantemente en la sangre, muerte, dolor y obediencia del Señor Jesús, en quien tienen el perdón de sus pecados, por la fe en él. En cuanto a la falsa iglesia, esta se atribuye a sí misma y a sus ordenanzas más poder y autoridad que a la Palabra de Dios, y rehúsa someterse al yugo de Cristo. Tampoco administra los sacramentos como lo ordenó Cristo en Su Palabra, sino que quita y agrega a ellos como mejor le parece; se apoya más en los hombres que en Cristo; y persigue a aquellos que santamente viven según la Palabra de Dios, y a los que la reprenden por sus defectos, avaricia e idolatría. Estas dos iglesias son fáciles de conocer, y de distinguir la una de la otra[660].

ARTÍCULO 30
EL GOBIERNO DE LA IGLESIA

Creemos que esta iglesia verdadera debe ser gobernada según la dirección espiritual que nuestro Señor nos enseñó en su Palabra; a saber, que debe haber ministros o pastores para predicar la Palabra de Dios y para administrar los sacramentos; también debe haber ancianos y diáconos para formar juntamente con los pastores el consejo de la Iglesia. Por estos medios la verdadera religión puede ser preservada, la buena doctrina propagada por todas partes; y también los transgresores ser castigados y refrenados mediante medios espirituales, para que también los pobres y los afligidos sean ayudados y consolados conforme tengan necesidad. Por estos medios todas las cosas marcharán decentemente y con orden en la Iglesia, cuando se elige a hombres fieles, según la regla que prescribe Pablo en la carta a Timoteo[661].

---

[660] Mat.13:24,29,38; Apo. 2:9; Rom. 9:6; 2 Tim. 2:18-20; Gál. 1:8; 1 Cor. 11:20,27; 5:13; 1 Tes. 5:14; 2 Tes. 3:6,14; Tit. 3:10; Ef. 2:20; Col. 1:23; Jn. 17:20; Hch. 17:11; Jn. 18:37; 10:4,14; Ef. 1:22; Mat. 28:18-20; 1Jn. 4:2; Rom. 6:2; Gál. 5:24; Rom. 7:5,15; Gál. 5:17; Col. 1:12; 2:18,19; Apo. 2:9; Jn. 16:2; Apo. 17:3.

[661] 1 Cor. 4:1,2; 2 Cor. 5:19; 15:10; Tit. 1:5; Hch. 6:2,3; Hch. 15:25-28; 1Cor. 16:1-3; 1Tim. 3:2-7; 3:8-12.

ARTÍCULO 31
LOS OFICIALES DE LA IGLESIA

Creemos que los ministros de la Palabra de Dios, y los ancianos y los diáconos deben ser elegidos para sus oficios por elección legítima de la Iglesia, invocando el nombre del Señor y en buen orden según enseña la Palabra de Dios. Así pues, cada uno debe cuidarse muy bien de no entrometerse por medios inconvenientes sino esperar el tiempo que sea llamado por Dios, para que tenga testimonio de su llamamiento; y debe estar seguro y cierto de que este proviene del Señor. En cuanto a los ministros de la Palabra, tienen un mismo poder y autoridad dondequiera que se encuentren, ya que todos ellos son ministros de Jesucristo, el único Obispo universal y la única cabeza de la iglesia. Además, a fin de que esta santa ordenanza de Dios no sea violada o tenida en menos, decimos que cada uno debe tener en muy alta estima a los ministros de la Palabra y a los ancianos de la iglesia por razón del trabajo que desempeñan, estando en paz con ellos, sin murmuraciones, discordia o disensión, hasta donde sea posible[662].

ARTÍCULO 32
EL ORDEN Y DISCIPLINA DE LA IGLESIA

También creemos que, aunque es bueno y útil que los que rigen las iglesias instituyan y confirmen entre sí ciertas ordenanzas para la conservación del cuerpo de la iglesia, no obstante, deben cuidar de no desviarse de lo que Cristo, nuestro único Maestro, ha instituido. Por esto, desechamos todo invento humano y toda ley que quisieran introducir para la adoración a Dios, y con ellas apremiar las conciencias en cualquier forma que ello fuese posible. De manera, pues, que únicamente aceptamos aquello que es útil para fomentar y conservar la concordia y unidad, y mantener a todos los hombres en obediencia a Dios. Para este propósito, la excomunión o la disciplina eclesiástica, con todo lo que involucra, debe ser ejercida según la Palabra de Dios[663].

ARTÍCULO 33
LOS SACRAMENTOS

Creemos que nuestro buen Dios, pensando en nuestra insensibilidad y flaquezas nos ha ordenado los sacramentos para sellarnos sus promesas, y para ser prendas de la buena voluntad y gracia de Dios hacia nosotros, y también para alimentar y fortalecer nuestra fe. Los ha unido a la palabra del evangelio para representar mejor a nuestros sentidos externos tanto lo que Él nos da a entender por medio de su Palabra, así como lo que Él hace interiormente en nuestros corazones, haciendo eficaz y firme en nosotros la

---

[662] Rom. 12:7,8; Hch. 1:23; 6:2,3; 13:2; 1 Cor. 12:28; 1 Tim. 5:22; Heb. 5:4; Hch 26:16, Mat. 23:8-10; Ef. 1:22; 1 Cor. 3:8; 5:12,13; Heb. 13:17; 1Tim. 3:13.

[663] 1 Cor. 7:17; Col. 2:6; Mat. 15:9; Isa. 29:13; Gál. 5:1; Rom. 17:17; Mat. 18:17; 1 Cor. 5:5; 1Tim. 1:20.

salvación que Él nos comunica; pues son signos visibles y sellos de algo interno e invisible, por medio de los cuales Dios obra en nosotros por el poder del Espíritu Santo. Así pues, las señales no son vanas ni insignificantes, para engañarnos. Porque Jesucristo es su verdad, sin el cual ellas no serían absolutamente nada. Además, nos contentamos con el número de sacramentos que Cristo, nuestro maestro, ha instituido, los cuales son solamente dos, a saber: el sacramento del Bautismo, y el de la Santa Cena de nuestro Señor Jesucristo[664].

ARTÍCULO 34
EL BAUTISMO

Creemos y confesamos que Jesucristo, quien es el fin de la ley, por su sangre derramada ha puesto término a todos los demás derramamientos de sangre que se pudieran o quisieran hacer para propiciación y satisfacción por los pecados. Él, habiendo abolido la circuncisión que se hacía con derramamiento de sangre, en lugar de esta ha instituido el sacramento del Bautismo. Por él somos recibidos en la iglesia de Dios y separados de todos los otros pueblos y religiones extrañas, a fin de serle totalmente consagrados a Él, llevando su enseña y estandarte. Esto nos sirve como testimonio de que Él será nuestro Dios y Padre misericordioso para siempre. Por tanto, Él ha mandado a todos los suyos que se bauticen con agua pura, en el nombre del Padre, y del Hijo, y del Espíritu Santo. Con esto nos da a entender que, así como el agua limpia la suciedad del cuerpo cuando se derrama sobre él, lo cual se ve en el cuerpo del bautizado al ser rociado; así la sangre de Cristo, por el poder del Espíritu Santo, internamente rocía el alma, la limpia de sus pecados, y nos regenera, de ser hijos de ira a ser hijos de Dios. No es que esto suceda por el agua externa, sino por la aspersión de la preciosa sangre del Hijo de Dios; quien es nuestro Mar Rojo, a través del cual debemos pasar, para escapar de la tiranía de Faraón, que es el diablo, y entrar en la tierra espiritual de Canaán. Así que el trabajo de los ministros es darnos el sacramento, y lo que es visible; pero nuestro Señor da lo que por el sacramento es significado, a saber, los dones y gracias invisibles. Él lava, limpia y expía nuestras almas de toda suciedad e injusticia, renueva nuestros corazones y los llena de toda consolación, nos da una verdadera seguridad de Su bondad paternal, nos reviste del hombre nuevo, y nos quita la vieja naturaleza con todas sus obras. Por esta razón, creemos que quien desea entrar en la vida eterna debe ser bautizado una sola vez con este único Bautismo sin repetirlo jamás; porque tampoco podemos nacer dos veces. Además este Bautismo nos beneficia no solo mientras el agua está sobre nosotros, y la recibimos, sino también durante todo el tiempo de nuestra vida. Por tanto, rechazamos el error de los anabaptistas, quienes no se conforman con un solo Bautismo recibido una sola vez; y que además condenan el Bautismo de los infantes de los creyentes, quienes creemos deben ser bautizados y sellados con la señal del Pacto, como antes los hijos de Israel fueron circuncidados en las mismas promesas que son hechas a nuestros

---

[664] Rom. 4:11; Gn 17:11; Ex. 12:13; Col. 1:9,11; Mat. 28:19; Rom. 10:8,9; Gén. 9:13; Col. 2:11,12; 1 Ped. 3:20; 1 Cor. 10:2; Mat. 28:19; 1 Cor. 5:7.

hijos. De hecho, Cristo derramó su sangre para lavar a los hijos de los creyentes tanto como la derramó por los adultos. Por lo cual, deben recibir la señal y el sacramento de aquello que Cristo hizo por ellos; conforme el Señor en la ley mandó que debían ser partícipes del sacramento del padecimiento y de la muerte de Cristo, poco después que hubieran nacido, sacrificando por ellos un cordero, lo cual era un signo de Jesucristo. Es más, el Bautismo significa para nuestros hijos lo mismo que la circuncisión significaba para el pueblo judío; lo cual da lugar a que Pablo llame al Bautismo «la circuncisión de Cristo»[665].

ARTÍCULO 35
LA CENA DEL SEÑOR

Creemos y confesamos que nuestro Señor Jesucristo ha ordenado e instituido el sacramento de la Santa Cena para alimentar y sostener a aquellos que ya ha regenerado e incorporado en su familia, la cual es la iglesia. Aquellos que han sido regenerados tienen ahora en sí dos clases de vida: una es física y temporal, la cual recibieron en su primer nacimiento y es común a todos los hombres; la otra espiritual y celestial, la cual les es dada en el segundo nacimiento, que se produce por la palabra del evangelio, en la comunión del cuerpo de Cristo. Esta vida no es común a todos, sino solo a los elegidos de Dios. De la misma manera, Dios ha dispuesto, para el mantenimiento de la vida corporal y terrenal, un pan terrenal y visible que sirve para ello y que es común a todos, como la vida es común a todos. Pero, para el mantenimiento de la vida espiritual y celestial que poseen los creyentes, Él ha enviado un pan vivo que descendió del cielo, a saber, Jesucristo; este pan alimenta y sostiene la vida espiritual de los creyentes, cuando es comido, esto es, cuando él es espiritualmente apropiado y recibido por la fe. A fin de representarnos este pan celestial y espiritual, Cristo ha dispuesto un pan terrenal y visible como sacramento de su cuerpo, y el vino como sacramento de Su sangre, para manifestarnos con ellos que, tan ciertamente como recibimos el sacramento y lo tenemos en nuestras manos y lo comemos y bebemos con nuestra boca, por medio de los cuales nuestra vida es alimentada, así de cierto recibimos en nuestras almas, para nuestra vida espiritual, el verdadero cuerpo y la verdadera sangre de Cristo, nuestro único Salvador. Los recibimos por fe, que es la mano y la boca de nuestra alma. Ahora pues, es seguro e indudable que Jesucristo no nos ha ordenado en vano los sacramentos, de este modo opera en nosotros todo lo que él nos presenta ante los ojos por estos santos signos; si bien la manera excede nuestro entendimiento y nos es incomprensible, así como la acción del Espíritu Santo es oculta e incomprensible. Mientras tanto, no erramos cuando decimos, que lo que por nosotros es comido y bebido, es el propio cuerpo y la propia sangre de Cristo; pero la manera en la que

---

[665] Rom. 10:4; Mat. 28;19; Jn. 19:34; 1 Jn. 5:6; 1 Cor. 12:13; Mat. 3:11; Heb. 9:13,14; 1 Jn. 1:7; Hch. 22:16; Apo. 1:56; Tit. 3:5; 1 Cor. 3:7; 1 Ped. 3:21; 1:2; 2 Ped. 7:24; Rom. 6:3; Ef. 5:25,26; 1 Cor. 6:11; Tit. 3:5; Gál 3:27; Mat. 28:19; Ef. 4:5; Heb. 6:1,2; Hch. 8:16,17; Gén. 17:11,12; Mat. 19:14; Hch. 2:39, 1 Cor. 7:14; Lev. 12:6; Col. 2:11.

participamos no es por la boca, sino por el espíritu mediante la fe. Así pues, aunque Jesucristo permanece siempre sentado a la diestra de Dios su Padre en los cielos, no por eso deja de hacernos partícipes de él por la fe. Este banquete es una mesa espiritual, en la cual Cristo mismo se comunica con nosotros con todos sus beneficios, y nos da la gracia de disfrutar tanto de él como del mérito de su sufrimiento y muerte; alimentando, fortaleciendo y consolando nuestras pobres almas desconsoladas por la comida de su carne, y las refresca y renueva bebiendo su sangre. Aunque el sacramento está unido a lo que significa, esto último no siempre es recibido por todos. El impío ciertamente recibe el sacramento para su condenación, pero no recibe la verdad del sacramento. Así, tanto Judas como Simón el mago recibieron el sacramento, pero no recibieron a Cristo, a quien significa. Él es comunicado exclusivamente a los creyentes. Por último, recibimos este santo sacramento en la congregación del pueblo de Dios con humildad y reverencia guardando entre nosotros un santo recuerdo de la muerte de nuestro Salvador, con acción de gracias; y hacemos confesión de nuestra fe y de la religión cristiana. Por tanto, nadie debe venir a esta mesa sin antes haberse examinado correctamente; no sea que al comer de este pan y beber de esta copa, coma y beba juicio para sí. En resumen, por el uso de este santo sacramento somos movidos a un ardiente amor hacia Dios y hacia nuestro prójimo. Por lo cual desechamos todas las invenciones condenables que los hombres han agregado y mezclado a los sacramentos como profanaciones de los mismos, y afirmamos que es preciso conformarse con la ordenanza que de los sacramentos nos enseñaron Cristo y sus apóstoles, y que debemos hablar de ellos del mismo modo en que ellos hablaron[666].

ARTÍCULO 36
EL GOBIERNO CIVIL

Creemos que nuestro Dios misericordioso, debido a la depravación de la humanidad, ha designado reyes, príncipes y magistrados, deseando que el mundo sea rigido por ciertas leyes y políticas, con el fin de refrenar la disolución de los hombres y que todas las cosas entre ellos puedan ser conducidas con buen orden y decencia. Para ello ha investido a la magistratura con la espada, para el castigo de los malhechores y para la protección de los que hacen el bien. Y su oficio es, no solo observar y velar por el bienestar del gobierno civil; sino también proteger el sagrado ministerio, y así eliminar y prevenir toda idolatría y adoración falsa; para que el reino del anticristo sea destruido y el reino de Cristo sea promovido. Por lo tanto, deben apoyar la predicación de la Palabra del evangelio en todas partes, para que Dios sea honrado y adorado por todos, como manda en Su Palabra. Además, es deber ineludible de cada uno, cualquiera que sea su estado, calidad o condición, someterse a los magistrados, pagarles tributo, mostrarles el debido

---

[666] Mat. 26:26-28; Mc.14:22-24; Luc. 22:19,20; 1 Cor. 11:23-26; Jn. 10:10; 3:6; 5:25; 6:48-51; 6:63; Mat. 26:26; 1 Cor. 11:24; Ef. 3:17; Jn. 6:35, 55; 1 Cor. 10:16; Hch. 3:21; 26:11; Mc. 16:19; 1 Cor. 10:3,4; 2:14; 2 Cor. 6:16; Rom. 8,22,32; Hch. 2:42; 20:7; 1 Cor. 11:28; 11:29.

honor y respeto, y obedecerlos en todo lo que no esté en desacuerdo con la Palabra de Dios; suplicar por ellos en sus oraciones, para que Dios pueda gobernarlos y guiarlos en todos sus caminos, y para que vivamos quieta y reposadamente con toda piedad y honestidad. Por eso detestamos a los anabautistas y demás sediciosos, y en general a todos aquellos que rechazan los poderes y magistrados superiores, y subvierten la justicia, introducen la comunión de los bienes y confunden la decencia y el buen orden que Dios ha establecido entre los hombres[667].

ARTÍCULO 37
EL JUICIO FINAL

Finalmente, creemos que según la Palabra de Dios, cuando el tiempo ordenado por el Señor haya llegado —el cual todas las criaturas desconocen—, y el número de los elegidos esté completo, nuestro Señor Jesucristo vendrá del cielo corporal y visiblemente como ascendió, con gloria y majestad, para declararse juez sobre vivos y muertos, poniendo a este viejo mundo en fuego y llamas para purificarlo. Y entonces todos los hombres comparecerán personalmente ante este gran juez, tanto hombres, como mujeres y niños, quienes hayan existido desde el principio del mundo hasta su fin, siendo convocados con voz de arcángel, y con trompeta de Dios. Porque todos aquellos que hayan muerto resucitarán de la tierra, siendo reunidas y juntadas las almas con sus propios cuerpos en los que hubieron vivido. Y en cuanto a los que entonces aún vivan, no morirán como los otros, sino que serán transformados en un abrir y cerrar de ojos, y de corruptibles se volverán incorruptibles. Entonces, los libros serán abiertos —esto es, las conciencias—, y los muertos serán juzgados según lo que en este mundo hubieran hecho, sea bueno o malo. Todos los hombres darán cuenta de cada palabra ociosa que hablaron y a las que el mundo no atribuía ninguna importancia, considerándolas como juego de niños y pasatiempo; quedarán entonces descubiertos públicamente, ante todos, los secretos y las hipocresías de los hombres. Por eso, la consideración de este juicio es justamente terrible y pavorosa para los malos e impíos, y muy deseable y consoladora para los piadosos y elegidos, puesto que entonces la plena redención de estos será consumada, y allí recibirán los frutos de los trabajos y de las penas que soportaron; su inocencia será conocida por todos y verán la terrible venganza que Dios hará contra los impíos que los tiranizaron, oprimieron y atormentaron en este mundo, quienes serán vencidos por el testimonio de sus propias conciencias, y serán inmortales, pero en tal forma que serán atormentados en el fuego eterno preparado para el diablo y sus ángeles. En cambio, los creyentes y elegidos serán coronados con gloria y honor. El Hijo de Dios confesará sus nombres delante de Dios el Padre y de sus ángeles escogidos; todas las lágrimas serán limpiadas de los ojos de ellos; su causa,

---

[667] Rom. 13:1; Prov 8:15; Dan 2:21; Ex. 18:20; Jer 22:3; Sal 82:3, 6; Deu. 1:16; Jer 21:12; Jue. 21:25; Deu. 16:19; Dt 17:18-20; Sal 101; 1 R. 15:12; 2 Re 29:3,4; Is 49:23; Mr. 22:21; Tit. 3:1; Rom. 13:7; Mat. 27:17; 1 Pe 2:17; Rom. 13:7; Hch. 4:19; 5:29; Os. 5:10; Jer 27:5; 1 Tim. 2:1,2; 2 Ped. 2:10; Jds. 8; 10.

que al presente es condenada por muchos jueces y autoridades como herética e impía, será conocida como la causa del Hijo de Dios mismo. Y como una misericordiosa recompensa, el Señor les hará poseer una gloria tal, que ningún corazón humano jamás podría concebir. Por eso, esperamos ese gran día con el más ardiente deseo, para gozar plenamente las promesas de Dios, en Jesucristo, nuestro Señor. Amén; sí, ven, Señor Jesús (Apocalipsis 22:20)[668].

---

[668] Mat. 13:23; 25:13; 24:36; 1 Tes. 5:1,2; 2 Ped. 3:9,10; Apo. 20:11; Hch. 1:11; Mat. 24:30; 25:31; Apo. 20:11; 2 Tim. 4:1; 1 Ped. 4:5; Jds. 15; Mat. 12:18; 11:23; 23:33; 1Tes. 4:16; Jn. 5:28,29; 1 Cor. 15:51,52; Dan. 7:10; Heb. 9:27; Apo. 20:12; Jn. 5:29; Rom. 2:5,6; 2 Cor. 5:10; Apo. 22:12; Mat. 12:36, 2 Ped. 2:9; Heb. 10:27; Apo. 14:7; Luc. 14:14; 2 Tes. 1:5; 1 Jn. 4:17; Guido de Brés cita aquí el libro de la Sabiduría (apócrifo), por lo cual debamos tener muy en cuenta lo que el art. 6 dice a este respecto. Así pues, cita del cap, 5, los versos 1:8 y 15:17; Mat. 25:41; Apo. 21:8; Mat. 10:32; Apo. 3:5; Isa. 25:8; Apo. 21:4; Isa. 66:5; Luc. 14:14; Dan 7:22-27; 1 Cor. 2:9; 2 Cor. 1:20.

INTRODUCCIÓN A LOS TREINTA Y NUEVE ARTÍCULOS DE LA RELIGIÓN

Los 39 Artículos de Religión son uno de los documentos más importantes de la Reforma de la Iglesia de Inglaterra, y quizás de toda la Reforma Protestante. Junto con otros documentos históricos, *the formularies* (*Libro de Oración Común, Ordinal*), los 39 Artículos ayudaron a dar forma a la identidad doctrinal del anglicanismo en el siglo XVI, expresando la búsqueda de un equilibrio entre las tensiones religiosas que existieron durante el período.

Antes de los 39 artículos, otros documentos surgieron como referencias temporales para los anglicanos. En 1536, los *Diez Artículos* aparecen como un breve conjunto de declaraciones doctrinales de la Iglesia Anglicana, de una naturaleza muy provisional. Estos artículos muestran una influencia luterana, pero son predominantemente católicos en contenido, aunque buscan ser conciliadores y aceptan ciertas reformas para evitar costumbres de épocas anteriores que ahora se trataban como supersticiosas. Estos artículos fueron de corta duración. Documentos posteriores que vale la pena mencionar son *el Libro de los Obispos* (1537), *los Trece Artículos* (1538), *los Seis Artículos* (1539) *y el Libro del Rey* (1543). Todos fallaron en adquirir un carácter permanente.

El documento que ahora llamamos 39 *Artículos* proviene de los 42 *Artículos* de 1553, compuestos por Thomas Cranmer, el arzobispo de Canterbury y líder espiritual de la Iglesia de Inglaterra durante los reinados de Enrique VIII y Eduardo VI. Estos artículos llevan una fe más característicamente protestante que los intentos anteriores. Con el ascenso de la reina María Tudor, que favoreció la causa católica romana, los 42 artículos no tuvieron un efecto real, directo y duradero en la doctrina anglicana. Sin embargo, los 39 artículos fueron compuestos en base a ellos. En la convocatoria de 1563 del clero, bajo el liderazgo del arzobispo Matthew Parker, los artículos fueron revisados, experimentando algunas modificaciones y recibiendo la forma definitiva en 1571, convirtiéndose en obligatorios en la doctrina de la Iglesia de Inglaterra.

Los 39 artículos se pueden dividir en cuatro partes: *artículos católicos* (1-8), *artículos protestantes y reformados* (9-18), *artículos anglicanos* (19-31) *y misceláneos* (32-39). Esta división cuenta un poco sobre la historia de los artículos bajo Isabel I y la doctrina anglicana en su conjunto: la doctrina anglicana no surge de la creación de un teólogo, sino de las convergencias y divergencias entre diferentes partes dentro de la Iglesia de Inglaterra, además de historia del catolicismo y el reformismo (particularmente el puritanismo). Por esta razón, los 39 artículos explican cómo la Iglesia de Inglaterra se posiciona en relación con la doctrina católica romana y la doctrina protestante.

Debido al proceso en el que se desarrollaron los 39 artículos, traen influencias de elementos de diferentes épocas y corrientes: *patrísticos* (como en las referencias a las posiciones de San Agustín y San Jerónimo), *escolásticos* (como en el tratamiento de los sacramentos como signos efectivos de gracia), *luteranos* (como justificación por la fe y el vínculo de la suficiencia de las Escrituras con la doctrina solamente, y no con la liturgia) *y reformados* (particularmente en el lenguaje de la salvación y los sacramentos). Con esto, los 39 artículos representan un poco de lo que significa la *vía media anglicana*, una búsqueda del equilibrio entre las diferentes tendencias.

Aunque varias provincias anglicanas tienen diferentes puntos de vista sobre la necesidad de los *39 Artículos*, siguen siendo la doctrina de la Iglesia de Inglaterra y una referencia para la fe anglicana. Estos artículos también sirvieron de base para los *25 Artículos de Religión* de John Wesley, que tuvieron una influencia más allá del mundo anglicano. No son tan completos y detallados como las confesiones de fe protestantes, como la Confesión de fe de Westminster; no explican todos los asuntos de la doctrina anglicana. Sin embargo, ciertamente están en el corazón del proceso histórico en el que se desarrolló esta doctrina.

Colaboración del Rev. Gyordano M. Brasilino;
Iglesia Anglicana de Brasil, Diócesis de João Pessoa

LOS TREINTA Y NUEVE ARTÍCULOS DE LA RELIGIÓN

1. DE LA FE EN LA SANTÍSIMA TRINIDAD

No hay sino un solo Dios vivo y verdadero, eterno, sin cuerpo, partes o pasiones; de infinito poder, sabiduría y bondad; el Hacedor, y Preservador de todas las cosas, tanto visibles como invisibles. Y en la unidad de esta Deidad hay tres Personas de una misma sustancia, poder, y eternidad; el Padre, el Hijo y el Espíritu Santo.

2. DE LA PALABRA O HIJO DE DIOS, QUIEN FUE HECHO VERDADERO HOMBRE

El Hijo, quien es la Palabra del Padre, engendrado por el Padre desde la eternidad, verdadero y eterno Dios, y de una misma sustancia con el Padre, tomó la naturaleza humana en el vientre de la bendita virgen, de la sustancia de ella: para que dos completas y perfectas naturalezas, es decir, la deidad y humanidad, se unieran en una persona para nunca dividirse; la cual es Cristo, verdadero Dios, verdadero hombre; quien verdaderamente sufrió, fue crucificado, muerto y sepultado para reconciliarnos con Su Padre, y para ser un sacrificio, no solo por la culpa original, sino también por los pecados actuales de los hombres.

3. DEL DESCENSO DE CRISTO AL INFIERNO

Como Cristo murió por nosotros y fue sepultado, así también es de creerse que descendió al infierno.

4. DE LA RESURRECCIÓN DE CRISTO

Cristo verdaderamente se levantó de la muerte, y tomó su cuerpo otra vez, con carnes, huesos y todo lo que pertenece a la perfección de la naturaleza humana; con lo cual ascendió al cielo, y allí se sienta hasta que regrese a juzgar a todos los hombres en el último día.

5. DEL ESPÍRITU SANTO

El Espíritu Santo procedente del Padre y del Hijo, es de una sustancia, majestad, y glori, con el Padre y el Hijo, real y eterno Dios.

6. DE LA SUFICIENCIA DE LAS SANTAS ESCRITURAS PARA SALVACIÓN

La Santa Escritura contiene todas las cosas necesarias para la salvación: para que cualquier cosa que no se lea allí, y que no pueda ser probada por ella, no sea exigida a ningún hombre, ni deba ser creída como un artículo de la fe, o ser considerada necesaria o imprescindible para la salvación. En el nombre de la Sagrada Escritura, entendemos aquellos libros canónicos del Antiguo y Nuevo Testamento, de cuya autoridad nunca hubo dudas en la Iglesia:

Génesis, Éxodo, Levítico, Números, Deuteronomio, Josué, Jueces, Rut, El Primer Libro de Samuel, El Segundo Libro de Samuel, El Primer Libro de Reyes, El Segundo Libro de Reyes, El Primer Libro de Crónicas, El Segundo Libro de Crónicas, El Primer Libro de Esdras, El Segundo Libro de Esdras[669], El Libro de Ester, El Libro de Job, Los Salmos, Los Proverbios, Eclesiastés o el Predicador, Cantar o los Cantos de Salomón, Los Cuatro Profetas Mayores y Los Doce Profetas Menores.

Y los Otros Libros (como Jerónimo dijo) que la Iglesia lee, por ejemplo, sobre la vida y la instrucción de las tradiciones, pero aun así no aplican para establecer ninguna doctrina; tales son estos siguientes:

El Tercer Libro de Esdras, El Cuarto Libro de Esdras, El Libro de Tobías, El Libro de Judit, El Canto de los tres Jóvenes, La Historia de Susana, De Bel y el Dragón, El resto del Libro de Ester, El Libro de Sabiduría, Jesús el Hijo de Sirá, Baruc el Profeta, La Oración de Manasés, El Primer Libro de Macabeos y El Segundo Libro de Macabeos.

Todos los libros del Nuevo Testamento, como fueron comúnmente recibidos, nosotros los recibimos y los tomamos como canónicos.

7. DEL ANTIGUO TESTAMENTO

---

[669] Es decir, el libro de Nehemías.

El Antiguo Testamento no es contrario al Nuevo, porque tanto en el Antiguo como en el Nuevo Testamento la vida eterna es ofrecida a la humanidad por Cristo, quien, siendo Dios y hombre, es el único mediador entre Dios y los hombres. Por lo cual no debe escucharse a los que se imaginan que los antiguos patriarcas tenían su esperanza puesta solamente en promesas temporales. Aunque la ley dada por Dios a través de Moisés, tocante a las ceremonias y ritos, no atan a los hombres cristianos, ni los preceptos civiles deben ser necesariamente recibidos por ninguna comunidad; no obstante, ningún hombre cristiano está libre de la obediencia a los mandamientos que se llaman morales.

8. DE LOS CREDOS

El Credo Niceno y el que es llamado comúnmente el Credo de los Apóstoles, deben ser completamente recibidos y creídos, ya que pueden ser probados por la mayoría de los testimonios de las Escrituras[670].

9. DEL PECADO ORIGINAL O DEL NACIMIENTO

El pecado original no es seguir a Adán —como los pelagianos vanamente dicen— sino que es la falta y corrupción de la naturaleza de todo hombre, la cual naturalmente es engendrada de la descendencia de Adán. Por lo cual el hombre está muy lejos de la justicia original, y está, desde su propia naturaleza, inclinado al mal, de modo que la carne siempre lucha contra al Espíritu; y por lo tanto cada persona nacida en este mundo merece la ira y la condenación de Dios. Y esta infección de la naturaleza permanece aún en los regenerados; por la cual la lujuria de la carne, llamada en griego, φρονημα σαρκος, (algunos explican la sabiduría, algunos la sensualidad, algunos el afecto, algunos el deseo, de la carne) no se sujeta a la ley de Dios. Y aunque no hay condenación para aquellos que creen y son bautizados, aún el apóstol confiesa que la concupiscencia y lujuria tiene por sí misma la naturaleza del pecado.

10. DEL LIBRE ALBEDRÍO

La condición del hombre después de la caída de Adán es tal, que él no puede volverse y preparase, por su propia fuerza natural o buenas obras, para fe e invocar a Dios. Por lo tanto, no tenemos poder para hacer buenas obras agradables y aceptables a Dios, sin que la gracia de Dios, por Cristo, nos prevenga, para que podamos tener una buena voluntad y obre en nosotros, cuando tenemos esa buena voluntad.

---

[670] El Artículo original dado el consentimiento Real en 1571 y reafirmado en 1662, fue titulado "De los Tres Credos; y empezaba de la siguiente: "Los Tres Credos, el Credo Niceno, el Credo de Atanasio y el que se conoce comúnmente como el Credo de los Apóstoles".

11. DE LA JUSTIFICACIÓN DEL HOMBRE

Somos contados como justos delante de Dios, solo por el mérito de nuestro Señor y Salvador Jesucristo, por fe; y no por nuestras propias buenas obras o merecimientos. Por lo tanto, que somos justificados solo por la fe, es una sana doctrina, y muy llena de consuelo, mientras más ampliamente sea expresada en la homilía de justificación.

12. DE LAS BUENAS OBRAS

Aunque las buenas obras, que son los frutos de la fe, que siguen después de la justificación, y no pueden quitar nuestros pecados ni soportar la severidad del juicio de Dios; sin embargo, son agradables y aceptables para Dios en Cristo, y surgen necesariamente de una fe verdadera y viva, de tal manera que por ellas una fe viva puede ser tan evidentemente conocida como un árbol puede ser discernido por su fruto.

13. DE LAS OBRAS ANTES DE LA JUSTIFICACIÓN

Las obras antes de la gracia de Cristo, y de la iluminación de Su Espíritu, no son agradables a Dios, porque no brotan de la fe en Jesucristo; ni tampoco hacen que los hombres reciban gracia, o —como los escolásticos dicen— que merezcan gracia de congruo; sí, más bien, porque eso no es hecho como Dios ha querido y ha ordenado, y no dudamos que tienen la naturaleza del pecado.

14. DE LAS OBRAS DE SUPEREROGACIÓN

Las obras voluntarias aparte, encima y sobre, los mandamientos de Dios, que ellos llaman obras de supererogación, no pueden ser enseñadas sin arrogancia e impiedad: porque por ellos los hombres declaran que no solo rinden a Dios todo lo que están obligaos a hacer, sino que hacen más por Él, que lo que el deber les obliga. Mientras que Cristo dice claramente: «Cuando hayas hecho todo lo que se te ordena, di: Somos siervos inútiles».

15. DE CRISTO, EL ÚNICO SIN PECADO

Cristo, verdaderamente de nuestra naturaleza, fue hecho como nosotros en todas las cosas, excepto en el pecado, de lo cual estaba claramente exento, tanto en su carne como en su espíritu. El vino para ser el Cordero sin mancha, quien, por su propio sacrificio quitó de una vez los pecados del mundo; y el pecado —como San Juan dijo— no estuvo en él. Pero todos los demás hombres, aunque bautizados y nacidos de nuevo en Cristo, aun así, ofendemos en muchas cosas; y si decimos que no tenemos pecado, nos engañamos a nosotros mismos, y la verdad no está en nosotros.

16. DEL PECADO DESPUÉS DEL BAUTISMO

No todo pecado mortal cometido voluntariamente después del Bautismo es pecado contra el Espíritu Santo e imperdonable. Por lo tanto, no se debe negar la concesión del arrepentimiento a los que caen en pecado después del Bautismo. Después de haber recibido el Espíritu Santo, podemos apartarnos de la gracia dada y caer en pecado y, por la gracia de Dios, podemos levantarnos nuevamente y enmendar nuestras vidas. Y, por lo tanto, deben ser condenados quienes dicen que ya no pueden pecar mientras vivan aquí, o quienes niegan el lugar para el perdón a los que verdaderamente se arrepienten.

17. DE LA PREDESTINACIÓN Y LA ELECCIÓN

La predestinación para vida es el eterno propósito de Dios, según el cual, antes de la fundación del mundo, Él ha decretado, constantemente, por su consejo secreto para nosotros, liberar de la maldición y de la condenación a aquellos que de la humanidad Él ha elegido en Cristo, y llevarlos por Cristo a la salvación eterna como vasos hechos para honra. Por lo tanto, los que están dotados con tan excelente beneficio de Dios, son llamados según el propósito de Dios, por su Espíritu, obrando a su debido tiempo, y ellos, a través de la gracia, obedecen el llamamiento; son gratuitamente justificados; son hechos hijos de Dios por la adopción; son hechos a la imagen de su Unigénito Hijo, Jesucristo; caminan religiosamente en buenas obras, y finalmente, por la misericordia de Dios, alcanzan la felicidad eterna.

Como la consideración piadosa de la predestinación, y de nuestra elección en Cristo, está llena de dulce, agradable e inexplicable consuelo para las personas piadosas, tal como sentir en sí mismos la obra del Espíritu de Cristo, mortificar las obras de la carne y sus miembros terrenales, y concentrar su mente en las cosas altas y celestiales, como también porque establece y confirma en gran medida su fe en la salvación eterna para ser disfrutada a través de Cristo como porque aviva fervientemente su amor hacia Dios; así, para las personas curiosas y carnales, que carecen del Espíritu de Cristo, tener continuamente ante sus ojos la sentencia de la predestinación de Dios, es una pendiente muy peligrosa, por la cual el diablo los empuja a la desesperanza o a la miseria de la vida más impura, no menos peligroso que la desesperación.

Además, debemos recibir las promesas de Dios en la forma en que generalmente se nos exponen en las Sagradas Escrituras; y, en nuestros actos, se debe seguir esa voluntad de Dios, que nos hemos declarado expresamente en la Palabra de Dios.

18. DE LA OBTENCIÓN DE ETERNA SALVACIÓN SOLO POR EL NOMBRE DE CRISTO

También deben ser maldecidos los que presumen diciendo que todo hombre será salvo por la ley o por la secta que profese, de modo que sea diligente en enmarcar su vida de acuerdo con esa ley y con la luz de la naturaleza. Porque la Sagrada Escritura nos expone solo el nombre de Jesucristo, por medio del cual los hombres deben ser salvos.

19. DE LA IGLESIA

La Iglesia visible de Cristo es una congregación de hombres fieles, en la cual la pura Palabra de Dios es predicada, y los Sacramentos son debidamente ministrados de acuerdo con la ordenanza de Cristo, en todas aquellas cosas que por necesidad le son requeridas.

Como la Iglesia de Jerusalén, Alejandría y Antioquía, han errado, así también la Iglesia de Roma ha errado, no solo en su forma de vida y en sus ceremonias, sino también en asuntos de fe.

20. DE LA AUTORIDAD DE LA IGLESIA

La Iglesia tiene poder para decretar ritos o ceremonias, y tiene autoridad en controversias de fe; y, sin embargo, no le es lícito a la Iglesia ordenar cualquier cosa que sea contraria a la Palabra escrita de Dios, ni puede exponer un lugar de la Escritura de tal manera que repugne a otro. Por lo tanto, aunque la Iglesia sea un testigo y un guardián de la Sagrada Escritura, sin embargo, como no debe decretar nada en contra de la misma, tampoco debe obligar a creer en nada como necesario para la salvación.

21. DE LA AUTORIDAD DE LOS CONCILIOS GENERALES

Los Concilios Generales no pueden reunirse sin el mandamiento y la voluntad de los Príncipes. Y cuando se reúnen —puesto que son una asamblea de hombres, de los cuales no todos son gobernados con el Espíritu y la Palabra de Dios— pueden errar, y a veces han errado, incluso en cosas pertenecientes a Dios. Por lo tanto, las cosas ordenadas por ellos como necesarias para la salvación no tienen fuerza ni autoridad, a menos que se pueda declarar que son tomadas de la Sagradas Escrituras[671].

22. DEL PURGATORIO

La doctrina romanista concerniente al purgatorio, a los indultos, a la adoración y la devoción, tanto a las imágenes y las reliquias, y también la concerniente a la invocación de los santos, es algo muy fútil, vanamente inventado y basado en ninguna garantía de la Escritura, sino más bien repugnante a la Palabra de Dios.

---

[671] Sin embargo, este texto original de 1571 y 1662, se omitió posteriormente en la versión de 1801 debido a que fue considerado de naturaleza local y civil, está previsto en los artículos restantes.

23. DEL MINISTERIO EN LA CONGREGACIÓN

No es legítimo para ningún hombre atribuirse el oficio público de la predicación, o la ministración de los Sacramentos en la congregación, antes de que sea legítimamente llamado y enviado para ejecutar los mismos. Y a estos nosotros debemos juzgar correctamente. Debemos juzgar como llamados y enviados legítimamente, a aquellos que sean escogidos y llamados a esta obra por hombres quienes han dado la autoridad pública a estos en la congregación, para llamar y enviar ministros a la viña del Señor.

24. DE LA COMUNICACIÓN EN LA CONGREGACIÓN EN UN IDIOMA QUE LAS PERSONAS ENTIENDAN

Es un asunto claramente repugnante a la Palabra de Dios, y a la tradición de la iglesia primitiva, tener oración en la Iglesia, o ministración de los Sacramentos, en una lengua que el pueblo no entienda.

25. DE LOS SACRAMENTOS

Los sacramentos ordenados por Cristo no son solo signos o símbolos de la profesión de los hombres cristianos, sino que son testigos ciertos y seguros, y signos efectivos de gracia, y de la buena voluntad de Dios hacia nosotros, por medio de la cual Él obra de manera invisible en nosotros, y no solo al acelerar, sino también al fortalecer y confirmar nuestra fe en él.

Hay dos Sacramentos ordenados por Cristo, nuestro Señor, en el evangelio, es decir, el Bautismo y la Cena del Señor.

Aquellos cinco comúnmente llamados sacramentos, es decir, la confirmación, la penitencia, las órdenes, el matrimonio, y la extremaunción, no son contadas como sacramentos del evangelio ya que se han desarrollado en parte por una corrupción del seguir a los apóstoles, y en parte de los estados de vida aprobados en las Escrituras, pero que, aun así, no tienen la naturaleza de los Sacramentos junto con el Bautismo y la Cena del Señor, ya que carecen de alguna ceremonia o signo visible ordenado por Dios.

Los Sacramentos no fueron instituidos por Cristo para ser avistados o llevados en procesión, sino para ser usados adecuadamente. Y solo en aquellos que reciben dignamente los mismos, tienen un efecto u operación saludable; pero los que los reciben indignamente, compran para sí mismos la condenación, como dice San Pablo.

26. DE LA FALTA DE DIGNIDAD DE LOS MINISTROS, LA CUAL NO IMPIDE EL EFECTO DE LOS SACRAMENTOS

Aunque en la Iglesia visible el mal esté siempre mezclado con el bien, y a veces el mal tenga la autoridad principal en el ministerio de la Palabra y de los

Sacramentos, no obstante, puesto que no hacen esto en su propio nombre, sino en el de Cristo, y ministran por su comisión y autoridad, podemos usar su ministerio tanto para escuchar la Palabra de Dios como para recibir los Sacramentos. Ni el efecto de la ordenanza de Cristo es quitado por su maldad, ni la gracia de los dones de Dios disminuida a quienes por la fe, y correctamente, reciben los Sacramentos que se les ministran; los cuales son efectivos por la institución y promesa de Cristo, aunque sean ministrados por hombres malvados.

No obstante, pertenece a la disciplina de la Iglesia, que se investiguen a los ministros malvados, y que sean acusados por aquellos que tienen el conocimiento de sus ofensas; y finalmente, siendo encontrados culpables, por justo juicio sean depuestos.

27. DEL BAUTISMO

El Bautismo no es solo un signo de profesión, y una marca de distinción, por la cual los hombres cristianos son separados de los no creyentes, sino que también es signo de la regeneración o nuevo nacimiento, por lo cual, como por un instrumento, aquellos que reciben el Bautismo correctamente son injertados en la Iglesia; las promesas del perdón de pecados y de nuestra adopción como hijos de Dios por el Espíritu Santo, son visiblemente refrendados y sellados, la fe es confirmada, y la gracia aumentada por virtud de la oración a Dios.

El Bautismo de los niños pequeños debe ser retenido de cualquier modo, como muy de acuerdo a la institución de Cristo.

28. DE LA CENA DEL SEÑOR

La Cena del Señor no solo es un signo del amor que los cristianos deben tener entre ellos mismos, los unos a los otros, sino más bien el Sacramento de nuestra redención por la muerte de Cristo; en la medida en la que correcta, dignamente y con fe los mismos sean recibidos, el pan que partimos será una participación del cuerpo de Cristo, y, asímismo, la copa de bendición una participación de la sangre de Cristo.

La transubstanciación (o el cambio de sustancia del pan y vino) en la Cena del Señor, no puede ser aprobada por la Santa Escritura; sino que es repugnante a las simples palabras de la Escritura, violenta la naturaleza del Sacramento, y da ocasión a muchas supersticiones.

El cuerpo de Cristo es dado, recibido y comido en la Cena, solo de manera celestial y espiritual. Y el medio, por el cual, el cuerpo de Cristo es recibido y comido en la Cena, es por la fe.

El Sacramento de la Cena del Señor no fue por ordenanza de Cristo reservado, llevado en procesión, elevado o adorado.

29. DE LOS MALVADOS QUE NO COMEN EL CUERPO DE CRISTO EN EL USO DE LA CENA DEL SEÑOR

Los malvados, y los que carecen de una fe viva, a pesar de que presionan carnal y visiblemente con sus dientes —como dice San Agustín— el sacramento del cuerpo y la sangre de Cristo, sin embargo, de ningún modo son partícipes de Cristo, sino más bien, para su condenación comen y beben el signo o Sacramento de algo tan grande.

30. DE AMBAS ESPECIES

La copa del Señor no debe ser denegada a los laicos, pues ambas partes del Sacramento del Señor, por ordenanza y mandamiento de Cristo, deben ser ministrados igualmente a todos los cristianos.

31. DE LA ÚNICA OBLACIÓN DE CRISTO CONCLUIDA EN LA CRUZ

El ofrecimiento de Cristo una vez hecho es la perfecta redención, propiciación y satisfacción por todos los pecados del mundo entero, tanto el original como los actuales; y no hay otra satisfacción por el pecado que esa sola. Por el cual, los sacrificios de las misas, en las cuales comúnmente se decía que el sacerdote ofrecía a Cristo por los vivos y los muertos para obtener remisión del dolor o culpa, eran blasfemas fábulas y peligrosos engaños.

32. DEL MATRIMONIO DE LOS SACERDOTES

Obispos, sacerdotes y diáconos, no son mandados por la ley de Dios para hacer votos de castidad o abstenerse del matrimonio. Por lo tanto, es legítimo para ellos, como para todos los cristianos, casarse a su propia discreción, en tanto ellos juzguen se sirvan mejor para santidad.

33. DE LA EXCOMUNIÓN DE PERSONAS Y CÓMO DEBEN SER EVITADAS

Esa persona que, por abierta denuncia de la Iglesia, es separada de la unidad de la Iglesia y excomulgada, debe ser tomada por toda la multitud de fieles como gentil y publicano, hasta que abiertamente se reconcilie por el arrepentimiento, y sea recibida en la Iglesia por un Juez que tenga la autoridad al respecto.

34. DE LAS TRADICIONES DE LA IGLESIA

No es necesario que las tradiciones y ceremonias sean iguales en todos los lugares, o completamente parecidas; porque en todas las edades han sido diversas, y pueden ser cambiadas de acuerdo con la diversidad de los países, tiempos y modos de los hombres, en tanto nada sea ordenado en contra de la Palabra de Dios. Cualquiera que, a través de su juicio privado, voluntaria y deliberadamente, rompa abiertamente aquellas tradiciones y ceremonias de la Iglesia que no sean repulsivas a la Palabra de Dios, y que estén ordenadas y aprobadas por la autoridad pública, para que otros teman hacer lo mismo, debe ser públicamente reprendido como quien ofende el común orden de la Iglesia, y quien viola la autoridad del magistrado, y como quien lastima la conciencia de los débiles.

Cada iglesia particular, o nacional, tiene autoridad para ordenar, cambiar o abolir las ceremonias y ritos ordenados por la sola autoridad humana, para que puedan ser de edificación.

35. DE LAS HOMILÍAS

El Segundo Libro de Homilías, cuales diversos títulos reunimos en virtud de este Artículo, contiene una piadosa y saludable doctrina, y necesaria para estos tiempos, como el antiguo Libro de Homilías, que se estableció en tiempos de Eduardo Sexto; y, por lo tanto, juzgamos que deben ser leídas por los ministros, diligente y claramente, para que puedan ser entendidas por el pueblo.

De los nombres de las homilías:

1. Del Correcto Uso de la Iglesia.
2. Contra el Peligro de la Idolatría.
3. De la Reparación y Mantenimiento de las Iglesias.
4. De las Buenas Obras: Principalmente, el Ayuno.
5. Contra la Glotonería y la Embriaguez.
6. Contra el Atavío Excesivo.
7. De la Oración.
8. Del Lugar y Tiempo de la Oración.
9. Que las Oraciones Comunes y los Sacramentos deben ser ministrados en Idioma conocido.
10. De la reverenda Estimación de la Palabra de Dios.
11. Del dar Limosnas.
12. De la Natividad de Cristo.
13. De la Pasión de Cristo
14. De la Resurrección de Cristo.
15. De la recepción digna del Sacramento del Cuerpo y la Sangre de Cristo.
16. De los Dones del Espíritu Santo.
17. De los Días de rogativa.
18. Del Estado del Matrimonio.
19. Del Arrepentimiento.
20. Contra la Ociosidad.
21. Contra la Rebelión.

36. DE LA CONSAGRACIÓN DE OBISPOS Y MINISTROS

El Libro de Consagración de Arzobispos y Obispos, y la Ordenación de Sacerdotes y Diáconos, El Libro de Consagración de Obispos, y la Ordenación de Sacerdotes y Diáconos, recientemente establecidos en la época de Eduardo Sexto, y confirmado al mismo tiempo por la autoridad del parlamento, contiene todas las cosas necesarias para dicha consagración y ordenación: el cual no tiene nada en sí mismo que sea supersticioso e impío. Y, por lo tanto, cualquiera que sea consagrado u ordenado de acuerdo a los ritos de este libro, desde el segundo año del nombrado rey Eduardo Sexto, hasta este tiempo, o en adelante, será consagrado u ordenado de acuerdo con los mismos ritos; decretamos que todos sean correcta, cuidadosa y legítimamente consagrados y ordenados[672].

37. DEL PODER DEL MAGISTRADO CIVIL

La majestad del rey tiene el principal poder en este reino de Inglaterra, y en otros dominios, a quienes pertenece el gobierno principal de los estados de este reino, ya sean eclesiásticos o civiles, en todas las causas, y no está, ni debe estar sujeto a cualquier jurisdicción extranjera. Donde atribuimos a la majestad del rey el gobierno principal, según por el cual, los títulos, entendemos las mentes de algunos difamadores se ofenden, no les ofrecemos a nuestros príncipes, la ministración, ni de la Palabra de Dios, ni de los Sacramentos; lo que las órdenes judiciales, recientemente expuestas por Isabel, nuestra Reina, claramente testifican. Pero esa única prerrogativa, que vemos se ha dado siempre a todos los príncipes piadosos en las Sagradas Escrituras por Dios mismo, es decir, que deben gobernar todos los estados y grados comprometidos a su cargo por Dios, ya sean eclesiásticos o temporales; y frenar con la espada civil a los obstinados y malvados.

El obispo de Roma no tiene jurisdicción en el reino de Inglaterra.

Las leyes del reino pueden castigar a los cristianos con la muerte por delitos atroces y graves. Es legítimo para los cristianos, al mandato del magistrado, portar armas y servir en guerras[673].

---

[672] Sin embargo, este texto original de 1571 y 1662, se cambió posteriormente de la siguiente mamera:

El libro de Consagración de Obispos y ordenación de sacerdotes y Diáconos, según se establece por la Confesión de esta Iglesia en 1792, contiene todo lo necesario para tal consagración y ordenación; el cual no tiene nada en sí mismo que esa supersticioso e impío. Y por lo tanto, quien sea consagrado según el mencionado Formulario, decreta que todos sean correcta, cuidadosa y legítimamente consagrados y ordenados.

[673] Sin embargo, este texto original de 1571 y 1662, se cambió posteriormente de la siguiente mamera:

38. DE LOS BIENES DE LOS CRISTIANOS, LOS CUALES NO SON COMUNES

Las riquezas y bienes de los cristianos no son comunes, en cuanto al derecho, título y posesión de los mismos, como ciertos anabaptistas falsamente se jactan. Pero cada hombre debe, de las cosas que posee, dar con liberalidad limosnas a los pobres, de acuerdo con su capacidad.

39. DEL JURAMENTO CRISTIANO

Cuando confesamos que nuestro Señor Jesucristo y Santiago, su apóstol, prohibieron la juramentación vana y apresurada, juzgamos que la religión cristiana no lo prohíbe, sino que un hombre puede jurar cuando el magistrado lo requiere, por una causa de fe y caridad, de modo que se haga de acuerdo con la enseñanza del profeta en justicia, juicio y verdad.

El Poder del Magistrado Civil se extiende a todo hombre, sean Clérigos o Laicos, en todas las cosas temporales, pero no tiene autoridad en asuntos puramente espirituales. Y sostenemos que es deber de todo hombre que profese el evangelio, la debida obediencia a la Autoridad Civil, regular y legítimamente constituida.

INTRODUCCIÓN A LOS ARTÍCULOS DE LAMBETH

Estos nueve artículos ingleses de tradición calvinista fueron redactados por el ilustre doctor en divinidad de la universidad de Cambridge, William Whitaker[674] en 1595. Vienen a ser un apéndice complementario que se procuró añadir a la confesión de la iglesia de Inglaterra a causa de la controversia sobre la doctrina de la predestinación que se desarrolló en las aulas de la universidad. La universidad anglicana[675] de Cambridge, era un fuerte gigante de fe calvinista, pero así como surgió la controversia arminiana en Holanda, así, en las aulas de esta universidad, se expandió la herejía. Peter Baro[676], un nuevo profesor de teología comenzó a traer nuevas doctrinas a través de sus escritos[677], como lo hizo también William Barret en sus predicaciones[678], deduciendo que Dios predestina a los hombres en la eternidad según la fe y perseverancia que prevé que ellos ejercerán en el tiempo[679]: es lo que dentro de las doctrinas remonstrantes se conoce como «elección condicional»[680]. Esta forma de pensar y de entender la doctrina causó un estallido llegando a los oídos de los encargados de la universidad. Finalmente, los artículos fueron aprobados y adoptados por los arzobispos J. Whitgift, M. Hutton y los obispos R. Fletcher y R. Vaughan, junto a otro cuerpo de prelados, en Lambeth, el 20 de noviembre 1595. Aunque nunca fueron añadidos, a pesar de las peticiones, a los 39 Artículos de la religión, si gozaron en su tiempo de gran estima y consideración dentro de la iglesia de Irlanda.

Nicolás R. Elgueta Cartes

---

[674] Holme 1548 - Cambridge 1595. Ver Richard Wasson, A Biblical and theological dictionary, p. 772.

[675] En 1613 era indispensable y necesario antes de graduase el adherirse a la doctrina de la Iglesia de Inglaterra.

[676] Étampes 1534 - Londres 1599. Ver Jalees Bars Mullinger, Dictionary of National Biography, 1885-1900, Vol. 3, p.265.

[677] Para 1581, Baro ya se inclinaba hacia la postura contraria a la que había recibido en Ginebra; gradualmente se

volvió de la tradición reformada, lo que ya le había causado algunas serias controversias. Ver Praelectiones en Ionam Prophetam, Londres, 1579, y Vita Laurentii Chadertoni, pp. 16-17

[678] Francis J. Bremer, Puritans and Puritanism in Europe and America: A Comprehensive Encyclopedia, p.441.

[679] Philip Schaaf, Creeds of Christendom, Vol. I, § 84.

[680] Lo que está en total oposición a la doctrina reformada de "elección incondicional". Ver Los Cánones de Dort, I, VIII.

LOS ARTÍCULOS DE LAMBETH

LOS ARTÍCULOS DE LAMBETH

1. Dios desde la eternidad ha predestinado a algunos hombres para vida y reprobado a otros para muerte.

2. El móvil o causa eficaz de la predestinación para vida no es la previsión de la fe, ni de la perseverancia, ni de las buenas obras, ni de nada innato en las personas que fueron predestinadas, sino el solo beneplácito de la voluntad de Dios.

3. Hay un número cierto y determinado de predestinados que no se puede aumentar o disminuir.

4. Aquellos que no están predestinados para salvación son inevitablemente condenados a causa de sus pecados.

5. Una fe verdadera, viviente y justificadora, y el Espíritu santificador de Dios, no se pierde ni desaparece total o finalmente de los elegidos.

6. El hombre verdaderamente fiel, esto es, uno dotado de fe justificadora, está seguro por la plena certeza de la fe («plerophoria fidei»), de la remisión de los pecados y de su salvación eterna por medio de Cristo.

7. La gracia salvífica, por la cual ellos podrían ser salvos, si así lo desean, ni es otorgada, ni es hecha común, ni es concedida a todos los hombres.

8. Nadie puede venir a Cristo si no le es concedido, y a menos que el Padre lo atraiga; y no todos los hombres son atraídos por el Padre para venir al Hijo.

9. No está en la voluntad o en el poder de todos y cada uno de los hombres el ser salvos.

INTRODUCCIÓN A LOS ARTÍCULOS IRLANDESES DE LA RELIGIÓN

La primera declaración confesional «oficial» de la iglesia de Irlanda fueron los 104 artículos preparados por el Reverendo James Ussher (1581-1656)[681] y aceptados por la «Primera Convocación del clero inglés», en Holden, en 1615, con el propósito de «evitar la diversidad de opiniones y establecer el consentimiento tocando la verdadera religión»[682]. Estos se volvieron la regla condicionante de doctrina para la instrucción de los ministros irlandeses. Los Articulos tuvieron un tiempo relativamente largo de aceptación, hasta que en 1635, en su lugar, fueron adoptados los Treinta y Nueve Artículos. Sin embargo, como ocurre con los Articulos de Lambeth, estos exponen el ferviente calvinismo ortodoxo que la iglesia inglesa e irlandesa profesaba aun antes del Sínodo de Dort y sus respectivos Cánones. Cabe decir que los Articulos fueron una importante fuente para la Confesión que produciría la Asamblea de los divinos de Westminster en 1647[683].

Nicolás R. Elgueta Cartes

Contenido:

- De la Sagrada Escritura y los tres credos: 1-7.
- De la fe en la Santísima Trinidad: 8-10.
- Del decreto eterno de Dios y de la predestinación: 11-17.
- De la creación y el gobierno de todas las cosas: 18-21.
- De la caída del hombre, del pecado original y del estado del hombre antes de la justificación: 22-28.
- De Cristo, el Mediador del Segundo Pacto: 29-30.
- De la comunicación de la gracia de Cristo: 31-33
- De justificación y fe: 34-38.
- De santificación y buenas obras: 39-45.
- Del servicio de Dios: 46-56.

---

[681] Ver Charles Hardwick, A History of the Articles of Religion. Respecto a la vida y teología de Ussher, ver la importamte obra de Akam Ford, James Ussher: Theology, History, and Politics in Early-Modern Ireland and England (Oxford Univ. Press, 2008).

[682] Ver Raymond Leslie Wallace, The Artícles of the Church of Ireland of 1615, II, p. 17 ss.

[683] Philip Schaaf, Creeds of Christendom, Volume III, II.

LOS ARTÍCULOS IRLANDESES DE LA RELIGIÓN

- Del Magistrado Civil: 57-62.
- De nuestro deber hacia nuestros vecinos: 63-67.
- De la Iglesia, y el ministerio exterior del evangelio: 68-74.
- De la Autoridad de la Iglesia, los Consejos Generales y el Obispo de Roma: 75-80.
- Del estado del Antiguo y Nuevo Testamento: 81-84.
- De los sacramentos del Nuevo Testamento: 85-88.
- Del Bautismo: 89-91.
- De la Cena del Señor: 92-100.
- Del estado de las almas de los hombres, la resurrección y el juicio: 101-104.
- El decreto del sínodo

LOS ARTÍCULOS IRLANDESES DE LA RELIGIÓN

DE LA SAGRADA ESCRITURA Y LOS TRES CREDOS

1. La base de nuestra Religión, y regla de fe y de toda verdad salvadora es la Palabra de Dios contenida en la Sagrada Escritura.

2. Por el nombre de la Sagrada Escritura entendemos todos los libros canónicos del Antiguo y Nuevo Testamento, a saber:

DEL ANTIGUO TESTAMENTO

Los cinco libros de Moisés, Josué, Jueces, Rut, El primero y el segundo de Samuel, El Primero y el Segundo de reyes, El Primero y el Segundo de Crónicas, Esdras, Nehemías, Ester, Job, Salmos, Proverbios, Eclesiastés, El cántico de Salomón, Isaías, Jeremías, su profecía y lamentación, Ezequiel, Daniel y Los doce profetas menores.

DEL NUEVO TESTAMENTO

Los evangelios según Mateo, Marcos, Lucas, Juan, Los Hechos de los apóstoles, La epístola de San Pablo a los Romanos, Corintios 2[684], Gálatas, Efesios, Filipenses, Colosenses, Tesalonicenses 2, Timoteo 2, Tito, Filemón, Hebreos, La epístola de Santiago, San Pedro 2, San Juan 3, San Judas, La revelación de San Juan.

---

[684] Número de epístolas.

Todo lo cual, reconocemos, ha sido dado por la inspiración de Dios, y en ese sentido, es de la mayor certeza y la más alta autoridad.

3. Los otros libros comúnmente llamados apócrifos no proceden de tal inspiración y, por lo tanto, no tienen la autoridad suficiente para establecer ningún punto de doctrina; no obstante, la Iglesia los lee como libros que contienen muchas cosas dignas como ejemplos de vida e instrucción de costumbres. Tales son los siguientes:

El tercer libro de Esdras, El cuarto libro de Esdras, El libro de Tobías, El libro de Judit, Adiciones al libro de Ester, El libro de la Sabiduría, El libro de Jesús, el Hijo de Sirac, llamado Eclesiástico, Baruc, con la epístola de Jeremías, La canción de los tres niños, Susana, Bel y el dragón, La oración de Manasés, El primer libro de Macabeos y El segundo libro de Macabeos.

4. Las Escrituras deben traducirse, de las lenguas originales, a todos los idiomas, para el uso común de todos los hombres. No se debe desanimar a ninguna persona de leer la Biblia en un idioma que él entienda, sino exhortarle seriamente a leerla con gran humildad y reverencia, como un medio especial para llevarle al verdadero conocimiento de Dios y de su propio deber.

5. Aunque hay algunas cosas difíciles en la Escritura —especialmente las que tienen una relación adecuada con los tiempos en que fueron pronunciadas por primera vez, y las profecías de las cosas que luego se cumplirían—, sin embargo, todas las cosas que deben ser necesariamente conocidas para la salvación eterna se entregan claramente en ella: y ninguna de estas cosas que se dice bajo misterios oscuros en un lugar, quedan sin ser habladas en otros lugares de manera más familiar y clara a la capacidad de doctos e indoctos.

6. Las Sagradas Escrituras contienen todas las cosas necesarias para la salvación, y pueden instruir suficientemente en todos los puntos de fe que debemos creer, y en todos los buenos deberes que estamos obligados a practicar.

7. Todos y cada uno de los artículos contenidos en el Credo de Nicea, el Credo de Atanasio, y lo que comúnmente es llamado el Credo de los «Apóstoles» deben ser recibidos y creídos firmemente, ya que pueden ser probados por la garantía más segura de la Sagrada Escritura.

DE FE EN LA SANTÍSIMA TRINIDAD

8. Hay solo un Dios vivo y verdadero, eterno, sin cuerpo, partes o pasiones, de infinito poder, sabiduría y bondad; Hacedor y Preservador de todas las cosas, tanto visibles como invisibles. Y en la unidad de esta Deidad, hay tres personas de una misma sustancia, poder y eternidad: el Padre, el Hijo y el Espíritu Santo.

9. La esencia del Padre no engendra la esencia del Hijo; pero la persona del Padre engendra a la persona del Hijo al comunicar toda su esencia a la persona engendrada desde la eternidad.

10. El Espíritu Santo, que procede del Padre y del Hijo, es de una sola sustancia, majestad y gloria con el Padre y el Hijo, el mismo Dios eterno.

DEL DECRETO ETERNO DE DIOS Y DE LA PREDESTINACIÓN

11. Dios, desde toda la eternidad, por su consejo inmutable, ordenó todo aquello que habría de suceder en el tiempo; sin embargo, lo ha hecho de forma tal que no se hace violencia a las voluntades de las criaturas racionales, ni es quitada la libertad ni la contingencia de las causas secundarias, sino más bien establecida.

12. Por el mismo consejo eterno, Dios ha predestinado a algunos para vida, y reprobado a algunos para muerte; de los cuales hay un cierto número, conocido solo por Dios, el cual no puede aumentar ni disminuir.

13. La predestinación para vida, es el propósito eterno de Dios, por el cual, antes de que fuesen establecidos los fundamentos del mundo, Él decretó perpetuamente, en su consejo secreto, liberar, de la humanidad, a los que Él había elegido en Cristo y, cual vasos hechos para honra, traerles por medio de Cristo a la salvación eterna.

14. La causa que mueve a Dios a predestinar para vida no es la previsión de la fe, o de la perseverancia, o de las buenas obras, o de cualquier cosa que pudiese haber en la persona predestinada, sino solo la buena voluntad de Dios mismo. Para que todas las cosas sean ordenadas para la manifestación de su gloria, y que su gloria se manifieste tanto en las obras de su misericordia como en las de su justicia; pareció bien a su sabiduría celestial elegir un cierto número hacia el cual extendería su inmerecida misericordia, dejando al resto como espectáculos de su justicia.

15. Aquellos que son predestinados para vida deben ser llamados de acuerdo al propósito de Dios (su Espíritu obrando a su debido tiempo) y por gracia obedecen el llamado, son justificados libremente, hechos hijos de Dios por adopción, hechos a la imagen de su Hijo unigénito Jesucristo, caminan religiosamente en buenas obras, y finalmente, por la misericordia de Dios, alcanzan la felicidad eterna. Pero aquellos que no son predestinados para salvación serán finalmente condenados por sus pecados.

16. La consideración divina de la predestinación y de nuestra elección en Cristo está llena de dulce, agradable e indescriptible consuelo para las personas piadosas, y para aquellos que sienten en sí mismos la obra del Espíritu de Cristo, mortificando las obras de la carne y sus miembros terrenales, y elevando sus mentes a cosas altas y celestiales; también porque confirma y establece en gran medida su fe para salvación eterna para ser

disfrutada por medio de Cristo, así como enciende fervientemente su amor hacia Dios; y, por el contrario, para las personas curiosas y carnales, que carecen del espíritu de Cristo, el tener continuamente ante sus ojos la sentencia de la predestinación de Dios es muy peligroso.

17. Debemos recibir las promesas de Dios de la manera en que generalmente se nos presentan en la Sagrada Escritura; y, en nuestras acciones, aquella voluntad de Dios debe ser seguida, la cual nos hemos declarado expresamente en la Palabra de Dios.

DE LA CREACIÓN Y GOBIERNO DE TODAS LAS COSAS

18. En el comienzo de los tiempos, cuando ninguna criatura tenía ningún ser, Dios, por su sola palabra, en el espacio de seis días, creó todas las cosas, y luego, por su providencia las continúa, propaga y ordena según su propia voluntad.

19. Las principales criaturas son ángeles y hombres.

20. De los ángeles, algunos continuaron en ese estado sagrado en el que fueron creados, y por la gracia de Dios han sido establecidos en este para siempre; otros cayeron del mismo, y yacen reservados en cadenas de oscuridad para el juicio del gran día.

21. Al ser el hombre creado, al principio, según la imagen de Dios —que consistía especialmente en la sabiduría de su mente y la verdadera santidad de su libre albedrío— tenía el Pacto de la Ley injertado en su corazón, por el cual Dios le prometió vida eterna, con la condición de que él cumpliese con la obediencia total y perfecta a sus mandamientos, conforme a esa medida de fuerza con la que fue investido en su creación, y le amenazó de muerte si no cumplía con lo mismo.

DE LA CAÍDA DEL HOMBRE, DEL PECADO ORIGINAL Y DEL ESTADO DEL HOMBRE ANTES DE LA JUSTIFICACIÓN

22. Por un hombre el pecado entró en el mundo, y por el pecado la muerte; y así la muerte fue sobre todos los hombres, por cuanto todos pecaron.

23. El pecado original no se basa en la imitación de Adán —como fantasean los pelagianos— sino que es la culpa y la corrupción de la naturaleza de cada persona que, a partir de Adán, es engendrada y propagada naturalmente; por lo que sucede que el hombre se ve privado de la justicia original, y por naturaleza está inclinado al pecado. Y, por lo tanto, en cada persona nacida en el mundo, este merece la ira y la condenación de Dios.

24. Esta corrupción de la naturaleza permanece incluso en aquellos que son regenerados, por lo cual, la carne batalla siempre contra el Espíritu, y no puede sujetarse a la ley de Dios. Y, sin embargo, por el amor de Cristo, no hay

condenación para los que son regenerados y creen. Sin embargo, el Apóstol reconoce que esta concupiscencia en sí misma tiene la naturaleza del pecado.

25. La condición del hombre después de la caída de Adán es tal que no puede volverse y prepararse por su propia fuerza natural y buenas obras para creer e invocar a Dios. Por lo tanto, no tenemos poder para hacer buenas obras que sean agradables y aceptables delante de Dios sin la gracia de Dios previniéndonos, para que podamos tener una buena voluntad, y trabajando con nosotros cuando tenemos aquella buena voluntad.

26. Las obras realizadas antes de la gracia de Cristo y la inspiración de su Espíritu no son agradables a Dios, ya que no brotan de la fe en Jesucristo, ni hacen que los hombres se encuentren para recibir gracia, o —como los autores escolásticos dicen— merezcan la gracia de la congruencia; más bien, porque estas no son hechas de la manera que Dios ha querido y ordena que se hagan, no dudamos que son pecaminosas.

27. No todos los pecados son iguales, sino que algunos son mucho más atroces que otros; sin embargo, el más mínimo pecado es mortal desde su propia naturaleza y, sin la misericordia de Dios, vuelve al delincuente responsable de la condenación eterna.

28. Dios no es el autor del pecado; aunque no solo lo permite, sino que también por su providencia gobierna y ordena al mismo, guiándolo por su infinita sabiduría, volviéndolo hacia la manifestación de su propia gloria y al bien de sus elegidos.

DE CRISTO, EL MEDIADOR DEL SEGUNDO PACTO

29. El Hijo, que es la Palabra del Padre, engendrado desde la eternidad del Padre, el verdadero y eterno Dios, de una sola sustancia con el Padre, tomó la naturaleza del hombre en el vientre de la santísima virgen, de la sustancia de ella; para que dos naturalezas enteras y perfectas —esto es, la Divina y la humana— fuesen unidas inseparablemente en una sola persona, haciendo un solo Cristo, Dios y hombre.

30. Cristo, verdaderamente de nuestra naturaleza, fue hecho como nosotros en todas las cosas, excepto en el pecado, del cual estuvo claramente vacío, tanto en su vida como en su naturaleza. Él vino como un cordero sin mancha para quitar los pecados del mundo por el sacrificio de sí mismo una vez realizado, y el pecado —como dice San Juan— no estaba en él. Cumplió la ley por nosotros perfectamente; por nuestro bien, sufrió los tormentos más graves inmediatamente en su alma y los sufrimientos más dolorosos en su cuerpo. Fue crucificado y murió para reconciliar a su Padre con nosotros y ser un sacrificio no solo por la culpa original, sino también por todas nuestras transgresiones actuales. Fue enterrado y descendió al infierno, y al tercer día resucitó de entre los muertos y retomó su cuerpo, con carne, huesos y todo lo relacionado con la perfección de la naturaleza del hombre; con el cual

ascendió al cielo, y allí se ha sentado a la diestra de su Padre, hasta que regrese para juzgar a todos los hombres en el último día.

DE LA COMUNICACIÓN DE LA GRACIA DE CRISTO

31. Es condenable aquella presunción de decir que todo hombre ha de ser salvo por la ley o secta que profese, y que por ello, él sea diligente para ajustar su vida de acuerdo con esa ley y con la luz de la naturaleza. Porque las Sagradas Escrituras nos exponen solo el nombre de Jesucristo como aquel por el cual los hombres han de ser salvos.

32. Nadie puede venir a Cristo a menos que le sea dado, y a menos que el Padre lo traiga. Y no todos los hombres son atraídos por el Padre para que puedan venir al Hijo. Tampoco existe una suficiente medida de gracia otorgada a cada hombre por medio de la cual este pueda venir a la vida eterna.

33. Todos los elegidos de Dios son, en su momento, unidos inseparablemente a Cristo por la influencia efectiva y vital del Espíritu Santo, derivándose este de él, como de la cabeza, a cada miembro verdadero de su cuerpo místico. Y, siendo así, hechos uno con Cristo, son verdaderamente regenerados y partícipes de él y de todos sus beneficios.

DE LA JUSTIFICACIÓN Y LA FE

34. Somos considerados justos ante Dios, solo por el mérito de nuestro Señor y Salvador Jesucristo, el cual es aplicado a nosotros por la fe; y no por nuestras propias obras o méritos. Y esta justicia, que recibimos de la misericordia de Dios y de los méritos de Cristo —abrazada por la fe—, es tomada, aceptada y concedida por Dios para nuestra justificación perfecta y plena.

35. Aunque esta justificación sea gratuita para nosotros, no nos llega tan gratuitamente como para que no se pague ningún rescate. Dios mostró su gran misericordia al liberarnos de nuestro cautiverio anterior, sin requerir que se pagara ningún rescate, o que se enmendaran por nuestra parte; cosa que, para nosotros, había sido imposible hacer. Y mientras que todo el mundo permanecía incapaz de pagar ninguna parte de su rescate, plació a nuestro Padre celestial, de su infinita misericordia, sin ningún desamparo hacia nosotros, proporcionarnos los méritos más preciados de su propio Hijo, para que nuestro rescate pudiese estar totalmente pagado, la ley cumplida, y su justicia plenamente satisfecha. Para que Cristo fuese ahora la justicia de todos los que realmente creen en él. Él, por ellos, pagó su rescate por su muerte. Él, por ellos, cumplió la ley en su vida. De modo que ahora, en él y por él, todo verdadero cristiano puede ser llamado cumplidor de la ley; porque lo que nuestra debilidad no pudo efectuar, la justicia de Cristo lo ha cumplido. Y así, la justicia y la misericordia de Dios se abrazan; la gracia de Dios no excluye la justicia de Dios en cuanto a nuestra justificación; sino que excluye solo la justicia del hombre —es decir, la justicia de nuestras propias obras— como una causa que pudiese merecer justificación.

36. Cuando decimos que somos justificados solo por la fe, no queremos decir que dicha fe justificadora se encuentra en el hombre sola, sin verdadero arrepentimiento, esperanza, caridad y temor de Dios —porque tal fe es muerta y no puede justificar—, ni queremos decir que este acto nuestro de creer en Cristo, o esta nuestra fe en Cristo dentro de nosotros, por sí misma nos justifique o merezca nuestra justificación —pues aquello sería consideranos justificados por la virtud o dignidad de algo que está dentro de nosotros—; pero el verdadero entendimiento y significado de esto es que aunque tengamos fe, esperanza, caridad, arrepentimiento y temor de Dios dentro de nosotros y agreguemos tantas otras buenas obras al respecto; sin embargo, debemos renunciar al mérito de todas nuestras virtudes mencionadas, la fe, esperanza, caridad y todas nuestras otras virtudes, y las buenas obras que hemos hecho, haremos, o podamos hacer, teniéndolas como cosas demasiado débiles, imperfectas e insuficientes para merecer la remisión de nuestros pecados y nuestra justificación; y por lo tanto, debemos confiar solo en la misericordia de Dios y en los méritos de su Hijo amado, nuestro único Redentor, Salvador y Justificador, Jesucristo. Sin embargo, debido a que la fe nos envía directamente a Cristo para nuestra justificación, y debido a que por la fe que Dios nos ha otorgado, aceptamos la promesa de la misericordia de Dios y la remisión de nuestro pecado —cosa que ninguna de nuestras virtudes u obras hace propiamente—; por eso la Escritura dice que la fe sin obras nos justifica; y los antiguos padres de la Iglesia con el mismo propósito dijeron que solo la fe nos justifica.

37. Por fe justificadora entendemos, no solo la creencia común de los artículos de la religión cristiana, y una persuasión de la verdad de la Palabra de Dios en general; sino también una aplicación particular de las promesas gratuitas del evangelio, para el consuelo de nuestras propias almas; por la cual nos aferramos a Cristo con todos sus beneficios, confiando fervientemente en Dios que Él será misericordioso con nosotros por amor de su único Hijo. Para que el creyente verdadero pueda estar seguro —por la seguridad de la fe— del perdón de sus pecados y de su salvación eterna por Cristo.

38. La fe verdadera, viva y justificadora, y el Espíritu santificador de Dios, no se extinguen ni desvanecen en el regenerado, ni final ni totalmente.

DE LA SANTIFICACIÓN Y LAS BUENAS OBRAS

39. Todos los que son justificados son asimismo santificados; su fe está siempre acompañada de un verdadero arrepentimiento y de buenas obras.

40. El arrepentimiento es un don de Dios, por el cual un dolor piadoso es forjado en el corazón de los fieles por haber ofendido a Dios, su Padre misericordioso, con sus antiguas transgresiones, junto con una resolución constante, de ahí en adelante, de unirse a Dios y llevar una nueva vida.

41. Aunque las buenas obras, que son los frutos de la fe y que vienen después de la justificación, no pueden hacer satisfacción por nuestros pecados y soportar la severidad del juicio de Dios; sin embargo, son agradables delante de Dios, y aceptadas por él en Cristo, y brotan de una fe viva y verdadera, la cual debe ser discernida por ellos como un árbol lo es por su fruto.

42. Las obras en las que Dios quiere que su pueblo camine son las que Él ha ordenado en su Sagrada Escritura, y no las obras que los hombres han ideado de su propio cerebro, de un celo y devoción ciegos, sin la garantía de la Palabra de Dios.

43. El regenerado no puede cumplir la ley de Dios perfectamente en esta vida. Porque todos ofendemos en muchas cosas. Y si decimos que no tenemos pecado, nos engañamos a nosotros mismos y la verdad no está en nosotros.

44. No todo pecado atroz, voluntariamente cometido después del Bautismo, es pecado contra el Espíritu Santo ni imperdonable. Y por lo tanto, a los que caen en pecado después del Bautismo, no se les puede negar lugar para el arrepentimiento.

45. Las obras voluntarias además de, sobre y por encima de los mandamientos de Dios, que ellos llaman obras de supererogación, no pueden enseñarse sin arrogancia e impiedad. Porque por ellas los hombres declaran que, no solo rinden a Dios tanto como están obligados a hacer, sino que hacen por Él más que lo que el deber les requiere.

DEL SERVICIO DE DIOS

46. Nuestro deber hacia Dios es creer en Él, temerlo y amarlo con todo nuestro corazón, con toda nuestra mente, y con toda nuestra alma, y con todas nuestras fuerzas, adorarlo y darle gracias, poner toda nuestra confianza en Él, invocarlo, honrar su santo Nombre y su Palabra, y servirlo verdaderamente todos los días de nuestra vida.

47. En todas nuestras necesidades debemos recurrir a Dios por medio de la oración, con la seguridad de que lo que sea que pidamos del Padre en el nombre de su Hijo —nuestro único mediador e intercesor— Cristo Jesús, y de acuerdo con su voluntad, Él sin duda lo otorgará.

48. Debemos preparar nuestros corazones antes de orar, y entender las cosas que pedimos cuando oramos; que tanto nuestros corazones como nuestras voces puedan sonar juntos a los oídos de la majestad de Dios.

49. Cuando Dios todopoderoso nos hiere con la aflicción de alguna gran calamidad que se cierne sobre nosotros, o cuando cualquier otra causa de peso lo requiera; es nuestro deber humillarnos en ayuno, lamentar nuestros pecados con un corazón triste y dedicarnos a la oración ferviente, para que

Dios se agrade en alejar su ira o nos provea de aquellas gracias que tanto necesitamos.

50. El ayuno es una retención de carne, bebida y de todos los alimentos naturales, así como de otras delicias externas, del cuerpo, durante el tiempo determinado de ayuno. En cuanto a las abstinencias designadas por orden público de nuestro estado acerca del consumo de pescado y la abstinencia de carne en determinados momentos y días señalados, no están destinadas a ser ayunos religiosos, ni para el mantenimiento de ninguna superstición en la elección de carnes, sino que simplemente se basan en consideraciones políticas para la provisión de cosas que tienden a una mejor preservación de la comunidad.

51. No debemos ayunar con esta persuasión mental: que nuestro ayuno puede llevarnos al cielo, o atribuir santidad al trabajo externo realizado. Porque Dios no permite nuestro ayuno por el bien del trabajo —que en sí mismo es una cosa meramente indiferente—, sino principalmente por lo que respecta al corazón, cómo se ve afectado en él. Por lo tanto, es necesario que, antes de todo, limpiemos nuestros corazones de pecado, y que luego dirijamos nuestro ayuno a los fines que Dios permita que sean buenos; que la carne pueda ser castigada, el espíritu pueda ser más ferviente en la oración, y que nuestro ayuno sea un testimonio de nuestra humilde sumisión a la majestad de Dios, cuando reconozcamos nuestros pecados hacia Él, y seamos conmovidos interiormente con tristeza de corazón, lamentándonos igualmente en la aflicción de nuestros cuerpos.

52. Toda adoración ideada por la fantasía del hombre, además de o en contra de la Escritura —como deambular en peregrinaciones, establecer velas, estaciones y jubileos, sectas fariseaicas y religiones fingidas, rezar sobre cuentas y tales supersticiones— no solo no cuenta con promesa de recompensa en la Escritura, sino por el contrario, con amenazas y maldiciones.

53. Toda manera de expresar a Dios el Padre, el Hijo y el Espíritu Santo en una forma externa es completamente ilegal. Como también todas las demás imágenes diseñadas o hechas por el hombre para el uso de la religión.

54. Toda adoración religiosa debe ser dada solo a Dios; de quien debe pedirse y buscarse toda bondad, salud y gracia, como del mismo autor y dador de ellas, y de ninguno otro.

55. El nombre de Dios debe ser usado con toda reverencia y respeto santo; y, por lo tanto, todo juramento vano y apresurado debe ser condenado por completo. Sin embargo, a pesar de las ocasiones lícitas, se puede dar y tomar juramento según la Palabra de Dios, la justicia, el juicio y la verdad.

56. El primer día de la semana, que es el Día del Señor, debe ser completamente dedicado al servicio de Dios; y, por lo tanto, estamos

obligados en él a descansar de nuestros asuntos comunes y cotidianos, y a dedicar ese tiempo a los ejercicios santos, tanto públicos como privados.

DEL MAGISTRADO CIVIL

57. La majestad del rey bajo Dios tiene el poder soberano y principal dentro de sus reinos y dominios, sobre todo tipo de personas de cualquier estado, ya sea eclesiástico o civil, sean quienes sean; así como ninguna otra potencia extranjera tiene o debería tener ninguna superioridad sobre ellos.

58. Profesamos que el gobierno supremo de todas las propiedades dentro de dichos reinos y dominios, en todas las causas, tanto eclesiásticas como temporales, pertenece a la alteza del rey. Pero no le damos con esto la administración de la Palabra y los Sacramentos, o el poder de las Llaves; sino solo esa prerrogativa que vemos que siempre ha sido dada a todos los príncipes piadosos en la Sagrada Escritura por Dios mismo; es decir, que debe contener todas las propiedades y grados encomendados a su cargo por Dios, ya sean eclesiásticos o civiles, dentro de su deber, y refrenar a los obstinados y malhechores con el poder de la espada civil.

59. El papa, ni por sí mismo, ni por ninguna autoridad de la Iglesia o la sede de Roma, ni por ningún otro medio con alguno otro, tiene ningún poder o autoridad para deponer al rey, o disponer de cualquiera de sus reinos o dominios, ni para autorizar a cualquier otro príncipe a invadirlo o a molestarlo a él o a sus países, o a liberar a cualquiera de sus súbditos de su lealtad y obediencia a su majestad o dar licencia o permitir a cualquiera de ellos portar armas, levantar tumultos u ofrecer violencia de daño a su persona real, estado o gobierno, o a cualquiera de sus súbditos dentro de los dominios de su majestad.

60. Que los príncipes que sean excomulgados o privados por el papa puedan ser depuestos o asesinados por sus súbditos o por cualquier otra cosa, es una doctrina impía.

61. Las leyes del reino pueden castigar a los hombres cristianos con la muerte por delitos atroces y graves.

62. Es lícito que los hombres cristianos, por orden del magistrado, porten armas y sirvan en guerras justas.

DE NUESTRO DEBER HACIA NUESTROS PRÓJIMOS

63. Nuestro deber hacia nuestros prójimos es amarlos como a nosotros mismos y hacer, a todos los hombres, lo que quisiéramos que nos hicieran a nosotros; honrar y obedecer a nuestros superiores, preservar la seguridad personal de los hombres, como también su castidad, bienes y buenos nombres; no cargar malicia ni odio en nuestros corazones; mantener nuestros cuerpos en templanza, sobriedad y castidad; ser verdaderos y justos en todos

nuestros actos; no codiciar los bienes de otros hombres, sino trabajar verdaderamente para ganarnos la vida y para cumplir con nuestro deber en aquel estado de vida en que a Dios le haya placido llamarnos.

64. Para preservar la castidad personal de los hombres, es ordenado el matrimonio a todos los hombres que se encuentren en necesidad de este. Tampoco hay ninguna prohibición por parte de la Palabra de Dios para que los ministros de la Iglesia puedan entrar en el estado de matrimonio. La ley de Dios no les ordena en ninguna parte ni hacer un voto para permanecer en el estado de soltería ni abstenerse del matrimonio. Por lo tanto, es legal también para ellos, así como para todos los demás hombres cristianos, casarse bajo su propia discreción, habiendo juzgado el matrimonio como lo mejor para servir a la piedad.

65. Las riquezas y bienes de los cristianos no son comunes en lo tocante al derecho, el título y la posesión de los mismos, como ciertos anabaptistas falsamente afirman. A pesar de ello, todo hombre debe, de las cosas que posee, dar limosna libremente a los pobres de acuerdo con su capacidad.

66. La fe dada debe ser mantenida, incluso con herejes e infieles.

67. La doctrina papista de equivocación y reserva mental es muy impía, y claramente tiende a la subversión de toda sociedad humana.

DE LA IGLESIA, Y EL MINISTERIO EXTERIOR DEL EVANGELIO

68. No hay más que una Iglesia Católica —fuera de la cual no hay salvación— que contiene la compañía universal de todos los santos que alguna vez fueron, son y serán reunidos en un solo cuerpo, bajo una cabeza, Cristo Jesús; parte del cual yace en el cielo, triunfante, y parte, aún aquí en la tierra, militante. Y debido a que esta Iglesia consta de todos aquellos, y solo aquellos, que son elegidos por Dios para salvación y regenerados por el poder de su Espíritu, cuyo número es conocido solo por Dios mismo; por eso se llama católica o universal e Iglesia Invisible.

69. Pero las Iglesias particulares y visibles —que constan de aquellos que hacen profesión de fe en Cristo y viven bajo los medios externos de salvación— son muchas en número; en las cuales, según la institución de Cristo, cuanto más o menos sinceramente la Palabra de Dios sea enseñada, los Sacramentos administrados, y la autoridad de las Llaves usada, más o menos puras podrán considerarse tales Iglesias.

70. Aunque en la Iglesia visible el mal siempre se mezcle con el bien, y a veces el mal tenga la autoridad principal en el ministerio de la Palabra y de los Sacramentos; sin embargo, ya que ellos no administran los mismos en su propio nombre sino en el de Cristo y ministran por la comisión y autoridad de él, podemos usar su ministerio tanto para escuchar la Palabra como para recibir los sacramentos. Tampoco el efecto de la ordenanza de Cristo es

quitado por su maldad: ni la gracia de los dones de Dios disminuida de ellos, ya que por la fe, y correctamente, nosotros recibimos los sacramentos otorgados a ellos; los cuales son efectivos debido a la institución y promesa de Cristo, aunque sean ministradas por hombres malvados. Sin embargo, atañe a la disciplina de la Iglesia que se investigue a los ministros malvados, y que sean acusados por aquellos que tienen conocimiento de sus ofensas, y que finalmente, declarados culpables, sean depuestos por un juicio justo.

71. No es lícito que ningún hombre asuma el oficio de predicación pública o administración de los sacramentos en la Iglesia a menos que primero sea llamado legalmente y enviado a ejecutar el mismo. Y aquellos a quienes debemos considerar como legalmente llamados y enviados, son elegidos y llamados a este trabajo por hombres que tienen autoridad pública en la Iglesia para llamar y enviar ministros a la viña del Señor.

72. Tener una oración pública en la Iglesia, o administrar los sacramentos en una lengua que no sea entendible por la gente, es algo que repugna a la Palabra de Dios y a la costumbre de la Iglesia primitiva.

73. Esa persona que, por denuncia pública de la Iglesia, es cortada correctamente de la unidad de la Iglesia y excomulgada, debe ser tomada, de toda la multitud de fieles, como gentil y publicano, hasta que por arrepentimiento sea reconciliado y recibido abiertamente en la Iglesia por el juicio de aquellos que tienen autoridad en ella.

74. Dios ha dado poder a sus ministros, no para perdonar pecados — prerrogativa que se ha reservado solo para sí mismo—, sino para, en su nombre, declarar y pronunciar la absolución y el perdón de pecados a quienes verdaderamente se arrepienten y genuinamente creen en su santo evangelio. Tampoco agrada a Dios que su pueblo deba estar atado a hacer una confesión particular, ante cualquier hombre mortal, de todos sus pecados conocidos; sin embargo, cualquier persona afligida en su conciencia, por cualquier causa especial, puede recurrir a cualquier ministro piadoso y docto para recibir asesoramiento y consuelo en sus manos.

DE LA AUTORIDAD DE LA IGLESIA, LOS CONCILIOS GENERALES Y EL OBISPO DE ROMA

75. No es lícito que la Iglesia ordene algo que sea contrario a la Palabra de Dios; tampoco puede exponer un texto de las Escrituras de manera que sea inconsistente con otro. Por lo tanto, aunque la Iglesia sea un testigo y un guardián de la Sagrada Escritura, sin embargo, así como no debe decretar nada en contra de esta, de la misma manera no debe imponer nada creyéndolo necesario para la salvación.

76. Los Consejos Generales no pueden reunirse sin el mandamiento y la voluntad de los príncipes; y cuando se reúnen, siendo una asamblea de hombres y no siempre gobernados con el Espíritu y la Palabra de Dios, pueden

errar, y a veces han errado, incluso en cosas relacionadas con la regla de la piedad. Por lo tanto, las cosas ordenadas por ellos como necesarias para la salvación no tienen fuerza ni autoridad a menos que se demuestre que fueron sacadas de las Sagradas Escrituras.

77. Cada Iglesia en particular tiene autoridad para instituir, cambiar y quitar ceremonias y otros ritos eclesiásticos, en tanto que sean superfluos o se abuse de ellos; y para constituir otros buscando el decoro, el orden o la edificación.

78. Como las Iglesias de Jerusalén, Alejandría y Antioquía han errado, así también la Iglesia de Roma ha errado, no solo en lo que concierne a cuestiones prácticas y ceremonias, sino también a cuestiones de fe.

79. El poder que ahora desafía el obispo de Roma —ser la cabeza suprema de la Iglesia universal de Cristo y estar por encima de todos los emperadores, reyes y príncipes—, es un poder usurpado, contrario a las Escrituras y a la Palabra de Dios, y contrario al ejemplo de la Iglesia primitiva y, por lo tanto, es, por la mayoría de las causas justas, quitado y abolido dentro de los reinos y dominios de la majestad del rey.

80. El obispo de Roma está tan lejos de ser la cabeza suprema de la Iglesia universal de Cristo, que sus obras y doctrina descubren claramente que él es ese hombre de pecado, predicho en las Sagradas Escrituras, que el Señor consumirá con el Espíritu de su boca, y destruirá con el resplandor de su venida.

DEL ESTADO DEL ANTIGUO Y NUEVO TESTAMENTO

81. En el Antiguo Testamento, los mandamientos de la ley eran mayores, y las promesas de Cristo se proponían de manera más moderada y oscura, ensombrecidas por una multitud de tipos y figuras, las cuales fueron tanto más general y oscuramente entregadas, cuanto más lejos estaba la manifestación de ellos.

82. El Antiguo Testamento no es contrario al Nuevo, porque tanto en el Antiguo como en el Nuevo Testamento, la vida eterna es ofrecida a la humanidad por Cristo, quien es el único mediador entre Dios y el hombre, siendo Dios y hombre. Por tanto, no han de ser escuchados los que fingen que los antiguos padres buscaban solo promesas transitorias. Porque ellos buscaron todos los beneficios de Dios el Padre a través de los méritos de su Hijo Jesucristo, como ahora lo hacemos nosotros; solo que ellos creyeron en un Cristo que había de venir y nosotros en un Cristo ya ha venido.

83. El Nuevo Testamento está lleno de gracia y verdad, trayendo noticias alegres a la humanidad de que todo lo que anteriormente se le prometió a Cristo, ahora es cumplido; y así, en lugar de los tipos y ceremonias antiguas, exhibe las cosas mismas, con una declaración grande y manifiesta de todos los beneficios del evangelio. Su ministerio tampoco está restringido a una sola

nación circuncidada, sino que se presenta indiferentemente a todas las personas, ya sean judíos o gentiles. De modo que ahora no hay una nación que pueda realmente quejarse de que se les excluya de la comunión de los santos y de las libertades del pueblo de Dios.

84. Aunque la ley dada por Dios, por medio de Moisés, en cuanto a las ceremonias y ritos, sea abolida, y sus preceptos civiles no sea necesario recibirlos en ninguna comunidad; sin embargo, ningún hombre cristiano está libre de la obediencia a los mandamientos que son llamados morales.

DE LOS SACRAMENTOS DEL NUEVO TESTAMENTO

85. Los sacramentos ordenados por Cristo no son solo insignias o símbolos de la profesión de los hombres cristianos, sino también testigos ciertos y seguros, y signos efectivos o poderosos de la gracia y la buena voluntad de Dios hacia nosotros, por los cuales Él obra invisiblemente en nosotros, y no solo vivifica, sino también fortalece y confirma nuestra fe en Él.

86. Hay dos Sacramentos ordenados por Cristo nuestro Señor en el evangelio, es decir, el Bautismo y la Cena del Señor.

87. Aquellos cinco que, por la Iglesia de Roma, son llamados «sacramentos», a saber, la confirmación, la penitencia, las órdenes, el matrimonio y la extrema unción, no deben considerarse sacramentos del evangelio; siendo que tales, en parte, han surgido de una corrupta imitación de los apóstoles y, en parte, son estados de vida permitidos en las Escrituras, pero aun así no tienen una naturaleza semejante de Sacramentos juntamente con el Bautismo y la Cena del Señor, ya que no tienen ningún signo visible o ceremonia ordenada por Dios, junto con una promesa de gracia salvadora anexa a la misma.

88. Los sacramentos no fueron ordenados por Cristo para ser contemplados o llevados; sino que deben ser usados debidamente. Y, en ese sentido, mientras los recibamos dignamente, tendrán un efecto y una obra saludables; pero quienes los reciben indignamente, por esto, atraen juicio sobre sí mismos.

DEL BAUTISMO

89. El Bautismo no es solo un signo externo de nuestra profesión, y una señal de diferenciación por la cual los cristianos se distinguen de los que no son cristianos; sino, primeramente, un Sacramento de nuestra admisión en la Iglesia, sellando en nosotros nuestro nuevo nacimiento —y, en consecuencia, nuestra justificación, adopción y santificación— por la comunión que tenemos con Jesucristo.

90. El Bautismo de Infantes debe ser preservado en la Iglesia como consistente con la Palabra de Dios.

91. En la administración del Bautismo, el exorcismo, el aceite, la sal, la saliva y la santificación supersticiosa del agua, son abolidas por causas justas; y sin ellas, el Sacramento es completa y perfectamente administrado en todos los intentos y propósitos que sean agradables para la institución de Cristo nuestro Salvador.

DE LA CENA DEL SEÑOR

92. La Cena del Señor no es solo un signo del amor mutuo que los cristianos deben tener el uno hacia el otro, sino principalmente un Sacramento de nuestra preservación en la Iglesia, el cual sella en nosotros nuestro alimento espiritual y nuestro continuo crecimiento en Cristo.

93. El cambio de la sustancia del pan y el vino en la sustancia del cuerpo y la sangre de Cristo, comúnmente llamado «transubstanciación», no puede ser probada por la Sagrada Escritura; sino que es repugnante a los simples testimonios de la Escritura, derroca la naturaleza del Sacramento y ha dado ocasión a la más grosera idolatría y a múltiples supersticiones.

94. En la parte externa de la Sagrada Comunión, el cuerpo y la sangre de Cristo están representados de la manera más vívida; no están presentes con los elementos visibles sino como las cosas significadas y selladas lo están con los signos y sellos, es decir, simbólica y relativamente. Pero en la parte interna y espiritual, el mismo cuerpo y sangre se presentan real y sustancialmente a todos aquellos que tienen gracia para recibir al Hijo de Dios, incluso a todos aquellos que creen en su nombre. Y, para que lo hagan así, dignamente, y se aproximen con fe hacia la mesa del Señor, el cuerpo y la sangre de Cristo no son solo significandos y ofrecidos, sino también exhibidos y verdaderamente comunicados.

95. El cuerpo de Cristo es dado, tomado y comido en la Cena del Señor, solo de una manera celestial y espiritual; y el medio por el cual el cuerpo de Cristo es recibido y comido es la fe.

96. Los malvados, así como quienes carecen de una fe viva, a pesar de que carnal y visiblemente —como dice San Agustín— presionen con sus dientes el Sacramento del cuerpo y de la sangre de Cristo, de ninguna manera son hechos partícipes de Cristo; antes bien para su propia condenación comen y beben el signo o sacramento de algo tan grandioso.

97. Ambas partes del Sacramento del Señor deben ser ministradas al pueblo de Dios de acuerdo con la institución de Cristo y con la práctica de la Iglesia antigua; y es un franco sacrilegio robar la copa mística a aquellos por quienes Cristo derramó su más preciosa sangre.

98. El Sacramento de la Cena del Señor no fue reservado, llevado por doquier, elevado o adorado por la ordenanza de Cristo.

99. El sacrificio de la misa, en el que se dice que el sacerdote ofrece a Cristo para obtener la remisión del dolor o la culpa por los vivos y los muertos, no está de acuerdo con la ordenanza de Cristo ni se basa en la doctrina apostólica; pero, por el contrario, es de lo más impío y perjudicial para aquel suficiente sacrificio de nuestro Salvador Cristo, ofrecido una vez para siempre en la Cruz, el cual es la única propiciación y satisfacción por todos nuestros pecados.

100. La misa privada, esto es, el recibir la Eucaristía del sacerdote solo, sin un número competente de comulgantes, es contraria a la institución de Cristo.

DEL ESTADO DE LAS ALMAS DE LOS HOMBRES, DESPUÉS DE QUE SE HAYAN ALEJADO DE ESTA VIDA; JUNTO CON LA RESURRECCIÓN GENERAL, Y EL JUICIO FINAL

101. Después de que esta vida termina, las almas de los hijos de Dios son realmente recibidas en el cielo para disfrutar de comodidades indescriptibles; Las almas de los impíos son arrojadas al infierno para soportar tormentos interminables.

102. La doctrina de la Iglesia de Roma, en cuanto al limbus patrum[685], al limbus puerorum[686], el purgatorio, las oraciones por los muertos, los indultos, la adoración a imágenes y reliquias, y también la invocación de santos es vanamente inventada, sin ninguna garantía en las Sagradas Escrituras, sí, y es contraria a la misma.

103. Al final de este mundo, el Señor Jesús vendrá en las nubes con la gloria de su Padre; en ese momento, por el poder todopoderoso de Dios, los vivos serán transformados y los muertos serán resucitados; y todos aparecerán en cuerpo y alma ante su tribunal para recibir de acuerdo con lo que hayan hecho en sus cuerpos, ya sea bueno o malo.

104. Cuando concluya el juicio final, Cristo entregará el Reino a su Padre, y Dios será todo en todos.

EL DECRETO DEL SÍNODO

Si algún ministro, sea del grado de calidad que sea, enseña públicamente cualquier doctrina contraria a estos artículos convenidos, y si, después de la

---

[685] El presunto lugar en que los padres del Antiguo Testamento, luego de morir, aguardaban la redención de Cristo.

[686] O también "limbus infantum". Es la presunta morada de aquellos (infantes) que han muerto sin pecado real o
actual, pero cuyo pecado original no ha sido lavado por el bautismo.

debida amonestación, no se conforma ni deja de perturbar la paz de la Iglesia, que sea silenciado y privado de todas las promociones espirituales de las que disfruta.

INTRODUCCIÓN A LOS CÁNONES DE DORT

Una de las más importantes controversias ocurridas dentro del contexto reformado fue la relacionada a las doctrinas del ministro holandés Jacobo Arminio y sus posteriores discípulos. Arminio (1560-1609), aunque vivió una infancia dura, recibió una educación formal y de calidad en centros como los de Utrecht y Marburg. En lo teológico, la doctrina que recibió tanto en Leiden (1560), Basilea y en la Academia de Ginebra (1582-1587), fue de tradición reformada pura: uno de sus maestros en Leiden, Lamberto Daneau (1535-1595), era colega de Juan Calvino; en Basilea, fue instruido por el reconocido Jakob Grynaeus (1540-1607), y en Ginebra, lo instruyó el sucesor del Calvino, Teodoro de Beza (1519-1605). La teología a la que se expuso para ese tiempo en nada se diferencia de las confesiones reformadas. Estando ya en Ámsterdam para su ordenación como pastor y predicador en 1588, luego de sus estudios en Ginebra, es que comenzó lo que prepararía el camino a sus futuras controversias. Arminio fue encargado por el magistrado de Ámsterdam «para refutar las tesis contrarias a la predestinación expresadas por el Secretario General de los Estados, [Dirck V.] Koornhert»[687]. Los magistrados no veían venir lo que sucedería con el teólogo a quien encomendaron tan importante labor. Arminio, en vez de defender la postura ortodoxa y contestar correctamente a las tesis humanistas de Koornhert (1522-1590)[688], acabo siendo persuadido por su oponente y pasándose a su bando de pensamiento (posiblemente leyendo sus escritos), el cual tiempo después dio a conocer por sus sermones en Ámsterdam[689] y sus clases en Leiden.

Un tiempo después de este acontecimiento, en 1603, Arminio fue ordenado como maestro de teología para enseñar en la universidad de Leiden como remplazante de uno de los dos puestos dejados tras las muertes de los maestros Lucas Trelcatius (1542-1602) y Francisco Junius (1545-1602). Ya en aula sus exposiciones sobre la epístola a los Romanos[690], al respecto del *libre albedrío*, la *predestinación divina*[691] y la perseverancia final de los creyentes[692], dejaron ver la nueva perspectiva que había adoptado,

---

[687] Ricardo Cerni, Historia del Protestantismo, 9, p.109.

[688] Williston Walker, Historia de la Iglesia Cristiana (Casa Nazarena de Publicaciones, Kansas City, Missouri), VI, p. 454.

[689] Ver Martin Mulsow, Jam Rohls (ed.), Socinianism And Arminianism: Antitrinitarians, Calvinists, And Cultural

Exchange in Seventeenth-Century Europe, II, p.9.

[690] Ver The Works of James Arminius, Vol II.

[691] Ver The Works of James Arminius, Vol I, disp. XV; Vol II, dips. XLI.

[692] Op, cit., VI-VII.

volviéndose de lo que se profesaba tradicionalmente en las iglesias reformadas[693]. Las enseñanzas de Arminio encontraron un serio oponente en su colega de Leiden, Francisco Gomaro (1563-1641), quien, como erudito, era un celoso defensor del calvinismo. Gomaro acusaba a Arminio de enseñar a los alumnos de Leiden doctrinas no ortodoxas; de seguir a los Jesuitas y pelagianos, e ir en contra de los símbolos confesionales[694]. La controversia entre Gomaro con Arminio crecía en intensidad y las divisiones no tardaron en llegar; luego, en Leiden, tras un claro divisionismo teológico, se hablaría de *Gomaristas* y *Arminianos*. Jacobo Arminio oficializó sus posturas y para 1608 redactó su *Declaration of Sentiments*[695] donde exponía su pensamiento, el cual luego fue presentado a los Estados Generales de Holanda, con el propósito incluido de cesar la disputa. Cabe decir también que dentro de los planes que Arminio se había propuesto, se encontraba una petición de revisión y modificación de los credos reformados: el *Catecismo de Heidelberg* y la *Confesión Belga*.[696] Toda esta discusión, las objeciones, respuestas, acusaciones, etc., aparentemente se acabaron con la muerte del maestro con doctrinas novedosas en lo que respecta a Holanda. Su antorcha doctrinal no quedó apagada completamente, pues quedaron ciertas brasas que pronto, al ser unidas, volverían a arder y formar un incendio enorme. Luego de la muerte de Arminio, en octubre de 1609 a los 49 años,[697] en enero de 1610 un grupo de sus discípulos[698], bajo el liderazgo de Jean Uytenbogaert (1557-1644) y Simón Episcopios (1583- 1643), junto a un total de 43 ministros, redactaron en Gouda, y luego firmaron para ser presentado ante las autoridades civiles, un documento como protesta y declaración doctrinal, que en su contenido era diferente a lo profesado por la Iglesia holandesa; consistía este documento en cinco artículos llamados *Articulis Arminiane sive Remonstrantiæ* o *Remostrancia* (documento de protesta)[699]. Este texto contenía ciertos puntos de doctrina que no formaban parte del credo de la iglesia reformada de Holanda, y de la iglesia protestante en general[700] en cuanto a la concepción del *ordo salutis*[701]. En Palabras de Charles Hodge, la doctrina expuesta en los artículos Remonstrantes de 1610, era «en todos los puntos incluidos en

---

[693] Véase Richard A. Muller, The Christological problema in the of Jacobus Arminius, en: https://www.jstor.org/.

[694] Armonizando las confesiones reformadas de la época, vemos que todas hablaron acerca de la predestinación y bajo términos similares y para nada contradictorios. Véase Catecismo de Heidelberg p.54; Confesión Belga Art. 16; Confesión Galicana Art. 12 y Confesión Escocesa Cap. 8. Ver Athur C. Cochrane, Reformed Confessions of the Sixteenth Century.

[695] Ver The Works of James Arminius Vol I. 1.

[696] Ver The Works the James Arminius Vol I, V, X.

[697] Kaspar Brandt, The life of James Arminius, tr. by J. Guthrie, XII, p.299.

[698] En los principales se cuenta a Peter Bertius (1565-1629), Hugo Grocio (1583-1645), Jan van Oldenbarnevelt (1547-1619), Adrian Borrius (1565-1630), Johannes Corvinus (1582-1650), Nicola Grevinchovius (1568-1632) y Conrad Vorstius (1569-1622).

[699] William Cunningham, Historical Theology (Vol 2) XXV, I, 371-372.

[700] Véase los Artículos de la Remostrancia de 1610, en Confesiones y Credos Cristianos (2017), p.152-155, por Editorial Clir; William Cunningham, Historical Theology (Vol 2) XXV, III, pp. 384-385.

[701] Véase Louis Berkhof, Historia de lar Doctrinar Cristiana III, III, p.282-284.

Antropología y Soteriología... una desviación mucho más seria del sistema de agustinianismo que en todas las épocas en la vida de la iglesia»[702].

Ocho años después de la publicación de la *Remonstrancia*, los Estados generales de Holanda convocaron un Sínodo en Dort el 13 de noviembre de 1618 con el fin de responder a la polémica Arminiana y aclarar los asuntos disputados en un total de 154 sesiones en siete meses, hasta el 9 de mayo de 1619[703]. Pasados los siete meses los delegados y comisionados de Holanda, Alemania, el Palatinado, Inglaterra y Suiza, produjeron una serie de cuatro[704] artículos, los «Cánones de Dort», donde se respondía a los puntos presentados en la *Remonstrancia*. El Sínodo de Dort es sumamente importante, no solo porque respondió a las dotrinas propuestas por los disidentes, sino también porque acabó condenándolas por no ser conforme a la enseñanza de las Sagradas Escrituras y pervertir a la iglesia por un tiempo. También el Sínodo reafirmó, y en él la iglesia reformada holandesa, su suscripción a La Confesión Belga y el Catecismo de Heidelberg como declaraciones ortodoxas de la Iglesia reformada. El Sínodo y sus Cánones no solo tuvieron efecto en su momento, sino que marcó el comienzo de una reforma profunda y completa en la teología y piedad holandesa, es lo que se denomina como la *Nadere Reformatie*.

Estos Cánones, si bien es cierto no son una exposición completa de la teología reformada, sí forman parte esencial del cuerpo reformado de teología. Vienen a ser una sistematización ortodoxa y refutatoria de la fe reformada en cuanto a la salvación, el pecado, la gracia, la obra expiatoria de Cristo, la necesidad de la evangelización, la soberanía divina, el poder de Dios y sus promesas. Los Cánones de Dort están compuestos por dos partes en cada capítulo: una exposición ortodoxa y una refutación de los errores.

Nicolás R. Elgueta Cartes

---

[702] Charles Hodge, Systematic Theology (Vol II) I, §6, p.328.

[703] Véase una introduction al Sínodo de Dort en Charles R. Beggs, Am Historical Overview of the Synod of Dordt Reformation Church History. Para una síntesis del pensamiento soteriológico arminiano véase Charles Hodge, Systematic Theology (Vol III) XVII, §10, pp.185-186.

[704] El texto original de los Cánones une en una sola sección, o cabeza de doctrina, los capítulos tercero y cuarto.

LOS CÁNONES DE DORT

CAPÍTULO PRIMERO
DE LA DOCTRINA DE LA DIVINA ELECCIÓN Y REPROBACIÓN

Artículo 1:
El derecho que Dios tiene de condenar a todo el género humano

Puesto que en Adán todos los seres humanos pecaron y han quedado bajo el veredicto de maldición y muerte eterna[a], Dios no habría sido injusto con nadie si su voluntad hubiese sido dejar a toda la raza humana en pecado y bajo maldición, y condenarla a causa de su pecado. Como lo declara el apóstol: «todo el mundo está sujeto a la condenación de Dios» (Rom. 3:19), «Todos pecaron y están privados de la gloria de Dios» (Rom. 3:23), y «la paga del pecado es muerte» (Rom. 6:23)[705].

Artículo 2:
La manifestación del amor de Dios

Pero esta es la forma en la que Dios mostró su amor: «envió a su Hijo único al mundo, para que todo aquel que cree en él no perezca, sino que tenga vida eterna» (1 Jn. 4:9; Jn. 3:16).

Artículo 3:
La predicación del evangelio

Con el fin de que la gente sea conducida a la fe, Dios, en su misericordia, envía heraldos de este alegre mensaje en el tiempo que Él determina y a quien a Él

---

[705] a. Rom. 5:12.

le place[a]. Por medio del ministerio de estos, la gente es llamada al arrepentimiento y a la fe en el Cristo crucificado[b]. Porque «¿cómo creerán en aquel de quien no han oído? ¿Y cómo oirán si no hay quien les predique? ¿Y cómo predicarán sin ser enviados?» (Rom. 10:14-15)[706].

Artículo 4:
La gente responde al evangelio de dos formas distintas

La ira de Dios se mantiene sobre aquellos que no creen en este evangelio[a]. Pero aquellos que lo aceptan y que reciben al Salvador Jesús con fe verdadera y viva, son librados por medio de él de la ira de Dios y de la destrucción, y reciben el don de la vida eterna[b707].

Artículo 5:
Las fuentes de la incredulidad y de la fe

La causa y culpa de esta incredulidad, al igual que con cualquier otro pecado, de ninguna manera tiene su origen en Dios, sino en la humanidad[a]. Sin embargo, la fe en Jesús y la salvación por medio de él son el don gratuito de Dios. Tal como lo dice la Escritura, «Es por gracia que habéis sido salvados mediante la fe, y esto no procede de vosotros, sino que es un regalo de Dios» (Ef. 2:8). De la misma forma: «Se os ha concedido libremente que creáis en él» (Fil. 1:29)[708].

Artículo 6:
El decreto eterno de Dios

Que algunos reciban de Dios el don de la fe y otros no, procede de su decreto eterno[a]. Porque Dios conoce todas sus obras desde la eternidad[b] y «hace todas las cosas según el designio de su voluntad» (Ef. 1:11). Según este decreto, Dios, en su gracia, ablanda los corazones de los elegidos, sin importar cuán duros sean, y los inclina a creer, pero también, en su justo juicio, abandona a los no elegidos a su maldad y a la dureza de corazón. Es en esto, especialmente, que se manifiesta la insondable, misericordiosa, y al mismo tiempo justa acción de Dios, por la cual hace una distinción de personas que yacían bajo la misma situación de condena. Este es el bien conocido decreto de elección y reprobación revelado en la Palabra de Dios. Los impíos, impuros e inestables distorsionan este decreto para su propia perdición, pero las almas santas y piadosas encuentran en él un consuelo inefable[709].

---

[706] **a.** Isa. 52:7. **b.** 1 Cor. 1:23-24.
[707] **a.** Jn. 3:36. **b.** Mar. 16:16; Rom. 10:9.
[708] **a.** Heb. 4:6
[709] **a.** Hch. 13:48. **b.** 1 Ped. 2:8.

Artículo 7:
La elección es el inmutable propósito de Dios por medio del cual realizó lo siguiente:

Antes de la fundación del mundo Dios, por su pura gracia y según el beneplácito soberano de su voluntad, escogió en Cristo, para salvación, a un número definido de personas, de entre toda la raza humana[a], las cuales por su propia culpa habían caído de su inocencia original en pecado y miseria. Los que así fueron elegidos no eran ni mejores ni más dignos que los demás, sino que yacían con ellos en una miseria común. Dios hizo esto en Cristo, a quien también designó desde la eternidad para ser el Mediador y Cabeza de todos los elegidos y el fundamento de su salvación. De modo que, Dios decretó entregar a los elegidos para salvación a Cristo[b], y llamarlos y atraerlos eficazmente a la comunión de Cristo a través de la Palabra y del Espíritu. En otras palabras, Dios decretó concederles verdadera fe en Cristo, justificarlos, santificarlos y, finalmente, glorificarlos después de preservarlos poderosamente en la comunión del Hijo[c]. Dios hizo todo esto a fin de demostrar su misericordia, para alabanza de la riqueza de su gloriosa gracia[d]. Como dice la Escritura, «Dios nos escogió en Cristo, antes de la creación del mundo, para que seamos santos y sin mancha delante de él en amor; nos predestinó a quienes adoptó como hijos suyos a través de Jesucristo, en sí mismo, según el buen propósito de su voluntad, para alabanza de su gloriosa gracia por la cual libremente nos hizo agradables para él en su amado» (Ef. 1:4-6). Y en otro lugar dice, «a quienes predestinó, también los llamó; a los que llamó, también justificó; y a los que justificó, también glorificó» (Rom. 8:30)[710].

Artículo 8:
Un solo decreto de elección

No existen varios decretos de elección, sino uno solo para todos los que fueron salvos en el Antiguo y en el Nuevo Testamento. Porque la Escritura declara que hay una sola voluntad perfecta, y un solo propósito y plan de Dios[a], por medio del cual nos escogió desde la eternidad; tanto para la gracia y la gloria, como para la salvación, y el camino de la salvación, el cual, Dios preparó de antemano para que andemos en él[b][711].

Artículo 9:
La elección no está basada en alguna fe prevista

Esta elección no tuvo su origen en una fe conocida de antemano, ni por causa de la obediencia de la fe, ni por la santidad o cualquier otra cualidad o disposición humana —como si estuviese basada en alguna causa o condición previa que se requiriese en la persona para que esta fuese elegida— sino que más bien la persona es elegida para la fe, para la obediencia a la fe, para la

---

[710] **a.** Ef. 1:4, 11. **b.** Jn. 17:2. **c.** Jn. 17:12. **d.** Jn. 17:24; 6:37, 44.
[711] **a.** Deu. 7:7; 9:6; Ef. 1:4-5. **b.** Ef. 2:10.

santidad, etc. Por tanto, la elección es la fuente de todo bien salvífico. La fe, la santidad y otros dones de la salvación e incluso la vida eterna misma, emanan de la elección como frutos y efectos de ella[a]. Como lo dice el apóstol, «nos escogió [no porque éramos buenos, sino] para que seamos santos y sin mancha delante de él en amor» (Ef. 1:4)[712].

Artículo 10:
La elección se base en la voluntad perfecta de Dios

La causa de esta elección inmerecida es exclusivamente la voluntad perfecta de Dios, lo cual no consiste en que, de todas las posibles cualidades y acciones de los hombres, Dios ha elegido algunas como condición para la salvación, sino que significa que Él adopta a ciertas personas de entre todos los pecadores para formar un pueblo para sí mismo, como dice la Escritura: «antes de que los mellizos nacieran y hubieran hecho algo bueno o malo», se le dijo a ella (a Rebeca): «El mayor servirá al menor. Como está escrito: Amé a Jacob, pero aborrecí a Esaú» (Rom 9:11-13). Además, «y creyeron todos los que estaban destinados a la vida eterna» (Hch. 13:48).

Artículo 11: Elección inmutable

Así como Dios es sabio, inmutable, omnisciente y todopoderoso, así también la elección que ha efectuado no puede ser suspendida o alterada, revocada o anulada[a]; los elegidos de Dios tampoco pueden ser desechados ni su número reducido[b][713].

Artículo 12:
La seguridad de la elección

A su debido tiempo, los elegidos reciben la certeza de su elección eterna e inmutable, aunque en varias etapas y en diferentes medidas. Tal certeza no viene a través de una búsqueda inquisitiva en los designios ocultos y profundos de Dios[a], sino que viene por medio de observar en ellos mismos[b], con gozo espiritual y un deleite santo, los frutos inconfundibles de la elección que se mencionan en la Palabra de Dios; tales como una fe verdadera en Cristo, el temor de Dios, el lamento piadoso por sus pecados[c], y el hambre y sed de justicia, etc[d][714].

Artículo 13:
El fruto de esta certeza

La conciencia y certeza de la elección provoca en los hijos de Dios una mayor razón para humillarse diariamente delante de su Señor, para adorar la

---

[712] **a.** Rom. 8:30
[713] **a.** Jn. 6:37. **b.** Jn. 10:28.
[714] **a.** Deu. 29:29; 1 Cor. 2:10-11. **b.** 2 Cor. 13:5. **c.** 2 Cor. 7:10. **d.** Mat. 5:6.

profundidad insondable de sus misericordias, para limpiarse[a], y brindar amor ferviente y recíproco a aquel que los amó primero y abundantemente[b]. Esto de ninguna manera significa afirmar que la enseñanza en torno a la elección haga que los hijos de Dios se vuelvan negligentes en la obediencia a sus mandamientos o carnalmente seguros de sí mismos. Por causa del juicio de Dios, esto suele ocurrir a quienes dan por sentada la gracia de la elección o participan en charlas ociosas y descaradas acerca de la elección, negándose a andar en los caminos de los elegidos[715].

Artículo 14:
Enseñanza adecuada de la elección

Por medio del plan perfecto de Dios, esta enseñanza de la elección fue proclamada por los profetas, por Cristo mismo y por los apóstoles, en la época del Antiguo y Nuevo Testamento. Después se puso por escrito en las Santas Escrituras. De la misma manera, el día de hoy, en la iglesia de Dios —para la cual estaba destinada específicamente—, esta enseñanza debe exponerse[a] en un espíritu de discreción y de una manera piadosa y santa, en el tiempo y lugar apropiados, sin indagar de manera inquisitiva en los caminos del Altísimo. Esto debe hacerse para la gloria del nombre santísimo de Dios y para el consuelo alegre de su pueblo[b][716].

Artículo 15:
Reprobación

Además, la Santa Escritura destaca de manera muy especial la eterna e inmerecida gracia de nuestra elección, y la expone de forma muy clara para nosotros por medio del testimonio de que, no toda la gente ha sido elegida, sino que solo algunos han sido escogidos mientras que otros han sido ignorados en la elección eterna[a]. A estas personas, Dios, en su beneplácito soberano, justo, irreprochable, e inmutable, ha decretado dejarlas en la miseria común en la cual, por su propia culpa, se han hundido voluntariamente[b]; y no concederles la fe salvadora ni la gracia de la conversión; sino, en Su justo juicio, dejarles seguir sus propios caminos[c], condenándolas y castigándolas eternamente, no solo debido a su incredulidad, sino también por todos sus otros pecados, a fin de exhibir Su justicia. Y este es el decreto de reprobación, el cual de ninguna manera hace a Dios autor del pecado (¡vaya pensamiento más blasfemo!), sino que más bien lo presenta como el temible, irreprochable y justo juez y vengador del pecado[717].

---

[715] **a.** 1 Jn. 3:3. **b.** 1 Jn. 4:19.
[716] **a.** Hch. 20:27; Job 36:23-26. **b.** Rom. 11:33; 12:3; 1 Cor. 4:6.
[717] **a.** Rom. 9:22. **b.** 1 Ped 2:8. **c.** Hch. 14:16.

Artículo 16:
Respuestas a la enseñanza de la reprobación

Aquellos que todavía no experimentan en sí mismos una fe viva en Cristo[a] ni una confianza segura en el corazón, ni paz en su conciencia, ni diligencia en la obediencia, ni el gloriarse en Dios a través de Cristo[b], pero que, no obstante, usan los medios por los que Dios ha prometido obrar estas cosas en nosotros; tales personas no deberían alarmarse cuando se menciona la reprobación, ni deberían contarse entre los réprobos; más bien deberían continuar usando diligentemente estos medios, deseando con fervor un tiempo de gracia más abundante y esperando este tiempo con reverencia y humildad. Por otro lado, aquellos que seriamente desean volverse a Dios, agradarle solo a Él y ser librados de este cuerpo de muerte[c], pero que todavía no son capaces de dar ese paso en el camino de la piedad y de la fe como quisieran, deberían tener menos motivos para temer la doctrina de la reprobación, ya que nuestro misericordioso Dios ha prometido que no apagará la mecha humeante ni romperá la caña quebrada[d]. Sin embargo, aquellos que se han olvidado de Dios y de su Salvador Jesucristo y que se han entregado a las preocupaciones del mundo y los placeres de la carne[e], los tales tienen toda la razón para temer esta doctrina, en tanto no se vuelvan a Dios sinceramente[f][718].

Artículo 17:
La salvación de los hijos pequeños de los creyentes

Puesto que debemos formarnos juicios respecto a la voluntad de Dios a través de su Palabra, la cual testifica que los hijos de los creyentes son santos, no por naturaleza sino en virtud del Pacto de Gracia en el cual están incluidos juntamente con sus padres[a]; los padres piadosos no deberían dudar de la elección y salvación de sus hijos a quienes Dios llama de esta vida en su infancia[b][719].

Artículo 18:
La actitud apropiada hacia la elección y la reprobación

A quienes se quejan de la gracia de una elección inmerecida y de la severidad de una reprobación justa[a], les respondemos con las palabras del apóstol, «¿Quién eres tú para pedirle cuentas a Dios?» (Rom. 9:20), y con las palabras de nuestro Salvador, «¿Es que no tengo derecho a hacer lo que quiera con lo que es mío?» (Mt. 20:15). Nosotros, más bien, con adoración reverente ante tales misterios, clamamos junto con el apóstol: «¡Cuán insondables son las riquezas de la sabiduría y del conocimiento de Dios! ¡Qué indescifrables son sus juicios e inescrutables sus caminos! ¿Quién ha conocido la mente del Señor, o quién ha sido su consejero? ¿Quién le ha dado primero a Dios, para

---

[718] **a.** Stg. 2:26. **b.** 2 Cor. 1:12; Rom. 5:11. **c.** Fil 3:3; Rom. 7:24. **d.** Isa. 42:3; Mat. 12:20. **e.** Mat. 13:22. **f.** Heb. 12:29.

[719] **a.** Gen. 17:7; Isa. 59:21. **b.** Hch. 2:39; 1 Cor. 7:14.

que luego Dios le pague? Porque todas las cosas proceden de él, y existen por él y para él. ¡A él sea la gloria por siempre! Amén». (Rom. 11:33-36)[720].

Rechazo de los errores que han perturbado por un tiempo a las iglesias neerlandesas

Habiendo expuesto la enseñanza verdadera acerca de la elección y la reprobación, el Sínodo rechaza los errores de aquellos que enseñan:

I. Que la voluntad de Dios de salvar a aquellos que han de creer y perseverar en la fe, y en la obediencia de la fe, es el entero y completo decreto de elección para salvación, y que nada más ha sido revelado en la Palabra de Dios acerca de este decreto.

Porque engañan al incauto y contradicen claramente la Santa Escritura, la cual declara que Dios no solo salvará a quienes crean, sino que además ha escogido desde la eternidad a cierta gente en particular a quienes, a diferencia de otros, Él concede, a su tiempo, fe en Cristo y perseverancia. Como dice la Escritura: «He revelado tu nombre a los que me diste» (Jn. 17:6). Así también, «todos los que estaban destinados para vida eterna» (Hch. 13:48), y «nos escogió antes de la fundación del mundo, para que seamos santos...» (Ef. 1:4).

II. Que la elección de Dios para la vida eterna es de muchos tipos: una general e indefinida, otra particular y definida; y que esta última puede ser incompleta, revocable, condicional, o bien completa, irrevocable y absoluta. Así también, que enseñan que hay una elección para la fe y otra para la salvación, de manera que puede haber una elección para la fe justificante sin que esta sea la elección incondicional para la salvación.

Porque esto es una fantasía de la mente humana, inventada al margen de las Escrituras, que distorsiona la enseñanza acerca de la elección y rompe la cadena de oro de la salvación: «A los que predestinó, también los llamó; a los que llamó, también los justificó; y a los que justificó, también los glorificó» (Rom. 8:30).

III. Que el propósito y voluntad perfecta de Dios, que la Escritura menciona en su enseñanza de la elección, no consiste en que Dios escoja a cierta gente en particular en lugar de otra, sino en que Dios escoge —de todas las condiciones posibles (incluyendo las obras de la ley), o de todo el orden de cosas— el acto de la fe que por su propia naturaleza es inmerecido, así como la obediencia imperfecta de la fe, como condición de salvación; lo que significa que de gracia Dios desea considerar esto como perfecta obediencia y que lo considera como digno de la recompensa de la vida eterna.

Porque este error ofensivo hace ineficaces la voluntad de Dios y los méritos de Cristo; y a causa de indagaciones inútiles, la gente se aleja de la verdad de

---

[720] **a.** Job 34:34-37.

la justificación inmerecida y de la simplicidad de las Escrituras. Además, afirman que el apóstol miente cuando dice: «Dios nos salvó y nos llamó a una vida santa, no por nuestras propias obras, sino por su propia determinación y gracia. Nos concedió este favor en Cristo Jesús antes del comienzo del tiempo» (2 Tim. 1:9).

IV. Que en la elección para la fe se requiere que la gente use correctamente la luz de la naturaleza, que sean honestos, modestos, humildes y dispuestos a la vida eterna, como si en alguna medida la elección dependiese de estos factores.

Porque esto suena a pelagianismo, y claramente pone en duda las palabras del apóstol: «En aquel tiempo todos nosotros vivíamos impulsados por nuestros deseos pecaminosos, siguiendo nuestra propia voluntad y nuestros propósitos. Como los demás, éramos por naturaleza objeto de la ira de Dios. Pero Dios, que es rico en misericordia, por su gran amor por nosotros, nos dio vida con Cristo, aun cuando estábamos muertos en pecados. ¡Por gracia ustedes han sido salvados! Y en unión con Cristo Jesús, Dios nos resucitó y nos hizo sentar con él en las regiones celestiales, para mostrar en los tiempos venideros la incomparable riqueza de su gracia, que por su bondad derramó sobre nosotros en Cristo Jesús. Porque por gracia ustedes han sido salvados mediante la fe; esto no procede de ustedes, sino que es el regalo de Dios, no por obras, para que nadie se gloríe» (Ef. 2:3-9).

V. Que la elección incompleta y condicional de individuos particulares para salvación ocurrió con base en que Dios vio de antemano su fe, arrepentimiento, santidad y piedad, que recién empezaban o que continuaron después por algún tiempo; pero que la elección completa e incondicional ocurrió con base en que Dios vio anticipadamente la perseverancia hasta el fin de su fe, arrepentimiento, santidad y piedad. Y que este es el mérito evangélico de la gracia, sobre cuya base se elige al más digno por sobre aquel que no lo es. Por tanto, dicha fe, obediencia de fe, santidad, piedad y perseverancia no son frutos o efectos de una elección inmutable para la gloria, sino condiciones y causas indispensables; que son prerrequisitos en aquellos que serán elegidos en la elección completa, y que son previstos como cosas logradas por ellos.

Esto contradice toda la Escritura, la cual en muchos lugares enseña a nuestros oídos y corazones estas palabras, entre muchas otras: «La elección divina no es por las obras, sino por aquel que llama» (Rom. 9:11, 12); «creyeron todos los que estaban destinados a vida eterna» (Hch. 13:48); «Vosotros no me escogisteis, sino que yo os escogí» (Jn. 15:16); «Si es por gracia, ya no es por obras» (Rom. 11:6); «En esto consiste el amor: no en que nosotros hayamos amado a Dios, sino en que él nos amó y envió a su Hijo» (1 Jn. 4:10).

VI. Que no toda elección para la salvación es inmutable, sino que algunos de los elegidos, a pesar de cualquier decreto de Dios, pueden perecer y de hecho perecen.

Por medio de este grave error, hacen a Dios mutable, destruyen el consuelo de los piadosos en cuanto a la seguridad de su elección y contradicen las Santas Escrituras, que enseñan que «los elegidos no pueden ser descarriados» (Mt. 24:24), que «Cristo no pierde a aquellos a quienes el Padre le dio» (Jn. 6;39), y que «a quienes predestinó, también los llamó; a los que llamó, también justificó; y a los que justificó, también glorificó» (Rom. 8:30).

VII. Que, en esta vida, no hay fruto, ni conocimiento o seguridad de nuestra irreversible elección a la gloria, excepto como condición de algo mutable y contingente.

Porque no solo es absurdo hablar de una certeza incierta, sino que estas cosas también contradicen la experiencia de los santos, que junto al apóstol se regocijan gracias a que están conscientes de su elección y cantan las alabanzas de este don de Dios; y esto tal como Cristo instó a los discípulos, «alegraos de que vuestros nombres están escritos en el cielo» (Lc. 10:20); y, finalmente, Dios detiene las ardientes flechas de las tentaciones del diablo, con la pregunta: «¿Quién acusará a los que Dios ha escogido? Dios es el que justifica» (Rom. 8:33).

VIII. Que Dios, simplemente en virtud de su justa voluntad, no decidió dejar a nadie en la caída de Adán y en el estado común de pecado y condenación, ni pasar por alto a nadie cuando impartió la gracia necesaria para la fe y la conversión.

Porque estas palabras se mantienen firmes: «Dios tiene misericordia de quien él quiere tenerla, y endurece a quien él quiere endurecer» (Rom. 9:18). Además: «A vosotros os es dado conocer los secretos del reino de los cielos, pero a ellos no» (Mt. 13:11). Así también: «Te alabo, Padre, Señor del cielo y de la tierra, porque has escondido estas cosas de los sabios e instruidos, y se las has revelado a los que son como niños. Sí, Padre, porque esa fue tu buena voluntad» (Mt. 11:25-26).

IX. Que la causa por la que Dios envía el evangelio a unos y no lo envía a otros, no se debe únicamente a la voluntad perfecta de Dios, sino a que cierta gente es mejor y más digna que aquellos a quienes el evangelio no es comunicado.

Porque Moisés contradice esto cuando se dirige al pueblo de Israel, diciendo: «A Jehová, tu Dios le pertenecen los cielos y lo más alto de los cielos, la tierra y todo lo que hay en ella. Sin embargo, él se encariñó con tus antepasados y los amó; y a ti, que eres su descendencia, te eligió de entre todos los pueblos, como lo vemos hoy» (Dt. 10:14-15). Y también Cristo dice: «¡Ay de ti, Corazín! ¡Ay de ti, Betsaida! Si se hubieran hecho en Tiro y en Sidón los milagros que se hicieron en ustedes, ya hace tiempo que se habrían arrepentido con muchos lamentos» (Mt. 11:21).

CAPÍTULO SEGUNDO
DE LA DOCTRINA DE LA MUERTE DE CRISTO Y LA
REDENCIÓN HUMANA A TRAVÉS DE ELLA

Artículo 1:
El castigo que la justicia de Dios exige

Dios no solo es supremamente misericordioso, sino que también es supremamente justo. Esta justicia exige —tal como Dios lo ha revelado en su Palabra[a]— que los pecados que hemos cometido contra su infinita majestad, sean castigados temporal y eternamente[b], tanto en el alma como en el cuerpo. No podemos escapar de estos castigos a menos que se satisfaga la justicia de Dios[c][721].

Artículo 2:
La satisfacción efectuada por Cristo

Pero dado que nosotros mismos no podemos llevar a cabo esta satisfacción ni librarnos a nosotros mismos de la ira de Dios; Dios, en su infinita gracia, nos ha dado a su Hijo único por Fiador[a], quien, por nosotros y en lugar nuestro, fue hecho pecado[b] y maldición en la cruz[c], a fin de obrar satisfacción por nosotros[722].

Artículo 3:
El valor infinito de la muerte de Cristo

La muerte del Hijo de Dios es el único sacrificio completo y satisfactorio por los pecados[a]; su muerte tiene un valor y mérito infinitos, más que suficientes para expiar los pecados de todo el mundo[b][723].

Artículo 4:
Razones para este valor infinito

El valor y los méritos tan grandes de su muerte se deben a que la persona que sufrió es —como era necesario para poder ser nuestro Salvador— no solo un ser humano verdadero y perfectamente santo[a], sino también el unigénito Hijo de Dios[b], quien posee una misma, eterna e infinita esencia con el Padre y el Espíritu Santo. Otra razón es que su muerte vino acompañada por la experiencia de la ira y maldición de Dios[c], la cual nosotros habríamos merecido a causa de nuestros pecados[724].

---

[721] **a.** Éx 34: 6-7. **b.** Rom. 5:16. **c.** Gal 3:10.
[722] **a.** Jn. 3:16; Rom. 5: 8.2 **b.** Cor. 5:21. **c.** Gal 3:13.
[723] **a.** He. 9:26, 28; 10:14. **b.** 1 Jn.2: 2.
[724] **a.** He. 4:15; 7:26. **b.** 1 Jn. 4: 9. **c.** Mat. 27:46.

Artículo 5:
El mandato de proclamar el evangelio a todo el mundo

Además, el evangelio promete que todo el que cree en el Cristo crucificado no perecerá, sino que tendrá vida eterna[a]. Esta promesa debe ser anunciada y proclamada universalmente y sin discriminación a todas las naciones y a todos los hombres[b], a quienes Dios, en su perfecta voluntad, envía el evangelio junto con el mandamiento de arrepentirse y creer[c][725].

Artículo 6:
Incredulidad, una responsabilidad humana

No obstante, el hecho de que muchos que son llamados por el evangelio no se arrepientan ni crean en Cristo, sino que perezcan en incredulidad[a], no sucede por ningún defecto o insuficiencia en el sacrificio de Cristo ofrecido en la cruz, sino por su propia culpa[726].

Artículo 7:
La fe es un don de Dios

Pero todos los que verdaderamente creen, y son liberados, y salvados del pecado y de la condenación por la muerte de Cristo, deben tal beneficio únicamente a la gracia de Dios, que les fue dada en Cristo desde la eternidad[a], y no a algún mérito propio. Dios no le debe esta gracia a nadie[b][727].

Artículo 8:
La eficacia salvífica de la muerte de Cristo

Porque este fue el consejo soberano, y la voluntad y el propósito más bondadosos de Dios Padre: que la eficacia vivificante y salvadora de la preciosísima muerte de su Hijo se extendiese en todos los elegidos[a], concediéndoles, únicamente a ellos, el don de la fe justificante, trayéndolos así infaliblemente a la salvación[b]. En otras palabras, la voluntad de Dios fue que Cristo, por medio de la sangre de la cruz[c] —por la cual confirmó el Nuevo Pacto[d]—, redimiese eficazmente, de todo pueblo, tribu, lengua y nación[e], a todos aquellos, y solo aquellos, que fueron escogidos desde la eternidad para salvación y dados a él por el Padre; que Cristo les concediese fe[f], la cual, al igual que otras gracias salvadoras del Espíritu Santo, él compró para ellos con su muerte; que los limpiase con su sangre de todos sus pecados[g], tanto del original como de los actuales, los cometidos antes de haber venido a la fe tanto como los comentidos después; habiéndolos preservado fielmente hasta el

---

[725] **a.** Jn. 3:16. **b.** 1 Cor. 1:23; Mat. 28:19. **c.** Hch. 2:38; 16:31.
[726] **a.** Mat. 22:14; Sal 95:11; Heb. 4: 6.
[727] **a.** 2 Cor. 5:18. **b.** Ef. 2: 8-9.

final[h]; y, por último, presentarlos a sí mismo como un pueblo glorioso sin mancha ni arruga[i][728].

Artículo 9:
El cumplimiento del plan de Dios

Este plan, que procede del amor eterno de Dios hacia los elegidos, desde el principio del mundo hasta el tiempo presente, ha sido llevado a cabo poderosamente, y seguirá cumpliéndose hasta el fin del tiempo, aunque las puertas del infierno busquen en vano prevalecer contra él[a]; de modo que los elegidos, a su debido tiempo, puedan ser reunidos en uno[b] y que nunca falte una iglesia de creyentes[c] fundada en la sangre de Cristo, la cual pueda amarlo firmemente y servirlo fielmente como su Salvador —quien como esposo de su esposa, entregó su vida por ellos en la cruz[d]—, y celebrar sus alabanzas aquí y por toda la eternidad[729].

Rechazo de los errores

Habiendo expuesto la enseñanza verdadera concerniente a la redención, el Sínodo rechaza los errores de aquellos que enseñan:

I. Que Dios Padre asignó a su Hijo a la muerte en la cruz sin haber hecho un plan inmutable y determinado para salvar a alguien en particular, de modo que la necesidad, utilidad y dignidad de lo que obtuvo la muerte de Cristo pudo haber permanecido intacta y del todo perfecta, completa e íntegra, incluso si la redención que fue obtenida jamás hubiese sido en realidad aplicada a ninguna persona.

Porque esta afirmación es un insulto a la sabiduría de Dios Padre y a los méritos de Jesucristo, y es contraria a la Escritura. Porque el Salvador dice esto: «doy mi vida por las ovejas, y yo las conozco» (Jn. 10:15, 27). E Isaías, el profeta, dice en cuanto al Salvador: «Cuando haya puesto su vida en expiación por el pecado, verá linaje, prolongará sus días, y la voluntad de Jehová será en su mano prosperada» (Isa. 53:10). Por último, aquello contradice el artículo del credo en el cual confesamos lo que creemos en cuanto a la iglesia universal.

II. Que el propósito de la muerte de Cristo no fue confirmar un nuevo Pacto de Gracia por su sangre, sino solo adquirir para el Padre el mero derecho de entrar otra vez en pacto con la humanidad, sea este un pacto de gracia o de obras.

Porque esto está en conflicto con la Escritura, que enseña que Cristo ha llegado a ser el fiador y mediador de un mejor Pacto, esto es, uno nuevo (Heb.

---

[728] **a.** Jn. 17: 9. **b.** Ef. 5: 25-27. **c.** Lc 22:20. **d.** Heb. 8: 6. **e.** Apo. 5: 9. **f.** Fil. 1:29. **g.** 1 Jn. 1: 7. **h.** Jn. 10, 28. **i.** Ef. 5:27.

[729] **a.** Mat. 16:18. **b.** Jn. 11:52. **c.** 1 R. 19:18. **d.** Ef. 5:25.

7:22; 9:15), «pues un testamento solo adquiere validez cuando el testador muere» (Heb. 9:17)730.

III. Que Cristo, por la satisfacción que hizo, no mereció para nadie ni la salvación misma, ni la fe, por la cual esta satisfacción de Cristo para salvación es eficazmente aplicada, sino que solo adquirió para el Padre la autoridad o la plena voluntad para relacionarse de una nueva manera con la humanidad y para imponer nuevas condiciones como Él decida; y que la satisfacción de estas condiciones depende del libre albedrío humano, siendo posible que todos o ninguno las cumplan.

Quienes enseñan este error piensan con desdén en la muerte de Cristo, son incapaces de reconocer en absoluto el principal fruto o beneficio que su muerte produce, y hacen volver del infierno el error pelagiano.

IV. Que, lo que implica el nuevo Pacto de Gracia que Dios Padre hizo con la humanidad a través de la muerte de Cristo, no es que seamos justificados delante de Dios y salvados mediante la fe, en cuanto acepta el mérito de Cristo, sino que Dios, habiendo retirado su demanda de una obediencia perfecta de la ley, cuenta la fe misma, y la imperfecta obediencia de la fe, como si fueran una obediencia perfecta de la ley y, por gracia, la considera como digna de la recompensa de la vida eterna.

Porque contradice la Escritura: «por su gracia son justificados gratuitamente mediante la redención que Cristo Jesús efectuó. Dios lo ofreció como un sacrificio de expiación que se recibe por la fe en su sangre» (Rom. 3:24-25). Y, junto con el impío Socíno, introducen una nueva y extraña justificación de la humanidad delante de Dios, en contra del consenso de toda la iglesia.

V. Que toda la humanidad ha sido recibida en el estado de reconciliación y en la gracia del Pacto; de modo que nadie, a causa del pecado original, está sujeto a la condenación o será condenado por ello, sino que todos están libres de la culpa de este pecado.

Porque esta opinión contradice la Escritura, la cual afirma que somos por naturaleza hijos de ira (Ef. 2:3).

VI. Que distinguen entre obtención y apropiación, a fin de inculcar en los incautos e inmaduros la opinión de que Dios, hasta donde a Él le concierne, desea impartir sobre todos igualmente los beneficios obtenidos por la muerte de Cristo; pero que la razón por la que unos se vuelven al perdón de los pecados y la vida eterna y otros no, depende de su libre albedrío, el cual se une a la gracia ofrecida de forma incondicional, pero no depende del don único de misericordia que obra en ellos eficazmente, de modo que solo ellos, y no otros, se apropien de la gracia para sí mismos.

---

730 **a.** He. 7:22; 9:15, 17.

Porque, aunque fingen exponer esta distinción en un sentido aceptable, más bien tratan de darle a la gente el veneno mortal del pelagianismo.

VII. Que Cristo no podía ni necesitaba morir, ni que tampoco murió por aquellos a quienes Dios amaba grandemente, escogiéndolos para vida eterna, porque tales personas no necesitaban la muerte de Cristo.

Porque contradicen al apóstol, cuando este declara: «me amó y dio su vida por mí» (Ga. 2:20), y de igual manera: «¿Quién acusará a los que Dios ha escogido? Dios es el que justifica. ¿Quién condenará? Cristo Jesús es el que murió... por nosotros» (Rom. 8:33-34). Además, contradicen al Salvador que dice: «Yo pongo mi vida por las ovejas» (Jn. 10:15), y «Y este es mi mandamiento: que se amen los unos a los otros, como yo los he amado. Nadie tiene amor más grande que el dar la vida por sus amigos» (Jn. 15:12-13).

CAPÍTULOS TERCERO Y CUARTO
DE LA DOCTRINA DE LA CORRUPCIÓN HUMANA, LA CONVERSIÓN A DIOS Y LA MANERA EN LA QUE ESTA OCURRE

Artículo 1:
El efecto que la caída tuvo en la naturaleza humana

El hombre fue creado originalmente a la imagen de Dios y equipado en su entendimiento con un conocimiento verdadero y sano de su Creador y de las cosas espirituales; su voluntad y corazón eran rectos; sus afectos puros; y el hombre entero era santo[a]. Sin embargo, rebelándose contra Dios por instigación del diablo y abusando de su libre albedrío, se despojó a sí mismos de estos maravillosos dones[b]; y, por el contrario, ha traído sobre sí mismo ceguera, terrible oscuridad, impiedad, y depravación de juicio en su mente; perversidad, rebelión, y necedad en su corazón y voluntad; e impureza en todos sus afectos[c][731].

Artículo 2:
La propagación de la corrupción

El hombre procreó hijos que nacieron con la misma naturaleza que él tuvo después de la caída. Una estirpe corrupta genera una descendencia corrupta[a]. Por lo anterior, toda la descendencia de Adán[b], excepto Cristo[c], heredó la corrupción de su progenitor original, no por imitación, como afirmaban los pelagianos en tiempos antiguos, sino por la propagación de una naturaleza corrupta, según el justo juicio de Dios[732].

---

[731] **a.** Gén. 1: 26-27. **b.** Gén. 3: 1-7. **c.** Ef. 4: 17-19.
[732] **a.** Job 14: 4; Sal 51: 5. **b.** Rom. 5:12. **c.** Heb. 4:15.

Artículo 3:
Incapacidad total

Por tanto, todos los seres humanos son concebidos en pecado y nacen como hijos de ira, incapaces de hacer lo bueno, inclinados a la maldad, muertos en sus pecados y esclavos del mismo[a]. Sin la gracia regeneradora del Espíritu Santo[b], no están dispuestos ni son capaces de volver a Dios, ni de reformar la depravación de su naturaleza, ni tampoco de disponerse a tal reforma[733].

Artículo 4:
La insuficiencia de la luz natural

Es innegable que cierta luz de la naturaleza todavía permanece en el hombre después de la caída, por la cual este retiene algún conocimiento de Dios[a], de las cosas naturales, la diferencia entre lo que es bueno y lo que es malo, y demuestra cierto anhelo de virtud, buen comportamiento social y orden exterior. Pero tan lejos está esta luz natural de ser suficiente para traerlo a un conocimiento salvador de Dios y a una conversión verdadera, que él es incapaz de usarla correctamente, incluso en cosas naturales y civiles. Antes bien, de varias maneras distorsiona completamente esta luz, y la suprime en injusticia. Al actuar así, se vuelve inexcusable delante de Dios[b][734].

Artículo 5:
El carácter inadecuado de la ley

Lo que es verdad en cuanto a la luz natural lo es también en cuanto a los Diez Mandamientos dados por Dios específicamente a los judíos a través de Moisés. Porque, aunque la ley expone la magnitud de su pecado y los convence cada vez más de su culpa, no les ofrece un remedio, ni los capacita para escapar de la miseria humana. A decir verdad, en la debilidad de la carne, la ley deja al ofensor bajo maldición, por lo tanto, el hombre no puede obtener una gracia salvadora por medio de dicha ley[a][735].

Artículo 6:
El poder salvador del evangelio

Por tanto, lo que ni la luz de la naturaleza ni la ley pueden efectuar, Dios lo realiza por el poder del Espíritu Santo, a través de la Palabra o el ministerio de la reconciliación[a], que es el evangelio del Mesías, a través del cual le ha placido a Dios salvar a los creyentes[b] tanto del Antiguo como del Nuevo Testamento[736].

---

[733] **a.** Ef. 2: 1, 3; Jn. 8,34; Rom. 6: 16-17. **b.** Jn. 3: 3-6; Tito 3: 5.

[734] **a.** Rom. 1: 19-20; 2: 14-15. **b.** Rom. 1:18, 20.

[735] **a.** Rom. 3: 19-20; 7:10, 13; 8: 3; 2 Cor. 3: 6-7.

[736] **a.** 2 Cor. 5: 18-19. **b.** 1 Cor. 1:21.

Artículo 7:
La libertad de Dios al revelar el evangelio

En el Antiguo Testamento, Dios reveló este misterio de su voluntad a un pequeño número de personas; pero en el Nuevo Testamento —ahora que no hay distinción entre los pueblos— Dios lo revela a un mayor número de gente[a]. La razón de esta diferencia no radica en un valor superior que una nación pudiera tener sobre otra, o en un mejor uso de la luz de la naturaleza, sino que se debe a la libre y buena voluntad de Dios y a su inmerecido amor[b]. Por tanto, aquellos que, más allá, y a pesar de todo lo que merecen, han recibido gracia, deberían reconocerla con un corazón humilde y agradecido[c]; y, con el apóstol, adorar la severidad y justicia del juicio de Dios[d] sobre aquellos que no reciben esta gracia, aunque ciertamente no deberían escudriñarlos inquisitiva-mente[e][737].

Artículo 8:
El llamado genuino del evangelio

No obstante, todos los que son llamados a través del evangelio son llamados genuinamente[a]. Pues Dios, de forma sincera y genuina, nos ha mostrado en su Palabra lo que a Él le agrada, a saber, que aquellos que son llamados acudan a Él[b]. Dios, además, promete con sinceridad vida eterna, y descanso, a todos los que acudan a él y crean en él[c][738].

Artículo 9:
El ser humano es responsable por rechazar el evangelio

El hecho de que muchos de los que son llamados a través del ministerio del evangelio no acudan ni se conviertan, no es culpa del evangelio, ni de Cristo; quien es ofrecido en el evangelio, ni de Dios que los llama a través del evangelio e incluso les confiere varios dones; sino que es culpa de los mismos que son llamados[a]. Algunos, seguros de sí mismos, no les importa y no aceptan la Palabra de vida.; otros sí la reciben, pero no la aceptan en su corazón y, debido a eso, después del gozo fugaz de una fe temporal, se vuelven atrás; otros ahogan la semilla de la Palabra con las espinas de las preocupaciones de la vida y los placeres del mundo, y no dan ningún fruto. Esto nos lo enseña el Salvador en la parábola del sembrador[b][739]

Artículo 10:
La conversión como obra de Dios

El hecho de que otros que también son llamados a través del ministerio del evangelio acudan y sean llevados a la conversión, no debe atribuirse al

---

[737] **a.** Ef. 1: 9; 2:14; Col. 3:11. **b.** Rom. 2:11; Mat. 11:26. **c.** Rom. 11: 22-23. **d.** Apo. 16: 7.**e.** Deu. 29:29.

[738] **a.** Is 55:1; Mat. 22:4. **b.** Apo. 22:17. **c.** Jn. 6:37; Mat. 11: 28-29.

[739] **a.** Mat. 11: 20-24; 22: 1-8; 23:37. **b.** Mat. 13.

esfuerzo humano, como si uno pudiera, por su libre albedrío, distinguirse de los demás que recibieron una gracia igual o suficiente para la fe y la conversión (como sostiene la orgullosa herejía de Pelagio). No, a Dios se le debe acreditar la conversión[a]: así como Dios desde la eternidad escogió a los suyos en Cristo, así también a su tiempo los llama eficazmente, les concede fe y arrepentimiento y, habiéndolos rescatado del dominio de las tinieblas, los trae al reino de su Hijo[b], para que declaren las obras maravillosas de aquel que los llamó de las tinieblas a Su luz admirable[c], no pudiendo jactarse en sí mismos, sino en el Señor[d], como lo testifican con frecuencia las palabras apostólicas de la Escritura[740].

Artículo 11:
La obra del Espíritu Santo en la conversión

Además, cuando Dios lleva a cabo su perfecta voluntad en los elegidos, o efectúa la verdadera conversión en ellos, no solo se asegura de que se les proclame el evangelio externamente, y no solo ilumina sus mentes por el Espíritu Santo para que entiendan y disciernan correctamente las cosas del Espíritu de Dios[a], sino que, a través de la operación eficaz del mismo Espíritu regenerador, penetra también en la parte más íntima de su ser[b], abre lo que está cerrado, ablanda el corazón duro[c], circuncida lo que está incircunciso, e infunde nuevas cualidades en la voluntad[d], la cual, aunque estaba muerta, es vivificada; a la voluntad mala la hace buena, a la negligente la hace dispuesta, a la necia la hace sumisa[e]. Dios mueve y fortalece la voluntad para que, cuán buen árbol, pueda producir el fruto de buenas obras[f][741].

Artículo 12:
La regeneración es una obra sobrenatural

Y esta es la regeneración, la nueva creación, el ser levantado de los muertos y el ser vivificado[a], lo que tan claramente se proclama en las Escrituras y lo cual Dios opera en nosotros sin ayuda nuestra. Por cierto, esto no ocurre tan solo por la predicación externa del evangelio, la persuasión moral o por una manera de obrar que, después de que Dios haya hecho su parte, quede en el poder del hombre ser regenerado o no regenerado, convertido o no convertido. Por el contrario, se trata de una obra completamente sobrenatural, una obra que al mismo tiempo es muy agradable, maravillosa, oculta e inexpresable, la cual no es menor ni inferior en poder a la obra de la creación o a la resurrección de los muertos[b], tal como la Escritura inspirada por Dios lo enseña. El resultado es que todos aquellos en cuyos corazones Dios obra de este modo tan maravilloso, son renacidos y de hecho creen de la manera más cierta, indefectible y efectiva[c]. Y después, la voluntad, ya renovada, no solo es impulsada e influenciada por Dios, sino que, como

---

[740] **a.** Rom. 9:16. **b.** Col 1:13; Gál. 1: 4. **c.** 1 Ped. 2: 9. **d.** 1 Cor. 1:31; 2 Cor. 10:17; Ef. 2: 8-9.

[741] **a.** Heb. 6: 4-5; 1 Cor. 2: 10-14. **b.** Heb. 4:12. **c.** Hch. 16:14. **d.** Deu. 30: 6. **e.** Ez 11:19; 36:26. **f.** Mat. 7:18.

consecuencia de esta influencia, se vuelve activa. Por esta razón, se puede afirmar correctamente que la gente misma, por la gracia recibida, cree y se arrepiente[742].

Artículo 13:
El camino incomprensible de la regeneración

En esta vida, los creyentes no pueden comprender plenamente la forma en que esta obra ocurre; mientras tanto, se contentan con solo saber y experimentar que, por la gracia de Dios, creen con el corazón y aman a su Salvador[a][743].

Artículo 14:
Cómo otorga Dios la fe

Por lo tanto, la fe es un don de Dios[a], no en el sentido de que Dios la ofrece a la gente para que esta escoja aceptarla o rechazarla, sino porque de hecho la fe es conferida, soplada e infundida en ellos. Tampoco es un don en el sentido de que Dios otorgue solo el potencial para creer, quedando a la espera de que la decisión humana dé su aprobación para creer. Por el contrario, es un don en el sentido de que Dios, quien obra tanto el querer como el hacer[b] —y, de hecho, obra todas las cosas en todas las persona—, produce en ellos tanto la voluntad de creer como el acto mismo de creer[744].

Artículo 15:
Respuesta a la gracia de Dios

Dios no le debe esta gracia a nadie. Porque ¿qué podría deber Dios a quienes nada tienen que dar para que después les sea devuelto?[a] Por cierto, ¿qué podría deber Dios a quienes no poseen nada que dar excepto pecado y mentiras? Por tanto, los que reciben esta gracia, están en deuda con Dios, y solo a Él le agradecen eternamente. Pero aquellos que no la reciben o que no les importa para nada las cosas espirituales y están satisfechos consigo mismos, o que están seguros de sí mismos, se jactan neciamente de algo que no tienen[b]. Además, siguiendo el ejemplo de los apóstoles, debemos pensar y hablar del modo más favorable de aquellos que profesan externamente su fe y viven vidas excelentes[c], porque no conocemos los lugares recónditos del corazón. Pero en cuanto a aquellos que todavía no han sido llamados, debemos orar a Dios quien llama a las cosas que no son como si fuesen[d]. Sin embargo, jamás debemos estar orgullosos como si fuéramos mejores que ellos[e], como si nos hubiésemos escogido a nosotros mismos[745].

---

[742] **a.** Jn. 3: 3; 2 Cor. 4: 6; 5:17; Ef. 5:14. **b.** Jn. 5, 25; Rom. 4:17. **c.** Fil. 2:13.
[743] **a.** Jn. 3:18; Rom. 10: 9.
[744] **a.** Ef. 2: 8. **b.** Fil. 2:13.
[745] **a.** Rom. 11:35. **b.** Am. 6: 1; Jer 7: 4. **c.** Rom. 14:10. **d.** Rom. 4:17. **e.** 1 Cor. 4: 7.

Artículo 16:
Efecto de la regeneración

Sin embargo, así como la caída no produjo que los seres humanos dejaran de ser criaturas dotadas de intelecto y voluntad, y así como el pecado, que se ha propagado a lo largo de toda la raza humana, no ha abolido la naturaleza de la raza humana sino que la distorsionó y la mató espiritualmente[a]; así también la gracia divina de la regeneración no opera en la gente como si fueran ladrillos o piedras; ni tampoco elimina la voluntad y sus propiedades, ni tampoco opera con violencia o por la fuerza, sino que vivifica la voluntad, la sana y la reforma espiritualmente, y al mismo tiempo la moldea de una forma poderosa, pero amable[b]; de modo que donde antes prevalecía la rebeldía y la resistencia carnal, comienza a prevalecer una obediencia espiritual pronta y sincera. En esto consiste la verdadera restauración espiritual y la libertad de nuestra voluntad. Por tanto, si el admirable autor de toda buena obra no actuara en nosotros, el hombre no podría tener esperanza de redimirse de la caída ocasionada por su libre albedrío, por cuyo abuso, del estado de inocencia, se sumió en la miseria[746].

Artículo 17:
El uso que Dios hace de medios para la regeneración

Así como la obra todopoderosa por la que Dios produce y sostiene nuestra vida natural no excluye, sino que requiere el uso de diversos medios, por los que Dios, según su infinita sabiduría y bondad, ha determinado ejercer su poder divino[a], así también opera la obra sobrenatural a la que nos referimos, por la cual Dios nos regenera[b]. De ninguna manera descarta o cancela el uso del evangelio, que Dios en su gran sabiduría ha puesto como semilla de la regeneración y alimento del alma[c]. Por esta razón, tanto los apóstoles, como los maestros que les sucedieron, enseñaron piadosamente acerca de esta gracia de Dios, para dar a Dios la gloria y para humillar todo orgullo y, sin embargo, no descuidaron el preservar el a la gente, a través de las exhortaciones santas del evangelio, bajo la administración de la Palabra, los sacramentos y la disciplina[d]. De modo que, incluso hoy en día, de ningún modo los maestros y los alumnos, en la iglesia, deben ufanarse de tentar a Dios separando lo que Dios, en su buena voluntad, ha decidido mantener estrechamente unido. Porque la gracia es comunicada a través de exhortaciones[e], y mientras más nos esforzamos en cumplir con nuestro deber, más brillante será el beneficio que Dios opera en nosotros, y tanto mejor avanzará su obra. Toda la gloria sea dada a Dios por siempre, tanto por los medios como por sus frutos de salvación y su carácter eficaz[f]. Amén[747].

---

[746] **a.** Rom. 8:2; Ef. 2: 1. **b.** Sal 51:12; Fil. 2:13.

[747] **a.** Is 55: 10-11; 1 Cor. 1:21. **b.** Stg. 1:18. **c.** 1 P. 1:23, 25; 2: 2. **d.** Hch. 2:42; 2 Cor. 5: 11-21; 2 Tim. 4: 2. **e.** Rom. 10: 14-17. **f.** Jds. 24, 25.

Rechazo de los errores

Habiendo expuesto la enseñanza verdadera en cuanto a la corrupción y la conversión, el Sínodo rechaza los errores de aquellos que enseñan:

I. Que no se puede decir que el pecado original sea suficiente en sí mismo para condenar a todo el género humano o para merecer un castigo temporal y eterno.

Porque contradicen al apóstol que enseña: «El pecado entró en el mundo por un solo hombre, y la muerte por el pecado, y así la muerte pasó a toda la humanidad por cuanto todos pecaron» (Rom. 5:12); y también: «la culpa fue resultado del pecado y produjo condenación» (Rom. 5:16); además: «la paga del pecado es muerte» (Rom. 6:23).

II. Que los dones espirituales, o las buenas intenciones y virtudes, tales como la bondad, la santidad y la justicia, no pueden haber sido parte de la voluntad humana en el momento de la creación y, por lo tanto, en la caída no podrían haber sido separadas de dicha voluntad.

Porque esto contradice la descripción que el apóstol hace de la imagen de Dios en Efesios 4:24, donde describe dicha imagen en términos de justicia y santidad, las que definitivamente residen en la voluntad.

III. Que la muerte espiritual no separó a los dones espirituales de la voluntad humana, ya que la voluntad misma jamás fue corrompida, sino que solo fue obstruida por la oscuridad de la mente y el desorden de las emociones, y que, al eliminar estos obstáculos, la voluntad puede entonces poner en funcionamiento sus poderes nativos, es decir, que el libre albedrío humano por sí mismo es capaz de querer y elegir, o no querer y rechazar, cualquier tipo de bien que se le presente.

Esta es una idea novedosa y un error que tiene el efecto de exaltar el poder del libre albedrío, lo cual está en contra de las palabras del profeta Jeremías: «El corazón mismo es engañoso, más que todas las cosas, y perverso» (Jer. 17:9); y las palabras del apóstol: «todos vivíamos como ellos [como los hijos de desobediencia] en las pasiones de nuestra carne, siguiendo la voluntad de la carne y de los pensamientos» (Ef. 2:3).

IV. Que la humanidad que todavía no ha sido regenerada no está ni estricta ni completamente muerta en pecado, ni privada de toda capacidad para el bien espiritual, sino que es capaz de tener hambre y sed de justicia o de vida, y es capaz de ofrecer el sacrificio de un espíritu quebrantado y contrito, agradable a Dios.

Porque estos puntos de vista se oponen a los claros testimonios de la Escritura: «Estabais muertos en vuestras transgresiones y pecados» (Ef. 2:1, 5); «La imaginación de los pensamientos del corazón humano es tan solo maldad todo el tiempo» (Gen. 6:5; 8:21). Además, tener hambre y sed de ser liberados de la miseria y de lograr vida y ofrecer a Dios el sacrificio de un espíritu quebrantado es algo característico solo de los regenerados y de los que son llamados bienaventurados (Sal. 51:10,19; Mt. 5:6).

V. Que la humanidad corrompida y natural puede hacer tan buen uso de la gracia común (con lo cual ellos se refieren a la luz de la naturaleza) o de los dones que quedaron después de la caída, que son capaces de obtener gradualmente una mayor gracia (la gracia evangélica o salvífica) así como la salvación misma; y que, de este modo Dios, por su parte, se muestra dispuesto a revelar a Cristo a toda la humanidad, ya que Dios provee a todos, en suficiente medida y de manera efectiva, los medios necesarios para revelar a Cristo para fe y arrepentimiento.

Porque tanto la Escritura, como la experiencia del acontecer histórico, testifican que esto es falso: «Hizo conocer su palabras a Jacob, sus estatutos y leyes a Israel; no ha hecho esto por ninguna otra nación, y ellas no conocen sus leyes» (Sal. 147:19-20); «En el pasado Dios permitió que todas las naciones siguieran su propio camino» (Hch. 14:16); «El Espíritu Santo les había impedido [a Pablo y sus compañeros] que predicaran la Palabra de Dios en Asia»; y «Cuando llegaron a Misia, trataron de ir a Bitinia, pero el Espíritu no se los permitió» (Hch. 16:6-7).

VI. Que, en la verdadera conversión del hombre, Dios no puede infundir o derramar nuevas cualidades, disposiciones o dones en la voluntad de ellos y, por cierto, que la fe (o el creer) por la cual primero nos convertimos y por la cual se nos llama «creyentes» no es una cualidad o don infundido por Dios, sino que es una obra humana, y que no puede ser llamada un don, excepto en el sentido de la capacidad de obtener esa fe.

Porque estos puntos de vista son contradichos por las Santas Escrituras, que testifican que Dios infunde o derrama en nuestros corazones las nuevas cualidades de la fe, la obediencia y la experiencia de su amor: «Y pondré mi ley en sus mentes, y las escribiré en sus corazones» (Jer. 31:33); «derramaré agua pura en tierra sedienta, y arroyos en tierra seca; derramaré mi Espíritu sobre tu descendencia» (Is. 44:3); «El amor de Dios ha sido derramado es vuestros corazones por el Espíritu Santo que se os ha dado» (Rom. 5:5). También están en conflicto con la práctica continua de la iglesia que ora con el profeta: «conviérteme, Señor, y seré convertido» (Jer. 31:18).

VII. Que la gracia por la que somos convertidos a Dios no es más que una suave persuasión, o —como otros explican— que la manera en que Dios actúa en la conversión es la más noble y adecuada para la naturaleza humana, siendo aquella que ocurre a través de la persuasión, y que nada impide que esta gracia de persuasión moral pueda, incluso por sí misma, transformar a una persona natural en una persona espiritual; por cierto, que Dios no produce el asentimiento de la voluntad a no ser a través de esta persuasión moral, y que la eficacia de la obra de Dios, por la cual sobrepasa la obra de

Satanás, consiste en el hecho de que Dios promete beneficios eternos, mientras que Satanás promete beneficios temporales.

Porque esta enseñanza es enteramente pelagiana y contraria a toda la Escritura, la cual enseña un modo mucho más efectivo y divino en el cual el Espíritu Santo actúa en la conversión humana, como lo muestra el profeta Ezequiel, «Os daré un corazón nuevo y os infundiré un espíritu nuevo; y os quitaré el corazón de piedra y os daré un corazón de carne» (Ez. 36:26).

VIII. Que Dios, al regenerar a los seres humanos, no usa su poder omnipotente por el cual podría, poderosa e indefectiblemente, doblegar la voluntad humana hacia la fe y la conversión, sino que incluso cuando Dios ha completado todas las obras de gracia que usa para su conversión, ellos mismos pueden, y de hecho muchas veces resisten a Dios y al Espíritu en Su intento y voluntad de regenerarlos, de modo tal que frustran completamente su propio renacimiento; y de hecho, está en su poder el renacer o no renacer.

Porque esto elimina todo el funcionamiento eficaz de la gracia de Dios en nuestra conversión y sujeta la actividad del Todopoderoso a la voluntad humana; además, se opone a los apóstoles que enseñaron que «creemos en virtud de la obra eficaz de la grandeza de su poder» (Ef. 1:19), y que «con su poder Dios cumple en nosotros la inmerecida buena voluntad de su bondad y la fe» (2 Tes. 1:11), y así mismo que: «su divino poder nos ha dado todo lo que necesitamos para la vida y la piedad» (2 Ped. 1:3).

IX. Que la gracia y el libre albedrío son causas parciales, las cuales, trabajan juntas para iniciar la conversión, y que la gracia no precede —en orden de causalidad— a la obra de la voluntad; en otras palabras, que Dios no ayuda eficazmente a la voluntad humana para llegar a la conversión sino hasta que la voluntad humana se motiva a sí misma y decide convertirse.

Porque la iglesia primitiva ya condenó esta doctrina hace mucho tiempo en los pelagianos, según las palabras del apóstol «no depende de la voluntad humana o del esfuerzo humano sino de la misericordia de Dios» (Rom. 9:16); además: «¿Quién te distingue de los demás?» y «¿Qué tienes que no hayas recibido?» (1 Cor. 4:7); así también: «Es Dios quien obra en vosotros el querer como el hacer por su buena voluntad» (Fil. 2:13).

CAPÍTULO QUINTO
DE LA DOCTRINA DE LA PERSEVERANCIA DE LOS SANTOS

Artículo 1:
Los regenerados no están del todo libres de pecado

Aquellos a quienes Dios, conforme a su propósito, llama a la comunión de su Hijo Jesucristo nuestro Señor, y regenera mediante el Espíritu Santo, también los libera del dominio y de la esclavitud del pecado[a], aunque no los libera completamente de la carne y del cuerpo del pecado durante todo el tiempo que ellos continúan en esta vida[b][748].

Artículo 2:
La reacción de los creyentes frente a los pecados de debilidad

Por tanto, cada día surgen pecados de debilidad, y hasta las mejores obras de los santos tienen manchas[a], dándoles razón constante para humillarse delante de Dios y huir buscando refugio en el Cristo crucificado; para matar la carne más y más por el Espíritu de súplica y por el ejercicio de la piedad[b]; y para esforzarse hacia la meta de la perfección, hasta que sean, finalmente[c], liberados de este cuerpo de muerte y reinen con el Cordero de Dios en el cielo[d][749].

Artículo 3:
Dios preserva a los convertidos

Los remanentes de pecado que viven en los creyentes, así como las tentaciones del mundo y de Satán, no dejarán que los convertidos se mantengan de pie si se les abandona a sus propias fuerzas[a]. Pero Dios, que es fiel, con su misericordia los fortalece en la gracia una vez dada y los preserva poderosamente hasta el final[b][750].

Artículo 4:
El peligro de que los verdaderos creyentes caigan en serios pecados

Aunque la debilidad de la carne no puede prevalecer contra el poder de Dios —que confirma y preserva a los verdaderos creyentes en el estado de gracia— [a], aun así, los convertidos no siempre están tan influenciados y dirigidos por el Espíritu de Dios como para no desviarse pecaminosamente, en algunos casos particulares, de la guía de la gracia divina, dejándose seducir y satisfaciendo los deseos de la carne; por lo tanto, para no caer en tentación, deben ser constantes en cuidar de sí mismos y en la oración[b]. Cuando esto se descuida[c], no solo están expuestos a ser arrastrados a pecados grandes y atroces por Satanás, el mundo y la carne, sino que a veces, con el justo permiso de Dios, caen en estas desgracias. Así lo demuestra la lamentable caída de David, Pedro y otros santos en la revelación de la Sagrada Escritura[d][751].

---

[748] **a.** Jn. 8,34; Rom. 6:17. **b.** Rom. 7: 21-24.
[749] **a.** 1 Jn. 1: 8. **b.** Col 3: 5. **c.** 1 Tim. 4: 7; Fil. 3:12, 14. **d.** Apo. 5: 6, 10.
[750] **a.** 1 Rom. 7:20. **b.** 1 Cor. 10:13; 1 Ped. 1: 5.
[751] **a.** Ef. 1:19. **b.** Mat. 26:41. **c.** 1 Tes. 5: 6, 17. **d.** 2 Sam. 11; Mat. 26.

Artículo 5:
Los efectos de tan serios pecados

Sin embargo, a causa de tan horribles pecados, ellos ofenden a Dios, merecen la sentencia de muerte, entristecen al Espíritu Santo, suspenden el ejercicio de la fe, hieren severamente la conciencia y, algunas veces, pierden el sentido de la gracia por un tiempo[a], hasta que, cuando vuelven al camino recto por el arrepentimiento genuino, el rostro paternal de Dios brilla otra vez sobre ellos[b][752].

Artículo 6:
La intervención salvadora de Dios

Porque Dios, quien es rico en misericordia, según su inmutable propósito de elección[a], no retira el Espíritu Santo completamente de los suyos, incluso cuando caen gravemente[b]. Dios tampoco los deja caer tan hondo como para que pierdan la gracia de la adopción y el estado de justificación[c] o como para que cometan el pecado que lleva a la muerte[d] —es decir, el pecado contra el Espíritu Santo—, ni los abandona para dejarlos hundidos en la ruina eterna[e][753].

Artículo 7:
La renovación hacia el arrepentimiento

Porque, en primer lugar, cuando los santos caen, Dios preserva en ellos la semilla incorruptible de la regeneración para que esta no perezca ni se pierda totalmente[a]. Además, por su Palabra y Espíritu, cierta y eficazmente, los renueva para que se arrepientan[b], de modo que experimenten un dolor sincero y piadoso por los pecados que cometieron[c]; para que busquen y obtengan perdón en la sangre del Mediador; para que puedan experimentar otra vez la gracia de un Dios reconciliado y, por medio de la fe, adoren sus misericordias[d], y a partir de ese momento se esfuercen con mayor ahínco en su propia salvación con temor y temblor[e][754].

Artículo 8:
La certeza de esta preservación

De modo que, no es por nuestros propios méritos o fuerzas, sino por la inmerecida misericordia de Dios que los creyentes no pierden la fe ni la gracia, ni se quedan caídos hasta el final y se pierden. Con respecto a ellos mismos, esto no solo podría ocurrir fácilmente, sino que sin duda ocurriría. Pero con respecto a Dios, no puede ocurrir. El plan de Dios no puede cambiar[a]; la

---

[752] **a.** 1 2 Sam. 12; Ef. 4:30. **b.** Sal. 32: 3-5; Núm. 6:25.
[753] **a.** 1 Ef. 1:11; 2: 4. **b.** Sal 51:11. **c.** Gal 4: 5. **d.** 1 Jn. 5: 16-18. **e.** Mat. 12: 31-32.
[754] **a.** 1 Ped. 1:23. **b.** 1 Jn. 3: 9. **c.** 2 Cor. 7:10. **d.** Sal. 32: 5; 51:19. **e.** Fil. 2:12.

promesa de Dios no falla; el llamamiento según el propósito de Dios no puede ser revocado[b]; el mérito de Cristo, así como su intercesión y preservación no pueden ser anulados[c]; y el sello del Espíritu Santo no puede ser invalidado o borrado[d][755].

Artículo 9:
La seguridad de esta preservación

De acuerdo a la medida de su fe, los creyentes mismos pueden y llegan a estar seguros de la preservación de los elegidos para salvación y de la perseverancia de los verdaderos creyentes en la fe[a]. Mediante esta fe, ellos creen que son y siempre serán miembros verdaderos y vivos de la iglesia[b], y que tienen perdón de pecados y vida eterna[c][756].

Artículo 10:
Fundamento de esta seguridad

Por consiguiente, esta seguridad no surge de alguna revelación privada más allá o fuera de la Palabra, sino de la fe en las promesas de Dios que se revelan ampliamente en su Palabra para nuestro consuelo; del testimonio del Espíritu Santo que testifica a nuestro espíritu que somos hijos de Dios y herederos suyos[a]; y, finalmente, de la búsqueda santa de una conciencia limpia[b] y de buenas obras. Si los elegidos de Dios en este mundo no tuvieran este firme consuelo de que la victoria es suya[c], junto con la garantía infalible de la gloria eterna, serían la gente más miserable del mundo[c][757].

Artículo 11:
Dudas en cuanto a esta seguridad

Además, la Escritura testifica que los creyentes tendrán que luchar en esta vida con las diversas dudas de la carne, y enseña que, cuando están bajo una severa tentación, no siempre experimentan la plena seguridad de la fe y la certeza de la perseverancia. Pero Dios, que es el Padre de toda consolación[a], no los deja ser tentados más de lo que puedan resistir, sino que junto con la tentación también provee la salida[b], y mediante el Espíritu Santo revive en ellos la seguridad de su perseverancia[758].

Artículo 12:
La seguridad como un incentivo a la piedad

Sin embargo, la seguridad de la perseverancia, lejos de hacer a los verdaderos creyentes orgullosos y carnalmente seguros de sí mismos, es, más bien, una

---

[755] **a.** Sal. 33:11. **b.** Heb. 6:17; Rom. 8:30, 34; 9:11. **c.** Luc. 22:32. **d.** Ef. 1:13.
[756] **a.** Rom. 8:31-39. **b.** 2 Tim 4:8. **c.** 2 Tim 4:18.
[757] **a.** Rom. 8:16-17; 1 Jn. 3:1-2. **b.** Hch. 24:16. **c.** Rom. 8:37. **d.** 1 Cor. 15:19.
[758] **a.** 2 Cor. 1:3. **b.** 1 Cor. 10:13.

raíz de humildad, de respeto inocente[a], de piedad genuina, de paciencia en toda tribulación, de oraciones fervientes, de firmeza para soportar el dolor, y para confesar la verdad, y de un gozo firme en Dios[b]. Reflexionar en este beneficio, provee de un incentivo para practicar, honesta y constantemente, la gratitud y las buenas obras[b], como se muestra en los testimonios de la Escritura y en los ejemplos de los santos[759].

Artículo 13:
La seguridad no lleva a la negligencia

Una renovada confianza en la perseverancia tampoco produce inmoralidad, o negligencia en la piedad, en aquellos que se están recuperado de una caída[a], sino que produce una preocupación mucho mayor por andar cuidadosamente en los caminos que el Señor preparó de antemano[b]. Ellos observan estos caminos para que, al andar en ellos, puedan mantener la seguridad de su perseverancia, no sea que, por su abuso de la bondad paternal de Dios, el rostro misericordioso de Dios —porque, para el piadoso, mirar ese rostro es más dulce que la vida, pero su ausencia es más amarga que la muerte— vuelva a apartarse de ellos[c], lo cual resultaría en que caigan en una mayor angustia de espíritu[d760].

Artículo 14:
El uso que Dios hace de medios en la perseverancia

Así como le ha placido a Dios empezar en nosotros esta obra de gracia mediante la proclamación del evangelio, así también Dios preserva, continúa y completa esta obra a través del oír y leer el evangelio[a], y el meditar en él, y a través de sus exhortaciones, amenazas y promesas[b], y también mediante el uso de los sacramentos[c761].

Artículo 15:
Diferentes reacciones a la enseñanza de la perseverancia

La mente carnal es incapaz de comprender esta doctrina de la perseverancia de los santos y la certeza de la misma[a]; la cual, Dios ha revelado exhaustivamente en su Palabra para la gloria de su nombre; el consuelo de las almas piadosas; y la ha grabado sobre el corazón de los fieles. Satanás la aborrece, el mundo la ridiculiza, los ignorantes y los hipócritas abusan de ella, y los herejes se oponen a ella; más la esposa de Cristo, siempre la ha amado con la mayor ternura y la ha defendido constantemente como un tesoro inestimable[b]; y Dios, contra quien no pueden prevalecer ni el consejo ni la fuerza[c], dispondrá que ella continúe en esta conducta hasta el final. A este

---

[759] **a.** Rom. 12:1. **b.** Sal. 56:12-13. **c.** Sal. 116:12; Tit. 2:11-14; 1 Jn. 3:3.
[760] **a.** 2 Cor. 7:10. **b.** Ef. 2:10. **c.** Sal. 63:4; Is 64:7. **d.** Jer. 33:5.
[761] **a.** Deu. 6:20-25. **b.** 2 Tim. 3:16-17. **c.** Hch. 2:42.

único Dios, Padre, Hijo y Espíritu Santo, sea el honor y la gloria por siempre[d]. Amén[762].

Rechazo de los errores respecto a la enseñanza de la perseverancia de los santos

Habiendo expuesto la enseñanza verdadera en cuanto a la preservación y perseverancia de los santos, el Sínodo rechaza los errores de aquellos que enseñan:

I. Que la perseverancia de los verdaderos creyentes no es el resultado de la elección o un don de Dios producido por la muerte de Cristo, sino una condición del Nuevo Pacto que la gente, antes de lo que ellos llaman su elección decisiva y justificación, debe cumplir por su propio libre albedrío.

Porque la Santa Escritura testifica que la perseverancia es el resultado de la elección y que es concedida a los elegidos en virtud de la muerte, resurrección e intercesión de Cristo: «Los elegidos lo consiguieron; los demás fueron endurecidos» (Rom. 11:7); y también, «El que no escatimó ni a su propio Hijo, sino que lo entregó por todos nosotros, ¿cómo no habrá de darnos, junto con él, todas las cosas? ¿Quién acusará a los que Dios ha escogido? Dios es el que justifica. ¿Quién condenará? Cristo Jesús es el que murió, e incluso resucitó, y está sentado a la diestra de Dios e intercede por nosotros. ¿Quién nos apartará del amor de Cristo?» (Rom. 8:32-35).

II. Que Dios provee a los creyentes suficiente fuerza para perseverar y que está dispuesto a preservar esta fuerza en ellos si ellos cumplen con su deber; pero que incluso con todo lo necesario para perseverar en la fe y que indudablemente Dios usará los medios para esa preservación; aun así, siempre será la decisión de la voluntad humana si perseverar o no.

Porque este punto de vista es obviamente pelagiano; y aunque intenta hacer a la gente libre, los convierte en sacrílegos. Esto está en contra del acuerdo prevaleciente de la doctrina evangélica, que quita al hombre todo motivo de jactancia y atribuye toda la alabanza de este favor solo a la gracia de Dios; y está en contra del apóstol, que declara que es Dios «quien también os confirmará hasta el fin, para que seáis irreprochables en el día de nuestro Señor Jesucristo» (1 Cor. 1:8).

III. Que aquellos que creen de verdad y que han sido nacidos de nuevo, no solo pueden perder la fe justificante, la gracia y la salvación totalmente y hasta el final, sino que de hecho a menudo la pierden y son condenados para siempre.

Porque esta opinión nulifica la gracia misma de la justificación y la regeneración, así como la preservación continua por medio de Cristo, lo cual

---

[762] **a.** Apo. 14:12. **b.** Ef. 5:32. **c.** Sal. 33:10-11. **d.** 1 Ped. 5:10-11.

contradice las claras palabras del apóstol Pablo: «cuando todavía éramos pecadores, Cristo murió por nosotros. Y ahora que hemos sido justificados por su sangre, ¡con cuánta más razón, por medio de él, seremos salvados de la ira de Dios!» (Rom. 5:8-9). También está en contra del apóstol Juan: «Nadie que haya nacido de Dios practica el pecado, porque la semilla de Dios permanece en él; no puede practicar el pecado, porque ha nacido de Dios». (1 Jn. 3:9); y también se opone a las palabras de Jesucristo: «Yo doy vida eterna a mis ovejas, y nunca perecerán, ni nadie me las podrá arrebatar de la mano. Mi Padre, que me las ha dado, es más grande que todos; y de la mano del Padre nadie las puede arrebatar» (Jn. 10:28-29).

IV. Que aquellos que verdaderamente creen y que han sido nacidos de nuevo pueden cometer el pecado que lleva a la muerte, el pecado contra el Espíritu Santo.

Porque el mismo apóstol Juan, después de mencionar a quienes cometen el pecado que lleva a la muerte y de prohibir que oremos por ellos (1 Jn. 5:16-17), añade de inmediato: «sabemos que el que ha nacido de Dios no comete pecado» (esto es, ese tipo de pecado), «sino que el que nació de Dios lo protege, y el maligno no lo toca» (v. 18).

V. Que sin una revelación especial no podemos estar seguros de la perseverancia futura en esta vida.

Porque esta enseñanza elimina la consolación eficaz de los creyentes verdaderos en esta vida e introduce en la iglesia la duda de los romanistas. Sin embargo, la Santa Escritura, en muchos lugares, implica esta seguridad, no por alguna revelación especial o extraordinaria, sino por las marcas que son peculiares a los hijos de Dios y por las promesas plenamente confiables de Dios. Así, especialmente, lo dice el apóstol Pablo: «Nada en toda la creación puede separarnos del amor de Dios que es en Cristo Jesús, nuestro Señor» (Rom. 8:39); y Juan declara: «Los que obedecen estos mandamientos permanecen en él y él en ellos. Así es cómo sabemos que él permanece en nosotros: por el Espíritu que nos ha dado» (1 Jn. 3:24).

VI. Que la enseñanza de la seguridad de la perseverancia y de la salvación, por su propio carácter y naturaleza, arruina la piedad, la buena moralidad, la oración y otras disciplinas santas, pero que dudar acerca de esta doctrina es algo digno de alabanza.

Porque esta gente muestra que no conoce la operación eficaz de la gracia de Dios y la obra del Espíritu Santo que mora en nosotros, y así contradicen al apóstol Juan que afirma lo opuesto en palabras explícitas en su primera carta: «Queridos hermanos, ahora somos hijos de Dios, pero todavía no se ha manifestado lo que habremos de ser. Pero sabemos que cuando él sea manifestado seremos semejantes a él, porque lo veremos tal como él es. Todo el que tiene esta esperanza en él, se purifica a sí mismo, así como él es puro» (1 Jn. 3:2-3). Además, son refutados por el ejemplo de los santos del Antiguo y del Nuevo Testamento, quienes, aunque seguros de su perseverancia y salvación, estaban constantes en la oración y en otros ejercicios de la piedad.

VII. Que la fe de aquellos que creyeron solo temporalmente no difiere de la fe justificante y salvadora, excepto en su duración.

Porque Cristo mismo, en Mt. 13:20, y Lc. 8:12 y en otras partes de las Escrituras, define claramente las diferencias entre los creyentes temporales y verdaderos, pues dice que los primeros reciben la semilla en terreno rocoso, pero que los segundos la reciben en buena tierra o buen corazón; que los primeros no tienen raíz, pero que los segundos están enraizados con firmeza; que los primeros no dan fruto pero que los segundos producen fruto en varias medidas con firmeza y perseverancia.

VIII. Que no es absurdo que, después de haber perdido su primera regeneración, la gente pueda otra vez, y ciertamente a menudo, volver a nacer. Porque con esta enseñanza niegan la naturaleza imperecedera de la semilla de Dios por la cual fueron nacidos de nuevo, y es contrario al testimonio del apóstol Pedro: «nacidos de nuevo, no de semilla perecedera, sino de semilla imperecedera» (1 Ped. 1:23).

IX. Que en ningún lugar Cristo oró por una perseverancia infalible de los creyentes en la fe.

Porque contradicen a Cristo mismo, cuando dijo: «He orado por ti, Pedro, para que no te falte la fe» (Lc. 22:32); y a Jn. cuando testifica en su testimonio escrito del evangelio que Cristo oraba, no solo por los apóstoles, sino por todos aquellos que creerían por el mensaje de ellos: «Padre Santo, guarda en tu nombre a los que me has dado», y: «No ruego que los apartes del mundo, sino que sean guardados del mal»; «Tampoco ruego solo por éstos, sino también por los que creerán en mí por su testimonio» (Jn. 17:11, 15, 20).

Conclusiones

Rechazo de las falsas acusaciones

De modo que, esta es la clara, simple y directa explicación de la doctrina ortodoxa en cuanto a los cinco artículos en disputa en las iglesias de los Países Bajos, así como el rechazo de los errores por los que las iglesias neerlandesas han sido trastornadas durante algún tiempo. El Sínodo declara que la explicación y el rechazo que ha emitido se derivan de la Palabra de Dios en concordancia con las confesiones de las iglesias reformadas. Así que, resulta evidente que aquellos de quienes apenas se podría esperar algo, no han demostrado ninguna verdad, equidad y caridad al querer hacer creer al público:

«Que la enseñanza de las iglesias reformadas, en cuanto a la predestinación y otros puntos asociados con ella, por su propia naturaleza y tendencia, aparta las mentes de la gente de toda piedad y religión; que es un opio de la carne y del diablo, y que es un baluarte en donde Satanás yace acechando a toda la gente, hiriendo a la mayoría y atravesando fatalmente a muchos con sus flechas de desesperación y seguridad en sí mismos; que esta enseñanza hace a Dios autor del pecado, injusto, tirano e hipócrita; y que no es más que estoicismo, maniqueísmo, libertinaje y fatalismo; que hace que las personas adquieran una confianza carnal en sí mismas, puesto que las convence de que nada pondrá en peligro la salvación de los elegidos, no importando cómo vivan, de modo que puedan cometer los crímenes más terribles seguros de sí mismos y de su salvación. Por otro lado, que enseña que nada ayudará al réprobo a conseguir salvación, incluso si ha realizado verdaderamente todas las obras de los santos; que esta enseñanza significa que Dios predestinó y creó a la gran mayoría del mundo para la condenación eterna, y que lo hizo por la simple e incondicional elección de su voluntad, sin considerar o tomar en cuenta en lo más mínimo ningún pecado; que así como la elección es fuente y causa de la fe y de las buenas obras, así también la reprobación es la causa de la incredulidad y la impiedad; que muchos pequeños, hijos de creyentes, son arrebatados en su inocencia del seno de sus madres y arrojados cruelmente al infierno, para que ni la sangre de Cristo, ni el Bautismo, ni las oraciones de la iglesia durante su bautizo sean de alguna utilidad para ellos»

Y muchas otras acusaciones difamatorias de este tipo que las iglesias reformadas no solo repudian, sino que denuncian con todo el corazón.

Por tanto, el Sínodo de Dort, en el nombre del Señor, ruega a todos los que con devoción invocan el nombre de nuestro Salvador Jesucristo, que se formen un juicio acerca de la fe de las iglesias reformadas, no sobre la base de acusaciones falsas recogidas por aquí y por allá, o incluso sobre la base de afirmaciones personales de un número de autoridades antiguas o modernas —afirmaciones que a menudo son citadas fuera de contexto o mal citadas o tergiversadas para que digan otra cosa—, sino sobre la base de las confesiones oficiales de las iglesias de enseñanza ortodoxa, que han sido aprobadas por el consentimiento unánime de los miembros de todo el Sínodo en su totalidad. Además, el Sínodo advierte seriamente a los falsos acusadores que consideren cuán duro será el juicio de Dios que les espera a quienes dan falso testimonio en contra de muchas iglesias y sus confesiones, que inquietan las conciencias de los débiles y que intentan introducir prejuicios en las mentes de muchos en contra de la comunión de los verdaderos creyentes. Por último, el Sínodo exhorta a todos los ministros del evangelio de Cristo a tratar esta enseñanza de manera piadosa y reverente, tanto en las instituciones académicas como en las iglesias; a que lo hagan, cuando hablen o escriban, para la gloria del nombre de Dios, la santidad de vida y el consuelo de las almas angustiadas; a que piensen y también hablen con la Escritura en conformidad con la analogía de la fe; y, finalmente, a que se refrenen de toda manera de hablar que vaya más allá de los límites establecidos para nosotros por el genuino sentido de las Santas Escrituras, lo que podría dar a los sofistas impertinentes ocasión justa para burlarse de la enseñanza de las iglesias reformadas o hasta acusarla falsamente.

Que el Hijo de Dios, Jesucristo, que está sentado a la diestra de Dios y que da dones a la humanidad, nos santifique en la verdad, guíe a los descarriados hacia la verdad, silencie a los que levantan acusaciones falsas en contra de la sana doctrina, y equipe a los ministros fieles de la Palabra de Dios con un espíritu de sabiduría y discreción, para que todo lo que digan sea para la gloria de Dios y la edificación de los que escuchan. Amén.

INTRODUCCIÓN A LA CONFESIÓN DE CIRILO LUCARIS

Dentro de los temas dominantes para oriente, luego de la caída de Constantinopla por los Turcos en 1535, estaban las relaciones eclesiásticas de la iglesia griega con la romana. En ese contexto es que se desarrolla la obra de Cirilo Lucaris (1572-1683), particularmente su Confesión de fe. Cirilo es «considerado por muchos como el más capacitado de los ocupantes del trono patriarcal durante el periodo turco, sus opiniones teológicas han llegado a ser famosas porque combinan influencias ortodoxas y reformadas»[763]. De joven comenzó su labor teológica estudiando griego y latín en las universidades de Venecia y Padua[764], ya era todo un erudito cuando fue ordenado diacono en 1593, tan solo a los 21 años. Tuvo contacto en sus viajes con el catolicismo romano en Italia y Polonia, sin embargo, apoyó las políticas protestantes, ortodoxas y anticatólico-romanas del príncipe Constancio en 1601, las cuales ya comenzaba a abrirle camino a las controversias y oposición. Luego de que sus simpatías con el protestantismo fueron notorias fue apresado y enviado a Rodas, donde en prisión tuvo la oportunidad de leer el mágnum opus de Juan Calvino, su Institución de la Religión Cristiana, así sus ideas protestantes se asentaron más profundamente.

Luego de ser puesto como patriarca de Constantinopla en 1620, tras volver de Rodas, sus intentos de llevar la influencia teológica protestante y contrarrestar la romana maduraron y fueron incrementando junto a una dura persecución. Estos llegaron a su clímax en 1629 cuando redactó en latín su *Confessio Fidei*, la cual después «tradujo al griego y extendió sobre el público... de aquí se originaron nuevas persecuciones contra Cirilo»[765]. Las causas que le llevaron a ser depuesto de su cargo por influencias romanistas[766] y luego a ser retornado a este, a la muerte, fueron, aparte de asuntos políticos, sus intentos reformistas y el contenido de su Confesión, la cual los enseña. En ella incluía «la negación al libre albedrío, la doctrina de la predestinación, la limitación de los sacramentos a [solo] dos... una visión negativa de los íconos»[767], la afirmación de que solo Jesucristo es el único mediador, la justificación solo por la fe y la negación de la intercesión de los santos. Todo esto causó gran furor, pues «no era cosa de todos los días que un patriarca de

---

[763] John Binns, Las Iglesias cristianas ortodoxas, p.98.

[764] Hermann Tüchle, Nueva Historia de la Iglesia, (Tomo III) IX, p.26.

[765] Juan Alzog, Historia Universal de la Iglesia, (Tomo 4) CCCLVIII, p.187.

[766] N. Zernov, Cristianismo Oriental, c.5.

[767] Patrick W. C., Joseph T. Lienhard, Biographical Dictionary of Christian Theologians, p.334.

Constantinopla publicase una confesión de fe calvinista, y esto era precisamente lo que muchos decían que Lucaris había hecho»[768]. Acusado repetitivamente de herejía por los concilios de Constantinopla (1638) y Jassy (1642)[769], y luego de recibir un atentado fallido de asesinato, se levantaron contra él nuevamente, lo cual resultó en su estrangulamiento en 1683. Así se puso turbiamente fin a la vida Cirilo Lucaris, «el patriarca calvinista». Aunque su confesión no tuvo un impacto importante ni duradero dentro de la iglesia ortodoxa oriental, si lo tuvo y tiene en el estudio del alcance del pensamiento reformado. Su *Confessio Fidei* nos enseña hasta qué punto las seguras convicciones bíblicas pueden llegar y como el pensamiento reformado impacta con tanta seguridad en el interior de los hombres.

Nicolás R. Elgueta Cartes

Contenido

Esta confesión calvinista consta de 18 capítulos, una presentación y conclusión.

- Los cap. 1, 2,4 tratan sobre Dios, la Sagrada Escrituras y la Trinidad.
- Los cap. 3 y 5 sobre el decreto eterno de Dios de elección y preterición, y su gobierno providencial.
- El cap. 6-14 sobre la creación del hombre, su caída en pecado e impotencia de su voluntad para recuperarse de la caída.
- Los cap. 7-8 sobre la persona y la obra de Jesucristo: se presenta como único mediador y sumo sacerdote.
- Los cap. 9-13 sobre la recuperación del hombre de su estado de pecado y condición caída por medio de la sola fe para ser justificado por la justicia de Jesucristo.
- Los cap. 10-12 sobre la iglesia, sus componentes y su única cabeza: Jesucristo.
- Los cap. 15-17 sobre los sacramentos instituidos por Jesucristo: el Bautismo y la Eucaristía.
- El cap. 18 sobre el fin eterno de los hombres, su destino y una negación de la doctrina del purgatorio.

---

[768] Justo L. Gonzales, *Historia del Pensamiento Cristiano*, XLVIII, p.918.
[769] Fernando Walker, Manual de Derecho Eclesiástico, II, p.29.

LA CONFESIÓN DE CIRILO LUCARIS

En nombre del Padre, el Hijo y el Espíritu Santo, Cirilo, el Patriarca de Constantinopla, publica esta breve confesión en beneficio de aquellos que se preguntan sobre la fe y la religión de los griegos, quienes son de la Iglesia Oriental, en el testimonio de Dios y de los hombres y con una conciencia sincera y no disimulada.

CAPÍTULO 1
SOBRE DIOS

Creemos en un Dios, verdadero, todopoderoso y en tres personas, Padre, Hijo y Espíritu Santo; el Padre eterno, el Hijo engendrado del Padre ante el mundo, consustancial con el Padre; El Espíritu Santo procediendo del Padre a través del Hijo, teniendo la misma esencia con el Padre y el Hijo. Llamamos a estas tres personas en una esencia la Santísima Trinidad, para siempre benditas, glorificadas y adoradas por cada criatura.

CAPÍTULO 2
SOBRE LA SAGRADA ESCRITURA

Creemos que la Sagrada Escritura es dada por Dios, sin tener otro autor que el Espíritu Santo. Esto, sin lugar a dudas, debemos creerlo porque está escrito. Y tenemos la palabra profética más segura, a la que hacemos bien en prestar atención, como a la luz que brilla en un lugar oscuro. Creemos que la autoridad de las Sagradas Escrituras está por encima de la autoridad de la Iglesia. Ser enseñado por el Espíritu Santo es muy diferente de ser enseñado por un hombre; porque el hombre puede, por ignorancia, errar, engañar y ser engañado, pero la Palabra de Dios ni engaña ni es engañada, ni puede errar, es infalible y tiene autoridad eterna.

CAPÍTULO 3
SOBRE LA ELECCIÓN

Creemos que el Dios misericordioso predestinó a Sus elegidos a la gloria antes de la fundación del mundo, sin ninguna consideración de sus obras o cualquier otra causa impulsiva, sino solo el beneplácito y la misericordia de Dios. Por lo tanto, antes de la creación del mundo, Dios rechazó de manera similar a quién Él quizo, mediante un acto de reprobación; si consideramos la conducta absoluta de Dios, la causa es su voluntad; pero si nos fiamos en las leyes y principios del orden divino, que la providencia de Dios usa en el gobierno del mundo, la causa es su justicia, porque Dios es misericordioso y justo.

CAPÍTULO 4
SOBRE DIOS Y LA CREACIÓN

Creemos en un Dios Trino, el Padre, el Hijo y el Espíritu Santo; Creador de todas las cosas, visibles e invisibles. Cosas invisibles llamamos a los ángeles, y cosas visibles llamamos a los cielos y todas las cosas debajo de ellos. Y debido a que el Creador es bueno por naturaleza, creó todas las cosas buenas y no pudo crear ningún mal; y si hay algún mal, procede del demonio o del hombre. Para nosotros debe ser una regla clara que Dios no es el autor del mal, ni del pecado, y nada de eso se le imputará por ningún motivo.

CAPÍTULO 5
SOBRE LA PROVIDENCIA DE DIOS

Creemos que todas las cosas están gobernadas por la providencia de Dios, la cual debemos adorar en lugar de intentar entender. Puesto que esta está más allá de nuestra capacidad, ni siquiera podemos entender la razón detrás de todas las cosas. Por lo tanto, suponemos que es mejor adoptar el silencio con humildad que hablar de cosas que no edifican.

CAPÍTULO 6
SOBRE LA CAÍDO Y EL PECADO ORIGINAL

Creemos que el primer hombre creado por Dios, que estaba en el paraíso, cayó porque descuidó el mandato de Dios y se rindió al consejo engañoso de la serpiente. A partir de entonces surgió para su posteridad el pecado original, de modo que todo hombre que nace según la su carne, soporta esta carga y siente sus frutos en su vida.

CAPÍTULO 7
SOBRE DIOS HIJO

Creemos que Jesucristo nuestro Señor se vació a sí mismo, asumió la naturaleza humana en su propia sustancia. Fue concebido por el Espíritu Santo en el vientre de la virgen María, nacido, muerto, sepultado y resucitado en gloria, para poder llevar la salvación y la gloria a todos los fieles, y que vendrán a juzgar a los vivos y a los muertos.

CAPÍTULO 8
SOBRE LA INTERCESIÓN DE CRISTO

Creemos que nuestro Señor Jesucristo está sentado a la diestra del Padre e intercede por nosotros, desempeñando él solo el oficio de sumo sacerdote y mediador, y desde allí cuidando y gobernando a su iglesia, adornándola y enriqueciéndola con muchas bendiciones.

CAPÍTULO 9
SOBRE LA JUSTIFICACIÓN POR LA FE

Creemos que sin fe ningún hombre puede salvarse. Y necesitamos la fe justificadora en Cristo Jesús, por la cual la vida y la muerte de nuestro Señor Jesucristo se conocen a través del evangelio proclamado, y sin las cuales ningún hombre puede agradar a Dios.

CAPÍTULO 10
SOBRE LA IGLESIA

Creemos que la Iglesia, llamada «católica», incluye a todos los verdaderos creyentes en Cristo, aquellos que, habiendo partido de su patria, están en el paraíso y aquellos que permanecen en la tierra y todavía están en el camino. La Cabeza de la Iglesia es solamente Jesucristo —porque un hombre mortal no puede serlo de ninguna manera —; él tiene el timón del gobierno de la Iglesia en sus propias manos. Por mucho que hayan iglesias particulares visibles en la tierra, y todas ellas tengan un líder, él no debe ser llamado propiamente cabeza de la Iglesia particular, ya que esto sería inapropuado, pues él es el miembro principal de la misma.

CAPÍTULO 11
SOBRE LA SEPARACIÓN DE LOS SANTOS DE LOS IMPÍOS

Creemos que los miembros de la Iglesia Católica son santos, elegidos para vida eterna, para la unidad y la comunión; de entre los cuales quedan excluidos los hipócritas, aun cuando percibimos y vemos que en las iglesias particulares se pueda hallar cizaña en medio del trigo.

CAPÍTULO 12
SOBRE LA SANTIFICACIÓN DE LA IGLESIA

Creemos que la Iglesia en la tierra es santificada e instruida por el Espíritu Santo, porque Él es el verdadero consolador, a quien Cristo envió por medio del Padre para enseñar la verdad y expulsar las tinieblas del entendimiento de los fieles. Porque es cierto y verdadero que la Iglesia en la tierra puede errar al elegir el engaño sobre la verdad; error del cual nos libera la luz y la enseñanza del Espíritu Santo, no a través del hombre mortal; aun cuando esto se puede lograr mediante la instrumentalidad de los fieles ministros de la Iglesia.

CAPÍTULO 13
SOBRE LA JUSTICIA DE CRISTO Y LAS BUENAS OBRAS

Creemos que el hombre es justificado por la fe y no por las obras. Pero cuando decimos «por fe», queremos decir el correlativo u objeto de la fe, que es la justicia de Cristo; quien por su poder hace que la fe, como una mano, alcance por nosotros y aplique a nosotros la justicia de él. Decimos esto sin perjuicio de las buenas obras, ya que la verdad misma nos enseña que las obras no deben descuidarse, pues son un medio necesario para dar testimonio de nuestra fe y confirmar nuestro llamamiento. Pero, además, las buenas obras no son en sí mismas suficientes para hacer que uno comparezca ante el tribunal de Cristo, ni para reclamar una recompensa como por mérito de co-dignidad, o para salvar al poseedor; de lo cual la fragilidad humana da testimonio. Pero solo la justicia de Cristo, aplicada al penitente, justifica y salva a los fieles.

CAPÍTULO 14
SOBRE EL LIBRE ALBEDRÍO

Creemos que el libre albedrío está muerto en el pecador, porque no puede hacer nada bueno, y todo lo que hace es pecar; pero en el regenerado, por la gracia del Espíritu Santo, su agencia se despierta y de hecho opera, pero no sin la ayuda de la gracia. Por lo tanto, para que el hombre sea regenerado y pueda hacer lo que es bueno, es necesario que sea guiado y prevenido por la gracia; de lo contrario, el hombre yace herido y tiene tantas heridas como las que recibió, por parte de los ladrones, aquel que descendió de Jerusalén a Jericó; de modo que no podía hacer nada por sí mismo.

CAPÍTULO 15
SOBRE LOS SACRAMENTOS

Creemos que los sacramentos evangélicos de la Iglesia son aquellos instituidos por el Señor a través de las Escrituras, y que son dos; pues solo estos nos fueron entregados y aquel que los instituyó no nos dio otros más. Además, creemos que consisten en la Palabra y los Elementos, que son los sellos de las promesas de Dios, y que otorgan gracia. Pero para que el Sacramento sea completo y entero, es necesario que una sustancia terrenal y una acción externa cooperen con la verdadera fe en el uso de este elemento ordenado por Cristo nuestro Señor, porque la falta de fe perjudica la integridad del Sacramento.

CAPÍTULO 16
SOBRE EL BAUTISMO

Creemos que el Bautismo es un sacramento instituido por el Señor y, a menos que el hombre lo haya recibido, no tiene comunión con Cristo, de cuya muerte, sepultura y resurrección gloriosa proceden de toda la virtud y eficacia del Bautismo; por lo tanto, estamos seguros de que, para aquellos que son bautizados en la misma manera que nuestro Señor ordenó en la Escritura, tanto los pecados originales como los actuales les son perdonados, de modo que quien haya sido lavado en el nombre del Padre y del Hijo y del Espíritu Santo es regenerado, purificado y justificado. Pero en cuanto a su repetición, no tenemos orden de ser rebautizados, por lo que debemos abstenernos de esta práctica indecente.

CAPÍTULO 17
SOBRE LA EUCARISTÍA O CENA DEL SEÑOR

Creemos que el otro sacramento que fue ordenado por el Señor es lo que llamamos la Eucaristía. Porque en la noche en que el Señor fue entregado, Jesús tomó pan, lo bendijo, lo partió y se lo dio a sus discípulos, diciendo: «Tomad, comed, esto es mi cuerpo»; Y él tomó una copa, y dio gracias, y se la dio a los discípulos, diciendo: « Bebed todo esto, esta es mi sangre que fue derramada por muchos; haced esto en memoria mía». Y Pablo agrega: «Porque cada vez que comamos este pan y bebamos esta copa, proclamamos la muerte del Señor». Este es el fundamento puro y legítimo de este maravilloso Sacramento, en cuya administración profesamos la presencia verdadera y cierta de nuestro Señor Jesucristo, una presencia que la fe nos ofrece, no la que enseña la doctrina inventada de la transubstanciación. Porque creemos que el creyente toma el cuerpo de Cristo en la Cena del Señor, no rompiendo su cuerpo con los dientes, sino dándose cuenta con conciencia y sentimiento del alma, ya que el cuerpo de Cristo no es el visible en el Sacramento, sino el que la fe nos ofrece y el cual recibimos espiritualmente; de donde es verdad que, si creemos, comemos y participamos, si no creemos, estamos desprovistos de todo su fruto. Creemos, por lo tanto, que beber de la copa en el Sacramento es ser partícipe de la verdadera sangre de nuestro Señor Jesucristo, tal como él nos ha afirmado del cuerpo; porque como el autor de la misma ordenó acerca de su cuerpo, así lo hizo acerca de su sangre; mandamiento que no debe ser desmembrado ni mutilado, de acuerdo con la fantasía o la agencia del hombre; sino que la tradición de la institución debe conservarse íntegra. Por lo tanto, cuando participamos dignamente y nos comunicamos enteramente en el misterio del cuerpo y la sangre del Señor Jesucristo, ya estamos —lo confesamos— reconciliados con nuestra Cabeza y unidos con él, y somos un cuerpo con él, con la esperanza cierta de ser también coherederos con él en el reino venidero.

CAPÍTULO 18
SOBRE EL ESTADO DEL HOMBRE DESPUÉS DE LA MUERTE

Creemos que las almas de los muertos son bendecidas o condenadas de acuerdo con lo que cada uno haya hecho, ya que tan pronto como dejan sus cuerpos, avanzan a Cristo o al infierno; porque tal como un hombre se encuentre en su muerte, así será juzgado, y después de esta vida no habrá posibilidad ni oportunidad de arrepentimiento. En esta vida hay un tiempo de gracia, por lo que aquellos que aquí son justificados no sufrirán castigo en el futuro; pero los que mueren sin ser justificados, son enviados al castigo eterno. Por lo cual es evidente que la ficción del Purgatorio no debe ser admitida, sino que de hecho se determina que cada uno debe arrepentirse en esta vida y obtener la remisión de los pecados a través de nuestro Señor Jesucristo si es que se salvará. Y esto es así.

Esta breve Confesión que anunciamos será una señal hablada contra aquellos que tienen el placer de difamarnos y perseguirnos. Pero confiamos en el Señor Jesucristo, y esperamos que no renuncie a la causa de sus fieles, ni que la vara de la maldad de los perdidos caiga sobre los justos.

Fechado en Constantinopla, en marzo de 1629.
Cirilo, Patriarca de Constantinopla.

INTRODUCCIÓN A LA CONFESIÓN DE FE DE WESTMINSTER

La Confesión de fe de Westminster juntamente con los Catecismos Mayor y Menor son los credos más elaborados y de mayor precisión doctrinal que ha elaborado el cristianismo en sus veinte siglos de existencia. Particularmente, ellos representan la expresión más ortodoxa de la fe cristiana, la cual en la Reforma volvió a ser regulada por las Sagradas Escrituras a partir de la obra de los Reformadores del siglo XVI —Lutero, Zuinglio y Calvino, entre otros—. Así pues, los documentos de Westminster concluyeron la era de la Reforma, comenzada en 1517 con la publicación de las 95 tesis por Lutero y acabada en cuanto los documentos doctrinales de Westminster fueron finalizados y aprobados, entre 1647 y 1648.

Aunque, en puridad, la Asamblea de Westminster fue un evento de la Iglesia de Inglaterra, ella estuvo enormemente influenciada por la Iglesia de Escocia, de gobierno presbiteriano, tanto en su origen como en su desarrollo. En efecto, el origen de la Asamblea puede situarse en las Guerras de los obispos (1639-1640), por las que la Iglesia de Escocia recobró su independencia frente a las injerencias e imposiciones del monarca. En 1640, Carlos I convocó al Parlamento Largo —que sería disuelto por Cromwell, en 1653—, en el que el sector puritano, que quería una mayor conformidad con la Reforma tal como se había desarrollado en Escocia, tenía una amplia representación. Fue este Parlamento Largo el responsable del llamamiento a la Asamblea de Westminster, el 20 de abril de 1642, en abierto desafío a la autoridad del rey. Dos días antes del inicio de la Asamblea, el 1 de julio de 1643, un edicto real prohibió la reunión, la cual, sin embargo, se mantuvo. Fue compuesta por 121 ministros, los mejores teólogos de la época en Inglaterra y Gales, junto con una pequeña delegación de las iglesias de refugiados franceses en Inglaterra. Asimismo, se invitó a la Iglesia de Escocia a que enviara comisionados a la Asamblea —quienes tuvieron parte en la Asamblea, pero sin voto— así como a las iglesias congregacionalistas de las colonias de Nueva Inglaterra, las cuales al final no tuvieron participación en ella.

La Confesión de Westminster puede ser vista como una revisión en profundidad de los 39 artículos (1562), a los que tenían que sustituir como el documento oficial de fe de la Iglesia de Inglaterra. Una simple comparación entre ambos documentos revelará la gran profundidad y el carácter bíblico de los 33 capítulos de la Confesión. Una de las grandes aportaciones, sin duda, de la Confesión de Westminster fue que la teología de la alianza adquirió un carácter confesional en el cristianismo (art. 7). El artículo acerca de las Sagradas Escrituras destaca por su pormenorizado contenido, al considerarse justamente como fundacional para la fe cristiana, destacando la afirmación de su autoridad como Palabra inspirada y preservada por Dios (art. 1). La doctrina de Dios y de la Santa Trinidad es tratada de manera sucinta y precisa, según fue definido por la iglesia antigua y mantenida por la medieval (art. 2). Junto con la obra de la Creación en seis días (art. 4), la soberanía de Dios está ampliamente proclamada en los artículos sobre el Decreto (art.3) y la Providencia (art. 5). La corrupción total del hombre y su pérdida de libre albedrío por la Caída son confesadas en sendos artículos (art. 6 y 9).

Tras la enseñanza sobre la Persona y la obra de Cristo (art. 8), que incorpora lo mejor de las formulaciones de la iglesia antigua o patrística, la soteriología reformada de la libre gracia y sola fe, por las que son justificados los creyentes, es expuesta de manera gloriosa y en detalle siguiendo el ordo salutis (arts. 10-17), concluyendo con el artículo acerca de la seguridad de la salvación, presentándola como el gran objetivo que el creyente sincero en Cristo ha de tener en la vida (art. 18).

La sección ética de la Confesión está introducida por el capítulo sobre la Ley de Dios (art. 19), seguido de la libertad cristiana y de conciencia (art. 20), la adoración religiosa y el Sábado cristiano (art. 21), juramentos y votos (art. 22), gobernantes civiles (art. 23) y matrimonio y divorcio (art. 24).

La eclesiología comprende también una parte importante en la Confesión (arts. 25-31), comprendiendo desde la enseñanza de la Iglesia de Cristo, visible e invisible (art. 25), hasta su gobierno en Sínodos (art. 31), pasando por los artículos sobre los sacramentos en general (art. 27), Bautismo (art. 28) y Cena del Señor (art. 31). En esta sección eclesiológica, el papado es abiertamente denunciado como el Anticristo (art. 25:6), precisando así la escueta referencia de los 39 artículos, de que el obispo de Roma no tenía jurisdicción sobre la Iglesia de Inglaterra. Contrariamente a las expresiones confesionales de tipo bautista, carentes por completo del concepto de sacramento y de muy escaso contenido doctrinal, los sacramentos en Westminster son definidos bíblicamente como «señales y sellos» (Rm. 4:11) del Pacto de Gracia ampliamente expuesto en el art. 7. El Bautismo de infantes, parte esencial a la Reforma, como no podía ser de otro modo, fue enseñado y confesado, así como la presencia espiritual de Cristo en la Cena del Señor —al tiempo que la transubstanciación católica-romana es definida como «crasa idolatría» (art. 29:6)—.

Los dos últimos artículos de la Confesión tratan acerca de la escatología: estado del hombre tras la muerte y resurrección (art. 32) y el Juicio Final (art. 33).

Juntamente con la Confesión, la Asamblea produjo otros dos textos confesionales, cuáles son los Catecismos Mayor y Menor. El Catecismo Menor estaba basado en el contenido del Mayor, el cual fue concebido para que los ministros enseñaran a las congregaciones en la predicación, mientras que el primero estaba destinado básicamente para la educación religiosa de los niños. Uno de los aspectos más reseñables del Catecismo Mayor es su muy excelente y profundísima exposición de la ley moral del Señor, los Diez Mandamientos (Preg. 93-151). Juntamente con estos documentos, la Asamblea compuso el Directorio del culto público (1645), que remplazó el Libro de oración común anglicano por la simplicidad y reverencia del culto regulado por las Sagradas Escrituras.

La Confesión de fe fue aprobada por la Iglesia de Escocia (1647) y por el Parlamento de Inglaterra (1648), mientras que los Catecismos Mayor y Menor fueron aprobados por la Iglesia de Escocia en 1648. En paralelo a la obra confesional de la Asamblea, el presbiterianismo fue establecido legalmente como la religión del Estado de Inglaterra por la Ley del Parlamento del 29 de junio de 1647, pero posteriormente fue boicoteado por Oliver Cromwell. Tras la restauración de la monarquía, en 1660, la obra de la Asamblea de Westminster fue repudiada, y dos años más tarde, el sector puritano de la Iglesia de Inglaterra sería expulsado al destierro interior tras la llamada Great Ejection, Gran Expulsión, que afectó a unos 2.500 ministros.

En octubre de 1558, un mes después de la muerte de Cromwell, las iglesias congregacionalistas hicieron su propia declaración de fe, la Declaración de fe de Saboya, basada en la Confesión de Westminster, en la que modificó la parte acerca del gobierno eclesiástico y se añadió un artículo sobre el «evangelio y la extensión de la gracia» (art. 20). Mayor fue la revisión que sufrió en la Confesión bautista de Londres (1689), en la que se modificaron sustancialmente artículos sobre la teología del pacto, y sacramentos, toda vez que incorporó el artículo introducido por Saboya. Un estudio atento de ambos documentos, Westminster y Londres, revelará asimismo modificaciones menores que, no obstante, pueden ser reveladoras de mayores diferencias teológicas (compárese, a modo de ejemplo, Westminster 6:5-6 con Londres 6:5, teniendo en cuenta además que el párrafo 6 de Westminster está abreviado y modificado en la segunda mitad de Londres 6:3, al contrario de Saboya, que lo mantuvo íntegro), lo cual debería hacernos tomar precauciones ante la tendencia contemporánea de ver ambos documentos como doctrinalmente equivalentes, además de fórmulas a pie de igualdad de la misma fe reformada. La gran paradoja es que la Confesión de Londres, que negó la existencia de la iglesia cristiana anterior a la Reforma por su rechazo del Bautismo eclesial y su propia definición de iglesia, incorporó, por la mediación de Westminster, siglos de reflexión teológica cristiana desarrollada a partir de la Iglesia antigua.

En definitiva, los documentos de Westminster permanecen como el mayor monumento confesional del cristianismo y, sin duda, de la ortodoxia reformada. Fueron producidos en un momento transcendental de reforma en el Reino Unido y no llegaron a perpetuarse institucionalmente en el Reino Unido, tal como pretendió inicialmente La Liga y Pacto Solemne (1643). Pero han quedado como la mayor y más completa expresión de la fe cristiana para las iglesias reformadas que la reconocen oficialmente (conocidas como presbiterianas), así como testimonio profético de lo que es y puede llegar a producir un momento histórico de Reforma.

Colaboración del Rev. Jorge Ruiz; Director en Academia De Teología Reformada y Pastor en Iglesia Reformada Continuada, España.

(Presentamos a continuación el texto original del acta de presentación de la
confesión preparado por la Asamblea de Westminster)

«Acordado por la Asamblea de Teólogos en Westminster, con la asistencia de
los delegados de la Iglesia de Escocia, como parte de la uniformidad pactada
y establecida en religión entre las iglesias de Cristo en los reinos de Escocia,
Inglaterra e Irlanda.

Aprobado por la Asamblea General de 1647 y ratificado y establecido por actos
de Parlamento 1649, como el público y jurado. Confesión de la Iglesia de
Escocia, con las pruebas de las Escrituras.

Asamblea en Edimburgo, 27 agosto 1647. Sesión 23.

Acta aprobando la Confesión de Fe.

Una Confesión de Fe para las iglesias de Dios en los tres reinos, siendo la parte
más principal de esa uniformidad en la religión que, por el Pacto y la Liga
Solemne, nosotros tenemos que empeñar: Y hay por consiguiente una
Confesión de Fe de acuerdo con la Asamblea de Teólogos sintiéndose en
Westminster, con la ayuda de los Delegados de la Iglesia de Escocia; cuál
Confesión se envió de nuestros Delegados en Londres a los Delegados de la
Iglesia en Edimburgo el mes de enero pasado, y han sido por esta Asamblea
dos veces leídas públicamente, examinada, y considerada: copias del mismo
se imprimió también, para que sean examinada con cuidado especial de parte
de todos los miembros de esta Asamblea, a quienes frecuente insinuación se
hizo públicamente, para poner en sus dudas y objeciones, si ellos tuvieran
cualquiera. Y la Confesión es, sobre el examen debido del mismo, encontrado
por la Asamblea de ser muy agradable a la Palabra de Dios, y en nada al
contrario de la doctrina recibida, ni contrario de la adoración pública, ni
contrario de la disciplina y ni contrario del gobierno de esta Iglesia. Y, por
último, es tan necesario, y tanto deseado, que el dicho Confesión sea, con toda
diligencia y expedición posible, aprobado y establecido en ambos Reinos,
como una parte principal de la uniformidad propuesta de la religión, y como
un medio especial para suprimir más efectivamente los muchos errores y
herejías peligrosos de estos tiempos; la Asamblea General, después de
madura deliberación, concuerda a, y aprueba el dicho Confesión, en cuanto a
la verdad del asunto; (juzgándolo de ser muy ortodoxo, y fundado sobre la
Palabra de Dios;) y también, acerca del punto de la uniformidad, acordamos
por nuestra parte, que sea la Confesión de Fe común para los tres reinos. La
Asamblea bendice también al Señor, y reconoce agradecidamente Su gran
misericordia, en que tal Confesión de Fe excelente se ha preparado, y ha por
lo tanto sido de acuerdo sobre en ambos reinos; cual miramos como un gran
refuerzo de la religión reformada verdadera contra los enemigos comunes del
mismo. Pero, por temor a que nuestra intención y el significado estén en
algunos detalles entendidos por mal, es así expresamente declarado y

proveído, que la falta de mencionar en esta Confesión los varios tipos de oficiales y asambleas eclesiásticos, no sea prejuicio a la verdad de Cristo en estos detalles, para ser expresado completamente en el Directorio del Gobierno. Es adicionalmente declarado, que la Asamblea entiende algunas partes del segundo artículo del treinta y uno Capítulo solo de iglesias no establecidas, ni constituidas en el punto del gobierno: Y eso aunque, en tales iglesias, un sínodo de Ministros, y de otras personas hábiles, puedan ser llamadas por la autoridad del Magistrado y nominación, sin cualquier otra llamamiento, para consultar y aconsejar acerca de asuntos de la religión; y aunque, igualmente, los Ministros de Cristo, sin la delegación de sus iglesias, puedan de sí mismos, y en virtud de su oficina, reunirse en sínodos en tales iglesias no constituidas, sin embargo ninguno de esto debería ser hecho en iglesias constituidas y establecidas; es siempre libre el Magistrado para consultar con sínodos de Ministros y Ancianos Gobernantes, reunidos en delegación de sus iglesias, sea comúnmente, o, siendo encausados por su autoridad, ocasionalmente, y en pro re nata; es también libre reunir sínodos juntos, también en pro re nata como en los tiempos ordinarios, sobre la delegación de las iglesias, por el poder intrínseco recibido de Cristo, tan a menudo como sea necesario para el bien de la Iglesia así que se reúne, en caso de que el Magistrado, en detrimento de la Iglesia, retenga o niega su consentimiento; la necesidad de asambleas ocasionales siendo protesta primero a él por una aplicación humilde.

Carlos I. Parl. 2. Ses. 2. Acta 16.

Acta sobre los Catecismos, la Confesión de Fe y la Ratificación de ellos.

En Edimburgo, el 7 de febrero 1649 Los Estados de Parlamento, ahora convocado en esta segunda Sesión del segundo Parlamento trienal, en virtud de un Acta del Comité de Estados, que tuvo el poder y la autoridad del último Parlamento para convocar el Parlamento presente, habiendo considerado seriamente los Catecismos, a saber, el Mayor y el Menor, con la Confesión de Fe, con tres Actos de Aprobación del mismo por los Delegados   de la Asamblea General, presentado a ellos por los Delegados del dicho Asamblea General; ratifica y aprueba el dicho Catecismos, la Confesión de Fe, y los Actos de Aprobación del mismo, producido como son; y los ordena a ser registrados, para ser publicados, y para ser practicados.

LA CONFESIÓN DE FE DE WESTMINSTER

LA CONFESIÓN DE FE DE WESTMINSTER

CAPÍTULO 1
De las Santas Escrituras

1. Aunque la luz de la naturaleza y las obras de la creación y de la providencia manifiesten la bondad, la sabiduría y el poder de Dios, de tal manera que vuelven al hombre inexcusable[a]; no son suficientes para dar ese conocimiento de Dios y de su voluntad que es necesario para la salvación[b]. Por lo cual, plació al Señor, en diversos tiempos, y de distintas maneras, revelarse, y declarar su voluntad a su iglesia[c]; y después, para el mejor mantenimiento y propagación de la verdad, y para el mayor establecimiento y consuelo de la Iglesia contra la corrupción de la carne y de la malicia de Satanás y del mundo, le plació dejar esta revelación totalmente por escrito[d], lo cuál hace que las Santas Escrituras sean sumamente necesarias[e]. Aquellas maneras anteriores en las que Dios revelaba su voluntad a su pueblo ahora han cesado[f].

2. Bajo el nombre de la Santa Escritura, o Palabra de Dios escrita, están contenidos todos los libros del Antiguo y del Nuevo Testamento, los cuales son estos:

DEL ANTIGUO TESTAMENTO

Génesis, Éxodo, Levítico, Números, Deuteronomio, Josué, Jueces, Rut, I Samuel, II Samuel, I Reyes, II Reyes, I Crónicas, II Crónicas, Esdras, Nehemías, Ester, Job, Salmos, Proverbios, Eclesiastés, Cantar de los Cantares, Isaías, Jeremías, Lamentaciones, Ezequiel, Daniel, Oseas, Joel, Amós, Abdías, Jonás, Miqueas, Nahum, Habacuc, Sofonías, Ageo, Zacarías, Malaquías.

DEL NUEVO TESTAMENTO

Mateo, Marcos, Lucas, Juan, Hechos, Romanos, I Corintios, II Corintios, Gálatas, Efesios, Filipenses, Colosenses, I Tesalonicenses, II Tesalonicenses, I Timoteo, II Timoteo, Tito, Filemón, Hebreos, Santiago, I Pedro, II Pedro, I Juan, II Juan, III Juan, Judas, Apocalipsis.

Todos los cuales son dados por la inspiración de Dios para ser la regla de la fe y práctica[g].

3. Los libros comúnmente llamados apócrifos, no siendo de inspiración divina, no tienen parte en el canon de la Escritura; y, por tanto, no son autoridad en la Iglesia de Dios, ni deben ser en otra manera aprobados, o usados, sino como otros libros humanos[h].

4. La autoridad de la Santa Escritura, por la cual debe ser creída y obedecida, no depende del testimonio de ningún hombre o Iglesia; sino totalmente de Dios —quien es la verdad misma— el autor de ella; y, por lo tanto, debe ser recibida porque es la Palabra de Dios[i].

5. Podemos ser movidos e inducidos por el testimonio de la Iglesia a tener una estimación alta y reverente de la Santa Escritura[j]. Y la divinidad de ella, lo eficaz de su doctrina, la majestad de su estilo, la cohesión de todas sus partes, el designio del todo —el cuál es, de dar toda la gloria a Dios—, el descubrimiento entero que hace del único camino de la salvación del hombre, las muchas otras excelencias incomparables y la perfección entera de ella, son argumentos por los cuales se evidencia a sí misma abundantemente como la Palabra de Dios; sin embargo, nuestra plena persuasión y seguridad de la verdad infalible y la autoridad divina de la misma, proviene de la obra interior del Espíritu Santo dando testimonio por y con la Palabra en nuestros corazones[k].

6. El consejo completo de Dios acerca de todas las cosas que son necesarias para su propia gloria, para la salvación del hombre, la fe y la vida, está expresamente expuesto en la Escritura, o por buena y necesaria consecuencia puede ser deducido de ella; a la cual nada, en ningún momento, debe ser añadido, ya sea por nuevas revelaciones del Espíritu o por las tradiciones de los hombres[l]. Sin embargo, reconocemos que la iluminación interior del Espíritu de Dios es necesaria para la comprensión salvífica de aquellas cosas que son reveladas en la Palabra[m]; y que hay algunas circunstancias acerca de la adoración a Dios y el gobierno de la iglesia, comunes a las acciones y sociedades humanas, que deben ser ordenadas por la luz de la naturaleza y la prudencia cristiana, de acuerdo con las reglas generales de la Palabra, las cuales siempre deben de ser observadas[n].

7. Todas las cosas en las Escrituras no son igual de claras en sí mismas, ni igual de claras para todos[o]; no obstante, aquellas que es necesario saber, creer y observar para salvación son tan claramente presentadas y evidentes en uno

u otro lugar de la Escritura, que no tan solo los eruditos, sino también los indoctos, en un uso adecuado de los medios ordinarios, pueden alcanzar una comprensión suficiente de ellas[p].

8. El Antiguo Testamento en hebreo —el cual era el idioma nativo del pueblo de Dios de la antigüedad— y el Nuevo Testamento en griego —el cual, en el momento de su redacción, era más conocido por las naciones—, habiendo sido inmediatamente inspirados por Dios y mantenidos puros en todas las épocas por Su singular cuidado y providencia, son auténticos[q]; de modo que, en todas las controversias religiosas, la Iglesia debe apelar a ellos finalmente[r]. Pero, puesto que estos idiomas originales no son conocidos por todo el pueblo de Dios, quienes tienen derecho e interés en las Escrituras, y a quienes se les ha ordenado, en el temor de Dios, leerlas y escudriñarlas[s]; así pues, estas deben de ser traducidas al idioma común de cada nación a la que lleguen[t], para que, morando la Palabra de Dios abundantemente en todos, puedan adorarlo de una manera aceptable[u]; y, mediante la paciencia y el consuelo de las Escrituras, puedan tener esperanza[v].

9. La regla infalible para interpretar la Escritura es la misma Escritura: por lo tanto, cuando haya una pregunta sobre el sentido verdadero y pleno de cualquier Escritura (el cual no es múltiple, sino uno solo), este debe ser buscado y conocido por otros lugares que hablen más claramente[w].

10. El juez supremo por el cual todas las controversias religiosas han de ser determinadas, y todos los decretos de concilios, opiniones de autores antiguos, doctrinas de hombres y espíritus privados, deben ser examinados; y en cuya sentencia debemos descansar; no puede ser otro sino el Espíritu Santo hablando en la Escritura[x][770]

CAPÍTULO 2
De Dios y de la Santa Trinidad

1. No hay más que un solo Dios[a] vivo y verdadero; quien es infinito en su ser y perfección[c], espíritu purísimo[d], invisible[e], sin cuerpo, partes[f], o pasiones[g], inmutable[h], inmenso[i], eterno[j], incomprensible[k], todopoderoso[l], sapientísimo[m], santísimo[n], libérrimo[o], absolutísimo[p], quien obra todas las cosas según el consejo de Su inmutable y justísima voluntad[q], para Su propia gloria[r]; muy amoroso[s], gracioso, misericordioso, paciente, abundante en bondad y verdad, perdonador de iniquidad, trasgresión y pecado[t];

---

[770] **a.** Rom. 2:14-15; 1:19-20; Sal. 19:1-3; Rom. 1:32 con Rom. 2:1. **b.** 1 Cor. 1:21; 2:13-14. **c.** Heb. 1:1. **d.** Prov. 22:19-21; Luc. 1:3-4; Rom. 15:4; Mat. 4:4,7,10; Isa. 8:19-20. **e.** 2 Tim. 3:15; 2 Ped. 1:19. **f.** Heb. 1:1-2. **g.** Luc. 16:29,31; Ef. 2:20; Apo. 22:18-19; 2 Tim. 3:16. **h.** Luc. 24:27,44; Rom. 3:2; 2 Ped. 1:21. **i.** 2 Ped. 1:19, 21; 2 Tim. 3:16; 1 Jn. 5:9; 1 Tes. 2:13. **j.** 1 Tim. 3:15. **k.** 1 Jn. 2:20, 27; Jn. 16:13,14; 1 Cor. 2:10-12; Isa. 59:21. **l.** 2 Tim. 3:15-17; Gál. 1:8,9; 2 Tes. 2:2. **m.** Jn. 6:45; 1 Cor. 2:9-12. **n.** 1 Cor. 11:13, 14; 14:26,40. **o.** 2 Ped. 3:16. **p.** Sal. 119:105,130. **q.** Mat. 5:18. **r.** Isa. 8:20; Hch. 15:15; Jn. 5:39,46. **s.** Jn. 5:39. **t.** 1 Cor. 14:6, 9, 11, 12, 24, 27, 28. **u.** Col. 3:16. **v.** Rom. 15:4. **w.** 2 Ped. 1:20, 21; Hch. 15:15,16. **x.** Mat. 22:29,31; Ef. 2:20; Hch. 28:25.

galardonador de todos los que le buscan con diligencia[u]; y, con todo, justísimo y terrible en Sus juicios[v], aborrecedor de todo pecado[w] y quien de ninguna manera absolverá al culpable[x].

2. Dios tiene toda la vida[y], gloria[z], bondad[aa], bendición[ab], en y de sí mismo; y es, solo en y hacia Él mismo, todo suficiente, no teniendo necesidad de ninguna de las criaturas que ha hecho[ac], ni derivando gloria de ellas[ad], sino solamente manifestando Su propia gloria en, por, hacia, y sobre ellas. Es el único manantial de todo ser, de quien, por quien y para quien son todas las cosas[ae]; teniendo el más soberano dominio sobre ellas, para hacer por ellas, para ellas, o sobre ellas cualquier cosa que le plazca[af]. Ante sus ojos todas las cosas yacen abiertas y manifiestas[ag]; Su conocimiento es infinito, infalible e independiente de la criatura[ah], de modo que nada es contingente o incierto para Él[ai]. Es santísimo en todos Sus consejos, en todas Sus obras y en todos sus mandamientos[aj]. A Él deben, todos los ángeles y hombres, y toda criatura, toda adoración, servicio, y obediencia que a Él le plazca requerir de ellos[ak].

3. En la unidad de la Deidad hay tres personas, de una misma sustancia, poder y eternidad; Dios el Padre, Dios el Hijo y Dios el Espíritu Santo[al]. El Padre no es engendrado ni procede de nadie; el Hijo es eternamente engendrado del Padre[am]; y el Espíritu Santo procede eternamente del Padre y del Hijo[an][771].

CAPÍTULO 3
Del decreto eterno de Dios

1. Dios desde la eternidad, por el sapientísimo y santísimo consejo de su propia voluntad, ordenó, libre e inmutablemente, todo aquello que acontece[a]; sin embargo, lo ha hecho de tal manera que ni es Dios el autor del pecado[b], ni hace violencia a la voluntad de las criaturas, ni quita la libertad o contingencia de las causas secundarias, sino que más bien las establece[c].

2. Aunque Dios sabe todo lo que podría o puede suceder en todas las condiciones posibles[d], sin embargo, no ha decretado nada porque lo haya previsto como futuro, o como aquello que sucedería en tales condiciones[e].

3. Por el decreto de Dios, para la manifestación de Su gloria, algunos hombres y ángeles[f] son predestinados a vida eterna y otros preordenados a muerte eterna[g].

---

[771] **a.** Deu. 6:4; 1 Cor. 8:4,6. **b.** 1 Tes. 1:9; Jer. 10:10. **c.** Job. 11:7-9; 26:14. **d.** Jn. 4:24. **e.** 1 Tim. 1:17. **f.** Deu. 4:15,16; Jn. 4:24 con Luc. 24:39. **g.** Hch. 14:11,15. **h.** Stg. 1:17; Ml. 3:6. **i.** 1 R. 8:27; Jer. 23:23. **j.** Sal. 90:2; 1 Tim. 1:17. **k.** Sal. 145:3. **l.** Gén. 17:1; Apo. 4:8. **m.** Rom. 16:27. **n.** Isa. 6:3; Apo. 4:8. **o.** Sal. 115:3. **p.** Ex. 3:14. **q.** Ef. 1:11. **r.** Prov. 16:4; Rom. 11:36. **s.** 1 Jn. 4:8,16. **t.** Ex. 34:6,7. **u.** Heb. 11:6. **v.** Neh. 9:32,33. **w.** Sal. 5:5,6. **x.** Nah. 1:2,3; Ex. 34:7. **y.** Jn. 5:26. **z.** Hch. 7:2. **aa.** Sal. 119:68. **ab.** 1 Tim. 6:15; Rom. 9:5. **ac.** Hch. 17:24,25. **ad.** Job. 22:2,3. **ae.** Rom. 11:36. **af.** Apo. 4:11; 1 Tim. 6:15; Dn. 4:25,35. **ag.** Heb. 4:13. **ah.** Rom. 11:33,34. **ai.** Hch. 15:18; Eze. 11:5. **aj.** Sal. 145:17; Rom. 7:12. **ak.** Apo. 5:12-14. **al.** 1 Jn. 5:7; Mat. 3:16-17; 28:19; 2 Cor. 13:14. **am.** Jn. 1:14,18. **an.** Jn. 15:26; Gál. 4:6.

4. Estos ángeles y hombres, así predestinados y preordenados, son designados particular e inmutablemente, y su número es tan seguro y definido, que no puede ser ni incrementado o disminuido.[h]

5. A aquellos de la humanidad que están predestinados para vida, Dios, antes de que el fundamento del mundo fuese establecido, de acuerdo con Su propósito eterno e inmutable y con el consejo secreto y el beneplácito de Su voluntad, los escogió, en Cristo, para gloria eterna[i], por su amor y libre gracia, sin haber visto de antemano la fe o buenas obras de ellos, o la perseverancia en alguno de estos, o cualquier otra cosa en la criatura, como condiciones o causas que le moviesen a ello[j]. Y todo para la alabanza de su gloriosa gracia[k].

6. Así como Dios ha decretado a los escogidos hacia la gloria, de la misma manera Él, por el eterno y libérrimo propósito de su voluntad, ha preordenado todos los medios para ello[l]. Por lo cual, quienes son elegidos, habiendo caído en Adán, son redimidos por Cristo[m], eficazmente llamados hacia la fe en Cristo por su Espíritu obrando en el momento designado, justificados, adoptados, santificados[n] y guardados por Su poder, por medio de la fe, para salvación[o]. Ninguno otro es redimido por Cristo, eficazmente llamado, justificado, adoptado, santificado y salvado, sino solamente los escogidos[p].

7. Al resto de los hombres del género humano, Dios le ha placido, de acuerdo con el inescrutable consejo de Su propia voluntad, por el cual Él extiende o retiene misericordia como le place, y para la gloria de Su poder soberano sobre Sus criaturas, pasarlos por alto, y ordenarlos a deshonra e ira a causa de sus pecados, para alabanza de Su gloriosa justicia[q].

8. La doctrina de este alto misterio de la predestinación debe ser manejada con especial prudencia y cuidado[r], para que los hombres que atienden la voluntad de Dios revelada en Su Palabra y que rinden obediencia a ella, puedan, desde la certeza de su llamamiento eficaz, estar seguros de su elección eterna[s]. Así, esta doctrina ofrecerá motivo de alabanza, reverencia y admiración a Dios[t], y también de humildad, diligencia y abundante consuelo a todos los que sinceramente obedecen el evangelio[u][772].

---

[772] **a.** Ef. 1:11; Rom. 11:33; Heb. 6:17; Rom. 9:15,18. **b.** Stg. 1:13,17; 1 Jn. 1:5. **c.** Hch. 2:23; Mat. 17:12; Hch. 4:27,28; Jn. 19:11; Prov. 16:33. **d.** Hch. 15:18; 1 S. 23:11,12; Mat. 11:21,23. **e.** Rom. 9:11,13,16,18. **f.** 1 Tim. 5:21; Mat. 25:41. **g.** Rom. 9:22,23; Ef. 1:5,6; Prov. 16:4. **h.** 2 Tim. 2:19; Jn. 13:48. **i.** Ef. 1:4,9,11; Rom. 8:30; 2 Tim. 1:9; 1 Tes. 5:9. **j.** Rom. 9:11,13,16; Ef. 1:4,9. **k.** Ef. 1:6,12. **l.** 1 Ped. 1:2; Ef. 1:4,5; 2:10; 2 Tes. 2:13. **m.** 1 Tes. 5:9,10; Tit. 2:14. **n.** Rom. 8:30; Ef. 1:5; 2 Tes. 2:13. **o.** 1 Ped. 1:5. **p.** Jn. 17:9; Rom. 8:28-39; Jn. 6:64,65; 10:26; 8:47; 1 Jn. 2:19. **q.** Mat. 11:25,26; Rom. 9:17,18,21,22; 2 Tim. 2:19,20; Jds. 4; 1 Ped. 2:8. **r.** Rom. 9:20; 11:33; Deu. 29:29. **s.** 2 Ped. 1:10. **t.** Ef. 1:6; Rom. 11:33. **u.** Rom. 11:5,6,20; 2 Ped. 1:10; Rom. 8:33; Luc. 10:20.

CAPÍTULO 4
De la creación

1. Agradó a Dios Padre, Hijo y Espíritu Santo[a], por la manifestación de la gloria de Su poder, sabiduría y bondad eternos[b], en el principio, crear, o hacer de la nada, el mundo y todas las cosas que hay en él, visibles o invisibles, en el espacio de seis días; y todas muy buenas[c].

2. Después que Dios hubo creado todas las demás criaturas, creó al hombre, varón y hembra[d], con almas racionales e inmortales[e], dotadas de conocimiento, justicia y santidad verdadera, conforme a Su propia imagen[f]; teniendo la ley de Dios escrita en sus corazones[g], así como poder para cumplirla[h]; y, no obstante, bajo la posibilidad de transgredirla, siendo dejados a la libertad de su propia voluntad, la cual estaba sujeta a cambio[i]. Además de esta ley escrita en su corazón, recibieron el mandato de no comer del árbol de la ciencia del bien y del mal y, mientras guardaron este mandamiento, fueron felices, gozando de comunión con Dios[j] y teniendo dominio sobre las criaturas[k][773].

CAPÍTULO 5:
De la providencia

1. Dios, el gran creador de todas las cosas, sostiene[a], dirige, dispone y gobierna todas las criaturas, acciones y cosas[b], desde la más grande hasta la más pequeña[c], por su sapientísima y santa providencia[d], según su infalible presciencia[e] y el libre e inmutable consejo de su propia voluntad[f], para la alabanza de la gloria de su sabiduría, poder, justicia, bondad y misericordia[g].

2. Aunque, en relación con la preciencia y el decreto de Dios —quien es la causa primera— todas las cosas suceden inmutable e infaliblemente[h]; sin embargo, por la misma providencia, Él ordena que sucedan, de acuerdo a la naturaleza de las causas secundarias, ya sea necesaria, libre o contingentemente[i].

3. Dios, en su providencia ordinaria, emplea medios[j], sin embargo es libre de obrar sin ellos[k], sobre ellos[l] o contra ellos, según le plazca[m].

4. El todopoderoso poder, la inescrutable sabiduría y la infinita bondad de Dios se manifiestan de tal modo en Su providencia, que esta se extiende hasta la primera caída y todo los otros pecados de ángeles y de hombres[n]; y esto no por una simple permisión[o], sino de modo que ha unido a estos una muy sabia y poderosa delimitación[p], ordenandolos y gobernándolos, por otro lado, en una dispensación múltiple para sus propios fines santos[q]; de modo que la

---

[773] **a.** Heb. 1:2; Jn. 1:2,3; Gén. 1:2; Job. 26:13; 33:4. **b.** Rom. 1:20; Jer. 10:12; Sal. 104:24; 33:5,6. **c.** Gén. 1; Heb. 11:3; Col. 1:16; Hch. 17:24. **d.** Gén. 1:27. **e.** Gén. 2:7 con Ecl. 12:7 y Luc. 23:43; Mat. 10:28. **f.** Gén. 1:26; Col. 3:10; Ef. 4:24. **g.** Rom. 2:14,15. **h.** Ecl. 7:29. **i.** Gén. 3:6; Ecl. 7:29. **j.** Gén. 2:17; 3:8-11,23. **k.** Gén. 1:26,28.

pecaminosidad procede solamente de la criatura, y no de Dios quien, siendo muy santo y justo, ni es ni puede ser el autor o aprobador del pecado[r].

5. El sabio, justo y gracioso Dios a menudo deja a sus propios hijos, por una temporada, en múltiples tentaciones y en la corrupción de su propios corazones, para disciplinarlos por sus pecados anteriores o para descubrir ante ellos la fuerza escondida de la corrupción y lo engañoso de sus corazones, para que sean humillados[s]; para elevarlos a una más cercana y constante dependencia de su apoyo en Él, y para volverlos más vigilantes contra todas las futuras ocasiones de pecado, y para otros varios fines justos y santos[t].

6. En cuanto a aquellos hombres malvados e impíos a quienes Dios, cual juez justo, por sus pecados anteriores, ciega y endurece[u], de ellos no solo retiene su gracia, por la cual podrían haber sido iluminados en sus entendimientos y obrados en sus corazones[v]; sino que algunas veces también quita de ellos los dones que tuvieron[w], y los expone a aquellos objetos que su corrupción toma como ocasión para pecar[x]; y, además, los entrega a sus propias concupiscencias, a las tentaciones del mundo y al poder de Satanás[y], por lo que sucede que se endurecen, incluso bajo los medios que Dios usa para ablandar a los demás[z].

7. Así como la providencia de Dios alcanza en general a todas las criaturas, así, de la manera más especial, cuida de su Iglesia y dispone todas las cosas para el bien de ella[aa774].

CAPÍTULO 6:
De la caída del hombre, del pecado y su castigo

1. Nuestros primeros padres, siendo seducidos por la sutileza y la tentación de Satanás, pecaron al comer del fruto prohibido[a]. Este pecado suyo, a Dios le plació, según su sabio y santo consejo, permitirlo, habiéndose propuesto ordenarlo para su propia gloria[b].

2. Por este pecado cayeron de su justicia original y de la comunión con Dios[c], y así llegaron a estar muertos en pecado[d], y completamente contaminados en todas las partes y facultades del alma y del cuerpo[e].

---

774 **a.** Heb. 1:3. **b.** Dn. 4:34,35; Sal. 135:6; Hch. 17:25,26,28; Job. 38-41. **c.** Mat. 10:29-31. **d.** Prov. 15:3; Sal. 104:24; 145:17. **e.** Hch. 15:18; Sal. 94:8-11. **f.** Ef. 1:11; Sal. 33:10-11. **g.** Isa. 63:14; Ef. 3:10; Rom. 9:17; Gén. 45:7; Sal. 145:7. **h.** Hch. 2:23. **i.** Gén. 8:22; Jer. 31:35; Ex. 21:13; Deu. 19:5; 1 R. 22:28,34; Isa. 10:6,7. **j.** Hch. 27:31,44; Isa. 55:10,11; Os. 2:21,22. **k.** Os. 1:7; Mat. 4:4; Job. 34:20. **l.** Rom. 4:19-21. **m.** 2 R. 6:6; Dn. 3:27. **n.** Rom. 11:32-34; 2 S. 24:1; 1 Cr. 21:1; 1 R. 22:22,23; 1 Cr. 10:4,13,14; 2 S. 16:10; Hch. 2:23; 4:27,28. **o.** Hch. 14:16. **p.** Sal. 76:10; 2 R. 19:28. **q.** Gén. 50:20; Isa. 10:6,7,12. **r.** Stg. 1:13,14,17; 1 Jn. 2:16; Sal. 50:21. **s.** 2 Cr. 32:25-27; 2 S. 24:1. **t.** 2 Cr. 12:7-9; Sal. 73; 77:1-12; Mc. 14:66-72 con Jn. 21:15-17. **u.** Rom. 1:24,26,28; 11:7-8. **v.** Deu. 29:4. **w.** Mat. 13:12; 25:29. **x.** Deu. 2:30; 2 R. 8:12,13. **y.** Sal. 81:11,12; 2 Tes. 2:10-12. **z.** Ex. 7:3; 8:15,32; 2 Cr. 2:15,16; Isa. 8:14; 1 Ped. 2:7,8; Isa. 6:9,10 con Hch. 28:26,27. **aa.** 1 Tim. 4:10; Am. 9:8,9; Rom. 8:28; Isa. 43:3-5,14.

3. Siendo ellos la raíz de toda la humanidad, la culpa de este pecado fue imputada[f] y la misma muerte en pecado, y la naturaleza corrompida, fueron transmitidas a toda la posteridad que desciende de ellos por generación ordinaria[g].

4. De esta corrupción original, por la cual estamos totalmente indispuestos, incapacitados y opuestos a todo bien[h], y totalmente inclinados a todo mal[i], proceden todas las transgresiones actuales[j].

5. Durante esta vida esta corrupción de la naturaleza permanece en aquellos que son regenerados[k]; y aunque, por medio de Cristo, sea perdonada y mortificada, sin embargo, tanto ella misma como todos sus movimientos son verdadera y propiamente pecado[l].

6. Todo pecado, tanto original como actual, siendo una transgresión de la justa ley de Dios y contrario a ella[m], por su propia naturaleza, hace culpable al pecador[n]; por lo cual este está atado a la ira de Dios[o] y a la maldición de la ley[p] y así queda sujeto a la muerte[q], junto con todas las miserias espirituales[r], temporales[s] y eternas[t][775].

CAPÍTULO 7:
Del Pacto de Dios con el hombre

1. La distancia entre Dios y la criatura es tan grande, que aunque las criaturas racionales deben obediencia a Él como su Creador, jamás podrían tener ningún fruto de Él como su bendición y recompensa, sino fuese por alguna condescendencia voluntaria de parte de Dios, la cual le ha placido expresar por medio de pactos[a].

2. El primer pacto hecho con el hombre fue un Pacto de Obras[b], en el cual la vida le fue prometida a Adán, y en él a su posteridad[c], bajo la condición de una obediencia perfecta y personal[d].

3. Habiéndose hecho el hombre, a sí mismo y por su caída, incapaz de vivir por ese pacto, plació al Señor hacer un segundo pacto[e], comúnmente llamado el Pacto de Gracia; donde Él ofrece gratuitamente a los pecadores vida y salvación por Jesucristo, requiriéndo de ellos fe en él para que puedan ser salvos[f], y prometiendo dar, a todos los que están ordenados para vida, Su Espíritu Santo, para disponerlos y capacitarlos a creer[g].

---

[775] **a.** Gén. 3:13; 2 Cor. 11:3. **b.** Rom. 11:32. **c.** Gén. 3:6-8; Ecl. 7:29; Rom. 3:23. **d.** Gén. 2:17; Ef. 2:1. **e.** Tit. 1:15; Gén. 6:5; Jer. 17:9; Rom. 3:10-18. **f.** Gén. 1:27-28; 2:16,17; Hch. 17:26 con Rom. 5:12,15-19 y 1 Cor. 15:21,22,49. **g.** Sal. 51:5; Gén. 5:3; Job. 14:4; 15:14. **h.** Rom. 5:6; 7:18; 8:7; Col. 1:21. **i.** Gén. 6:5; 8:21; Rom. 3:10-12. **j.** Stg. 1:14,15; Ef. 2:2,3; Mat. 15:19. **k.** 1 Jn. 1:8,10; Rom. 7:14,17,18,23; Stg. 3:2; Prov. 20:9; Ecl. 7:20. **l.** Rom. 7:5,7,8,25; Gál. 5:17. **m.** 1 Jn. 3:4. **n.** Rom. 2:15; 3:9,19. **o.** Ef. 2:3. **p.** Gál. 3:10. **q.** Rom. 6:23. **r.** Ef. 4:18. **s.** Rom. 8:20; Lam. 3:39. **t.** Mat. 25:41; 2 Tes. 1:9.

4. Este Pacto de Gracia se identifica con frecuencia en las Escrituras con el nombre de un Testamento, en referencia a la muerte de Jesucristo el Testador, y a la herencia eterna, con todas las cosas que a esta pertenecen y que en esta son legadas[h].

5. Este pacto fue administrado de manera diferente en el tiempo de la ley y en el tiempo del evangelio[i]: bajo la ley, fue administrado por promesas, profecías, sacrificios, la circuncisión, el cordero pascual y otros tipos y ordenanzas entregadas al pueblo de los judíos, todos los cuales prefiguraba la venida de Cristo[j]: los cuales fueron, para ese tiempo, suficientes y eficaces, mediante la operación del Espíritu, para instruir y edificar a los elegidos en la fe en el Mesías prometido[k], por medio de quien tuvieron remisión total de pecados y la vida eterna; este es llamado el Antiguo Testamento[l].

6. Bajo el evangelio, cuando Cristo, la sustancia[m], fue exhibido, las ordenanzas en las que se dispensa este Pacto son la predicación de la Palabra y la administración de los sacramentos del Bautismo y la Cena del Señor[n]: que, aunque menos en número, y administrados con mayor sencillez y menor gloria exterior; no obstante, en ellos, este Pacto es presentado con mayor plenitud, evidencia y eficacia espiritual[o] a todas las naciones, tanto a judíos como a gentiles[p]; este es llamado el Nuevo Testamento[q]. Por lo tanto, no hay dos Pactos de Gracia que difieran en sustancia, sino uno y el mismo, bajo varias dispensaciones[r][776].

CAPÍTULO 8
De Cristo el Mediador

1. Agradó a Dios, en Su propósito eterno, elegir y ordenar al Señor Jesús, Su Hijo unigénito, para ser el Mediador entre Dios y el hombre[a]; Profeta[b], Sacerdote[c] y Rey[d]; Cabeza y Salvador de Su Iglesia[e]; Heredero de todas las cosas[f] y Juez del mundo[g]: a quien le dio, desde toda la eternidad, un pueblo para ser Su simiente[h], y para ser por Él, en el tiempo, redimido, llamado, justificado, santificado y glorificado[i].

2. El Hijo de Dios, la segunda persona en la Trinidad, siendo verdadero y eterno Dios, de una sola sustancia e igual al Padre, cuando llegó el cumplimiento de los tiempos, tomó sobre sí la naturaleza de hombre[j], con todas sus propiedades esenciales y debilidades comunes, pero sin pecado[k]: siendo concebido por el poder del Espíritu Santo, en el vientre de la virgen

---

776 **a.** Isa. 40:13-17; Job. 9:32,33; 1 S. 2:25; Sal. 113:5; 100:2,3; Job. 22:2,3; 35:7,8; Luc. 17:10; Hch. 17:24,25. **b.** Gál. 3:12. **c.** Rom. 10:5; 5:12-20. **d.** Gén. 2:17; Gál. 2:17; 3:10. **e.** Gál. 3:21; Rom. 8:3; 3:20,21; Gén. 3:15; Isa. 42:6. **f.** Mc. 16:15,16; Jn. 3:16; Rom. 10:6,9; Gál. 3:11. **g.** Eze. 36:26,27; Jn. 6:44,45. **h.** Heb. 9:15-17; 7:22; Luc. 22:20; 1 Cor. 11:25. **i.** 2 Cor. 3:6-9. **j.** Hb 8; 10; Rom. 4:11; Col. 2:11,12; 1 Cor. 5:7. **k.** 1 Cor. 10:1-4; Heb. 11:13; Jn. 8:56. **l.** Gál. 3:7-9,14. **m.** Col. 2:17. **n.** Mat. 28:19-20; 1 Cor. 11:23-25; **o.** Heb. 12:22-28; Jer. 31:33,34; **p.** Mat. 28:19; Ef. 2:15-19. **q.** Luc. 22:20. **r.** Gál. 3:14,16; Rom. 3:21-23,30; Sal. 32:1; Rom. 4:3,6,16,17,23,24; Heb. 13:8; Hch. 15:11.

María, de la sustancia de ella[l]. De modo que dos naturalezas completas, perfectas y distintas, la Divina y la humana, fueron inseparablemente unidas en una sola persona, sin conversión, composición ni confusión[m]. Dicha persona es verdadero Dios y verdadero hombre, y no obstante un solo Cristo, el único Mediador entre Dios y el hombre[n].

3. El Señor Jesús, en su naturaleza humana unida de esa manera a la divina, fue santificado y ungido con el Espíritu Santo, sobre medida[o], teniendo en Él todas las riquezas de la sabiduría y del conocimiento[p]; en quien agradó al Padre que habitase toda plenitud[q]; con el fin de que, siendo santo, inocente, sin mancha y lleno de gracia y de verdad[r], pudiese estar completamente capacitado para desempeñar el oficio de Mediador y Fiador[s]. Este oficio no lo tomó para sí mismo, sino que fue llamado a él por Su Padre[t], quien puso todo poder y juicio en Su mano, y quien dio le dio el mandamiento de ejecutar el mismo[u].

4. Este oficio lo asumió el Señor Jesús muy voluntariamente[v]; y para poder desempeñarlo, fue puesto bajo la ley[w] cumpliéndola perfectamente[x], soportó los más graves tormentos inmediatamente en su alma[y] y los más dolorosos sufrimientos en su cuerpo[z]; fue sepultado y permaneció bajo el poder de la muerte[aa]; sin embargo, no vio corrupción[ab]. Al tercer día resucitó de entre los muertos[ac] con el mismo cuerpo con el que padeció[ad], con el cual también ascendió al cielo y ahí yace sentado a la diestra de Su Padre[ae], haciendo intercesión[af], y volverá para juzgar a los hombres y ángeles en el fin del mundo[ag].

5. El Señor Jesús —por su perfecta obediencia y por el sacrificio de sí mismo, el cual él, por medio del Espíritu eterno, ofreció una vez a Dios— satisfizo plenamente la justicia de Su Padre[ah]; y compró, no solo la reconciliación, sino una herencia eterna en el reino de los cielos, para todos los que el Padre le ha dado[ai].

6. Aunque la obra de redención no fue realmente efectuada por Cristo sino hasta después de su encarnación, no obstante, la virtud, la eficacia y los beneficios de la misma fueron comunicados a los elegidos en todas las edades, sucesivamente, desde el principio del mundo, en y por aquellas promesas, tipos y sacrificios, en los que él fue revelado, y prefigurado como la simiente de la mujer que heriría la cabeza de la serpiente; y como el Cordero inmolado desde el principio del mundo: siendo el mismo ayer, hoy y por los siglos[aj].

7. Cristo, en la obra de mediación, actúa según las dos naturalezas, haciendo, cada naturaleza, lo que le es propio[ak]; sin embargo, debido a la unidad de la persona, lo que es propio de una naturaleza, a veces se atribuye en la Escritura a la persona denominada por la otra naturaleza[al].

8. A todos aquellos por quienes Cristo compró la redención, él la aplica y comunica cierta y eficazmente[am], intercediendo por ellos[an] y revelándoles, en y por la Palabra, los misterios de la salvación[ao], persuadiéndolos eficazmente por su Espíritu a creer y obedecer, y gobernando sus corazones por su Palabra

y Espíritu[ap]; venciendo a todos sus enemigos por su omnipotente poder y sabiduría, de la manera y las formas que son más acordes con Su maravillosa e inescrutable dispensación[aq][777].

CAPÍTULO 9
Del libre albedrío

1. Dios ha dotado a la voluntad del hombre de esa libertad natural, que no es forzada, ni por ninguna necesidad absoluta de la naturaleza, determinada al bien o al mal[a].

2. El hombre, en su estado de inocencia, tenía libertad y poder para querer y hacer lo que era bueno y agradable a Dios[b]; lo cual, sin embargo, era mutable, de modo que él podía caer de este estado[c].

3. El hombre, por su caída en el estado de pecado, ha perdido por completo toda capacidad de su voluntad hacia cualquier bien espiritual que acompañe a la salvación[d]: de modo que, el hombre natural, siendo completamente contrario a ese bien[e], y muerto en pecado[f], no puede, por sus propias fuerzas, convertirse o prepararse para salvación[g].

4. Cuando Dios convierte a un pecador y lo traslada al estado de gracia, lo libera de su esclavitud natural bajo el pecado[h]; y, por Su solo gracia, lo capacita para querer y hacer libremente lo que es espiritualmente bueno[i]; sin embargo, de modo que, debido a su corrupción remanente, él no quiere perfectamente, ni solamente, lo que es bueno, sino también lo que es malo[j].

5. La voluntad del hombre es hecha perfecta e inmutablemente libre para hacer solamente el bien, solo en el estado de gloria[k][778].

---

[777] **a.** Isa. 42:1; 1 Ped. 1:19,20; Jn. 3:16; 1 Tim. 2:5. **b.** Hch. 3:22. **c.** Heb. 5:5,6. **d.** Sal. 2:6; Luc. 1:33. **e.** Ef. 5:23. **f.** Heb. 1:2. **g.** Hch. 17:31. **h.** Jn. 17:6; Sal. 22:30; Isa. 53:10. **i.** 1 Tim. 2:6; Isa. 55:4,5; 1 Cor. 1:30. **j.** Jn. 1:1,14; 1 Jn. 5:29; Fil. 2:6; Gál. 4:4. **k.** Heb. 2:14,16,17; 4:15. **l.** Luc. 1:27,31,35; Gál. 4:4. **m.** Luc. 1:35; Col. 2:9; Rom. 9:5; 1 Ped. 3:18; 1 Tim. 3:16.2 **n.** Rom. 1:3,4; 1 Tim. 2:5. **o.** Sal. 45:7; Jn. 3:34. **p.** Col. 2:3. **q.** Col. 1:19. **r.** Heb. 7:26; Jn. 1:14. **s.** Hch. 10:38; Heb. 12:24; 7:22. **t.** Heb. 5:4,5. **u.** Jn. 5:22,27; Mat. 28:18; Hch. 2:36. **v.** Sal. 40:7,8 con Heb. 10:5-10; Jn. 10:18; Fil. 2:8. **w.** Gál. 4:4. **x.** Mat. 3:15; 5:17. **y.** Mat. 26:37,38; Luc. 22:44; Mat. 27:46. **z.** Mat. 26; 27. **aa.** Fil. 2:8. **ab.** Hch. 2:23,24,27; 13:37; Rom. 6:9. **ac.** 1 Cor. 15:3,4. **ad.** Jn. 10:25,27. **ae.** Mc. 16:19. **af.** Rom. 8:34; Heb. 9:24; 7:25. **ag.** Rom. 14:9,10; Hch. 1:11; 10:42; Mat. 13:40-42; Jds. 6; 2 Ped. 2:4. **ah.** Rom. 5:19; Heb. 9:14,16; 10:14; Ef. 5:2; Rom. 3:25,26. **ai.** Dn. 9:24,26; Col. 1:19,20; Ef. 1:11,14; Jn. 17:2; Heb. 9:12,15. **aj.** Gál. 4:4,5; Gén. 3:15; Apo. 13:8; Heb. 13:8. **ak.** Heb. 9:14; 1 Ped. 3:18. **al.** Hch. 20:28; Jn. 3:13; 1 Jn. 3:16. **am.** Jn. 6:37,39; Jn. 10:15,16. **an.** 1 Jn. 2:1,2; Rom. 8:34. **ao.** Jn. 15:13,15; Ef. 1:7-9; Jn. 17:6. **ap.** Jn. 14:16; Heb. 12:2; 2 Cor. 4:13; Rom. 8:9,14; 15:18,19; Jn. 17:17. **aq.** Sal. 110:1; 1 Cor. 15:25,26; Ml. 4:2,3; Col. 2:15.

[778] **a.** Mat. 17:12; Stg. 1:14; Deu. 30:19. **b.** Ecl. 7:29; Gén. 1:26. **c.** Gén. 2:16,17; 3:6. **d.** Rom. 5:6; 8:7; Jn. 15:5. **e.** Rom. 3:10,12. **f.** Ef. 2:1,5; Col. 2:13. **g.** Jn. 6:44,65; Ef. 2:2-5; 1 Cor. 2:14; Tit. 3:3-5. **h.** Col. 1:13; Jn. 8:34,36. **i.** Fil. 2:13; Rom. 6:18,22. **j.** Am. 5:17; Rom. 7:15,18,19,21,23. **k.** Ef. 4:13; Heb. 12:23; 1 Jn. 3:2; Jds. 24.

CAPÍTULO 10:
Del llamamiento eficaz

1. A todos los que Dios ha predestinado para vida, y solo a ellos, le ha placido, en Su tiempo señalado y aceptado, llamar eficazmente[a], por Su Palabra y Espíritu[b], fuera de aquel estado de pecado y de muerte en el cual ellos están por naturaleza, hacia la gracia y la salvación de Jesucristo[c]; iluminar sus mentes espiritual y salvíficamente a fin de que comprendan las cosas de Dios[d]; quitar de ellos el corazón de piedra y darles un corazón de carne[e]; renovar sus voluntades, y por Su poder todopoderoso, determinarlos hacia lo que es bueno[f], y atraerlos eficazmente a Jesucristo[g]: de manera que ellos vienen muy libremente, siendo hechos dispuestos por Su gracia[h].

2. Este llamamiento eficaz provieve solamente de la gracia gratuita y especial de Dios, no de nada en absoluto previsto en el hombre[i], quien es completamente pasivo en este, hasta que, siedo vivificado y renovado por el Espíritu Santo[j] es, por lo tanto, capacitado para responder a esta llamamiento, y abrazar la gracia ofrecida y transmitida en él[k].

3. Los infantes elegidos, que mueren en la infancia, son regenerados y salvados por Cristo a través del Espíritu[l], quien obra cuando, dónde y cómo le place[m]: asímismo lo son todas las demás personas elegidas que son incapaces de ser exteriormente llamadas por el ministerio de la Palabra[n].

4. Otros, no elegidos, aunque pueden ser llamados por el ministerio de la Palabra[o] y pueden tener algunas operaciones comunes del Espíritu[p], sin embargo, nunca vienen verdaderamente a Cristo y, por lo tanto, no pueden ser salvos[q]; mucho menos pueden los hombres, que no profesan la religión cristiana, ser salvados de cualquier otra manera, aun cuando sean muy diligentes en enmarcar sus vidas de acuerdo con la luz de la naturaleza y la ley de la religión que profesen[r]; y el afirmar y sostener que pueden lograrlo, es muy pernicioso y detestable[s][779].

CAPÍTULO 11:
De la justificación

1. Aquellos a quienes Dios llama eficazmente, también los justifica gratuitamente[a], no infundiéndoles justicia, sino perdonando sus pecados, y

---

[779] **a.** Rom. 8:30; 11:7; Ef. 1:10,11. **b.** 2 Tes. 2:13,14; 2 Cor. 3:3,6. **c.** Rom. 8:2; Ef. 2:1-5; 2 Tim. 1:9,10. **d.** Hch. 26:18; 1 Cor. 2:10,12; Ef. 1:17,18. **e.** Eze. 36:26. **f.** Eze. 11:19; Fil. 2:13; Deu. 30:6; Eze. 36:27. **g.** Ef. 1:19; Jn. 6:44,45. **h.** Cnt. 1:4; Sal. 110:3; Jn. 6:37; Rom. 6:16-18. **i.** 2 Tim. 1:9; Tit. 3:4; Ef. 2:4,5,8,9; Rom. 9:11. **j.** 1 Cor. 2:14; Rom. 8:7; Ef. 2:5. **k.** Jn. 6:37; Eze. 36:27; Jn. 5:25. **l.** Luc. 18:15,16; Hch. 2:38,39; Jn. 3:3,5; 1 Jn. 5:12; Rom. 8:9. **m.** Jn. 3:8. **n.** 1 Jn. 5:12; Hch. 4:12. **o.** Mat. 22:14. **p.** Mat. 7:22; 13:20,21; Heb. 6:4,5. **q.** Jn. 6:64-66; 8:24. **r.** Hch. 4:12; Jn. 14:6; Ef. 2:12; Jn. 4:22; 17:3. s 2 Jn. 9-11; 1 Cor. 16:22; Gál. 1:6-8.

contando y aceptando sus personas como justas, no por nada que hayan hecho en ellos o por ellos, sino solo por causa de Cristo; ni imputándoles la fe misma, o el acto de creer, o cualquier otra obediencia evangélica como su justicia, sino imputándoles la obediencia y satisfacción de Cristo[b]; ellos reciben y descansan en Él, y en Su justicia, por la fe; fe que no es de sí mismos, sino que es don de Dios[c].

2. La fe, recibiendo y descansando en Cristo y en su justicia de esta manera, es el único instrumento de justificación[d]; sin embargo, no está sola en la persona justificada, sino que siempre va acompañada de todas las demás gracias salvadoras, y no es una fe muerta, sino que obra por amor[e].

3. Cristo, por su obediencia y muerte, saldó totalmente la deuda de todos los que así son justificados, e hizo una adecuada, real y completa satisfacción a la justicia de su Padre, en favor de ellos[f]. Sin embargo, en la medida en que Él fue dado por el Padre en favor de ellos[g], y Su obediencia y satisfacción fueron aceptadas en lugar de las suyas[h], y ambas gratuitamente, y no por algo en ellos; su justificación es solo de pura gracia[i]; a fin de que tanto la rigurosa justicia, como la rica gracia de Dios, puedan ser glorificadas en la justificación de los pecadores[j].

4. Dios, desde toda la eternidad, decretó justificar a todos los elegidos[k]; y Cristo, en el cumplimiento de los tiempos, murió por los pecados de ellos y resucitó para su justificación[l]; sin embargo, ellos no son justificados, sino hasta que el Espíritu Santo, a su debido tiempo, aplica realmente a Cristo a ellos.[m]

5. Dios continúa perdonando los pecados de aquellos que son justificados[n]; y aun cuando ellos jamás pueden caer del estado de justificación[o], no obstante, es posible que, por sus pecados, caigan bajo el desagrado paternal de Dios y no se les restaure la luz de Su rostro sino hasta que se humillen, confiesen sus pecados, pidan perdón y renueven su fe y su arrepentimiento[p].

6. La justificación de los creyentes en el Antiguo Testamento era, en todos estos respectos, una y la misma que la justificación de los creyentes en el Nuevo Testamento[q][780].

---

[780] **a.** Rom. 8:30; 3:24. **b.** Rom. 4:5-8; 2 Cor. 5:19,21; Rom. 3:22,24,25,27,28; Tit. 3:5; Ef. 1:7; Jer. 23:6; 1 Cor. 1:30,31; Rom. 5:17-19. **c.** Hch. 10:44; Gál. 2:16; Fil. 3:9; Hch. 13:38; Ef. 2:7,8. **d.** Jn. 1:12; Rom. 3:28; 5:1. **e.** Stg. 2:17,22,26; Gál. 5:6. **f.** Rom. 5:8-10,19; 1 Tim. 2:5,6; Heb. 10:10,14; Dn. 9:24,26; Isa. 53:4-6,10-12. **g.** Rom. 8:32. **h.** 2 Cor. 5:21; Mat. 3:17; Ef. 5:2. **i.** Rom. 3:24; Ef. 1:7. **j.** Rom. 3:26; Ef. 2:7. **k.** Gál. 3:8; 1 Ped. 1:2,19,20; Rom. 8:30. **l.** Gál. 4:4; 1 Tim. 2:6; Rom. 4:25. **m.** Col. 1:21,22; Gál. 2:16; Tit. 3:4-7. **n.** Mat. 6:12; 1 Jn. 1:7,9; 2:1,2. **o.** Luc. 22:32; Jn. 10:28; Heb. 10:14. **p.** Sal. 89:31-33; 51:7-12; 32:5; Mat. 26:75; 1 Cor. 11:30,32; Luc. 1:20. **q.** Gál. 3:9,13,14; Rom. 4:22-24; Heb. 13:8.

CAPÍTULO 12:
De la adopción

1. A todos los que son justificados, Dios concede, en y para Su único Hijo Jesucristo, hacerlos partícipes de la gracia de la adopción[a], por la cual son contados en el número de los hijos de Dios, y por la cual disfrutan de las libertades y privilegios de estos.[b]; están marcados con su nombre[c], reciben el Espíritu de adopción[d]; tienen acceso confiadamente al trono de la gracia[e]; son capacitados para clamar: Abba, Padre[f]; son compadecidos[g], protegidos[h], proveídos[i], y corregidos por Él como por un padre[j], mas nunca desechados[k], sino sellados para el día de la redención[l], y heredan las promesas[m] como herederos de salvación eterna[n][781].

CAPÍTULO 13:
De la santificación

1. Aquellos que una vez fueron efectivamente llamados y regenerados, teniendo un corazón nuevo y un espíritu nuevo creado en ellos, son además santificados, real y personalmente, por la virtud de la muerte y resurrección de Cristo[a], por Su Palabra y Espíritu que mora en ellos[b]: El dominio de todo el cuerpo de pecado es destruido[c], y las diversas concupiscencias del mismo son debilitadas y mortificadas más y más[d], y ellos son más y más avivados y fortalecidos en todas las gracias salvadoras[e], para la práctica de la verdadera santidad, sin la cual nadie verá al Señor[f].

2. Esta santificación obra en cada parte del hombre entero[g], aunque es imperfecta en esta vida; permaneciendo todavía algunos restos de corrupción en cada parte de él[h], de donde surge una continúa e irreconciliable guerra: luchando la carne contra el Espíritu, y el Espíritu contra la carne[i].

3. En dicha guerra, aunque la corrupción remanente, por un tiempo, puede prevalecer mucho[j]; sin embargo, a través del continuo suministro de fuerza del Espíritu santificador de Cristo, la parte regenerada vence[k]; y así, los santos crecen en gracia[l], perfeccionando la santidad en el temor de Dios[m][782].

---

[781] **a.** Ef. 1:5; Gál. 4:4,5. **b.** Rom. 8:17; Jn. 1:12. **c.** Jer. 14:9; 2 Cor. 6:18; Apo. 3:12. **d.** Rom. 8:15. **e.** Ef. 3:12; Rom. 5:2. **f.** Gál. 4:6. **g.** Sal. 103:13. **h.** Prov. 14:26. **i.** Mat. 6:30,32; 1 Ped. 5:7. **j.** Heb. 12:6. **k.** Lam. 3:31. **l.** Ef. 4:30. **m.** Heb. 6:12. **n.** 1 Ped. 1:3,4; Heb. 1:14.

[782] **a.** 1 Cor. 6:11; Hch. 20:32; Fil. 3:10; Rom. 6:5,6. **b.** 2 Jn. 17:17; Ef. 5:26; 2 Tes. 2:13. **c.** Rom. 6:6,14. **d.** Gál. 5:24; Rom. 8:13. **e.** Col. 1:11; Ef. 3:16-19. **f.** 2 Cor. 7:1; Heb. 12:14. **g.** 1 Tes. 5:23. **h.** 1 Jn. 1:10; Rom. 7:18; Fil. 3:12. **i.** Gál. 5:17; 1 Ped. 2:11. **j.** Rom. 7:23. **k.** Rom. 6:14; 1 Jn. 5:4; Ef. 4:15,16. **l.** 2 Ped. 3:18; 2 Cor. 3:18. **m.** 2 Cor. 7:1.

CAPÍTULO 14
De la fe salvadora

1. La gracia de la fe, por la cual los elegidos son capacitdos para creer para la salvación de sus almas[a], es obra del Espíritu de Cristo en sus corazones[b]; y, ordinariamente, es obra del ministerio de la Palabra[c]; por la cual también —y también mediante la administración de los sacramentos y la oración— se aumenta y fortalece[d].

2. Por esta fe, el cristiano cree que es verdadero todo lo revelado en la Palabra, porque la autoridad de Dios mismo habla en ella[e]; y actúa de manera diferente sobre el contenido de cada pasaje en particular, produciendo obediencia a los mandamientos[f], temblor ante las amenazas[g], y abrazando las promesas de Dios para esta vida y para la venidera[h]. Pero los principales actos de la fe salvadora son: aceptar, recibir y descansar solo en Cristo para la justificación, santificación y vida eterna, en virtud del Pacto de Gracia[i].

3. Esta fe puede ser diferente en grados: débil o fuerte[j]; puede ser atacada y debilitada frecuentemente y de muchas maneras, pero resulta victoriosa[k]; y, en muchos, crece hasta obtener la completa seguridad a través de Cristo[l], quien es el autor y el consumador de nuestra fe[m][783].

CAPÍTULO 15:
Del arrepentimiento para vida

1. El arrepentimiento para vida es una gracia evangélica[a], y una doctrina que debe ser predicada por todo ministro del evangelio, así como la fe en Cristo[b].

2. Por este arrepentimiento, el pecador, por la visión y el sentido no solo del peligro, sino también de la inmundicia y la odiosidad de sus pecados —teniéndolos como contrarios a la santa naturaleza de Dios y a su justa ley—; y entiendiendo la misericordia de Dios en Cristo para con aquellos que se arrepienten, se aflige por sus pecados y los odia, tanto como para volverse de todos ellos a Dios[c], proponiéndose y esforzándose en andar con Él en todos los caminos de sus mandamientos[d].

3. Aunque no se debe confiar en el arrepentimiento como si fuera una satisfacción por el pecado o una causa de perdón del mismo[e], ya que el perdón es un acto de la pura gracia de Dios en Cristo[f], no obstante, es de tal necesidad para todos los pecadores que ninguno puede esperar perdón sin arrepentimiento[g].

---

[783] **a.** Heb. 10:39. **b.** 2Cor. 4:13; Ef. 1:17-9; 2:8. **c.** Rom. 10:14, 17. **d.** 1Ped. 2:2; Hch. 20:32; Rom. 4:11; Luc. 17:5; Rom. 1:16, 17. **e.** Jn. 4:42; 1Tes. 2:13; 1Jn. 5:10; Hch. 24:14. **f.** Rom. 16:26. **g.** Isa. 66:2. **h.** Heb. 11:13; 1Tim. 4:8. **i.** Jn. 1:12; Hch. 16:31; Gál. 2:20; Hch. 15:11. **j.** Heb. 5:13, 14; Rom. 4:19, 20; Mat. 6:30; 8:10. **k.** Luc. 22:31; Ef. 6:16; 1 Jn. 5:4,5. **l.** Heb. 6:11,12; 10:22; Col. 2:2. **m.** Heb. 12:2.

4. Así como no hay pecado tan pequeño que no merezca la condenación[h], no hay pecado tan grande que pueda condenar a los que verdaderamente se arrepienten[i].

5. Los hombres no deben contentarse con un arrepentimiento general de sus pecados, sino que es el deber de todo hombre esforzarse por arrepentirse específicamente de sus pecados particulares[j].

6. Todo hombre está obligado a confesar privadamente sus pecados a Dios, orando por el perdón de los mismos[k]; y así, y apartándose de ellos, hallará misericordia[l]. Del mismo modo, el que escandaliza a su hermano o a la iglesia de Cristo, debe estar dispuesto a declarar su arrepentimiento a los ofendidos[m], mediante confesión pública o privada, con tristeza por su pecado; y los ofendidos deberán entonces reconciliarse con él y recibirle en amor[n][784].

CAPÍTULO 16:
De las buenas obras

1. Las buenas obras son solo aquellas que Dios ha ordenado en su Santa Palabra[a], y no aquellas que, sin su garantía, son inventadas por los hombres, por un celo ciego o bajo cualquier pretensión de buenas intenciones[b].

2. Estas buenas obras, hechas en obediencia a los mandamientos de Dios, son los frutos y evidencias de una fe viva y verdadera[c]; y por medio de ellas los creyentes manifiestan su agradecimiento[d], fortalecen su seguridad[e] edifican a sus hermanos[f], adornan la profesión del evangelio[g], tapan la boca de los adversarios[h], y glorifican a Dios[i], de quien son hechura, creados en Cristo Jesús para buenas obras[j], para que teniendo por fruto la santificación, tengan como fin la vida eterna[k].

3. Su capacidad para hacer buenas obras no proviene en absoluto de ellos mismos, sino totalmente del Espíritu de Cristo[l].Y para que ellos puedan tener esta capacidad, además de las gracias que han recibido, se necesita la influencia efectiva del mismo Espíritu Santo para obrar en ellos tanto el querer como el hacer de su buena voluntad[m]; sin embargo, no por ello deben volverse negligentes, como si no estuviersen obligados a cumplir con ningún deber, a menos que sea por un especial mover del Espíritu, sino que deben ser diligentes en avivar la gracia de Dios que está en ellos[n].

4. Quienes por su obediencia alcancen la máxima de perfección que sea posible en esta vida, quedan tan lejos de llegar a un grado supererogatorio, y

---

[784] **a.** Hch. 11:18; Zac. 12:10. **b.** Luc. 24:47; Mc. 1:15; Hch. 20:21. **c.** Eze. 18:30,31; 36:31; Isa. 30:22; Sal. 51:4; Jer. 31:18,19; Jl. 2:12; Am. 5:15; Sal. 119:128; 2 Cor. 7:11. **d.** Sal. 119:6,59,106; Luc. 1:6; 2 R. 23:25. **e.** Eze. 36:31,32; 16:61-63. **f.** Os. 14:2,4; Rom. 3:24; Ef. 1:7. **g.** Lev. 13:3,5; Hch. 17:30,31. **h.** Rom. 6:23; 5:12; Mat. 12:36. **i.** Isa. 55:7; 1:16,18; Rom. 8:1. **j.** Sal. 19:13; Lev. 19:8; 1 Tim. 1:13,15. **k.** Sal. 32:5,6; 51:4,5,7,9,14. **l.** Prov. 28:13; 1 Jn. 1:9. **m.** Stg. 5:16; Lev. 17:3,4; Js. 7:19; Sal. 51. **n.** 2 Cor. 2:8.

de hacer más de lo que Dios requiere, que les falta mucho de lo que, por deber, tendrían que hacer[o].

5. No podemos, por nuestras mejores obras, merecer el perdón del pecado, o la vida eterna de la mano de Dios, debido a la gran desproporción que existe entre ellas y la gloria venidera; y debido a la infinita distancia que hay entre nosotros y Dios, a quien no podemos beneficiar por dichas obras, ni con ellas satisfacer la deuda de nuestros pecados anteriores[p]; pero cuando hayamos hecho todo lo que podamos, no habremos hecho más que nuestro deber, y siervos inútiles seremos[q]; y porque, en la medida en la que nuestras obras son buenas, proceden del Espíritu Santo[r], y en la medida en la que proceden de nosotros, son impuras y contaminadas con tanta debilidad e imperfección, que no pueden soportar la severidad del juicio de Dios[s].

6. Sin embargo, a pesar de lo anterior, siendo aceptadas las personas de los creyentes por medio de Cristo, sus buenas obras también son aceptadas en Él[t]; no como si fueran en esta vida enteramente irreprochables e irreprensibles ante los ojos de Dios[u]; sino porque a Él, mirándolos a ellos en su Hijo, le place aceptar y recompensar lo que es sincero, aun cuando esté acompañado de muchas debilidades e imperfecciones[v].

7. Las obras hechas por hombres no regenerados, aun cuando por su esencia puedan ser cosas que Dios ordena, y de utilidad tanto para ellos como para otros[w], sin embargo, ya que no proceden de un corazón purificado por la fe[x]; ni son hechas de la manera correcta —de acuerdo con la Palabra—[y]; ni para un fin correcto —la gloria de Dios—[z]; estas son pecaminosas y no pueden agradar a Dios ni hacer a un hombre apto para recibir la gracia de Dios[aa]. Y a pesar de ello, el descuido de las buenas obras por parte de los no regenerados es pecaminoso y desagradable ante Dios[ab][785].

CAPÍTULO 17
De la perseverancia de los santos

1. Aquellos a quienes Dios ha aceptado en su Amado, quienes han sido llamados eficazmente y santificados por su Espíritu, no pueden caer ni total

---

[785] **a.** Mq. 6:8; Rom. 12:2; Hch. 13:21. **b.** Mat. 15:9; Isa. 29:13; 1 Ped. 1:18; Rom. 10:2; Jn. 16:2; 1 S. 15:21-23. **c.** Stg. 2:18,22. **d.** Sal. 116:12,13; 1 Ped. 2:9. **e.** 1 Jn. 2:3,5; 2 Ped. 1:5-10. **f.** 2 Cor. 9:2; Mat. 5:16. **g.** Tit. 2:5; 1 Tim. 6:1; Tit. 2:5; 9-12. **h.** 1 Ped. 2:15. **i.** 1 Ped. 2:12; Fil. 1:11; Jn. 15:8. **j.** Ef. 2:10. **k.** Rom. 6:22. **l.** Jn. 15:4-6; Eze. 36:26,27; **m.** Fil. 2:13; 4:13; 2 Cor. 3:5. **n.** Fil. 2:12; Heb. 6:11,12; Isa. 64:7; 2 Ped. 1:3,5,10,11; 2 Tim. 1:6; Hch. 26:6,7; Jds. 20,21. **o.** Lev.17:10; Neh. 13:22; Job. 9:2,3; Gál. 5:17. **p.** Rom. 3:20; 4:2,4,6; Ef. 2:8,9; Sal. 16:2; Tit. 3:5-7. **q.** Lev.17:10. **r.** Gál. 5:22,23. **s.** Isa. 64:6; Sal. 143:2; 130:3; Gál. 5:17; Rom. 7:15,18. **t.** Ef. 1:6; 1 Ped. 2:5; Ex. 28:38; Gén. 4:4 con Hch. 11:4. **u.** Job. 9:20; Sal. 143:2. **v.** 2 Cor. 8:12; Hch. 13:20,32; 6:10; Mat. 25:21,23. **w.** 2 R. 10:30; 1 R. 21:27,29; Fil. 1:15,16,18. **x.** Hch. 11:4,6 compare con Gén. 4:3-5 **y.** 1 Cor. 13:3; Isa. 1:12. **z.** Mat. 6:2,5,16. **aa.** Haf. 2:14; Tit. 1:15; 3:5; Am. 5:21,22; Os. 1:4; Rom. 9:16. **ab.** Sal. 14:4; 36:3; Job. 21:14,15; Mat. 25:41-43,45; 23:23.

ni definitivamente del estado de gracia, sino que ciertamente perseverarán en este hasta el fin, y serán salvos eternamente[a].

2. Esta perseverancia de los santos no depende del propio libre albedrío de ellos, sino de la inmutabilidad del decreto de elección, fluyendo del amor gratuito e inmutable de Dios el Padre[b]; de la eficacia del mérito y la intercesión de Jesucristo[c]; de la permanencia del Espíritu y la simiente de Dios en ellos[d]; y de la naturaleza del Pacto de Gracia[e]: de todo lo cual surge también la certeza e infalibilidad de la perseverancia[f].

3. A pesar de ello, es posible que los creyentes, por las tentaciones de Satanás y del mundo, por el predominio de la corrupción que permanece en ellos, y por el descuido de los medios para su preservación, caigan en pecados graves[g]; y por algún tiempo permanezcan en ellos[h]; por lo cual atraerán el desagrado de Dios[i]; contristarán a Su Espíritu Santo[j]; se verán excluidos en cierta medida de sus gracias y consuelos[k]; tendrán sus corazones endurecidos[l]; sus conciencias heridas[m]; lastimarán y escandalizarán a otros[n], y atraerán juicios temporales sobre sí mismos[o][786].

CAPÍTULO 18
De la seguridad de la gracia y de la salvación

1. Aunque los hipócritas y otros hombres no regenerados pueden vanamente engañarse a sí mismos, con falsas esperanzas y con presunciones carnales, de estar en el favor de Dios y en estado de salvación[a]; aquella esperanza suya perecerá[b]. Sin embargo, aquellos que creen verdaderamente en el Señor Jesús y que lo aman con sinceridad, esforzándose por andar con toda buena conciencia delante de Él, pueden, en esta vida, estar absolutamente seguros de que están en el estado de gracia[c], pueden regocijarse en la esperanza de la gloria de Dios, esperanza que jamás les avergonzará[d].

2. Esta seguridad no es una mera persuasión conjetural y probable, basada en una esperanza falible[e]; sino que es una infalible seguridad de la fe, basada en la verdad divina de las promesas de salvación[f], en la evidencia interna de aquellas gracias a las cuales se refieren las promesas[g], y en el testimonio del Espíritu de adopción testificando a nuestro espíritu que somos hijos de Dios[h]: Este Espíritu es las arras de nuestra herencia y por Él somos sellados para el día de la redención[i].

3. Esta seguridad infalible no pertenece tanto a la esencia de la fe, sino que un verdadero creyente puede esperar mucho tiempo y luchar con muchas dificultades antes de ser partícipe de ella[j]; sin embargo, estando capacitado

---

786[a].Fil.1:6;2Ped.1:10;Jn.10:28,29;1Jn.3:9;1Ped.1:5,9.[b].2Tim.2:18,19;Jer.31:3.[c]. Hch.10:10,14;13:20,21;7:25;9:12-15; Jn. 17:11,24; Rom. 8:33-39; Lev.22:32. [d]. Jn. 14:16,17; 1 Jn. 2:27; 3:9. [e]. Jer. 32:40. [f]. 2 Tes. 3:3; 1 Jn. 2:19; Jn. 10:28. [g]. Mat. 26:70,72,74. [h]. Sal. 51:14. [i]. Isa. 64:5,7,9; 2 S. 11:27. [j]. Ef. 4:30. [k]. Sal. 51:8,10,12; Apo. 2:4; Cnt. 5:2,3,4,6. [l]. Mc. 6:52; 16:14; Isa. 63:17. [m]. Sal. 32:3,4; 51:8. [n]. 2 S. 12:14. [o]. Sal. 89:32; 1 Cor. 11:32.

por el Espíritu Santo para conocer las cosas que le son dadas gratuitamente por Dios, puede, sin una revelación extraordinaria, por el uso correcto de los medios ordinarios, alcanzar tal seguridad[k]; por lo que es deber de cada uno ser diligente en asegurar su llamamiento y elección[l]; para que su corazón se ensanche en la paz y en el gozo del Espíritu Santo, en amor y gratitud a Dios, y en la fuerza y alegría de los deberes de la obediencia, que son los frutos propios de esta seguridad[m]: así, esta seguridad está muy lejos de inducir a los hombres a la negligencia[n].

4. La seguridad de la salvación de los verdaderos creyentes de diversas maneras puede ser zarandeada, disminuida e interrumpida; por negligencia en conservarla, por caer en algún pecado concreto que hiera la conciencia y contriste al Espíritu, por alguna tentación repentina o muy intensa, por retirarles Dios la luz de su rostro, permitiendo que, aun los que le temen[o], caminen en tinieblas y no tengan luz[p]: sin embargo, ellos nunca quedan totalmente desprovistos de aquella simiente de Dios, y de la vida de la fe, de aquel amor de Cristo y de los hermanos, de la sinceridad de corazón y la conciencia de deber, desde lo cual, mediante la operación del Espíritu, a su debido tiempo, esta seguridad puede ser reavivada; y por lo cual, mientras tanto, los verdaderos creyentes son sostenidos para no caer en total desesperación[q][787].

CAPÍTULO 19
De la ley de Dios

1. Dios dio a Adán una ley como un Pacto de Obras, por la cual lo obligó a él, y a toda su posteridad, a una obediencia personal, completa, exacta y perpetua; prometiéndole la vida por el cumplimiento de esta ley, y amenándolo con la muerte si la infringía; dándole, además, el poder y la capacidad para guardarla[a].

2. Esta ley, después de la caída de Adán, continuó siendo una regla perfecta de rectitud; y, como tal, fue entregada por Dios en el monte Sinaí, en diez mandamientos, y escrita en dos tablas[b]: conteniendo, los primeros cuatro mandamientos, nuestros deberes para con Dios, y los otros seis, nuestros deberes para con los hombres[c].

3. Además de esta ley, comúnmente llamada ley moral, agradó a Dios dar al pueblo de Israel, como iglesia menor de edad, leyes ceremoniales que

[787] **a.** Job. 8:13,14; Mq. 3:11; Deu. 29:19; Jn. 8:41. **b.** Mat. 7:22,23. **c.** 1 Jn. 2:3; 5:13; 3:14,18,19,21,24. **d.** Rom. 5:2,5. **e.** Hch. 6:11,19. **f.** Hch. 6:17,18. **g.** 2 Ped. 1:4,5,10,11; 1 Jn. 2:3; 3:14; 2 Cor. 1:12. **h.** Rom. 8:15,16. **i.** Ef. 1:13,14; 4:30; 2 Cor. 1:21,22. j. Isa. 50:10; 1 Jn. 5:13; Mc. 9:24; Sal. 88; 77:1-12. k. 1 Cor. 2:12; 1 Jn. 4:13; Hch. 6:11,12; Ef. 3:17,19. l. 2 Ped. 1:1. m. Rom. 5:1,2,5; 14:17; 15:13; Sal. 119:32; 4:6,7; Ef. 1:3,4. n. 1 Jn. 2:1,2; Rom. 6:1,2; Tit. 2:11,12,14; 2 Cor. 7:1; Rom. 8:1,12; 1 Jn. 3:2,3; Sal. 130:4; 1 Jn. 1:6,7. o. Cnt. 5:2,3,6; Sal. 51:8,12,14; Ef. 4:30,31; Sal. 77:1-10; Mat. 26:69-72; Sal. 31:22; 88; Isa. 50:10. p. 1 Jn. 3:9; Job. 13:15; Lev.22:32; Sal. 73:15; 51:8,12; Isa. 50:10. q. Mq. 7:7-9; Jer. 32:40; Isa. 54:7-10; Sal. 22:1; 88.

contenían varias ordenanzas típicas; en parte de adoración, prefigurando a Cristo, sus gracias, acciones, sufrimientos y beneficios[d]; y, en parte, expresando diversas instrucciones sobre los deberes morales[e]. Todas aquellas leyes ceremoniales ahora, bajo el Nuevo Testamento, están abrogadas[f].

4. A ellos también, como cuerpo político, Él les dio diversas leyes judiciales, las cuales expiraron junto con el Estado de ese pueblo; no obligando a ninguno otro ahora, más de lo que la equidad general de las mismas lo requiera[g].

5. La ley moral obliga por siempre a todos, tanto a los justificados, como a los que no lo están, a que se le obedezca[h]; y esto, no solo con respecto al contenido de ella, sino también con respecto a la autoridad de Dios, el Creador, quien la dio[i]: y Cristo, en el evangelio, en ninguna manera abroga esta ley, sino más bien refuerza la obligación de cumplirla[j].

6. Aunque los verdaderos creyentes no estén bajo la ley como un Pacto de Obras para ser por ella justificados o condenados[k], sin embargo, esta es de gran utilidad tanto para ellos como para otros; ya que, como regla de vida, les informa de la voluntad de Dios y de sus deberes, les dirige y obliga a andar de acuerdo con ella[l]; descubriendo también la pecaminosa contaminación de su naturaleza, corazón y vida[m]; de tal manera, que cuando ellos se examinen ante ella, puedan llegar a una convicción más profunda de su pecado, a sentir humillación por él y aborrecimiento de él[n]; junto con una perspectivo más clara de la necesidad que tienen de Cristo, y de la perfección de Su obediencia[o]. También es útil para los regenerados a fin de restringir su corrupción, puesto que prohíbe el pecado[p]: y las amenazas de la misma sirven para mostrar lo que todavía merecen sus pecados; y qué aflicciones pueden esperar por ellos en esta vida, aun cuando estén libres de la maldición con que amenaza la ley[q]. Las promesas de ella, de modo semejante, manifiestan a los regenerados que Dios aprueba la obediencia, y cuáles son las bendiciones que pueden esperar por el cumplimiento de la misma[r]; aunque no como si se les debiera por ley, como un Pacto de Obras[s]. Así que, el hecho de que un hombre haga el bien y se abstenga del mal, porque la ley le anime a uno y disuada del otro, no es prueba de que esté bajo la ley; y no bajo la gracia[t].

7. Los usos de la ley ya mencionados no son contrarios a la gracia del evangelio, sino que concuerdan armoniosamente con él[u]; pues el Espíritu de Cristo subyuga y capacita la voluntad del hombre para que haga, alegre y voluntariamente, lo que la voluntad de Dios, revelada en la ley, requiere que se haga[v][788].

---

[788] **a.** Gén. 1:26,27; 2:17; Rom. 2:14,15; 10:5; 5:12,19; Gál. 3:10,12; Ecl. 7:29; Job. 28:28. **b.** Stg. 1:25; 2:8,10-12; Rom. 13:8,9; Deu. 5:32; 10:4; Ex. 34:1. **c.** Mat. 22:37-40. **d.** Heb. 10:1; Gál. 4:1-3; Col. 2:17; Heb. 9. **e.** 1 Cor. 5:7; 2 Cor. 6:17; Jds. 23. **f.** Col. 2:14,16,17; Dn. 9:27; Ef. 2:15,16. **g.** Ex. 21; 22:1-29; Gén. 49:10 compare con 1 Ped. 2:13,14; Mat. 5:17,38,39; 1 Cor. 9:8-10. **h.** Rom. 13:8-10; Ef. 6:2; 1 Jn. 2:3,4,7,8. **i.** Stg. 2:10,11. **j.** Mat. 5:17,19; Stg. 2:8; Rom. 3:31. **k.** Rom. 6:14; 8:1; Gál. 2:16; 3:13; 4:4,5;

CAPÍTULO 20
De la libertad cristiana y de la libertad de conciencia

1. La libertad que Cristo ha comprado para los creyentes bajo el evangelio consiste en la liberación de la culpa del pecado y de la ira condenatioria de Dios, la maldición de la ley moral[a]; y en que sean librados de este presente siglo malo, de la servidumbre de Satanás y del dominio del pecado[b]; del mal de las aflicciones, del aguijón de la muerte, de la victoria del sepulcro y de la condenación eterna[c]; e, igualmente, consisten en su libre acceso a Dios[d], y en rendirle obediencia, no por temor servil, sino con un amor filial y con una mente dispuesta[e]. Todo lo cual fue común también a los creyentes que vivieron bajo la ley[f]. Pero, bajo el Nuevo Testamento la libertad de los cristianos se amplía mucho más porque están libres del yugo de la ley ceremonial a que estaba sujeta la iglesia judía[g], y tienen ahora mayor confianza para acercarse al trono de la gracia[h], y más plenas participaciones del libre Espíritu de Dios que las que, ordinariamente, tuvieron los creyentes que vivieron bajo la ley[i].

2. Solo Dios es el Señor de la conciencia[j], y la ha dejado libre de los mandamientos y doctrinas de hombres que sean en alguna forma contrarios a su Palabra, o estén al margen de ella en asuntos de fe o de adoración[k]. Así que creer tales doctrinas u obedecer tales mandamientos, de conciencia, es traicionar la verdadera libertad de conciencia[l]; y requerir una fe implícita y una obediencia ciega y absoluta, es destruir la libertad de conciencia y también la razón[m].

3. Aquellos que bajo el pretexto de la libertad cristiana practican algún pecado o abrigan alguna concupiscencia, destruyen así el propósito de la libertad cristiana, que consiste en que, siendo librados de las manos de nuestros enemigos, podamos servir al Señor sin temor, en santidad y justicia delante de Él, todos los días de nuestra vida[n].

4. Y puesto que los poderes que Dios ha ordenado y la libertad que Cristo ha comprado, no han sido destinados por Dios para destruirse el uno al otro, sino para preservarse y sostenerse mutuamente; los que bajo el pretexto de la libertad cristiana quieran oponerse a cualquier poder legítimo, o a su lícito ejercicio, sea civil o eclesiástico, resisten a la ordenanza de Dios[o]. A quienes publican tales opiniones, o mantienen tales prácticas, que son contrarias a la luz de la naturaleza o a los principios conocidos del cristianismo —ya sea que se refieran a la fe, a la adoración o a la conducta—; o al poder de la santidad; o, si tales opiniones o prácticas erróneas, ya sea por su propia naturaleza o por

---

Hch. 13:39. **l.** Rom. 7:12,22,25; Sal. 119:4-6; 1 Cor. 7:19; Gál. 5:14,16,18-23. **m.** Rom. 7:7; 3:20. **n.** Rom. 7:9,14,24; Stg. 1:23-25. **o.** Gál. 3:24; Rom. 8:3,4; 7:24. **p.** Stg. 2:11; Sal. 119:101,104,128. **q.** Esd. 9:13,14; Sal. 89:30-34. **r.** Sal. 37:11; 19:11; Lev.26:1-14 con 2 Cor. 6:16; Ef. 6:2,3; Mat. 5:5. **s.** Gál. 2:16; Lev.17:10. **t.** Rom. 6:12,14; Hch. 12:28,29; 1 Ped. 3:8-12; Sal. 34:12-16. **u.** Gál. 3:21. **v.** Eze. 36:27; Hch. 8:10; Jer. 31:33.

la manera en que las publican o las sostienen, son destructivas para la paz externa y el orden que Cristo ha establecido en la iglesia, se les puede llamar legítimamente a cuentas y se les puede procesar por la disciplina de la iglesia[p], y por el poder de los gobernantes civiles[q789].

CAPÍTULO 21
De la adoración religiosa y del día de reposo

1. La luz de la naturaleza muestra que hay un Dios que tiene señorío y soberanía, sobre todo; es bueno y hace bien a todos; y que, por tanto, debe ser temido, amado, alabado, invocado, creído y servido con toda el alma, con todo el corazón y con todas las fuerzas[a]. Pero, el modo aceptable de adorar al verdadero Dios es instituido por Él mismo, y está tan limitado por su propia voluntad revelada, que no se debe adorar a Dios conforme a las imaginaciones e invenciones de los hombres o las sugerencias de Satanás, bajo ninguna representación visible o en ningún otro modo no prescrito en las Santas Escrituras[b].

2. La adoración religiosa ha de darse a Dios Padre, Hijo y Espíritu Santo, y a Él solamente[c]; no a los ángeles, ni a los santos, ni a ninguna otra criatura[d]; y desde la caída, no sin algún Mediador, y no por la mediación de algún otro sino solamente de Cristo[e].

3. Siendo la oración, con acción de gracias, una parte especial de la adoración religiosa[f], Dios la exige de todos los hombres[g]; y para que pueda ser aceptada debe hacerse en el nombre del Hijo[h], con la ayuda del Espíritu[i], conforme a su voluntad[j], con entendimiento, reverencia, humildad, fervor, fe, amor y perseverancia[k]; y si se hace verbalmente, en una lengua conocida[l].

4. La oración ha de hacerse por cosas lícitas[m], y en favor de toda clase de personas vivas, o que vivirán más adelante[n]; pero no en favor de los muertos[o] ni de aquellos de quienes se pueda saber que hayan cometido el pecado de muerte[p].

5. La lectura de las Escrituras con temor reverencial[q]; la sólida predicación[r], y el escuchar conscientemente la Palabra, en obediencia a Dios, con

---

789 **a.** Tit. 2:14; 1Tes. 1:10; Gál. 3:13. **b.** Gál. 1:4; Hch. 26:18; Col. 1:13; Rom. 6:14. **c.** Sal. 119:71; 1 Cor. 15:54-57; Rom. 8:1,28. **d.** Rom5:1,2. **e.** Rom8:14,15;1Jn.4:18. **f.** Gál.3:9,14. **g.** Gál.4:1-3,6,7;5:1;Hch.15:10,11. **h.** Hch.4:14,16;Heb.10:19-22. **i.** Jn. 7:38,39; 2 Cor. 3:13,17,18. **j.** Stg. 4:12; Rom. 14:4. **k.** Hch. 4:19; 5:29; 1 Cor. 7:23; Mat. 23:8-10; 2 Cor. 1:24; Mat. 15:9. **l.** Col. 2:20,22,23; Gál. 1:10; 2:4,5; 5:1. **m.** Rom. 10:17; 14:23; Isa. 8:20; Hch. 17:11; Jn. 4:22; Os. 5:11; Apo. 13:12,16,17; Jer. 8:9. **n.** Gál. 5:13; 1 Ped. 2:16; 2 Ped. 2:19; Jn. 8:34; Luc. 1:74,75. **o.** Mat. 12:25; 1 Ped. 2:13,14,16; Rom. 13:1-8; Heb. 13:17. **p.** Rom. 1:32; 1 Cor. 5:1,5,11,13: 2 Jn. 10,11; 2 Tes. 3:14; 1 Tim. 6:3-5; Tit. 1:10,11,13; 3:10; Mat. 18:15-17; 1 Tim. 1:19,20; Apo. 2:2,14,15,20; 3:9. **q.** Deu. 13:6-12; Rom. 13:3,4; 2 Jn. 10,11; Esd. 7:23,25-28; Apo. 17:12,16,17; Neh. 13:15,17,21,22,25,30; 2 R. 23:5,6,9,20,21; 2 Cr. 34:33; 15:12,13,16; Dn. 3:29; 1 Tim. 2:2; Isa. 49:23; Zac. 13:2,3.

entendimiento, fe y reverencia[s]; el cantar salmos con gracia en el corazón[t], como también, la debida administración y la digna recepción de los sacramentos instituidos por Cristo, son partes de la adoración religiosa ordinaria a Dios[u]; y además, los juramentos religiosos[v], los votos[w], los ayunos solemnes[x], y las acciones de gracias en ocasiones especiales[y], han de usarse, en sus tiempos respectivos, de una manera santa y religiosa[z].

6. Ahora, en el evangelio, ni la oración ni ninguna otra parte de la adoración religiosa están limitadas a un lugar, ni son más aceptables por el lugar en que se realizan, o hacia el cual se dirigen[aa]; sino que Dios ha de ser adorado en todas partes[ab] en espíritu y en verdad[ac]; tanto en lo privado de las familias[ad] diariamente[ae], y en lo secreto cada uno por sí mismo[af]; así como de una manera más solemne en las reuniones públicas, las cuales no han de descuidarse ni abandonarse voluntariamente o por negligencia, cuando Dios por su Palabra y providencia nos llama a ellas[ag].

7. Así como es ley de la naturaleza que, en general, una proporción debida de tiempo sea dedicada a la adoración de Dios, así también en su Palabra, por un mandamiento positivo, moral y perpetuo, que obliga a todos los hombres en todos los tiempos, Dios ha señalado particularmente un día de cada siete, para que sea guardado como un reposo santo para Él[ah]; y, desde el principio del mundo hasta la resurrección de Cristo, este día fue el último de la semana; y desde la resurrección de Cristo fue cambiado al primer día de la semana[ai], que en las Escrituras recibe el nombre de «día del Señor»[aj] y debe ser perpetuado hasta el fin del mundo como el día del reposo cristiano[ak].

8. Este día de reposo es guardado santo para el Señor cuando los hombres, después de la debida preparación de su corazón, y arreglados con anticipación todos sus asuntos ordinarios, no solamente guardan un santo descanso, durante todo el día, de sus propias labores, palabras y pensamientos, acerca de sus empleos y diversiones mundanales[al], sino que también dedican todo el tiempo al ejercicio de la adoración pública y privada, y en los deberes de caridad y de misericordia[am][790].

---

[790] **a.** Rom. 1:20; Hch. 17:24; Sal. 119:68; Jer. 10:7; Sal. 31:23; 18:3; Rom. 10:12; Sal. 62:8; Js. 24:14; Mc. 12:33. **b.** Deu. 12:32; Mat. 15:9; Hch. 17:25; Mat. 4:9,10; Deu. 4:15-20; Ex. 20:4-6; Col. 2:23. **c.** Mat. 4:10; Jn. 5:23; 2 Cor. 13:14. **d.**Col.2:18; Apo.19:10; Rom1:25. **e.**Jn.14:6; 1Tim.2:5;Ef.2:18;Col.3:17.**f.**Fil.4:6.**g.**Sal.65:2.**h.**Jn.14:13,14;1Ped.2:5. **i.** Rom. 8:26. **j.** 1 Jn. 5:14. **k.** Sal. 47:7; Ecl. 5:1,2; Heb. 12:28; Gén. 18:27; Stg. 1:6,7; 5:16; Mc. 11:24; Mat. 6:12,14,15; Col. 4:2; Ef. 6:18. **l.** 1 Cor. 14:14. **m.** 1 Jn. 5:14. **n.** 1 Tim. 2:1,2; Jn. 17:20; 2 Sal. 7:29; Rt. 4:12. **o.** 2 S. 12:21-23; Lev.16:25,26; Apo. 14:13. **p.** 1 Jn. 5:16. **q.** Hch. 15:21; Apo. 1:3. **r.** 2 Tim. 4:2. **s.** Stg. 1:22; Hch. 10:33; Heb. 4:2; Mat. 13:19; Isa. 66:2. **t.** Col. 3:16; Ef. 5:19; Stg. 5:13. **u.** Mat. 28:19; Hch. 2:42; 1 Cor. 11:23-29. **v.** Deu. 6:13; Neh. 10:29. **w.** Ecl. 5:4,5; Isa. 19:21. **x.** Jl. 2:12; Mat. 9:15; 1 Cor. 7:5; Est. 4:16. **y.** Sal. 107; Est. 9:22. **z.** Heb. 12:28. **aa.** Jn. 4:21. **ab.** Ml. 1:11; 1 Tim. 2:8. **ac.** Jn. 4:23,24. **ad.** Jer. 10:25; Deu. 6:6,7; Job. 1:5; 2 S. 6:18-20; 1 Ped. 3:7; Hch. 10:2. **ae.** Mat. 6:11. **af.** Mat. 6:6; Ef. 6:18. **ag.** Isa. 56:6,7; Heb. 10:25; Prov. 1:20,21,24; 8:34; Hch. 13:42; Luc. 4:16; Hch. 2:42. **ah** Ex. 20:8,10,11; Isa. 56:2,4,6,7. **ai** Gén. 2:2,3; 1 Cor. 16:1,2;

CAPÍTULO 22
De los juramentos y de los votos lícitos

1. Un juramento lícito es una parte de la adoración religiosa[a] mediante la cual, una persona, en ocasión debida, al jurar solemnemente, invoca a Dios como testigo de lo que afirma o promete, y lo juzgue según la verdad o falsedad de lo que jura[b].

2. Solo se debe jurar por el nombre de Dios, usándolo con santo temor y reverencia[c]; y, por consiguiente, el jurar de modo vano o temerario por ese nombre glorioso y terrible, o simplemente el jurar por cualquier otra cosa, es pecaminoso y debe aborrecerse[d]. Sin embargo, como en asuntos de peso y de importancia, el juramento está justificado por la Palabra de Dios, tanto en el Nuevo Testamento como en el Antiguo[e], por eso, cuando una autoridad legítima exija un juramento legítimo para tales asuntos, este juramento debe hacerse[f].

3. Todo aquel que hace un juramento debe considerar seriamente la gravedad de un acto tan solemne y, por lo tanto, no afirmar sino aquello de lo cual está plenamente persuadido que es la verdad[g]. Y tampoco puede ningún hombre obligarse por un juramento a cosa alguna excepto a lo que es bueno y justo, y a lo que cree que lo es, y a lo que es capaz y está dispuesto a cumplir[h]. Sin embargo, es pecado rehusar un juramento tocante a una cosa que sea buena y justa, cuando sea exigido por una autoridad legítima[i].

4. El juramento debe hacerse en el sentido claro y común de las palabras, sin equívocos o reservas mentales[j]. Tal juramento no puede obligar a pecar; pero en todo aquello que no sea pecaminoso, una vez hecho, es de obligado cumplimiento, aun cuando resulte en daño propio de quien lo hizo[k], y no debe violarse porque se haya hecho a herejes o a incrédulos[l].

5. El voto es de naturaleza semejante a la del juramento promisorio, y debe hacerse con el mismo cuidado religioso y cumplirse con la misma fidelidad que este[m].

6. El voto no debe hacerse a ninguna criatura, sino solo a Dios[n], y para que sea acepto ha de hacerse voluntariamente, con fe y conciencia del deber, como muestra de gratitud por la misericordia recibida, o bien para obtener lo que queremos; por este, nos obligamos a cumplir más estrictamente nuestros deberes necesarios, u otras cosas, en la medida en la que puedan ayudarnos adecuadamente al cumplimiento de nuestros deberes[o].

7. Nadie puede hacer un voto para realizar una cosa prohibida por la Palabra de Dios, o que impida el cumplimiento de algún deber ordenado en ella; ni

---

Hch. 20:7. **aj** Apo. 1:10. **ak** Ex. 20:8,10; Mat. 5:17,18. **al** Ex. 20:8; 16:23,25,26,29,30; 31:15-17; Isa. 58:13; Neh. 13:15-19,21,22. **am** Isa. 58:13; Mat. 12:1-13.

puede obligarse por uno a lo que no está en su capacidad, o para cuya ejecución no tenga ninguna promesa de ayuda de parte de Dios[p]. En este sentido, los votos monásticos de los papistas de celibato perpetuo, de pobreza y de obediencia a las reglas eclesiásticas, están tan lejos de ser grados de perfección superior, que no son sino supersticiones y trampas pecaminosas en las que ningún cristiano debe enredarse[q][791].

CAPÍTULO 23
De los gobernantes civiles

1. Dios, el supremo Señor y Rey de todo el mundo, ha instituido magistrados civiles para estar bajo Él, sobre pueblo, para la gloria de Dios y el bien público; y con este fin les ha armado con el poder de la espada, para la defensa y aliento de los buenos, y para el castigo de los malhechores.[a]

2. Es lícito para los cristianos aceptar y desempeñar el cargo de magistrado cuando sean llamados a ello[b]; y en el desempeño de ese cargo deben mantener, especialmente, la piedad, la justicia y la paz, según las sanas leyes de cada Estado[c], y así, con ese propósito, en la Era del Nuevo Testamento, pueden lícitamente hacer guerra en ocasiones justas y necesarias[d].

3. El magistrado civil no puede tomar para sí la administración de la Palabra y de los Sacramentos, o el poder de las llaves del reino de los cielos[e]: sin embargo tiene autoridad y es su deber hacer lo necesario para que la paz y la unidad sean mantenidas en la iglesia, para que la verdad de Dios sea preservada pura e íntegra, para que todas las blasfemias y herejías sean suprimidas; todas las corrupciones y abusos en la adoración y la disciplina impedidas o reformadas, y que todas las ordenanzas de Dios sean debidamente establecidas, administradas y cumplidas[f]. Y, para el mejor cumplimiento de todo ello, tiene la potestad de convocar Sínodos, estar presentes en ellos y asegurar que cuanto en ellos se decida sea conforme a la mente de Dios[g].

4. Es deber del pueblo orar por los magistrados[h], honrar sus personas[i], pagarles tributos u otras cuotas[j], obedecer sus mandamientos legítimos y estar sujetos a su autoridad por causa de la conciencia[k]. La infidelidad o la diferencia de religión no invalida la autoridad legítima y justa del magistrado, ni exime al pueblo de la debida obediencia a él[l]; de la cual las personas eclesiásticas no están exentas[m]; y mucho menos tiene el Papa algún poder o jurisdicción sobre los magistrados en sus dominios, ni sobre alguno de los de

[791] **a** Deu. 10:20. b Ex. 20:7; Lev.19:12; 2 Cor. 1:23; 2 Cr. 6:22,23. c Deu. 6:13. d Jer. 5:7; Stg. 5:12; Ex. 20:7; Mat. 5:34,37. **e** Heb. 6:16; Isa. 65:16; 2 Cor. 1:23. f 1 R. 8:31; Esd. 10:5; Neh. 13:25. g Jer. 4:2; Ex. 20:7. h Gén. 24:2,3,5,6,8,9. **i** Nm. 5:19,21; Neh. 5:12; Ex. 22:7-11. j Sal. 24:4; Jer. 4:2. k 1 S. 25:22,32-34; Sal. 15:4. k 1 S. 25:22,32-34; Sal. 15:4. **l** Eze. 17:16,18,19; Js. 9:18,19 con 2 S. 21:1. m Isa. 19:21; Ecl. 5:4-6; Sal. 61:8; 66:13,14. n Sal. 76:11; Jer. 44:25,26. **o** Deu. 23:21-23; Sal. 50:14; Gén. 28:20-22; 1 S. 132:2-5; 66:13-14. p Hch. 23:12,14; Mc. 6:26; Nm. 30:5,8,12,13 **q** Mat. 19:11,12; 1 Cor. 7:2,9; 7:23; Ef. 4:28; 1 Ped. 4:2.

su pueblo; y aún menos tiene poder para quitarles sus propiedades o la vida, si les juzga herejes, o por cualquier otro pretexto[n][792].

CAPÍTULO 24
Del matrimonio y del divorcio

1. El matrimonio ha de ser entre un hombre y una mujer; no es lícito para ningún hombre tener más de una esposa, ni para ninguna mujer tener más de un marido, al mismo tiempo[a].

2. El matrimonio fue instituido para la ayuda mutua del esposo y de la esposa[b], para el crecimiento del género humano por generación legítima, y de la iglesia por una simiente santa[c]; y para prevenir la impureza[d].

3. Es lícito a toda clase de personas casarse con quien cada una sea capaz de dar su consentimiento con juicio[e]; sin embargo, es deber de los cristianos casarse solamente en el Señor[f]: y, por lo tanto, los que profesan la verdadera religión reformada no deben casarse con los incrédulos, papistas u otros idólatras; ni deben, los que son piadosos, unirse en yugo desigual, casándose con los quienes son abiertamente perversos en sus vidas o con quienes sostienen herejías detestables[g].

4. El matrimonio no debe contraerse dentro de los grados de consanguinidad o afinidad prohibidos en la Palabra de Dios[h], ni pueden, tales matrimonios incestuosos, legalizarse por ninguna ley de hombre, ni por el consentimiento de sus partes, de manera que esas personas puedan vivir juntas como marido y mujer[i]. El hombre no puede casarse con ninguna familiar cercana en sangre de su esposa así como no puede hacerlo con una cercana en sangre a él; ni la mujer puede casarse con ningun familiar cercano en sangre de su esposo así como no puede hacerlo con uno cercano en sangre a ella[j].

5. El adulterio o la fornicación cometidos después del compromiso, si son descubiertos antes del matrimonio, dan ocasión justa a la parte inocente para disolver aquel compromiso[k]. En caso de adulterio después del matrimonio, es lícito para la parte inocente promover su divorcio[l], y después de este puede casarse con otra persona como si la parte ofensora hubiese muerto[m].

6. Aunque la corrupción del hombre sea tal que esté dispuesto a estudiar argumentos para separar indebidamente a aquellos a quienes Dios ha unido

---

[792] **a.** Rom. 13:1-4; 1 Ped. 2:13,14. **b.** Prov. 8:15,16; Rom. 13:1,2,4. **c.** Sal. 2:10-12; 1 Tim. 2:2; Sal. 82:3,4; 2 S. 23:3; 1 Ped. 2:13. **d.** Luc. 3:14; Mat. 8:9,10; Hch. 10:1,2; Rom. 13:4; Apo. 17:14,16. **e.** 2 Cr. 26:18; Mat. 18:17; 16:19; 1 Cor. 12:28,29; Ef. 4:11,12; 1 Cor. 4:1,2; Rom. 10:15; Heb. 5:4. **f.** Isa. 49:23; Sal. 122:9; Esd. 7:23,25-28; Lev.24:16; Deu. 13:5,6,12; 2 R. 18:4; 1 Cr. 13:1-9; 2 R. 23:1-26; 2 Cr. 34:33; 2 Cr. 15:12. **g.** 2 Cr. 19:8-11; 29; 30; Mat. 2:4,5. **h.** 1 Tim. 2:1,2. **i.** 1 Ped. 2:17. **j.** Rom. 13:6,7. **k.** Rom. 13:5; Tit. 3:1. **l.** 1 Ped. 2:13,14,16. **m.** Rom. 13:1; 1 R. 2:35; Hch. 25:9-11; 2 Ped. 2:1,10,11; Jds. 8-11. **n.** 2 Tes. 2:4; Apo. 13:15-17.

en matrimonio, nada excepto el adulterio, o la deserción deliberada, que no pueda ser remedida ni por la iglesia ni por el magisterio civil, es causa suficiente para disolver el vínculo matrimonial[n]. Llegado ese caso, debe observarse un procedimiento público y ordenado, y las personas involucradas en este no deben ser dejadas a su propia voluntad y discreción en su propio caso[o][793].

CAPÍTULO 25
De la iglesia

1. La iglesia católica o universal, que es invisible, consiste del número total de los elegidos que han sido, son y serán reunidos en uno, bajo Cristo, su cabeza; y es la esposa, el cuerpo, la plenitud de Aquel que lo llena todo en todo[a].

2. La iglesia visible, que bajo el evangelio también es católica o universal —la cual no está limitada a una nación como anteriormente en el tiempo de la ley—, consiste de todos aquellos que en todo el mundo profesan la religión verdadera[b], juntamente con sus hijos[c]: y es el reino del Señor Jesucristo[d], la casa y familia de Dios, fuera de la cual no hay posibilidad ordinaria de salvación[e].

3. A esta iglesia católica visible Cristo ha dado el ministerio, los oráculos y los sacramentos de Dios para reunir y perfeccionar a los santos en esta vida y hasta el fin del mundo; y, por su propia presencia y espíritu, de acuerdo con su promesa, hace que estos sean eficientes para ello[f].

4. Esta Iglesia católica ha sido a veces más, a veces menos visible[g]. Y, las iglesias específicas que son parte de ella, son más puras o menos puras, según se enseñe y abrace la doctrina del evangelio, se administren los sacramentos y se celebre con mayor o menor pureza el culto público en ellas[h].

5. Las más puras iglesias que existen bajo el cielo, están expuestas tanto a la impureza como al error[i], y algunas han degenerado tanto que han llegado a ser, no iglesias de Cristo, sino sinagogas de Satanás[j]. Sin embargo, siempre habrá una iglesia en la tierra para adorar a Dios conforme a su voluntad[k].

6. No hay más cabeza de la iglesia que el Señor Jesucristo[l]; y no puede, en ningún sentido, el papa de Roma ser cabeza de ella; ya que él es aquel

---

793 **a.** Gén. 2:24; Mat. 19:5,6; Prov. 2:17. **b.** Gén. 2:18. **c.** Ml. 2:15. **d.** 1 Cor. 7:2,9. **e.** Heb. 13:4; 1 Tim. 4:3; Gén. 24:57,58; 1 Cor. 7:36-38. **f.** 1 Cor. 7:39. **g.** Gén. 34:14; Ex. 34:16; Deu. 7:3,4; 1 R. 11:4; Neh. 13:25-27; Ml. 2:11,12; 2 Cor. 6:14. **h.** Lev.18; 1 Cor. 5:1; Am. 2:7. **i.** Mc. 6:18; Lev.18:24-28. **j.** Lev.20:19-21. **k.** Mat. 1:18-20. **l.** Mat. 5:31,32. **m.** Mat. 19:9; Rom. 7:2,3. **n.** Mat. 19:8,9; 1 Cor. 7:15; Mat. 19:6. **o.** Deu. 24:1-4.

anticristo, aquel hombre de pecado e hijo de perdición que se exalta a sí mismo, en la iglesia, contra Cristo y contra todo lo que se llama Dios[m794].

CAPÍTULO 26
De la comunión de los santos

1. Todos los santos que están unidos a Jesucristo, su cabeza, por su espíritu y por la fe, tienen comunión con Él en sus gracias, sufrimientos, muerte, resurrección y gloria[a]: y, estando unidos unos a otros en amor, tienen comunión en sus mutuos dones y gracias[b]; y están obligados al cumplimiento de tales deberes, públicos y privados, que conducen a su mutuo bien, tanto en el hombre interior como en el exterior[c].

2. Los santos, en virtud de su profesión, están obligados a mantener una comunión y un compañerismo santos en la adoración a Dios, y a realizar aquellos otros servicios espirituales que tiendan a su mutua edificación[d]; y, también, a socorrerse los unos a los otros en las cosas externas, de acuerdo con sus diferentes habilidades y necesidades. Esta comunión debe extenderse, según Dios de la oportunidad, a todos aquellos que en todas partes invocan el nombre del Señor Jesús[e].

3. Esta comunión que los santos tienen con Cristo, no los hace, de ninguna manera, partícipes de la sustancia de su Divinidad; ni ser iguales a Cristo en cualquier aspecto; el afirmar cualquiera de estas cosas sería impiedad y blasfemia[f]. Tampoco esta mutua comunión como santos invalida o infringe el título o propiedad que cada hombre tiene sobre sus bienes y posesiones[g795].

CAPÍTULO 27
De los Sacramentos

1. Los sacramentos son señales y sellos santos del Pacto de Gracia[a], instituidos directamente por Dios[b], para representar a Cristo y a sus beneficios, y para confirmar nuestra participación en Él[c], y también para establecer una distinción visible entre aquellos que pertenecen a la iglesia y el resto del mundo[d], y para comprometerles solemnemente al servicio de Dios en Cristo, conforme a su Palabra[e].

---

794 **a.** Ef. 1:10,22,23; 5:23,27,32; Col. 1:18. **b.** 1 Cor. 1:2; 12:12,13; Sal. 2:8; Apo. 7:9; Rom. 15:9-12. **c.** 1 Cor. 7:14; Hch. 2:39; Eze. 16:20-21; Rom. 11:16; Gén. 3:15; 17:7. **d.** Mat. 13:47; Isa. 9:7. **e.** Hch. 2:47. **f.** 1 Cor. 12:28; Ef. 4:11-13; Isa. 59:21; Mat. 28:19,20. **g.** Rom. 11:3,4; Apo. 12:6,14. **h.** 1 Cor. 5:6,7; Apo. 2; 3. **i.** 1 Cor. 13:12; Mat. 13:24-30,47; Apo. 2; 3. **j.** Apo. 18:2; Rom. 11:18-22. **k.** Mat. 16:18; 28:19-20; Sal. 72:17; 102:28. **l.** Col. 1:18; Ef. 1:22. **m.** Mat. 23:8-10; 2 Tes. 2:3,4,8,9; Apo. 13:6.

795 **a.** 1 Jn. 1:3; Ef. 3:16-19; Jn. 1:16; Ef. 2:5,6; Fil. 3:10; Rom. 6:5,6; 2 Tim. 2:12. **b.** Ef. 4:15,16; 1 Cor. 12:7; 3:21-23; Col. 2:19. **c.** 1 Tes. 5:11,14; Rom. 1:11,12,14; Gál. 6:10; 1 Jn. 3:16-18. **d.** Heb. 10:24,25; Hch. 2:42,46; Isa. 2:3; 1 Cor. 11:20. **e.** Hch. 2:44,45; 1 Jn. 3:17; Hch. 11:29,30; 2 Cor. 8:9. **f.** Isa. 42:8; Col. 1:18,19; 1 Cor. 8:6; Sal. 45:7; 1 Tim. 6:15,16; Heb. 1:8,9. **g.** Hch. 5:4; Ex. 20:15; Ef. 4:28.

2. Hay en cada sacramento una relación espiritual, o unión sacramental, entre el signo y la cosa significada; de donde llega a suceder que los nombres y efectos del uno se atribuyen al otro[f].

3. La gracia que se manifiesta en o por los sacramentos mediante su uso correcto, no es conferida por algún poder que haya en estos; la eficacia del sacramento no depende de la piedad o intención del que lo administra[g], sino de la obra del Espíritu[h], y de la palabra de la institución; la cual contiene, junto con un precepto que autoriza el uso del sacramento, una promesa de bendición para los que dignamente lo reciben[i].

4. Solo hay dos sacramentos instituidos por Cristo nuestro Señor en el evangelio; y son el Bautismo y la Cena del Señor; ninguno de los cuales debe ser administrado sino por un ministro de la Palabra legítimamente ordenado[j].

5. Los sacramentos del Antiguo Testamento, en lo que se respecta a las cosas espirituales significadas y manifestadas en ellos, eran, en esencia, los mismos que los del Nuevo[k][796].

CAPÍTULO 28
Del Bautismo

1. El Bautismo es un sacramento del Nuevo Testamento, instituido por Jesucristo[a], no solo para admitir solemnemente a la persona bautizada en la iglesia visible[b]; sino también para que sea para ella una señal y un sello del Pacto de Gracia[c], de su injerto en Cristo[d], de su regeneración[e], de la remisión de sus pecados[f], y de su entrega a Dios por Jesucristo, para andar en novedad de vida[g]. Este sacramento, por institución propia de Cristo, debe continuar en su iglesia hasta el fin del mundo[h].

2. El elemento externo que ha de usarse en este sacramento es el agua, con la cual ha de ser bautizada la persona en el nombre del Padre, del Hijo y del Espíritu Santo[i].

3. No es necesaria la inmersión de la persona en el agua; sino que el Bautismo es correctamente administrado por la aspersión o efusión del agua sobre la persona[j].

4. No solo han de ser bautizados los que de hecho profesan fe en Cristo y obediencia a Él[k], sino también los niños, hijos de uno o de ambos padres creyentes[l].

---

[796] **a.** Rom. 4:11; Gén. 17:7,10. **b.** Mat. 28:19; 1 Cor. 11:23. **c.** 1 Cor. 10:16; 11:25,26; Gál. 3:27. **d.** Rom. 15:8; Ex. 12:48; Gén. 34:14. **e.** Rom. 6:3,4; 1 Cor. 10:16,21. **f.** Gén. 17:10; Mat. 26:27,28; Tit. 3:5. **g.** Rom. 2:28,29; 1 Ped. 3:21. **h.** Mat. 3:11; 1 Cor. 12:13. **i.** Mat. 26:27,28; 28:19,20. **j.** Mat. 28:19; 1 Cor. 11:20,23; 4:1; Heb. 5:4. **k.** 1 Cor. 10:1-4.

5. Aun cuando el menosprecio o descuido de este sacramento sea un gran pecado[m], no obstante, la gracia y la salvación no están tan inseparablemente unidas a él que una persona no pueda ser regenerada o salvada sin el Bautismo[n], o que todos los que son bautizados sean indudablemente regenerados[o].

6. La eficacia del Bautismo no está ligada al preciso momento en que es administrado[p]; sin embargo, por el uso correcto de este sacramento, la gracia prometida no solo se ofrece, sino que realmente se manifiesta y se otorga por el Espíritu Santo a aquellos (sean adultos o infantes) a quienes corresponde aquella gracia, según el consejo de la propia voluntad de Dios, a su debido tiempo[q].

7. El sacramento del Bautismo ha de administrarse una sola vez a cada persona[r][797].

CAPÍTULO 29
De la Cena del Señor

1. Nuestro Señor Jesús, la noche en que fue entregado, instituyó el sacramento de su cuerpo y sangre, llamado la Cena del Señor, para que fuese observado en su iglesia hasta el fin del mundo, como un recuerdo perpetuo del sacrificio de sí mismo en su muerte; para sellar en los verdaderos creyentes los beneficios de la misma, para su alimentación espiritual y su crecimiento en Él, para un mayor compromiso en y hacia todas las obligaciones que se le deben a Cristo; y para ser un vínculo y una prenda de su comunión con Él, y entre ellos mutuamente, como miembros de su cuerpo místico[a].

2. En este sacramento, Cristo no es ofrecido a su Padre; ni ningún verdadero sacrificio es hecho por la remisión de los pecados de los vivos o de los muertos[b]; sino que este es solamente es una conmemoración del único ofrecimiento, de sí mismo y por sí mismo, en la cruz, una sola vez y para siempre; y una ofrenda espiritual de la mayor alabanza posible a Dios por esa causa[c]. Así que el sacrificio papal de la misa —como ellos le llaman— es la más abominable injuria contra el sacrificio único de Cristo, la única propiciación por todos los pecados de Sus elegidos[d].

3. El Señor Jesús, en esta ordenanza, ha designado a Sus ministros para que declaren al pueblo Su palabra de institución; que oren y bendigan los elementos del pan y del vino, apartándolos así del uso común para el uso sagrado; que tomen y partan el pan, y beban la copa y, participando ellos

---

⁷⁹⁷ **a.** Mat. 28:19. **b.** 1 Cor. 12:13. **c.** Rom. 4:11; Col. 2:11,12. **d.** Gál. 3:27; Rom. 6:5. **e.** Tit. 3:5. **f.** Mc. 1:4. **g.** Rom. 6:3,4. **h.** Mat. 28:19,20. **i.** Mat. 3:11; Jn. 1:33; Mat. 38:19,20. **j.** Hch. 2:41; 16:33; Mc. 7:4; Heb. 9:10,19-22. **k.** Mc. 16:15,16; Hch. 8:37,38. **l.** Gén. 17:7,9; Gál. 3:9,14; Col. 2:11,12; Hch. 2:38; Rom. 4:11,12; 1 Cor. 7:14; Mat. 28:19; Mc. 10:13-16; Luc. 18:15. **m.** Luc. 7:30 con Ex. 4:24-26. **n.** Rom. 4:11; Hch. 10:2,4,22,31,45,47. **o.** Hch. 8:13,23. **p.** Jn. 3:5,8. **q.** Gál. 3:27; Tit. 3:5; Ef. 5:25,26; Hch. 2:38,41. **r.** Tit. 3:5

mismos, den de los elementos a los comulgantes[e]; pero no a ninguno que no esté presente en ese momento en la congregación[f].

4. Las misas privadas o la recepción de este sacramento, o de cualquier otro, a solas[g], como también el negar la copa al pueblo[h], el adorar los elementos, el elevarlos o llevarlos de un lugar a otro para adorarlos, y el guardarlos para pretendidos usos religiosos, es contrario a la naturaleza de este sacramento y a la institución de Cristo[i].

5. Los elementos externos de este sacramento, debidamente apartados para los usos ordenados por Cristo, tienen tal relación con el Señor crucificado que verdaderamente —aunque solo sacramentalmente— a veces se les llama por el nombre de las cosas que representan, a saber: el cuerpo y la sangre de Cristo[j]; no obstante, en sustancia y en naturaleza, estos elementos siguen siendo verdadera y solamente pan y vino tal como eran antes[k].

6. La doctrina que enseña que se produce un cambio de la sustancia del pan y del vino a la sustancia del cuerpo y la sangre de Cristo —llamada comúnmente transustanciación—, por la consagración del sacerdote, o de algún otro modo, es repugnante no solo a la Escritura, sino también a la razón y al sentido común; echa abajo la naturaleza del sacramento, y ha sido y es, la causa de muchísimas supersticiones, y además, de una crasa idolatría[l].

7. Los que reciben dignamente este sacramento, participando externamente de los elementos visibles[m], también participan de ellos interiormente, por la fe, de una manera real y verdadera, aunque no carnal y corporalmente, sino alimentándose espiritualmente del Cristo crucificado y recibiendo todos los beneficios de su muerte. El cuerpo y la sangre de Cristo no están, entonces, ni carnal ni corporalmente dentro, con o bajo el pan y el vino; sin embargo, en aquella ordenanza están presentes real, pero espiritualmente, para la fe de los creyentes, tanto como lo están los elementos mismos para los sentidos corporales[n].

8. Aunque los ignorantes y malvados reciben los elementos externos de este sacramento; con todo, no reciben lo cosa significada por estos, sino que por acercarse indignamente a ellos son culpados del cuerpo y de la sangre del Señor para su propia condenación. Por tanto, todas las personas ignorantes e impías, puesto que no son aptas para gozar de comunión con Él, tampoco son dignas de la mesa del Señor; y mientras permanezcan en ese estado, no pueden, sin cometer un gran pecado contra Cristo, participar de estos sagrados misterios[o], ni ser admitidos a ellos[p][798].

---

[798] **a.** 1 Cor. 11:23-26; 10:16,17,21; 12:13. **b.** Heb. 9:22,25,26,28. **c.** 1 Cor. 11:24-26; Mat. 26:26,27. **d.** Heb. 7:23,24,27; 10:11,12,14,18. **e.** Mat. 26:26-28; Mc. 14:22-24; Luc. 22:19,20; 1 Cor. 11:23-26. **f.** Hch. 20:7; 1 Cor. 11:20. **g.** 1 Cor. 10:16. **h.** Mc. 14:23; 1 Cor. 11:25-29. **i.** Mat. 15:9. **j.** Mat. 26:26-28. **k.** 1 Cor. 11:26-28; Mat. 26:29. **l.** Hch. 3:21 con 1 Cor. 11:24-26; Luc. 24:6,39. **m.** 1 Cor. 11:28. **n.** 1 Cor. 10:16. **o.** 1 Cor. 11:27-29; 2 Cor. 6:14-16. **p.** 1 Cor. 5:6,7,13; 2 Tes. 3:6,14,15; Mat. 7:6.

CAPÍTULO 30
De la disciplina eclesiástica

1. El Señor Jesús, como Rey y Cabeza de su iglesia, ha designado en ella un gobierno dirigido por oficiales de la iglesia, distinto del magistrado civil[a].

2. A estos oficiales han sido entregadas las llaves del reino de los cielos, en virtud de lo cual tienen poder respectivamente para retener y remitir los pecados, para cerrar aquel reino a los que no se arrepienten, tanto por la palabra como por la disciplina, y para abrirlo a los pecadores arrepentidos, por el ministerio del evangelio, y por la absolución de la disciplina, según lo requieran las circunstancias[b].

3. La disciplina eclesiástica es necesaria para ganar y hacer volver a los hermanos que ofenden; para disuadir a otros de cometer ofensas semejantes; para purgar aquella levadura que podría infectar toda la masa; para vindicar el honor de Cristo y la santa profesión del evangelio; y para prevenir la ira de Dios que justamente podría caer sobre la iglesia si esta consintiera que el Pacto del Señor y sus signos fuesen profanados por ofensores notorios y obstinados[c].

4. Para lograr mejor estos fines, los oficiales de la iglesia deben proceder por la amonestación; por la suspensión del sacramento de la Santa Cena por un tiempo; y por la excomunicación de la iglesia; según la naturaleza del crimen y el demérito de la persona[d][799].

CAPÍTULO 31
De los sínodos y concilios

1. Para el mejor gobierno y mayor edificación de la iglesia, debe haber tales asambleas como las comúnmente llamadas sínodos o concilios[a].

2. Así como los magistrados pueden lícitamente convocar un sínodo de ministros y otras personas idóneas, a fin de consultar y asesorarse en materia religiosa[b], también pueden los ministros de Cristo, por sí mismos, en virtud de su oficio, y cuando los magistrados son enemigos declarados de la iglesia, reunirse en tales asambleas con las personas adecuadas delegadas por sus iglesias[c].

3. Corresponde a los sínodos y concilios resolver, ministerialmente, las controversias de fe y los casos de conciencia; establecer reglas e instrucciones para el mejor orden en la adoración pública a Dios y en el gobierno de su iglesia; recibir denuncias en casos de mala administración, y determinar con autoridad en las mismas. Tales decretos y resoluciones, si son consonantes

---

[799] **a.** Isa. 9:6-7; 1 Tim. 5:17; 1 Tes. 5:12; Hch. 20:17 28; Heb. 13:7,17,24; 1 Cor. 12:28; Mat. 28:18-20. **b.** Mat. 16:19; 18:17,18; Jn. 20:21-23; 2 Cor. 2:6-8. **c.** 1 Cor. 5; 1 Tim. 5:20; 1:20; Mat. 7:6; 1 Cor. 11:27-34 con Jds. 23 d 1 Tes. 5:12; 2 Tes. 3:6,14,15; 1 Cor. 5:4; 5:13; Mat. 18:17; Tit. 3:10.

con la Palabra de Dios, deben ser recibidos con reverencia y sumisión, no solo por su concordancia con la Palabra, sino también por el poder que los establece, como ordenanza de Dios instituida para este fin en su Palabra[d].

4. Todos los sínodos y concilios, desde los tiempos de los apóstoles, ya sean generales o particulares, pueden errar, y muchos han errado. Por ello, no se les debe considerar como la regla de fe o práctica, sino como una ayuda para ambas[e].

5. Los sínodos y concilios solamente deben tratar y decidir acerca de los asuntos eclesiásticos, y no deben entrometerse en los asuntos civiles que conciernen al Estado, a no ser por medio de humilde petición, en casos extraordinarios, o por medio de consejo para satisfacer la conciencia, si se lo solicita el magistrado civil[f][800].

CAPÍTULO 32
Del estado del hombre después de la muerte y de la resurrección de los muertos

1. Los cuerpos de los hombres vuelven al polvo después de la muerte y ven la corrupción[a], pero sus almas —las cuales ni mueren ni duermen—, teniendo una subsistencia inmortal, vuelven inmediatamente a Dios quien las dio[b]. Las almas de los justos, siendo entonces hechas perfectas en santidad, son recibidas en los más altos cielos en donde contemplan la faz de Dios en luz y gloria, esperando la completa redención de sus cuerpos[c]. Las almas de los malvados son arrojadas al infierno, en donde permanecen atormentados y envueltas en densas tinieblas, en espera del juicio del gran día[d]. Fuera de estos dos lugares para las almas que yacen separadas de sus cuerpos, la Escritura no reconoce ninguno otro.

2. En el último día, los que se encuentren vivos no morirán, sino que serán transformados[e]: y todos los muertos serán resucitados con sus mismos cuerpos —y no con otros— aunque con diferentes cualidades, y serán unidos otra vez a sus almas para siempre[f].

3. Los cuerpos de los injustos, por el poder de Cristo, resucitarán para deshonra; los cuerpos de los justos, por su Espíritu, para honra; y serán hechos, entonces, semejantes al cuerpo glorioso de Cristo[g][801].

---

[800] **a.** Hch. 15:2,4,6. **b.** Isa. 49:23; 1 Tim. 2:1,2; 2 Cr. 19:8-11; 2 Cr. 29; 30; Mat. 2:4,5; Prov. 11:14. **c.** Hch. 15:2,4,22,23,25. **d.** Hch. 15:15,19,24,27-31; Mat. 18:17-20. **e.** Ef. 2:20; Hch. 17:11; 1 Cor. 2:5; 2 Cor. 1:24. **f.** Luc. 12:13,14; Jn. 18:36.

[801] **a.** Gén. 3:19; Hch. 13:36. **b.** Luc. 23:43; Ecl. 12:7. **c.** IIch. 12:23; 2 Cor. 5:1,6,8; Fil. 1:23; Hch. 3:21; Ef. 4:10. **d.** Luc. 16:23,24; Jds. 6,7; Hch. 1:25; 1 Ped. 3:19. **e.** 1 Tes. 4:17; 1 Cor. 15:51,52. **f.** Job. 19:26,27; 1 Cor. 15:42-44. **g.** Hch. 24:15; Jn. 5:28,29; Fil. 3:21; 1 Cor. 15:43.

CAPÍTULO 33
Del juicio final

1. Dios ha establecido un día en el cual juzgará al mundo con justicia por Jesucristo[a], a quien el Padre ha dado todo poder y juicio[b]. En aquel día, no solo los ángeles apostatas serán juzgados[c], sino que también todas las personas que han vivido en la tierra comparecerán delante del tribunal de Cristo para dar cuenta de sus pensamientos, palabras y acciones; y para recibir conforme a lo que hayan hecho mientras estaban en el cuerpo, sea bueno o sea malo[d].

2. El propósito de Dios al establecer este día, es la manifestación de la gloria de su misericordia en la salvación eterna de los elegidos; y de su justicia en la condenación de los réprobos, que son malvados y desobedientes. Porque entonces entrarán los justos en la vida eterna y recibirán la plenitud de gozo y refrigerio que vendrá de la presencia del Señor; pero los malvados, que no conocen a Dios ni obedecen el evangelio de Jesucristo, serán arrojados al tormento eterno y castigados con perdición perpetua, lejos de la presencia del Señor y de la gloria de su poder[e].

3. Así como Cristo quiso que estuviésemos plenamente persuadidos de que habrá un día de juicio, tanto para disuadir a todos los hombres de pecar, como para el mayor consuelo de los piadosos en su adversidad[f]; así también mantendrá tal día desconocido para los hombres, para que ellos se desprendan de toda seguridad carnal y estén siempre vigilantes, porque no saben a qué hora vendrá el Señor; y estén siempre listos para decir: Ven, Señor Jesús: ven pronto. Amén[g][802].

---

[802] **a.** Hch. 17:31. **b.** Jn. 5:22,27. **c.** 1 Cor. 6:3; Jds. 6; 2 Ped. 2:4. **d.** 2 Cor. 5:10; Ecl. 12:14; Rom. 2:16; 14:10,12; Mat. 12:36,37. **e.** Mat. 25:31-46; Rom. 2:5,6; 9:22,23; Mat. 25:21; Hch. 3:19; 2 Tes. 1:7-10. **f.** 2 Ped. 3:11,14; 2 Cor. 5:10,11; 2 Tes. 1:5-7; Luc. 21:27,28; Rom. 8:23,25. **g.** Mat. 24:36,42,44; Mc. 13:35-37; Luc. 12:35,36; Apo. 22:20.

INTRODUCCIÓN A LA FÓRMULA CONCENSO HELVÉTICO

El último documento confesional de tradición suiza, y último credo reformado en general, fue redactado en 1675 por el teólogo John Henry Heidegger (1633-1698), maestro de Heidelberg, Steinfurt y Zúrich[803], con la cooperación de Lucas Gernler (1625-1676) y Francis Turretin (1623—1687). Esta *Fórmula* tenía el propósito de responder contra las enseñanzas que se impartían en la academia hugonote de Saumur. Para 1620, la iglesia reformada francesa bajo la moderación de Pierre du Moulin (1568-1658)[804], en el Sínodo de Alais (octubre de 1620) adoptó los *Cánones de Dort* y los añadió a su símbolo confesional principal —la *Confesión Galicana* de 1559—, atando así «a todos los ministros y ancianos por un juramento solemne para defenderlos hasta el último aliento»[805]. El siglo XVII fue para la academia teológica de Saumur una edad dorada, ya que los nuevos maestros causaron una masiva llegada de estudiantes locales y extranjeros; Saumur gozaba de una doctrina consistente y reformada, aunque no sabía qué deparaba el futuro.

La ortodoxia de Saumur pronto sufriría la aparición de tres maestros liberales: Moïse Amyraut (1596-1664) quien, junto a John Cameron (1579-1625), difería, en su *Brief Traitté de la Prédestination* (1634), de las doctrinas de la predestinación y la expiación tal como eran expuestas en los *Cánones de Dort*[806]; Louis Cappel (1585—1658), quien negó la inspiración verbal de las Escrituras, particularmente del texto hebreo del Antiguo Testamento, aunque sin negar su autoridad[807], y Josué La Place (1596—1655) rechazó la imputación

---

[803] Water Hook, *An Ecclesiastical Biography, Containing the Lives of Ancient Fathers and Modern Divines, Interspersed with Notices of Heretics and Schismatics* Volume 5, p. 569.

[804] Para el inicio de la controversia arminiana en la iglesia reformada francesa ver Donald Sinnema, *The French Reformed Churches, Arminianism, and the Synod of Dort* (1618-1619). Para una exposición sobre vida y teología de Pierre du Moulin, véase a Leslie Gordon T., *Pierre du Moulin (1568-1658), Huguenot Theological* (The University of Edinburg, 1955).

[805] Philip Schaaf, *Creeds of Christendom*, I, § 61.

[806] Louis Berkhof, *Historia de la Doctrina Cristiana*, pp.243-244; Benjamin Myers, *Milton's Theology of Freedom* (Walter de Gruyter, New York, 2006), 1, p. 44; Martyn J. McGeown, *A Critical Examination of the Amyraldian View of the Atonement*, III.

[807] Ver Stephen G. Burnett, *Hebrew Bible / Old Testament the History of Its Interpretation* Volume II (Gottingen. Vandenhoeck & Ruprecht. 2008), p.790.

inmediata del pecado de Adán a sus descendientes[808]. Las doctrinas que salieron de Saumur eran peligrosas, pues rápidamente se expandían y hacían necesaria una respuesta ortodoxa que clarificara lo que estas novedosas enseñanzas venían a oscurecer. Por esa razón varios teólogos suizos, cuando ya los profesores de Saumur habían muerto, decidieron proteger a la iglesia y salvaguardar la doctrina reformada por medio de un tradicional texto confesional y apologético. Esta tarea se le encargó personalmente a Heidegger, quien, junto al trabajo de sus compañeros, presentó a comienzos de 1675 ante el Sínodo de Zúrich la *Fórmula Consenso Ecclesiarum Helveticarum*, un manifiesto de 26 cánones en respuesta a los postulados de los tres maestros de Saumur. Pasado un año de la promulgación de la *Fórmula*, esta fue adoptada por la iglesia de Zúrich, Berna, Basilea, más tarde por Ginebra (1679) y finalmente por toda Suiza; convirtiéndose en una «regla vinculante» de doctrina para maestros y ministros. Sin embargo, aun con su amplia aceptación, en el siglo XVIII el escenario sería diferente; la *Fórmula* caería paulatinamente en el desuso y para 1740 no tendría ninguna autoridad fuera de Suiza, donde luego fue abrogada. Este rechazo general a la *Fórmula* permitió que la doctrina de Amyraut ejerciera más influencia de la que antes tenía[809], aunque no en muchos sectores reformados.

Esta *Confesión* o *Fórmula*, aunque no gozó de la aceptación general que otros textos tuvieron y al tener un relativamente corto tiempo de consideración en las iglesias, forma parte de la expresión ortodoxa de la fe reformada y, por su historia, propósito y contenido fielmente calvinista[810], se une armoniosamente a la familia de las confesiones reformadas históricas, siendo la «declaración más clara del calvinismo escolástico, y.... el más alto de los credos calvinistas».[811]

Nicolás R. Elgueta Cartes

Contenido:

- Artículos 1-3: *contra Cappel.*
- Artículos 4-9: *contra Amyraut.*
- Artículos 10-12: *contra Le Place.*
- Artículos 13-25: *contra Amyraut.*

---

[808] Herman Selderhuis (ed.), *A Companion to Reformed Orthodoxy* (Leiden, Boston 2013), II, p.246. Ver Martyn McGeown, *The Resurrection of a French Heresy*, II, pp. 35-40.

[809] David Gibson/Jonathan Gibson (ed.), *From Heaven He Came and Sought Her: Definite Atonement in Historical, Biblical, Theological, and Pastoral Perspective* (Crossway, Wheaton, Illinois 2013), 7, p. 166.

[810] La mayor parte de la Fórmula se enfoca en aspectos soteriológicos, por esa razón, como dice Schaff (Ibid., p. 479) al ser la confesión una respuesta formal a la doctrina de Amyraut, es que puede ser llamada *fórmula anti-Salmuriensis.*

[811] Peter J. Wallace, *The Doctrine of the Covenant in the Elenctic Theology of Francis Turrentin* (Mid-Alerica Journal of Theology 13, 2002, 143-179) p. 161.

- Artículo 26: expone una prohibición de toda enseñanza que contradiga a Las Sagradas Escrituras y no concuerde con los estándares confesionales.

- Artículo 26: expone una prohibición de toda enseñanza que contradiga a Las Sagradas Escrituras y no concuerde con los estándares confesionales.

LA FÓRMULA
CONCENSO HELVÉTICO

Canon 1: Dios, el Juez Supremo, no solo se encargó de comisionar Su Palabra por escrito—la cual es el «poder de Dios para salvación a todo aquel que cree» (Rom. 1:16)— por medio de Moisés, los Profetas y los Apóstoles; sino que también la ha supervisado y preservado con cuidado paternal desde el momento en que fue escrita hasta el tiempo presente, para que no pudiera ser corrompida por las artimañas de Satanás ni por el fraude del hombre. Por lo tanto, la Iglesia acertadamente le atribuye la singular gracia y bondad de Dios, que esta Palabra tiene, y que tendrá hasta el fin del mundo (2 Ped. 1:19), una «segura palabra de profecía,» y «Santas Escrituras» (2 Tim. 3:15), pues, aunque «el cielo y la tierra pasarán», «la letra más pequeña o el menor trazo de la pluma no desaparecerán de ninguna manera» (Mt. 5:18).

Canon II: Pero, en particular, el hebreo original del Antiguo Testamento, el cual hemos recibido y hasta el día de hoy conservamos tal como lo transmitió la Iglesia hebrea, «a quien se le habían dado los oráculos de Dios» (Rom 3: 2), es, no solo en sus consonantes, sino también en sus vocales—ya sea los puntos vocálicos en sí mismos, o al menos el poder de estos puntos, y no solo en su materia sino en sus palabras—inspirado por Dios. Formando así, junto con el idioma original del N.T., la única y completa regla de nuestra fe y práctica; y de acuerdo con este estándar, como una piedra de toque, deben compararse todas las versiones existentes, orientales u occidentales, y donde sea que estas difieran, deben conformarse a la misma.

Canon III: Por lo tanto, no podemos aprobar la opinión de aquellos que creen que el texto que exhibe el hebreo original fue determinado solamente por la voluntad humana, y no dudan en absoluto en remodelar alguna lectura hebrea cuando la consideran inadecuada, modificándola de acuerdo con las versiones de la LXX (Septuaginta) y otras versiones griegas como el Pentateuco Samaritano escrito por los Tárgums caldeos, o de acuerdo con otras fuentes. Llegan incluso al punto de seguir las correcciones que sus propios poderes racionales les dictan a partir de las diversas lecturas del hebreo original, que, según ellos, se ha corrompido de varias maneras; y finalmente, afirman que además de la edición en hebreo del tiempo actual, existen en las versiones de los antiguos intérpretes—las cuales difieren de nuestro texto hebreo—otros textos en hebreo original. Dado que estas versiones son indicativas, según ellos, de textos antiguos en hebreo original que difieren entre sí, ellos ponen en grave peligro la base de nuestra fe y su autoridad sagrada.

Canon IV: Dios, antes de la creación del mundo, decretó en Cristo Jesús nuestro Señor, según su propósito eterno (Ef. 3:11), y por el mero placer de su propia voluntad—sin ninguna previsión del mérito de las obras ni de la fe, para alabanza de su gloriosa gracia—elegir a algunos de entre la raza humana que yacían en la misma masa de corrupción y de sangre común y, por lo tanto, estaban corrompidos por el pecado. Él eligió a un número especifico y definido para que fuesen guiados, a su debido tiempo, a la salvación en Cristo, el cual es su Garante y único Mediador. Y debido al mérito de Cristo, y por el majestuoso poder del Espíritu Santo regenerador, decretó que estos elegidos serían efectivamente llamados, regenerados y dotados de fe y arrepentimiento. Ciertamente entonces, Dios, habiendo determinado mostrar Su gloria, decretó crear al hombre perfecto, en primer lugar, luego permitirle caer, y finalmente compadecerse de algunos de los caídos, y por lo tanto elegirlos, pero dejar al resto en la masa de corrupción, para finalmente entregarlos a la destrucción eterna.

Canon V: Cristo mismo también está incluido en el decreto de gracia de la elección divina, no como la causa meritoria, o fundamento antes de la elección en sí, pero como siendo Él mismo elegido también (I Ped. 2: 4,6). De hecho, Él era conocido antes de la fundación del mundo, y de acuerdo con esto, como primer requisito para llevar a cabo el decreto de elección, fue elegido Mediador y nuestro Hermano primogénito, cuyo mérito precioso Dios determinó usar con el propósito de conferir, sin perjuicio para su propia justicia, la salvación sobre nosotros. Porque las Sagradas Escrituras no solo declaran que la elección fue hecha de acuerdo con el mero placer y voluntad del consejo divino (Ef. 1:5,9; Mt. 11:26), sino también que el nombramiento y la entrega de Cristo, nuestro Mediador, iba a proceder del celoso amor de Dios el Padre, hacia el mundo de los elegidos.

Canon VI: Por lo tanto, no podemos estar de acuerdo con la opinión de quienes enseñan: l) que Dios, movido por la filantropía o por alguna especie de amor especial por los caídos de la raza humana, determinó bajo un tipo de voluntad limitada— primero moviéndose por lástima, como ellos le llaman, o por un deseo ineficaz—la salvación de todos de manera condicional, es decir: siempre y cuando creyeran. 2) Que designó a Cristo como Mediador para todos y cada uno de los caídos; y 3) que Dios eligió a ciertos individuos a quienes El consideró que no simplemente eran pecadores en el primer Adán, sino también redimidos en el segundo Adán; es decir, determinó gentilmente otorgar a estos, en su debido tiempo, el don salvador de la fe, siendo únicamente este acto lo que completa a la elección. Por tanto, estas y todas las demás enseñanzas similares no son desviaciones insignificantes de la enseñanza verdadera sobre la elección divina; porque las Escrituras no extienden a todos y cada uno de los hombres el propósito de Dios de mostrar misericordia, sino que lo restringen solo para los elegidos, excluyendo a los reprobados incluso por su nombre, como Esaú, a quien Dios odiaba con un odio eterno (Rom. 9:11). Las mismas Sagradas Escrituras testifican que el consejo y la voluntad de Dios no cambian, sino que permanecen inamovibles, y que Dios, en los cielos hace todo lo que le place (Sal. 115: 3; Is. 47:10), pues Dios está tan infinitamente separado de toda esa imperfección humana, la cual caracteriza los afectos y deseos ineficaces, tanto el arrepentimiento súbito como el cambio de propósito. De igual manera, el nombramiento de Cristo como Mediador, junto con la salvación de aquellos que le fueron entregados por posesión y herencia eterna, proceden de la una y la misma elección, en lugar de formar la base de la elección.

Canon VII: Así como Dios conocía todas sus obras desde la eternidad (Hch. 15:18), así también, Él, a su debido tiempo—según Su infinito poder, sabiduría y bondad—hizo al hombre, como gloria y último de Sus obras, a Su propia imagen y, por lo tanto, recto, sabio y justo. Habiendo creado al hombre de esta manera, lo puso bajo el Pacto de Obras, y en este Pacto le prometió libremente la comunión con Dios, el favor y la vida, siempre y cuando actuase en obediencia a Su voluntad.

Canon VIII: Mas aun, esa promesa relacionada al Pacto de Obras no era solamente una continuación para la vida y felicidad terrenales, sino la posesión especialmente de la vida eterna y celestial, una vida a saber, tanto del cuerpo como del alma en el cielo, siempre y cuando el hombre siguiese el curso de la obediencia perfecta, con alegría indescriptible en comunión con Dios. Pues no solamente el Árbol de la Vida prefiguraba esta vida eterna a Adán, sino que también el poder de la ley, el cual fue cumplido por Cristo—quien pasó bajo este poder en nuestro lugar—nos otorga nada más y nada menos que la vida celestial en Cristo, habiendo Él mantenido la misma justicia de la ley. Es pues, que el poder de la ley también amenaza al hombre con la muerte, tanto temporal como eterna.

Canon IX: Por lo tanto, no podemos estar de acuerdo con la opinión de aquellos que niegan que se le haya ofrecido una recompensa de gozo celestial a Adán con la condición de su obediencia a Dios. Tampoco admitimos que la promesa del Pacto de Obras fuese algo más que una promesa de vida perpetua, abundando en todo tipo de bienes que pueden adaptarse al cuerpo y alma del hombre en un estado de naturaleza perfecta, y el disfrute de todo esto en un paraíso terrenal, pues esto también es contrario al sentido sano de la Palabra Divina, y debilita el poder de la ley considerada en sí misma.

Canon X: Dios entró en el Pacto de Obras no solamente con Adán de manera individual, sino también como siendo Él la cabeza y raíz con toda la raza humana. El hombre, en virtud de la bendición derivada de la naturaleza de Adán, heredaría también la misma perfección, siempre que continuara en ella. Entonces, Adán debido a su triste caída, pecó y perdió los beneficios prometidos en el Pacto de Obras, no solo para sí mismo, sino también para toda la raza humana que nacería a través de la carne. Por lo tanto, sostenemos que el pecado de Adán es imputado por el justo y misterioso juicio de Dios, a toda su posteridad. Porque el Apóstol testifica que «en Adán todos pecaron, por la desobediencia de un hombre, muchos fueron hechos pecadores» (Rom. 5:12,19) y «en Adán todos mueren» (I Cor. 15:21-22). Pero parece que no hay forma en que la corrupción hereditaria pudiese caer, como una muerte espiritual, sobre toda la raza humana debido al justo juicio de Dios, a menos de que algún pecado de esa misma raza hubiese sido cometido en el pasado, incurriendo así en la pena de esa muerte. Pues Dios, el Juez más supremo de toda la tierra, no castiga a nadie más que al culpable.

Canon XI: Por lo tanto, es por una doble razón que el hombre, debido al pecado, está por naturaleza —y por lo tanto desde su nacimiento, incluso antes de cometer algún pecado real— expuesto a la ira y a la maldición de Dios. Primero, a causa de la transgresión y desobediencia que cometió en los lomos de Adán; y, en segundo lugar, a causa de la consiguiente corrupción hereditaria implantada desde su propia concepción, por la cual, toda su naturaleza está depravada y espiritualmente muerta. Por lo cual, el pecado original puede ser justamente considerado como un pecado doble: un pecado imputado y un pecado hereditario inherente.

Canon XII: Por consiguiente, no podemos, sin dañar a la verdad divina, estar de acuerdo con aquellos que niegan que Adán representó a su posteridad de acuerdo con la intención de Dios, y por lo tanto también niegan que su pecado es imputado inmediatamente a su posteridad. Y bajo esta imputación mediada y consecuente, no solo destruyen la imputación del primer pecado, sino que también exponen a grave peligro la doctrina de la corrupción hereditaria.

Canon XIII: Así como Cristo fue elegido desde la eternidad, para ser la Cabeza, el Líder y el Señor de todos los que, en el tiempo, son salvados por Su gracia; así también, en el tiempo, fue hecho Garante del Nuevo Pacto exclusivamente para aquellos que por la elección eterna, fueron entregados a Él como Su pueblo, Su simiente y Su herencia. Pues de acuerdo con el consejo determinado del Padre y Su propia intención, Cristo se encontró con una muerte terrible en vez de los elegidos solamente, y restauró solo a estos en el seno de la gracia del Padre, y solo a estos los reconcilió con Dios, el Padre ofendido, y los liberó de la maldición de la ley. Porque nuestro Jesús salva a Su pueblo de sus pecados (Mt. 1:21), Él es quien dio su vida en rescate por muchas ovejas (Mt. 20:24, 28; Jn. 10:15), las suyas escuchan Su voz (Jn. 10:27-28), e intercede como Sacerdote divinamente designado, solamente por estas y no por el mundo entero, (Jn. 17:9). En consecuencia, en el sacrificio expiatorio, Sus ovejas son consideradas como habiendo muerto con Él y como justificadas del pecado (2 Cor. 5:14). Y así, junto con el consejo del Padre, el cual no le dio a Cristo más que únicamente los elegidos para ser redimidos, y también junto con la obra del Espíritu Santo, quien solamente santifica y sella para esperanza viva de la vida eterna a los elegidos; así también, la voluntad de Cristo, quien murió, está de acuerdo y conspira amigablemente en perfecta armonía, para lograr que la esfera de la elección del Padre, la redención del Hijo, y la santificación del Espíritu, sean una y la misma.

Canon XIV: Esto también se puede ver en que Cristo proporcionó los medios de salvación —especialmente el Espíritu regenerador y el don celestial de la fe—para aquellos en cuyo lugar murió, así como la salvación misma, pues en realidad Él les confiere estos dones a sus elegidos. Porque las Escrituras testifican que Cristo, el Señor, vino a salvar a las ovejas perdidas de la casa de Israel (Mt. 15:24), enviando el mismo Espíritu Santo, la fuente de regeneración, como su Espíritu (Jn. 16: 7-8). Y entre las mejores promesas del Nuevo Pacto del que fue nombrado Mediador y Garante, esta tiene preeminencia: que Él inscribirá su ley, la ley de la fe, en los corazones de Su pueblo (Heb 8:10); y todos los que el Padre le ha dado a Cristo, vendrán a Él por fe y de manera segura; y finalmente, que somos elegidos en Cristo para ser Sus hijos, santos e irreprensibles (Ef. 1:4-5). Nuestra identidad como hijos santos de Dios, procede solo de la fe y del Espíritu de regeneración.

Canon XV: Pero por la obediencia de su muerte, Cristo en lugar de los elegidos, satisfizo de tal manera a Dios Padre que, al estimar su justicia vicaria y obediencia —todo lo que Cristo hizo bajo la ley, como siervo justo durante toda su vida, ya sea cumpliendo o sufriendo— debe llamarse obediencia. Pues la vida de Cristo, según el testimonio del Apóstol (Fil. 1:8), no era más que sumisión, humillación y un vaciado continuo de sí mismo, descendiendo paso a paso hasta el extremo más bajo, incluso hasta el punto de la muerte en la cruz. De la misma manera, el Espíritu de Dios claramente declara que Cristo, por medio de Su santísima vida, satisfizo la ley y la justicia divina en nuestro lugar, haciendo así que el rescate con el que Dios nos ha redimido consista no solo en Sus sufrimientos, sino en toda Su vida y obediencia conforme a la Ley. Sin embargo, el Espíritu atribuye nuestra redención a la muerte, o sangre, de Cristo, pero lo hace en ningún otro sentido más que en que la redención fue consumada por Sus sufrimientos; y es precisamente de ese último acto, más noble y definitivo, que deriva un nombre en verdad, pero no en tal manera que separe la obediencia de la vida que precedió a su muerte.

Canon XVI: Dado que todas estas cosas son así, difícilmente podemos aprobar la doctrina opuesta de aquellos que afirman que, de Su propia intención y consejo, y la del Padre que lo envió, Cristo murió por todos y cada uno de los humanos, con la condición de que ellos crean. Tampoco podemos afirmar la enseñanza de que Cristo obtuvo una salvación para todos pero que, sin embargo, no se aplica a todos; o que su muerte realmente no pagó la salvación ni fe de nadie de manera particular, sino que solo eliminó el obstáculo de la justicia divina, adquiriendo para el Padre la libertad de entrar en un nuevo pacto de gracia con todos los hombres. Finalmente, aquellos separan de tal manera la justicia activa y pasiva de Cristo, que afirman que Él clama su justicia activa para sí mismo, pero da e imputa solamente su justicia pasiva a los elegidos. Todas estas opiniones, y todas las que son similares, son contrarias a las claras Escrituras y a la gloria de Cristo, quien es el Autor y Consumador de nuestra fe y salvación. Ellos hacen que Su cruz quede sin efecto, y bajo la apariencia de querer exaltar su mérito, ellos, en realidad lo disminuyen.

Canon XVII: El llamado a la salvación se adecuó a su debido tiempo (1 Tim. 2:6), ya que, por la voluntad de Dios, fue en algún tiempo más restringido, y en otro, más expandido y generalizado, pero nunca completamente universal. Pues, de hecho, en el A.T. Dios anunció su palabra a Jacob y sus estatutos y sus juicios a Israel, pero no lo hizo con ninguna otra nación (Sal. 147:19-20). En el Nuevo Testamento, habiéndose realizado la paz en la sangre de Cristo, y habiéndose derrumbado los muros internos de división, Dios extendió así los límites de la predicación del evangelio y el llamado externo, ya que no hay ninguna diferencia entre judío y griego, pues el mismo Señor está sobre todos y es misericordioso con todos los que lo invocan (Rom. 10:12). Sin embargo, ni siquiera aquí, el llamado de salvación llega a ser universal, pues Cristo testifica que muchos son llamados (Mt. 20:14), pero no todos; y cuando Pablo y Timoteo trataron de ir a Bitinia para predicar el evangelio, el Espíritu se los impidió (Hch. 16: 7). Por último, ha habido y aún hay hoy, como lo demuestra la experiencia, innumerables miríadas de hombres para quienes Cristo no es conocido ni siquiera por rumores.

Canon XVIII: Mientras tanto, Dios no ha dejado sin testigos suyos (Hch. 14: 7) a aquellos a quienes se negó a llamar a través de su Palabra para salvación, pues les proporcionó el testimonio de los cielos y las estrellas (Deut 4:19), y aquello que puede ser conocido de Dios, incluso por las obras de la naturaleza y Providencia, Él les ha revelado (Rom. 1:19) con el propósito de mostrar Su gran paciencia. Sin embargo, no es verdad que las obras de la naturaleza y la Providencia divina sean medios suficientes en sí mismas, que cumplan la función del llamado externo por los cuales Él les revelaría el misterio de Su buen placer o la misericordia de Dios en Cristo. Pues el Apóstol inmediatamente agrega: «Porque desde la creación del mundo, las cualidades invisibles de Dios, su poder eterno y su naturaleza divina, se han visto claramente» (Rom. 1:20), pero lo que no se ha visto claramente es el buen placer de Dios en Cristo; e incluso, las cualidades invisibles que se han revelado en la naturaleza, no tienen como fin que ellos conozcan el misterio de la salvación en Cristo, sino que solamente ya no tengan excusa, porque no usaron correctamente el conocimiento que les quedaba, pues cuando conocieron a Dios, no lo glorificaron como a Dios, ni le dieron gracias. Por lo cual, Cristo también glorifica a Dios su Padre, porque Él había escondido estas cosas de los sabios y prudentes, y se las reveló a los niños (Mt. 1:25). Así como enseña el Apóstol: «Dios nos ha dado a conocer el misterio de su voluntad de acuerdo con su buena voluntad que se ha propuesto en Cristo» (Ef. 1:9).

Canon XIX: Del mismo modo, el llamado externo en sí, que se hace por la predicación del evangelio, es de parte de Dios, quien llama ferviente y sinceramente. Porque en Su palabra Él revela de manera más genuina y sincera, no Su voluntad secreta con respecto a la salvación o destrucción individual, sino nuestra responsabilidad y lo que nos sucederá si cumplimos o descuidamos este deber. Claramente es la voluntad de Dios, quien llama, que los que son llamados vengan a Él sin ser negligentes para con una salvación tan grande, y por eso promete fervientemente la vida eterna a quienes acuden a Él por fe. Pues, como el Apóstol declara: «Palabra fiel es esta: Si somos muertos con él, también viviremos con él; si sufrimos, también reinaremos con él; si le negáremos, él también nos negará. Si fuéremos infieles, él permanece fiel; Él no puede negarse a sí mismo.» (2 Tim 2: 12-13). Este llamado tampoco queda sin resultado aun con quienes desobedecen, porque Dios siempre cumple Su voluntad, incluso demostrando el deber, y después de esto, ya sea la salvación de los elegidos que cumplen con su responsabilidad, o dejando sin excusa a los demás que despreciaron el deber de responder al llamado hecho ante ellos. Ciertamente, el hombre espiritual de ninguna manera determinó el propósito eterno de Dios para producir fe junto con la Palabra de Dios escrita u ofrecida externamente. Es más, por cuanto Dios aprobó cada verdad que fluye de Su consejo, se dice acertadamente que es Su voluntad que todos los que vean al Hijo y crean en Él, puedan tener vida eterna (Jn. 6:40). Aunque estos «todos» son únicamente los elegidos, y Dios no formó ningún plan de salvación universal sin la selección de personas particulares y, por lo tanto, Cristo no murió por todos, sino solo por los elegidos que le fueron dados. Aun así, Dios afirma que, en cualquier caso, este llamado es universalmente cierto. Dicho llamado se desprende de su propósito especial y definido, y por la misma voluntad de Dios, solo los elegidos creen en el llamado externo que se ofrece universalmente, mientras que los reprobados se endurecen. Esto procede únicamente de la gracia selectiva de Dios: ya sea elección por la misma gracia a los que creen; pero su propia iniquidad natural a los réprobos que permanecen en el pecado, los cuales, por seguir a su propio endurecido e impenitente corazón, acumulan ira para el Día del Juicio, y de la revelación del justo juicio de Dios (Rom. 2:5).

Canon XX: En consecuencia, no tenemos dudas de que están equivocados quienes sostienen que el llamado a la salvación no se revela únicamente por la predicación del evangelio, sino también por las obras de la naturaleza y la Providencia sin más proclamación. Añaden también, que el llamado a la salvación es tan indefinido y universal que no hay mortal que no esté, al menos objetivamente, lo suficientemente llamado—ya sea «mediatamente,» lo que significa que Dios proporcionará la luz de Su gracia para aquellos que usen la luz de la naturaleza correctamente, o «inmediatamente,» —a Cristo y a la salvación. Finalmente, niegan que pueda decirse que el llamado externo es serio y verdadero, o que se pueda defender el candor y la sinceridad de Dios, a no ser que se afirme la absoluta universalidad de la gracia. Por cuanto tales doctrinas son contrarias a las Sagradas Escrituras y a la experiencia de todas las edades, y abiertamente confunden a la naturaleza con la gracia, y también confunden las cosas que podemos saber acerca de Dios con su sabiduría oculta, terminan confundiendo aún más la luz de la razón con la luz de la Revelación divina.

Canon XXI: Aquellos que son llamados a la salvación mediante la predicación del evangelio, no pueden creer ni obedecer el llamado, a menos que sean levantados de la muerte espiritual por ese mismo poder que Dios usó para ordenar a la luz brillar en la oscuridad; y Dios brilla en sus corazones con la gloria de Dios en el rostro de Jesucristo (2 Cor. 4:6). Pues el hombre natural no recibe las cosas del Espíritu de Dios, porque son locura para él: tampoco puede conocerlas, porque se disciernen espiritualmente (1 Cor. 2:14). Y las Escrituras demuestran esta incapacidad total, a través de tantos testimonios directos y de tantos mosaicos, que difícilmente habrá otro punto más seguro que este. Esta incapacidad puede, de hecho, ser llamada «moral» siempre y cuando sea con respecto a un sujeto u objeto moral: pero debe ser al mismo tiempo llamada «incapacidad natural,» pues el hombre es por naturaleza— desde la ley de su formación en el útero, y por lo tanto desde su nacimiento— hijo de la desobediencia (Ef. 2: 2). Tiene el hombre entonces esa incapacidad tan innata, que no puede ser quitada de él, excepto por la omnipotente y regeneradora gracia del Espíritu Santo.

Canon XXII: Por lo tanto, sostenemos que hablan de manera inexacta y peligrosa, aquellos que solamente llaman a esta incapacidad para creer: «incapacidad moral,» pues omiten decir que es también una incapacidad natural. Agregan incluso, que el hombre, en cualquier condición en la que se encuentre, puede creer si así lo desea, y que la fe de una u otra forma, es de hecho, de origen propio. El Apóstol, sin embargo, claramente llama a la salvación, el «don de Dios» (Ef. 2: 8).

Canon XXIII: Hay dos maneras en las que Dios, el Juez justo, ha prometido justificación: ya sea por las obras de uno mismo al obedecer la Ley, o por la obediencia o justicia de otro, incluso de Cristo nuestro Garante. Esta justificación se imputa por gracia a los que creen en el evangelio. El primero es el método de justificar al hombre por su perfección, pero el segundo, es el de justificar al hombre quien es un pecador corrupto. De acuerdo con estas dos formas de justificación, la Escritura establece estos dos pactos: 1) el Pacto de Obras, hecho con Adán y con cada uno de sus descendientes en él, pero nulificado por el pecado; y 2) el Pacto de Gracia, hecho solo con los elegidos en Cristo, el segundo Adán, siendo un pacto eterno. Este Pacto de Gracia no puede romperse, a diferencia del Pacto de Obras, el cual sí puede ser abrogado.

Canon XXIV: Pero este posterior Pacto de Gracia también tiene diferentes dispensaciones según la diversidad de los tiempos. Porque cuando el Apóstol habla de la dispensación de la plenitud de los tiempos, es decir, la administración de los últimos tiempos (Ef. 1:10), él indica muy claramente que también hubo otra dispensación y administración hasta el tiempo que el Padre designó. Sin embargo, en la dispensación del Pacto de Gracia, los elegidos no han sido salvados en ninguna otra manera que no sea por el Ángel de su presencia (Isa 63: 9), el Cordero inmolado desde la fundación del mundo

(Ap. 13: 8), Cristo Jesús, a través del conocimiento y la fe en ese Siervo justo y en el Padre y su Espíritu. Pues Cristo es el mismo ayer, hoy y siempre (Hb. 13: 8), y por Su gracia creemos que somos salvados en la misma forma y manera en que los Padres también fueron salvados, y en ambos Testamentos estos estatutos permanecieron sin cambios: «Bienaventurados todos los que confían en Él» (el Hijo) (Sal. 2:12); «El que cree en Él no es condenado, sino el que no cree, ya está condenado» (Jn. 3:18). «Tú crees en Dios,» (el Padre), «cree también en mí» (Jn. 14: 1). Pero si, además, los santos Padres creían en Cristo como su Dios, se deduce que también creían en el Santo Espíritu, sin el cual nadie puede llamar a Jesús: Señor. Verdaderamente hay tantas exhibiciones claras de esta fe de los Padres y de la necesidad de tener la misma fe en cualquier Testamento, que es imposible no verlas a menos que uno desee ignorarlas. Pero aunque este conocimiento salvífico de Cristo y la Santísima Trinidad se derivó necesariamente, según la dispensación de ese tiempo, tanto de la promesa como de las sombras, figuras y misterios, con mayor dificultad que en el N.T., aun así, este fue un conocimiento verdadero y, en proporción a la medida de la Revelación divina, fue suficiente para proporcionar la salvación y la paz de conciencia en los elegidos, con la ayuda de la gracia de Dios.

Canon XXV: Desaprobamos, por lo tanto, la doctrina de aquellos que fabrican para nosotros tres Pactos—1) el Natural, 2) el Legal y 3) el Evangelio—diferentes en toda su naturaleza como en su esencia, y al explicarlos y asignarles sus diferencias, se enredan tan complicadamente que oscurecen e incluso perjudican el núcleo de la verdad sólida y la piedad. Aquellos tampoco dudan en lo absoluto para especular de manera demasiado libre y peligrosa, con respecto a la necesidad—bajo la dispensación del A.T.— del conocimiento de Cristo y de la fe en Él y su cumplimiento y de toda la Santísima Trinidad.

Canon XXVI: Finalmente, tanto para nosotros, —a quienes en la Iglesia, que es la casa de Dios, se nos ha confiado la dispensación para el presente— como para todos nuestros nazarenos, y también para aquellos que bajo la voluntad y dirección de Dios algún día nos reemplazaran en nuestra responsabilidad, a fin de evitar los temibles fuegos de las disensiones con las que la Iglesia de Dios está siendo perturbada de manera terrible en diferentes lugares, deseamos sinceramente que se haga lo siguiente: Que en medio de la corrupción del mundo, junto con el Apóstol de los gentiles como nuestro fiel monitor, todos guardemos fielmente aquello que se nos ha conferido a nuestro cargo, evitando balbuceos profanos y vanos (I Tim. 6:20); y protejamos religiosamente la pureza y simplicidad de ese conocimiento que va de acuerdo con la piedad, aferrándonos constantemente a la hermosa pareja de la Caridad y la Fe sin mancha. Además, con el fin de que nadie pueda ser inducido a proponer, ya sea pública o privadamente, un nuevo o dudoso dogma de fe nunca antes conocido en nuestras iglesias—y contrario a la Palabra de Dios, a nuestra Confesión Helvética, Libros Simbólicos, y a los Cánones del Sínodo de Dort—sin ser probado ni sancionado de acuerdo con la Palabra de Dios en alguna asamblea pública de hermanos, pedimos que también se requiera que no solo transmitamos sinceramente la necesidad especial de la santificación del Día del Señor, de acuerdo con la Palabra divina, sino que también enseñemos e instemos fervientemente a su observación. En conclusión, que en nuestras iglesias y escuelas, tan seguido como la ocasión nos exija, sostengamos, enseñemos y afirmemos, unánime y fielmente, que la verdad de los Cánones registrada aquí se deduce de la indudable Palabra de Dios.

¡El mismo Dios de paz y verdad nos santifique por completo y preserve todo nuestro espíritu, alma y cuerpo sin mancha hasta la venida de nuestro Señor Jesucristo! A quien, con el Padre y el Espíritu Santo sea el honor eterno, alabanza y gloria. ¡Amén!

9 789929 828100